国家出版基金项目 "十三五"国家重点图书出版规划项目

南诏大理国兴衰史

方铁

著

The Rise and Fall of Nanzhao Kingdom
and Dali Kingdom

CTS | 岳麓书社
·长沙·

图书在版编目(CIP)数据

南诏大理国兴衰史/方铁著. —长沙:岳麓书社,2023.1(2023.8 重印)
ISBN 978-7-5538-1662-3

Ⅰ.①南… Ⅱ.①方… Ⅲ.①南诏—历史—研究 Ⅳ.①K289

中国版本图书馆 CIP 数据核字(2022)第 181082 号

NANZHAO DALI GUO XINGSHUAI SHI

南诏大理国兴衰史

作　　者:方　铁
出 版 人:崔　灿
出版统筹:马美著
策划编辑:胡宝亮
责任编辑:胡宝亮　李业鹏
责任校对:舒　舍
书籍设计:萧睿子

岳麓书社出版发行

地址:湖南省长沙市爱民路 47 号

直销电话:0731-88804152　0731-88885616

邮编:410006

版次:2023 年 1 月第 1 版
印次:2023 年 8 月第 2 次印刷
开本:640mm×960mm　1/16
印张:35.25
字数:507 千字
书号:ISBN 978-7-5538-1662-3
定价:128.00 元

承印:长沙鸿发印务实业有限公司
如有印装质量问题,请与本社印务部联系
电话:0731-88884129

目　录

第一章　兴盛与衰亡

第一节　南诏的崛起与兴盛

在云南发展史上，南诏是一个统治地域广阔、联合其他边疆势力与中原王朝抗衡、能有效整合所统治各民族关系、对云南地区的发展做出重大贡献的地方政权。南诏的经营与施治，不仅深刻影响了其后大理国、元朝对云南地区的统治，甚至到明清时期仍可窥其遗迹。南诏的崛起与兴盛，既以此前云南历史的发展为基础，又有时代环境为南诏提供了难得的机遇，还有南诏统治者精明、务实、顺时应变，较好地处理了与其他政治势力的关系等方面的原因。南诏统治云南地区 253 年的历史，可分为崛起、兴盛、衰落三个阶段。以下叙述南诏崛起、兴盛方面的情形，并寻找南诏崛起与兴盛的原因。

一、南诏的崛起

南诏的一个重要功绩，是完成了对云南及其周边地区的统一，并将前代中原王朝经营云南地区的关注点，从靠近蜀地的今滇东北与滇池地区，扩张至以洱海区域为中心的今滇西地区，并深入经营前代未曾涉足的一些区域，为以后蒙元建立幅员广阔的云南行省，并将云南行省直隶于中央政府，奠定了坚实的基础。

云南的政区范围，从初期与他地混同，外延部分相对含混，逐渐演变到南诏与元代的初具规模，再到明清时期发展到趋于清晰并保持稳定，其间经历了复杂的演变过程。云南地域范围的演变及趋于稳定，有其发展的线索和可探知的原因。

云南与周边地区的关系，以其自然环境方面某种程度的相似性为基础。云南与周边一些地区属于相对完整的一个地理单元，其共有特征是在大致相同的纬度地区，具有相似的地貌特征和气候特点，以及由此派生出的相似的动植物资源与矿藏资源。在漫长的发展过程中，云南与周边地区经历了分化组合的演变过程，最终形成云南省的政区范围，并与周边地区形成相对稳定的政治关系。

作为一个相对独立的地理单元，云南地区的地理环境大致有以下特点：地势西北高东南低，金沙江、澜沧江等大河从西北向东南部奔流，受诸多大河的切割作用，地形大都零散破碎。云南地区多山地高原，坝子仅占土地总面积的很小一部分。气候的基本特点是"十里不同天"，以及在同一地区不同海拔高度的区域，存在差别明显的若干类型的气候。受上述因素的影响，古代云南地区森林、草地密布，动植物资源十分丰富，但不同纬度地区的差异很大，由此形成了滇中、滇东北、滇西、滇西南、滇东南、滇北、滇西北等几个地域板块。这些地域板块与周边地区的自然环境，又或多或少地存在相似性，并以此为基础组成若干个次地理单元。

以自然形成的地理单元为基础，云南与周边地区逐渐形成较稳定的关系，主要表现在政治、经济、社会状况、历史发展等方面。云南形成较稳定的政区范围，受到以下因素的深刻影响：历朝经营云南的思想与重点，云南内外交通线的兴衰，云南在西南边疆的地位与云南管控格局的形成，区域地缘政治关系的作用，云南地区经济发展与社会治理的状况，中原王朝对云南地区管辖的有效程度等。

云南与周边地区的关系，由云南与祖国其他地区的关系、云南与邻邦的关系两个部分组成。云南与祖国其他地区的关系包括云南与内地的关系和云南与邻省的关系。云南与内地的关系，可细分为边疆与内地的关系、地方与中央的关系，以及间接隶属与直接管辖的关系。云南与邻省的关系，包括云南分别与四川、贵州、广西、西藏诸省的关系。云南与邻邦的关系，可分为云南与越南、缅甸的关系，以及云南与老挝、泰国的关系等。

云南的政区范围和云南与周边地区的关系，经历了数千年的发展演变。

内地对云南地区最早的认识，见于《史记》关于西南夷的记载。元鼎五年（前112），西汉出兵经牂牁江（今北盘江）征讨位于今广东的南越国，南越平定后汉军返回，攻打不愿出兵助攻的夜郎部落（在今贵州东部），并在今四川西昌及川西北设置数郡。至元封二年（前109），西汉共在西南夷设7郡，即犍为郡（初治今贵州遵义西，此时治今云南盐津东）、牂牁郡（治今贵州黄平、贵定二县间）、越嶲郡（治今四川西昌东南）、沈黎郡（治今四川汉源东北）、汶山郡（治今四川茂县北）、武都郡（治今甘肃西和西南）、益州郡（治今云南昆明市晋宁区东）。① 益州郡初设时的范围大致是滇国原本管辖之地。设益州郡后数年，西汉打败在今云南西北部游牧的嶲、昆明部落，将其活动的大部分地区划归益州郡管辖，② 益州郡乃成为西南夷辖地最广、实力最强的一个郡，也是云南地区政治中心的所在地。

司马迁奉命出使今西昌等地，此后在《史记》卷一百一十六《西南夷列传》写下见闻。司马迁将今云南、贵州、川西南的众多部落称为"西南夷"，两汉时的著述也将上述地区称为"西南夷"。汉武帝经营西南夷，主要是为了开拓经牂牁江（今北盘江）至南越国都城番禺（今广东广州）的用兵通道，以及自蜀地（今四川盆地）

---

① 〔汉〕班固：《汉书》卷二十八上《地理志上》，中华书局，1962年，第1599—1602页。《汉书》卷二十八下《地理志下》，第1609页。〔南朝宋〕范晔撰，〔唐〕李贤等注：《后汉书》志第二十三《郡国五》，中华书局，1965年，第3509—3514页。

② 《后汉书》卷八十六《南蛮西南夷列传》，第2846页。有关考证参见方铁：《〈史记〉、〈汉书〉失载西南夷若干史实考辨》，《中央民族大学学报》（哲学社会科学版）2004年第3期。

经西南夷通往大夏（今阿姆河上游南北两岸地）、身毒（今印度）的道路。两汉所称的"西南夷"还包括今川西、川西北等地，这可能与这一区域为嶲、昆明部落从今甘青地区南下，而汉初迁徙活动尚较活跃有关，这一区域即现今学人所称"川西藏缅语民族走廊"。在正式经营西南夷之前，西汉由蜀地派往身毒的使者多次在西南夷为昆明所阻，汉武帝在京师凿昆明池练习水军，决心打败昆明。①

东汉在今云南保山设永昌郡，管辖范围包括今大埋以西、以南的滇西南和滇南以及中南半岛北部，大致奠定了中原王朝西南部的疆界。东汉设永昌郡（治今云南保山），主要缘由是经朝廷多次用兵，位于"蜀身毒道"南段的哀牢夷被迫内附。② 被称为"西南夷"的今云南、贵州、川西南等地，受益州刺史（治今四川成都）统辖，由此形成云南及其周围地区长期归蜀地管辖的传统。

三国时西南夷被蜀汉统治，称其地为"南中"。其时嶲、昆明在"川西藏缅语民族走廊"的迁徙活动归于沉寂，西汉在这一地区设置的沈黎郡（治今四川汉源东北）、汶山郡（治今四川茂县北）被撤销，今川西地区既已淡出统治者的视野，蜀汉所置南中便不再包括其地。诸葛亮平定南中地方势力的反叛，在南中设置 7 郡。除维持原有的越嶲郡（治今四川西昌东南）、牂柯郡（治今贵州黄平、贵定二县间）、永昌郡（治今云南保山）、朱提郡（治今云南昭通）外，诸葛亮又改益州郡为建宁郡，移治味县（今云南曲靖西）；同时分建宁、永昌两郡地置云南郡，治弄栋（今云南姚安北）；分建宁、牂柯两郡地设兴古郡，治宛温（今云南砚山北）。蜀汉增设云南郡，加强了对滇池、洱海之间及其以北区域的控制。而增设兴古郡，则蕴含控制交趾（治今越南河内）以北地区，以便与孙吴争夺交趾的用意。

蜀汉设庲降都督（治今云南曲靖）作为南中的军事、行政中心。

---

① ［汉］司马迁：《史记》卷三十《平准书》，中华书局，1959 年，第 1428 页。
② 《后汉书》卷八十六《南蛮西南夷列传》，第 2848—2849 页。

蜀汉以今滇东北为经营南中的基地，主要是沿袭两汉以来由蜀地管理西南夷，以及西南夷与内地的交往，须经由今四川宜宾、滇东北至滇中的"五尺道"，以及从成都经今西昌至云南之"灵关道"的传统。在这一时期"五尺道"较少被阻断，其道路所经的今滇东北一带亦称繁荣。晋人说由犍为属国改置的朱提郡（治今云南昭通），有朱、鲁、雷等大姓，杰出人物辈出，时称"宁州冠冕"[①]。蜀汉在今曲靖设庲降都督并驻军屯田，[②] 改变了两汉以今滇中为据点经营西南夷的做法，奠定了唐代以前诸朝以今滇东北为中心，统治指今云贵、川西南地区南的格局。

西晋一度在南中设与益州（治今四川成都）同级的宁州（治今云南昆明市晋宁区东），但因条件尚不成熟，不久又撤销宁州，今云贵与川西南地区仍分为若干郡归益州刺史管辖。[③] 在指今云贵、川西南地区南，南朝设置了由益州刺史管辖的宁州，以今曲靖或晋宁为统治中心。由于鞭长莫及，南朝对宁州的统治流于形式，其地被爨氏地方势力控制。

唐朝对今云贵与川西南地区的经营可分为前、后两个时期。在前期的130余年间，唐朝以今四川盆地为基地经营今云贵与川西南地区。以今川西和滇东北为突破口，唐朝的势力逐渐向今滇中、滇西等地推进。唐朝治理边疆的格局与汉朝相似，即将主要精力放在防范北方游牧民族南下侵扰方面，经营今云贵与川西南地区，主要目的仍是保护"蜀身毒道"与"交趾道"的安全。贞元十年（794）以后，唐朝、南诏连通"蜀身毒道"与"交趾道"，统称"安南通天竺道"，此道为唐朝通往邻邦的十大交通线之一。[④] 唐朝

---

① 〔晋〕常璩撰，刘琳校注：《华阳国志校注》卷四《南中志》，巴蜀书社，1984年，第414页。
② 《华阳国志校注》卷四《南中志》，第402页。
③ 《华阳国志校注》卷四《南中志》，第362—363、369页。〔唐〕房玄龄等：《晋书》卷十四《地理志上》，中华书局，1974年，第440—441页。
④ 〔宋〕欧阳修、〔宋〕宋祁：《新唐书》卷四十三下《地理志七下》，中华书局，1975年，第1146、1151页。

担忧吐蕃南下洱海地区，主要也是因为这会威胁到"蜀身毒道"的安全。

在南诏与唐朝关系破裂之前，唐朝在今云贵与川西南地区设若干都督府，其中戎州都督府治今四川宜宾，姚州都督府治今云南姚安北，安南都护府治今越南河内，黔州都督府治今重庆彭水东北，巂州中都督府治今四川西昌。今云贵与川西南地区归成都的剑南节度使管辖。① 在以上几个都督府中，姚州都督府设立的时间最晚，但因负责新开发的洱海及其周围地区亦为"蜀身毒道"所经，战略地位十分重要。南诏兴起后，皮逻阁因抵抗从青藏高原南下的吐蕃势力有功，被唐朝封为"云南王"，这一名称的由来是汉朝曾在今云南祥云一带设云南郡。这一时期史籍中的"云南"，仅指今云南的洱海流域与祥云地区。

唐朝经营今云贵与川西南地区的后期，即为唐朝、南诏决裂后云南地区被南诏控制的时期。天宝四载（745），唐朝为打通由安南（今越南河内）经步头（在今云南个旧西南、元江北岸）至安宁（今属云南）的道路，派将领竹灵倩率兵在安宁筑城。滇东北的爨氏势力骚动不安，集众毁安宁城并杀死竹灵倩。唐朝令南诏东进平叛。南诏平定爨氏势力后，占据今云南东部，并把爨氏大姓20余万户强迁至今滇西地区，② 初步形成以洱海流域为中心统一云南地区的态势。此后，今滇西发展的速度超过了今滇东地区，"清溪关道"取代"石门关道"，成为云南地区联系蜀地的主要通道。

南诏是洱海地区的一个部落。③ "诏"在夷语中为"王"之意，南诏姓"蒙"。唐初，南诏所居之蒙舍川（在今云南巍山南部）位诸诏以南，故称"南诏"，又名"蒙舍诏"。洱海地区较大的诏还

---

① 〔后晋〕刘昫等：《旧唐书》卷四十一《地理志四》，中华书局，1975年，第1692、1697、1698、1749页。

② 〔唐〕樊绰：《蛮书》卷四《名类》，琳琅秘室丛书本。

③ 《新唐书》卷二百二十二上《南蛮传上》，第6267页。《蛮书》卷三《六诏》。

有：蒙嶲诏（在今云南巍山北境）、越析诏（在今云南宾川县）、浪穹诏（在今云南洱源）、邆赕诏（在今云南洱源县邓川镇）、施浪诏（今云南洱源东）。在以上诸诏中，除越析诏是磨些蛮外，其余五诏均为乌蛮。浪穹诏、邆赕诏、施浪诏居住地相近，相互之间关系密切，故称"三浪诏"。除以上六诏，较小的部落还有白崖、剑川、河蛮等。

唐朝在洱海地区设治，分别在当地诸诏置一些羁縻州，在蒙舍诏置沙壹州，以蒙舍诏主盛逻皮为沙壹州刺史；于浪穹诏设浪穹州，以诏主傍时昔为刺史；在邆赕诏立邆川州，唐摄监察御史李知古杀死邆赕诏主丰咩，丰咩子咩罗皮曾自称邆川州刺史。洱海诸诏又相互攻击，浪穹诏夺据施浪诏控制的邓川城（在今云南洱源县邓川镇），赶走施浪诏主施望欠。吐蕃南下洱海地区，诸诏投向吐蕃。吐蕃向洱海地区扩张，威胁到唐朝在这一地区的统治。唐朝初始的策略是兴兵征讨。神龙三年（707），姚嶲道讨击使唐九征奉命击吐蕃于今滇西，唐军获胜，俘敌3000余人。俟唐军东归，吐蕃势力复至洱海地区。唐朝遂改变做法，在洱海地区培养代理人，代替唐朝组织诸部抗御吐蕃。

唐廷选择南诏的原因有二。首先，在洱海地区诸部中，南诏的社会经济比较发达，具备统一洱海地区和号令诸部的实力。《蛮书》卷五《六赕》说，蒙舍川"地气有瘴，肥沃宜禾稻。又有大池，周回数十里，多鱼及菱芡之属"，"然邑落人众，蔬果水菱之味，则蒙舍为尤殷"。蒙舍川的畜牧业亦颇兴盛，《南诏源流纪要》言，唐初蒙舍川一带"孳牧繁衍，部众日盛"[1]。在吐蕃势力进入洱海地区之前，南诏已向周围地区发展。贞观二十二年（648），蒙舍诏主细奴逻乘唐大将梁建方出兵西洱河（洱海出水河道，注入漾濞江），就势灭了以白崖（在今云南弥渡县红岩镇）为中心的白子国，首领张乐进求战败投降。次年，南诏建立大蒙政权。其次，南诏与唐朝建立

---

① 方国瑜主编，徐文德、木芹纂录校订：《云南史料丛刊》第4卷，云南大学出版社，1998年，第746页。

了密切联系，深获唐朝信任。自细奴逻起，南诏数代诏主或贵族，如逻盛炎、盛逻皮、皮逻阁等人均曾入朝觐献获赏，或接受唐朝的封敕官职。吐蕃南下洱海地区，南诏又讨伐投降吐蕃的群蛮，博得唐廷的欢心。① 开元二十二年（734），唐玄宗诏令新任剑南节度使王昱，支持蒙舍诏主皮逻阁攻伐降蕃诸部，赐皮逻阁名蒙归义。

南诏平定叛蛮奏效，唐朝派御史严正诲参与策划，帮助南诏讨平洱海地区诸诏。南诏军发自白崖，皮逻阁率一军攻石桥诏（在今云南大理西部），皮逻阁子阁罗凤与御史严止诲率另一军进攻石和诏（在今云南大理市凤仪镇），两军皆胜，唐帝诏加阁罗凤为右领军卫大将军。不久，南诏在唐中使王承训的参与下攻破剑川诏，阁罗凤迁升左金吾卫大将军，后拜特进、都知兵马大将。开元二十五年（737），南诏夺取太和城（在今云南大理市北太和村），修建龙口城（在今云南大理市北上关镇），据有河蛮之地。

南诏先后击破越析诏、邆赕诏、浪穹诏和施浪诏等。剑南节度使王昱先是插手越析诏与白蛮的争端，并越析诏地于南诏。越析诏主波冲兄子于赠遂携家众，东北渡泸水（今金沙江）徙于龙佉河（在今四川盐边县）。皮逻阁隔泸水筑城胁于赠。阁罗凤率兵击之，于赠投水死，越析诏灭亡。邆赕诏主咩罗皮初与皮逻阁共同讨伐河蛮，分据大厘城（在今云南大理市北喜洲镇）。咩罗皮乃皮逻阁之甥，弱而无谋。皮逻阁袭夺大厘城，咩罗皮复入邆赕，与浪穹诏、施浪诏联合讨伐皮逻阁，大败。咩罗皮遂退居野共川（在今云南鹤庆）。咩罗皮死后传三代至颠之托，南诏攻破剑川占据野共川，俘虏颠之托并徙其于永昌（今云南保山），邆赕诏亡。

开元年间南诏攻破石和诏，施浪诏主施望欠势单力薄，遂与邆赕诏、浪穹诏合兵讨伐南诏，被南诏打败。施望欠退居矣苴和城（在今云南洱源）。皮逻阁率兵胁其部落，施望欠众溃败，率家族之

---

① 〔唐〕张九龄：《敕剑南节度王昱书》，载〔清〕董诰等编：《全唐文》卷二百八十六，中华书局，1983 年，第 2901 页。〔唐〕张九龄：《敕西南蛮大首领蒙归义书》，载《全唐文》卷二百八十七，第 2911 页。

半西走永昌（今云南保山）。闻知皮逻阁兵至澜沧江东岸，西行必经永昌，乃献女遣南求和，皮逻阁许之。施望欠渡澜沧江，死于蒙舍川（在今云南巍山南部）。其弟施望千走投吐蕃，吐蕃立以为诏，置于剑川。贞元十年（794），南诏攻破剑川，尽俘施浪部落，三浪诏破灭。蒙巂诏亦亡于开元末年。先是蒙巂诏主照原双目失明，子原罗年幼，为质于南诏。开元末皮逻阁欲并其地，遂送原罗归国，立其为王。居数月，皮逻阁派人刺杀照原，驱逐原罗，兼并蒙巂诏之地。①

南诏统一洱海地区，顺应了历史发展的趋势，对洱海地区的发展是有利的。因兼并诸诏有功，开元二十六年（738），玄宗遣使册封皮逻阁为云南王。“云南”一词源自蜀汉在今祥云一带所置云南郡。此后，皮逻阁迁居太和城。南诏势力日渐增长，致使唐朝另眼相看。《旧唐书》卷一百九十七《南蛮西南蛮传》说：“归义（按：指皮逻阁）既并五诏，服群蛮，破吐蕃之众兵，日以骄大。每入觐，朝廷亦加礼异。”南诏受统一洱海地区这一胜利的鼓舞，对外扩张的欲望大为膨胀，其觊觎的对象主要是爨氏白蛮控制的滇池地区。不久，南诏盼望已久的机会到来了。

唐朝以爨氏首领爨归王为南宁州都督，居石城（今云南曲靖西）。爨归王袭杀另一爨氏首领孟聘、孟启父子，夺据升麻川（在今云南寻甸、嵩明一带）。爨氏白蛮有名的首领，还有据有曲轭川（在今云南马龙）的爨归王宗亲两爨大鬼主爨崇道，任昆州（在今云南昆明市区）刺史的爨崇道弟爨日进，黎州（在今云南华宁）刺史爨祺，求州（在今云南玉溪）爨守懿，螺山（今云南昆明北）大鬼主爨彦昌。天宝四载（745），唐朝计划开通自安南都护府北经步头（在今云南个旧西南、元江北岸）、安宁（今属云南）连通“蜀身毒道”的“步头路”，剑南节度使章仇兼琼遣越巂都督竹灵倩先至安宁筑城。由于“赋重役繁，政苛人弊”，爨归王联合诸爨举兵反抗，

---

① 《蛮书》卷三《六诏》。《新唐书》卷二百二十二中《南蛮传中》，第6293页。

杀死竹灵倩，并毁安宁城。玄宗闻讯，遣中使孙希庄、御史韩洽、姚州都督李宓等，督令南诏主皮逻阁出兵征讨。①

南诏师至波州（今云南祥云），爨归王与诸爨首领诣南诏军谢罪。玄宗见皮逻阁上疏，颁诏赦诸爨首领之罪，唐再置安宁城。李宓挑唆爨崇道，令其杀死爨归王与爨日进。爨归王妻阿姹原为乌蛮女，遂归诉母家，率兵与爨崇道相持，诸爨遂乱。阿姹又遣使至蒙舍川（在今云南巍山南部）求投。南诏乃插手诸爨内部事务，上疏唐廷，诏阿姹子爨守隅代爨归王为南宁州都督，皮逻阁将女儿嫁给爨守隅为妻，又以一女嫁给爨崇道之子爨辅朝。爨崇道与爨守隅仍相攻不已。阿姹复诉于皮逻阁，南诏乃兴师讨伐爨崇道，崇道兵败南走黎州（在今云南华宁），皮逻阁俘获其族，杀爨辅朝并取还己女，爨崇道亦被杀，"诸爨由是离弱"。天宝七载（748），皮逻阁死，子阁罗凤继立。阁罗凤召爨守隅及其妻归河赕（在今云南大理一带），阿姹自立为乌蛮部落主，自行赴长安朝觐。阁罗凤派昆川城使杨牟利，以兵胁迫爨氏白蛮20万余户迁今滇西地区，今滇东爨氏白蛮被严重削弱，南诏在今滇东地区建立了统治。②

南诏兼并东部爨氏白蛮地区后，与唐朝关系的性质发生了改变。在此之前，南诏在唐朝的扶植下崛起并统一洱海地区，因此深感唐朝的知遇之恩，与唐朝的关系密切而友好。但据有东部爨氏白蛮地区后，南诏坐大的趋势十分明显，唐朝开始把原来的盟友和藩属视为对手。唐朝对南诏的政策，也从扶植帮助转变为抑制，间或寻隙打击，其表现是唐朝官员对南诏的态度发生明显变化。阁罗凤继为南诏主，"与（剑南）节度使鲜于仲通不相得，云南太守张虔陀复私其妻"。③《新唐书》卷二百二十二上《南蛮传上》称："鲜于仲

① 《南诏德化碑》，载汪宁生：《云南考古》（增订本），云南人民出版社，1992年，第157页。
② 《蛮书》卷四《名类》。
③ 〔宋〕王溥：《唐会要》卷九十九《南诏蛮》，中华书局，1960年，第1763页。

通领剑南节度使，卞急少方略。故事，南诏尝与妻子谒都督，过云南，太守张虔陀私之，多所求丐，阁罗凤不应。虔陀数诟靳之，阴表其罪，由是忿怨，反。"

据其所言，南诏与唐朝关系趋于紧张，似乎是由于唐朝官员对南诏欺压求索太甚，其实并不尽然。据天宝战争后阁罗凤为表明心迹而树立的南诏德化碑所载，张虔陀由云南别驾改任越巂都督，曾与吐蕃合谋欲灭南诏；赦回因"不忠不孝"而被贬在长沙的皮逻阁庶子诚节，以离间南诏上层；收留爨崇道余部，授予南诏不和者以官荣，是为培植与南诏敌对的势力；在云南缮甲练兵并向南诏倍征军粮，目的也是"密欲袭我（按：指南诏）"和"务欲敝我"。南诏屡次上书申告冤屈，但仍"不蒙矜察"。① 碑文所言不能说毫无夸大，但与其他记载印证，仍大体可信。

天宝九载（750）秋，阁罗凤遣军包围姚州都督府所在地姚州（今云南姚安北），于冬天攻下姚州并杀死张虔陀，夺据 32 处羁縻州。次年，唐朝令剑南节度使鲜于仲通、安南都护王知进领兵征讨。鲜于仲通率 8 万唐军，一路出南溪郡（今四川宜宾），沿"石门关道"，一路出巂州（今四川西昌），沿"清溪关道"会攻南诏，王知进则领军自安南沿"步头路"进入云南。鲜于仲通军既至曲州（今云南昭通）、靖州（在今云南大关附近），阁罗凤差首领杨子芬等迎军请罪，表示"愿还所虏，得自新"，并言："如不听，则归命吐蕃，恐云南非唐有。"鲜于仲通囚南诏使者，率兵进抵洱海地区，又遣大将王天运率军至玷苍山（亦称点苍山，在今云南大理）后，拟合击太和城（在今云南大理市北太和村）。阁罗凤遣使至浪穹（今云南洱源），向吐蕃御史论若赞求派援兵，令长子凤伽异和大军将段全葛领兵拒王天运所率唐军，阁罗凤亲率主力迎战鲜于仲通。唐军大败，全军陷没，鲜于仲通仅以身免。阁罗凤遂北臣吐蕃，受封为"赞普钟"。吐蕃称"弟"为"钟"，即以南诏为弟之意。②

① 《云南考古》（增订本），第 158 页。
② 《新唐书》卷二百二十二上《南蛮传上》，第 6271 页。

　　天宝十二载（753），玄宗诏令大将何履光率岭南五府兵进讨南诏。① 另据《南诏德化碑》所载，玄宗又命汉中郡太守司空袭礼等率兵再置姚州都督府，以将军贾瓘为都督。阁罗凤遣军将王兵绝其粮道，又派大军将洪光乘等会同吐蕃神川都知兵马使论绮里徐，包围并攻破姚州（今云南姚安北），贾瓘被俘，唐军溃散。次年，唐朝又令前姚州都督、侍御史李宓等率兵 7 万，广州都督何履光领岭南兵马分两路进攻南诏。唐军广修舟楫，拟水陆俱进。南诏遣军将王乐宽等偷袭造船唐军，唐军锐气顿折。李宓孤军深入，阁罗凤诱之至太和城（在今云南大理市北太和村），闭壁不战。宓军粮尽，兼之瘟疫流行，军士饥病死亡过半，乃被迫撤军。南诏军跟踪追击，李宓投江而死，唐军全军皆没，史称这一次战役"流血成川，积尸壅水"。阁罗凤收阵亡唐军的尸体筑为"万人冢"，并立德化碑于太和城，记载天宝战争前后的经过。唐于天宝九载（750）、十二载（753）、十三载（754）三次出兵均被打败，"前后死者几二十万人"。② 南诏与唐朝的关系彻底破裂，南诏与吐蕃的关系也由敌对转为结盟。次年，安禄山起兵攻陷东京洛阳。唐朝后院起火无暇顾及南诏，南诏乃发展为一个强大的地方政权。

　　由上述史实可知，南诏崛起于西南边陲，是历史进程延续、时势急剧变化、唐朝支持与其后失误、南诏精明谋划与顺时应变等因素综合作用的结果。

　　自两汉经营西南夷，云南等地被纳入中原王朝的版图以来，中原王朝在云南等地的影响不断扩大。中原王朝能切实控制的地区，也从今滇东北、滇北与川西南、滇池流域等地，逐渐扩大到洱海流域等更广阔的地区。中原王朝从蜀地迁来协助镇守的移民，逐渐发展为时称"大姓"的地方势力。大姓聚居于各处州县的治所，与周

---

① 〔宋〕司马光撰，〔元〕胡三省音注，"标点资治通鉴小组"校点：《资治通鉴》卷二百一十六《唐纪三十二》，天宝十二载五月，中华书局，1956 年，第 6918 页。何履光，《资治通鉴》时作何复光，误。

② 《南诏德化碑》，载《云南考古》（增订本），第 159—160 页。《资治通鉴》卷二百一十七《唐纪三十三》，天宝十三载六月，第 6926—6927 页。

围的僰人等本地民族浸润既久，逐渐出现"夷化"的趋向。东晋、南朝时期，中原王朝对云南等地鞭长莫及，云南等地被大姓势力实际控制，大姓与僰人也逐渐融合为新的民族群体——白蛮。白蛮等民族对中原王朝与内地文化有亲近感，对与中原王朝打交道亦不感到陌生。在这样的情形下，白蛮等民族与中原王朝积极合作，发展壮大自己的势力，在时机成熟时建立地方政权甚至统一云南地区，便具备了充分的条件。

最初，唐朝对南诏予以积极支持，但在处理相互关系时屡次出现重大失误，这成为南诏得以发展的关键性因素。吐蕃势力南下洱海地区，威胁到唐朝在云南地区的利益。在出兵驱赶无效的情况下，唐朝扶持较为亲近的南诏统一洱海地区，组织诸诏抵抗吐蕃势力，这是较为明智的。唐朝全力支持南诏统一洱海地区，为确保这一地区的稳定创造了有利条件。之后南诏奉命平定今滇东爨氏白蛮的反叛，有关军事行动充分显示了南诏力量的强大，以及南诏统治者的精明与深谋远虑，唐朝为此而赞叹，却未察觉南诏有进一步扩张的野心。

南诏擅自将爨氏白蛮的20余万户人口强迁至今滇西，引起姚州都督张虔陀的警觉，他采取种种措施限制南诏，并向朝廷报告南诏"将叛"。张虔陀的报告为朝廷首肯，南诏王阁罗凤多次上书申诉"冤曲"，均无下文。阁罗凤乃派兵攻下姚州（今云南姚安北），杀死张虔陀，夺据数十处羁縻州。唐朝令剑南节度使鲜于仲通、安南都护王知进领兵进讨。阁罗凤自知失策，遣使请罪。鲜于仲通自恃强大无敌，仍率兵进攻南诏，从而丧失借势收复失地的极佳时机。唐军大败。面对南诏、吐蕃已实现联盟，战局发生重大改变的形势，唐朝仍组织了两次对南诏的大规模用兵，因路途遥远，兵老帅疲，最终被南诏、吐蕃联军打败。对唐朝统治者用兵南诏之草率、轻敌，《新唐书》撰者斥曰："父子不相信，而远治阁罗凤之罪，士死十万，当时冤之。"①

---

① 《新唐书》卷二百二十二中《南蛮传中》，第6295页。

打败唐军后，阁罗凤知闯下大祸，急令收唐军尸体筑为"万人冢"，并于太和城（在今云南大理市北太和村）立"德化碑"说明事件前后的经过，以备将来唐朝问罪，言不得已叛唐之故。阁罗凤言："我上世世奉中国，累封赏，后嗣容归之。若唐使者至，可指碑澡祓吾罪也。"① 在历史进程的十字路口，南诏再次获得造物主的眷顾。次年安史之乱爆发，唐朝无意西向，南诏由此发展壮大，进而称霸一方。

从攻灭洱海诸诏、统一洱海地区，至联合吐蕃三次打败唐朝军队的进讨，这些举措无不反映了南诏统治者的深谋远虑。南诏自撰的《南诏德化碑》，透露了南诏早有以洱海地区为中心割据云南地区的打算。南诏强迁西爨地区的 20 余万户百姓至今滇西，《南诏德化碑》有意隐瞒这一段重要的史实，即为明证。剑南节度使鲜于仲通等领兵进讨南诏，阁罗凤差使者阵迎唐军谢罪，并言："如不听，则归命吐蕃，恐云南非唐有。"② 可见为求自保，南诏可与宿敌吐蕃结盟，使唐朝在云南经营 130 余年的成果付诸东流，其心深不可测。《南诏德化碑》还明确宣布南诏经营云南全局的战略构想。③ 此碑立于南诏与唐朝生死相搏、未知鹿死谁手之时，可见南诏对割据一方早有考虑，并竭力推行这一政策，毫不顾及前路仍坎坷多艰的局面。在与唐朝多次过招的过程中，南诏统治者顺势应变，多谋善断，在与唐朝的军事对抗中取得重大胜利后，转而与吐蕃结盟，改变了西南地区的地缘政治格局，为称霸西南边陲铺平了道路。因此，南诏统治者的深谋远虑与多谋善断，以及善于利用各派政治力量间的矛盾，也是南诏崛起的一个重要原因。

二、南诏的兴盛

南诏崛起后逐渐趋于兴盛。南诏的兴盛主要表现在以下方面：

---

① 《新唐书》卷二百二十二上《南蛮传上》，第 6271 页。
② 《新唐书》卷二百二十二上《南蛮传上》，第 6271 页。
③ 参见方铁：《论南诏的地缘政治观及其应用》，《中国边疆史地研究》2021 年第 3 期。

势力不断扩张，将周边一些地区纳入统治范围；建立了完善的统治制度，对辖地自上而下地实现了严密有效的统治；社会经济得到稳定、持续的发展，文化建设相应跟进；处理辖地的民族关系较为得当，主体民族白蛮进一步发展壮大，并形成较强的内聚力；与外部势力的政治博弈取得成功，在全国范围内的声望与影响也不断扩大。以下略举数例。

南诏的疆土范围，"居永昌、姚州之间，铁桥之南，东距爨，东南属交趾，西摩伽陀，西北与吐蕃接，南女王，西南骠，北抵益州，东北际黔、巫。王都羊苴咩城，别都曰善阐府"①。《新唐书》所言，应是贞元十年（794）后南诏达到极盛时期的情形。

《新唐书》所称南诏"居永昌、姚州之间"，指的是南诏的统治中心洱海地区在这一区域。"铁桥之南"指南诏西北面至铁桥城（在今云南玉龙纳西族自治县西北塔城乡）一带，铁桥城为吐蕃所建并派兵驻守。贞元十年（794），南诏王异牟寻率数万人偷袭吐蕃位于今滇西北的驻地，夺取铁桥等16城，俘吐蕃5王，降其众10余万人。所谓"东距爨"，指南诏控制东部爨氏白蛮之地。所言"东距"十分巧妙，暗指南诏对东部爨氏之地并未着力经营。"东南属交趾"，指南诏势力邻近今越南北部，南诏数次进攻安南都护府（治今越南河内），并曾几次攻下安南。所言"西摩伽陀（在今印度比哈尔邦）"，指南诏的西界毗连今印度。"南女王，西南骠"，指南诏进兵中南半岛，南面至女王国（在今泰国北部南奔府），南诏曾派2万人进攻其国，"被女王药箭射之，十不存一。蛮贼（按：指南诏军）乃回"。② 南诏的西南面至骠国（在今缅甸伊洛瓦底江流域）。但南诏切实控制的地区，仍限于中南半岛北部的部分地区。"北抵益州"，指南诏控制了唐剑南道管辖的大渡河南岸。"东北际黔、巫"，指南诏势力一度到达黔州（今重庆彭水东北）。咸通年间，南诏军队曾攻

---

① 《新唐书》卷二百二十二上《南蛮传上》，第6267页。
② 《蛮书》卷十《南蛮疆界接连诸蕃夷国名》。

破黔州。①

《南诏德化碑》透露了南诏统治者扩充疆土，实现远交近攻、四方来朝的野心。《南诏德化碑》称：

> 越睒天马生郊，大利流波濯锦。西开寻传，禄郫出丽水之金；北接阳山，会川收瑟瑟之宝。南荒奔凑，覆诏愿为外臣；东爨悉归，步头已成内境。建都镇塞，银生于墨嘴之乡；侯（候）隙省方，驾憩十洞庭之野。盖由人杰地灵，物华气秀者也。于是犀象珍奇，贡献毕至，东西南北，烟尘不飞。②

在上述文字中，"越睒"在今云南腾冲北，"大利"即大厘睒，在今云南大理市北喜洲镇；"寻传"指今缅甸北部，"禄郫"在今云南北部的金沙江畔，"会川"在今四川会理北，"东爨"指今滇东与滇东北，"步头"在今云南个旧西南、元江北岸，"墨嘴之乡"指今云南德宏、西双版纳一带，其地的金齿百夷因嗜食槟榔染齿如墨，故称"墨嘴"。由此可见，《南诏德化碑》对南诏未来疆土的规划，与《新唐书》卷二百二十二上《南蛮传上》所言相去不远。

在南诏统治的253年间，其发展经历了崛起、兴盛、衰亡三个阶段。南诏政权的兴盛，大致可分为统一洱海地区及巩固今滇西，以及统一云南等地、形成较稳定的统治范围两个时期。

蒙舍诏位于蒙舍川（在今云南巍山南部），距洱海地区尚有数日路程。史称："蒙舍诏在诸部南，故称南诏。"③ 时吐蕃势力南下，威胁唐朝在云南地区的利益，唐朝乃扶持南诏进军洱海地区，统一其地并率领诸诏抗御吐蕃。南诏不负唐朝厚望，唐朝亦予南诏以眷顾和奖励。天宝七载（748），南诏王皮逻阁死，唐朝遣使悼抚，并册封阁罗凤为云南王。阁罗凤长子凤伽异时年10岁，天宝年间入

---

① 《新唐书》卷二百二十二中《南蛮传中》，第6292页。
② 《云南考古》（增订本），第161页。
③ 《新唐书》卷二百二十二上《南蛮传上》，第6267页。

朝，唐朝授予其鸿胪少卿，"因册袭次，又加授上卿兼阳瓜州刺史、都知兵马大将"。阁罗凤既蒙朝廷厚眷，乃思竭忠诚，"子弟朝不绝书，进献府无余月。将谓君臣一德，内外无欺"。① 唐朝封阁罗凤为云南王，是缘于蜀汉曾以云南（今云南祥云东南）为中心设云南郡，"云南"因此得名。唐朝所封之云南王，管辖范围限于洱海区域及与其相连的今祥云等地。

以洱海地区为中心，南诏积极向周围地区扩张，永昌（今云南保山）是南诏扩张的首选之地。永昌为重要的交通枢纽，有多条交通线经此通往四面八方。《蛮书》卷六《云南城镇》称，永昌城（今云南保山）"在玷苍山西六日程。西北去广荡城六十日程。广荡城接吐蕃界。隔候雪山。西边大洞川，亦有诸葛武侯城"。永昌在西南面可管控拓南城，"土俗相传，呼为要镇"。正南面过唐封川可至茫天连。自盛逻皮始置拓俞城，阁罗凤之后当地部落逐渐被驯服，永昌成为除洱海诸城外最为显赫的军事要镇，"通计南诏兵数三万，而永西（昌）居其一"②。

南诏自永昌（今云南保山）往西南发展，进入寻传（今澜沧江上游以西至伊洛瓦底江上游以东地区）。南诏认为寻传"畴壤沃饶，人物殷凑，南通北海，西近大秦"，既有丰富的各类资源，又是交通北海、大秦的必由之路，必须尽快纳入囊中。南诏经营寻传地区的策略，是软硬兼施、尽量感化，以获得"开辟以来声教所不及，羲皇之后甲兵所不加。诏欲革之以衣冠，化之以义礼"之效。阁罗凤亲率寮佐与师徒，率大军"刊木通道，造舟为梁，耀以威武，喻以文辞"。凡投降者"抚慰安居"，对抵捍者"系颈盈贯"，感化后则予以解缚，最终取得"裸形（蛮）不讨自来，祈鲜（蛮）望风而至"的效果。此后，南诏在寻传"择胜置城"，修建了不少城堡，以管控当地的诸多部落。③

---

① 《南诏德化碑》，载《云南考古》（增订本），第157页。
② 《蛮书》卷六《云南城镇》。
③ 《南诏德化碑》，载《云南考古》（增订本），第160—161页。

永昌西北面有大雪山。"从腾充过宝山城（按：今云南盈江北），又过金宝城以北大赕（按：在今缅甸葡萄一带），周回百余里，悉皆野蛮。"这一地区为前朝所未涉及之处。阁罗凤遣军将于大赕中筑城管制野蛮。其地有瘴毒，"河赕人至彼中瘴者，十有八九死"。阁罗凤派遣镇守大赕的军士，"不逾周岁，死者过半。遂罢弃，不复往来"。① 可知经营寻传地区甚为艰难。

南诏奉命平定东部爨氏白蛮的反叛，进而与唐朝决裂，管控的地域范围进一步扩大。南诏扩张的方向首选北方。天宝十一载（752），吐蕃于邓川（在今云南洱源县邓川镇）册封南诏为"赞普钟南国大诏"，"凡在官僚，宠幸咸被，山河约誓，永固维城。改年为赞普钟元年"。南诏、吐蕃正式结盟。由于越嶲（今四川西昌东南）、会同（今四川会理北）战略地位重要，吐蕃赞普认为"越嶲会同，谋多在我，图之此为美"，遂令南诏以此为进攻的突破口。阁罗凤遣大军将洪光乘率军讨伐越嶲，"诏亲帅太子藩围逼会同"。越嶲被攻下，会同唐军请降，"子女玉帛，百里塞途，牛羊积储，一月馆谷"。之后，唐朝复置越嶲，以杨庭琘为都督，兼领台登（在今四川冕宁县南泸沽镇）。吐蕃赞普遣使言于南诏："若不再除，恐成滋蔓。"南诏再次出兵今川西南，攻下越嶲、台登，"都督见擒，兵士尽虏"，进而控制了邛部（今四川越西北）、昆明（今四川盐源东北）等地，今川西南大部分地区皆入南诏之手。② 经过激烈的争夺，南诏攻占清溪关（今四川汉源西南），③ 势力进抵大渡河南岸。

南诏在今云南北部、川西南置若干官衙，努力经营这一地区。所置的官衙有宁北节度（治今云南洱源东南）、④ 会川都督（治今四川会理）。宁北节度下统宁北城、谋统郡（治今云南鹤庆）、铁桥城（在今云南玉龙纳西族自治县西北塔城乡）、聿赍城（今云南德钦

---

① 《蛮书》卷二《山川江源》。
② 《南诏德化碑》，载《云南考古》（增订本），第159—160页。
③ 《新唐书》卷二百二十二上《南蛮传上》，第6271页。
④ 南诏后将宁北节度移至剑川（今云南剑川南），改称"剑川节度"。

南)、敛寻城（在今云南维西）、傍弥潜城（今云南剑川西南）、牟
郎共城（在今云南兰坪）、香城郡（治今四川盐源）、松外城（今四
川盐边西北）。南诏设会川都督（又称"清宁郡"），① 管辖会川州
（治今四川会理西）、建昌府（治今四川西昌）与诺赕（在今四川米
易）等赕。贞元十年（794），南诏夺取吐蕃的铁桥城，改称"铁桥
节度"。②

在今川西南地区，南诏、唐朝、吐蕃进行激烈争夺，大渡河两
岸长期被三者分据。阁罗凤时南诏攻下清溪关（今四川汉源西
南），③ 势力进抵大渡河南岸。吐蕃以"抵剑南西界磨些诸蛮，大渡
水西南"为界，④ 在浪穹（今云南洱源）设据点，遣御史镇守，在
铁桥（在今云南玉龙纳西族自治县西北塔城乡）一带置神川都督府。
贞元十年（794），异牟寻与唐使崔佐时盟誓于玷苍山神祠。⑤ 异牟
寻称归唐之后，"吐蕃神川、昆仑（明）、会同已来，不假天兵，牟
寻尽收复铁桥为界，归汉旧疆宇"⑥，可见铁桥、昆明（今四川盐
源东北）、会同（今四川会理北）等地原属唐朝，当时为吐蕃所
占据。

异牟寻归唐后，联合唐朝发动夺取今川西南的战争。贞元十七
年（801），唐剑南节度使韦皋率军过大渡河，联合南诏军进攻昆明
（今四川盐源东北）等城，击败吐蕃16万人，攻拔吐蕃7城、5军
镇，焚城堡150处，并进围维州（今四川理县东北），擒获率兵前来
解围的吐蕃内大相论莽热。⑦ 异牟寻在战役中"虏获尤多"，德宗诏

---

① 〔明〕宋濂等：《元史》卷六十一《地理志四》，中华书局，1976年，第
1474页。
② 《蛮书》卷六《云南城镇》。
③ 《新唐书》卷二百二十二上《南蛮传上》，第6271页。
④ 《旧唐书》卷一百九十六下《吐蕃传下》，第5247页。
⑤ 《资治通鉴》卷二百三十四《唐纪五十》，贞元十年正月，第7552页。
⑥ 《蛮书》卷十《南蛮疆界接连诸蕃夷国名》。
⑦ 《旧唐书》卷一百九十六下《吐蕃传下》，第5259页。

加奖赏。① 至元和三年（808）异牟寻去世，南诏、唐朝联军与吐蕃作战屡获胜利，一度追击吐蕃兵至大渡河以北。吐蕃衰落后，唐朝守军控制了大渡河以北的地区。南诏遣使入蜀地，仅能到达大渡河北岸的黎州（今四川汉源北），因唐军阻拦不能至成都。南诏国王舜化贞继位，"遣使款黎州修好，昭宗不答"②。在较长的时间内，大渡河两岸被唐朝、南诏、吐蕃分据的基本形势并未改变。

《新唐书》卷二百二十二上《南蛮传上》称南诏"东距爨，东南属交趾"，"东北际黔、巫"，这是唐人对南诏东部控制地域的理解。

在与唐朝决裂前，南诏对其疆土的构建已有明确的构想。《蛮书》卷四《名类》载："阁罗凤遣昆川城使杨牟利以兵围胁西爨，徙二十余万户于永昌城（地）。""是后自曲靖州、石城、升麻川、昆川南至龙和以来，荡然兵荒矣。（爨）日用子孙今立在永昌城。界内乌蛮种类稍稍复振，后徙居西爨故地。"为充实洱海及其周围地区，阁罗凤将今云南东部的爨氏白蛮20余万户强迁至永昌等地，致使龙和（今云南禄丰东南）以西的今滇东、滇东北"荡然兵荒"，这一举动显然有放弃上述地区之意。

至于今滇东北地区，南诏交由乌蛮之女、爨归王之妻阿姹打理。在诸爨纷乱之时，阿姹遣使诣蒙舍川求投，被南诏接纳。阿姹之子爨守隅，遂代爨归王任南宁州都督，皮逻阁嫁之以女，又以一女嫁爨崇道之子爨辅朝为妻，双方建立联姻关系。皮逻阁死，阁罗凤继立，爨守隅及其妻归于河赕（在今云南大理一带）。在南诏的支持下，阿姹自立为东部乌蛮诸部落之王，"从京师朝参，大蒙恩赏"。控制今滇东北地区后，阿姹与唐朝独立交往，走上了与南诏不同的发展道路。居今滇东北山区的一些乌蛮徙居西爨故地，与南诏保持世代联姻的关系。③ 以曲州（今云南昭通）、靖州（在今云南大关附

① 《资治通鉴》卷二百三十六《唐纪五十二》，贞元十七年十月，第7598页。
② 《新唐书》卷二百二十二中《南蛮传中》，第6293页。
③ 《蛮书》卷四《名类》。

近）为核心地区，① 今滇东北的乌蛮势力由此崛起，至宋代形成号称"三十七部"的强大地方势力。

对于如何管控今滇东地区，阁罗凤的看法发生过改变。据《南诏德化碑》所载，阁罗凤起初拟以安宁（今属云南）为据点，以管控今滇东地区，称安宁为"诸爨要冲"的雄镇，认为其地有盐池之利，"城邑绵延，势连戎僰"，乃置安宁城监，以求"用辑携离，远近因依"。天宝十二载（753），阁罗凤至滇池流域视察，被今滇东地区丰厚的资源、壮丽的山川打动，决定将管控今滇东地区的据点东移 80 余里，乃建拓东城（在今云南昆明市区）。拓东城作为南诏的陪都，在东部起到"佐镇抚"的作用，南诏期望收到"威慑步头，恩收曲靖"之效。《南诏德化碑》所言甚为明确，南诏对步头以南的地区仅寄希望于"威慑"，对曲州（今云南昭通）、靖州（在今云南大关附近）等地仅需实现"恩收"。② 至于步头以南至安南（今越南河内），曲州、靖州抵黔州（今重庆彭水东北）的区域，实则是南诏、唐朝之间的缓冲地带，南诏对这些地区的管控较为宽松，唐朝防备南诏的前沿阵地，则在安南（今越南河内）、黔州等地。

贞元十年（794），唐朝册封异牟寻为"南诏王"，也即承认了南诏统治的地域范围。尚书祠部郎中兼御史中丞袁滋"持节册封南诏异牟寻为云南王，为西南之藩屏"③。可见唐朝承认南诏对云南及其附近地区的占有，对南诏的定位从占据洱海地区的地方势力，变为唐朝西南部边陲的藩屏。④ 天宝战争后，唐朝军队再无机会进入南诏辖地。唐代后期的"南诏"与"云南"，便成为时人对南诏统治范围的称呼。南诏在统治地区设管理机构十赕、八节度、二都督。十赕置于洱海地区，八节度、二都督分设于十赕以外的地区。

---

① 《元史》卷六十一《地理志四》："南诏阁罗凤以兵胁西爨，徙之至龙和，皆残于兵。东爨乌蛮复振，徙居西爨故地，世与南诏为婚，居故曲靖州。"
② 《云南考古》（增订本），第 161 页。
③ 《蛮书》卷三《六诏》。
④ 《资治通鉴》卷二百三十五《唐纪五十一》，贞元十年六月，第 7561 页。

通过上述统治机构，南诏对辖地建立起了富有成效的统治。南诏统治的范围，明显超过了此前中原王朝经营云南的地域范围。尽管南诏对其中一些区域的管控较为松弛，在北部地区与吐蕃、唐朝的争夺时有进退，但南诏的地域范围仍基本上保持稳定，大致包括了现今的云南省及其附近部分地区。南诏疆土之广阔，是其实力强盛的反映。

南诏逐渐趋于兴盛，还表现在主体民族白蛮明显壮大，并形成了较强的内聚力上。[①]

秦汉以来主要分布在云南平坦地带的僰人，在不断吸收外来人口与经济文化发展较快的情况下，于南北朝时形成新的民族群体——白蛮。今滇东白蛮的统治者是爨氏大姓，当地白蛮又称"爨氏白蛮"。白蛮的经济文化水平较僰人高得多，白蛮是更高层次的本地民族，其中最活跃的部分由汉族移民的后裔嬗变而来。南北朝后期白蛮的出现，并不意味着大姓和其他移民已彻底消失。白蛮形成后，大姓的传人与影响通过新的形式，在云南地区继续发挥核心作用。隋唐时期，今云南地区的民族构成发生重要变化，白蛮大量吸收迁入汉族人口并取得长足进步，成为在上述地区起主导作用的本地民族。以洱海区域为中心建立的南诏、大理国，其统治的500余年正是白蛮明显壮大的时期。

南诏、大理国时期的白蛮，在农业耕作区域有广泛的分布。今滇西有为数不少的白蛮。活动在洱海地区的西洱河蛮，其首领多姓杨，与居今大理至楚雄之间松外蛮中的杨、赵、李、董等望族均属白蛮。《南诏德化碑》碑阴所载名的南诏显宦，也有不少出身白蛮的官员与武将。今滇西等地的白蛮，与今滇东的爨氏白蛮是同一民族。元人李京称："白人，有姓氏。汉武帝开僰道，通西南夷道，今叙州属县是也。故中庆、威楚、大理、永昌皆僰人，今转为

---

① 参见方铁：《南北方古代民族融合途径及融合方式之比较》，《烟台大学学报》（哲学社会科学版）2006年第1期。

白人矣。"①唐代白蛮与外来汉族人口融合的面相当宽泛，白蛮大量吸收汉族移民，从而迅速发展，在政治、经济、文化方面的实力也大为增强。

天宝年间，唐朝三次进讨南诏失败，大量军士丧命，或被俘后落籍云南。天宝九载（750）秋，阁罗凤攻下姚州都督府所在地姚州城。次年，唐朝令剑南节度使鲜于仲通等领兵征讨，后被南诏打败。据《南诏德化碑》所载，玄宗又命汉中郡太守司空袭礼率兵再置姚州都督府，以将军贾瓘为都督。阁罗凤派兵会同吐蕃神川驻军攻破姚州（今云南姚安北），贾瓘被俘，唐军溃散。天宝十三载（754），唐朝令侍御史李宓等率兵7万，广州都督何履光领岭南兵马分两路进攻南诏。李宓孤军深入太和城（在今云南大理市北太和村），因日久粮尽、瘟疫流行而撤军。南诏军跟踪追击，唐军全军覆没。唐朝三次出兵均被打败，前后死者近20万人，加上运输辎重、军粮的丁壮还不止此数。

唐代落籍云南的外地人口的另一来源，是南诏通过掠夺战争获取的唐地人口。天宝战争以后，南诏联合吐蕃进攻嶲州（今四川西昌），城破后南诏获得大量人口、牲畜与各类物资，"子女玉帛，百里塞途，牛羊积储，一月馆谷"。太和三年（829），南诏大举进攻唐地，占据嶲州（今四川西昌）、戎州（今四川宜宾）、邛州（今四川邛崃）。南诏兵分三路，西路攻下黎州（今四川汉源北）、雅州（今四川雅安西），东路攻入梓州（今四川三台）西郭，中路由王嵯巅率领攻据成都西郭。南诏退兵时"大掠子女、百工数万人及珍货而去"。咸通元年（860），南诏首次攻下安南（今越南河内），次年攻下邕州（今广西南宁南）。由于南诏军大肆掳掠，邕州城中居民"什不存一"。后来南诏再陷安南，"南诏两陷交趾，所杀虏且十五万人"。南诏王异牟寻死后，南诏更是"两陷安南、邕管，一入黔中，

①　〔元〕李京撰，王叔武辑校：《云南志略辑校·诸夷风俗》，载《大理行记校注　云南志略辑校》，云南民族出版社，1986年，第86页。

四犯西川"。① 南诏从唐地掠获的汉族人口当不少于10万人。②

汉晋时期，今云南地区的大姓屡见于记载，这反映了迁入上述地区的汉族移民分布较为集中的情形，这些汉族移民尚游离于云南本地民族之外。南诏建立后，白蛮和一部分先进的乌蛮大量吸收汉族的人口与文化，国力大为增强。明代以前云南地区未再出现汉族地方势力，这表明经过南诏、大理国时期的民族大融合，以白蛮和一部分乌蛮为代表的本地民族得到很大发展，具备了很强的包容力与融合力，汉族地方势力已不可能独立存在。南诏靠战争、掳掠从唐地获得大量人口，其做法与中原王朝移民有很大的区别，但影响却有相似之处。南诏统治时期是继汉晋之后，云南及其周围地区大量吸收内地人口、学习内地生产技术与文化的又一高潮时期。而论迁入汉人数量之巨，影响之广泛与深远，南诏远超汉、晋两代。通过大量吸收汉族人口、学习内地生产技术与文化，白蛮等本地民族的素质大为提高，这是南诏能统治200余年的一个原因，也是南诏统治发展到兴盛的一个标志。

随着南诏势力的逐渐发展，其声望与影响不断扩大。天宝年间，唐朝两次征讨南诏失败，在朝中掌权的杨国忠仍不甘心，大募两京与河南、河北之兵再击南诏。时人闻云南多有瘴疠，未战而死者十之八九，大多不肯应募。杨国忠派遣御史"分道捕人，连枷送诣军所"。唐朝旧制，"百姓有勋者免征役，时调兵既多，国忠奏先取高勋，于是行者愁怨，父母妻子送之，所在哭声振野"。③ 白居易所撰的《新丰折臂翁》，生动地反映了当时的情形：

…………

① 《南诏德化碑》，载《云南考古》（增订本），第159—160页。《资治通鉴》卷二百四十四《唐纪六十》，太和三年十一月、十二月，第7867—7868页。《资治通鉴》卷二百五十《唐纪六十六》，咸通二年七月，第8095页。《资治通鉴》卷二百五十三《唐纪六十九》，广明元年六月，第8227—8228页。

② 参见方铁主编：《西南通史》，中州古籍出版社，2003年，第443页。

③ 《资治通鉴》卷二百一十六《唐纪三十二》，天宝十载四月，第6907页。

无何天宝大征兵，户有三丁点一丁。

点得驱将何处去？五月万里云南行。

闻道云南有泸水，椒花落时瘴烟起。

大军从涉水如汤，未过十人二三死。

村南村北哭声哀，儿别爷娘夫别妻。

皆云前后征蛮者，千万人行无一回。

是时翁年二十四，兵部牒中有名字。

夜深不敢使人知，偷将大石捶折臂。

张弓簸旗俱不堪，从兹始免征云南。

…………①

　　唐朝表面上歌舞升平，实则蕴藏着深刻的社会危机。天宝大征兵捅破了窗户纸，暴露了歌舞升平下蕴藏的残酷的社会现实。唐朝的百姓始知云南与南诏，并将之与唐朝的国运联系在一起。

　　唐朝三次征讨均被南诏打败，"前后死者几二十万人"②。南诏、唐朝的关系彻底破裂，南诏、吐蕃由敌对转为结盟。天宝十四载（755），安禄山起兵，迅速攻陷东京洛阳。唐朝无暇顾及南诏，南诏发展为强大的地方政权，西南地区的地缘政治关系由此发生重大改变。

　　吐蕃获得南诏的援助，力量大为增强，不仅对唐朝在西南地区的利益构成严重威胁，还使吐蕃在东北面、东面的攻势大为加强。广德元年（763）七月，吐蕃攻下大震关（在今甘肃清水东北小陇山），连陷兰、廓、河、鄯、洮、岷、秦、成、渭诸州，夺取了河西、陇右之地，数年间唐朝西北的数十州相继失陷。十月，吐蕃军会合吐谷浑、党项、氐、羌等部众20万余人向东部进发，并进抵咸阳。吐蕃军进入长安掠夺纵火，代宗率群臣逃往陕州（今河南三门

---

① 顾学颉校点：《白居易集》卷三《讽谕三·新丰折臂翁》，中华书局，1979年，第61页。

② 《资治通鉴》卷二百一十七《唐纪三十三》，天宝十三载六月，第6927页。

峡市湖滨区西北陕县老城），天下为之震动。十二月，吐蕃攻陷松州（今四川松潘）、维州（今四川理县东北）、保州（今四川理县西北）等地，"于是剑南西山诸州亦入于吐蕃矣"①。广德、建中年间，吐蕃多次进攻岷江地区，常以南诏军为前锋。南诏军"操倍寻之戟，且战且进，蜀兵折刃吞镞，不能毙一戎"。南诏军强悍且残暴，蜀人言："西戎尚可，南蛮残我。"② 文宗时，南诏攻入成都，"自越巂以北八百里，民畜为空"③，在今川西南、滇西北一带造成极大的破坏。南诏积极介入吐蕃与唐朝的争斗，产生很大的影响，这标志着南诏成为西南地区不可低估的一支力量。

大历十四年（779），吐蕃与南诏合兵10万，分三路进攻蜀地，一路出茂州（今四川茂县北），一路出扶、文，一路出黎州（今四川汉源北）、雅州（今四川雅安西），吐蕃赞普称："为我取蜀为东府，工伎悉送逻娑城，岁赋一缣。"成都或四川盆地若被吐蕃攻占，对唐朝产生的影响将不可估量。唐朝乃令名将李晟率邠、陇、范阳等州兵以救蜀。唐军击败吐蕃、南诏联军，连克维州（今四川理县东北）、茂州。李晟追击至大渡河外又破之，"吐蕃、南诏饥寒陨于崖谷死者八九万人。吐蕃悔怒，杀诱导使之来者"，改封南诏为"日东王"，南诏的地位从兄弟之国降为臣属之邦。南诏王异牟寻惊惧，筑阳苴咩城为新都城，以避吐蕃锋芒。④ 南诏与吐蕃的关系出现了裂痕。

在8世纪唐朝与周边势力的争斗中，南诏堪称一支不可忽视的力量。《新唐书》卷二百一十五上《突厥传上》称："唐兴，蛮夷更

---

① 《资治通鉴》卷二百二十三《唐纪三十九》，广德元年七月，第7146页。
　 《资治通鉴》卷二百二十三《唐纪三十九》，广德元年十月，第7155页。
　 《资治通鉴》卷二百二十三《唐纪三十九》，广德元年十二月，第7158—7159页。
② 《新唐书》卷二百一十五上《突厥传上》，第6027页。
③ 《新唐书》卷二百一十五上《突厥传上》，第6027页。
④ 《新唐书》卷二百二十二上《南蛮传上》，第6272页。《资治通鉴》卷二百二十六《唐纪四十二》，大历十四年十月，第7271—7272页。

盛衰，尝与中国亢衡者有四：突厥、吐蕃、回鹘、云南是也。"贞元三年（787），回纥合骨咄禄可汗屡求和亲，且请嫁公主。德宗未许。其时边将报告缺马，无以给之，李泌言于德宗："臣愿陛下北和回纥，南通云南，西结大食、天竺，如此，则吐蕃自困，马亦易致矣！"既而回纥可汗遣使上表称儿及臣，凡李泌所约五事，一概听命。德宗大喜曰："回纥则既和矣，所以招云南、大食、天竺奈何？"李泌对曰："回纥和，则吐蕃已不敢轻犯塞矣。次招云南，则是断吐蕃之右臂也。"① 李泌称与南诏恢复友好关系为"断吐蕃之右臂"，可见他十分看重南诏，这也是当时唐朝朝野的共识。

元和三年（808），异牟寻卒，唐朝为之废朝三日。元和四年（809）正月，唐朝以太常少卿武少仪为吊祭使，赴云南册封异牟寻之子寻阁劝为南诏王，颁新铸"元和册南诏印"。元和十一年（816），在任的南诏王卒，唐朝废朝三日，以少府少监李铣充册立吊祭使，左赞善大夫许尧佐副之，赴云南再行吊祭。唐朝为异牟寻等南诏王去世废朝三日，任命册立吊祭使赴云南吊祭，并颁发"册南诏印"，② 充分反映了唐朝对南诏地位的认可，以及对南诏王的依依惜别之情。

异牟寻及继任诸王去世后，掌握实权的军将对唐朝辖地发动了掠夺战争。元和十一年（816），南诏攻扰安南（今越南河内）。长庆二年（822），南诏进攻黔中道（治今重庆彭水东北）属地。太和三年（829），南诏大举进攻蜀地，连据嶲州（今四川西昌）、戎州（今四川宜宾）、邛州（今四川邛崃）等地，军将王嵯巅率兵攻入成都，"乃掠（成都）子女、工技数万引而南，人惧自杀者不胜计"③。

据《资治通鉴》所载，这一时期有关南诏攻掠唐朝辖地的记载有：咸通元年（860），南诏攻下播州（今贵州遵义），安南都护李鄠复取播州。安南土蛮引南诏兵 3 万余人攻陷安南（今越南河内），安南都护李鄠与监军逃走。咸通二年（861）七月，南诏攻陷邕州

---

① 《资治通鉴》卷二百三十三《唐纪四十九》，贞元三年九月，第 7505 页。
② 《旧唐书》卷一百九十七《南蛮西南蛮传》，第 5284 页。
③ 《新唐书》卷二百二十二中《南蛮传中》，第 6282 页。

（今广西南宁南）。咸通三年（862），南诏复犯安南，经略使王宽多次告急，朝廷以前湖南观察使蔡袭代之。蔡袭率大军赶来，南诏见其兵势甚盛，遂退去。岭南地区原设五府节度使，广、桂、邕、容、安南五处皆隶于岭南节度使。蔡京奏请分岭南为两道节度使，朝廷从之，遂以广州为东道，邕州为西道，这是岭南地区划分为广东、广西的开端。南诏 5 万人进攻安南，都护蔡袭告急。咸通四年（863），南诏攻陷安南，蔡袭投海而死，幕僚樊绰携其印渡江。南诏进攻左右江地区，进逼邕州。咸通五年（864），南诏进攻嶲州（今四川西昌）。次年南诏军复至，两林蛮开门纳之，南诏尽杀戍卒，刺史喻士珍降。①

史称世隆继任南诏王后，"为边患殆二十年，中国为之虚耗，而其国中亦疲弊"。乾符四年（877），僖宗命宰相商议南诏事。卢携、豆卢瑑言："大中之末，府库充实。自咸通以来，蛮两陷安南、邕管，一入黔中，四犯西川，征兵运粮，天下疲弊，逾十五年，租赋太半不入京师，三使、内库由兹空竭。战士死于瘴疠，百姓困为盗贼，致中原榛杞，皆蛮故也。"② 南诏的多次侵扰对唐朝危害之严重可见一斑。

南诏攻陷安南（今越南河内）后，朝廷令徐泗募兵 2000 人赴援，分 800 人别戍桂州（今广西桂林），"初约三年一代"。后来戍桂州者超过 6 年，"屡求代还"，因将领不许，引发兵变。众兵推粮料

① 《资治通鉴》卷二百五十《唐纪六十六》，咸通元年十二月，第 8092 页。《资治通鉴》卷二百五十《唐纪六十六》，咸通二年七月，第 8095 页。《资治通鉴》卷二百五十《唐纪六十六》，咸通三年二月，第 8096 页。《资治通鉴》卷二百五十《唐纪六十六》，咸通三年五月，第 8098 页。《资治通鉴》卷二百五十《唐纪六十六》，咸通四年正月，第 8102—8103 页。《资治通鉴》卷二百五十《唐纪六十六》，咸通四年三月，第 8104 页。《资治通鉴》卷二百五十《唐纪六十六》，咸通五年正月，第 8108 页。《资治通鉴》卷二百五十《唐纪六十六》，咸通六年五月，第 8111 页。

② 《资治通鉴》卷二百五十三《唐纪六十九》，乾符四年二月，第 8190 页。《资治通鉴》卷二百五十三《唐纪六十九》，广明元年六月，第 8227 页。豆卢瑑，《资治通鉴》时作豆卢琢，误。

判官庞勋为首领，劫库兵北还，"所过剽掠，州县莫能御"。[1] 庞勋领导的桂林兵变，后来发展为推翻唐朝统治的大起义。《新唐书》卷二百二十二中《南蛮传中》曰："南诏内侮，屯戍思乱，庞勋乘之，倡戈横行。虽凶渠歼夷，兵连不解，唐遂以亡。"由此得出"唐亡于黄巢，而祸基于桂林"的结论。[2] 此言产生了深远的影响。五代末年赵匡胤平定四川，谋划是否经略云南地区，结论是与大理国划大渡河为界，缘由之一是笃信前人"唐亡于黄巢，而祸基于桂林"的说法。

南诏积极经营中南半岛地区，产生了重要而深远的影响。

中南半岛出现集权制的国家较晚。安南（此处指今越南北部）在唐朝的版图之内。五代梁贞明间，安南权贵曲承美等实现割据。宋乾德六年（968），安南首领丁部领平定其余势力建大瞿越国。开宝六年（973），丁部领遣使入贡，宋太祖以其子丁琏为安南都护、交趾郡王。[3] 淳熙元年（1174），大瞿越国入贡，宋孝宗赐名"安南"，以李天祚为安南国王，[4] 承认安南为独立国家。缅甸的首个统一政权蒲甘王朝建立于1044年。中南半岛的另一强大势力素可泰王国建立于13世纪。泰国先民摆脱吴哥的控制建立素可泰王国，中国史籍称之为"暹国"。

唐代中南半岛较大的国家主要是高棉王国。高棉王国以今柬埔寨为中心，拥有广阔的地域与众多属国。[5] 中国史籍称高棉王国为水真腊、陆真腊（《蛮书》作水真蜡、陆真蜡）。南诏军队与高棉王国有过接触。《蛮书》卷十《南蛮疆界接连诸蕃夷国名》说："水

---

① 《资治通鉴》卷二百五十一《唐纪六十七》，咸通九年六月、七月，第8121页。

② 《新唐书》卷二百二十二中《南蛮传中》，第6295页。

③ 〔元〕脱脱等：《宋史》卷四百八十八《外国传四》，中华书局，1977年，第14058页。

④ 《宋史》卷四百八十八《外国传四》，第14071页。

⑤ 梁志明等：《古代东南亚历史与文化研究》，昆仑出版社，2006年，第114页。

真蜡国、陆真蜡国，与蛮（按：指南诏）镇南相接，蛮贼曾领马军到海畔，见苍波汹涌，怅然收军却回。"所谓"海畔"，疑指今柬埔寨中部的洞里萨湖。

南诏军队进入中南半岛南行甚远，曾至中南半岛南端。《蛮书》卷十《南蛮疆界接连诸蕃夷国名》称，昆仑国（在今缅甸南部萨尔温江口附近）正北距西洱河（洱海出水河道，注入漾濞江）81 日程，"蛮贼曾将军马攻之。被昆仑国开路放进军后，凿其路通江，决水掩（淹）浸，进退无计。饿死者万余，不死者，昆仑去其右腕放回"。太和九年（835），南诏军攻破弥诺国（在今缅甸伊洛瓦底江与钦敦江汇合处一带）、弥臣国（在今缅甸伊洛瓦底江口），"劫金银，掳其族三二千人，配丽水淘金"。女王国（在今泰国北部南奔府）距骧州（今越南荣市）10 日程，南诏军 20000 人讨伐其国，"被女王药箭射之，十不存一。蛮贼乃回"。[1]

南诏对中南半岛的用兵举措具有军事扩张的性质，但因中南半岛大都为一些部落联盟或酋邦所据，这种军事行动与同集权制国家发生冲突仍有较大差别。另外，南诏虽多次用兵中南半岛，但通常随即撤回。南诏对中南半岛的管控，仍限于修建了一些城堡的北部。尽管如此，中南半岛各地的居民对南诏仍有着深刻的历史记忆。20 世纪前中期，泰国的中小学教科书，仍将南诏史作为本国早期史的内容。

叙述南诏与中南半岛地区的关系，有两点不能不言及，即泰族的起源与南诏是否为泰族所建国家的问题。19 世纪末 20 世纪初，英国人拉古柏里、戴维斯、吴迪，美国人杜德等欧美人士提出一个观点，认为泰国的泰族起源于中国的北部或南部，因受汉族的压迫 7 次迁徙进入中南半岛，途中在云南建立南诏以及大理国。一些人还将南诏与大理国混为一谈，认为忽必烈率领蒙古军队征服了南诏。这一看法在世界上一度风行，至今国外的一些学术著作，仍不同程

---

[1]　《蛮书》卷十《南蛮疆界接连诸蕃夷国名》。

度地受其影响。①

　　早在20世纪30年代，冯汉骥、凌纯声、方国瑜等中国学者便撰文指出，南诏的主体民族是彝族与白族，这两个民族属于藏缅语族，南诏不是泰族建立的国家。近一个世纪以来，随着有关这一问题的研究逐步深入，中国学者的观点为愈来愈多的外国研究者所接受。大量的文献记载与考古材料证明，中南半岛的泰、掸、寮、岱等民族，以及中国的壮、傣、布依等民族，共同出自古老的百越族群。这几个壮侗语族民族的先民，自新石器时代起就分布在今中国的云、贵、桂三省区与中南半岛地区，在长期发展的过程中，未进行过较大规模、较远距离的迁徙。明清时期，中国在西南边疆的疆界逐渐稳定，上述几个民族发展的差异进一步扩大，形成了一组有语言亲缘关系的广义上的跨境民族。因此，泰族应是新石器时代以来世居当地的民族，其主体不是后来从居住地以外的区域迁入的。从南诏经营中南半岛的史实来看，南诏并未向中南半岛移民，亦未发现南诏的主体民族彝族、白族的先民，与泰族等壮侗语族民族为同一民族的证据。

　　就不同阶段的特点而言，南诏发展演变的过程，可分为皮逻阁、阁罗凤、异牟寻、异牟寻后诸王四个时期。在异牟寻掌权的时期，南诏的发展到达顶点。在这一时期，南诏恢复了与唐朝的友好关系，区域性霸主的地位得到唐朝承认。同时，南诏摆脱了吐蕃的控制与欺压，并在唐朝的配合下给吐蕃以沉重的军事打击。同时，南诏向外部地区拓展、调整辖地民族关系等重要举措，推行的过程也相对顺利，因此南诏的综合国力迅速增强，兴盛持续了数十年。

---

①　参见［英］D.G.E·霍尔著，中山大学东南亚历史研究所译：《东南亚史》，商务印书馆，1982年。［缅］貌丁昂著，贺圣达译，何平校：《缅甸史》，云南省东南亚研究所，1983年。

第二节　南诏的衰落与灭亡

在异牟寻统治时期，南诏登上了发展的顶峰。但是，南诏内部的隐患也初现端倪，并在异牟寻去世后逐渐显露出来。再加上异牟寻之后南诏的统治者改变异牟寻制定的政策，与南诏结盟的吐蕃也趋于衰落，南诏的内外关系遭到严峻挑战。在这样的情况下，南诏走上了衰落乃至灭亡的道路。

一、南诏衰落与灭亡的过程

元和三年（808），南诏王异牟寻卒，唐廷为之废朝三日，并遣使者哀吊异牟寻之逝，继册其子寻阁劝为南诏王。次年寻阁劝卒，其子劝龙晟嗣位。劝龙晟在位期间残暴荒淫，招致内外怨恨。元和十一年（816），弄栋节度使王嵯巅杀死劝龙晟，改立其弟劝利为南诏王，大权落入王嵯巅手中。据《新唐书》卷七《宪宗纪》所述，元和十一年（816），南诏攻扰安南（今越南河内）。长庆二年（822），南诏进攻黔中道（治今重庆彭水东北），穆宗对此甚感忧虑。经剑南西川节度使段文昌遣使招谕，南诏退兵。次年劝利死，其弟丰祐继为南诏王。

太和三年（829），剑南西川节度使（治今四川成都）杜元颖奏南诏大举进攻。杜元颖不晓军事，专务蓄积，并削减士卒的衣粮。士卒饥寒难忍，入南诏境掠盗，南诏"反以衣食资之"，由是尽知西川虚实。南诏以诛虐帅杜元颖为由，以唐朝戍卒为向导大举攻蜀，"边城一无备御"。遂连据嶲州（今四川西昌）、戎州（今四川宜宾）、邛州（今四川邛崃）。唐廷发兵抗御。南诏兵分三路，西路攻陷黎州（今四川汉源北）、雅州（今四川雅安西），东路攻入梓州（今四川三台）西郭，中路由王嵯巅率领攻据成都西郭。南诏军初至，慰抚蜀人，10 日后退兵，"大掠子女、百工数万人及珍货而去"。王嵯巅遣使上表称："蛮比修职贡，岂敢犯边，正以杜元颖不恤军士，怨苦元颖，竞为乡导，祈我此行以诛虐帅。诛之不遂，无以慰蜀士之心，愿陛下诛之。"唐朝再贬杜元颖为循州司马。大将郭钊至成都，与南诏立约，不相侵扰。唐朝遣中使以国信赐王嵯巅。①

开成三年（838），吐蕃彝泰赞普卒，其弟达磨立。彝泰在位时多病，委政于大臣，由是吐蕃仅能自守，久不为唐朝边患。达磨则荒淫残虐，"国人不附，灾异相继，吐蕃益衰"②。南诏与吐蕃的联盟由此削弱，此后南诏对唐朝的战争多为独行。太和三年（829），南诏进攻西川（今四川成都及其附近地区），标志着南诏、唐朝之间的和平局面结束，自此南诏攻扰唐地，略无宁岁。

大中十二年（858）正月，南诏初犯安南（今越南河内），不久退去。六月，因安南都护李涿为政贪暴，安南群蛮心存怨恨，遂引导南诏进攻安南。大中十三年（859），南诏王丰祐死，世隆代之，王嵯巅摄政，不久，王嵯巅被大将段宗榜杀害。咸通元年（860），安南土蛮引南诏兵三万余人首次攻下安南。都护李鄠与监军奔武州。次年，南诏又攻下邕州（今广西南宁南）。南诏军大肆掳掠，邕州居民"什不存一"。南诏军占据邕州20余日方去。之后，南诏又进攻嶲州（今四川西昌）、邛崃关（在今四川荥经西南）等地。③

咸通三年（862），南诏复犯安南（今越南河内），经略使王宽数来告急，唐朝以前湖南观察使蔡袭代之，并征发许、滑、徐、汴、荆、襄、潭、鄂等道兵各三万人授蔡袭以御之。唐朝兵势既盛，南诏军退去。岭南地区原设五府节度使，广、桂、邕、容、安南五处皆隶于岭南节度使。蔡京奏请分岭南地区为两道节度，

---

① 《资治通鉴》卷二百四十四《唐纪六十》，太和三年十一月、十二月，第7867—7869页。
② 《资治通鉴》卷二百四十六《唐纪六十二》，开成三年，第7938页。
③ 《资治通鉴》卷二百五十《唐纪六十六》，咸通元年十二月，第8092页。
《资治通鉴》卷二百五十《唐纪六十六》，咸通二年七月，第8095页。

朝廷从之。五月，懿宗敕以广州为东道，邕州为西道，又割桂管龚、象二州，容管藤、岩二州隶于邕管（治今广西南宁南）。① 此为岭南地区分为广东、广西之肇始，广西的战略地位渐显重要。此后，南诏军 5 万人进攻安南，都护蔡袭告急。懿宗诏发荆南、湖南等道兵助之。

咸通四年（863），南诏再次攻陷安南（今越南河内），都护蔡袭左右皆死。蔡袭"徒步力战，身集十矢"，欲赴监军船，因船已离岸，遂投海而死。幕僚樊绰携其印浮水渡江，赴京城后写了给朝廷的军事报告，该报告流入民间被称为《蛮书》。"南诏两陷交趾，所杀虏且十五万人，留兵二万，使思缙据交趾城，溪洞夷獠无远近皆降之。"眼见南诏的势头不可阻挡，懿宗颁诏令诸道兵赴安南者皆还，以分保岭南之东道、西道。南诏军占领广西左右江地区，进逼邕州（今广西南宁南）。十二月，南诏军再攻西川（今四川成都及其附近地区）。②

咸通五年（864），南诏进攻嶲州（今四川西昌），刺史喻士珍破之，获千余人。懿宗诏发右神策兵五千及诸道兵戍之。七月，西川（今四川成都及其附近地区）官府奏两林鬼主勾连南诏蛮，唐军败之，杀获甚众。"时南诏知邕州空竭，不复入寇。"懿宗诏骁卫将军高骈为安南都护、本管经略招讨使。咸通六年（865），南诏再攻嶲州，两林蛮不满刺史喻士珍贪狯，开城门接纳南诏军。"南诏尽杀戍卒，士珍降之。"南诏王世隆遣善阐节度使杨缉思，"助安南节度使段酋迁守交趾，以范昵些为安南都统，赵诺眉为扶邪都统"。高骈进击南诏，屡破之，此后大破南诏军，"杀获甚众，遂围交趾城"。高骈围交趾城（今越南河内）10 余日，南诏军困蹩甚。高骈督励将士攻交趾城，遂克之，斩首 3 万余级，南诏军遁去。高骈又攻破土

---

① 《资治通鉴》卷二百五十《唐纪六十六》，咸通三年五月，第 8098 页。
② 《资治通鉴》卷二百五十《唐纪六十六》，咸通四年正月，第 8102—8103 页。

蛮附南诏者两洞，诛其酋长，土蛮率众归附者17000人。① 十一月，懿宗颁诏令安南、邕州（今广西南宁南）、西川（今四川成都及其附近地区）诸军各保疆界，勿再进攻南诏。又委刘潼晓谕南诏，如能重修旧好，一切释之不问。"自李涿侵扰群蛮，为安南患殆将十年，至是始平。"②

咸通十年（869），"初，南诏遣使者杨酋庆来谢释董成之囚，定边节度使李师望欲激怒南诏以求功，遂杀酋庆。西川大将恨师望分裂巡属，阴遣人致意南诏，使入寇"。南诏乃倾国攻蜀，在大渡河南岸为唐军所阻，与唐军隔水相射九日八夜。南诏密分军伐木开道，逾雪山至嘉州沐源川（今岷江支流沐川河），进而攻下嘉州（今四川乐山），又攻下黎州（今四川汉源北）、雅州（今四川雅安西）、邛州（今四川邛崃），"民窜匿山谷，败军所在焚掠"。"邛州军资储偫皆散于乱兵之手，蛮（按：指南诏军）至，城已空，通行无碍矣。"东蛮苴那时、勿邓、梦冲三部，曾助韦皋破吐蕃有功。此后唐朝边吏待之苛刻，"东蛮怨唐深，自附于南诏，每从南诏入寇，为之尽力，得唐人，皆虐杀之"。③ 咸通十四年（873），南诏军进攻西川（今四川成都及其附近地区），继犯黔南地区。黔中经略使秦匡谋兵少难敌，弃城逃奔荆南，荆南节度使杜悰囚而奏之。④

乾符元年（874），南诏再攻西川（今四川成都及其附近地区）。

---

① 《资治通鉴》卷二百五十《唐纪六十六》，咸通五年正月，第8108页。《资治通鉴》卷二百五十《唐纪六十六》，咸通五年七月，第8109—8110页。《资治通鉴》卷二百五十《唐纪六十六》，咸通六年五月，第8111页。《资治通鉴》卷二百五十《唐纪六十六》，咸通七年六月，第8114—8115页。《资治通鉴》卷二百五十《唐纪六十六》，咸通七年十月，第8115—8116页。

② 《资治通鉴》卷二百五十《唐纪六十六》，咸通七年十一月，第8117页。

③ 《资治通鉴》卷二百五十一《唐纪六十七》，咸通十年十月，第8150页。《资治通鉴》卷二百五十一《唐纪六十七》，咸通十年十一月，第8151页。《资治通鉴》卷二百五十一《唐纪六十七》，咸通十年十二月，第8152页。《资治通鉴》卷二百五十二《唐纪六十八》，咸通十一年二月，第8156页。

④ 《资治通鉴》卷二百五十二《唐纪六十八》，咸通十四年五月，第8166页。

南诏军制作浮桥，渡大渡河失败，归至之罗谷，遇南诏援兵继至，新旧部队会合，"钲鼓声闻数十里。复寇大渡河，与唐夹水而军"。西川援军不至，而南诏军益众，唐军难以抗争而溃败。南诏军乘胜攻下黎州（今四川汉源北），入邛崃关（今四川荣经西南），攻雅州（今四川雅安西）。大渡河溃兵奔入邛州（今四川邛崃），"成都惊扰，民争入城，或北奔他州"。南诏王使人致书节度使牛丛称："非敢为寇也，欲入见天子，面诉数十年为谗人离间冤抑之事。傥蒙圣恩矜恤，当还与尚书永敦邻好。今假道贵府，欲借蜀王厅留止数日，即东上。"唐军斩其使者，留二人授以书，遣还。唐军恐南诏军至，"豫焚城外，民居荡尽，蜀人尤之"。① 可见其惊恐之状。

乾符二年（875），高骈赴蜀就任剑南西川节度使。高骈曰："今春气向暖，数十万人蕴积城中，生死共处，污秽郁蒸，将成疠疫，不可缓也！"高骈先遣使者至成都，"开城纵民出，各复常业，乘城者皆下城解甲，民大悦"。南诏时攻雅州（今四川雅安西），"闻之，遣使请和，引兵去"。高骈至成都，发步骑5000人追南诏兵至大渡河，杀获甚众，擒其首领数十人。又修复邛崃关、大渡河诸城栅，筑城于戎州马湖镇（今四川宜宾西南）、沐源川（今岷江支流沐川河），"皆蛮入蜀之要路也"。各置兵数千戍之。此后南诏不复入犯。乾符三年（876），南诏遣使诣高骈求和，"而盗边不息，骈斩其使者"。②

乾符四年（877），南诏王世隆卒。《资治通鉴》卷二百五十三《唐纪六十九》称："南诏酋龙（按：指世隆）嗣立以来，为边患殆二十年，中国为之虚耗，而其国中亦疲弊。"世隆子隆舜继立，遣使至邕州（今广西南宁南），向岭南西道节度使辛谠约和，僖宗颁诏许

---

① 《资治通鉴》卷二百五十二《唐纪六十八》，乾符元年十一月、十二月，第8172—8173页。
② 《资治通鉴》卷二百五十二《唐纪六十八》，乾符二年正月，第8175—8176页。《资治通鉴》卷二百五十二《唐纪六十八》，乾符三年三月，第8183页。

之。南诏与唐朝的紧张关系有所缓和。自世隆继为南诏王后，南诏对唐朝的进攻有增无减，连绵不断的战乱，给唐朝的经济造成很大破坏，同时激化了南诏国内的矛盾。广明元年（880），宰相卢携等讨论南诏求和亲事时奏："自咸通以来，蛮两陷安南、邕管，一入黔中，四犯西川，征兵运粮，天下疲弊，逾十五年。租赋太半不入京师，三使、内库由兹空竭，战士死于瘴疠，百姓困为盗贼，致中原榛杞，皆蛮故也。"①

乾符五年（878），南诏遣首领赵宗政入唐请求和亲，无奏表，"但令督爽牒中书，请为弟而不称臣"。岭南西道节度使辛谠先后派摄巡官贾宏、摄节度巡官徐云虔等出使南诏。贾宏等未至南诏，便相继卒于道中，从者亦死大半。徐云虔奉差遣至善阐城（今云南昆明旧城南关外），南诏王使人至客馆谓徐云虔曰："贵府牒欲使骠信（按：即南诏王）称臣，奉表贡方物；骠信已遣人自西川入唐，与唐约为兄弟，不则舅甥。夫兄弟舅甥，书币而已，何表贡之有？"徐云虔答："骠信既欲为弟、为甥，骠信景庄之子，景庄岂无兄弟，于骠信为诸父，骠信为君，则诸父皆称臣，况弟与甥乎！且骠信之先，由大唐之命，得合六诏为一，恩德深厚，中间小忿，罪在边鄙。今骠信欲修旧好，岂可违祖宗之故事乎！"南诏待徐云虔甚厚，徐云虔留善阐17日而还。骠信以两木夹授徐云虔，请分别呈送唐中书门下与岭南西道，"然犹未肯奉表称贡"。唐朝廷议，"不若且遣使臣报复，纵未得其称臣奉贡，且不使之怀怨益深，坚决犯边"。僖宗颁诏赐陈敬瑄，"许其和亲，不称臣"。②

广明元年（880），黄巢起义军逼近长安，僖宗率朝臣逃往成都。次年，南诏再次求和亲，并上表愿归顺唐朝。中和三年（883），南

---

① 《资治通鉴》卷二百五十三《唐纪六十九》，广明元年六月，第8227页。

② 《资治通鉴》卷二百五十三《唐纪六十九》，乾符五年四月，第8204页。《资治通鉴》卷二百五十三《唐纪六十九》，乾符六年二月，第8211—8212页。《资治通鉴》卷二百五十三《唐纪六十九》，广明元年六月，第8228页。

诏王隆舜派布燮杨奇肱等，至成都迎出嫁公主，僖宗亦作嫁女准备。次年，黄巢起义军失败，僖宗偕群臣返回长安，和亲之事无果而终。① 乾宁四年（897），南诏王隆舜被大臣杨登杀害，子舜化贞嗣立。天复二年（902），清平官郑买嗣杀死舜化贞与南诏王族 800 余人，建大长和国，南诏亡。②

二、南诏衰落与灭亡的原因

自秦朝统一以来，西南边疆出现的重要地方政权仅有南诏、大理国。大理国在南诏的基础上建立，但论经济、文化实力，以及在政治舞台上的活跃程度和产生的影响，大理国均逊色于南诏。西南边疆并未如同北方边疆那样，先后出现多个王朝，与中原王朝竞争，甚至会威胁到后者的生存，即便强大如南诏，统治 200 余年仍免不了灭亡的命运。其中固然有时代方面的具体原因，同时也有社会经济文化结构、历史传统等方面的缘由。③

与南方边疆相比，北方草原地区生态环境与动植物资源方面的差异较小，游牧民族的共同点是畜牧业在社会经济中占主要地位，畜群既是他们主要的财富与生活资料，也是他们主要的生产资料。同时，狩猎、种植业、手工业生产在其经济生活中亦占一定比例。游牧民族社会大致以"落"为基本细胞，一个家庭或一个近亲家庭群即为一"落"。以家庭或近亲家庭群为社会的基本细胞、主要从事游牧生产的草原民族，集团力量易于聚集和组合，但也容易分散与瓦解，或被其他新兴的游牧势力取代。北方游牧民族惯于长途跋涉，擅长运动战与游击战，遭到打击后通常能重新组合并迅速恢复战斗力。

----

① 《资治通鉴》卷二百五十三《唐纪六十九》，广明元年六月，第 8228 页。《资治通鉴》卷二百五十六《唐纪七十二》，光启元年二月，第 830 页。
② 〔清〕倪蜕辑，李埏校点：《滇云历年传》卷四，云南大学出版社，1992 年，第 155 页。
③ 参见方铁：《论中国古代治边之重北轻南倾向及其形成原因》，《云南师范大学学报》（哲学社会科学版）2006 年第 3 期。

由于以分散、流动的游牧经济为基础，生产资料与财富易遭损失而难以积累，游牧民族难以形成稳固、成熟的上层建筑，亦难出现类似中原王朝那样完整的中央集权制。因此，游牧民族的政权比较脆弱与松懈，一旦首领死亡或不足以控制全局，政权便易分化甚至瓦解。游牧民族势力的集合与崛起颇为快捷，但其衰落甚至消亡也同样迅速。在历史上的不同时期，在北方草原居于主导地位的游牧部落势力，有着走马灯式的兴衰与更替。

南方边疆的情形与之不同。南方边疆地形复杂、气候类型多样，山地占土地总面积的绝大部分。不同海拔高度的地区，往往有不同的生态环境以及由此派生的动植物资源，因此居住在不同海拔高度地区的居民，逐渐形成了对特定生态环境及其动植物资源的依赖关系。安土重迁、封闭隔绝以及迁徙活动主要为扩散渐进的类型，此类情形在南方边疆十分常见。在相同族源基础上组成的村落，是南方边疆社会的基本单位，关系密切的大小村落，又以地缘与血缘关系为纽带，结成更大的势力并相互依存。依赖于不同生态环境的边疆各民族，通常有自己特定的生计形式与文化类型，各种类型的地方经济，因生产产品等差异而有明显区别，并由此形成经济方面的互补性。居住在不同生态环境区域的民族，通过贸易交换或掠夺战争，进行农产品、畜产品、猎物与金属产品的交换或再分配。

南方边疆民族支系众多，内部结构复杂，他们既杂居共处、相互依存，同时又因争夺土地、水源、山林与矿藏等资源，以及复杂的历史纠葛，而经常结仇并长期争斗。但在遭遇外来压力时，他们也可能会解仇结盟，进行抵抗。南方边疆民族的社会经济不如中原地区发达，但经济文化通常受到内地的深刻影响并呈渐进式的积累，因此形成了安土重迁、易于满足，以及认同并崇尚内地文化的传统。

由于以上原因，南方边疆势力较难被整合，并形成较大的地方政权，更无问鼎中原或与中原王朝平分秋色的政治抱负，所以对中原王朝构成严重威胁的可能性不大。这些与北方游牧势力不同。清人王夫之注意到了这一点：

天气殊而生质异，地气殊而习尚异。故滇、黔、西粤之民，自足以捍蛮、苗，而无逾岭以窥内地之患。非果蛮、苗弱而北狄强也，土著者制其吭，则深入而畏边民之捣其虚也。①

南蛮之悍，虽不及控弦介马之猛，然其凶顽羼发而不畏死，亦何惮而不为。乃间尝窃发，终不出于其域。非其欲有所厌也，得滇、黔、邕、桂而于中国无损，天子遥制于数千里之外，养不测之威，则据非所安，而梦魂早为之震叠。中国之人心亦恬然，俟其懈以制之，而不告劳，亦不失守以土崩。②

王夫之所言南方蛮夷的活动"终不出于其域"，"无逾岭以窥内地之患"，是因为"深入而畏边民之捣其虚"。这一说法虽可商榷，但称取得滇、黔、邕、桂诸地于中原王朝无益，"天子遥制于数千里之外"，则代表了中原王朝尤其是前期的中原王朝在这一问题上较普遍的看法。

由于中原农耕文明、北方游牧文明发展的水平存在明显差距，以及游牧民族对农业地区生产的粮食、布帛与铁器等产品有大量需求，北方游牧民族崛起后经常南下，其人口不断移居中原农业地区，便有一定的历史必然性。北方游牧势力南下，经常成为中原王朝的严重边患，而南方边疆则很少出现类似的情形。

在云南地区占主导地位的经济形态，可称为"初级复合型经济"。初级复合型经济的特点，主要是各民族以发展程度较低的种植业为基础，同时经营畜牧业、养殖业，并进行采集与狩猎活动。初级复合型经济的发展程度有限，但具有顽强的生命力。由于动植物资源充足，人们果腹乃至温饱较为容易，但很难达到与内地比肩的发展水平。受其影响，一方面，云南各民族的经济形态与社会发展水平大致相近，成为民族关系较易整合的经济基础；另一方面，以不甚发达的种植业为基础，又使云南各民族倾慕并较易接受内地的

①　〔清〕王夫之：《读通鉴论》卷二《文帝》，中华书局，1975年，第37页。
②　《读通鉴论》卷三《武帝》，第55页。

文化甚至政治制度，云南本地的文化也容易得到积累与提升。这些特点使云南各民族对内地文化有明显的亲近感，也成为云南与内地建立良好关系的基石。

南方与北方边疆民族融合的过程，也存在较明显的差异。

在北方游牧民族南下并移居农业地区的过程中，内迁的游牧部落被中原农业文明融合，而新的游牧民族又从草原深处迁到前代游牧民族留下的空地，因受中原地区发达的农业文明吸引而继续南下，形成新的人口迁徙浪潮，于是重演新一轮农业文化与游牧文化激烈冲突的悲喜剧。这表现为北方游牧民族与中原汉族之间不断地发生激烈冲突乃至战争，中原汉族社会不断地接纳与消化游牧民族人口。由于北方游牧民族有游徙不定、行动迅速等特点，其南下中原往往带有突然性与某种周期性。北魏高闾说："狄散居河泽，随逐水草，战则与家产并至，奔则与畜牧俱逃，不齐资粮而饮食足。是以古人伐北方，攘其侵掠而已。历代为边患者，良以倏忽无常故也。"①

南方边疆民族与内地间的经济、文化的交流与民族融合，则属于渐进型与积累型。一方面，南方边疆民族与内地汉族融合的途径，主要是汉族人口不断进入边疆地区而逐渐被"夷化"，边疆本地民族与外来民族的接触与融合呈渐进式，较少出现激烈的冲突并引发社会动荡。另一方面，由于南方边疆地区的经济形态，普遍是以较低水平的农业经济为基础，同时兼营畜牧业、采集业、渔猎业的初级复合型经济，因此迁入边疆的人口较易适应，故不同形态文明间的冲突，较北方游牧地区相对缓和。

数千年来，中原地区始终是东亚大陆经济的中心与文化交流的腹心地区。在此基础上建立起来的城市，也成为科学技术、文化艺术的中心，因此，四周各族都以中原地区的文明作为仿效的典范。西北游牧民族进入中原后，由于自我文化积累不足，其本身的游牧文明与农业文明之间的文化特色有着强烈反差，导致游牧民族普遍

---

① ［北魏］高闾：《请筑长城表》，载《全上古三代秦汉三国六朝文·全后魏文》卷三十，河北教育出版社，1997 年，第 8 册，第 478 页。

出现强烈的归属中原王朝文明的意识，并把自己说成是后者的继承者。与此形成对照的是，南方边疆民族的文化一般有持续的积累，并长期接触与吸收内地文化，因此在出现文化碰撞的时候，南方边疆民族丧失自我文化的情形很少，南方边疆民族也不愿问鼎中原，进而取代中原王朝。

在民族关系方面，南方边疆以本地民族为主，融合外来人口，并且逐渐发展壮大，这是一个基本趋势。与北方边疆相比较，南方边疆主体民族的发展程度与中原汉族在经济文化方面的差距并不很大，并且能较稳定地演变与发展。秦汉以来，今云南地区形成了居于主导地位的本地民族白蛮。南诏时期数十万内地人口落籍云南地区，大部分融入白蛮之中，产生了广泛而深远的影响，云南各民族尤其是白蛮对内地的政治、文化认同感也明显增强。南诏之后的大理国，再三请求与宋朝建立臣属关系，虽屡遭挫折仍不回头，在此或可找到答案。

南方边疆民族对于统一国家与中央政府有较深刻的认同，这一点可从文化圈的视角来解释。以华夏文化为主体的中华文化是一个巨大的文化圈，也是中国统一多民族国家形成与发展的基础。边疆民族的文化是该文化圈中的亚文化部分，并受到中华文化圈的支配与影响。南方边疆民族的文化基本上属于农业文化的范畴，南方边疆民族在长期的发展过程中，逐渐吸收内地的人口、经济和文化等因素，原有的初级农业文化得到积累与提升，与内地华夏文化的差异逐渐缩小。这些特点使南方边疆民族对内地文化有明显的亲近感，并成为云南与内地建立良好关系的基石。因此，云南文化圈与华夏文化圈，两者虽有一定的差异并相互交叠，但内涵接近且处于同质演化的过程，或者说云南文化圈被华夏文化圈逐渐覆盖，随着时间的推移，云南文化圈与华夏文化圈核心部分的差别愈来愈小，云南与内地逐渐形成一个不可分割的整体。

20世纪70年代中期，编撰《中国历史地图集》的人员，曾向郭沫若先生请教如何从整体上评价我国古代的民族关系。郭老认为总体上是"北方防御，南方浸润"，并解释"浸润"主要是文化浸润。[1] 郭老的观点是非常准确与深刻的。笔者认为，郭老所说的"北方防御"，主要是指北方游牧民族不断南下，给中原王朝造成很大压力，双方的关系基本上是前者南下侵扰与后者防御的关系，民族融合的特点，表现为融合过程相对激烈同时又充满矛盾。所谓"南方浸润"，则是指南方边疆民族很少越出居住地域进入中原，而与中原汉族之间，在文化方面有较多的相通之处；双方的关系，主要是南方边疆民族为中原汉文化所浸润，民族融合过程表现为渐进式的发展与相嵌式的融合。

由此看来，南诏、大理国在云南地区建立政权并统治500余年，既符合云南地区历史发展的逻辑，也是特殊历史条件下的产物。南诏在唐朝的支持下崛起，在统一东部爨氏白蛮地区之前，南诏对唐朝表现出了高度的忠诚。此后，南诏的政治诉求与唐朝的利益发生冲突，由于唐朝处置失当，双方关系破裂。在与唐朝发生冲突并诉诸武力的过程中，南诏一再希望与唐朝重叙旧好，并在贞元十年（794）终成事实。异牟寻去世后，唐朝、南诏的关系恶化并陷入长期战争，其中既有南诏后续统治者短视、无能等方面的原因，又与唐朝政治的腐败、决策的失误有密切关系。在历史过程的若干节点，若唐朝能及时、妥当地处理双方关系，残酷的战争可能就会结束，云南地区分裂的社会土壤或被铲除。推而论之，可能未必会出现其后宋朝疏远大理国300余年的局面。

太和三年（829），南诏军将王嵯巅率兵大举进攻西川（今四川成都及其附近地区），拉开了南诏与唐朝近半个世纪残酷战争的序幕，也直接导致南诏走向衰落与灭亡。

在太和三年（829）以前，南诏与唐朝虽发生过多次战争，但这些战争皆因具体原因而起，而且大都有时间与规模的限度，南诏还从一些战争中获得收益，因此这些战争对南诏转入颓势的影响较为

---

[1] 转引自《陈连开先生访谈录》，载邸永君主编：《民族学名家十人谈》，民族出版社，2009年，第64—65页。

有限。

太和三年（829），南诏军大举进攻西川（今四川成都及其附近地区），不但攻据巂州（今四川西昌）、戎州（今四川宜宾）、邛州（今四川邛崃）、黎州（今四川汉源北）、雅州（今四川雅安西）等地，而且首次攻入成都，"大掠子女、百工数万人及珍货而去"。军将王嵯巅出兵西川地区的借口，是"（剑南西川节度使）杜元颖不恤军士，怨苦元颖，竞为乡导，祈我此行以诛虐帅。诛之不遂，无以慰蜀士之心"。南诏军进攻掠夺西川后，王嵯巅上书唐朝狡辩，并虚伪地与唐朝边将郭钊立约，约定不相侵扰。① 可见其时王嵯巅还不敢悍然撕毁南诏归唐的协议，进攻西川地区具有试探唐朝的性质。

大中十二年（858），南诏初攻安南（今越南河内），不久撤退。其原因是安南都护李涿为政贪暴，致使安南群蛮心存怨恨，乃导引南诏军进攻安南。咸通元年（860），南诏发动对唐朝辖地的全面战争，先后攻下安南、巂州（今四川西昌）、邛崃关（在今四川荥经西南）等地，由于遭受南诏军的掳掠，邕州居民十不存一。②

世隆在位的近20年，是南诏对唐朝辖地发动掠夺战争近乎疯狂的时期。世隆死，子隆舜继立，遣使至邕州（今广西南宁南），向岭南西道节度使辛谠约和，僖宗许之。自此，南诏与唐朝的紧张关系有所缓和，南诏对唐朝的战争亦渐止息。但长期的战争已给双方的经济造成很大破坏，这也是大规模战争不可能延续的一个原因。史载："自劝龙晟至世隆以来，侵蜀伐安南，用兵五十余年，帑藏不给，横敛于民，上下俱困。舜立，耽于酒色，委政臣下，故愿求和于唐，乃遣段嵯宝诣岭南节度使辛谠，请修好。"③ 广明元年（880），唐朝宰相卢携等讨论南诏求和亲事，回顾了咸通以来南诏发动掠夺战争的情形。其言："自咸通以来，蛮两陷安南、邕管，一入

---

① 《资治通鉴》卷二百四十四《唐纪六十》，太和三年十二月，第7868页。
② 《资治通鉴》卷二百五十《唐纪六十六》，咸通二年七月，第8095页。
③ 〔明〕倪辂辑，〔清〕王崧校理，〔清〕胡蔚增订，木芹会证：《南诏野史会证·大蒙国》，云南人民出版社，1990年，第167页。

黔中，四犯西川，天下疲弊，逾十五年。租赋太半不入京师，三使、内库由兹空竭，战士死于瘴疠，百姓因为盗贼，致中原榛杞，皆蛮故也。"①

南诏对唐朝辖地的掠夺战争，在高峰时期接近疯狂。咸通四年（863），南诏军再次攻陷安南（今越南河内）。懿宗对夺回安南基本上失去信心，诏令诸道兵赴援安南者皆回还，以分保岭南地区的东道、西道。这一时期南诏与唐朝在西川（今四川成都及其附近地区）、安南、今广西等地展开激烈的拉锯战，唐廷为此甚感疲惫。懿宗诏令安南、邕州（今广西南宁南）、西川诸军各保疆界，勿再招惹南诏。又托人带话给南诏统治者，称若重修旧好，一切释之不问。②

咸通十年（869），南诏倾全力进攻西川（今四川成都及其附近地区），在大渡河南岸与唐军隔水相拒，互射九日八夜。南诏分兵伐木开道，逾越大雪山至嘉州沐源川（今岷江支流沐川河），进而攻下嘉州（今四川乐山）、黎州（今四川汉源北）、雅州（今四川雅安西）、邛州（今四川邛崃）等地。面临即将到来的浩劫，西川军民极为恐慌，"民窜山谷，败军所在焚掠"。南诏军至邛州时，守军已抢掠一番后逃走，"城已空，通行无碍矣"。③乾符元年（874），南诏又攻西川（今四川成都及其附近地区）。南诏军在大渡河边集结，"钲鼓声闻数十里"。与之对峙的唐军精神崩溃，遂溃败。南诏军攻下黎州（今四川汉源北）、邛崃关（今四川荥经西南）、雅州（今四川雅安西），防守唐军奔入邛州（今四川邛崃），"成都惊扰，民争入城，或北奔他州"。南诏兵至新津而还，剑南西川节度使牛丛恐南诏军至，竟然"豫焚（成都）城外，民居荡尽，蜀人尤之"。④

南诏对唐朝辖地频繁地发动战争，初衷是掠夺财物与人口。太

---

① 《资治通鉴》卷二百五十三《唐纪六十九》，广明元年六月，第8227页。
② 《资治通鉴》卷二百五十《唐纪六十六》，咸通七年十一月，第8116页。
③ 《资治通鉴》卷二百五十一《唐纪六十七》，咸通十年十二月，第8152页。
④ 《资治通鉴》卷二百五十二《唐纪六十八》，乾符元年十一月、十二月，第8172—8173页。

和三年（829），南诏攻下成都，"大掠子女、百工数万人及珍货而去"。咸通二年（861），"南诏知边人困甚，剽掠无有，不入寇"。① 另据记载，咸通五年（864），"南诏知邕州空竭，不复入寇"，唐军"久之不敢进军取安南"。② 南诏发动的战争具有极大的破坏性，蜀人民谚称："西戎尚可，南蛮残我。"③ 南诏对唐朝辖地的野蛮掠夺与肆意破坏，理应受到谴责。世隆为南诏王时，对唐朝的战争接近疯狂。南诏军俘虏唐朝百姓，"必劓耳鼻已，纵之，既而居人刻木为耳鼻者什八"④。

南诏规定全民皆兵，《新唐书》卷二百二十二上《南蛮传上》称："壮者皆为战卒，有马为骑军。人岁给韦衫裤。以邑落远近分四军，以旗帜别四方，面一将统千人，四军置一将。"《蛮书》卷九《南蛮条教》谓："战斗不分文武；无杂色役；每有征发，但下文书与村邑理人处，克往来月日而已；其兵仗人各自赍，更无官给。""每家有丁壮，皆定为马军，各据邑居远近，分为四军；以旗幡色别其东南西北，每面置一将，或管千人，或五百人。四军又置一军将统之。"每次出战，南诏王遣清平官或腹心一人在阵前监视，对军士用命、不用命及军功之大小与先后，均记录在册，"凭此，为定赏罚"。"诸在职之人，皆以战功为褒贬黜陟"。每次出征，允许军士每人携带粮米1斗5升，"各携鱼脯，此外无供军粮料者。蛮军忧粮易尽，心切于战。出界后许行劫掠，收夺州溪源百姓禾米、牛羊等辈"。军士回营须接受验伤，凡正面伤于刀箭者准予治疗休养。若背部伤于刀箭，则断定是临阵退却，即刀刃其背。

在严格制度的压力之下，南诏军队的战斗力极强，军士作战十分用命。因实行全民皆兵的政策，军士的装备、口粮、日常训练等须自行解决，战时全员出征，军士的生死难以预料。南诏的军事制

---

① 《新唐书》卷二百二十二中《南蛮传中》，第6282页。
② 《资治通鉴》卷二百五十《唐纪六十六》，咸通五年七月，第8110页。
③ 《新唐书》卷二百一十五上《突厥传上》，第6027页。
④ 《新唐书》卷二百二十二中《南蛮传中》，第6288页。

度对社会造成了沉重负担，严重影响了社会生产，尤其是耕作时效性较强的农业生产，南诏社会由此处于激烈的动荡之中。若战争过于频繁或遭到重大失败，南诏社会将承受沉重的打击，从而进一步衰落。

南诏的衰落与灭亡还有一个重要原因，即后期缺少干练、高瞻远瞩的政治家。元和三年（808）异牟寻卒，此后南诏的王位更迭频繁，继任者大都过于年轻，普遍缺少治国理政的经验，甚至有少数继任者性格冲动、狂暴，为些微小事轻易对唐朝发动战争，对南诏、唐朝都造成了严重伤害。异牟寻卒后，子寻阁劝立。元和四年（809）寻阁劝卒，年仅13岁的儿子劝龙晟继位。劝龙晟在位时残暴荒淫，臣民怨恨不已。不久劝龙晟被弄栋节度使王嵯巅杀害，改立其弟劝利为王。随后劝利死，其弟丰祐继为王。大中十三年（859），丰祐死，世隆代之，以王嵯巅为摄政。世隆嗣立后，不断对唐朝发动战争。

乾符四年（877），世隆卒，隆舜继任南诏王。隆舜"耽于酒色，委政臣下，故愿求和于唐，乃遣段嵯宝诣岭南节度使辛谠，请修好"①。隆舜时年17岁（一说23岁），"好敁猎酖逸，衣绛紫锦罽，镂金带。国事颛决大臣"。继位当年，隆舜遣使者诣邕州节度使（治今广西南宁南）辛谠请求修好，僖宗颁诏令遣使答报。辛谠遣幕府徐云虔摄使者之名往见。徐云虔报告此行所见如下：

> 到善阐府，见骑数十，曳长矛，拥绛服少年，朱缯约发。典客伽陀酋孙庆曰："此骠信也。"问天子（按：指唐朝皇帝）起居，下马揖客，取使者佩刀视之，自解左右钮以示。乃除地刬三丈版，命左右驰射。每一人射，法骐马逐以为乐，数十发止。引客就幄，偗子捧瓶盂，四女子侍乐饮，夜乃罢。又遣问客《春秋》大义，送使者还。②

① 《南诏野史会证·大蒙国》，第167页。
② 《新唐书》卷二百二十二中《南蛮传中》，第6291页。

从行事待客的风格来看，南诏王隆舜仍是不懂事的孩子。继异牟寻之后的南诏王多类于此，令人嗟息。

异牟寻之后的一些南诏王，还存在明显的性格缺陷，有的动辄杀人，有的轻易对唐朝发动战争，一些借口令人啼笑皆非。发动战争容易，但战争往往会导致不堪收拾的严重局面。长庆三年（823），南诏王劝利卒，其弟丰祐嗣立。南诏入贡看重唐朝的赐予。其时杜悰为剑南西川节度使，因南诏入贡随从过多，奏准减其数，丰祐得知十分恼怒，其贺冬使者留表嶲州（今四川西昌）而还。又索回在成都求学的南诏子弟，上奏唐朝的表疏语言不逊，"自是入贡不时，颇扰边境"①。世隆为南诏王，因使者至唐"礼遇甚薄"，乃怀恨在心。"世隆"之名犯唐玄宗之讳，嗣继时唐朝未予册封，世隆遂自称"皇帝"，国号"大礼"，并派兵攻陷播州（今贵州遵义）。② 世隆性情残暴，年少即嗜好杀戮，"亲戚异己者皆斩，兵出无宁岁，诸国更仇忿，屡覆众，国耗虚。蜀之役，男子十五以下悉发，妇耕以饷军"③。唐代后期，西川将吏出使南诏，"骠信皆坐受其拜"，唐朝为此耿耿于怀。高骈就任剑南西川节度使（治今四川成都）后，得知南诏崇尚佛教。乾符三年（876），高骈乃遣和尚景仙出使南诏，世隆果然亲率大臣迎拜，可谓演出了一场闹剧。④

天复二年（902），清平官郑买嗣发动政变，杀死南诏王舜化贞与王族 800 余人，南诏亡。⑤ 南诏虽结束于宫廷政变，但其灭亡同时也是南诏内外矛盾激化以及统治者问政短视、无能的必然结果。

---

① 《资治通鉴》卷二百四十九《唐纪六十五》，大中十三年十二月，第 8078 页。

② 《资治通鉴》卷二百四十九《唐纪六十五》，大中十三年十二月，第 8078 页。

③ 《新唐书》卷二百二十二中《南蛮传中》，第 6289 页。

④ 《资治通鉴》卷二百五十二《唐纪六十八》，乾符三年十一月，第 8185—8186 页。

⑤ 《滇云历年传》卷四，第 155 页。

第三节　大理国的兴起与巩固

与南诏的情形类似，大理国的发展演变，同样经历了从兴起、巩固到衰落灭亡的过程。大理国的兴起与巩固，是其创立者段思平行事睿智、顺时而变的结果。而大理国的衰落与灭亡，并非因其发动对中原王朝的战争，而主要是因大理国内部持续的分裂，以及受北方蒙古军突袭。政和七年（1117），北宋封大理国首领段和誉为云南节度使、大理国王，大理国达到兴盛的顶点。宋朝南渡后，南宋对大理国的态度较北宋更为冷淡，一定程度上恶化了大理国的外部环境，成为促使大理国走向衰落与灭亡的因素之一。

一、大理国的兴起

唐天祐四年（907），朱温灭唐建立后梁。至北汉广运六年（979），北宋平定北汉，中国进入五代十国时期。主要统治南方的两宋，先后与北方的辽、西夏、金和蒙古相对峙。自五代十国始，至南宋为元所灭的300多年间，是中国分裂和局部统一的时期，与五代十国、两宋时期大致相当。在这一时期，云南与今川西南先后被大长和国、大天兴国、大义宁国、大理国统治。

唐天复二年（902），南诏清平官郑买嗣起兵，杀死南诏末代王舜化贞，以及蒙舍王族800余人，南诏亡。郑买嗣自立为王，改国号为"大长和国"，改元"安国"。① 后梁开平三年（909），郑买嗣卒，子郑仁旻继立。乾化四年（914），郑仁旻遣军进攻黎州（今四川汉源北）、雅州（今四川雅安西），蜀王王建遣将大破之，追至大渡河畔，俘斩数万人，渡河又溺死数万人。② 乾德年间，大长和国

---

① 《南诏野史会证·大长和国》，第187页。《滇云历年传》卷四，第155页。
② 《资治通鉴》卷二百六十九《后梁纪四》，乾化四年十一月，第8785页。

遣布燮段义宗、判官赞卫等使蜀，与前蜀朝臣咏诗酬答。[①] 后唐同光三年（925），郑仁旻遣使求婚于南汉，使者郑昭淳与南汉王游宴赋诗，南汉王及群臣皆不及郑昭淳，南汉乃以增城公主嫁郑仁旻。[②] 天成元年（926），郑仁旻死，子郑隆亶嗣立，年仅 12 岁。两年后郑隆亶被东川节度使杨干贞杀死，大长和国亡。杨干贞立清平官赵善政为王，称"大天兴国"。杨干贞认为赵善政待己有亏，于次年诛赵善政自立为王，号"大义宁国"。杨干贞在位期间贪暴专横，臣民皆不堪命。

后晋天福二年（937），通海节度使段思平起兵，攻灭大义宁国，废杨干贞为僧，建大理国，改元"文德"。大长和国、大天兴国、大义宁国、大理国，均以大理城（阳苴咩城）为都城。在南诏灭亡至大理国建立的 35 年间，云南地方政权经历了大长和国、大天兴国、大义宁国的更替。上述三个地方政权的更迭，说明南诏后期社会矛盾十分尖锐，社会动荡不已。大长和国、大天兴国与大义宁国，虽通过宫廷政变实现了政权更替，但未能有效地缓解社会矛盾，建立的统治必然不会长久。

段思平起兵获得成功，其统治延续了 300 余年，其中一个原因是段氏为世袭白蛮贵族，在当地势力根深蒂固。史称段思平的祖先是武威郡（治今甘肃武威）北人，世代为南诏的重要将领。[③] 可见段氏源自汉晋时期的南中大姓，之后融入白蛮。自南诏以来段氏家族身居高位，具有很深的社会根基。大理国时期段思平担任通海节度使，手握重兵，镇守一方。段思平获得成功亦有深刻的时代背景。南诏后期政事不修，兵出无宁岁，赋重役苛，导致阶级矛盾与民族矛盾尖锐化。段思平看到了这一点，起事时采取了适当的策略。

段思平起兵，以免除差役等为承诺，获得东部乌蛮三十七部的

---

① 〔后蜀〕何光远：《鉴诫录》，学津讨原本。
② 《资治通鉴》卷二百七十四《后唐纪三》，同光三年十二月，第 8950 页。〔宋〕欧阳修撰，〔宋〕徐无党注：《新五代史》卷六十五《南汉世家》，中华书局，1974 年，第 812 页。
③ 《南诏野史会证·大理国》，第 209 页。

支持。三十七部等势力会师于石城（今云南曲靖西），众至10余万人，"敲行而西，所向无敌"①。段思平起兵，由于支持者众多，"所向皆克，遂进攻大理"。段思平又向民众宣称："尔等协力，我得国必报之，减尔税粮半，宽尔徭役三载。"② 这个举措争取到了广大自耕农的支持。大理国建立，段思平兑现诺言，"赦三十七部差役"③，"赦国中凡有罪无子孙者"。又"尽逐杨氏邪臣，除苛令"，获得封建领主与百姓的积极响应，"于是远近归心，诸彝君长各来贡献"。④

南诏后期以来，各路诸侯纷纷崛起，段思平顺应了这一现实。起事成功后，段思平将重要诸侯即大封建领主分封到各地。后晋天福三年（938），段思平以贵族高方为岳侯，管理成纪（今云南永胜北）、巨桥（在今云南昆明市晋宁区昆阳镇），以爨判为巴甸侯。同时，段思平为收揽人心，力倡佛教。史称段思平"好佛，岁岁建寺，铸佛万尊"⑤。

开运元年（944），段思平病死，子段思英嗣继。次年，其叔段思良争位自立，废段思英为僧。段思良卒，子段思聪于后周广顺二年（952）被扶持继位。宋开宝二年（969），段思聪死，子段素顺立。雍熙二年（985），段素顺死，子段素英嗣继。景德元年（1004），段素英在大理国实行开科取士的制度。段素英卒于大中祥符二年（1009），子段素廉继位。乾兴元年（1022），段素廉卒，侄素隆继位。天圣四年（1026），段素隆逊位为僧，侄段素贞继为大理国王。庆历元年（1041），段素贞出家为僧，孙段素兴继立。段素兴于善阐（今云南昆明旧城南关外）广营宫室，荒淫日甚，国人废之。庆历四年（1044），大理国立段思平的后裔段思廉为国王。段思廉在位期间，广源州首领侬智高起兵反抗宋朝，失败后逃入大理国。

---

① 〔清〕冯甦：《滇考》上，载〔清〕王崧编纂，李春龙点校：《云南备征志》卷十一《故实十一》，云南人民出版社，2010年，第696页。
② 〔明〕蒋彬：《南诏源流纪要》，载《云南史料丛刊》第4卷，第748页。
③ 《南诏野史会证·大理国》，第207页。
④ 《滇考》上，载《云南备征志》卷十一《故实十一》，第697页。
⑤ 《南诏野史会证·大理国》，第210页。

宋朝派人追究，大理国杀死侬智高，函首送宋。熙宁八年（1075），段思廉退位为僧，子段廉义立。段廉义遣使入贡于宋。元丰三年（1080），贵族杨义贞杀死段廉义自立。善阐侯高智升遣兵讨平之。

贵族高方被段思平封为岳侯，分治成纪（今云南永胜北）、巨桥（在今云南昆明市晋宁区昆阳镇）等地后逐渐坐大。[①] 据《南诏野史会证·大理国》所载，宋嘉祐八年（1063），洱海地区的贵族杨允贤发动叛乱，大理国王段思廉命高方的后裔高智升讨平。高智升被大理国封为善阐侯，世代统治善阐（今云南昆明旧城南关外）。宋元丰三年（1080），洱海地区的贵族杨义贞发动政变，杀死大理国王段廉义。高智升令子高升泰率兵至洱海地区，诛杀杨义贞等人，并扶持段廉义之侄段寿辉为国王。段寿辉封高智升为大理国布燮（宰相），以高升泰为善阐侯，此后高氏的影响从滇池地区扩张到洱海地区。元丰四年（1081），段寿辉让位给段思廉之孙段正明。段正明于绍圣元年（1094）逊位为僧。高升泰掌握权柄，改国号为"大中国"。绍圣三年（1096），高升泰病死，高氏遵守高升泰的遗言，还大理国权柄于段氏，立段正明之弟段正淳为国王，史称"后理国"。

后理国贵族形式上奉段氏为王，但实际权力由高氏掌握，段氏徒拥虚位而已。段正淳以高泰明为相，高泰运为栅主，"赏罚政令，皆出其门，国人称为'高国主'"[②]。高氏的势力从善阐（今云南昆明旧城南关外）与洱海地区，发展到今云南嵩明、易门、楚雄、禄丰、姚安、鹤庆、永胜、腾冲、保山与四川西昌等地。高智升的二子高升泰、高升祥，分治大理、善阐两地，高升泰及其后代控制今滇西地区，高升祥家族则占据今滇东一带。后理国修楚雄（今属云南）等城，并遣大臣入宋，求经籍、药书。

后理国积极发展与周边地区的关系，注意笼络各路诸侯。善阐（今云南昆明旧城南关外）领主高观音来朝，向大理国进金杖80节、

---

① 参见《西南通史》，第369页。
② 《滇考》上，载《云南备征志》卷十一《故实十一》，第698页。

百姓 33000 户。后理国赐以八章礼衣、龙头剑，擢其为安东将军。位于中南半岛的缅人、昆仑、波斯诸部，亦遣使来朝后理国，进贡白象与香物。大观二年（1108），段正淳逊位为僧，子段和誉继立。缅人进贡金花犀象。位于今滇东、滇东北的乌蛮三十七部反叛，相国高泰明率兵讨平，以子高明清镇守善阐。段和誉遣使褒奖高泰明，封为"平国公"。高泰明死，其弟高泰运主国事。政和七年（1117），后理国遣使至宋朝，贡马匹、麝香、牛黄、细毡、碧玕山等物，宋廷封段和誉为云南节度使、大理国王。①

南宋绍兴三年（1133），后理国请求入贡，宋朝则予以推托。东部乌蛮三十七部进攻善阐（今云南昆明旧城南关外），高明清率兵迎敌战死。后理国以高升泰侄高量成为相，称"中国公"。绍兴十七年（1147），段和誉自感年老，亦因诸子争位，乃退位为僧，子段正兴继立。高量成让相位给其侄高寿贞，自己退居楚雄（今属云南）。高寿贞死，大理国以高寿昌为"中国公"。乾道八年（1172），段正兴逊位为僧，子段智兴嗣继。段智兴遣李观音得等入宋，至广西横山寨（在今广西田东）请求售马。李观音得夺高寿昌之位，予其侄高寿明，后理国统治集团发生内斗，战火波及多地。庆元六年（1200），段智兴卒，子段智廉立。段智廉遣使入宋朝求《大藏经》，宋朝赐之，归置大理五华楼。开禧元年（1205），段智廉卒，弟段智祥立。段智祥遣兵征乌蛮三十七部，至寻甸平之。嘉熙元年（1237），段智祥封高隆为善阐王，以高泰祥为相国。在其统治时期，"举贤育才，时和年丰，称治国焉"②。

嘉熙二年（1238），段智祥逊位为僧，子段祥兴立。淳祐四年（1244），蒙古军出灵关（在今四川宝兴县南灵关镇）攻大理，段祥兴遣将高禾迎战。高禾败死，蒙古军亦退去。宋遣使吊祭高禾。淳祐十一年（1251），段祥兴死，子段兴智继立。宝祐元年（1253），蒙古宗王忽必烈率蒙古骑兵，绕道西北渡金沙江进攻后理国，相国

---

① 《宋史》卷四百八十八《外国传四》，第 14073 页。
② 《南诏野史会证·后理国》，第 307 页。

高泰祥率军拒战不胜，蒙古军攻下大理城（在今云南大理）。段兴智出奔善阐（今云南昆明旧城南关外），高泰祥逃至姚州（今云南姚安北）。蒙古军追杀高泰祥，俘获段兴智于昆泽（今云南宜良东北）。段兴智降，并与叔父段福入觐，接受蒙哥汗所赐金符。大理国（包括后理国）统治316年，传22世。①

二、大理国的巩固

在云南发展史上有一个值得注意的现象，即古代云南地区所经历的统一与分裂，以及停滞与发展，在时间上与全国大致同步。

自建元六年（前135）汉武帝在云南地区设郡县，云南地区被纳入中原王朝的版图，至元熙二年（420）东晋灭亡的500余年间，云南地区与全国一样，经历了大致统一、较快发展的时期。东晋以后出现南北朝，全国进入第一次大分裂时期。中原王朝丧失对云南地区的管控权，该地被爨氏大姓割据。随后，唐朝再次统一云南地区并积极经营，在安史之乱前的130余年间，云南地区与唐朝都获得了较迅速的发展。安史之乱后唐朝的统治陷入危机，五代十国时期出现第二次大分裂，南诏亦与唐朝决裂，与吐蕃结盟，进而割据云南等地。五代十国后，出现宋、辽、西夏、金等政权对峙的局部统一，大理国管控云南地区达316年。在南诏后期至宋宝祐元年（1253）蒙古军统一大理国地区的400余年间，云南地区与中原王朝的关系不正常，云南地区的发展速度减缓，经济、文化出现边缘化的危险倾向。元朝实现了更高水平的统一，开创了600余年全国持续统一的局面。自元代起，云南地区再未出现严重的分裂割据，而进入与全国共享统一、顺利发展的历史阶段。

可见，云南地区的形势受内地状况的深刻影响，可说是与内地一损俱损，一荣俱荣，这表明了边疆与内地存在着密不可分的关系。

基于上述认识，可以看出大理国建立后，维持了长时间和平、

---

① 《云南志略辑校·云南总叙》，载《大理行记校注　云南志略辑校》，第83页。

致力于经济发展的局面，在南诏后期遭受战乱破坏的基础上，社会经济有所恢复与发展。但受特定的时代背景、周边环境、统治者旨趣等因素的影响，大理国存在的时间虽较长，但社会经济恢复与发展的水平仍有限，文化方面的进步亦不明显，对疆土的维系在前、后期也有明显变化。尤其在政治舞台上，大理国的作为与影响，更难以望南诏之项背。

大理国建立后，统治趋于巩固，与大理国面临的周边环境有关。唐朝统治时期，周边各民族获得迅速发展。唐朝灭亡，中国政治失去重心，进入诸多势力分裂割据的时期。北宋建立，结束了十国并立的局面，但五代时期契丹势力的南进并未结束，进而演变为北宋的心腹大患。北宋与辽、西夏鼎足而立，中国进入南北分裂、局部统一的时期。1115 年女真建金，屡败辽朝，宋、金联合攻辽。金灭辽后，移师攻下北宋的都城开封，北宋灭亡。赵构在南方即位，建立南宋。南宋的国力逊于北宋，在与北方边疆诸朝的竞争中长期处于下风。

因此，两宋治边，奉行"重北轻南""守内虚外"的方略。为将主要兵力、财力用于北方边疆的防守，两宋对经营西南边疆持消极态度。元人郭松年说："宋兴，北有大敌，不暇远略。"[1] 可谓一语中的。乾德三年（965），在后蜀被平定不久后，将领王全斌"欲乘势取云南"，以相关地图进献。宋太祖赵匡胤"鉴唐天宝之祸起于南诏，以玉斧画大渡河以西曰：'此外非吾有也。'"[2] 赵匡胤与大理国划大渡河为界，宋朝历代君王一直遵循这一边界。绍兴六年（1136），翰林学士朱震说："大理国本唐南诏，大中、咸通间，入成都，犯邕管，召兵东方，天下骚动。艺祖皇帝鉴唐之祸，乃弃越嶲诸郡，以大渡河为界，（使大理国）欲寇不能，欲臣不得，最得御戎

---

[1]　〔元〕郭松年撰，王叔武校注：《大理行记校注》，载《大理行记校注　云南志略辑校》，第 20 页。

[2]　〔清〕毕沅：《续资治通鉴》卷四《宋纪四》，乾德三年正月，岳麓书社，1992 年，第 1 册，第 43 页。

之上策。"① 政和末年，地方官吏上书，请于大渡河外置城邑，便于与大理国互市，宋徽宗询黎州知州宇文常。宇文常称："自孟氏入朝，艺祖取蜀舆地图观之，画大渡为境，历百五十年无西南夷患。今若于河外建城立邑，虏情携贰，边隙浸开，非中国之福也。"②

两宋统治者治边思想十分保守，加剧了其"重北轻南"的倾向。淳化二年（991），宋太宗对近臣说："国家若无外忧，必有内患。外忧不过边事，皆可预防。惟奸邪无状，若为内患，深可惧也。帝王用心，常须谨此。"③

北宋因需要战马，不得已与大理国建立互市。政和七年（1117），大理国进贡马匹、麝香、牛黄、细毡、碧玕山等物，宋廷乃封大理国主段和誉为大理国王。④ 宋廷南渡后，对大理国的戒心有增无减。《宋史》将大理国列入《外国传》，与交趾同列。《宋史》卷一百一十九《礼志二十二》称："诸国朝贡。其交州、宜州、黎州诸国见辞，并如上仪。"《宋史》卷四百八十五《外国传一》称："交阯、占城、真腊、蒲耳、大理滨海诸蕃，自刘铢、陈洪进来归，接踵修贡。……来则不拒，去则不追；边圉相接，时有侵轶，命将致讨，服则舍之，不黩以武。"《宋史》在二十四史中篇幅最为浩繁，除《大理国传》外，《宋史》的其余部分提及大理国者不到 20 处，仅为言及西夏等王朝的十余分之一甚至几十分之一。

由于两宋对大理国持防范、疏远的态度，大理国基本上被排斥于中国的政治舞台之外，经济、文化的发展受到不良影响，甚至出现被边缘化的倾向。但是，这也使大理国避免卷入与内地有关的战火，争取了和平、安定的社会环境，这对大理国社会经济的恢复与

---

① 〔宋〕朱震：《为大理国买马事陈方略奏》，载《云南史料丛刊》第 2 卷，第 214 页。
② 《宋史》卷三百五十三《宇文昌龄传》附《宇文常传》，第 11149 页。
③ 〔宋〕李焘：《续资治通鉴长编》卷三十二，淳化二年八月，中华书局，1980 年，第 719 页。
④ 《宋史》卷四百八十八《外国传四》，第 14073 页。

发展是有利的。一些宋人、元人进入云南地区，目睹了从大理国时期延续下来的一些情形。

北宋熙宁七年（1074），峨眉进士杨佐一行至大理国联系买马。他们自峨眉县（今四川峨眉山市）往南进入大理国界，"渐见土田生苗稼，其山川、风物略如东蜀之资、荣"①。汉人刘秉忠随蒙古军征讨大理国，行经丽江至大理的道路，作诗记录沿途的见闻。一首云："鳞层竹屋倚岩阿，是岁秋成粳稻多。远障屏横开户牖，细泉磴引上坡陀。"另一首谓："绿水洄环浇万壠。"②鹤州在今云南鹤庆。元人郭松年赴云南，言品甸（在今云南祥云）"甸中有池，名曰青湖，灌溉之利达于云南之野"，白崖甸（在今云南弥渡县红岩镇）"其地形南北袤，大小略与云南、品甸相埒，居民凑集，禾麻遍野"，赵州甸（在今云南大理市凤仪镇）"神庄江贯于其中，溉田千顷，以故百姓富庶，少旱虐之灾"；又称"（大理国）宫室、楼观、言语、书数，以至冠昏丧祭之礼，干戈战阵之法，虽不能尽善尽美，其规模、服色、动作、云为，略本于汉，自今观之，犹有故国之遗风焉"。大理玷苍山的雪水下流为十八溪，郭松年称"悬流飞瀑，泻于群峰之间，雪霆砰轰，烟霞晻霭，功利布散，皆可灌溉"③。元人李京言大理等地，"冬夏无暑，四时花木不绝。多水田，谓五亩为一双。山水明秀，亚于江南"④。从上述记录可以想见大理国时期云南各地社会安定、生产恢复发展的情形。

大理国周边环境出现的一个重要改变，是大理国的民族结构格局以及大理国的主体民族与周边民族的关系，较南诏时期发生了明显变化。

南诏的王室是乌蛮。但南诏王室长期混迹于白蛮社会，出现了

① 《续资治通鉴长编》卷二百六十七，熙宁八年八月，第6540页。
② 〔元〕刘秉忠：《藏春集》卷一，明刻本。
③ 《大理行记校注》，载《大理行记校注　云南志略辑校》，第11、12、14、20页。
④ 《云南志略辑校·诸夷风俗》，载《大理行记校注　云南志略辑校》，第88页。

南诏王室"白蛮化"的变化。乌蛮尚黑，白蛮尚白。在《南诏图传》中，南诏贵族却身穿与白蛮同样的白色衣服。大理国的建立者段思平，是南中大姓演变而来的白蛮，大理国的王室与主体民族均为白蛮。在大理国时期，南诏王室与东部乌蛮建立的联姻关系不复存在，双方向不同的方向发展。两宋应对南部蛮夷政策的一个特点，是具有相当的灵活性与随意性，两宋对大理国、广西诸族、云南东部乌蛮的政策都有差别。自南诏将东部爨氏白蛮的大部分人口迁至今滇西，今滇东、滇东北被以阿姹为首的乌蛮首领掌控，今滇东、滇东北地区的乌蛮，走上了与南诏、大理国有异的发展道路。今滇东等地的乌蛮不仅尽力扩大活动范围，还与中原王朝长期保持接触，并接受后者的羁縻。两宋在今滇东、滇东北乌蛮地区设置众多的羁縻州，今滇东、滇东北等地的乌蛮，俨然成为背靠中原王朝的强盛势力。

大理国建立时，段思平与今滇东、滇东北乌蛮的关系尚可。后者以免除南诏以来所征发差役为条件，出兵帮助段思平平定各地并建立政权。后来，两者的关系逐渐疏远，甚至屡次发生战争。例如：段和誉主政大理国时三十七部反叛，相国高泰明率兵讨平。之后三十七部复叛，甚至攻下善阐（今云南昆明旧城南关外），大理国贵族高明清战死。大理国王段智祥曾率兵征讨三十七部。大理国王段兴智在位期间，贵族高泰祥迎战远征而来的蒙古军队，曾募兵于三十七部。清康熙年间，在云南曲靖出土《大理国三十七部会盟碑》[1]，内容是大理国出兵今滇东北并与三十七部会盟之事，双方约定所言盟誓"务存久长"，但此事失于史籍记载。由此可见，大理国虽对三十七部施行有限度的羁縻，羁縻关系还维持至蒙古军攻灭大理国之前，但三十七部桀骜不驯，多次攻入大理国辖地，甚至攻下大理国的东都善阐，均有史可鉴。

至于南诏辛苦开发出来的云南南部，大理国时期也为金齿百夷所建的景咙金殿国所据。景咙金殿国以景咙（今云南景洪东南郊曼

---

① 《大理国三十七部会盟碑》，载《云南考古》（增订本），第168—169页。

景兰）为中心，地域范围包括兰那（今泰国北部昌盛）、猛交（今缅甸景栋南部孟呠）、猛老（今老挝琅勃拉邦）等地。大理国王赐其首领叭真以虎头金印，承认叭真为一方之主，但景昽金殿游离于大理国的管控范围外是不争的事实。在这样的情况下，大理国施治的对象仅限于白蛮地区，所任命的诸处诸侯也都是白蛮，并无法涉足三十七部、景昽金殿国等边远势力管控的地区，可见大理国切实统治的地域仍有其限度。

总而言之，大理国的国力不如南诏，统治者亦缺少治国能力与刻意进取的雄心，这对大理国的巩固与发展造成了不良影响。但也要看到，在其统治的 316 年间，大理国实现了持续的和平与较稳定的发展，大致巩固了南诏所开创的兴盛局面，对云南地区的发展功不可没。大理国实行分封管理的区域，主要是白蛮分布的地区。《云南志略辑校·诸夷风俗》说："白人，有姓氏。汉武帝开僰道，通西南夷道，今叙州属县是也。故中庆、威楚、大理、永昌皆僰人，今转为白人矣。"所言中庆（今云南昆明）、威楚（今云南楚雄）、大理（今属云南）、永昌（今云南保山），为云南主要的农业地区。在明代大量卫所进入云南地区，融合白蛮形成云南汉族之前，白蛮的分布范围可以说是遍布云南的坝子与大部分丘陵地区。大理国在 300 余年间努力经营白蛮地区，不仅发展了这些地区的经济与文化，还有效地加深了白蛮内部整合的程度，为明代云南汉族群体的形成创造了条件。至于大理国对周边的三十七部、景昽金殿国等势力施行有限度的羁縻，既维系了双方的关系，也有助于边远地区自身的发展，同样具有积极的意义。

第四节 大理国的分裂与灭亡

自后晋天福二年（937），通海节度使段思平起兵攻灭义宁国建大理国，至宋宝祐元年（1253）大理国被蒙古军平定，其间共 316

年。在大理国存在的 316 年间，若以政和七年（1117）宋廷封段和誉为云南节度使、大理国王为分界，前一时期大理国实现了稳定与兴盛，政和七年（1117）后大理国逐渐走向衰落。倘若如此，大理国前期的基本稳定与兴盛期共 180 年，政和七年（1117）后，大理国走向衰落、灭亡的时间约为 136 年。

一、大理国后半期的分裂纷争

南诏灭亡后的 35 年间，云南地区经历了大长和国、大天兴国、大义宁国三个短暂政权的更替。后晋天福二年（937），通海节度使段思平建大理国，云南的政局逐渐稳定。大理国前期的辖地与南诏大致相当，后期有效控制的区域主要是以洱海至滇池一带为中心的腹部地区，其他区域大都被其他势力分据。大理国约与宋朝相始终。大理国的发展演变，大致可分为前半期的兴起与巩固，以及后半期的分裂与灭亡两个阶段。

大理国统治时间较南诏长 60 余年，相关史籍却比南诏少得多。究其缘由，一是大理国长期被宋朝疏远与隔绝，经济、文化在与内地的交流中逐渐被边缘化。大理国亦使用汉字，但文献主要是用汉字记白蛮发音的"白文"写成的。不懂白蛮语者难以披读。元人李京称，大理国"佛教甚盛，戒律精严者名得道，俗甚重之。有家室者名师僧，教童子多读佛书，少知六经者，段氏而上，选官置吏皆出此"，可见大理国对内地文化不甚熟悉。李京又云："云南尊王羲之，不知尊孔、孟。"蒙元建云南行省，在中庆（今云南昆明）设文庙，云南百姓不识孔子塑像，称之为"汉佛"。[1] 大理国人熟知晋代书法家王羲之，对晋代以后内地的文化则感到陌生。大理国原有《白古通》等白文写成的史籍，主要在民间流传。明代寓居云南的士人倪辂等收集《白古通》等白文文献，改写为《南诏野史》《僰古通纪浅述》等著作，但内容与大理国史籍已有不同。明朝为统一边

---

[1] 《云南志略辑校·诸夷风俗》，载《大理行记校注　云南志略辑校》，第 87 页。

疆诸族的思想，收集并焚毁地方国史一类的文献，使上述情形雪上加霜。

缘由之二，是大理国农业地区已进入早期封建社会，对外掠夺财物、奴隶的战争彻底止息。除与安南发生过战争，未见大理国对外用兵的记载。基于相对和平的社会环境，南诏后期社会遭受战乱破坏的情形得以改观。大理国王族普遍醉心佛教，不仅有多位君王弃国出家，百姓亦普遍信仰佛教，"家无贫富皆有佛堂，旦夕击鼓参礼，少长手不释念珠，一岁之中斋戒几半"。① 在这样的社会环境中，并无较多的政治事件、社会变更等可供记载，这给人们研究大理国历史造成一定困难。但借助正史、笔记、尚存的一些大理国碑刻，还有云南的一些专史与地方志，后人仍能了解大理国的大致情形。

大理国时期云南地区最重要的改变，是农业地区陆续进入封建领主社会，导致大理国的内外政策发生明显变化。宋朝对大理国划大渡河为界，视大理国为外邦，清代孙髯翁所撰大观楼长联所言"宋挥玉斧"，大致反映了这一史实。大理国设两个都城，以大理城（在今云南大理）为正都，以善阐城（今云南昆明旧城南关外）为陪都或东都，但经营重点仍在今滇西一带。至于味县（今云南曲靖西）以北的今滇东北，因遭受战乱严重残破，并受"石门关道"长期衰落的影响，大部分地区退回到封闭隔绝的状态。

大理国实施有效统治时期主要在前半期。大理国后半期，周边山地和南方边疆的乌蛮、金齿百夷等势力崛起。今滇东、滇东南的乌蛮，组成号称"三十七部"的部落联盟；金齿百夷以今景洪为中心建立景昽金殿国，辖境南至今泰国北部。大理国与上述两个政权建立联盟的关系，实则是在大理国局部统一的旗帜之下，承认这两个政权对其所辖地区的实际控制权。这些地方势力大都有独立及扩

----

① 《云南志略辑校·诸夷风俗》，载《大理行记校注 云南志略辑校》，第87页。

张的倾向，与大理国关系疏远。乌蛮三十七部一方面联合反抗大理国的统治，还一度攻入善阐城（今云南昆明旧城南关外），而其内部也纷争不已。割据一方的势力还有居大渡河以南、金沙江以北地区的乌蛮邛部六姓。

在大理国的后半期，由于乌蛮三十七部、景眬金殿国等部落联盟或局部势力崛起，大理国对僻远地区仅能维持有限的羁縻。另外，大理国内部也出现了较严重的分裂。大理国建立以来，洱海、滇池等农业地区先后进入早期封建制阶段。以农业地区为聚居地的白蛮是大理国的主体民族，角逐最高统治权力的白蛮贵族段氏与高氏，均为白蛮中的望族，双方对权力的争夺十分激烈。大理国与中南半岛诸国仍保持着正常的商贸往来。大中祥符七年（1014），大理国与安南骤起纠纷，乃出动20万军队进攻安南，被安南打败，其王李公蕴遣使至宋献捷。[①] 除与安南发生过战争外，大理国与中南半岛的其余地区大致相安无事。

据史籍记载，大理国中后期政局的情形大致如下。

宋嘉祐八年（1063），大理国王段思廉命岳侯高智升讨杨允贤，克之。加高智升太保，封德侯，赐以白崖（在今云南弥渡县红岩镇）茹甸之地，寻晋封善阐侯，子孙世袭。熙宁八年（1075），段思廉禅位为僧，子段廉义立。元丰三年（1080），杨义贞杀段廉义而自立，段廉义在位5年。杨义贞篡位仅4个月，善阐侯高智升命子清平官高升泰，率领"东方爨僰兵"（按：指三十七部）讨而诛之，立段廉义之侄段寿辉。次年，段寿辉以高智升为布燮，高升泰为善阐侯。段寿辉在位1年，让位于段思廉之孙段正明。段正明在位12年，"为君不振，人心归于高氏，群臣请立鄯阐侯高升泰为君"。段正明让位为僧，"而段氏中绝矣"。绍圣三年（1096），高升泰病死，高氏遵守高升泰的遗言，还大理国政权于段氏，立段正明之弟段正淳

---

① 《宋史》卷八《真宗纪三》，第156页。[越]潘清简等：《钦定越史通鉴纲目》正编卷三，云南省图书馆藏本。

为国王，史称"后理国"。①

　　段氏名义上实现复兴，但"高氏相之，政令皆出其门"，段氏徒拥虚位而已。后理国修楚雄城（在今云南楚雄），以封高泰明之子高明亮。又遣高泰运奉表入宋，"求经籍，得六十九家，药书六十二部"。善阐领主高观音来朝，向大理国进贡金杖 80 节、百姓 33000户。后理国赐以八章礼衣、龙头剑，擢其为安东将军。大观二年（1108），段正淳逊位为僧，子段和誉继立。政和元年（1111），东部三十七部反叛，相国高泰明率兵讨平，令子高明清镇守善阐（今云南昆明旧城南关外）。政和六年（1116），高泰明死，高泰运主国事。政和七年（1117），后理国入贡于宋，宋朝封段和誉为云南节度使、大理国王。慕宁等叛，后理国出师征之，兵败。②

　　乌蛮三十七部进攻善阐（今云南昆明旧城南关外），并攻陷善阐，高明清战死。后理国以高升泰侄高量成为相，号"中国公"。靖康元年（1126），骤起大火，"焚三千九百家"。绍兴十七年（1147），段和誉自感年老，又因"诸子内争外叛"，乃退位为僧，子段正兴立。高量成让相位给其侄高寿贞，退居楚雄城（在今云南楚雄）。隆兴元年（1163），高寿贞卒，后理国以高寿昌为"中国公"。乾道八年（1172），段正兴逊位为僧，子段智兴嗣继。段智兴遣李观音得等入宋，至广西横山寨（在今广西田东）求售马。李观音得夺高寿昌之位，予其侄高寿明，引发后理国统治集团的斗争，战火波及大理、善阐、鹤庆等地。庆元六年（1200），段智兴卒，子段智廉立。段智廉遣使入宋求取《大藏经》1465 部，归置大理五华楼。开禧元年（1205），段智廉卒，弟段智祥立。段智祥遣军征东部乌蛮三十七部，至寻甸平之。嘉熙元年（1237），段智祥封高隆为善阐王，以高泰祥为相国。其时"举贤育才，时和年丰，称治国焉"。嘉熙二年（1238），段智祥逊位为僧，子段祥兴立。③

---

① 《南诏野史会证》，第 242—264 页。
② 《南诏野史会证·后理国》，第 272—274 页。
③ 《南诏野史会证·后理国》，第 274—307 页。

淳祐四年（1244），蒙古军进攻大理国，段祥兴遣将高禾迎战。高禾败死，蒙古军亦退去。宋朝遣使吊祭。淳祐十一年（1251），段祥兴死，子段兴智继立。宝祐元年（1253），蒙古宗王忽必烈率蒙古骑兵，绕道西北渡金沙江攻大理国，相国高泰祥率军拒战不胜，蒙古军攻下大理。段兴智出奔至善阐（今云南昆明旧城南关外），高泰祥逃至姚州（今云南姚安北）。蒙古军追杀高泰祥，俘获段兴智于昆泽（今云南宜良东北）。段兴智降，并与叔父段福入觐，受蒙哥汗所赐金符。大理国（包括后理国）共传22世，享国316年。①

由上述记载观之，在大理国的后半期，内部的斗争与分裂十分严重。大理国的主要权贵段氏与高氏为争夺洱海地区、滇池地区的控制权，用尽各种招数，严重削弱了国力。为争夺地方权力，善阐侯高智升甚至命其子清平官高升泰，前往东部联合乌蛮三十七部。东部乌蛮三十七部与大理国也有争斗，曾数次进攻大理国的东都善阐城（今云南昆明旧城南关外）。后理国时期，大理国更可说是千疮百孔、支离破碎，时人形容："四夷八蛮，叛逆中国（按：指后理国），途路如猬毛，百姓离散。"② 元人称后理国："酋领星碎，相为长雄。干戈日寻，民坠涂炭。"③

大理国后半期国力陷于衰退，还有其他方面的原因。

从有关记载来看，对南诏后期传入云南地区的佛教，大理国朝野达到了笃信的程度，一些贵族沉溺其中不能自拔。大理国的一些国王无限制地追求生活享受，与皮逻阁、阁罗凤、异牟寻等堪称雄才大略的南诏国王相比，不可同日而语。大理国还存在重文轻武的现象，这些都是大理国较少作为，在政治舞台上的影响大幅度减小的重要原因。

---

① 《南诏野史会证·后理国》，第325—343页。
② 《护法明公德运碑摩崖》，载《云南考古》（增订本），第170页。
③ 〔元〕郭松年：《创建中庆路大成庙碑记》，载刘景毛、文明元、王珏、李春龙点校：《新纂云南通志》卷九十二《金石考》，云南人民出版社，2007年，第5册，第226页。

《南诏野史会证·大理国》称，段思平建大理国后，"岁岁建寺，铸佛万尊"。《大理行记校注》亦称：

> 此邦（按：指白蛮地区）之人，西去天竺为近，其俗多尚浮屠法，家无贫富皆有佛堂，人不以老壮，手不释数珠；一岁之间斋戒几半，绝不茹荤、饮酒，至斋毕乃已。沿山寺宇极多，不可殚纪。

《云南志略辑校·诸夷风俗》称：

> （白蛮地区）佛教甚盛，戒律精严者名得道，俗甚重之。有家室者名师僧，教童子多读佛书，少知六经者，段氏而上，选官置吏，皆出此。民俗家无贫富，皆有佛堂，旦夕击鼓参礼，少长手不释念珠，一岁之中斋戒几半。诸种蛮夷，刚愎嗜杀，骨肉之间一言不合，则白刃相劘，不知事神佛，若枭獍然。惟白人事佛甚谨，故杀心差少。

大理国王传 22 代，其中有多位国王，因笃信佛教或因被废黜而出家为僧。见于记载者有如：段思英被废为僧。段素隆逊位为僧。段素贞出家为僧。段思廉退位为僧。段正明逊位为僧。段正淳退位为僧。段和誉自感年老退位为僧。段正兴逊位为僧。段智祥逊位为僧。

宋庆历元年（1041），段素兴登大理国王位，史称：

> 素兴年幼，好佚游，广营宫室，于东京筑春登、云津二堤，分种黄、白花其上，有"绕道金棱，萦城银棱"之目。每春月，挟妓载酒，自玉案三泉，溯为九曲流觞，男女列坐，斗草簪花以为乐。时有一花能遇歌则开，遇舞则动，素兴爱之，命美人盘髻为饰，因名"素兴花"，后又讹为"素馨"云。[1]

---

[1] 《滇考》上，载《云南备征志》卷十一《故实十一》，第 697 页。

大理国的王室与贵族，喜爱滇池之水清月明、烟波浩渺。《蛮书》卷二《山川江源》称滇池"池水清淡"，滇池湖畔之碧鸡山"山势特秀"，"水中有碧鸡山石，山有洞庭树"。大理国的王室与贵族，常于傍晚登舟游览滇池，泛舟作乐，兴尽方归，上船之处乃称"官渡"，其地名至今犹存。

由大理国极度崇拜宋朝的文化这一特点可窥知，大理国存在重文轻武的现象，但对自己的文化又缺乏自信。史载，政和五年（1115），广州观察使黄璘奏，大理国"慕义怀徕，愿为臣妾"，请求入贡，获准。次年，大理国遣进奉使天驷爽彦贲李紫琮、副使坦绰李伯祥前来。李紫琮等人过鼎州（今湖南常德），"闻学校文物之盛，请于押伴，求诣学瞻拜宣圣像，邵守张察许之，遂往，遍谒见诸生。又乞观御书阁，举笏扣首"。①

大理国多次向宋朝及宋朝的地方官府求购典籍。崇宁二年（1103），大理国遣使者高泰运至宋朝求经籍，"得六十九家以归"。②乾道九年（1173），大理国人李观音得等22人至横山寨（在今广西田东）求卖马，邕州知州姚恪盛陈金帛以夸示。李观音得等人大喜，约明年驱马来贸易。李观音得"求《文选》《五经》《国语》《三史》《初学记》及医、释等书"。邕州知州姚恪虽"厚遗"求书的大理国人，却不敢让朝廷得知此事。③ 宁宗时，大理国又请求宋朝赐予《大藏经》，获1465部，归国之后，大理国将《大藏经》珍藏于大理五华楼。④

上述记载说明了两个问题，一是大理国宫廷倾慕并努力学习内地文化，二是大理国统治者对自己的文化缺少自信。缺少文化自信的政权想要实现长治久安，显然是不可能的。

---

① 《宋史》卷四百八十八《外国传四》，第14072—14073页。
② 《滇考》上，载《云南备征志》卷十一《故实十一》，第697页。
③ 《宋史》卷一百九十八《兵志十二》，第4956页。
④ 《南诏野史会证·后理国》，第305页。

二、大理国后半期外部环境的恶化

两宋先后与北方的辽、西夏、金、蒙古对峙。在与北方诸族的激烈角逐中，宋朝是一个政治、军事及地域均不占优势的王朝，并多次遭受战争失败、被迫求和纳款的屈辱。两宋边防所面临的严峻形势与由此形成的屈辱心态，对其经营南部边陲的方式有着不可忽视的影响。两宋在北边有劲敌，多时自顾不暇。统治者治边亦看重利弊得失，并受"守内虚外"治边方略的影响，同时基于"唐亡于黄巢，而祸基于桂林"的认识，① 即认为唐朝虽因黄巢起义而覆灭，起因却是为防御南诏的桂林戍兵发动的兵变，遂与大理国划大渡河为界，尽量疏而远之。

宋廷南渡后，对大理国的戒心有增无减，甚至视大理国为外邦，与交趾、占城、真腊、蒲耳等国同列，令大理国与诸国"接踵修贡"。南宋于上述诸国的对策是"来则不拒，去则不追；边圉相接，时有侵轶，命将致讨，服则舍之，不黩以武"。② 政和七年（1117），大理国至宋朝贡马及麝香等物，北宋以其王段和誉为大理国王。不久，双方的关系发生急剧改变，原本疏远的距离进一步扩大。奏大理国入觐事的广州观察使黄璘被人举报诈冒获罪，自是大理国不通于宋，"间一至黎州互市"③。宣和二年（1120），宋约金攻辽，北方战事骤紧，北宋终止改善与大理国的关系，可能与北方的战局有关。

南宋对大理国的态度较北宋更为保守。绍兴三年（1133），邕州（今广西南宁南）守臣上奏大理国请求入贡。宋高宗谕令大臣："止令卖马，不许其进贡。"并明令退回大理国所贡象征藩属关系的白象，"诏偿其马直，却象勿受"。④ 绍兴二十六年（1156），高宗对辅

---

① 《新唐书》卷二百二十二中《南蛮传中》，第 6295 页。
② 《宋史》卷一百一十九《礼志二十二》，第 2813 页。《宋史》卷四百八十五《外国传一》，第 13981—13982 页。
③ 《宋史》卷四百八十八《外国传四》，第 14073 页。
④ 《宋史》卷一百八十六《食货志下八》，第 4565 页。

臣说：“蛮夷桀黠，从古而然。唐以前屡被侵扰入川属。自太祖兵威抚定，以大渡河为界，由是不敢猖獗。”① 在北方游牧势力重兵压境、国事纷杂的情形下，宋朝以大渡河为界疏远大理国，虽不失为两害相衡取其轻之举，同时也能避免卷入西南地区的纠纷，但由于放弃了对云南及其更远地区的经营，这一区域的地缘政治发生了深刻的变化。

据《宋史·孝宗纪》所载，从淳熙三年（1176）至淳熙十二年（1185），关于“黎州蛮犯边”“黎州蛮投附”以及加强黎州（今四川汉源北）边防一类的记载有多项，表明南宋恪守祖宗遗训，仍视黎州之大渡河以南的地区为异域，不愿与之交往。绍定四年（1231），大理国请求复开“清溪关道”以利入贡，南宋四川安抚使孟珙以“大理自通邕广，不宜取道川蜀”为由严词拒绝。②

由于南宋对维系与大理国的关系渐趋消极，南宋后期与大理国官方的往来很少见于记载。宝祐元年（1253），蒙古军绕道西北进攻大理国。宋朝邕州（今广西南宁南）官府拟派人潜入大理国刺探军情，但军探大都仅能至特磨道（在今云南广南、富宁一带），“少能至大理者，盖沿途诸蛮隔绝，不易通也”③。这反映了南宋后期与大理国的联系已基本断绝的情形。咸淳年间，马塈任邕州知州，史称其为政“皆有条理”。由于他坚决贯彻南宋疏远大理国的治策，其在任期间，“大理不敢越善阐，安南不敢入永平”。④

因战马紧缺，南宋仍向西南诸蛮购马，但把交易地点从黎州（今四川汉源北）等地改为今桂东北，并在邕州（今广西南宁南）设买马提举司。南宋在今广西横山寨（在今广西田东）设博易场，向大理国及西南诸蛮买马。通过邕州至善阐（今云南昆明旧城南关外）的道路，南宋与大理国的马匹交易一度达到较大规模，其他商

① 〔清〕徐松辑：《宋会要辑稿·方域二十》，1936 年国立北平图书馆影印本。
② 《宋史》卷四百一十二《孟珙传》，第 12378 页。
③ 〔宋〕李曾伯：《可斋续稿后》卷九《回宣谕》，清初钞本。
④ 《宋史》卷四百五十一《忠义传六》，第 13270 页。

品交易也发展起来，横山寨与邕州乃成为内地与云南等地交易商品的集散地。宋人周去非说："朝廷南方马政，专在邕。边方珍异，多聚邕矣。"①

由善阐（今云南昆明旧城南关外）经横山寨（在今广西田东）至邕州（今广西南宁南）北上的道路，由此成为云南联系内地的重要通道。②《岭外代答校注》卷三《外国门下》写道："中国通道南蛮，必由邕州横山寨。"南宋向大理国及诸蛮所购马匹，由横山寨辗转驱至邕州，再经桂州〔绍兴三年（1133）升静江府，今广西桂林〕发往内地。从横山寨至邕州须行 7 日，至桂州须行 18 日。其道经过邕州（今广西南宁南）、宾州（今广西宾阳东北）、象州（今属广西）与桂州入湖南，由全州进抵临安。③ 南宋对前来的大理国马队严加防范，稍有动静即关闭博易场。高宗诏广西帅司密切指挥，暗作防备，"不许张皇，引惹生事"④。宋人朱震《为大理国买马事陈方略奏》说："今日干戈未息，战马为急，桂林招买，势不可辍。然而所可虑者，蛮人熟知险易，商贾囊橐为奸，审我之利害，伺我之虚实，安知无大中、咸通之事？愿密谕广西帅臣，凡市马之所，皆用谨信可任之士，勿任轻狷生事之人，务使羁縻而已。异时西北路通，渐减广马，庶几消患于未然。"⑤

每逢大理国商队驱马前来，横山寨（在今广西田东）等博易场的宋朝官府必盛兵严备，如临大敌。周去非如此形容其状：宋于横山寨"置寨立关，傍引左、右江诸寨丁兵，会合弹压，买马官亲带甲士以临之，然后与之为市"。由于南宋对卖马有诸多限制，同时道

---

① 〔宋〕周去非著，杨武泉校注：《岭外代答校注》卷一《边帅门》，中华书局，1999 年，第 47 页。
② 《蛮书》的作者樊绰说，从邕州路至阳苴咩城，"途程臣未谙委"。可知唐代已有自阳苴咩城至邕州的道路。樊绰言不知其具体情形，表明唐代此道尚不兴盛，故详情难知。见《蛮书》卷一《云南界内途程》。
③ 《黄氏日钞》卷六十七。
④ 《宋会要辑稿·兵二二》。
⑤ 《云南史料丛刊》第 2 卷，第 214 页。

路遥远路途难行，大理国马队赴邕州卖马的记载渐少。位于今黔西一带的自杞、罗殿诸部落，"本自无马"，"皆贩马于大理"，从事马匹的转手买卖，进而取代大理国成为向南宋卖马的主要交易者。① 南宋后期，大理国与南宋的往来渐趋断绝。

大理国与两宋在文化方面的交流程度很低，因此，大理国的文化较多地带有地方性的色彩。大理国士人虽读一些儒家经典，却不知尊拜孔子，而"祀王逸少（羲之）为先师"。在大理国的知识分子中，"教童子，多读佛书，少知六经者"的情况相当普遍，这些与内地不同。元朝建云南行省，在中庆（今云南昆明）立文庙塑孔子像，当地百姓颇感新奇，而不识其真正身份，乃臆称"汉佛"。②

两宋刻意疏远大理国，还对中南半岛诸国与宋朝、大理国的关系产生了不利影响。③ 宋代中南半岛的交趾、占城、真腊、蒲甘诸国，与宋朝的联系显著减少，且朝贡大都走海路，经广州或交趾以达中原，而无一例经由云南陆路。蒲甘等国在前代与中原王朝往来甚密，《宋史》卷四百八十九《外国传五》言及蒲甘则仅寥寥90余字。蒲甘入贡唯见崇宁五年（1106）遣使的记载，所经路途不明。后晋天福三年（938），交州权贵吴权击败南汉政权的进讨，自立为国。④ 宋乾德六年（968），交州的丁部领建立大瞿越国，北宋以之为"列藩"。南宋淳熙元年（1174），大瞿越国入贡，孝宗赐其国名"安南"，⑤ 承认其独立地位。交州既失，中原王朝经营西南边疆及其徼外顿失重镇，影响可谓深远。安南与大理国的关系疏薄。大中

① 《岭外代答校注》卷五《财计门》，第190页。
② 《云南志略辑校·诸夷风俗》，载《大理行记校注 云南志略辑校》，第88页。《元史》卷一百六十七《张立道传》，第3916页。
③ 参见方铁：《唐宋两朝至中南半岛交通线的变迁》，《社会科学战线》2011年第4期。
④ 《资治通鉴》卷二百八十一《后晋纪二》，天福三年十月，第9192—9193页。
⑤ 《宋史》卷四百八十八《外国传四》，第14071页。

祥符八年（1015），两国发生战争，安南获胜。自五代以来，交趾至云南的道路一直阻碍难通，亦未见宋代有商旅行经交州至云南道路的记载。

综上所述，南宋刻意疏远大理国，使大理国面临恶劣的外部环境，这是大理国由兴盛走向衰落与灭亡的原因之一。

第五节　蒙元对云南地区的统一

"蒙元"包括蒙古汗国、元朝两个时期。金泰和六年（1206），成吉思汗建蒙古汗国，历经窝阔台汗、贵由汗、蒙哥汗，至忽必烈即汗位初期，该政权均用此国号。蒙古汗国存在 60 余年。至元八年（1271），忽必烈建元朝。至正二十八年（1368），明军攻下大都（今北京），元顺帝逃回北部草原，元朝存在 97 年。南宋后期，忽必烈受命率骑兵自西北绕道进攻大理国，利用大理国兵力夹攻南宋。蒙古汗国经营汉地与元朝统治中国，其过程有不可分割的连续性，蒙元经略云南地区也是如此。① 因此，研究 13 至 14 世纪的这一段历史，涉及蒙古汗国、元朝两个时期。本书的一些叙述，乃使用学术界通用之"蒙元"的说法。

一、蒙元统一云南等地及其贡献

元朝结束了长时期严重分裂的局面，开创了持续统一的时期。在宋代局部统一的基础上，元朝实现了新的、更高水平的全局统一，为中国历史发展做出了重要贡献。

元朝是中原王朝"重北轻南"治边传统改变的肇始。元代以前，历朝经营边陲有"重北轻南"的传统，治边的重点是防范北方游牧

---

① 参见方铁：《蒙元经营西南边疆的统治思想及治策》，《中国边疆史地研究》2002 年第 1 期。

势力南下，在南部边陲大体是被动应付。元代情况发生明显变化。元朝统治者来自蒙古草原，元朝的北部疆域延伸到西伯利亚地区，西北面疆域则与四大汗国相连，致使其向北部拓展的空间十分狭小。元朝实行游牧汗国及以汉法治汉地并行的政策，必须不断获取土地、人口、财物以封赏将士，因此元朝前期继续向外扩张，并将扩张的方向选在南方。

立国之初，元朝视对外拓展为要事，并以边疆地区为拓展的战略前沿。蒙古统治者征战各地，维持就地征发给养的传统，在重兵驻守的边疆地区，积极进行屯田、征收赋税与开采矿藏。元朝积极经营云南等地，云南由此成为直隶中央的一省。元朝对云南等地的积极开发，加快了这些地区与内地一体化的进程。元朝积极经营云南等南方边疆的做法，为明、清两朝所继承。

自元代起，边疆地区与邻邦界限变得分明，元朝对其施用不同的治策。① 中原王朝的边疆与毗连的邻邦是逐渐形成的，经历了从前期的模糊含混到后期区分明确的演变过程。究其原因，一是古代中国的版图，是中原王朝融合周边的边疆政权逐渐形成的，元代以前，中原王朝的版图还处于变动较大的过程中；二是中原王朝与周边的边疆政权及邻邦的分界，元代以前尚欠稳定，同时难以区分。此前中原王朝的应对之策是视华夏以外文明的拥有者为"蛮夷"，对包括边疆政权与准邻邦在内的蛮夷，笼统地施用封贡制度。封贡制度的特点，是朝贡夷狄承认其对中原王朝的附庸地位，并通过朝贡、接受册封、履行朝廷规定的义务等得以体现。中原王朝赐给朝贡夷狄以丰厚回报，并通过册封将其纳入羁縻性质的管控之下，通过封贡制度，中原王朝能够有效地笼络对方，达到"守在四夷"的目的。

唐宋时期，天下形势明显改变，中原王朝与周边夷狄的关系出现持续性的变化，元明清时期则出现更深刻的变化，主要表现在中原王朝的周边地区逐渐分化为边疆与邻邦，邻邦的古代国家性质亦

---

① 参见方铁：《论南诏的地缘政治观及其应用》，《中国边疆史地研究》2021年第3期。

渐明朗，并与中原王朝建立起藩属关系。史籍的有关记载反映了这一变化。史载，在云南实行土官制度并推广儒学教育的地区，均属云南行省管辖的范围，其他边疆地区也存在类似情形。对安南、细国、占城等邻邦，元朝则制定按期纳质朝贡、君王亲朝等规定。元朝对安南数次用兵，起因便是安南君王不愿亲朝，元廷据此认为安南拒绝承认对元朝的藩属关系。①

蒙元较顺利地完成了对云南等地的统一，并对云南等地进行了积极经营。

成吉思汗时期，谋士郭宝玉向太祖献策："中原势大，不可忽也。西南诸蕃勇悍可用，宜先取之，借以图金，必得志焉。"② 13 世纪中叶，蒙古汗国与南宋的战争呈胶着状态。蒙古汗国派人侦察大理国，为长途奔袭做准备。宋淳祐四年（1244），蒙古军至云南以北地区，过灵关至九禾（在今云南玉龙纳西族自治县九河白族乡），大理国遣将领高禾率兵迎击，高禾战死，蒙古军亦退去。此后，蒙哥汗决定先进攻大理国，汲其兵力、物力对南宋进行"斡腹"夹击。宪宗二年（1252），蒙哥汗命弟忽必烈与大将兀良合台，率 10 万骑兵远征大理。拉施特《史集》称：云南气候潮湿，军中疫病流行，同时因遭到云南诸族的顽强抵抗，10 万蒙古军生还者不过 2 万人。③大理国既平，兀良合台率四王骑兵数千、云南土军万人横扫广西等地，直抵潭州（今湖南长沙）城下，④ 大体实现原先的战略设想。

云南初步被平定，忽必烈留兀良合台继续经略云南，自己率部分军队北归。蒙古军攻下大理国都城，大理国王段兴智逃至善阐（今云南昆明旧城南关外）一带被俘。兀良合台在"五城"置兵戍守。"五城"指大理、善阐、茶罕章、赤秃哥儿、金齿五处要地。

① 参见《元史》卷四至卷七《世祖纪》，第 57—146 页。《元史》卷二百八至卷二百一十《外夷传》，第 4607—4664 页。

② 《元史》卷一百四十九《郭宝玉传》，第 3521 页。

③ ［波斯］拉施特主编，余大钧、周建奇译：《史集》第 1 卷第 1 分册，商务印书馆，2017 年，第 267 页。

④ 《元史》卷一百二十一《速不台传》附《兀良合台传》，第 2981 页。

"大理"包括今云南大理与保山、楚雄等地,"善阐"指今云南昆明、曲靖、玉溪等地,"茶罕章"辖今云南丽江、迪庆等地,"赤秃哥儿"为今贵阳以西的贵州西部,"金齿"指今云南德宏、西双版纳一带与缅甸的东北部。元朝在"五城"置19处万户府,由驻守大理的云南王统辖。

云南为忽必烈率军讨定。云南战略地位之重要与民风之淳朴,给忽必烈留下深刻的印象。至元四年(1267),云南王忽哥赤出镇,世祖面谕:"大理朕手定,深爱其土风,向非厉数在躬,将十彼分器焉。汝往,其善抚吏民。"① 至元十八年(1281),云南土民起事,扬言将攻成都,大臣疑其不然,世祖云:"云南朕所经理,未可忽也。"乃对大臣立智理威面授处理机宜。② 忽必烈对云南之看重,已为元人所知。虞集说:"世祖皇帝之集大统也,实先自远外始,故亲服云南而郡县之,镇之以亲王,使重臣治其事,自人民、军旅、赋役、狱讼、缮修、政令之属,莫不总焉,独不得承制署置属吏耳。"③

忽必烈登汗位,感到云南地区"变乱不常","非重臣镇服不可",乃封第五子忽哥赤为云南王。赴云南4年后,忽哥赤被云南都元帅宝合丁、行六部尚书阔阔带合谋毒死。忽必烈思虑再三,决定在云南建立行省。至元十年(1273),忽必烈将重任交给大臣赛典赤·瞻思丁。④ 至元十一年(1274),云南行省建立,为元朝较早建立的行省之一。行省制度为金所创造,元朝改造后在全国推广。行省集地方军政权力于一身,"凡钱粮、兵甲、屯种、漕运、军国重

---

① 屠寄:《蒙兀儿史记》卷七十六《云南王忽哥赤传》,载《元史二种》第2册,上海古籍出版社,1989年,第510页。

② 《元史》卷一百二十《察罕传》附《立智理威传》,第2958页。

③ 《送文子方之云南序》,〔元〕虞集撰,〔元〕刘沙剌班编:《道园类稿》卷二十,明初覆刻本。

④ 〔元〕赵子元:《赛平章德政碑》,载〔明〕刘文征撰,古永继点校,王云、尤中审订:《滇志》卷二十四《艺文志之五》,云南教育出版社,1991年,第816页。《元史》卷一百二十五《赛典赤赡思丁传》,第3064页。

事，无不领之"①。云南行省辖地辽阔，管辖的范围与南诏、大理国大致相同。《赛平章德政碑》称：云南行省辖地，"东接宋境，西距蒲甘，北抵吐蕃，南届交趾，地方千里者五，总隶一百余州"。②

云南行省统辖的管理机构，布局完整且遍布各地，计有 37 路、5 府、54 州与 47 属县，"其余甸寨军民等府不在此数"③。此外，还设置多处宣慰司与宣抚司，职责是"掌军民之务，分道以总郡县"，"有边陲军旅之事，则兼都元帅府"。④ 因注重镇守与征讨，宣慰司、宣抚司具有军事机构的性质。在宣慰司以下，边远地区又设立招讨司、安抚司、宣抚司。元朝在云南行省设置以下宣慰司：曲靖宣慰司，驻今云南曲靖；乌撒乌蒙宣慰司，驻今贵州威宁；罗罗斯宣慰司，驻今四川西昌；大理金齿宣慰司，驻今云南保山；临安广西元江宣慰司，驻今云南建水；八百宣慰司，驻今泰国清迈；银沙罗甸宣慰司，治今云南澜沧以北；蒙庆宣慰司，驻今泰国昌盛；邦牙宣慰司，驻今缅甸阿瓦；威楚开南宣慰司，驻今云南楚雄。云南行省下辖的宣抚司有丽江路宣抚司，驻今云南丽江；还有广南西路宣抚司，驻今云南广南。⑤ 路府州县与宣慰司参差而治，形成严密的统治系统。

云南行省以中庆（今云南昆明）为省治。云南行省建立前，统治云南等地的政权的政治中心在今云南大理，此后元朝将省治置于中庆（今云南昆明），与行省调整统治权力有关。大理国王段兴智既俘乃降，蒙哥汗赐名"摩诃罗嵯"（梵语"大王"）。其弟段实入朝，朝廷复赐虎符，诏领大理、善阐等城，各万户以下皆受其节制。赛典赤·瞻思丁建云南行省，收回段实统领全省土官的权力，任命其为大理总管，⑥ 实则限其权于今滇西地区。除设置行省外，蒙元

---

① 《元史》卷九十一《百官志》，第 2305 页。
② 《赛平章德政碑》，载《滇志》卷二十四《艺文志之五》，第 816 页。
③ 《元史》卷六十一《地理志四》，第 1457 页。
④ 《元史》卷九十一《百官志》，第 2308 页。
⑤ 《元史》卷六十一《地理志四》，第 1457 页。
⑥ 《元史》卷一百六十六《信苴日传》，第 3910 页。

还派遣宗王镇守云南地区，与行省互为表里。镇守云南的蒙古宗王有梁王、云南王两类。笔者根据《元史》统计，元代有称"云南王""梁王"的蒙古宗王近20人出镇云南，此举在其他行省少见。梁王为元朝的一等王，元代后期，云南行省的重要事务被梁王控制。

至元十六年（1279），赛典赤·瞻思丁卒于任上。赛典赤·瞻思丁欲得云南长治久安、推行全面治理的做法，深得忽必烈的赞同，他诏云南省臣尽守其成规，"不得辄改"①。因担心后继者改变治策，元廷一度拘收云南行省印，唯存宣慰司都元帅府。次年，元朝复立云南行省，以赛典赤长子纳速剌丁继领行省平章政事。纳速剌丁之后的几任云南命官，大都清廉能干，并秉承赛典赤·瞻思丁的治理之策。行省建立后的数十年，是云南地区发展较快的时期。

蒙元对云南地区的统治，无论设治之广泛还是统治之深入，均远超前代。可将蒙元的情形与前代作一比较。西汉元封二年（前109），西汉置益州郡（治今云南昆明市晋宁区东），益州郡的最西面到达怒江东岸，最南面至今越南莱州一带。东汉永平十二年（69），东汉置永昌郡（治今云南保山），永昌郡辖今云南的临沧、西双版纳，以及缅甸的东北部；但东汉对永昌郡的统治相当松弛，永昌郡下辖8县，有7县在郡治不韦县（在今云南保山市隆阳区金鸡村）以东，这说明东汉对不韦县以西、以南的大部分区域仍难控制。南诏数次对怒江与澜沧江的中下游用兵，并在这一区域设置一些称为"城镇"的军事据点。南诏对上述地区的统治，主要是依靠派驻的官吏与镇将，《蛮书》卷六《云南城镇》称诸城镇官"惧瘴疠，或越（避）在他处，不亲视事"。另外，南诏以边疆民族为部落奴隶，发动战争时即征发，平时则较少管理。大理国前期继承了南诏的疆域，但不久南方边疆便为景昽金殿国所据。

云南行省建立，在省内及其周边地区均产生了重要影响。至元十三年（1276），广西80余处宋朝羁縻州土官投附云南行省。② 今

---

① 《元史》卷一百二十五《赛典赤赡思丁传》，第3066页。
② 《赛平章德政碑》，载《滇志》卷二十四《艺文志之五》，第816页。

贵州的八番、罗氏等国亦归附，计有洞寨 1626 处、人口 101168 户。① 至元十五年（1278），云南行省招降今通海、楚雄等地蛮夷数万及 100 余处城寨。次年，蒙古军抵今云南德宏及其以西地区，招降忙木等 300 寨，计 11 万余人归附。至元二十九年（1292），金齿土官忽鲁马之子阿鲁入觐，称其地东南邻境有未附者约 20 万人，请颁诏招降，"诏从之"。通西军民府、景东军民府等沿边的统治机构，亦为应蛮夷所请而设置。②

蒙元少有"内华夏外夷狄"一类的观念。统治者视云南地区为向外拓展的基地，不仅着力经营，而且推行与内地类似的治策。《元史》卷五十八《地理志一》称："盖岭北、辽阳与甘肃、四川、云南、湖广之边，唐所谓羁縻之州，往往在是，今皆赋役之，比于内地。"在蒙元统治者看来，云南地区与内地相比并无明显区别，云南地区不仅是赋税物资的来源，还是进攻邻邦的基地以及对外交往的门户。蒙元在云南各地广泛设治，普遍征收赋税与矿课，积极发展交通业，在一些地区还开办学校。在蒙元的统治下，云南及其周边地区获得迅速发展，开创了中原王朝经略云南持续发展的时期。就全国而言，蒙元也是中国边疆史上的一个转折点。蒙元治边的诸多新政，肇始于对云南地区的经略，然后再推及至其他地区。

蒙元以今云南昆明为省治建云南行省，开创云南地区建省之先河。云南行省的范围与南诏、大理国基本相同，即包括今云南省、贵州西部、川西南与中南半岛北部的部分地区，蒙元以明确行政区划的方式，肯定了南诏、大理国对云南及其周边地区完成的局部统一。云南省管辖范围的基本格局，为明、清两朝所继承。蒙元建云南行省，并进行较为全面的经营，改变了北宋以来云南地区被边缘化的不利倾向，同时揭开了中原王朝深入开发云南等南方边疆的序幕。

云南地区的社会经济获得长足发展。赛典赤·瞻思丁率军民在

---

① 《元史》卷十《世祖纪七》，第 214 页。
② 《元史》卷十《世祖纪七》，第 200 页。《元史》卷六十一《地理志四》，第 1485 页。《元史》卷十七《世祖纪十四》，第 369 页。《元史》卷三十五《文宗纪四》，第 778 页。

滇池地区建水利工程，滇池水位降低后获耕地 1 万余顷。① 行省建立后，云南屯田进入高潮时期，今滇中、滇东北等地成为重点。据记载，中庆路军民屯田有 4906 屯户，田 22459 双（每双为五亩）；威楚路军屯有 1533 屯户，田 7266 双；武定路军屯有 187 屯户，田 748 双；曲靖等处宣慰司（领曲靖路、澂江路与仁德府）军民屯有 4075 屯户，田 9140 双；乌撒宣慰司（领乌撒路、东川路）军民屯有 200 屯户；临安宣慰司有军民屯 2588 屯户，田 5152 双；梁千户翼军屯（先在乌蒙，后迁新兴州）原有 1000 名屯兵，后减为 700 人，有田 3789 双。② 元朝在云南屯田规模之大，为前代所无。

云南设有多处打金洞与银场，铜、铁等矿藏也得到开发利用。今滇中、滇东一带是金属开采、加工的重要之地。史载，产金之所，"云南省曰威楚、丽江、大理、金齿、临安、曲靖、元江、罗罗、会川、建昌、德昌、柏兴、乌撒、东川、乌蒙"；产银之所，"云南省曰威楚、大理、金齿、临安、元江"；产铜之所，"云南省曰大理、澂江"；产铁之所，"云南省曰中庆、大理、金齿、临安、曲靖、澂江、罗罗、建昌"。③ 马可·波罗称秃落蛮地区（在今云南昭通、会泽一带）产金甚饶。云南各地开采金银，虽设有官营机构，但以百姓开采为主，官府征收其税。

云南各地出产岩盐，以中庆路（治今云南昆明）、大理路的产量最大。在盛产食盐的地区，元朝设有盐运司或转运司。行省官府用盐制成小货币，方法是取盐煮之，再用模型浇范为块。货币形状的盐块，质地坚硬，有利流通。行省还普遍征收赋税，常年不懈。④

蒙元是云南发展史上的重要转折点。蒙元统治者"华夷有别""内华夏、外夷狄"的偏见比较淡薄，对边疆诸族亦较少歧视。为获取赋税与矿产品，以及通过边疆地区对外扩张，蒙元统治者积极经

① 《元史》卷六十一《地理志四》，第 1458 页。
② 《元史》卷一百《兵志三》，第 2576 页。《元史》卷六十一《地理志四》，第 1458—1476 页。
③ 《元史》卷九十四《食货志二》，第 2377—2380 页。
④ 《元史》卷一百二十五《赛典赤赡思丁传》附《忽辛传》，第 3069 页。

营云南地区。元朝建立云南行省后，在各地广开屯田，并设立屯田管理机构。元代屯田是云南历史上的首次大规模屯田，产生了很好的经济效益与很大的社会影响。元朝在云南等地普遍收取农业税，客观上促进了农业生产的发展。云南行省农业发展较快的地区，主要是东部的山区以及西部、南部的边疆地区。蒙元经营云南及其附近地区，论施治之广泛与统治之深入，均超过前代。

二、蒙元施治与南诏、大理国的关系

南诏、大理国时期，大致形成了云南地区的地域四至，云南对今四川的依赖程度也有所削弱，标志着西南地区的地缘政治格局发生了明显改变。蒙元建云南行省，巩固了前代形成的地缘政治格局。行省的统治中心东移，以及开通由中庆（今云南昆明）经湖广至大都（今北京）的驿道，与中央政府建立紧密联系，蒙元积极经营今滇东北、川西南与贵州西部，这些举措进一步拓展了南诏以来的地缘政治格局。

至元十一年（1274）创建的云南行省，是元朝较早建立的行省之一。云南行省辖地辽阔。元人赵子元说："（云南行省）所司之土，东接宋境，西距蒲甘，北抵吐蕃，南届交趾，地方千里者五，总隶一百余州。"①《元史》卷六十一《地理志四》言："元世祖征大理，凡收府八，善阐其一也，郡四，部三十有七。其地东至普安路之横山，西至缅地之江头城，凡三千九百里而远；南至临安路之鹿沧江，北至罗罗斯之大渡河，凡四千里而近。"元代普安路在今贵州盘州、普安、兴义、兴仁、安龙一带，江头城在今缅甸杰沙附近，鹿沧江指今越南莱州省北部的黑江，大渡河指四川汉源地区的大渡河河段。由此可见，云南行省管辖的范围，基本上等同于大理国的辖地，包括今云南绝大部分、贵州省的西部、四川省的西南部以及今缅甸的北部、越南的西南部、老挝和泰国的北部。

云南行省的置建，结束了今云南地区长期隶属四川行政管辖的

---

① 《赛平章德政碑》，载《滇志》卷二十四《艺文志之五》，第816页。

历史，云南自此成为一个省级行政区。云南地区出现这一变化，有历史与现实两方面的原因。经南诏、大理国 500 余年的经营，云南地区实现局部统一并得到很大发展。南诏中后期由于战争频仍，云南地区与今四川的联系遭到削弱。今四川是蒙古汗国与南宋决战的重要战场，数十年的战争严重破坏了今四川地区的经济，也使蒙元对其地的军民深怀警惕之心。今四川地区既被平定，先归入陕西四川行省，至元八年（1271）划出立四川行省，但又时并时离，省治在成都、重庆间游移。① 由此可知元廷对今四川的防范以及该地区衰落的情形。云南行省既立，行政中心从洱海区域转移至滇池地区，随即由中庆（今云南昆明）入湖广至大都（今北京）的驿路也随之开通，云南地区与长江中游以及中原地区由此建立起紧密联系。

云南行省新开由中庆（今云南昆明）入湖广至大都（今北京）的驿路，该路程既平且近，又易补充驿马，于是取代了通往今四川的旧路，成为云南与内地间的主要通道。② 明人称："黔者滇之门户，黔有梗，则入滇者无途之从矣。"③ 云南入湖广驿路的开通，还使道路所经的今贵州等地备受重视，云南、湖广、四川诸省争相经营其地。延祐三年（1316），元朝遣 6000 名军士于乌蒙（在今云南昭通）等处屯田，并在乌蒙设屯田总管府。④ 泰定四年（1327），元廷以马思忽为云南行省平章政事，提调乌蒙屯田。⑤ 在曲靖、乌撒（今贵州威宁）、普定（今属贵州）等地，元朝也组织军民屯田。贵州（今贵州贵阳）成为云南、四川、

---

① 《元史》卷九十一《百官志》，第 2307 页。《元史》卷六十《地理志三》，第 1423 页。《元史》卷七《世祖纪四》，第 139 页。

② 〔元〕赵世延、〔元〕虞集等撰，周少川、魏训田、谢辉辑校：《经世大典辑校》第八《政典》，中华书局，2020 年，第 523 页。

③ 〔明〕闵洪学：《请开粤路疏》，载《滇志》卷二十三《艺文志之六》，第 768 页。

④ 《元史》卷二十五《仁宗纪二》，第 574 页。

⑤ 《元史》卷三十《泰定帝纪二》，第 677 页。

湖广交通的咽喉之地。① 这一地区受到统治者重视，官署设置十分密集，为明朝创建贵州省创造了条件。

滇池地区获得迅速发展，成为全省政治、经济、文化的中心。自南诏王异牟寻迁都阳苴咩城（今云南大理西北），500 余年间阳苴咩城一直是南诏、大理国的都城。善阐（今云南昆明旧城南关外）则为南诏、大理国的陪都。善阐位于大理、乌蛮三十七部之间，距中原、交趾较大理为近。汉、晋时的"五尺道"、宋代的"邕州道"均以善阐为必经之地。滇池地区土质肥沃，坝子面积广阔。至元十一年（1274）建云南行省，赛典赤·瞻思丁便改善阐为中庆路，正式设省治于善阐。元中叶后，驿道在云南普遍设置，形成以中庆为中心的全省驿道网。元代以后，云南的历代省治皆置于昆明。

元代滇池地区出现土地买卖，并流行田地租佃。这一地区逐渐富足，人称"墟落之间，牛马成群，任宦者莝稻秣驹，割鲜饲犬"②。今滇中一带的百姓虽知蚕桑，但未得其法。巡行劝农使张立道乃教以饲养良法，"收利十倍于旧，云南之人由是益富庶"。山区的罗罗诸族倾慕不已，"相率来降，收其地悉为郡县"。曲靖等路宣慰副使王昇作《滇池赋》，撰有佳句："五华钟造化之秀，三市当闤阛之冲；双塔挺擎天之势，一桥横贯日之虹。千艘蚁聚于云津，万舶蜂屯于城垠；致川陆之百物，富昆明之众民。"③ 由此可知中庆城的盛况。

云南的政治中心东移后，自中庆（今云南昆明）经黄平（今贵州黄平西北）进抵大都（今北京）的驿路，中庆经乌蒙（今云南昭通）至叙州（今四川宜宾西北）的驿路，中庆经乌撒（今贵州威宁）抵泸州（今属四川）的驿道先后开通，东晋以来遭受战乱破坏的今云南东北部与贵州西部获得较快发展。

---

① 《元史》卷六十三《地理志六》，第 1536 页。
② 〔明〕张洪：《南夷书》，天一阁藏本。
③ 李春龙、刘景毛校注：《景泰云南图经志书校注》卷一《云南布政司》，云南民族出版社，2002 年，第 6 页。

蒙元平定今滇东北等地甚早。至元八年（1271），蒙元在三十七部旧地设南北中三路，各路设至鲁花赤并总管。忽必烈率军征大理国，累招乌撒部落不降，至元十年（1273）乌撒乃降附。至元十一年建云南行省，废南北中三路。至元十三年（1276）立乌撒路（治今贵州威宁）。至元十五年设军民总管府。至元二十一年（1284）改军民宣抚司。至元二十四年（1287）升为乌撒乌蒙宣慰司。据《元混一方舆胜览》所述，乌撒乌蒙宣慰司辖乌撒路、乌蒙路（治今云南昭通）、东川路（治今云南会泽）、茫部路（治今云南镇雄北）。至于今曲靖地区，至元十三年（1276）元设曲靖路总管府（治今云南曲靖）。至元二十八年（1291），因云南曲靖路宣抚司所辖地广，改立曲靖等处宣慰司、管军万户府以管辖之。可见东部乌蛮三十七部的腹心地区，皆被元朝切实控制。

蒙元认为乌蒙等地为咽喉要地，其地广阔且有耕种遗迹，乃以这些地区为屯田的重点。蒙元积极经营今滇东北与贵州西部，顺利平定了大理国以来的乌蛮三十七部，并将云南行省的管辖范围，从南诏、大理国时期的辖地向东部扩张，这是蒙元在地缘政治方面取得的一项成就。

亦应指出，数百年间南诏、大理国舍弃今滇东北，其影响并非蒙元统治云南百余年所能彻底消除的。明朝将今滇东北与今黔西的部分地区，划给四川省管辖并广置土司，为当地乌蛮势力余烬重燃提供了条件。今滇东北距成都 2000 余里，四川官府对此鞭长莫及，"滇、黔有可制之势而无其权，四川有可制之权而无其势"。史称今滇东北等地"土蛮不耕作，专劫杀为生，边民世其荼毒"。[1] 元代开辟的"乌撒道"，[2] 明代时也因土司作乱而荒废。雍正年间，清朝对今滇东北等地的土司进行彻底的改土归流，随后将其地分别划给四

---

[1] 〔清〕魏源撰，韩锡铎、孙文良点校：《圣武记》卷七《雍正西南夷改流记上》，中华书局，1984 年，第 280 页。

[2] 明代称"乌撒道"为"乌撒入蜀旧路"，指自今云南昆明经曲靖、宣威、贵州威宁至四川纳溪的驿路。

川、云南、贵州三省管辖，才彻底清除了当地土司割据的土壤。

对大理国鞭长莫及的云南南部，尤其是景陇金殿国的旧地，蒙元亦予平定并稠密设治。蒙元在云南南部设置的宣慰司有：大理金齿等处宣慰司（治今云南保山），下辖柔远路、茫施路、镇康路、镇西路、平缅路、麓川路；银沙罗甸等处宣慰司（治今云南澜沧北）、邦牙宣慰司（治今缅甸阿瓦附近）、八百等处宣慰司（治今泰国清迈）、蒙庆宣慰司（治今泰国昌盛）。设置的路府则有：云远路、蒙怜路、蒙莱路、太公路、木连路、蒙光路、木邦路、孟定路、谋粘路、孟隆路、木朵路、蒙兀路、车里军民总管府、老告军民总管府等。①

在景陇金殿国的中心地区，蒙元设车里军民总管府（治今云南景洪）。为加强对当地的统治，至正初年，元朝开拓从中庆（今云南昆明）至车里（今云南景洪）的驿路，走向是经今建水、元江、普洱、小橄榄坝至景洪，向南可至今泰国与老挝的北部。

蒙元继承了南诏、大理国时期形成的地缘政治格局，又一表现是积极经营自云南腹地通往周边地区的交通线，以及重视对中南半岛的经营。

云南行省的交通具有如下特点：一是驿传发达，遍布全省。云南行省的驿道网络，以丽江、威楚（今云南楚雄）、建昌（今四川西昌）、乌蒙（今云南昭通）、曲靖、普安（在今贵州盘州市东旧普安镇）、广南、车里（今云南景洪）、永昌（今云南保山）、腾冲等路府所在地为中转点，以中庆（今云南昆明）、大理为交通枢纽通向四面八方。这些驿道不少是利用旧道所建，也有一些是新辟的新道。新道中最重要的是自中庆（今云南昆明）经普安、黄平（今贵州黄平西北）通往中原的道路，此道开通后很快成为通往内地的要衢，明、清相沿一直影响到近代。还有一些驿道延伸至邻邦。二是组织严密，管理完善。云南行省有驿站 78 处，其中马站 74 处、水站 4 处、驿马 2345 匹、牛 30 只和船 24 艘。行省专设负责驿传事务的驿

---

① 《元史》卷六十一《地理志四》，第 1479—1485 页。

站台官，高级官吏和云南王、梁王也经常过问驿传事务，至于地方官府奉命修道置站，以及补充驿马的情况更屡见于记载。三是行旅往来方便、传递信息迅速。置驿后交通不便的情况大为改观，本地民族竞相赴京进觐邀赏，乃至成为驿传的沉重负担。交通业的发展，为外地移民进入云南地区创造了便利条件，元代有大批汉人、蒙古人、色目人，以军人、官吏、商人等身份来到云南，其中不少人落籍不归。①

交通便利为蒙元与中南半岛诸国保持密切联系创造了条件。据《元史》《新元史》等统计，元朝遣使至缅国有 10 次，缅国入贡及遣使至元有 30 次；元朝遣使至安南有 44 次，安南遣使及进贡有 63 次；元朝遣使至占城有 7 次，占城遣使及贡物有 21 次。元朝与八百媳妇国八百媳妇（在今缅甸掸邦东部萨尔温江以东、湄公河以西，包括今泰国北部清迈一带地区）、暹国（在今泰国素攀府）也有较多联系。② 云南地区与今印度等地也有商贸往来。至元年间出使缅国的马可·波罗说，今云南大理一带盛产良马，“躯大而美，贩售印度”。③ 从云南经今印度地区前行，跋涉一年可至天堂（今沙特阿拉伯麦加）。④

平定云南之初，蒙元与安南交往通过经由云南的“交趾道”。云南官府与云南王，常受命代表朝廷与安南交涉事务。至元十二年（1275），安南国王上书元朝，请求以后发遣纲贡，一诣善阐（今云南昆明旧城南关外）奉纳，一诣中原拜献。⑤ 至元十五年（1278），元礼部尚书柴椿等出使安南，奉世祖之命由江陵（今属湖北）经邕

---

① 参见方铁：《元代云南驿传的特点及作用试探》，《思想战线》1988 年第 1 期。

② 有关史实考证，参见《西南通史》，第 560—564 页。

③ 冯承钧译，党宝海新注：《马可波罗行纪》，河北人民出版社，1999 年，第 434 页。

④ 〔元〕汪大渊原著，苏继庼校释：《岛夷志略校释》，中华书局，1981 年，第 352 页。

⑤ 《元史》卷二百九《外夷传二》，第 4634、4637 页。

州（今广西南宁南）行达。安南国王遣使请柴椿等回军，改从"善阐""旧路"以进，被柴椿拒绝。至元二十二年（1285），元朝于柴椿所经自邕州经永平寨（今越南禄平）至大罗城（在今越南河内）的道路广置驿站，同时派兵戍守，[①] 此路乃取代"交趾道"，成为元朝与安南交往的主要驿路。

蒙元统治云南各民族的治策与对待原南宋地区军民的治策有一定的差异，与南诏、大理国的民族治策却有相通之处，这是蒙元治理云南等地取得成功的一个原因。

据明末人估计，入主中原之始，蒙古人约有40万人。[②] 征服者企望以此统治人口众多的汉地极为困难。蒙元统治者乃视汉人为最大对手，在原南宋地区推行依靠蒙古人、色目人，重点防范汉人、南人的"四等人制"。蒙元治国的一个特点是统治方式较为灵活，治策可根据情况灵活变通。赛典赤·瞻思丁受命在云南建行省，他团结、争取一切可以利用的力量。赛典赤·瞻思丁自西北赴大理，在中庆、大理两地首设儒学提举，以汉人王荣午、赵子元任其职。又在中庆（今云南昆明）首建文庙，每年按时祭祀；还命大理等处巡行劝农使张立道，率两千军民治理滇池水患，"三年有成"。因功绩卓著，赛典赤·瞻思丁为之表奏朝廷，"有旨进官以褒之"。至元十五年（1278），张立道出任中庆路总管，赐虎符、金银符。赛典赤·瞻思丁用人主要看才干，并不计较族属，有功者均表彰提拔，"宣敕者二百余人，以旌其功"。汉族官吏张立道在云南地区任职最久，多有善政，"颇得土人之心"，死后百姓为之立祠于善阐（今云南昆明旧城南关外）城西。[③]

蒙古汗国征伐各地，有一个重要的法令，即"保护主动降顺的

---

① 《元史》卷二百九《外夷传二》，第4638页。
② 韩儒林主编：《元朝史》上册，人民出版社，1986年，前言第5—6页。
③ 《赛平章德政碑》，载《滇志》卷二十四《艺文志之五》，第816—817页。
《元史》卷一百六十七《张立道传》，第3916—3919页。

国家和城市"①。成吉思汗曾谕降花剌子模国各城，内容为"凡降顺者，本人及其妻子、儿女、亲信都可得到赦免，而不投降的反抗者，将连同其妻子、儿女、族人、近亲一起杀死"②。大理国王段兴智既俘乃降，蒙古统治者"以段兴智主国事"。段兴智受宠若惊，乃与其叔父信苴福入觐，蒙哥汗赐金符。段兴智乃"献地图，请悉平诸部，并条奏治民立赋之法"。蒙哥汗大喜，赐段兴智名"摩诃罗嵯"（梵语"大王"），"命悉主诸蛮白爨等部，以信苴福领其军"。段兴智以其弟信苴日（段实）主土官之政，"自与信苴福率僰、爨军二万为前锋，导大将兀良合台讨平诸郡之未附者，攻降交趾"。后来段兴智卒于道。信苴日入朝，蒙哥汗复赐虎符，"诏领大理、善阐、威楚、统矢、会川、建昌、腾越等城，自各万户以下皆受其节制"。赛典赤·瞻思丁建云南行省，"更定诸路名号，以信苴日为大理总管"。③信苴日任大理总管20余年，死后其子裔继任，至明军进入云南历11代，史称"大理十一代总管"。据《滇载记》所载，先后就任的大理总管，为段实、段忠、段庆、段正、段隆、段俊、段义、段光、段功、段宝、段明。④

　　元中叶以后，段氏总管拥爨僰军自重，占据大理地区与驻中庆（今云南昆明）的梁王相对抗，双方屡动刀兵。至顺年间，云南发生以秃坚为首的诸王的叛变，今滇中一带陷入战火数年，坐镇大理的段氏总管袖手旁观。至正二十四年（1364），农民起义军红巾军从四川攻入云南地区，梁王孛罗逃至威楚（今云南楚雄），红巾军占据中庆城。梁王遣使向大理总管段功求援，段功出战得胜，红巾军乃退回四川。梁王以女阿盖嫁与段功为妻。至正二十六年（1366），梁王疑段功有并吞云南之心，于中庆的通济桥诱杀之。段功之子段宝在大理自称"行省平章"，梁王数次进攻均被打败。经调解，段宝仍任

---

① 余大钧：《一代天骄成吉思汗——传记与研究》，内蒙古人民出版社，2002年，第426页。

② 《史集》第1卷第2分册，第318页。

③ 《元史》卷一百六十六《信苴日传》，第3910页。

④ 《云南备征志》卷七《故实七》，第426—429页。

大理总管，但与梁王互不往来。① 由大理国王室后裔发展而来的段氏总管在云南势力如此之大，甚至敢与镇守云南的蒙古梁王较劲，这与蒙元对大理国王室后裔的宽容与借重不无关系。

云南地区被平定后，大将兀良合台主持清查各地的户口，设 19 个万户府进行统治。但草原传统的万户制度并不适用于云南地区，各地反抗屡起。赛典赤·瞻思丁至云南问政，于至元十一年（1274）设云南行省，将一些万户府、千户所改为路、府、州、县，以行政管理系统代替简单的军事统治。赛典赤·瞻思丁以威德兼施取代原先的滥施兵威，影响力迅速扩大。至元十三年（1276），广西 80 余处羁縻州的官吏与数十万人口投附云南行省，② 赛典赤·瞻思丁得以了解宋朝对广西蛮夷的治策。

蒙元经营云南地区的基点，主要是获取攻宋所需的人力资源与战争物资。统一全国后，元朝以云南为进攻中南半岛的战略前沿。因此，如何通过建立稳固的统治稳定云南地区，并从当地蛮夷中征发人力补充军队，是蒙元统治者关心的问题，土官制度应运而生。③ 以充分信任云南本地民族为前提，并借鉴蒙古汗国管理降附地区的传统，以及北宋后期以来在广西施行的峒丁制度，赛典赤·瞻思丁在云南地区创立了土官制度。

土官制度的基本内容，是朝廷在云南等南方边疆任命本地民族首领为土官，土官职位的大小视所辖范围而定，基本原则是以土官治土民。土官属于国家的正式官吏，官职与所任职务不可随意废除，经过批准可以世袭。若履职不善或相互兼并，朝廷当免其职或治其罪。一定级别的土官可统率土军，土军须服从朝廷的调遣。土官制度与蒙古汗国委任降附权贵继续统治的不同之处，主要是土官制度将各级土官纳入国家官吏的体系，授予其相应权力，同时规定其权限与奖惩之法，予以法律方面的约束。

---

① 《南诏野史会证·大理总管》，第 358—363 页。
② 《赛平章德政碑》，载《滇志》卷二十四《艺文志之五》，第 816 页。
③ 参见方铁：《论羁縻治策向土官土司制度的演变》，《中国边疆史地研究》2011 年第 2 期。

　　土官制度在云南等地能取得成功，关键在于与当地社会的特点暗合。一方面，受地理气候环境与动植物资源具有复杂多样性的影响，云南诸族的生产生活方式复杂多样。诸族长期居住在特定的自然环境中，积累了适应当地生活的特殊经验，同居住地的土地与自然资源存在紧密联系，两者的关系可说是鱼水难分。另一方面，数千年间外地移民不断迁入，与本地民族逐渐融合，使云南等地文化的类型类似于内地。云南地区经济发展的水平虽较低，但有经济上自给自足的特点。因此，云南本地民族的主要矛盾在内部，即诸族内部及相互之间为占有资源和恩怨相报而长期进行争斗，并由此形成盘根错节的利益关系。或者说云南诸族的斗争锋面主要在本地，对经济、文化发达的中原王朝，西南诸族势力怀有崇敬之心，较易接受中原王朝的统治，尤其是针对云南特点制定的土官制度，较易被本地民族接受。

　　土官制度与前代中原王朝的"羁縻之治"最大的不同点，在于施治的出发点是深入统治与开发边疆地区，并将之纳入国家一统的前提之下。其"因俗而治"无论就设计之合理与施治之有效，还是施治力度之大与所谋取的利益之大，与前代中原王朝的"因俗而治"均不可同日而语。为达到预期目标，蒙元将土官纳入国家官吏的体系中，不仅切实保护其权益，而且明确其职责与奖惩，这与前代中原王朝对待土职虚与委蛇的态度亦完全不同。

　　中原王朝施行土官制度与由此发展而来的土司制度，可利用南方蛮夷内部的矛盾，使之相互牵制，而朝廷充当争端的合法仲裁者，不至于惹火烧身。清初云贵总督蔡毓荣认为，朝廷为以夷治夷，不惜授予官职，使之假朝廷之名器，以慑部落而长子孙，但其职武不过宣抚、宣慰司，文不过同知、知府，悉听流官节制，无敢抗衡，因此"安于并生而不为大患"①。

　　实行土官制度后，土官享有一定范围内占有土地、山林等资源

①　〔清〕蔡毓荣：《筹滇第二疏·制土人》，载《云南史料丛刊》第8卷，第425页。

的权利，有受官府保护的职权，并可世守其土、世袭其职，朝廷由此换取了各级土官的忠诚与效命。云南本地民族因此被蒙元视为实施统治的有力助手，这是统治者大量任命本地民族首领为土官，并予以充分信任的重要原因。至元年间，云南土官大量赴京觐见，争相效忠朝廷，导致驿道供给不堪重负，世祖忽必烈不得已颁诏："云南边徼入朝，非初附者不听乘传，所进马不给刍豆。"[1]

凭借土官制度，蒙元对云南地区的统治深入至基层。由于土官制度重点在山区与边远地区推行，为前代所忽视的乌蛮等山地民族，乃成为土官制度下最大的获益者。因今滇东北、黔西有多条重要驿道经过，其地成为土官设置密集的地区，此乃蒙元统治能获得今滇东北、黔西众多乌蛮部落拥护的主要原因。

蒙元在云南地区能成功推行土官制度，一个重要缘由是借助了南诏、大理国团结与笼络各民族所奠定的基础，同时借重段氏总管统治各级土官，就此而言，南诏、大理国亦功不可没。

土官制度还有一个重要意义，是开创了中央王朝对南北边疆施行不同治策的时期。创始于云南地区的土官制度，因效果显著，随后被推广到湖广行省等蛮夷地区，明代发展为施行范围更广的土司制度。在北部草原及类似的地区，元朝则沿用重点掌控夷狄的人户，并适应夷狄上马即战斗、下马可放牧生活方式的万户制度。

以南诏、大理国的长期经营为基础，蒙元努力发展云南等地的社会经济。

蒙元在云南地区大兴屯田。据《元史》卷一百《兵志三》、《元史》卷六十一《地理志四》所载，云南行省见于记载的屯田共有483335 亩。在开展屯田的地区，乌蒙（今云南昭通）、中庆（今云南昆明）、大理、威楚（今云南楚雄）、曲靖、临安（今云南通海北）等处屯田的规模较大，乌蒙等处屯田总管府的军屯达125000亩，相当于见于记载的全省屯田数目 1/3 强。中庆、大理、威楚、临安等地为传统农业地区，开展屯田势所必然。但乌蒙、乌撒（今

---

[1]　《元史》卷十七《世祖纪十四》，第 362 页。

贵州威宁）、建昌（今四川西昌）等今滇东、川西南地区的屯田也占较大比重，建昌路还设过屯田总管府。[①] 元人说：今滇东山区的诸族屡叛，"议者请据其腹心而制之"，乃于乌蒙立宣抚司并开屯田。延祐五年（1318），元朝令行省官兼领屯田事，命刘元亨主持屯田，于是"尽其水土之利，公有余而足以用众，私均赡而不敢自私，又通其医药、市易、祷祠、游观之用，几不异于中州"，不到3年，屯田地区"隐然不可动之势成矣"。[②]

云南行省在全省范围征收赋税。[③] 至元二十二年（1285），云南行省平章政事脱帖木儿奏言十余事，其中有蠲逋赋、征侵隐、赋豪户、除重税等事，世祖命择可行者行之。[④] 在金齿等边远之地，则按人口或住房的数目征收金银。在征收的租赋或税赋中，金银占较大比例，有全省输金每年"近二百万"的记载。据《元史》卷九十三《食货志一》所载，全国岁纳粮数，云南行省为277719石，远高于甘肃行省、辽阳行省、四川行省，亦多于陕西行省。蒙元征收农业赋税的性质是经济剥削，但能持续、全面地推行，则反映出云南等地的社会经济，在南诏、大理国的基础上有进一步的发展。

① 《元史》卷十五《世祖纪十二》，第316页。
② 《福建总管刘侯墓碑》，载《道园类稿》卷四十二。
③ 参见方铁：《元代云南行省的农业与农业赋税》，《云南师范大学学报》（哲学社会科学版）2004年第4期。
④ 《元史》卷十三《世祖纪十》，第277页。

第二章　统治制度与经营方略

第一节　唐朝经营云南的方略与得失

唐朝对今云南地区的经营，以安史之乱为界，大致可分为前、后两个时期。唐朝享国 289 年，前一时期统治云南地区 132 年。唐朝前期、后期经营云南地区的方略，虽有连续性与内在的关联，但其内容和做法也存在明显差异。唐朝对云南地区的经营，为我们研究唐朝治边的方略与相应实践，总结其治边的经验、教训及得失，提供了堪称典型的范例。

一、唐朝治边的思想、方略与实践

唐朝诸帝中最重视边疆问题的是唐太宗。① 太宗居安思危，励精图治，其莅政期间出现了史称"贞观之治"的兴盛局面。太宗对边疆和民族问题有颇多论述，重要者有如：武德九年（626），朝臣因太宗常处持弓刃卫士间而进谏，太宗答："王者视四海如一家，封域之内，皆朕赤子，朕一一推心置其腹中，奈何宿卫之士亦加猜忌乎！"② 贞观五年（631），康国请求内属，太宗说："前代帝王，好

---

① 参见方铁：《论唐朝统治者的治边思想及对西南边疆的治策》，《云南民族学院学报》（哲学社会科学版）2001 年第 2 期。

② 《资治通鉴》卷一百九十二《唐纪八》，武德九年九月，第 6022 页。

招来绝域，以求服远之名，无益于用而糜弊百姓。今康国内附，倘有急难，于义不得不救。师行万里，岂不疲劳！劳百姓以取虚名，朕不为也。"遂拒其内属。贞观七年（633），唐廷于故汉未央宫置酒宴，高祖令突厥颉利可汗起舞，又命岭南酋长冯智戴咏诗，既而笑曰："胡、越一家，自古未有也！"①

贞观十八年（644），太宗欲亲征高丽，褚遂良上书劝阻："天下譬犹一身：两京，心腹也；州县，四支也；四夷，身外之物也。高丽罪大，诚当致讨，但命二三猛将四五万众，仗陛卜威灵，取之如反掌耳。"太宗回答："八尧、九舜，不能冬种，野夫、童子，春种而生，得时故也。夫天有其时，人有其功。盖苏文陵上虐下，民延颈待救，此正高丽可亡之时也，议者纷纭，但不见此耳。"同年，太宗许置突厥俟利苾可汗部众于河南，群臣以为将遗后患，太宗说："夷狄亦人耳，其情与中夏不殊。人主患德泽不加，不必猜忌异类。盖德泽洽，则四夷可使如一家；猜忌多，则骨肉不免为仇敌。"② 贞观二十一年（647），太宗自言能服戎狄有五条理由，其中一条是"自古皆贵中华，贱夷、狄，朕独爱之如一，故其种落皆依朕如父母"③。贞观年间，四夷大小君长争相遣使入觐，"每元正朝贺，常数百千人"。贞观二十二年（648），太宗接见诸胡使者，对侍臣说："汉武帝穷兵三十余年，疲弊中国，所获无几；岂如今日绥之以德，使穷发之地尽为编户乎！"④

由此可见，唐太宗治理边疆具有如下思想："四海如一家"，"胡、越一家"，封域之内，皆唐廷赤子。他反对四夷为"身外之物"的说法，称若边疆藩王凌上虐下，"民延颈待救"，唐廷不能坐

---

① 《资治通鉴》卷一百九十三《唐纪九》，贞观五年十二月，第6091页。《资治通鉴》卷一百九十四《唐纪十》，贞观七年十二月，第6103—6104页。
② 《资治通鉴》卷一百九十七《唐纪十三》，贞观十八年二月，第6207页。《资治通鉴》卷一百九十七《唐纪十三》，贞观十八年十二月，第6215—6216页。
③ 《资治通鉴》卷一百九十八《唐纪十四》，贞观二十一年五月，第6247页。
④ 《资治通鉴》卷一百九十八《唐纪十四》，贞观二十二年二月，第6253页。

视不问。认为"夷狄亦人耳，其情与中夏不殊"。若施之德泽，则"四夷可使如一家"，"使穷发之地尽为编户"。如猜忌多，则"骨肉不免为仇敌"。前代帝王经营边疆招徕绝域，目的是"以求服远之名"，"无益于用而糜弊百姓"，类似的做法"朕不为也"。上述思想的核心，是"四海如一家"、"夷狄亦人"和以德泽治夷。这些认识是进步的，表明以唐太宗为代表的唐朝统治者，对边疆与内地结为一体的重要性，以及对待边疆民族问题上，有较开明的认识。

唐朝对边疆地区的积极开拓与经营，在上述思想的指导下展开。太宗为实现"四海如一家"，必然积极致力于边疆的经营与扩张。太宗屡次力排众议，坚持按自己的治边思想行事。贞观十四年（640），唐朝平定高昌，"太宗欲以其地为州县"①。魏徵以镇守多费、"终不得高昌撮谷尺布以助中国"为由劝阻，称：

> 陛下初临天下，高昌王先来朝谒，自后数有商胡称其遏绝贡献，加之不礼大国诏使，遂使王诛载加。若罪止文泰，斯亦可矣。未若因抚其民而立其子，所谓伐罪吊民，威德被于遐外，为国之善者也。今若利其土壤以为州县，常须千余人镇守，数年一易。每来往交替，死者十有三四，遣办衣资，离别亲戚。十年之后，陇右空虚，陛下终不得高昌撮谷尺布以助中国。所谓散有用而事无用，臣未见其可。②

褚遂良亦建议遣还高昌首领，使之成为唐朝的藩属，但被太宗拒绝。太宗乃在高昌置西州，以西州为安西都护府，每年调发千余人驻守其地。以唐太宗为代表的唐朝的一些帝王，治边思想中能有如上的开明认识，既有接受了隋末农民大起义的教训，继承隋文帝治边方略等方面的原因，又与唐皇室有边疆民族的血统和与边疆民族联姻

---

① 《唐会要》卷九十五《高昌》，第 1702 页。
② 〔唐〕吴兢撰，谢保成集校：《贞观政要集校》卷九《议安边》，中华书局，2009 年，第 506—507 页。

的传统，"患在夷狄"的意识较为淡薄等均有关系。

太宗积极拓边，对边疆民族广为招徕，在实践中产生了明显的效果。唐朝的政治影响也深入边疆地区，甚至远播域外。但应指出，唐太宗的治边思想及其战略，仍具有明显局限。

唐太宗治边和怀柔边疆民族的思想，主要是从"四海如一家"和"德泽洽夷"等道德观的角度出发，并未充分认识到开拓、巩固边疆具有的深远意义，对边疆地区的利用价值也认识不足，这表明太宗的看法并未突破前人的窠臼。基于上述认识，唐廷经营边疆地区消耗了大量人力物力，赋税却收益甚微，以致经营边疆难以为继，唐代已有大臣指出这一失误。神功元年（697），蜀州刺史张柬之上书请罢姚州（今云南姚安北），称："（姚州）今盐布之税不供，珍奇之贡不入，戈戟之用不实于戎行，宝货之资不输于大国，而空竭府库，驱率平人，受役蛮夷，肝脑涂地，臣窃为国家惜之。"张柬之建议罢省姚州，使之"岁时朝觐，同之蕃国"，同时废去泸南诸镇，于泸北置关戍守，被武则天拒绝。①

张柬之所说羁縻府州"盐布之税不供"或仅征收薄税，在史籍中多有类似的记载。据《旧唐书》卷一百九十七《南蛮西南蛮传》所载，贞元九年（793），南诏清平官郑回对南诏王异牟寻说："自昔南诏尝款附中国，中国尚礼义，以惠养为务，无所求取。今弃蕃归唐，无远戍之劳、重税之困，利莫大焉。"异牟寻深以为然。

唐朝在边陲的羁縻州很少征收赋税，是一个普遍的现象，岭南地区亦如此。史载：

> 武德七年，始定律令。以度田之制。……若岭南诸州则税米，上户一石二斗，次户八斗，下户六斗。若夷獠之户，皆从半输。②

---

① 《旧唐书》卷九十一《张柬之传》，第2940—2941页。
② 《旧唐书》卷四十八《食货志上》，第2088页。

　　岭南地区编户所纳税米原本不多，又无须纳调税及服役，而边疆蛮夷输纳的仅为岭南编户的一半，可谓征收甚轻。咸通三年（862），懿宗颁诏分岭南地区为东、西两道节度使，并言："其所管八州，俗无耕桑，地极边远，近罹盗扰，尤甚凋残。将盛藩垣，宜添州县。"① 唐因岭南边地俗无耕桑，又趋凋残而增置州县，可见唐朝在边疆偏僻之地设治的目的，不在于经济开发与取得税收，而主要是"将盛藩垣"。唐朝追求开拓边疆，又不知获取边疆资源作为补充，拓疆行动势必难以为继。后人对唐太宗的做法亦不以为然，宋人曾巩言："（唐代）四夷万国，古所未及以政者，莫不服从，天下莫不以为盛，而非先王之所务也。"②

　　唐朝经营边疆地区，存在重统治轻开发、重投入轻回报的情形。在社会经济方面，唐朝在边疆的个别地区虽进行屯田，但主要是为临时解决驻军的口粮；对边疆地区的一些矿藏虽进行开采，但私人采矿占有较大的比重。金银产品大致是通过贡纳进献的形式进入内地。发展较快和大量输入内地的地方产品，主要是药材、手工制品、珍稀动植物及其制品。

　　针对唐太宗忽视"守在四夷"的传统，沉溺于持续拓边而不能自拔的情况，当时便有朝臣提出异议。贞观四年（630），入觐的四夷首领奏请以唐太宗为"天可汗"。太宗曰："我为大唐天子，又下行可汗事乎！"群臣及入觐首领皆称"万岁"。后来太宗以玺书赐西北君长，皆称"天可汗"。③"（太宗）临统四夷，自此始也。"④ 太宗既以"天可汗"自居，积极拓边不可遏止，在边陲肆意跑马圈地。四方蛮夷若愿内属，朝廷"即其部落列置州县"。唐朝在边陲设置的

———————————

① 《旧唐书》卷十九上《懿宗纪》，第 652 页。
② 〔宋〕曾巩：《唐论》，载〔宋〕吕祖谦编，齐治平点校：《宋文鉴》卷九十七，中华书局，1992 年，第 1365 页。
③ 《资治通鉴》卷一百九十三《唐纪九》，贞观四年三月，第 6073 页。
④ 〔唐〕杜佑：《通典》卷二百《边防十六》，中华书局，1988 年，第 5494 页。

府州达 856 处，"号为羁縻云"。① 贞观十四年（640），唐朝平定高昌（今新疆吐鲁番东），太宗欲以其地为州县。魏徵上书称：若以高昌为州县，常需千余人镇守，数年一换，"十年之后，陇右空虚，陛下终不得高昌撮谷尺布以助中国"②。

神功元年（697），针对朝廷征发百姓戍守疏勒等四镇的积弊，鸾台侍郎狄仁杰上疏称，唐朝今日的疆土"过于汉朝远矣"，近年又频繁出师，所费愈广。因西戍四镇、东戍安东，官府的征发屡至，以致百姓虚弊。征发丁壮戍守疏勒等四镇，"事等石田，费用不支，有损无益"，"方今关东饥馑，蜀、汉逃亡，江、淮以南，征求不息"，"本根一摇，忧患不浅"。狄仁杰建议"捐四镇以肥中国，罢安东以实辽西，省军费于远方，并甲兵于塞上"。武则天不许。③《新唐书》卷二百二十二中《南蛮传中》称："唐之治不能过两汉，而地广于三代，劳民费财，祸所繇生。"其言可谓一针见血。安史之乱后，唐朝由盛转衰，大量放弃在边陲设置的府州，与统治者无视"守在四夷"的底线，肆意拓边又疏于管理，以及国库不堪承受拓边的巨额支出等因素有关。

《新唐书》卷二百一十九《北狄传》中有数语写得刻薄，亦发人深省。其云：

> 唐之德大矣！际天所覆，悉臣而属之；薄海内外，无不州县，遂尊天子曰"天可汗"。三王以来，未有以过之。至荒区君长，待唐玺纛乃能国，一为不宾，随辄夷缚。故蛮琛夷宝，踵相逮于廷。极炽而衰，厥祸内移，天宝之后，区夏痍破，王官之戍，北不逾河，西止秦、邠，凌夷百年，逮于亡，顾不痛哉！

唐太宗虽有"四海如一家""夷狄亦人"等开明的思想，但他

① 《新唐书》卷四十三下《地理志七下》，第 1119—1120 页。
② 《贞观政要集校》卷九《议安边》，第 507 页。
③ 《旧唐书》卷八十九《狄仁杰传》，第 2889—2891 页。

在某些场合又流露出"戎狄人面兽心，一旦微不得意，必反噬为害"一类的消极意识。① 推行既定治边之策若遇到困难，太宗也会动摇，怀疑"德泽洽夷"的治策有误。贞观十三年（639），太宗谓侍臣："中国，根干也；四夷，枝叶也；割根干以奉枝叶，木安得滋荣！朕不用魏徵言，几致狼狈。"② 其"魏徵言"指贞观四年（630）之事。其时突厥败亡，降唐者达10余万口，廷议如何处置。魏徵建议"纵之使还故土，不可留之中国"③，未被太宗采纳。中书令温彦博则称："不然，天子于四夷，若天地养万物，覆载全安之，今突厥破灭，余种归命，不加哀怜而弃之，非天地蒙覆之义，而有阻四夷之嫌。"④ 温彦博的意见与太宗"四海如一家"的主张相合，乃得到太宗赞同，决定"全其部落，顺其土俗，以实空虚之地"，遂把归降的突厥人口安置在幽州至灵州一带，于颉利故地置定襄、云中二都督府，以突利可汗等为都督分统其众。不久，突利可汗弟结社率众造反，太宗悔未用魏徵之言。⑤

太宗晚年行事，也常有不同于先前的做法。隋唐诸帝贯彻统治策略，一个共同特点是有始无终，唐太宗也是如此。⑥ 唐太宗等帝王重视法制，并强调依法治国，但正是隋唐提出的较完备的法制理论，使人们看到封建法制理论与法制体系的弊端与局限，这证明，在封建社会人治始终大于法治。一些较开明的治策及其实践鲜克有终，这与封建社会在人治政治的支配下，治边方略具有明显的不稳定性有极大的关系。

唐太宗死后，先后执政的高宗、武则天、玄宗等皇帝，大体上仍继承太宗制定和实行的治边方略，在玄宗统治的前半期，还出现

① 《资治通鉴》卷一百九十七《唐纪十三》，贞观十七年闰六月，第6201页。
② 《资治通鉴》卷一百九十五《唐纪十一》，贞观十三年七月，第6149页。
③ 《资治通鉴》卷一百九十三《唐纪九》，贞观四年四月，第6076页。
④ 《新唐书》卷二百一十五上《突厥传上》，第6037页。
⑤ 《资治通鉴》卷一百九十五《唐纪十一》，贞观十三年七月，第6149页。
⑥ 刘泽华主编：《中国政治思想史》（隋唐宋元明清卷），浙江人民出版社，1996年，第13、69页。

被称为"开元之治"的第二次鼎盛局面。但在"开元之治"时期，由于社会矛盾加剧与上层统治集团腐化，升平景象背后已隐藏深刻的危机。安史之乱爆发后，唐朝暗藏的各种矛盾充分暴露，唐廷应付不暇。此后唐朝处理边疆事务力求务实，应对重大事件多属就事论事。天宝战争后，南诏与唐朝决裂并转与吐蕃结盟。吐蕃于宝应二年（763）攻陷长安，并多次进攻盐、夏等州。贞元三年（787），李泌献策于德宗："臣愿陛下北和回纥，南通云南，西结大食、天竺，如此，则吐蕃自困，马亦易至矣。"德宗认可"南通云南，西结大食、天竺"之言。李泌又称："招云南，则是断吐蕃之右臂也。"①

贞元十年（794），异牟寻与唐朝重叙旧好。唐朝赐南诏以"贞元册南诏印"，以异牟寻为南诏王，实则承认南诏对云南及其附近地区的统治权。南诏与唐朝修好，但唐朝对南诏崛起的本质仍缺乏深刻的认识，也缺少应有的准备。南诏王异牟寻去世后，南诏朝政被武将把持。南诏突然袭击唐朝辖地，唐朝与南诏的关系再次破裂，唐朝因此蒙受巨大的损失。

唐朝在边疆地区设置羁縻府州，体现了唐朝统治者治边的思想与方略。

在广大的边陲地区，唐朝实行羁縻府州制度。羁縻府州包括都督府与羁縻州。在边陲地区降附夷狄集中之地，唐朝分别设立羁縻府或羁縻州，通常在势力较大的夷狄地区设都督府，任命夷狄的首领为都督，在势力较小的夷狄地区设羁縻州，以当地夷狄首领为羁縻州刺史，在少数羁縻州之下还设羁縻县。都督府与羁縻州均由都护府统领，任命夷狄首领担任的各级官吏，并无实质性的职掌，也未被纳入国家官吏管理体系。朝廷对都督府、羁縻州之下的人口统计、缴纳赋税等内容，通常不做硬性规定，对都督府、羁縻州的管理也相当松弛。据统计，开元年间，在东北、北部、西南的边陲与

---

① 《资治通鉴》卷二百三十三《唐纪四十九》，贞元三年九月，第7502、7505页。

岭南等地，唐朝约设 850 余处羁縻府州，[1] 可谓数量甚多。

　　唐朝的羁縻府州具有如下特点：首先，羁縻府州主要为控制边疆的蛮夷而设，设治的出发点并非为征收贡赋和征集丁壮。其次，为控制设治地区的蛮夷，通常在其部落列置州县，任命当地部落的首领为羁縻机构的都督、刺史等官吏，并允许世袭。再次，羁縻府州的贡赋版籍多不上户部，在设治地区实施轻徭薄赋的治策。唐朝在边陲地区实行的羁縻府州制度，与当地社会经济发展的水平大体适应，对巩固唐朝在边陲的统治发挥了重要作用。但是，唐朝在边陲地区设置羁縻府州，由于分布过广，赋予蛮夷首领以极大的实权，在羁縻府州又实行贡赋版籍多不上户部，即轻徭薄赋的治策，必然使地方官吏尾大不掉，同时国家财政也难以承受。在政局动荡之时，羁縻府州反叛或脱离中央政府的控制，是频发的现象。从这一意义上来说，天宝年间南诏与唐朝彻底决裂，绝不是偶然的现象。

　　由于羁縻府州设置过广、过滥，兼之官员赴任路程遥远，仕宦的难度甚大，任职羁縻府州的官员长期稀缺，难以及时补充。唐朝解决的办法是选用当地人，时称"南选"。史载："敕：'桂、广、交、黔等都督府，比来注拟土人，简择未精，自今每四年遣五品已上清正官充使，仍令御史同往注拟'。时人谓之南选。"[2] "南选"属朝廷不得已而为之，难以保证选用边吏的质量与数量。

　　唐朝重视在今云南地区设治，并先后有所调整，形成以若干都督府统辖羁縻府州，分片管理云南地区的格局。据《旧唐书》《新唐书》等史籍记载，这些都督府的情形大致如下。

　　戎州都督府（治今四川宜宾）。武德四年（621），唐于味县（今云南曲靖西）设南宁州总管府，管辖今滇东北与滇中地区。武德七年（624），唐改总管府为都督府，所辖地区扩大到洱海区域，州数增加到 16 个。贞观元年（627），唐废弃南宁州都督，将所辖州县隶于戎州都督府，下辖武德初年至天宝末年设置的 64 个羁縻州，

----

① 《新唐书》卷四十三下《地理志七下》，第 1119—1120 页。
② 《资治通鉴》卷二百二《唐纪十八》，仪凤元年八月，第 6380 页。

戎州都督府的管辖范围亦有所改变，如某些地区划归姚州都督府管辖，南部则扩张到今云南蒙自一带。

姚州都督府（治今云南姚安北）。武德四年（621），唐在今云南姚安置姚州，麟德元年（664），唐改姚州为姚州都督府。神功元年（697），蜀州刺史张柬之上表称："姚府总管五十七州。"①《新唐书》卷四十三下《地理志七下》载新设之姚州都督府，辖羁縻府州13个，可见在麟德元年（664）以后的30余年间，又增加了不少羁縻府州。姚州都督府管辖的范围，东部与戎州都督府辖地相接，西面至今云南保山一带，北面曾至今云南维西一带，南部抵今云南元江一带。

安南都护府（治今越南河内）。调露元年（679），唐置安南都护府，主要统辖今越南北部、中部的羁縻府州。此外，在今云南文山壮族苗族自治州、红河哈尼族彝族自治州南部设置的郎茫州、龙武州、岿州等羁縻府州，也归安南都护府管理。

黔州都督府（治今重庆彭水东北）。此都督府主要是管辖今贵州以及湘西、鄂西南的48个羁縻府州。咸亨三年（672），居今滇东北、川南与黔西相连地带的昆明十四姓2万户降唐，唐于其地置殷州、总州与敦州，此三州亦归黔州都督府管辖，后改属戎州都督府。

嶲州中都督府（治今四川西昌）。《新唐书》卷四十三下《地理志七下》称，嶲州中都督府辖16个羁縻州，大部分在今四川西昌地区，其中柜州在今云南丽江北部。

在唐朝讨伐南诏的天宝战争以前，唐朝在除今滇西北与澜沧江、怒江的中下游区域以外的云南广大地区，设置了若干都督府与众多的羁縻府州。就设治之密与统治深入程度而言，唐朝超过以往经营云南地区的中原王朝。同时，对众多羁縻府州进行管理，也具有相当大的难度。

二、唐朝经营云南的经验教训与得失

武德元年（618），李渊建唐朝，于同年经营云南地区。唐朝初

---

① 《旧唐书》卷九十一《张柬之传》，第2941页。

期对云南地区的经营，以今滇东北与滇中为突破口，逐渐向今滇西等地推进。唐朝采取上述经营策略，与云南地区联系内地主要是通过经东北部与北部入蜀的"五尺道"与"灵关道"，今滇东北与滇中紧邻经济发达的蜀地，以及此地有前代经营的基础等因素有关。①

唐代的"石门关道"即前代的"五尺道"。"石门关道"从戎州（今四川宜宾）经今滇东北至拓东城（在今云南昆明市区），因途经石门关而得名。唐代的"清溪关道"为前代的"灵关道"，其走向是由成都经今汉源、西昌、姚安等地至大理。天宝战争后，唐朝、南诏失和，"清溪关道"是内地联系云南的主要交通线，唐人高适说："剑南虽名东西两川，其实一道。自邛关、黎、雅，界于南蛮也。"②

武德元年（618），唐置南宁州，管辖范围为今滇东北地区。武德四年（621），唐置南宁州总管府，武德七年（624），改总管府为都督府。唐初改隋犍为郡为戎州，后设戎州都督府（治今四川宜宾）。唐朝还在今云南姚安一带设姚州，设治的格局由今滇东北与滇中逐渐向西面和北面发展，并包括今云南北部与西部的大部分地区。

对今滇东北与滇中的统治渐趋巩固后，唐朝便把经营重点放在今滇西地区。贞观二十二年（648），因松外诸蛮既降复叛，并影响由成都经云南、今缅甸至印度之"蜀身毒道"的通行，唐廷令将军梁建方率军讨之，"以通西洱、天竺之道"。梁建方遣使招降，归附者达70部，109000余户。③永徽二年（651），郎州白水蛮反，唐遣左领军将军赵孝祖率兵进讨，次年大破之。④待今滇西地区的局势基本稳定，唐廷于麟德元年（664）移姚州治所于弄栋川（今云南姚安北），置姚州都督府（治今云南姚安北），⑤以统辖今滇西地区诸

---

① 参见方铁：《西南边疆的形成及历史特点》，《地域文化研究》2017年第1期。

② 《旧唐书》卷一百一十一《高适传》，第3329页。

③ 《资治通鉴》卷一百九十九《唐纪十五》，贞观二十二年四月，第6255页。

④ 《旧唐书》卷四《高宗纪上》，第69页。

⑤ 《旧唐书》卷四十一《地理志四》，第1697页。

部，负责保护"蜀身毒道"的安全。

贞元年间唐朝设十道，作为监理全国的大行政区，开元年间增至十五道，云南等地属剑南道（治今四川成都）管辖。唐前期形成以若干都督府统辖羁縻府州，分片管理今云南及其附近地区的格局。总体来看，唐朝经营云南地区的格局与汉朝相似，即目的主要是防范北方游牧势力南下的侵扰。经营云南地区的主要目的是保护"蜀身毒道"，以及由今滇中至安南（今越南河内）之"交趾道"的安全。唐朝曾连通"蜀身毒道"与"交趾道"，并称全程道路为"安南通天竺道"，此道是唐朝通往邻邦的重要交通线之一。[①]

与两汉不同者，唐朝在云南等地（重点是上述道路沿线）设置众多羁縻州，同时在施治地区设立若干都督府，管辖其地的羁縻州，所设都督府中最重要的是姚州都督府、安南都护府。前者负责至今印度道路的安全并监管南诏，后者位于今滇中至交州陆路的东端，不仅负责保护"交趾道"，还与姚州都督府一同对云南地区形成犄角之势。

天宝九载（750），标志南诏反叛的姚州事件爆发，唐朝三次进兵征讨南诏。天宝十载（751），唐令剑南节度使鲜于仲通与安南都护王知进领兵征南诏，以兵败告终。天宝十二载（753），玄宗诏大将何履光率岭南五府兵讨南诏。[②] 次年，唐又令侍御史李宓率兵7万，广州都督何履光领岭南兵马分两路进攻南诏。[③] 唐朝的以上几次用兵，均经由"交趾道"。可见姚州都督府、安南都护府的主要职责是保护"蜀身毒道"与"交趾道"，以及两道相连时期所称"安南通天竺道"的安全。

贞观前期，松赞干布征服附国及东方诸部，随后把位于雅鲁藏布江南面的雅隆部落发展为强大的吐蕃政权，辖境包括今西藏全部、

---

① 《新唐书》卷四十三下《地理志七下》，第1146页。
② 《资治通鉴》卷二百一十六《唐纪三十二》，天宝十二载五月，第6918页。
③ 《南诏德化碑》，载《云南考古》（增订本），第160页。《资治通鉴》卷二百一十七《唐纪三十三》，天宝十三载六月，第6926—6927页。

青海大部、四川与甘肃的一部分。吐蕃在东南面势力所及，包括今川西与川西南地区。唐剑南节度使募兵，于茂州（今四川茂县北）西南筑安戎城，以断吐蕃通蛮之路。永隆元年（680），吐蕃以生羌为向导夺据安戎城（今四川茂县西南），并增兵守卫，吐蕃势力随后进入姚州与洱海地区，"西洱诸蛮皆降于吐蕃"，"吐蕃尽据羊同、党项及诸羌之地，东接凉、松、茂、巂等州"，"地方万余里，诸胡之盛，莫与为比"。①

吐蕃势力南下并占据洱海地区，危及"蜀身毒道"的安全，唐朝为此十分忧虑。唐朝初期的策略，是自内地出兵遏制吐蕃势力南下。吐蕃南下今滇西地区，主要经由过巂州抵姚州的道路。神龙三年（707），唐朝派姚巂道讨击使唐九征率军征讨姚州叛蛮。唐九征指挥唐军拆毁吐蕃在漾、濞二水修建的铁索桥与所筑城堡，杀死及捕获3000余吐蕃兵，铸铁柱以纪功。②

唐军撤回，吐蕃势力卷土重来。景云元年（710），摄监察御史李知古奏请出动剑南唐军，平定投降吐蕃的姚州群蛮，随后筑姚州城，并列置州县。因李知古欲诛姚州群蛮首领，掠其子女为奴婢，群蛮怨恨，首领傍名引吐蕃军队攻杀李知古，通往姚州的道路也因此被吐蕃控制，连年不通。③

在这样的情形下，唐朝检点洱海地区的诸诏，扶植与唐朝关系密切的蒙舍诏（又称"南诏"），支持其统一洱海地区诸部，从而方便其组织诸族抗御南下的吐蕃势力，恢复"蜀身毒道"的通行。这一谋略实施后取得了较好的效果。

唐前期经营云南地区，重视由成都经云南至徼外的交通线，是

---

① 《资治通鉴》卷二百二《唐纪十八》，永隆元年七月，第6396页。
② 《旧唐书》卷七《中宗纪》，第144页。《新唐书》卷二百一十六上《吐蕃传上》，第6081页。《资治通鉴》卷二百八《唐纪二十四》，景龙元年六月，第6610页。
③ 《资治通鉴》卷二百一十《唐纪二十六》，景云元年十二月，第6661页。《新唐书》卷二百一十六上《吐蕃传上》谓唐九征率兵击姚州叛蛮在李知古讨姚州蛮之后，不确，今从《资治通鉴》。

因为这些交通线不仅为边陲及徼外的势力向唐朝贡所必经，而且是唐朝经营西南部地缘政治安全的重要部分。宋代以前，中原王朝的远航技术及设备水平有限，因受太平洋季风的限制，中外商船自今广州等地出发，在逆行季风的情形下多在交趾（今越南河内）靠岸，人员及商队再经"交趾道""蜀身毒道"两条陆路转赴今印度等地，因而维护"交趾道""蜀身毒道"的安全显得格外重要。唐朝的边疆地区尚未定型，兼之不具备深入开发边疆资源的条件，维护云南地区及通往徼外交通线的安全，乃成为唐朝经营云南地区的主要目标。

唐代后期发生全国性的长期战乱，记载政事、吏治的档案大量丢失，致使唐朝前期经营云南的史实模糊难辨。贞元四年（788）的吏部奏文曾指出安史之乱导致官员人事档案大量丢失，由此造成了铨选与考课混乱的情形。① 综合有限的记载，仍可知唐朝前期经营云南地区的大致经过，进而总结唐朝经营云南地区的得与失。

唐代前期，朝廷努力实践太宗"四海如一家"的理念，对构建中国的历史疆域具有重要意义。在前期经营云南地区的132年间，唐朝在云南地区大量设置羁縻府州，将有效控制的区域从今滇东北地区，发展到今滇中、滇南、滇西与滇西北等地。在唐朝势力退出云南地区之前，唐朝在除今滇西北和澜沧江、怒江的中下游地区以外的广大区域，均设置了若干都督府与众多的羁縻府州。就设治之密和统治深入的程度而言，超过了以往经营云南的中原王朝，唐朝也为管控这一地区创造了条件。

在天宝战争以前，唐朝恢复中原王朝对今云南相当一部分地区的统治，并设置一些都督府与羁縻州县，使中原王朝的政令能有效贯彻，为内地生产技术、文化进入边疆地区提供了保证。唐朝还支持南诏统一洱海地区，遏制吐蕃势力南下，为各民族发展社会生产创造了相对安定的社会环境。唐朝又推行一些开发边疆地区的措施，均取得了明显成效。在唐朝统治的百余年间，今云南地区的生产力

_____

① 《唐会要》卷七十四《选部上》，第1340页。

水平有所提高，尤以今云南西部的发展较为迅速。由于有唐朝前期所奠定的基础，南诏崛起后，洱海地区才能较快地超过今滇中与滇东北，成为云南地区新的经济、文化中心。

唐朝经营云南地区的主要目标，是维护通过这一地区的交通线。在维护云南地区交通线的安全方面，唐朝也取得了突出的成就。

唐朝在交州（今越南河内）建安南都护府，与姚州都督府（治今云南姚安北）分据安南通天竺道路的两端，形成钳制云南等地的有利态势。汉代以来，交州成为重要的国际贸易港口，"自汉武已来朝贡，必由交趾之道"①。交州还负有钳制今滇南蛮夷之责。调露元年（679），唐以交州改置安南都护府，统辖今越南北部、中部以及云南东南部的诸羁縻州。唐军沿交州至安宁故城的道路北上，与行经"清溪关道""石门关道"的兵马，对云南地区形成合围之势。天宝九载（750），姚州事件爆发，唐军三次进攻南诏，便有岭南的兵马由交州北上云南地区，说明唐朝建立的姚州都督府、安南都护府等军政机构，对控制云南地区发挥了重要作用。

唐朝前期的另一功绩，是在云南地区设置一些驿馆，为多条道路的利用创造了便利条件。南诏实现割据后，在"西洱河至天竺道"（"蜀身毒道"的南段）所经之永昌（今云南保山）驻扎了1/3的精兵，② 可见其道路的重要性，亦映射出唐前期积极经营这条国际通道的余晖。据《蛮书》卷一《云南界内途程》所载，经由"石门关道"，由戎州（今四川宜宾）南下九程至云南马龙的制长馆，"始有门阁廨宇迎候供养之礼，皆（类）汉地"。③ 若由今滇中安宁西行至阳苴咩城（今云南大理西北），沿途有龙和馆、沙雌馆、曲馆、沙却馆、求赠馆、波大驿、白崖驿、龙尾城等处驿馆。清溪关道亦有约

① 《旧唐书》卷四十一《地理志四》，第1750页。
② 《蛮书》卷六《云南城镇》。
③ 据《蛮书》卷一《云南界内途程》所载，由交州至滇南贾勇步（今云南河口西北）为水路，以后乃改陆行。贾勇步至阳苴咩城共21驿，行一日即抵歇一驿馆。云南早期山路难行，驮马一日通常行30里。

50 处驿馆。除贞元十年（794）韦皋在石门关道增置的驿馆外，上述记载所提到的驿馆，大部分当建于唐前期。

交州（今越南河内）至安宁故城道路的北端，连接"西洱河至天竺道"，全程称"安南通天竺道"。贾耽叙述"安南通天竺道"的情形甚详，所言应为贞元十年（794）唐诏和好之后的情形。①《蛮书》叙述"安南通天竺道"沿途的情形也颇为详细，甚至记载了云南境内每日宿营的地点，可见"安南通天竺道"其时转运之盛。

唐朝经营云南地区的教训，也是相当深刻及惨痛的。

天宝年间，南诏突袭姚州都督府的驻地姚州（今云南姚安北），唐朝三次出兵征讨。天宝十二载（753），玄宗诏左武卫大将军何履光率岭南五府兵进讨南诏。次年，唐朝又令前姚州都督、侍御史、剑南留后李宓与中使萨道悬逊率兵进攻南诏。李宓率兵 10 余万，"辇饷者在外，涉海，瘴死者相属于路，天下始骚然苦之"。唐军广修舟楫，"拟水陆俱进"。南诏遣军将王乐宽等偷袭造船唐军，唐军锐气顿折。李宓孤军深入邓川，吐蕃神川都知兵马使论绮里徐来救南诏，至巴蹻山。南诏王阁罗凤诱李宓军至太和城，坚壁不战。李宓军粮尽，瘟疫又流行开来，唐军因饥饿、患病而死亡过半，只得撤军。南诏军进行追击，李宓投江而死，唐军"全军皆没"，史称这一次战役"流血成川，积尸壅水"。②

阁罗凤收唐军阵亡者尸体筑为"万人冢"，"以存恩旧"，并立德化碑于太和城（在今云南大理市北太和村），记载天宝战争发生前后的经过，言不得已而叛唐之故。为再次进攻南诏，杨国忠等大募

---

① 贾耽称由晋宁驿行 80 里至拓东城，又行 80 里至安宁故城。拓东城为南诏割据后所建。贾耽既详述"安南通天竺道"全程，又言及拓东城，可知所言为贞元十年畅通后的情形。所述之安宁故城，当与天宝四载所建之安宁新城相区别。

② 《南诏德化碑》，载《云南考古》（增订本），第 160 页。《旧唐书》卷一百九十七《南蛮西南蛮传》，第 5281 页。《资治通鉴》卷二百一十七《唐纪三十三》，天宝十三载六月，第 6927 页。《旧唐书》记载李宓所率军队至云南在天宝十二载，有误，今从《南诏德化碑》与《资治通鉴》。

两京与河南、河北的壮丁。"旧制，百姓有勋者免征役，时调兵既多，国忠奏先取高勋，干是行者愁怨，父母妻子送之，所在哭声振野。"① 唐朝三次出兵征讨，均被南诏打败，"前后死者几二十万人"②。

天宝战争后南诏与唐朝决裂，唐朝不仅丧失了云南地区，使唐朝前期132年的经营付诸东流，还丢失了云南与蜀地之间的大面积辖地。阁罗凤遣长子凤伽异驻军泸水，权事制宜；令大军将杨传磨侔等率军数道分入。南诏、吐蕃联军攻占越嶲（今四川西昌东南）和台登（在今四川冕宁县南泸沽镇），俘虏唐将杨廷琎及大部分唐军士兵，进而攻下邛部（今四川越西北）。此时，南诏势力已达大渡河南岸。

南诏与吐蕃结盟，使中国西部的政治格局发生明显改变。吐蕃进攻唐朝并屡获胜利，与南诏投靠吐蕃有密切关系。与唐朝决裂40余年后，南诏、吐蕃联军攻唐失败，吐蕃因此震怒，南诏为避其锋，将都城从太和城（在今云南大理市北太和村）迁至阳苴咩城（今云南大理西北），南诏国王异牟寻不堪吐蕃欺压，乃萌生归唐之意。

贞元十年（794），唐朝使臣袁滋与异牟寻在阳苴咩城（今云南大理西北）盟誓，南诏与唐商议复好。然后，南诏突袭吐蕃在丽江的驻军，与吐蕃决裂并正式归唐。南诏与唐朝决裂前，唐朝封南诏国主为云南王，寓含许其管辖前代云南郡（治今云南祥云东南）地区之意。异牟寻与唐复好后受封为南诏王，而唐朝实际上承认南诏割据一方的地位，结盟后唐军并未进入云南。双方的友好关系维持了数十年。异牟寻死后不久，掌握权柄的军将王嵯巅大举进攻西川（今四川成都及其附近地区）。此后唐、诏关系时好时劣，南诏屡次攻入唐地掠夺及破坏，唐朝颇为所累。

在与唐敌对的时期，南诏经常进攻唐朝辖地，大量掳掠人口与财物，给唐朝造成了严重损失。太和三年（829），因唐剑南西川节

---

① 《资治通鉴》卷二百一十六《唐纪三十二》，天宝十载四月，第6907页。
② 《资治通鉴》卷二百一十七《唐纪三十三》，天宝十三载六月，第6927页。

度使杜元颖不晓军事，专务蓄积，削减士卒衣粮，士卒饥寒入南诏境掠盗，南诏"反以衣食资之"，因此尽知西川（今四川成都及其附近地区）虚实。南诏以诛虐帅杜元颖为缘由，以唐朝的戍卒为向导大举攻蜀，"边城一无备御"，遂连据巂州（今四川西昌）、戎州（今四川宜宾）、邛州（今四川邛崃）。唐廷发兵抗御。南诏兵分三路，西路攻陷黎州（今四川汉源北）、雅州（今四川雅安西），东路攻入梓州（今四川三台）西郭，中路由王嵯巅率领攻据成都西郭。南诏军初至慰抚蜀人，10日之后退兵，大掠子女、百工数万人及珍货而去。① 唐人说：太和三年（829）南诏攻入成都，"工巧散失，良民歼殄，其耗半矣"②。所言或有夸大，但亦可窥知受掠地区损失之惨重。南诏数入西川（今四川成都及其附近地区），"前后俘获约十万人"③。

太和三年（829）以后，南诏攻扰唐地几无宁岁。大中十二年（858）正月，南诏初犯安南（今越南河内），不久退去。六月，因对安南都护李涿为政贪暴心存怨恨，安南群蛮引导南诏进攻安南。咸通元年（860），安南土蛮引南诏兵3万余人首次攻下安南。次年又攻下邕州（今广西南宁南），南诏军大肆掳掠，邕州居民十不存一。咸通四年（863），南诏再次攻陷安南。时人称："（南诏）穷兵再犯朗宁，重陷交趾，两俘邛蜀，一劫黔巫，城池皆为灰烬，士庶尽为幽冤。"④

咸通六年（865），南诏又攻巂州（今四川西昌）。咸通十年（869），南诏倾全力进攻西川（今四川成都及其附近地区），在大渡河为唐军所阻，遂越雪山至嘉州沐源川（今岷江支流沐川河），又攻下黎州（今四川汉源北）、雅州（今四川雅安西）和邛州（今四川邛崃），进抵成都城下。守城唐军顽强抵抗，南诏军退守巂州与唐军

---

① 《资治通鉴》卷二百四十四《唐纪六十》，太和三年十二月，第7868页。
② 〔唐〕卢求：《成都记序》，载《全唐文》卷七百四十四，第7701页。
③ 〔唐〕高骈：《回云南牒》，载《全唐文》卷八百二，第8430页。
④ 《回云南牒》，载《全唐文》卷八百二，第8430页。

对峙。乾符元年（874），南诏军队再攻西川（今四川成都及其附近地区），过大渡河进攻雅州，闻知高骈调任剑南西川节度使，南诏乃撤军。

乾符四年（877），南诏王世隆卒。世隆子隆舜继立。自世隆为南诏王，南诏对唐朝的进攻有增无减，连绵不断的战乱给唐朝的经济造成了极大破坏。广明元年（880），唐廷议南诏求和亲之事，宰相卢携、豆卢瑑言：“自咸通以来，蛮两陷安南、邕管，一入黔中，四犯西川，征兵运粮，天下疲弊，逾十五年。”① 世隆之后南诏与唐朝的战争虽逐渐减少，但长期的战争已严重伤害了彼此的感情。

唐朝对南诏的战争多以失败结束，主要应寻找唐朝自身的原因。天宝战争的直接起因，是阁罗凤攻陷姚州，杀死姚州都督张虔陀。事件发生后，阁罗凤自度不敌唐军，乃向唐朝谢罪，愿还所俘掠，重筑被毁的云南城，且称：“今吐蕃大兵压境，若不许我，我将归命吐蕃，云南非唐有也。”② 这本是收服南诏的极好机会，但执掌朝权的杨国忠草率决定出兵，剑南节度使鲜于仲通在准备不足的情况下远征，导致唐军全军覆灭。《新唐书》卷二百二十二中《南蛮传中》载：“明皇一日杀三庶人，昏蔽甚矣。呜呼！父子不相信，而远治阁罗凤之罪，士死十万，当时冤之。”

唐朝与南诏的关系破裂，南诏转与吐蕃结盟，西南边疆的地缘政治关系因此逆转。唐廷又拼凑军队再战，仍被南诏打败。天宝十四载（755），安史之乱爆发，唐朝由盛转衰。唐军三次交战丧师数十万人，朝中无敢言其事者。玄宗尝谓高力士：“朕今老矣，朝事付之宰相，边事付之诸将，夫复何忧！”高力士答：“臣闻云南数丧师，又边将拥兵太盛，陛下将何以制之！臣恐一旦祸发，不可复救，何得谓无忧也！”玄宗云：“卿勿言，朕徐思之。”③ 可见玄宗亦知“云南数丧师”，但已无法可施，唐朝内蕴的矛盾与危机由此可见。

---

① 《资治通鉴》卷二百五十三《唐纪六十九》，广明元年六月，第8227页。
② 《资治通鉴》卷二百一十六《唐纪三十二》，天宝十载四月，第6907页。
③ 《资治通鉴》卷二百一十七《唐纪三十三》，天宝十三载六月，第6927页。

贞元十年（794），异牟寻弃吐蕃归唐，唐朝与南诏的友好关系恢复。但唐廷未接受此前的教训，对合作局面可能再度破裂的情况仍缺少警惕。南诏与唐朝复好，异牟寻按照旧例请送人质，剑南西川节度使韦皋拒绝接受。由于异牟寻坚持纳质，韦皋在成都设官学接收南诏子弟，前后实行数十年。韦皋的做法虽寓含施以德化的用意，但也使南诏侦知成都的虚实。① 在军事方面，唐朝没有吸取"人亡政息"的惨痛教训，对南诏缺乏必要的警惕与戒备。太和三年（829），王嵯巅率南诏军攻入西川（今四川成都及其附近地区），"边城一无备御"。大臣李德裕乃言：韦皋在西川时"亭障不修，边防罢警，若后人加置一卒，缮理一城，必有异词，便乖邻好。自武元衡以后，三十余年，戎备落然，不可独责元颖"。②

南诏发动战争后，唐朝在战争中屡次遭到失败。究其缘由，有唐朝中期以后吏治腐败、边疆民族纷纷反叛，致使唐朝难以招架等方面的因素，但还有一些原因也值得重视，比如南诏充分利用了唐朝吏治的腐败、唐朝与边疆民族的矛盾以谋事。太和三年（829），南诏进攻西川（今四川成都及其附近地区）。其时剑南西川节度使杜元颖不晓军事，削减士卒衣粮。南诏"反以衣食资之。由是蜀中虚实动静，蛮皆知之"。此后南诏攻西川，"以蜀卒为乡导"。③ 大中年间，李涿为安南都护，"苛墨自私，以斗盐易一牛，夷人不堪"④。诸夷遂联结南诏军攻陷安南都护府。嶲州（今四川西昌）刺史喻士珍贪暴，掠两林蛮以易金，咸通六年（865），南诏进攻嶲州，"两林蛮开门纳之"⑤。东蛮苴那时、勿邓、梦冲三部，原助韦皋破吐蕃有

---

① 〔唐〕孙樵：《书田将军边事》，载《全唐文》卷七百九十五，第8334页。
② 〔唐〕李德裕：《第二状奉宣令更商量奏来者》，载《全唐文》卷七百三，第7220页。
③ 《资治通鉴》卷二百四十四《唐纪六十》，太和三年十一月，第7867页。
④ 《新唐书》卷二百二十二中《南蛮传中》，第6282页。李涿，《新唐书》作李琢。李涿所任官职，《资治通鉴》作安南都护，《新唐书》作安南经略使。笔者在行文中均从《资治通鉴》。
⑤ 《资治通鉴》卷二百五十《唐纪六十六》，咸通六年五月，第8111页。

功，之后唐朝官员刻剥过甚，东蛮遂附于南诏，"每从南诏入寇，为之尽力，得唐人，皆虐杀之"①。

第二节 南诏的统治制度

在边疆地区的王朝与政权中，南诏的统治制度较为完整与规范。现存史籍中的有关记载，叙述内容较多的是职官、政区设置、军事、舆服等方面的制度，以下就此分别叙述。南诏是一个深受唐朝政治、文化影响的地方政权。南诏的统治制度既有自己的特点，又受到唐朝相关制度的深刻影响，同时也有所变通与创造。

一、南诏的职官制度与政区设置

《新唐书》卷二百二十二上《南蛮传上》对南诏官制有较细致的叙述。这一段文字采自乾符五年（878）岭南节度巡官徐云虔出使南诏所撰的《南诏录》，② 可信程度较高。据其所言，并与《蛮书》卷九《南蛮条教》等记载相印证，可知南诏官制大致情形如下。

南诏王择向而坐，"坐南面以称孤"③。"其臣有所陈，以状言而不称臣。"南诏王自称"元"或"骠信"，"犹朕也"，称其下为"昶"，为"卿""尔"之意。臣下和百姓则称南诏王为"诏"。南诏政体为中央集权制，南诏王为政权的最高统治者，集军政、民政的最高决定权于一身。南诏王实行子（或弟）嗣继制度，除丰祐因"慕中国，不肯连父名"外，南诏诸王均实行父子连名制。南诏王细奴逻，高宗时遣使者入朝，获赐锦袍。细奴逻生子逻盛炎，逻盛炎生炎阁。武后时逻盛炎入朝，其妻方娠生子，逻盛炎喜曰："我又有

---

① 《资治通鉴》卷二百五十二《唐纪六十八》，咸通十一年二月，第 8156 页。
② 《云南史料丛刊》第 2 卷，第 227 页。
③ 《南诏德化碑》，载《云南考古》（增订本），第 161 页。

子，虽死唐地足矣。"炎阁立，死于开元时。弟盛逻皮立，生子皮逻阁，唐朝授特进，封台登郡王。炎阁未有子时，以阁罗凤为嗣，阁罗凤继皮逻阁为南诏王。① 阁罗凤卒。子凤伽异早死，孙异牟寻为南诏王。异牟寻死，子寻阁劝立，唐朝遣使册立寻阁劝为南诏王。寻阁劝卒，子劝龙晟嗣继。弄栋节度使王嵯巅杀死劝龙晟，改立其弟劝利为南诏王。

南诏王以下置清平官 6 名，处理军国大事，犹如唐朝的宰相。清平官又称"坦绰""布燮""久赞"，推其中一人为内算官，"凡有文书，便代南诏判押处置"，有副内算官两人协助处理。除内算官外，有外算官 2 人，由清平官或大军将兼领之。六曹公事文书成文，"合行下者，一切是外算官，与本曹出文牒行下，亦无商量裁制"。另有同伦判官 2 人，南诏王有所处置，"辄疏记之，转付六曹"。②

清平官每日与南诏王商议大事。异牟寻执政时，郑回为清平官之首，"五人者事回甚卑谨"，看来郑回为内算官。郑回本相州人，天宝中举明经就仕，任嶲州西泸县令。嶲州被南诏攻陷，郑回被虏。阁罗凤因郑回熟知儒学，更名曰"蛮利"，甚爱重之，命郑回教子凤伽异。至异牟寻嗣立，又命教其子寻梦凑。"回久为蛮（按：指南诏）师，凡授学，虽牟寻、梦凑，回得捶挞，故牟寻以下皆严惮之"。异牟寻继位，以郑回为清平官，"事皆咨之，秉政用事"。其他 5 名清平官，"事回卑谨，或有过，回辄挞之"。③

唐朝的统治制度对南诏有很大影响。唐朝的宫廷商议制度，大致形成于南诏击败唐朝、与吐蕃结盟之时。《南诏德化碑》称："（阁罗凤）坐南面以称孤，统东偏而作主。然后修文习武，官设百司，列尊叙卑，位分九等，阐三教，宾四门。阴阳序而日月不愆，赏罚明而奸邪屏迹。通三才而制礼，用六府以经邦。"④ 南诏设制之

---

① 《新唐书》卷二百二十二上《南蛮传上》，第 6270 页。
② 《蛮书》卷九《南蛮条教》。
③ 《旧唐书》卷一百九十七《南蛮西南蛮传》，第 5281 页。
④ 《云南考古》（增订本），第 161 页。

初，即曾得到降附汉人的帮助。统治制度的进一步补充完善，则是在郑回担任清平官的时期。顾炎武说，阁罗凤初期用汉人段俭魏为相，"获唐西泸令郑回而尊之"。传至其孙异牟寻，"创立法制，修议礼乐，设三公、九爽、三托诸府之官，以分其任"，"开南诏声名文物者，段、郑之力居多"。郑回还竭力劝异牟寻弃吐蕃归唐，后来终成事实。① 随着形势的不断发展，南诏的职官制度相应有所调整，咸通年间樊绰称："近年已来，南蛮更添职名不少。"②

南诏的大军将为武职，共设 12 员，与清平官同列，每日与清平官面见南诏王议事。大军将若外派，则辖领要害城镇，称为"节度"。大军将较清平官低一级，"有事迹功劳殊尤者，得除授清平官"。在由南诏王、清平官与大军将组成的统治集团之下，又设部门职能机构诸爽，"幕爽主兵，琮爽主户籍，慈爽主礼，罚爽主刑，劝爽主官人，厥爽主工作，万爽主财用，引爽主客，禾爽主商贾"，"爽"相当于唐朝的"六省"。南诏又置"督爽"，"总三省也"。③ "九爽"为异牟寻时从南诏开国时建立的"兵曹、户曹、客曹、刑曹、工曹、仓曹"等"六曹"发展而来，六曹"一如内州府六司所掌之事"，较接近唐朝的建置。④

此外，宫廷还设断事曹长，"推鞫盗贼"；设军谋曹长，"主阴阳占候"；设同伦长两人，各有副都，"主月终唱"，"诸曹稽逋如录事之职"。曹官文牒下诸城镇，皆呼"主者"。六曹长有"课效明著"者，得迁补大军将之职。⑤ 南诏设负责畜牧业与粮储的"三托"，"乞托主马，禄托主牛，巨托主仓廪"。诸爽和"三托"均由清平官、酉望和大军将兼任。南诏另有掌管赋税的"爽酋""弥勤""勤齐"等官，又设"兵獳司"之职，以掌机密。南诏设置相当于唐朝

---

① 〔清〕顾炎武撰，谭其骧、王文楚等点校：《肇域志·云南》，上海古籍出版社，2004 年，第 2426 页。

② 《蛮书》卷九《南蛮条教》。

③ 《新唐书》卷二百二十二上《南蛮传上》，第 6268 页。

④ 《蛮书》卷九《南蛮条教》。

⑤ 《蛮书》卷九《南蛮条教》。

"试官"的官吏若干名，称"酋望""正酋望""员外酋望""大军将""员外"等。①

南诏有独特的政区设置与地方官制。统一洱海地区后，皮逻阁把大蒙国的统治中心迁至太和城（在今云南大理市北太和村），在后来的40余年间，太和城一直是南诏的都城。天宝五载（746），南诏占领东部爨氏白蛮地区，并打败唐军的三次进讨，于永泰元年（765）在昆川建拓东城（在今云南昆明市区）作为东都，"东爨悉归，步头已成内境"②。建中二年（781），拓东城改名为善阐城。大历十四年（779），南诏与吐蕃联合进攻西川（今四川成都及其附近地区），遭到惨败，异牟寻因吐蕃悔怒而惊惧，将南诏的都城从太和城迁至阳苴咩城（今云南大理西北）。阳苴咩城与周围的太和、龙尾、大厘、龙口、邆川诸城，形成群星拱月之势。南诏灭亡，大理国仍以阳苴咩城（改名大理城）为都城。

南诏设置的地方统治机构，主要部分是十赕、八节度与二都督。其建置类似于唐朝内地，即除十赕、八节度、二都督等军事性质的统治机构外，还设一些府、州、郡、县等行政机构，③ 但以军事性质的机构为主，当地的州、郡、县受各节度、都督兼所在州刺史管辖。

十赕位于洱海的周围地区，这是南诏重点经营的腹心地带，也是人众富庶之地。十赕分别是：苴咩赕，又称"阳赕"，治今云南大理城，为南诏王所直辖。大厘赕，亦称"史赕"，治今云南大理市北喜洲镇。邆川赕，治今云南洱源县邓川镇，原属邓赕诏之地。矣和赕，治今云南洱源县，唐初设浪穹州，为原浪穹、施浪两诏地界相连地带。赵川赕，治今云南大理市凤仪镇，唐初设为河东州。白崖

---

① 《新唐书》卷二百二十二上《南蛮传上》，第6268页。

② 《南诏德化碑》，载《云南考古》（增订本），第161页。

③ 《新唐书》卷二百二十二上《南蛮传上》，第6269页。《蛮书》卷六《云南城镇》。参见尤中：《云南地方沿革史》，云南人民出版社，1990年，第144、150页。

赕，又称"勃弄赕"，治今云南弥渡县红岩镇，为原白子国故地。蒙舍赕，治今云南巍山，即南诏发迹以前故地。蒙秦赕，治今巍山北部至漾濞一带，唐初于其地置阳瓜州，为蒙舍诏旧地。云南赕，治今云南祥云东南，旧为信州。品澹赕，治今祥云县城，唐初置为波州。

六节度与二都督，为南诏在十赕以外地区所设的统治机构，"节度""都督"亦分别为其机构首席军事长官的职名。史籍中有"六节度""八节度"等记载，表明在不同时期，南诏设置节度的数目有所变化。

史籍通常所说的八节度为：弄栋节度，驻弄栋城（今云南姚安北），弄栋城即唐原姚州都督府治所。云南节度，驻云南城（今云南祥云东南），其下管辖俗富郡（治今云南南华西北）、石桑郡（治今云南楚雄西）、牟州（今云南牟定西北）等地。拓东节度，治拓东城（在今云南昆明市区），管辖善阐府（亦治拓东城）、晋宁州（治今云南昆明市晋宁区西北）、河阳郡（治今云南澄江）、温富州（治今云南玉溪）、长城郡（治今云南嵩明）、石城郡（治今云南曲靖西）、东川郡（治今云南会泽）。开南节度，驻开南城（今云南景东东南），辖威远城（今云南景谷）、柳追和城（今云南镇沅）、奉逸城（今云南宁洱东北）、利润城（今云南江城西南）。银生节度，驻银生城（今云南景东），下辖茫乃、黑齿、扑子蛮、长鬃、茫蛮等部落。宁北（剑川）节度，南诏前期于宁北城（今云南洱源东南）置宁北节度，后移驻剑川（今云南剑川南），改称"剑川节度"。下统宁北城、谋统郡（治今云南鹤庆）、铁桥城（在今云南玉龙纳西族自治县西北塔城乡）、聿赍城（今云南德钦南）、敛寻城（在今云南维西）、傍弥潜城（今云南剑川西南）、牟郎共城（在今云南兰坪）、香城郡（治今四川盐源）、松外城（今四川盐边西北）。永昌节度，治永昌城（今云南保山），管辖永昌府（亦治永昌城）、软化府（治今云南腾冲）、越礼城（今云南腾冲北）、寻传大川城（在今缅甸克钦邦伊洛瓦底江东岸达罗基）、广荡城（在今缅甸葡萄）、押西城（今云南盈江东）、拓南城（今云南永德东北）。镇西（丽水）节度，阁罗凤西开寻传地区，于镇西城（在今缅甸曼冒）置镇西节度，后迁治于丽水城（在今缅甸克钦邦伊洛瓦底江东岸达罗基），遂改称"丽水节度"。下辖镇西城、丽水城、金宝城（在今缅甸密支那）、宝山城（今云南盈江北）、安西城（在今缅甸莫冈附近）、苍望城（在今缅甸八莫）、香柏城（在今缅甸孟养）。

南诏所设的二都督为：通海都督，治今云南通海，唐初于其地设黎州，管辖建水郡（治今云南建水）、目则城（今云南个旧东）与步雄等部落。会川都督，治今四川会理，唐初属嶲州管辖，南诏夺据后设会川都督，下辖会川州（治今四川会理西）、建昌府（治今四川西昌）与诺赕等赕。

南诏的地方官制相当完善。据《蛮书》卷十《南蛮疆界接连诸蕃夷国名》"袁滋等册封异牟寻事"所载，唐使袁滋一行至云南白崖城（在今云南弥渡县红岩镇），有城使尹嵯率兵迎接。另据《南诏德化碑》碑阴刻文所载，立碑人中有李姓"白崖城大军将"，可知十赕由城使一类的官吏管理，或由大军将兼领。节度、都督一般由大军将出任，设有副职及下属官员。据《新唐书》卷二百二十二上《南蛮传上》所载，南诏之府分大、中、下、小四等，每府设主将和副将，大府的主将、副将分别称"演习""演览"，中府为"缮裔""缮览"，下府称"澹酋""澹览"，小府为"幕捫""幕览"。各府还设"陀酋"，相当于唐朝的管记，又置"陀西"，类似于唐朝的判官。南诏的府设主将与副将（应兼领民政），其下有管理文书、日常事务等事务的官吏。据《蛮书》卷九《南蛮条教》所载，在各地的基层，凡万家设一都督为总管，千家置治人官，百家设总佐，村寨设理人处，"递相管辖"。上级机构若下文书至聚邑，必规定报告反馈的期限。南诏在辖境各地设置的统治机构，就机构数量、统治深度与管理效率而言，均超过唐朝前期在云南地区的统治。

二、南诏的军事制度与舆服制度

南诏建立了完备的军事制度。对外战争是南诏政治生活的重要内容，南诏对军队的建设十分重视，军队的数量亦相当可观。

大历十四年（779），异牟寻"悉众二十万入寇（西川）"[①]，一次进攻唐地即动用20万兵力，可见南诏军力之雄厚。南诏军队主要由常备军、义务兵、强征兵三部分组成。据《蛮书》卷九《南蛮条教》所载，南诏军中有"罗苴子"，由挑选乡兵之优秀者组成，每百人置罗苴佐一人管之，罗苴子"负犀皮铜股排，跣足，历险如飞"。南诏又从罗苴子中择人，组成南诏王及大军将的侍卫亲军"负排"，罗苴子和负排均属常备军。另据《蛮书》卷六《云南城镇》所载："通计南诏兵数三万，而永西（昌）居其一。"南诏兵数3万当是指常备军，永昌因是"蜀身毒道"上的要镇，南诏驻重兵戍守。南诏军队的主力是义务兵。据《蛮书》卷九《南蛮条教》所载，"南俗：务田农菜圃，战斗不分文武"，"其兵仗人各自赍，更无官给"，"每家有丁壮，皆定为马军，各据邑居远近，分为四军。以旗幡色别其东南西北，每面置一将，或管千人，或五百人。四军又置一军将统之。如有贼盗入界，即罪在所入处面将"。南诏大致做到了丁壮皆为兵，凡兵皆习武。

南诏强行征调一些边疆和山区的部落入伍，或将其置于阵前充当敢死队。《蛮书》卷四《名类》称，阁罗凤既定寻传地区，"而令野蛮散居山谷，其蛮不战自调伏，集战自召之"。参加南诏对外作战的边疆与山区的部落，战斗力很强。望苴子蛮在兰沧江以西，"盛罗皮所讨定也"，其人勇捷，"善于马上用枪铲。骑马不用鞍。跣足，衣短甲，才蔽胸腹而已，股膝皆露。兜鍪上插牦牛尾，驰突若飞。其妇人亦如此。南诏及诸城镇大将出兵，则望苴子为前驱"。位于永昌（今云南保山）西北的望蛮外喻部落，"其人长（大，负）排持稍，前往无敌。又能用木弓短箭，箭镞傅毒药，所中人立毙"。永昌、开南一带的黑齿蛮、金齿蛮、银齿蛮、绣脚蛮、绣面蛮诸部，"皆为南诏总之，攻战亦召之"。拓东城东南一带的穿鼻蛮、长鬃蛮、栋峰蛮，"今亦为南诏所总，攻战即点之"。开南（今云南景东东南）的茫蛮部落，亦有两三千人被南诏征调，组队参加进攻

安南的战争。

南诏十分重视常备军、义务兵军事技能的训练。据《蛮书》卷九《南蛮条教》所载，每年农收既毕，兵曹长行文至诸城邑村寨，丁壮得文书各依四军汇集，所携甲胄兵器必须符合要求，"一事阙即有罪"。训练之法一如临敌，布阵时罗苴子在前，"以次弓手排下，以次马军三十骑为队。如此次第，常为定制"。若有交错即为犯令。马军测试必须通过射箭、40步外骑马击立柱、盘枪百转无失、能算能书等项目，合格者"有优给"。步卒要测验急行登山、跳远、凫水、剑法、负重行走等项目，成绩优秀者可升补"罗苴子"。丁壮自身也重视军事技能的学习，"每农隙之时，邑中有马者，皆骑马于颇（立）柱下试习"。①

南诏规定出征军士各携粮1斗5升，出南诏界后允许劫掠禾米牛羊，由于军士"忧粮易尽，心切于战"，南诏军形成了作战勇猛速决的特点。作战时以2500人为一营，南诏王心腹与清平官在阵前监视，并记录将士军功大小、先后及用命与否，以此为赏罚的依据。军士犯令罚杖50或100，"更重者徙瘴地"。凡在职之人，"皆以战功为褒贬黜陟"。战毕归来查验，军士前部受刀箭伤者，官府给予医治，伤于背部者，被视为临阵退逃而受惩罚。②

南诏军有很强的战斗力。唐人称广德、建中年间，南诏两度进攻西川（今四川成都及其附近地区），"其众如蚁，前锋魁健皆擐五属之甲，持倍寻之戟，徐呼按步，且战且进，蜀兵遇斗，如植横堵，罗戈如林，发矢如虻，皆折刃吞镞，不能毙一戎，而况陷其阵乎？"③南诏军队勇猛善战，是在与唐朝的战争中经常获胜的一个原因。

南诏有体现内部勋别等级差异的舆服制度。南诏的舆服制度仿自中原王朝尤其是唐朝，通过文武人员在舆服、用具等方面的等级

---

① 《蛮书》卷九《南蛮条教》。
② 《蛮书》卷九《南蛮条教》。
③ 《书田将军边事》，载《全唐文》卷七百九十五，第8334页。

差异规定，体现其封建等级制度与军功褒赏的规定。不同的是，南诏虽制定了舆服制度，但各项规定并不如中原王朝详细与严格。

据《蛮书》卷八《蛮夷风俗》所载，南诏文武官员皆披毡，俗皆跣足，虽清平官、大军将亦不以为耻。"其余衣服略与汉同，唯头囊特异耳"。南诏王之头囊以红绫制成，文武官员皆以黑色绫绢制作。其制法为取绫绢近边撮缝为角，刻木如樗蒲头，实之角中，总发于脑后为一髻，"取头囊都包里（裹）头髻上结之"。头囊并非众人皆可佩戴，"羽仪已下及诸动有一切房甄别者，然后得头囊"。文武官子弟与四军罗苴以下人员，"则当额络为一髻，不得戴囊角"。

南诏看重绯、紫两色。"有大功则得锦。"有超等殊功者"则得全披波罗皮"。"波罗皮"即虎皮，南诏文武官员所披虎皮，"赤黑文深，炳然可爱。云大虫（按：即老虎）在高山穷谷者则佳；如在平川，文浅不任用"①。文武官员披虎皮的大小、位置亦有讲究，有超等殊功者允许披全虎皮，次功者则胸前背后得披，而缺其袖。又次功者，"则胸前得披，并阙其背"②。贞元十年（794），唐使袁滋等赴南诏册封异牟寻，南诏为之举行盛大的欢迎仪式。异牟寻率队出阳苴咩城五里相迎，先饰大象 12 头导前，以次为马军队，再次为伎乐队，其后王族子弟持斧钺列队。"南诏异牟寻衣金甲，披大虫皮，执双铎（鞘）"③。《南诏德化碑》碑阴题名，注明披虎皮者计7 人。南诏获准披全虎皮、胸前背后得披虎皮者仍较有限，可见为奖励军功赐披虎皮的制度执行得十分严格。

南诏称腰带为"佉苴"。曹长以上官员得系金佉苴，"或有等第战功褒奖得系者，不限常例"。未得系金佉苴者，"悉用犀革为佉苴，皆朱漆之"④。南诏王的亲兵称"朱弩佉苴"⑤，可能因腰系朱砂色

---

① 《蛮书》卷七《云南管内物产》。

② 《蛮书》卷八《蛮夷风俗》。

③ 《蛮书》卷十《南蛮疆界接连诸蕃夷国名》。

④ 《新唐书》卷二百二十二上《南蛮传上》，第 6268 页。《蛮书》卷七《云南管内物产》。

⑤ 《新唐书》卷二百二十二上《南蛮传上》，第 6268 页。

佉苴而得名。

佩带刀剑亦有等级方面的规定。南诏上层官员所用刀剑，有铎鞘、郁刃、南诏剑 3 种，铎鞘状如刀戟残刃，常年埋在"高土"中，出自丽水，"装以金穹铁篸，所指无不洞也。南诏尤所宝重"。著名的铎鞘有 6 把，即禄婆摩求、亏云孚、铎戟、铎摩邢、同铎、朱笴。越析诏于赠有"降天铎鞘"。后来越析诏破败，皮逻阁得之。后来南诏王率军出战，"手中双执者是也"。所谓"降天铎鞘"，即以天降陨石制成，因此珍贵。贞元十年（794），南诏派清平官尹辅酋等入朝，献铎鞘一把以及浪川剑、郁刃、越赕马等物，"皆方土所贵之物也"。① 郁刃次于铎鞘。郁刃的造法为"用毒药、虫、鱼之类，又淬以白马血，经十数年乃用。中人肌即死"。南诏王室成员日常佩剑，以及级别较低官员的佩剑即为南诏剑，"不问贵贱，剑不离身"。浪人诏所制之剑尤精利，"诸部落悉不如，谓之浪剑"。南诏王日常所佩剑，"已传六七代也"。② 清平官以下官员，每入见南诏王皆不得佩剑，唯羽仪长得佩剑。

南诏的丧葬亦有制度。南诏规定白蛮死后三日内埋殡，依汉法为墓，稍富室广栽杉松。"蒙舍（王族）及诸乌蛮不墓葬"。死后三日焚尸，其余灰烬掩以土壤，唯收两耳。"南诏家则贮以金瓶，又重以银为函盛之。深藏别室，四时将出祭之。其余家或铜瓶铁瓶盛耳藏之也。"③

第三节　南诏的地缘政治观与经营方略

中原王朝的地缘政治观，包括全局地缘政治观、与边疆有关的

---

① 《蛮书》卷七《云南管内物产》、卷十《南蛮疆界接连诸蕃夷国名》。

② 《蛮书》卷七《云南管内物产》。

③ 《蛮书》卷八《蛮夷风俗》。

地缘政治观两个部分。基于与边疆有关的地缘政治观，中原王朝施行以下治边方略："守在四夷"的方略、强调统一的方略、重视德治与教化的方略、对外施用义化软实力的方略、区别内外关系的方略、远交近攻的方略、分类统治边疆各地的方略。南诏也有自己的地缘政治观，并以此为指导，制定和推行相关的应用方略。① 南诏的地缘政治观及其方略，较多地受到唐朝的地缘政治观与方略的影响，同时也具有自己的特点。

一、南诏有明确的地缘政治观，并制定了应用方略

所谓"地缘政治"，指与地理因素紧密相关的政治及其有关问题。地缘政治是客观存在的，人们关于地缘政治的理论，是对这一客观现实及其应对方式的认识与总结。人们对客观世界的认识是一个逐渐深化的过程，地缘政治观也是如此。地缘政治观的不断发展与逐渐完备，以付诸实践接受检验、相关认识得以深化为前提。中原王朝有经过长期的实践与积累形成的地缘政治观，其表述话语与内容构架，与西方的地缘政治理论有较大差异。

古代的一些文人，认为边疆地区的王朝与政权目光短浅，急功近利，行事缺少智谋。唐代史家云："（四方夷狄）虽风土殊俗，嗜欲不同，至于贪而无厌，狠而好乱，强则旅拒，弱则稽服，其揆一也。"② 清人王夫之云："匈奴之有余者，猛悍也；其不足者，智巧也。非但其天性然，其习然也。"③ 毋庸讳言，就经济发展水平与上层建筑发达程度而言，虽然边疆地区的不少王朝与政权难望中原王朝之项背，但中原王朝并非一骑绝尘。一些边疆地区的王朝与政权也有地缘政治观，其与中原王朝的地缘政治观虽有明显区别，但两

---

① 参见方铁：《论南诏的地缘政治观及其应用》，《中国边疆史地研究》2021年第3期。

② 〔唐〕令狐德棻等：《周书》卷四十九《异域传上》，中华书局，1971年，第899页。

③ 《读通鉴论》卷三《武帝》，第20页。

者又相互联系，彼此影响。

南诏有较为明确、相对完整的地缘政治观，并通过相关方略付诸应用，收到以简驭繁、显隐相济之效。南诏的地缘政治观及其方略受到唐朝制度与文化的影响，同时又有自己鲜明的特点。南诏的地缘政治观及其方略受到诸多因素的影响与制约，其中最重要的是南诏如何实现发展，以及如何处理与唐朝、吐蕃两个王朝的关系。

为抵抗从青藏高原南下的吐蕃势力，唐朝扶持南诏统一洱海地区。南诏势力坐大，与唐朝的利益发生矛盾，南诏攻下姚州都督府治所姚州（今云南姚安北），与唐朝公开决裂。唐朝三次出兵征讨，均被南诏联合吐蕃打败。不久安史之乱爆发，唐朝无暇西顾，南诏发展为雄踞一方的地方政权。南诏极盛时的疆域，包括今云南省、贵州省西部、四川省西南部与中南半岛北部。

南诏统治者有明确的地缘政治观，不少史料的记载证明了这一点。以下略举数例。

天宝四载（745），南诏王阁罗凤奉唐朝之命，率兵平定云南东部爨氏反叛势力。平定之后，南诏擅自采取军事行动。史籍称：

> 阁罗凤遣昆川城使杨牟利以兵胁西爨，徙户二十余万于永昌城（地）。东爨以言语不通，多散依林谷，得不徙。自曲靖州、石城、升麻、昆川南北至龙和，皆残于兵。（爨）日进等子孙居永昌城。乌蛮种复振，徙居西爨故地。[1]

阁罗凤未经唐朝允许，强迁西爨地区的 20 余万户百姓于永昌之地，致使今滇东北与滇中一带"皆残于兵"。此举蕴藏了削弱其他势力，及以今滇西为中心建立割据政权的野心，亦表现出阁罗凤有地缘政治方面的谋划。大历元年（766），南诏于都城国门立德化碑，陈述受唐朝官吏欺压的种种冤屈，言不得已而叛唐。阁罗凤称日后若唐

---

[1] 《新唐书》卷二百二十二下《南蛮传下》，第 6316 页。

使者至，"可指碑澡祓吾罪也"①。德化碑隐瞒了南诏强迁东爨百姓之事。反倒是姚州太守张虔陀看出阁罗凤有称霸一方的野心，乃"筑城收质，缮甲练兵"②，以防南诏叛变。

天宝九载（750），姚州被南诏攻陷。次年，唐将鲜于仲通率兵由成都出戎州、巂州进讨南诏，阁罗凤遣使谢罪，请还其所掳掠，且言："吐蕃大兵压境，若不许，当归命吐蕃，云南之地，非唐所有也。"鲜于仲通不许，囚其使，进兵太和城，为南诏所败。③ 阁罗凤称唐朝若不许改过，南诏便"归命吐蕃"，唐朝必失云南之地。可见在唐朝、吐蕃的地缘政治斗争中，南诏有着举足轻重的地位，阁罗凤对此有深刻的认识，此后事态的发展果如其言。

天宝十一载（752），南诏击败唐朝的再次进讨，转与吐蕃结盟，被吐蕃封为"赞普钟南国大诏"④。大历元年（766），阁罗凤立德化碑追述与唐朝决裂的经过，并透露对外扩张的计划。《南诏德化碑》言：

（天宝）十一年冬，（阁罗凤）亲与寮佐，兼总师徒，刊木通道，造舟为梁，耀以威武，喻以文辞。款降者抚慰安居，抵捍者系颈盈贯。矜愚解缚，择胜置城。裸形不讨自来，祈鲜望风而至。且安宁雄镇，诸爨要冲，山对碧鸡，波环碣石，盐池鞅掌，利及牂牱，城邑绵延，势连戎僰。乃置城监，用辑携离，远近因依，间阎栉比。十二年冬，诏侯（候）隙省方，观俗恤隐，次昆川，审形势，言山河可以作藩屏，川陆可以养人民。十四年春，命长男凤伽异于昆川置拓东城，居二诏，佐镇抚。于是威慑步头，恩收曲靖，颁诏所及，翕然俯从。⑤

----

① 《新唐书》卷二百二十二上《南蛮传上》，第6271页。
② 《南诏德化碑》，载《云南考古》（增订本），第158页。
③ 《旧唐书》卷一百九十七《南蛮西南蛮传》，第5281页。
④ 《南诏德化碑》，载《云南考古》（增订本），第159页。
⑤ 《云南考古》（增订本），第161页。

在开拓寻传地区（今澜沧江上游以西至伊洛瓦底江上游以东地区）并"择胜置城"，实现扩张云南西部、西南部地区的初步规划之后，南诏统治者的目光转向了今滇中区域。南诏认为安宁地处诸爨要冲，有盐池之利，便于掌控今滇东与滇东北，乃于安宁置城监，责任是"用辑携离"。次年，阁罗凤亲至昆川（在今云南昆明一带），察看地貌形势，称山河可以为屏障，土地足可养百姓，遂将经营的前沿据点，由安宁东移至今云南昆明一带，在昆川建拓东城（在今云南昆明市区），性质定为别都，从而确定以洱海、滇池流域为腹心区域，以洱海地区为重点经营疆土的格局。《南诏德化碑》称，拓东城的要务是"佐镇抚"，具体做法是"威慑步头，恩收曲靖"，唐代曲州治今云南昭通，靖州治今云南昭通以北。步头以南的地区与今滇东北一带，遂沦为南诏的遥相羁縻之地，南诏的经营之策限于"威慑"与"恩收"。值得注意的是，南诏立德化碑时虽已打败唐军的三次进讨，但唐朝是否会发动新的进攻尚未可知，可见德化碑立于南诏与唐朝兵戎相见、未知鹿死谁手之时。南诏已从地缘政治的角度，明确提出并宣布经营全局的战略构想，并不顾及实现这一构想前路多艰的事实。

兴元元年（784），南诏王异牟寻在辖地封五岳、四渎，史称：

> 封岳渎，以叶榆点苍山为中岳，乌蛮乌龙山为东岳，银生府蒙乐山为南岳，又封南安州神石亦为南岳，越嶲高黎贡山为西岳，巂州雪山为北岳。封金沙江祀在武定州，兰沧江祀在丽江府，黑惠江祀在顺宁府，怒江祀在永昌府，为四渎，各建神祠。又立三皇庙。德宗丙寅贞元二年，设官立九爽三托。考疆域，其地东至铜柱、铁桥、蟠桃、玉榆，东南至于交趾国，南至于骠国，西南至于木落山，西至于太石，西北至于吐蕃，北至于神川，东北至于黔巫。八分之地，属以八演，皆中国降人为之经画者。①

---

① 《南诏野史会证·大蒙国》，第86—87页。

杨慎《滇载记》所载内容与上大致相同，并言："（南诏）八方之地，属以八演，从中国教令。都曰苴咩，别都曰善阐，皆中国降人为之经画也。"①

封五岳、四渎，建神祠、三皇庙，每年春秋按时祭祀，是中原王朝通行的做法，目的是宣传君权神授、天人合一的思想，同时向天下诏告王朝的中心、腹地与地域四至。南诏在郑回等唐朝降臣的帮助下，以阳苴咩城（今云南大理西北）为都城，以善阐（拓东）城为别都，以洱海之滨的玷苍山为中岳，确立了洱海地区至高无上的地位。所封之东岳、南岳、西岳、北岳，以及受封的金沙江、兰沧江、黑惠江、怒江，均在今滇西地区，这一地区是南诏重点经营的区域。南诏封五岳、四渎，划分八分之地，是南诏在表述自己的地缘政治观，希望采取与中原王朝相同的方式。

贞元十年（794），南诏王异牟寻谋求与唐朝和好，乃遣使至唐，其书信称：

> 异牟寻愿竭诚日新，归款天子。请加戍剑南、西山、泾原等州，安西镇守，扬兵四临，委回鹘诸国，所在侵掠，使吐蕃势分力散，不能为强，此西南隅不烦天兵，可以立功云。②

异牟寻谋求归唐，主要是不堪吐蕃欺压。异牟寻上书提出南诏归唐，有助于唐朝集中兵力戍守安西等地，"使吐蕃势分力散，不能为强"。这表明异牟寻有清楚的地缘政治认识，并希望借陈述地缘政治方面的利害以打动唐朝皇帝。

南诏在处理其与唐朝、吐蕃的关系，充实政权的基础以及向周边地区扩张时，均奉其地缘政治观为圭臬。总体来看，通过相关的方略，南诏在实践中较好地应用了地缘政治观，主要表现在以下

---

① 〔明〕杨慎：《滇载记》，载《云南备征志》卷七《故实七》，第419页。
② 《新唐书》卷二百二十二上《南蛮传上》，第6273页。

方面。

其一，南诏崛起后，确定以洱海地区为统治中心，并以洱海及其附近地区为主要区域，逐渐向周边地区扩张，进而形成新的地域统治体系。南诏的核心地区与周边区域的关系，距离由近及远，控制程度呈逐渐减弱的趋势。

南诏设置的地方统治机构，主要是十赕、八节度、二都督，前文已述。在中南半岛的其他地区，南诏设立了一些城堡，对当地诸族进行有限度的羁縻。《蛮书》卷六《云南城镇》云：

> 诸城镇官，惧瘴疠，或越（避）在他处，不亲视事。南诏特于摩零山上筑城置腹心，理寻传、长傍、摩零、金（宝）、弥城等五道事云。凡管金齿、漆齿、绣脚、绣面、雕题、僧耆等十余部落。

其二，为政权的巩固发展并实现区域性的统一，南诏向云南的西部、南部以及中南半岛积极扩张，以此为基础，形成新的地缘政治局面，并产生深远影响。13 世纪元朝设立云南行省，大致沿袭南诏所确立的地缘政治格局。

唐朝经营云南地区的目标与汉朝相似，即主要是保护由今四川成都经大理、缅甸地区至印度之"蜀身毒道"，以及由今滇东至今越南河内之"交趾道"的安全，以便利边陲势力向朝廷朝贡及进献方物。① 因此唐朝不甚重视与"蜀身毒道""交趾道"关系不大的今云南南部。在今云南南部与中南半岛北部，唐朝的设治相对较少。

天宝战争后，南诏摆脱了唐朝的羁绊，积极向外部拓展。据《南诏德化碑》所载，南诏派兵攻下清溪关道上的要镇越嶲（今四川西昌东南）、会同（今四川会理北），势力发展至大渡河南岸。②

---

① 参见方铁：《唐宋元明清的治边方略与云南通道变迁》，《中国边疆史地研究》2009 年第 1 期。
② 《云南考古》（增订本），第 160 页。

宝应元年（762），阁罗凤率军亲征寻传（今澜沧江上游以西至伊洛瓦底江上游以东地区），并"择胜置城"，设镇西节度管辖其地。南诏还在今西双版纳置银生节度。南诏势力所及，远超前代云南地区的滇国、夜郎与爨氏地方势力。

其三，为确保重点经营区域的发展，南诏放弃了一些价值不大的地区，同时与敌对势力明确划定辖区的界限。前者主要指原被爨氏势力控制的今曲靖以北、会泽以东的滇东北地区，以及被南诏攻下的唐朝姚州都督府的主要区域（今云南楚雄彝族自治州北部）；后者大致指与唐军对峙的大渡河南岸，以及与吐蕃对峙的丽江铁桥地区。南诏的上述举措，明显改变了云南地区原有的地缘政治格局。

据《南诏德化碑》记载，永泰元年（765），南诏在今云南昆明建拓东城，目的是"威慑步头，恩收曲靖"，关注之地限于曲州、靖州以南的区域。南诏在管辖地区设八节度、二都督，在今滇中与滇东北一带，仅置拓东节度（治拓东城），下辖石城郡（治今云南曲靖西）、东川郡（治今云南会泽），在今曲靖、会泽以北的地区并未设治，汉晋时期一度繁荣的今滇东北，实则被南诏放弃。原本作为历朝经营云南地区的中心——今云南昆明与曲靖，其地位亦随之下降。

其四，南诏多次进行强制性的大规模移民，既充实重点经营的地区，也将曾反抗的部落人口迁至遥远地区安置，此举既有趋利避害的考虑，也巩固了新形成的地缘政治格局。南诏规模最大的一次强制性移民，发生在平定东部爨氏势力之后。阁罗凤派兵将云南东部的 20 余万户百姓，强迁至"永昌之地"（指以洱海周围、今保山一带为中心的今滇西地区），导致今滇东与滇东北"荡然兵荒"，云南地区的重心向洱海区域倾斜。

此后，南诏又多次进行较大规模的移民。异牟寻归唐后，从吐蕃夺取铁桥城（在今云南玉龙纳西族自治县西北塔城乡），把当地的一些部落迁往他地安置。南诏还将边远地区的一些人口，迁至拓东节度所辖区域。磨些蛮原居铁桥上下及大婆、二婆、三探览、昆池等地。南诏攻下吐蕃铁桥与昆明诸城，俘虏磨些蛮万户，"尽分隶昆川左右及西爨故地"①;又迁施蛮、顺蛮、磨些蛮数万户以充实拓东地区,从永昌一带迁望苴子、望外喻等千余户分隶拓东城傍,"以静道路"②。

南诏进攻唐朝辖地与中南半岛诸国,掳掠了数量不等的人口带回,主要是为补充统治地区的劳动力。太和三年(829),南诏攻入成都。"将还,乃掠子女、工技数万引而南,人惧自杀者不胜计。"③太和九年(835),南诏攻破距永昌城西南 60 日程的弥臣等国,"劫金银,掳其族三二千人,配丽水淘金"④。

二、南诏地缘政治观及其方略的特点与演变

南诏地缘政治观及其方略一个突出的特点,是受到唐朝制度与文化较深刻的影响。

贞元十年(794),南诏王异牟寻谋求归唐,给唐朝的呈文称:"曾祖有宠先帝,后嗣率蒙袭王,人知礼乐,本唐风化。"⑤ 南诏的清平官郑回原为唐朝的嶲州西泸县令。嶲州被南诏攻陷,郑回被俘。阁罗凤以郑回熟知儒学,更名"蛮利","甚爱重之,命教凤伽异。及异牟寻立,又命教其子寻梦凑"。异牟寻继位,以郑回为清平官,"事皆咨之,秉政用事。余清平官五人,事回卑谨,或有过,回辄挞之"。⑥ 郑回等降臣向南诏积极介绍唐朝的制度与文化,包括中原王朝的地缘政治观,异牟寻等人深受其影响。《南诏野史会证·大蒙国》因此称异牟寻封玷苍山等"五岳",祀金沙江等"四渎",建神祠、立三皇庙,设九爽、三托等官职,以辖地为"八分之地,属以八演","皆中国降人为之经画者"。明人田汝成说:"郑回者,唐故西泸令也,降于南诏,以中国法教异牟寻,乃僭立五岳四渎,改九

---

① 《蛮书》卷四《名类》。
② 《蛮书》卷六《云南城镇》。
③ 《新唐书》卷二百二十二中《南蛮传中》,第 6282 页。
④ 《蛮书》卷十《南蛮疆界接连诸蕃夷国名》。
⑤ 《新唐书》卷二百二十二上《南蛮传上》,第 6273 页。
⑥ 《旧唐书》卷一百九十七《南蛮西南蛮传》,第 5281 页。

爽三托之官，王自称曰元，犹言朕也。"①

中原王朝自认为居天下之中，周围的势力须服从于己，由此形成中心区域与周边地区为主次关系的思想。以先秦的服事观为基础，中原王朝形成守中治边、管控程度由中心地区向周边递减的地缘政治观。南诏接受了上述观念，不仅形成以洱海地区为中心号令周边区域，机构设置与统治力度由中心地区向周边区域逐渐递减的格局，而且通过在各地设立类型有异的城镇，以及根据不同地区的特点采取相应的统治方式的政策，实行差别化管理。

在"十赕"集中分布的洱海地区，南诏设置了较多的城市。这一类城市既是区域性的经济文化中心，又是当地的交通枢纽与人口聚集地，主要有太和城（在今云南大理市北太和村）、阳苴咩城（今云南大理西北）、龙尾城（在今云南大理）、龙口城（在今云南大理市北上关镇）、大厘城（在今云南大理市北喜洲镇）、邓川城（在今云南洱源县邓川镇）、白崖城（在今云南弥渡县红岩镇）、宁北城（今云南洱源东南）。阳苴咩城是异牟寻新建的都城，《蛮书》卷五《六赕》对阳苴咩、白崖等城的情形有详细记载。元人郭松年说，阳苴咩城"西倚苍山之险，东挟洱水之厄"，龙首关置邓川之南，龙尾关位赵赕之北，"昔人用心，自以为金城汤池，可以传之万世"，②这体现了南诏基于地缘政治的考量以规划城市的用心。洱海地区之外的城市，数量较少而且分散，主要有拓东城（在今云南昆明市区）、永昌城（今云南保山）、云南城（今云南祥云东南）、开南城（今云南景东东南）、银生城（今云南景东）、铁桥城（在今云南玉龙纳西族自治县西北塔城乡）、弄栋城（今云南姚安北）。

在中南半岛北部，南诏置立城镇 10 余处，大都是一些简陋的城堡或驻守据点。据《蛮书》卷六《云南城镇》所载，南诏在永昌（今云南保山）以北置越礼城（今云南腾冲北），管长傍、藤弯诸部，长傍、藤弯亦置有城。南至些乐城（在今云南芒市），附近有罗

---

① 〔明〕田汝成：《炎徼纪闻》卷四《云南》，清嘉庆刻本。
② 《大理行记校注》，载《大理行记校注 云南志略辑校》，第 18 页。

君寻城，又西至利城（今云南梁河西），渡水西南有押西城，另有寻传大川城（在今缅甸克钦邦伊洛瓦底江东岸达罗基），北上有安西城（在今缅甸莫冈附近）、宝山城（今云南盈江北），渡过伊洛瓦底江，有金宝城（在今缅甸密支那）。眉罗苴西南有金生城。从宝山城北牟郎城渡丽水可至金宝城。从金宝城西折东北抵门波城，西北至广荡城（在今缅甸葡萄），与吐蕃地界相接。由镇西城往南可至苍望城（在今缅甸八莫），东北至弥城，在祁鲜山建有摩零都督城。

除设置了较多统治机构外，南诏还仿照中原王朝，向重要的城市与交通要地派驻军队。永昌（今云南保山）是"蜀身毒道"上的重镇。南诏的常备军约有 3 万人，其中有 1/3 驻扎在永昌。① 在新设的城镇与据点中，南诏也驻扎数量不等的军队。据《元史》卷六十一《地理志四》所载，牟州位于今云南牟定西北，南诏遣爨蛮酋抬萼镇其地，"筑城曰耐笼"。黎溪州，开初乌蛮与汉人杂处。南诏据有其地，"徙白蛮守之"。蒙自邻近安南，"南诏时以赵氏镇守"。临安路以西有步日部，南诏"徙白蛮镇之"。

南诏的地缘政治观及其方略的第二个特点，是具有鲜明的地方特色。基于特定的时代背景与战略考量，在云南地区地缘政治的布局方面，南诏有一些重要的安排。南诏强调以洱海区域为统治中心，在机构设置、人口补充、经济建设等方面积极配合，使洱海区域得到迅速发展，很快成为云南地区新的政治经济中心。云南地区的地缘政治重心因此转移，改变了两汉以来历代王朝以今滇东为重点经营云南地区的格局。

自秦汉以来，由成都经今宜宾、昭通、曲靖至昆明的"五尺道"，一直是蜀地联系今云南地区的重要通道。历朝在"五尺道"沿途设置了不少郡县，并从蜀地迁来大量移民。汉晋时期，今云南昆明、曲靖为云南经济文化最发达的地区。《华阳国志校注》卷四《南中志》称，晋代的朱提郡（治今云南昭通），"其民好学"。北周益州总管梁睿称南宁州（治今云南曲靖西）"户口殷众，金宝富

---

① 《蛮书》卷六《云南城镇》。

饶"，"其地沃壤，多是汉人，既饶宝物，又出名马"。[1] 南诏崛起，决然放弃今滇东北地区，既由于此地在南朝时遭受过战争的严重破坏，"五尺道"逐渐壅塞，也因南诏迁走今滇东北、滇中一带的20余万户百姓，其地"皆残于兵"[2]。对南诏而言，今滇东北距今滇西甚远，战略上的利用价值不大；人口的大量减少，又使饱受破坏的今滇东北雪上加霜，南诏乃决然放弃这一地区。

由成都经今西昌、姚安至滇西的"灵关道"，是行经"蜀身毒道"的必由之路。唐朝建立，出自复通"西洱河至天竺道"（即前代的"蜀身毒道"）的需要，高宗接受嶲州都督刘伯英的建议，遣右武候将军梁建方率蜀12州兵马，讨平位于今楚雄至大理一带的松外诸蛮，谕降70余部，共10.9万户。[3] 麟德元年（664），唐朝置姚州都督府（治今云南姚安北），[4] 统辖今滇西地区，主要任务是确保"西洱河至天竺道"的畅通。以嶲州（今四川西昌）、姚州（今云南姚安北）为重点的今川西南与云南北部，战略地位倍显重要。吐蕃王朝建立，向周围扩张并进入洱海地区，西洱诸蛮皆降于吐蕃，威胁到"西洱河至天竺道"的畅通。唐朝为此出兵征讨。唐军返回，吐蕃势力再次进入云南。唐朝乃扶持南诏统一洱海地区，组织诸部抵御吐蕃。

姚州都督府（治今云南姚安北）管辖57处羁縻州，[5] 其中一些州与南诏辖地相交错。兼之姚州都督张虔陀于南诏多有牵制，南诏对此深为不满。天宝九载（750），阁罗凤遣军包围并攻下姚州，杀死官吏张虔陀，夺取姚州都督府所辖多处羁縻州，拆毁姚州城。唐朝出兵征讨失败。唐廷命汉中郡太守司空袭礼等再建姚州城，以将军贾瓘为姚州都督。南诏联袂吐蕃，攻破姚州城并俘虏贾瓘。此后，

---

① 〔唐〕魏徵、〔唐〕令狐德棻：《隋书》卷三十七《梁睿传》，中华书局，1973年，第1126—1127页。

② 《元史》卷六十一《地理志四》，第1467页。

③ 《新唐书》卷二百二十二下《南蛮传下》，第6322页。

④ 《旧唐书》卷四《高宗纪上》，第85页。

⑤ 《旧唐书》卷九十一《张柬之传》，第2941页。

姚州百姓"皆被移隶远处",南诏在其地新筑弄栋城,"管杂蛮数部落,悉无汉人"。① 贞元十年(794),异牟寻清理弄栋地区,又将剩余的汉人"迁于永昌之城(地)"②,彻底铲除唐朝经营姚州地区的根基。天宝十三载(754),唐军再次进攻南诏,仍被打败。据《南诏德化碑》所载:南诏、吐蕃联合进攻越巂(今四川西昌东南)、会同(今四川会理北),夺取了大量人口、玉帛、粮食与牛羊,"百里塞途"。次年,唐军夺回越巂,南诏、吐蕃联军再度攻下越巂,占领台登(在今四川冕宁县南泸沽镇)、邛部(今四川越西北),南诏的辖境进抵大渡河南岸。③

剑南道(治今四川成都)以南的东钦、磨些诸蛮,"春秋受赏于巂州,然挟吐蕃为轻重"。④ 异牟寻深恨其反复无常。贞元十年(794),南诏弃吐蕃归唐,并联合唐军扫荡巂州以南的地区,把一些部落迁往他地安置。异牟寻死后,南诏沿"灵关道"数次攻入今四川,"前后俘获约十万人"。⑤ 由于南诏大肆掠夺与多次战争的破坏,"文宗时,(南诏军)大入成都,自越巂以北八百里,民畜为空,又败卒贫民因缘掠杀,官不能禁"。⑥ 此后,南诏与唐朝在巂州地区又反复进行拉锯战。南诏、唐朝的关系长期紧张,南诏进攻蜀地必经的"灵关道"严重封闭。在这样的情形下,南诏逐渐轻视遭受严重破坏的姚州及其以北地区,并无恢复、重建其地的打算。汉晋至初唐近千年间,越巂、姚州等地人烟繁盛、交通繁忙的景象,乃演为明日黄花。

南诏对辖地诸民族施行的统治,明显受到管控程度由中心向周边递减之地缘政治观的影响。

---

① 《南诏德化碑》,载《云南考古》(增订本),第159—160页。《蛮书》卷六《云南城镇》。
② 《蛮书》卷四《名类》。
③ 《南诏德化碑》,载《云南考古》(增订本),第160页。
④ 《新唐书》卷二百二十二下《南蛮传下》,第6324页。
⑤ 《回云南牒》,载《全唐文》卷八百二,第8430页。
⑥ 《新唐书》卷二百一十五上《突厥传上》,第6027页。

南诏王室来自乌蛮。南诏与各地的乌蛮部落保持密切的联系。居于秦臧（今云南禄丰）以南地带属于乌蛮的独锦蛮，与南诏世代联姻。异牟寻之母即为独锦蛮，异牟寻之姑嫁与独锦蛮首领，异牟寻亦娶独锦蛮女子为妻。天宝年间，今滇东一带的爨氏白蛮内讧，南诏支持出自乌蛮、嫁给爨归王为妻的阿姹，之后同意阿姹自立为今滇东乌蛮部落之主。① 洱海及其周边地区的居民以白蛮居多，南诏立国、施政都主要依靠白蛮。《南诏德化碑》碑阴载参加立碑官吏之名，在可见姓或名的 64 人之中，② 属于白蛮的有 30 余人。南诏平定爨氏白蛮，强行迁今滇东、滇东北的爨氏百姓 20 余万户至今滇西一带，促进白蛮族系在较大范围的融合。南诏联络乌蛮、团结及依靠白蛮的做法，使其政权具备厚实的统治基础。

通过战争与掠夺等方式，南诏从唐地获得大量的汉族人口，这些人口大都落籍今滇西等地。南诏笼络、重用汉族的官吏与士人，郑回即为其例。南诏从成都掳掠工匠、织女数万人，"自是南诏工巧埒于蜀中"③。论迁入汉人数量之巨与影响之深远，南诏远超汉、晋两代。南诏通过诸多途径迁入人口，补充腹心地区的劳力与兵源，是洱海及其周围地区获得较快发展的原因之一。

在广大的山区与南部边远地区，居住着乌蛮、白蛮以外的其他民族。对这些民族，南诏设官吏进行较宽松的统治或羁縻，出征时则召为前锋。《蛮书》卷四《名类》称，在南部边远地区与中南半岛北部，居有扑子蛮、寻传蛮等部落，"皆为南诏总之，攻战亦召之"。南诏从永昌地区迁望苴子蛮等 1000 余户至拓东城，"分隶城傍，以静道路"④。南诏的做法带有压迫的性质，但也使这些地区难以摆脱其控制，并有助于云南腹地与周边地区结为一个整体。

---

① 《蛮书》卷四《名类》。
② 孙太初：《南诏大理的碑刻》，载云南省文物管理委员会编：《南诏大理文物》，文物出版社，1992 年，第 152 页。
③ 《资治通鉴》卷二百四十四《唐纪六十》，太和三年十二月，第 7868 页。
④ 《蛮书》卷六《云南城镇》。

南诏施治及处理其与唐朝、吐蕃的关系，精于计算成败利钝，根据形势的变化及时改变策略，南诏的地缘政治观及其方略应用亦是如此。

南诏统治的 253 年，大致可分为皮逻阁、阁罗凤、异牟寻、异牟寻之后诸王四个时期。这四个时期的形势有明显变化，南诏的对策也相应有所改变，在南诏的地缘政治观、南诏的地缘政治格局，以及南诏采取的地缘政治方略等方面，均清楚地得以体现。

贞观二十二年（648），乘唐朝出兵平定西洱河叛蛮之机，蒙舍诏主细奴逻攻灭以白崖（在今云南弥渡县红岩镇）为中心的白子国。次年，南诏以蒙舍川（在今云南巍山南部）为中心建立政权。其时吐蕃势力南下，影响"西洱河至天竺道"的畅通。唐朝为组织当地力量抗御吐蕃，扶持南诏统一洱海地区。南诏认准这是发展的大好时机，表现出很高的积极性。《旧唐书》卷一百九十七《南蛮西南蛮传》称："剑南节度使王昱受归义（按：指皮逻阁）赂，奏六诏合为一诏。"[1] 在唐朝御史严正诲的参与及策划下，南诏先后并吞石桥、剑川、越析、邆赕、浪穹、施浪诸诏，统一并控制了洱海地区，以太和城为王府。开元二十六年（738），玄宗遣使册封南诏主皮逻阁为云南王。"云南"一词源自蜀汉在今云南祥云东南所置之云南郡，表明唐朝认可南诏对洱海及其附近地区的占有。

南诏兼并洱海地区诸诏，"服群蛮，破吐蕃之众兵，日以骄大。每入觐，朝廷亦加礼异"[2]。天宝初，唐朝修建自安南都护府（治今越南河内）经步头（在今云南个旧西南、元江北岸）、安宁（今属云南）连接"西洱河至天竺道"的"步头路"。剑南节度遣越巂都督竹灵倩至安宁筑城。今滇东的爨氏白蛮反叛，唐朝令皮逻阁率兵讨之。[3] 南诏想方设法击败爨氏势力，势力扩张到今滇东等地，并

---

① 《旧唐书》卷一百九十七《南蛮西南蛮传》，第 5280 页。
② 《旧唐书》卷一百九十七《南蛮西南蛮传》，第 5280 页。
③ 《蛮书》卷四《名类》。《南诏德化碑》，载《云南考古》（增订本），第 157页。

擅自把今滇东地区的爨氏百姓 20 余万户徙至今滇西，《南诏德化碑》规划的地缘政治格局显露端倪。南诏称霸的野心逐渐暴露，与唐朝的矛盾也随之加剧。天宝九载（750），姚州被南诏攻占，唐朝三次出兵征讨，均被南诏联合吐蕃打败。南诏舍弃唐朝投靠吐蕃，唐朝经营云南百余年的成果付诸东流。

　　南诏实现《南诏德化碑》所言的地缘政治布局，开篇为"西开寻传，南通骠国"。《南诏德化碑》谓此举在唐朝征讨失败后的天宝十一载（752）冬，唐人樊绰则称发生于张虔陀失陷姚州的天宝九载（750）之前。[①] 倘如樊绰所言，阁罗凤扩充四至、称霸云南之心其时已昭然若揭，《南诏德化碑》对此未敢坦然承认。

　　数十年后，南诏与唐朝、吐蕃的关系又发生变化。起因是南诏、吐蕃多次合兵进攻唐地，屡遭失败，吐蕃怪罪于南诏。南诏王异牟寻惊惧，迁都阳苴咩城，筑城垣 15 里。"吐蕃役赋南蛮重数，又夺诸蛮险地立城堡，岁征兵以助镇防。"[②] 面对波谲云诡的形势，异牟寻进退失据。他听从郑回应予唐朝修好的建议，积极谋求归唐。异牟寻避开吐蕃，与唐使盟誓于玷苍山，其誓词称："吐蕃神川、昆仑（明）、会同已来，不假天兵，牟寻尽收复铁桥为界，归汉旧疆宇。"[③] 贞元十年（794），吐蕃为争北庭与回鹘大战，求援兵于南诏。南诏佯派援军，暗中出奇兵大破吐蕃于神川（在今云南维西），攻下铁桥（在今云南玉龙纳西族自治县西北塔城乡）、昆明（今四川盐源东北）等地，收复城堡 16 处，降其众 10 余万，[④] 实现了"收复铁桥为界"的誓言。此后，吐蕃势力向北面退却，"盛屯昆明、神川、纳川自守"[⑤]。

　　南诏与吐蕃决裂，唐朝遣使至云南册封，双方恢复友好关系。

---

① 《蛮书》卷三《六诏》。《云南考古》（增订本），第 161 页。
② 《旧唐书》卷一百九十七《南蛮西南蛮传》，第 5281 页。
③ 〔唐〕异牟寻：《与中国誓文》，载《全唐文》卷九百九十九，第 10346 页。
④ 《旧唐书》卷一百九十七《南蛮西南蛮传》，第 5283 页。
⑤ 《新唐书》卷二百二十二上《南蛮传上》，第 6278 页。

唐朝授予异牟寻"贞元册南诏印",认可了南诏对所控制地区享有的管辖权,与开元二十六年(738)唐朝册封皮逻阁为云南王,限其权于洱海及其附近地区,两者迥然有别。

南诏与唐朝和好,云南等地的地缘政治格局发生了改变,唐朝企盼多年的"交趾道"连接"西洱河至天竺道"这一构想得以实现。唐朝宰相贾耽称这条道路为"安南通天竺道",为唐朝"入四夷七要道"之一。《蛮书》卷一《云南界内途程》详细记载了"安南通天竺道"每日宿营的地点及间隔距离,称出晋宁馆(今云南昆明市晋宁区东)至拓东城一日,从拓东城至安宁馆一日。《蛮书》卷六《云南城镇》则云:"安宁镇,去柘(拓)东城西一日程,连然县故地也。"《南诏德化碑》称:"安宁雄镇,诸爨要冲。"①《新唐书》卷四十三下《地理志七下》云:"晋宁驿,戎州地也。又八十里至柘(拓)东城,又八十里至安宁故城。"拓东城建于南诏与唐朝决裂之后,所言"安宁镇"或"安宁故城",指天宝初为爨氏势力所毁安宁城的旧址。可见《蛮书》所言之"安南通天竺道",建成于贞元十年(794)南诏归唐之后。

"安南通天竺道"建成后,由中国东南部沿海港口出发的海船,所载使臣、商旅可在交州以东弃船登岸,沿"安南通天竺道"进入云南地区。在当时航海条件较差的情形下,此举可避开海洋季风的威胁。使臣、商旅行经云南地区,再经陆路分赴今东南亚、印度等地。《旧唐书》卷一百九十七《南蛮西南蛮传》说,阳苴咩城(今云南大理西北),"东北至成都二千四百里,东至安南如至成都,通水陆行"。海上"丝绸之路"与西南"丝绸之路"实现联运,意义十分重大。

异牟寻死后,南诏政局动荡,继任诸王少见杰出者。南诏与唐朝的关系再度破裂。其间虽有过短暂的友好,但类似皮逻阁、异牟寻执政时期双方荣辱相依、相携而行的情形已不复存在。南诏再次联合吐蕃,密切的程度亦难与阁罗凤时相比。在这一时期,南诏的

---

① 《云南考古》(增订本),第161页。

地缘政治方略模糊混乱，导致南诏的地缘政治观徘徊甚至倒退，地缘政治观的应用亦多现败笔。

太和三年（829），南诏大将王嵯巅率军突袭邛州（今四川邛崃）、戎州（今四川宜宾）与嶲州（今四川西昌），攻陷之。随后攻入成都，掳掠子女、工技数万人而归。"南诏自是工文织，与中国埒。"① 南诏尝到掠夺的甜头后，屡次对唐朝辖地发动战争。蜀地加强防卫后，南诏改攻安南，安南都护曾衮逃入邕州（今广西南宁南）。唐朝大臣卢携称：

> 咸通以来，蛮始叛命，再入安南、邕管，一破黔州，四盗西川，遂围卢耽，召兵东方，戍海门，天下骚动，十有五年，赋输不内京师者过半，中藏空虚，士死瘴疠，燎骨传灰，人不念家，亡命为盗，可为痛心！②

唐朝大臣李德裕称杜元颖任剑南西川节度使，"（南诏）遇隙而发，故长驱深入，蹂剔千里，荡无孑遗"③。在这一时期，掠夺财物、人口为南诏发动战争的主要动机。《新唐书》卷二百二十二中《南蛮传中》言，咸通年间，"南诏知边人困甚，剽掠无有，不入寇"。可见，南诏为掠夺四处出击，并无一定的章法，既破坏了相对合理的地缘政治格局，给唐朝辖地造成极大破坏，也耗尽了南诏的国力，促使南诏走向衰落。史载："自劝龙晟至世隆以来，侵蜀伐安南，用兵五十余年，帑藏不给，横敛于民，上下俱困。"④"自世隆嗣立以来，为边患殆二十年，中国为之虚耗，而其国亦弊。"⑤

---

① 《新唐书》卷二百二十二中《南蛮传中》，第 6282 页。
② 《新唐书》卷二百二十二中《南蛮传中》，第 6292 页。
③ 《新唐书》卷一百八十《李德裕传》，第 5331 页。
④ 《南诏野史会证·大蒙国》，第 167 页。
⑤ 《滇载记》，载《云南备征志》卷七《故实七》，第 421 页。

综上所述，南诏统治者有较为明确、相对完整的地缘政治观，并通过相关的方略付诸应用，收到以简驭繁、显隐相济之效，这是在其统治前期，南诏大致能行稳致远的一个重要原因。

南诏的地缘政治观及其方略受到唐朝制度与文化的深刻影响。南诏受唐朝的扶持而崛起。在崛起后的数十年间，南诏深受唐朝的恩宠，对其怀有感恩之心。南诏施政，亦受到唐朝制度与文化的很大影响。南诏善待唐朝降臣。在郑回等人的帮助下，南诏的地缘政治观增添了中原文化的色彩。

南诏的地缘政治观及其方略有鲜明的特点，主要表现在以下方面。基于其地缘政治观，南诏较早谋划了未来的地缘政治图景，并采取了一些措施，推动所规划的地缘政治布局逐步落实。这些措施主要是：积极拓展辖地，对辖地诸民族实行区别对待的治策，进行大规模的强制性移民，积极划分并及时调整政区，努力发展经济与文化，建设不同类型的城镇与据点，在各地派驻数量不等的军队。南诏还根据趋利避害、顺时应变的原则，在不同时期根据时代背景与形势的变化，对地缘政治的格局与施行方略进行调整，大致做到了稳定性与灵活性的统一。吐蕃因此怨恨南诏："常为两头蛮，挟唐为轻重。"①

南诏的地缘政治观及其方略受到不少因素的影响与制约。其中最重要的因素，是南诏如何实现持续发展，以及如何处理与唐朝、吐蕃的关系。种植业是南诏的主要经济部门，畜牧业、手工业、商业在其社会经济中也占有相当的比重。在南诏的农业地区，奴隶制较为流行，广大山区与边远地区则长期落后。由此决定了南诏必须发展种植业与其他经济门类，同时通过战争等途径，从周边地区获取财物、奴隶与生产技术。为此，南诏与唐朝、吐蕃战事不断。在扩张与争斗的过程中，正确处理与唐朝、吐蕃的地缘政治关系，是南诏生存与发展的关键，南诏为此进行过几次地缘政治布局的重大调整。

---

① 《新唐书》卷二百二十二上《南蛮传上》，第6277页。

第四节 南诏发展经济文化的方略

南诏十分重视发展经济、文化，为此制定了具体的指导方略。

在治国理政方面，南诏统治者眼光比较长远，力求运筹于帷幄之中，决胜于千里之外。《南诏德化碑》称："我王气受冲和，德含覆育，才出人右，辩称世雄，高视则卓尔万寻，运筹则决胜千里。"统治者认为务必使国家强盛，社会经济较快发展，做到"家饶五亩之桑，国贮九年之廪"。南诏刻意经营边陲，蕴含开发当地资源的深意，"西开寻传，禄郫出丽水之金；北接阳山，会川收瑟瑟之宝"，同时持有以边陲拱卫腹地方面的长远思考，"南荒奔凑，覆诏愿为外臣；东爨悉归，步头已成内境"。在国防方面，南诏提出"设险防非，凭隘起坚城之固"。缘由于此，在政权建设方面，统治者很早便有长远的规划，发展经济、文化是其中的重要内容，并以"业留万代之基，仓贮九年之廪"为努力的目标。[①]

一、南诏经营发达地区的方略

南诏王阁罗凤以洱海地区为发展经济的重点区域。他提出在这一区域，务必实现"厄塞流潦，高原为稻黍之田；疏决陂池，下隰树园林之业；易贫成富，徙有之无；家饶五亩之桑，国贮九年之廪"的愿景。至于洱海地区以西的寻传地区，即今澜沧江上游以西至伊洛瓦底江上游以东地区，因"畴壤沃饶，人物殷凑，南通北海，西近大秦"，亦当尽力开拓，使"开辟以来声教所不及、羲皇之后甲兵所不加"之地，经过"革之以衣冠，化之以义礼"的积极改造，发展为与洱海地区相连的新拓展地区。为此，南诏在当地择胜置城积

---

① 《云南考古》（增订本），第 161、163 页。

极经营，期望获得"裸形不讨自来，祈鲜望风而至"的效果。①

天宝初年，剑南节度使章仇兼琼计划开通"步头路"，沟通自安南经由大理至身毒（今印度）的通道，为此派兵至安宁（今属云南）筑城。东部爨氏势力因此骚动，攻杀筑城使者。唐玄宗遣使诏令云南王阁罗凤讨之，"诸爨遂乱"。南诏平定东部爨氏势力，"诸爨由是离弱"。阁罗凤令昆川城使杨牟利以兵威胁东部爨氏势力，"徙二十余万户于永昌城（地）"。之后东自曲州（今云南昭通）、靖州（在今云南大关附近）、石城（今云南曲靖西）、升麻川（在今云南寻甸、嵩明一带）、昆川（在今云南昆明一带），南至龙和（今云南禄丰东南）等地，"荡然兵荒矣"。②阁罗凤将东部爨氏20余万户百姓强迁至永昌（今云南保山）等地，蕴含增加西部地区人口与削弱东部爨氏势力的双重目的。《南诏德化碑》虽提及南诏奉唐朝之命东进平叛、击破东部爨氏势力的大致经过，但未敢言及强迁东部爨氏20余万户至永昌之事，主要是担忧暴露南诏企图割据的野心。

击败东部爨氏势力后，南诏考虑如何处置东部地区。《南诏德化碑》称南诏在云南东部置安宁城监，确立安宁在"诸爨要冲"地区之"雄镇"地位，既获取当地的盐池之利，亦发挥安宁"利及群欢，城邑绵延，势连戎爨"的地缘优势，达到"用辑携离，远近因依"的目的。广德元年（763）冬，阁罗凤亲履昆川（在今云南昆明一带），审其地貌形势，"言山河可以作藩屏，川陆可以养人民"，乃将镇守东部的"雄镇"由安宁移至昆川。永泰元年（765），南诏在昆川建拓东城，"居二诏，佐镇抚"。至此，南诏以拓东城为陪都，在东部"威慑步头，恩收曲靖"的战略布局基本形成。③

南诏在辖地设统治机构十赕、八节度、二都督，在云南东部设拓东节度（驻拓东城，在今云南昆明市区）。拓东节度下设石城郡（治今云南曲靖西）、东川郡（治今云南会泽），为南诏在云南东部

<hr>

① 《南诏德化碑》，载《云南考古》（增订本），第160—161页。
② 《蛮书》卷四《名类》。
③ 《云南考古》（增订本），第161页。

北面的极边地界。在今曲靖、会泽以北的地区，南诏并未设治。在云南地区的东南部，南诏仅设通海都督（治今云南通海），实际上是放弃了通海以南的地区，此乃《南诏德化碑》称设置拓东城之后，可"威慑步头（按：在今云南个旧西南、元江北岸），恩收曲（按：今云南昭通）靖（按：在今云南大关附近）"①的真实含义。

经过努力经营，南诏建立了辖地辽阔的地方政权。《新唐书》卷二百二十二上《南蛮传上》载："（南诏）居永昌、姚州之间，铁桥之南，东距爨，东南属交趾，西摩伽陀，西北与吐蕃接，南女王，西南骠，北抵益州，东北际黔、巫。王都羊苴咩城，别都曰善阐府。"所称南诏"居永昌（治今云南保山）、姚州（今云南姚安北）之间，铁桥（在今云南玉龙纳西族自治县西北塔城乡）之南"，指的是南诏腹心地区的方位。所谓"（南诏）东距爨（按：指云南东部爨氏之地），东南属交趾（按：指唐朝安南都护府），西摩伽陀（按：指与今印度相接），西北与吐蕃接，南女王（按：指位于今泰国北部的女王国），西南骠（按：指位于今缅甸中北部的骠国），北抵益州（按：指唐剑南道管辖的大渡河南岸），东北际黔、巫（按：指唐黔州）"，则是叙述南诏疆土的地域四至，即南诏辖地的基本范围。

对于广阔的辖地范围，南诏制定了划分类别、分类统治、区别化经营的方略，同时将云南地区的政治中心，从前代东部的滇池地区或曲靖转移到西部的洱海区域，确定了以洱海地区为腹心，重点经营云南西部地区的施政方针。

南诏发展经济、文化的第一个层次，为洱海区域及其周围地区，这也是备受重视的腹心地区。兴元元年（784），在清平官郑回等唐朝降人的指点下，南诏王异牟寻在重要地区封五岳、四渎，向天下诏告南诏的中心与腹心之地。异牟寻封洱海之滨的玷苍山为中岳，确立了洱海地区至高无上的地位。异牟寻所封的东岳乌蛮乌龙山，南岳银生府蒙乐山，西岳越赕高黎贡山，北岳嶲州雪山，以及受封

---

① 《云南考古》（增订本），第 161 页。

的金沙江（祀在武定州）、兰沧江（祀在丽江府）、黑惠江（祀在顺宁府）、怒江（祀在永昌府），① 均在今云南的西部与西北部，大都距洱海地区不远，可见洱海区域及其周围地区深受南诏统治者看重。

南诏在辖地所设的统治机构十赕、八节度、二都督。除十赕设于洱海地区外，八节度、二都督有相当一部分位于洱海地区，主要有云南（治今云南祥云东南）、永昌（治今云南保山）、宁北（治今云南洱源东南）三处节度，以及会川都督（治今四川会理）。② 在洱海区域及其周围地区，南诏设置了众多城镇。这些城镇大都是统治机构的所在地与当地经济、文化的中心，通常也是交通枢纽与商业贸易的集散地。

位于洱海区域及其周围地区的城镇主要有：阳苴咩城（今云南大理西北），为南诏的都城，由一组构思严密、完整的建筑群组成，城内建有南诏最高官府，以及南诏王族和清平官、大军将等高级官吏的住宅，门楼外前临周回七里鱼池的客馆，也是通往各地的交通枢纽，因此称"太和来往通衢"。太和城（在今云南大理市北太和村），北去阳苴咩城15里，"巷陌皆垒石为之，高丈余，连延数里不断"，为南诏前期的都城。龙尾城（在今云南大理），为阁罗凤所筑，濒临洱海，"河上桥长百余步。过桥分三路，直南蒙舍路，向西永昌路，向东白崖城路"。大厘城（在今云南大理市北喜洲镇）距阳苴咩城40里，邑居人户尤众，"今并南诏往来所居也。家室共守，三处如一"，南诏王族常于此城避暑。邓川城（在今云南洱源县邓川镇），距龙口城15里，城市规模亦大，"最为名邑"。蒙舍城（在今云南巍山），在南诏的发源地蒙舍川，其地"肥沃宜禾稻。又有大池，周回数十里，多鱼及菱茨之属"。白崖城（在今云南弥渡县红岩镇），依山建城，高达10丈，四面皆引水环流，唯开南、北、西门。南隅是旧城，周回二里。"东北隅新城，大历七年阁罗凤新筑也。"在白崖城附近，有清平官以下官吏"官给分田"，"南诏亲属亦住此

① 《南诏野史会证·大蒙国》，第86页。
② 《蛮书》卷六《云南城镇》。

城傍",正南面距开南城11日程。永昌城(今云南保山),"在玷苍山西八日程,西北去广荡城六十日程,广荡城接吐蕃界"。拓南城,"呼为要镇。正南过唐封川,至茫天连","通计南诏兵数三万,而永西(昌)居其一"。①《蛮书》卷二《山川江源》说,龙尾城西第七驿兰沧江上有桥,"即永昌也"。其桥横亘大竹索为梁,"上布簽,簽上实板,仍通以竹屋盖桥"。其他知名的城镇,还有龙口城(在今云南大理市北上关镇)、宁北城(今云南洱源东南)、弄栋城(今云南姚安北)、铁桥城(在今云南玉龙纳西族自治县西北塔城乡)等。

南诏积极经营洱海区域及其附近地区的交通。唐人高适称:"剑南虽名东西两川,其实一道。自邛关、黎、雅,界于南蛮也。"②"清溪关道"是南诏联系内地首选的交通线。从西川俄准岭(今四川德昌南)至阳苴咩城(今云南大理西北)计有19驿。据《蛮书》卷一《云南界内途程》所载,从巂州俄准岭行70里至菁口驿,30里至芘驿,60里至会川镇,55里至目集馆,70里至会川。从目集驿至河子镇70里,30里至泸江,乘皮船渡泸水。从河子镇至末栅馆50里,至伽毗馆70里,至清渠铺80里,渡绳桥至藏傍馆74里,至阳褒馆60里,至弄栋城70里,至外弥荡80里,从外弥荡至求赠馆70里,至云南城70里,至波大驿40里,至渠蓝赵馆40里,至龙尾城30里,至阳苴咩城50里。南诏在以上地点均设驿馆。贞元十年(794),唐使袁滋等经由"石门关道"册封南诏,入南诏境先后经安宁城、曲驿、欠舍川、云南城、白崖城、渠敛赵中路客馆、龙尾城客馆、太和城至阳苴咩城,可见南诏在安宁至洱海地区的道路设有多处驿馆。③

为增加洱海地区的人口,平定东部爨氏势力的反叛后,南诏擅自将东自曲州(今云南昭通)、靖州(在今云南大关附近),西至昆

① 《蛮书》卷五《六赕》、卷六《云南城镇》。
② 《旧唐书》卷一百一十一《高适传》,第3329页。
③ 《蛮书》卷十《南蛮疆界接连诸蕃夷国名》。

川（在今云南昆明一带）、龙和（今云南禄丰东南）农业地区 20 余万户百姓，强迁至永昌（今云南保山）一带与洱海地区。唐代《蛮书》称："（爨）日用子孙今立（并）在永昌城。"① 后来，被迁的东部百姓与居住地白蛮融为一体，极大地增强了西部白蛮的力量，也促进了洱海区域及其周围地区经济文化的发展。时至今日，今保山、腾冲与大理地区的一些县仍居有姓"寸"的居民，这些居民为唐代东部爨氏西迁人口的后裔。"寸"为"爨"字的异写或替代称呼，元朝称出白蛮组成的土军为"寸白军"。天宝年间，唐朝三次出兵征讨南诏被打败，被俘的唐朝将士落籍洱海地区。南诏还多次进攻今川西南，掠夺人口与财物。大理国时期，落籍洱海地区汉人的后裔仍受重视，"至今有子孙在都王世禄，多聪悟挺秀，往往能通汉语"②。

南诏发展经济、文化的第二个层次，是以陪都拓东城（在今云南昆明市区）为中心的云南东部地区。南诏对这一地区的重视程度，仅次于洱海地区。

在云南东部地区，南诏设置拓东节度（治今云南昆明市区）与通海都督（治今云南通海）。重要的城镇主要有拓东城（在今云南昆明市区），广德二年（764）凤伽异所置；通海镇（在今云南通海），汉俞元县故地；石城（今云南曲靖西），味县故地；安宁镇（在今云南安宁），距拓东城一日程。

南诏亦从其他地区迁徙了一些人口至云南东部，寓防范反抗与充实其地之意。南诏袭破铁桥（在今云南玉龙纳西族自治县西北塔城乡）、昆明（今四川盐源东北）诸城，"凡虏获万户，尽分隶昆川左右及西爨故地"。贞元十年（794），南诏攻破吐蕃，迁其地施蛮、顺蛮、磨些蛮数万户充实云南东部。又从永昌（今云南保山）迁望苴子、望外喻等千余户分隶拓东城（在今云南昆明市区）傍，"以静

---

① 《蛮书》卷四《名类》。
② 《续资治通鉴长编》卷二百六十七，熙宁八年八月，第6541页。

道路"。① 太和六年（832），南诏进攻骠国（在今缅甸伊洛瓦底江流域），虏其众 3000 余人，"隶配柘（拓）东，令之自给"②。

洱海区域与滇池地区是南诏发展农业的重要区域。在上述地区，百姓凡百家，南诏设一总佐，千家设一治人官，万家设一都督进行管理。官民皆从事耕作，上官授田 40 双（一双合五亩），上户授 30 双，中户、下户依此类推。③ 从洱海区域往东至滇池地区，"土俗唯业水田"，种植小麦、稻谷、麻、豆、黍、稷等作物，普遍实行春秋两季种植制。水田每年一熟。八月获稻，至十一月、十二月之际，乃于稻田种大麦，三月、四月即熟。收大麦后还种粳稻。小麦即于山坡种之，十二月下旬已抽节如三月，小麦、大麦同时收刈。耕田多用三尺之型，一型驱牛两头，两牛相去七八尺，一农人在前牵牛，一农人持按犁辕，另一农人秉犁把于后。至 20 世纪初，云南多地仍流行这种二牛三夫耕作法。山间梯田也得到认真经营，"蛮治山田，殊为精好"。每年农忙节令，官府必遣官吏至农村监守催促。对监催官吏亦监理甚严，"如监守蛮乞酒饭者，察之，杖下捶死"。在发达的农业地区，连片稻田的面积或至 30 里，稻田配备了完善的灌溉系统，"浇田皆用源泉，水旱无损"。庄稼收割后，官府根据种植农户人口的多寡，"支给禾稻，其余悉输官"。④《新唐书》卷二百二十二上《南蛮传上》称在洱海地区与滇池地区，"专于农，无贵贱皆耕。不纻役，人岁输米二斗。一艺者给田，二收乃税"。

洱海区域、滇池地区的畜牧业也十分发达。《蛮书》卷七《云南管内物产》称，越赕川（今云南腾冲北）以东一带出产良马。三年内幼驹饲以"米清粥汁"，六七年方长成。良马"尾高，尤善驰骤，日行数百里"。良马多骢色，世称"越赕骢"，后来则以白色马为良。腾冲、申赕（今云南腾冲西北）亦出良马，次赕（今云南禄丰东南）、滇池地区所产马尤佳。诸处养马流行野外放养，不置槽枥，

---

① 《蛮书》卷四《名类》、卷六《云南城镇》。
② 《蛮书》卷十《南蛮疆界接连诸蕃夷国名》。
③ 《蛮书》卷九《南蛮条教》。
④ 《蛮书》卷七《云南管内物产》。

仅阳苴咩城（今云南大理西北）、大厘城（在今云南大理市北喜洲镇）、邓川城（在今云南洱源县邓川镇）设有槽枥，每处喂马多达数百匹。可见洱海区域饲养的良马不仅数量较多，而且喂养十分精心。洱海区域家有丁壮者皆定为马军，农闲时集中操练。① 马军须自备战马。《新唐书》卷二百二十二上《南蛮传上》说，"壮者皆为战卒，有马为骑军"，可见当地出产马匹甚多。

洱海地区诸山皆养鹿。龙尾城（在今云南大理）东北息龙山设有专门的养鹿场，"要则取之"。览赕（今云南禄丰西北）有织和川及鹿川，所养龙足鹿三五十只成群，"群行啮草"。洱海、滇池等大型湖泊放养鲫鱼，蒙舍川（在今云南巍山南部）湖的鲫鱼大者重达五斤。活动在铁桥（在今云南玉龙纳西族自治县西北塔城乡）周围地区的磨些蛮，"土多牛羊，一家即有羊群"。居永昌（今云南保山）西北的望蛮外喻部落普遍饲养沙牛，沙牛"大于诸处，牛角长四尺已来"，当地盛产牛奶制品，"妇人惟嗜乳酪"。②

洱海区域与滇池地区的家庭纺织业亦颇为兴盛。自曲州（今云南昭通）、靖州（在今云南大关附近）往西至滇池地区，"人水耕，食蚕以柘，蚕生阅二旬而茧，织锦缣精致"。在洱海地区，"无桑，悉养柘，蚕绕树，村邑人家，柘林多者数顷"。其抽丝之法稍异于中原，精者纺丝绫，织为锦与绢。其纺丝染朱紫制为上服，"锦文颇有密致奇采"。至于寻常百姓，则穿"制如衾被"的绢衣，其绢极粗。③ 南诏王族、清平官穿用的衣服十分讲究，在丝绫和锦料上加刺绣，其上或点缀虎皮。南诏原未掌握织造绫罗的技艺，自太和三年（829）攻下成都，南诏掳掠大量的工匠、织女至云南后，当地乃掌握织制绫罗的生产技术，"南诏自是工文织，与中国埒"④。

---

① 《蛮书》卷九《南蛮条教》。
② 《蛮书》卷四《名类》。
③ 《蛮书》卷七《云南管内物产》。《新唐书》卷二百二十二中《南蛮传中》，第6282页。
④ 《新唐书》卷二百二十二中《南蛮传中》，第6282页。

　　洱海区域与滇池地区盛产崖盐。泸南（今云南大姚西南）有味美井盐，供应河赕（在今云南大理一带）、白崖（在今云南弥渡县红岩镇）、云南（今云南祥云东南）等地的百姓。昆明城（今四川盐源东北）有较大规模的盐池。贞元十年（794），南诏收复昆明城，从吐蕃夺回盐池。剑川有细诺邓盐井，丽水城（在今缅甸克钦邦伊洛瓦底江东岸达罗基）有罗苴盐井，长傍诸山皆有盐井，"当土诸蛮自食，无榷税"。重要盐井还有安宁城中深 80 尺的盐井，南诏"劝百姓自煎"。升麻、通海等地的百姓皆食安宁井盐。览赕（今云南禄丰西北）城内的郎井盐洁白味美，专供南诏一家采食。东蛮、磨些蛮部落食龙怯河水，其中有盐井两所。敛寻东南有傍弥潜井、沙追井，西北有若耶井、讳溺井。为便利百姓获得食盐，南诏专门制作每粒重一二两的盐粒，"有交易即以颗计之"。① 以盐块作为贸易中介物流通，使各地获得食盐较为容易，是南诏的一项创新之举。

　　南诏统一了度量衡。1 尺相当于唐朝的 1 尺 3 寸，路途以 1600 尺为 1 里。南诏计量重量之秤，相当于唐朝秤"一分三分之一"。计量布帛的长度称"幂"，1 幂相当于唐朝的 4 尺 5 寸。田地面积称"双"，1 双相当于唐朝 5 亩。南诏本土不用钱。"凡交易缯帛、毡罽、金、银、瑟瑟、牛、羊之属，以缯帛幂数计之，云某物色直若干幂"。② 唐代内地流行以绢帛为贸易中介物，南诏仿之。另据《新唐书》卷二百二十二上《南蛮传上》所载，南诏"以缯帛及贝市易，贝者大若指，十六枚为一觅"。

二、南诏经营欠发达地区的方略

　　南诏经营辖地及其附近地区的第三个层次，是在新开拓、欠发达地区设置城堡，施以较宽松的羁縻之治，并进行贸易或掠夺，从这些地区获取人口与资源。

　　阁罗凤攻下寻传（今澜沧江上游以西至伊洛瓦底江上游以东地

---

① 《蛮书》卷七《云南管内物产》。
② 《蛮书》卷八《蛮夷风俗》。

区）、祁鲜（今缅甸北部甘高山）后，于其地置多处城堡。因寻传、祁鲜地区气候炎热，多有瘴毒，"诸城镇官惧瘴疠，或越（避）在他处，不亲视事"。南诏乃于摩零山上筑城置腹心城堡，"理寻传、长傍、摩零、金（宝）、弥城等五道事云。凡管金齿、漆齿、绣脚、绣面、雕题、僧耆等十余部落"。①《蛮书》卷二《山川江源》称，阁罗凤率领军将，于金宝城以北之大赕筑城，"管制野蛮。不逾周岁，死者过半。遂罢弃，不复往来"。

对开南（今云南景东东南）、永昌（今云南保山）、寻传（今澜沧江上游以西至伊洛瓦底江上游以东地区）诸处的扑子蛮，寻传地区的寻传蛮与裸形蛮，兰沧江以西地区的望苴子蛮，永昌（今云南保山）西北的望蛮外喻部落，永昌、开南等地的黑齿蛮、金齿蛮、银齿蛮、绣脚蛮、绣面蛮、茫蛮部落，南诏征集其参加进攻唐朝的战争。②

在永昌（今云南保山）以西地区，出产生于石上的野桑，"其林上屈两向而下植"，南诏取以制弓，"不筋漆而利，名曰瞑弓"。长川诸山往往有金，可披沙拣而得之。丽水（今缅甸伊洛瓦底江）亦多金麸。南诏从弥诺国（在今缅甸伊洛瓦底江与钦敦江汇合处一带）、弥臣国（在今缅甸伊洛瓦底江口）俘虏两三千人，送丽水淘金。③南诏制定"沙赕法"，男女犯罪，多送丽水淘金。长傍川界三面山产金，"部落百姓悉纳金，无别税役、征徭"。④

寻传（今澜沧江上游以西至伊洛瓦底江上游以东地区）等地出产犀皮。南诏兵之排甲与马骑甲仗，"多用犀革，亦杂用牛皮"。银生城以南地区多珍宝，南诏与之贸易，"以黄金麝香为贵货"。在银生城、拓南城、寻传、祁鲜以西的地区，诸族并不养蚕，唯收婆

---

① 《蛮书》卷六《云南城镇》。
② 《蛮书》卷四《名类》。
③ 《新唐书》卷二百二十二上《南蛮传上》，第 6275 页。《蛮书》卷十《南蛮疆界接连诸蕃夷国名》。
④ 《蛮书》卷七《云南管内物产》。

（娑）罗树子，破其壳，中白如柳絮，纫之为丝，织为方幅，裁之制为"笼段"，"男子、妇女通服之"。① 看来其所制笼段，不仅供当地诸族所用，部分产品也供应其他地区的居民。

通过战争掠夺唐朝辖地的人口与财物，是南诏致富的重要手段。

天宝年间，南诏以"去恶务除本"为由，遣兵与吐蕃建立联军，攻下越巂（今四川西昌东南），逼降会同（今四川会理北），所掠子女玉帛"百里塞途"，获得大量牛羊、积储与稻谷。② 太和三年（829），南诏军将王嵯巅率兵攻下邛州（今四川邛崃）、戎州（今四川宜宾）、巂州（今四川西昌），并攻入成都。初至慰抚居民，"市不扰肆"。数日之后，"掠子女、工技数万引而南，人惧自杀者不胜计"，由此获得了大量工匠、织女，"南诏自是工文织，与中国埒"。③ 咸通年间，南诏两次攻陷安南（今越南河内），"所杀虏且十五万人"④。南诏还数次攻入西川（今四川成都及其附近地区）、邕州（今广西南宁南）与黔州（今重庆彭水东北），俘掠的人口也在10万以上。南诏掠来的人口在南诏腹地落籍，或为工匠，或充奴隶。他们带来了内地的生产技术与文化，同时为南诏增加了劳动人手。南诏是继汉晋之后，云南地区大量吸收内地的人口、生产技术、文化的又一高潮时期。论迁入汉人数量之巨，影响之广泛与深远，南诏超过了汉晋时期。

南诏多次进攻唐朝辖地，多以掠夺人口与财物为要旨。有一段时间南诏较少进攻唐地，史称缘由是"南诏知边人困甚，剽掠无有，不入寇"⑤。《新唐书》卷二百二十二中《南蛮传中》说，南诏进攻唐朝辖地，"蚍结蝇营，忸卤剽小利，处处留屯，故蜀孺老得扶携悉入成都"。南诏掠夺唐地的行为十分残暴，深为唐地百姓所痛恨。由

---

① 《蛮书》卷七《云南管内物产》、卷六《云南城镇》。
② 《南诏德化碑》，载《云南考古》（增订本），第160页。
③ 《新唐书》卷二百二十二中《南蛮传中》，第6282页。
④ 《资治通鉴》卷二百五十《唐纪六十六》，咸通四年正月，第8103页。
⑤ 《新唐书》卷二百二十二中《南蛮传中》，第6282页。

于南诏军队残暴掠夺，蜀人语曰："西戎尚可，南蛮残我。"① 杜元颖任剑南节度使时，南诏待机而发，长驱深入，"蹂剔千里，荡无孑遗"。② 南诏对出征军士的给养有严格的规定，仅许每人携粮 1 斗 5 升，其余给养则靠掠夺的谷米牛羊补充，军士"忧粮易尽，心切于战"③。

南诏大肆掠夺唐朝辖地的人口与财物，给被掠地区造成极为严重的破坏。在与唐朝的战争中，南诏占有地利人和的有利条件，发动的战争大多带有突然性，因此屡次获胜。文宗时，南诏大举进攻成都等地，"自越巂以北八百里，民畜为空，又败卒贫民因缘掠杀，官不能禁。自是群蛮常有屠蜀之心"。④ 唐臣卢携等称："咸通以来，蛮（按，指南诏）始叛命，再入安南、邕管，一破黔州，四盗西川，遂围卢耽，召兵东方，戍海门，天下骚动，十有五年，赋输不内京师者过半，中藏空虚，士死瘴疠，燎骨传灰，人不念家，亡命为盗，可为痛心！"⑤ 南诏对唐朝辖地的野蛮掠夺与肆意破坏，理应受到谴责。南诏频繁用兵耗尽国力，也成为南诏衰亡的重要原因。据杨慎《滇载记》所载，自世隆于大中十三年（859）嗣位，"（南诏）为边患殆二十年，中国为之虚耗，而其国亦弊"⑥。《南诏野史会证·大蒙国》称劝龙晟至世隆执政以来，"用兵五十余年，帑藏不给，横敛于民，上下俱困"。

为发展壮大自己的文化，南诏制定了相应的经营方略。

南诏统治者认识到收服敌方、壮大自己，必须讲究策略，重视文化，并制定明确有效的经营方略。具体来说，南诏认为治国必修文习武，官设百司，讲阴阳重策略，赏罚分明，才能"奸邪屏迹"。对反侧施以恩惠，可使其怀德归仁。《南诏德化碑》称，阁罗凤"坐

---

① 《新唐书》卷二百一十五上《突厥传上》，第 6027 页。
② 《新唐书》卷一百八十《李德裕传》，第 5331 页。
③ 《蛮书》卷九《南蛮条教》。
④ 《新唐书》卷二百一十五上《突厥传上》，第 6027 页。
⑤ 《新唐书》卷二百二十二中《南蛮传中》，第 6292 页。
⑥ 《云南备征志》卷七《故实七》，第 421 页。

南面以称孤，统东偏而作主。然后修文习武，官设百司，列尊叙卑，位分九等，阐三教，宾四门。阴阳序而日月不愆，赏罚明而奸邪屏迹。通三才而制礼，用六府以经邦。信及豚鱼，恩沾草木"。义言：为开辟声教所不及、前代甲兵不加之地，必持"革之以衣冠，化之以义礼"之心，方能做到"裸形不讨自来，祈鲜望风而至"。由于重视文化的重要作用，同时做到恩威并举，南诏企望观兵寻传地区，当地诸族"举国来宾"；巡幸东爨之地，反侧势力"怀德归仁"。①

为向天下宣告统治的合法性，以及施德四方、恩泽万民的政治抱负，南诏统治者仿照中原王朝的做法，在辖地分封五岳、四渎，并建神祠与三皇庙，每年春秋按时祭祀。南诏还采用中原王朝对管辖地区分五服、远交近攻的治策，这些都有明显的文化内涵，并有深远、全局方面的考虑。

在郑回等唐朝降臣的帮助下，南诏制定了较为完整的管理制度。南诏设清平官6人，每日与南诏王参议境内大事。其中推举1人为"内算官"，凡有文书，内算官代南诏王判押处置。设大军将12人，与清平官同列，每日亦见南诏王议事。大军将出外或领要害城镇，称"节度"。功勋卓著的大军将，得授清平官之职。又设六曹长主外部事务，六曹长为兵曹、户曹、客曹、刑曹、工曹、仓曹，"一如（唐朝）内州府六司所掌之事"。六曹长功效明著者，可迁补大军将。另设外算官两人，或清平官、大军将兼领之。六曹之公事、文书草成，交付外算官，与本曹出文牒通知执行。② 南诏设"诸爽"管理具体事务，"皆清平官、酋望、大军将兼之"。其中"慈爽主礼"尤具深意，慈爽所主之"礼"，包括诸官等级、礼仪、祭祀、宗教等方面的事务，属于礼仪、文化等方面的范畴。③ 南诏制定较完整的管理制度，既是重视文化、注重制度化管理的体现，也为统治得以延续创造了有利条件。

---

① 《云南考古》（增订本），第161—162页。
② 《蛮书》卷九《南蛮条教》。
③ 《新唐书》卷二百二十二上《南蛮传上》，第6268页。

南诏积极学习唐朝的文化，从中汲取有益的部分。唐朝扶持南诏，统一洱海地区抵抗吐蕃，于南诏多有恩宠。唐剑南西川节度使牛丛追述这一段历史称："诏王之祖，六诏最小夷也。天子录其勤，合六诏为一，俾附庸成都，名之以国，许子弟入太学，使习华风。"① 异牟寻继位，深感南诏与唐朝决裂，丧失了向唐朝学习文化的机会，"每叹地卑夷杂，礼仪不通，隔越中华，杜绝声教"②。贞元九年（793），异牟寻遣三路使者赴成都，给韦皋的书信称："曾祖有宠先帝，后嗣率蒙袭王，人知礼乐，本唐风化。"③

贞元十年（794），南诏与唐朝和好。异牟寻"请以大臣子弟质于皋，皋辞，固请，乃尽舍成都，咸遣就学"。剑南节度使韦皋在成都修建馆舍，"选群蛮子弟聚之成都，教以书数，欲以慰悦羁縻之。业成则去，复以他子弟继之。如是五十年，群蛮子弟学于成都者殆以千数"。因赴成都学习的南诏子弟太多，乃至"军府颇厌于禀给"。④ 大批南诏子弟来到成都，"（唐）赐书习读，降使交欢，礼待情深，招延意厚，传周公之礼乐，习孔子之诗书"⑤，可见儒学文化是南诏子弟学习的重点。南诏、唐朝和好后的数十年，是南诏、唐朝文化交流的又一次高潮时期。

在唐朝、南诏交恶期间，南诏向被俘的唐朝官吏学习内地文化，或通过战争从唐地掳夺士人，继续获取唐朝文化的营养。终南诏之世，统治者对唐朝文化一直持有浓厚的兴趣。南诏后期，唐朝使者徐云虔赴善阐城（今云南昆明旧城南关外）面见南诏王隆舜。入夜，隆舜遣人问唐朝使者《春秋》大义，请教儒学方面的知识。⑥

---

① 《新唐书》卷二百二十二中《南蛮传中》，第 6289 页。
② 《蛮书》卷三《六诏》。
③ 《新唐书》卷二百二十二上《南蛮传上》，第 6273 页。
④ 《资治通鉴》卷二百四十九《唐纪六十五》，大中十三年十二月，第 8078 页。
⑤ 《回云南牒》，载《全唐文》卷八百二，第 8430 页。
⑥ 《新唐书》卷二百二十二中《南蛮传中》，第 6291 页。

第五节　大理国的统治制度

段思平起兵获得成功，并创建延续 300 余年的大理国，固然有段氏是洱海地区的白蛮贵族，在当地有较高的声望并出任通海节度使握有重兵等方面的原因，但亦有深刻的时代因素。南诏后期政事不修，兵出无宁岁，赋重役苛，导致阶级矛盾、民族矛盾尖锐化。段思平起兵，争取到东部乌蛮三十七部的支持，起兵后"所向皆克，遂进攻大理"。段思平又以减免一半税粮、免除 3 年徭役为号召。这个许诺使广大自耕农站在了自己这边。① 大理国建立，段思平兑现诺言，获得封建领主与百姓的支持，"于是远近归心，诸彝君长各来贡献"②。

大理国的管理制度与经营方略，在南诏的基础上发展而来。大理国的各项制度，出自适应洱海、滇池周围等农业地区发展和时局的需要，同时具有自身的一些特点。

一、大理国的管理制度与经营方略

在南诏灭亡至大理国建立的 35 年间，统治云南及其附近地区的政权，经历了大长和国、大天兴国、大义宁国三个政权的更迭，地方政权的频繁更迭，是南诏后期以来云南等地社会矛盾尖锐、社会十分动荡的反映。大长和国、大天兴国与大义宁国，通过宫廷政变实现政权的改变，但未能提出缓和尖锐的社会矛盾、制止云南等地社会动荡的有效办法，自身也不能长久。天福二年（937），通海节度使段思平起兵，攻灭大义宁国，废国主杨干贞为僧，建大理国，改元"文德"。大长和国、大天兴国、大义宁国、大理国均建都大理

---

① 《南诏源流纪要》，载《云南史料丛刊》第 4 卷，第 748 页。
② 《滇考》上，载《云南备征志》卷十一《故实十一》，第 697 页。

城（阳苴咩城）。

关于大理国的职官制度。大理国的国号"大理"，是从南诏后期自称"大礼"演变而来。《新唐书》卷二百二十二中《南蛮传中》称，南诏王世隆继立，自号"大礼国"。大理国的建立者段思平及其后裔，是大理国的统治者。国王称"骠信"，南诏王寻阁劝嗣立，亦称"骠信"。

大理国以封建领主为统治基础，吸收封建领主参加统治集团。南诏后期，清平官一级的高级官吏，有"坦绰""布燮""久赞"等称呼，大理国相沿其称号，所掌事务也大体相同。曾赴云南的元人李京说："其称呼国王曰骠信，太子曰坦绰，诸王曰信苴，相国曰布燮，知文字之职曰清平官。"① 大理国后期统治疲软，纲纪紊乱，"布燮"等称呼被民间冒用，甚至有石匠的墓志题为"布燮"的情形。大理国还有"彦贲""天驷爽""忍爽"等官职，推测是大理国新设，亦可能是由南诏的官职演变而来。

大理国的对外战争不多。但从零星记载，仍可窥知其军事制度的大致情形。②

大理国的军队分为常备军、乡兵与夷卒三种，与南诏相一致。以自耕农为主组成的乡兵是军队的主力，平时亦耕亦军，并负责维持地方治安。《大理国三十七部会盟碑》署职，有"三军都统长皇叔布燮段子标""彦贲敞宇览杨连永、杨求彦"等官职与人名。"三军"指参加大理国会盟的常备军、乡兵与夷卒，"布燮段子标"，为其统帅并负责指挥常备军。"敞宇""敞览"是大理国前期的中府将副，担任此职的杨连永、杨求彦为乡兵将领。大理国前期常向三十七部借兵，可知大理国的夷卒主要是从山地民族借调的武装力量，与南诏直接征集边疆部落不同。

---

① 《云南志略辑校·诸夷风俗》，载《大理行记校注　云南志略辑校》，第 88 页。

② 参见段玉明：《大理国军事制度考略》，《云南民族学院学报》（哲学社会科学版）1995 年第 4 期。

据《南诏野史会证·大蒙国》所载，乌蛮三十七部数次反叛，大都被大理国打败，可见大理国军队的战斗力不弱。大理国的最高军事长官，不称"军将"而称"将军"，领兵另有"护军"。军事防卫系统分为首府、府郡与郡县三级，与行政区划相对应。大理国十分重视对腹地的拱卫，在腹地的东南、西南、西北和南部险要之处，分别设最宁（今云南开远）、镇西（今缅甸曼冒）、成纪（今云南永胜北）、蒙舍（今云南巍山）四镇，遣重兵把守，说明大理国的军事部署亦较严密。

《元史》卷六十一《地理志四》称："元世祖征大理，凡收府八，善阐其一也，郡四，部三十有七。"可知大理国在东部的乌蛮地区，保留了三十七部自治的地位。在其余被统辖的地区，则主要设置府与郡。大理国所置之府、郡，并非仅有八个或四个，"八府四郡"是蒙古军进入云南地区时大理国的建置。见于记载的府有：永昌府（治今云南保山）、腾冲府（治今云南腾冲）、谋统府（治今云南鹤庆）、建昌府（治今四川西昌）、会川府（治今四川会理西）、弄栋府（治今云南姚安北）、威楚府（治今云南楚雄）、最宁府（治今云南开远）、善阐府（治今云南昆明旧城南关外）、统矢府（治今云南姚安）。大理国所置的郡有：善巨郡（治今云南永胜北）、秀山郡（治今云南通海）、河阳郡（治今云南澄江）、石城郡（治今云南曲靖西）、东川郡（治今云南会泽）、兰溪郡（治今云南兰坪）、胜乡郡（治今云南永平）、天水郡（治今云南大理市凤仪镇）。在洱海地区，南诏置"十赕"，大理国仍保留这一建置，仅对部分区划有少量改动。在大理国与元初的记载中，洱海地区有一些称为"赕"的地名，例如：喜赕，在今云南大理市北喜洲镇；白崖赕，在今云南弥渡县红岩镇；云南赕、品赕，均在今云南祥云。

总体来看，大理国的行政区划大致沿袭南诏时期。《元史》卷六十一《地理志四》记载，唐太和年间，南诏建谋统郡，"蒙氏后，经数姓如故"。天宝末年，南诏在建昌以南立会川府（治今四川会理西），"至段氏仍为会川府"。永昌府（治今云南保山），南诏据有其地，"历段氏、高氏皆为永昌府"。大理国对南诏的少数区划，在名称和统辖范围方面有所改动。南诏王异牟寻攻取越赕（今云南腾冲北），于其地置软化府，大理国改为腾冲府。在南诏会川府所隶的会川（今四川会理西）地区，大理国新设五赕，迁张、王、李、赵等12姓白蛮至此，以赵氏为府主。南诏王皮逻阁在罗落蛮的居住地置赵郡，阁罗凤改为赵州，大理国改其为天水郡（治今云南大理市凤仪镇）。大理国又改南诏剑川为义督赕（今云南剑川南）。南诏在今通海一带设通海郡，"段氏改为秀山郡"。

大理国继承了南诏积极吸收汉族人口的做法。宋代并无官方组织内地移民进入云南地区的记载，大理国亦未出兵掠夺周围地区的人口。大部分时间，大理国的社会较为安定，农业经济亦有较稳定的发展。周围一些遭受战乱的地区不断有百姓迁入大理国，但迁入人口的数量不及南诏时期。宋熙宁七年（1074），峨眉进士杨佐受宋朝委托，至大理国联系买马。杨佐一行进入大理国境，见有"群蛮"耕锄山田，杨佐等以夷语相询，有老翁垂泪曰："我乃汉嘉（按：今四川芦山）之耕民也，皇祐中以岁饥，来活于兹，今发白齿落垂死矣！不图复见乡人也！"[1] 另据现存楚雄的《护法明公德运碑摩崖》所述，作者自称是"大宋国建武军进士"，"两战场屋，画虎无成"，流入大理国达16年，受护法明公高量成关照，"如族辈人"。[2]

对南诏时期进入云南地区的汉人及其后裔，大理统治者较为看重，一些人还受到大理国的重用。杨佐一行至洱海地区，大理国热情接待，遣"头囊儿"来客馆相伴。"所谓头囊者，乃唐士大夫不幸为蛮贼驱过大渡河而南，至今有子孙在都王世禄，多聪悟挺秀，往往能通汉语。"[3] "头囊儿"是迁入云南的唐代士大夫的后裔，在大理国颇受优待。这一部分人已与白蛮联姻，平时操白语，在家中则讲汉语。南诏、大理国上层亦间言汉语，因此"往往能通汉语"。对与自己关系密切的白蛮显族，段氏统治者通过封赐、联姻等方式积

---

① 《续资治通鉴长编》卷二百六十七，熙宁八年八月，第6540页。
② 《云南考古》（增订本），第171页。
③ 《续资治通鉴长编》卷二百六十七，熙宁八年八月，第6541页。

极笼络。此类情形在其他史料中也有记载。1979 年出土的《大理圀故高姬墓铭碑》载："姬，大高氏，讳金仙贵，天下相君高妙音护之女。母建德皇女段易长顺。翰林郎李大日贤之内寝也。"[1] 可知高金仙贵即大理国王段正兴的外孙女，表明大理国段氏皇室与权贵高氏建立了联姻关系。

对具有较大势力的山地或边疆的部落，大理国通过盟誓或分封的形式，允许其保有一定程度的自治。此类做法在南诏时未见著录。大理国采取封建社会常见的做法，表明其统治政策发生了变化，这亦与大理国的农业地区进入封建领主制发展阶段，以及山地或边疆的部落出现了强大的势力有关。大理国允许乌蛮三十七部有自治的权力，还与之盟誓，约定双方的宗藩关系"务存久长"[2]。乌蛮三十七部反叛，大理国亦出兵讨之。乌蛮三十七部是史籍对分布在今滇东等地数十个大小部落的统称。三十七部以乌蛮为主，位于其分布区域南部的若干部落，则属于乌蛮的近亲和蛮。

宋淳熙七年（1180），金齿百夷首领叭真在景眬（今云南景洪东南郊曼景兰）建景眬金殿国。景眬金殿国以今西双版纳为中心，控制兰那（今泰国北部昌盛）、猛交（今缅甸景栋南部孟皎）、猛老（今老挝琅勃拉邦）等地的金齿百夷，成为一个地域广大的地方政权。大理国与景眬金殿国建立了宗藩关系，大理国王承认叭真为一方之主，赐以虎头金印，赋予其统治上述地区的权力。大理国统治者还封特磨道（在今云南广南、富宁一带）的僚人首领侬民富为"坦绰"，借此羁縻其地的诸部。

在尚处于奴隶制之前的发展阶段的僻地与山区，大理国依靠当地的首领进行统治。今云南武定一带为乌蛮卢鹿部落所居，段氏崛起后，令乌蛮酋长阿历在共甸修建城堡共龙城与易龙城，"其裔孙法

---

① 《南诏大理的碑刻》，载《南诏大理文物》，第 152 页。碑文见方龄贵、王云选录，方龄贵考释：《大理五华楼新出元碑选录并考释》，云南大学出版社，2000 年，第 3 页。

② 《大理国三十七部会盟碑》，载《云南考古》（增订本），第 168 页。

瓦浸盛,以其远祖罗婺为部名"。大理国支持阿历吞并附近部落30余处,"分兄弟子侄治之,皆隶罗婺部"。今云南路南一带的黑爨蛮,其首领落蒙在大理国的支持下建撒吕城,"子孙世居之,因名落蒙部"①。

大理国对僻地和边疆诸族的基本政策,是"远之来者割地而封之,不归化者兴兵而讨之,自是天下大化"②。大理国采取这一政策,与中原王朝对边疆势力的羁縻之治有异曲同工之妙,反映出封建领主制在大理国占据主导地位,无须征服诸边疆民族作为部落奴隶;同时,对这些边疆民族实行委其酋长而治的羁縻,也有助于巩固大理国对这些地区的统治。

大理国对经济建设十分重视。段思平建大理国,减自由民税粮一半,免除3年徭役,使南诏后期以来严重衰退的社会经济逐渐恢复。在洱海与滇池周围等农业地区,大理国广治农田水利。在今云南大理市凤仪镇一带,大理国修建神庄江水利工程,"溉田千顷,以故百姓富庶,少旱虐之灾"。洱海地区的玷苍山终年积雪,统治者引雪水泻下凿为水渠,"功利布散,皆可灌溉"。③ 段氏统治者还修复了南诏在拓东城北面开凿的金棱河、银棱河,于河堤上遍植花木,保证了滇池地区大片农田的灌溉。

大理国沿用了南诏以移民充实有待开发地区的政策。据《元史》卷六十一《地理志四》所载,高氏专权,迁今云南祥云一带的些莫徒蛮200户于威楚(今云南楚雄)黄蓬井;又迁汉人于巨篐甸(今云南武定南),元初这一带"地多汉冢,或谓汉人曾居"。大理国在会川府所属的会川(今四川会理西)设五赕,"徙张、王、李、赵、杨、周、高、段、何、苏、龚、尹十二姓(白蛮)于此,以赵氏为府主"。由记载观之,大理国移民的数量和规模不大,难与南诏时期相比。

---

① 《元史》卷六十一《地理志四》,第1470页。
② 《护法明公德运碑摩崖》,载《云南考古》(增订本),第170页。
③ 《大理行记校注》,载《大理行记校注　云南志略辑校》,第20页。

大理国积极经营洱海、滇池的周围地区。唐贞元中，南诏王异牟寻迁铁桥（在今云南玉龙纳西族自治县西北塔城乡）西北的施蛮于北胜（今云南永胜北）。大理国时，高智升令其后裔高大惠镇守其地，又以北胜隶于大理地区。在今云南楚雄一带，唐代以前"历代无郡邑"，南诏王阁罗凤始立郡县。大理国王段正淳建楚雄城（在今云南楚雄），封高泰明之侄高明亮，并封其为楚公，"欠舍、沙却皆隶之"。高升泰执掌大理国柄，高明亮于威楚筑外城"德江城"，使这一带成为兴盛之地，元初于其地置威楚万户府。①

对发展与宋朝的贸易关系，大理政权持积极态度。马匹是双方交易的大宗。大理国又以药材、胡羊、长鸣鸡、披毡、大理刀等物产，换取内地的金银、食盐和书籍等物。大理国扩大贸易的要求虽屡被宋朝拒绝，但对与内地进行经济文化的交流，大理国始终持积极态度。绍定四年（1231），大理国再次遣使至黎州（今四川汉源北），请求宋廷重开"清溪关道"，以利入贡。② 大理国与吐蕃、缅国也保持贸易往来。《元史》卷六十一《地理志四》说：巨津州（在今云南玉龙纳西族自治县西北巨甸镇）铁桥，"自昔为南诏、吐蕃交会之大津渡"，"今州境实大理西北陬要害地"。可知自大理经丽江至吐蕃的商道仍保持畅通。宋崇宁二年（1103），缅人、波斯、昆仑向大理国"进白象及香物"。缅人在今缅甸的北部，波斯为今缅甸勃生，昆仑指今缅甸南部萨尔温江口附近。可见大理国与中南半岛诸国，亦有朝贡、贸易方面的交往。

大理国对发展文化教育事业较为重视。据《滇云历年传》卷五所载，段素英在位时，"敕：述《传灯录》，开科取士，定制以僧道读儒书者应举"。大理国通过举行科举考试等方式，提倡学习汉文化并选拔人才。大理国还设法从内地购求经籍。崇宁二年（1103），大

---

① 《元史》卷六十一《地理志四》，第1460—1461页。《南诏野史会证·后理国》，第268页。
② 《宋史》卷四百一十二《孟珙传》，第12378页。

理国使高泰运奉表入宋，"求经籍，得六十九家，药书六十二部"①。嘉泰元年（1201），大理国又遣使入宋求赐《大藏经》，归置大理城五华楼（在今云南大理）。

由于统治者重视文化和教育，"举贤育才"，段智祥在位期间"时和年丰，称治国焉"。② 大理国上层社会以读汉文书籍、写汉文诗为时尚，统治集团中的一些人有较高的文化素养。元初赴云南的郭松年说："宋兴，北有大敌，不暇远略，（大理国）相与使传往来，通于中国。故其宫室、楼观、言语、书数，以至冠昏丧祭之礼，干戈战陈之法，虽不能尽善尽美，其规模、服色、动作、云为，略本于汉。自今观之，犹有故国之遗风焉。"③

二、大理国的分封统治制度

大理国的御下之法，以封建性质的分封制为基础。大理国建立后，对段、高、杨、董等诸姓封建领主进行分封，允许其子孙继承封地与权力。段思平封贵族高方为岳侯，分治成纪（今云南永胜北）、巨桥（在今云南昆明市晋宁区昆阳镇），又封爨判为巴甸侯。宋嘉祐八年（1063），高方的后裔高智升讨平洱海地区贵族杨允贤的叛乱，大理国王段思廉"赐白崖茹甸之地，寻晋封鄯阐侯，子孙世袭"。元丰三年（1080），大理国王段寿辉封高智升为大理国布燮，以其子高升泰为善阐侯。大理国王段正淳建楚雄城（在今云南楚雄），以封高泰明之侄高明亮。④

封建领主对属下和亲属再次分封，形成上小下大宝塔形的隶属关系。受封的大小领主有义务向国王贡献产品，并提供服劳役的人力。段正淳在位时，善阐领主高观音来朝，进金杖80节、人民33000户。大理国的分封制度属于封建制度的性质，表明今洱海、

① 《南诏野史会证·后理国》，第269页。
② 《南诏野史会证·后理国》，第305、307页。
③ 《大理行记校注》，载《大理行记校注　云南志略辑校》，第20页。
④ 《元史》卷六十一《地理志四》，第1460—1461页。《南诏野史会证·后理国》，第243页。

滇池周围等经济较发达的地区，已进入封建领主制的社会发展阶段。

据《南诏野史会证·大理国》所载，段思平"好佛，岁岁建寺，铸佛万尊"。开运元年（944），段思平病死，子段思英嗣继。次年，其叔段思良争位自立，废段思英为僧。段思良卒，子段思聪于后周广顺二年（952）继位。宋开宝二年（969），段思聪死，子段素顺立。雍熙二年（985），段素顺死，子段素英嗣继。景德元年（1004），段素英述《传灯录》，定大理国开科取士的制度。段素英卒于大中祥符二年（1009），子段素廉继位。乾兴元年（1022），段素廉卒，侄段素隆继位。天圣四年（1026），段素隆逊位为僧，侄段素贞继为大理国王。庆历元年（1041），段素贞出家为僧，孙段素兴继立。段素兴于善阐广营宫室，荒淫日甚，被国人废黜。庆历四年（1044），国人立段思平后裔段思廉为大理国王。段思廉在位期间，北宋广源州首领侬智高起兵反宋失败，逃入大理国。由于宋朝施压，大理国杀死侬智高，并将首级送给宋朝。熙宁八年（1075），段思廉离位为僧，子段廉义立。段廉义遣使入贡于宋。

高方被段思平封为岳侯后，高氏势力逐渐坐大。宋嘉祐八年（1063），洱海地区的贵族杨允贤发动叛乱，大理国王段思廉命高方的后裔高智升讨平。高智升以功被封为善阐侯，取得统治善阐（今云南昆明旧城南关外）的世袭权力。宋元丰三年（1080），洱海地区的贵族杨义贞杀死大理国王段廉义而自立。高智升令子高升泰率兵至洱海地区诛杀杨义贞，扶段廉义之侄段寿辉为大理国王。段寿辉封高智升为大理国布燮（宰相），以高升泰为善阐侯。元丰四年（1081），段寿辉让位给段思廉之孙段正明。段正明"为君不振，人心归高氏"[1]，绍圣元年（1094）逊位为僧。高升泰亲掌权柄，改国号为"太中国"。高氏篡权未获得大理国领主的支持，统治不稳。绍圣三年（1096），高升泰病死，高氏遵高升泰遗言，还政权于段氏，立段正明之弟段正淳为国王，史称"后理国"。

后理国虽奉段氏为王，但高氏世袭布燮（宰相），掌握了实际权

---

① 《南诏野史会证·大理国》，第 253 页。

力，政令皆出其门，国人称之为"高国主"，段氏拥虚位而已。高氏的势力从善阐（今云南昆明旧城南关外）与洱海地区，发展至今云南嵩明、易门、楚雄、禄丰、姚安、鹤庆、永胜、腾冲、保山和四川西昌等地。高智升的二子高升泰、高升祥，分治大理、善阐两地，高升泰及其子孙控制今滇西地区，高升祥家族占据今滇东地区。

大观二年（1108），段正淳逊位为僧，子段和誉（段正严）继立。缅人进金花犀象。位于今滇东一带的乌蛮三十七部反叛，相国高泰明率兵讨平，以子高明清镇守善阐（今云南昆明旧城南关外）。段和誉遣儒官钟震等褒奖高泰明，封其为"平国公"。高泰明卒，其弟高泰运主国事。政和七年（1117），后理国遣使至宋，贡马匹、麝香、牛黄、细毡、碧玕山等物，宋廷封段和誉为云南节度使、大理国王。①

绍兴三年（1133），后理国请求入贡，宋朝拒之。乌蛮三十七部进攻善阐（今云南昆明旧城南关外），高明清战死。后理国以高升泰侄高量成为相，号"中国公"。绍兴十七年（1147），段和誉自感年老，又因诸子争位，乃退位为僧，子段正兴立。乌蛮三十七部复叛。高量成让相位给其侄高寿贞，退居楚雄城。高寿贞卒，后理国以高寿昌为"中国公"。乾道八年（1172），段正兴逊位为僧，子段智兴嗣继。段智兴遣李观音得等入宋，至广西横山寨（在今广西田东）求售马。李观音得夺高寿昌之位，予其侄高寿明，引发了后理国统治集团的斗争。庆元六年（1200），段智兴卒，子段智廉立。段智廉遣使入宋求取《大藏经》，归置大理五华楼。开禧元年（1205），段智廉卒，弟段智祥立。遣军征乌蛮三十七部，至寻甸平之。嘉熙元年（1237），段智祥封高隆为善阐王，以高泰祥为相国。嘉熙二年（1238），段智祥逊位为僧，子段祥兴立。

淳祐四年（1244），蒙古军进攻大理国，段祥兴遣将高禾迎战。高禾败死，蒙古军亦退去。淳祐十一年（1251），段祥兴死，子段兴智继立。宝祐元年（1253），蒙古宗王忽必烈率蒙古骑兵，绕道西北

---

① 《宋史》卷四百八十八《外国传四》，第 14073 页。

渡金沙江攻大理国，相国高泰祥率军拒战不胜，蒙古军攻下大理。段兴智出奔善阐（今云南昆明旧城南关外），高泰祥逃至姚州（今云南姚安北）。蒙古军追杀高泰祥，俘获段兴智于昆泽（今云南宜良东北）。段兴智降，并与叔父段福入觐，受蒙哥汗所赐金符。

大理国实施有效的统治，主要是在其前半期。在大理国的后半期，由于乌蛮三十七部、景昽金殿国等部落联盟或地方政权崛起，大理国对僻远地区仅能维持有限的羁縻。大理国建立后，洱海、滇池等农业地区先后进入早期封建制阶段。以农业地区为聚居地的白蛮是大理国的主体民族，角逐最高统治权力的白蛮贵族段氏与高氏，均为白蛮中的望族。居住在山区和边疆地区的本地民族，也进一步得到发展。这些本地民族大都有独立及扩张的倾向，与大理国关系疏远。

今滇东一带的乌蛮三十七部，曾联合诸部反抗大理国的统治，一度攻入善阐（今云南昆明旧城南关外），彼此又纷争不已。居大渡河以南、金沙江以北地区的乌蛮邛部六姓，以及今西双版纳等地的金齿百夷，则建立了部落联盟或地方政权。后理国时期，大理国对边疆地区的控制十分疲软，内部争讦亦较明显，时人称："四夷八蛮，叛逆中国（按：指后理国），途路如猬毛，百姓离散。"① 元人称，后理国时"酋领星碎，相为长雄。干戈日寻，民坠涂炭"②。

---

① 《护法明公德运碑摩崖》，载《云南考古》（增订本），第170页。
② 《创建中庆路大成庙碑记》，载《新纂云南通志》卷九十二《金石考十二》，第5册，第226页。

第三章　与其他王朝的关系

第一节　南诏与唐朝的关系

南诏与唐朝关系的发展，前后经历和、战、和、时战时和等几个发展阶段。在双方关系发展的几个阶段中，南诏、唐朝对相互关系性质的认识有时虽不同，但从总体情形来看，在与唐朝对立的时候，南诏是唐朝统治下的一个地方政权而并非独立的国家。在与唐朝友好的时候，南诏是唐朝的藩属国，双方是宗主与藩属的关系；对不同时期唐朝、南诏关系性质的确定，可以从唐朝、南诏双方对这一问题的认识、双方交往的方式等方面来判断。探讨唐朝、南诏关系发展变化的原因，亦应注意历史事件发生的时代背景。

一、皮逻阁、阁罗凤时期南诏与唐朝的关系

南诏本是洱海地区的一个部落。"诏"在夷语中为"王"之意，南诏姓"蒙"。① 唐初，南诏是洱海周围诸诏之一，因所居之蒙舍川（在今云南巍山南部）位于诸诏以南，故称"南诏"，又名"蒙舍诏"。洱海地区较大的诏还有：蒙巂诏（在今云南巍山北境）、越析诏（在今云南宾川）、浪穹诏（在今云南洱源）、邆赕诏（在今云南

---

① 《新唐书》卷二百二十二上《南蛮传上》，第 6267 页。《蛮书》卷三《六诏》。

洱源县邓川镇)、施浪诏(今云南洱源东)。在以上诸诏中,除了越析诏是磨些蛮(今纳西族的先民)以外,其余五诏都是乌蛮(今彝族等民族的先民)。浪穹诏、邆赕诏、施浪诏居住地相近,相互关系密切,故又称"三浪诏"。

除以上六诏外,较小的部落还有白崖、剑川、河蛮等。洱海周围诸诏又相互攻击,如浪穹诏夺据施浪诏控制的邓川城(在今云南洱源县邓川镇),赶走施浪诏主施望欠。在吐蕃南下洱海地区时,诸诏又纷纷投向吐蕃,"或叛或附,恍惚无常"①。

吐蕃从青藏高原崛起,南面向洱海地区扩张,给唐朝在这一地区的统治造成很大的威胁。唐朝先是兴兵征讨,后来改变做法,在洱海地区扶持南诏,代替唐朝组织诸部共同抗御吐蕃。

在唐朝的大力支持下,南诏统一了洱海地区。为兼并洱海地区诸诏,南诏可说是费尽心机,使用了各种手段。但从历史的观点来看,南诏统一洱海地区,顺应了历史发展的趋势,对洱海地区社会和经济文化的发展是有利的。因兼并诸诏有功,开元二十六年(738),玄宗遣使册封皮逻阁为云南王。"云南"一词源自蜀汉在今祥云一带所置云南郡,可见南诏据有的地域仍仅限于今滇西一带。

南诏兼并诸诏统一洱海地区,皮逻阁迁居太和城(在今云南大理市北太和村)。南诏势力日渐壮大,让唐朝另眼相看,《旧唐书》卷一百九十七《南蛮西南蛮传》描述了当时的情形:"归义(按:指皮逻阁)既并五诏,服群蛮,破吐蕃之众兵,日以骄大。每入觐,朝廷亦加礼异。"

在贞观至天宝初年的 100 余年间,唐朝和南诏的关系十分密切。为抗御南下洱海地区的吐蕃势力,唐朝扶植南诏崛起。自贞观二十二年(648)由蒙舍川进入洱海地区,南诏立足未稳,亟须扶助,更重要的是洱海地区诸部已进入阶级社会,消除割据分裂实现地区统一,是洱海地区社会发展的客观要求。在这样的情况下,唐朝、南

---

① 〔唐〕张九龄:《敕吐蕃赞普书》,载《全唐文》卷二百八十六,第 2904 页。

诏出于不同的政治需要走到一起。唐朝对南诏统一洱海地区给予了有力支持，而南诏组织洱海地区诸部抗御吐蕃亦不遗余力。

在这一时期，唐朝于南诏优宠有加，南诏朝觐屡见于记载。据《蛮书》卷三《六诏》所载，高宗时，南诏主细奴逻数遣首领诣京师朝觐，"皆得召见"。细奴逻以后的几代南诏主和南诏权臣，也频繁入朝进觐献物，唐多授以官职并予厚赐。细奴逻子逻盛炎入朝，"大蒙恩奖，敕鸿胪安置"，并赐锦袍、金带和缯彩等物。逻盛炎子盛逻皮继位，朝廷授予特进、台登郡王，任命为沙壹州刺史。盛逻皮卒，子皮逻阁立，唐朝于开元二十六年（738）授予特进，封越国公，赐名"归义"，后因有破洱河蛮之功，又改授云南王，"赐紫袍金钿带七事"。其子阁罗凤与诚节也各有封赏，并分别被任命为阳瓜州刺史和蒙舍州刺史。天宝四载（745），阁罗凤长子凤伽异入朝宿卫，唐授予鸿胪少卿。阁罗凤继立，唐廷册封其为云南王。

南诏对唐朝的知遇之恩深为感激，可以说是刻骨铭心。天宝十载（751），南诏打败鲜于仲通所率唐军，阁罗凤刻碑于国门，称不得已而叛唐，且曰："我世世事唐，受其封爵，后世容复归唐，当指碑以示唐使者，知吾之叛非本心也。"① 贞元十年（794），唐朝、南诏和好，异牟寻接受唐使袁滋册封说："开元、天宝中，曾祖及祖皆蒙册袭王，自此五十年。贞元皇帝洗痕录功，复赐爵命，子子孙孙永为唐臣。"②

在欢迎袁滋一行的宴会上，异牟寻向唐使出示玄宗所赐银平脱马头盘，又手指在宴会上表演的老笛工、歌女称："皇帝所赐龟兹乐，惟二人在耳。"袁滋说："南诏当深思祖考，子子孙孙尽忠于唐。"异牟寻拜曰："敢不谨承使者之命！"③ 南诏率众抗遏吐蕃势力有功，这一时期南诏是唐朝的藩属国，唐封皮逻阁为云南王。云南

---

① 《资治通鉴》卷二百一十六《唐纪三十二》，天宝十载四月，第6907页。
② 《新唐书》卷二百二十二上《南蛮传上》，第6274—6275页。
③ 《资治通鉴》卷二百三十五《唐纪五十一》，贞元十年六月，第7561—7562页。

王管辖的范围不超出云南郡（治今云南祥云东南），即以今洱海周围地区为限。

南诏兼并诸诏后，势力已相当强大。天宝四载（745），南诏奉唐之命出兵平定东部爨氏白蛮的反叛，随后又兼并东部爨氏地区，与唐朝关系的性质逐渐发生改变。此时南诏坐大的趋势已甚为明显，唐朝开始把原来的盟友和藩属视为逐鹿西南的对手，双方的矛盾逐渐明显。

天宝七载（748），皮逻阁死，子阁罗凤继立。阁罗凤令爨守隅及其妻归河赕（在今云南大理一带），阿姹则自立为乌蛮部落主，赴长安朝觐，屡获赏赐。阁罗凤又派昆川城使杨牟利，以兵强迫东部的爨氏白蛮约 20 万户迁今滇西地区，今滇东的爨氏白蛮被严重削弱，南诏在今滇东建立初步统治。[1]

唐朝对南诏的政策，也从扶植帮助转变为抑制，间或寻隙打击。在这样的情况下，南诏与唐朝的关系急剧恶化。

据《旧唐书》卷四《高宗纪上》所载，麟德元年（664），"于昆明之弄栋川置姚州都督府"。《新唐书》卷四十二《地理志六》说，嶲州中都督府，"本治越嶲，至德二载没吐蕃，贞元十三年收复"。姚州都督府（治今云南姚安）设置后，洱海地区归其管辖，武后神功元年（697），姚州都督府管辖的羁縻州已达 57 个。嶲州中都督府（治今四川西昌）因位于吐蕃与南诏之间，负有监督吐蕃与南诏关系的责任，因此吐蕃和与唐朝关系恶化后的南诏，视姚州都督府、嶲州中都督府为眼中钉。南诏反抗唐朝，首先即攻占姚州都督府的所在地姚州。

天宝九载（750）秋，阁罗凤遣大军将王毗双罗、时牟苴率兵包围姚州都督府所在地姚州（今云南姚安北），并于冬天攻下姚州，杀死张虔陀，夺据 32 处羁縻州。次年，唐朝令剑南节度使鲜于仲通与安南都护王知进领兵征讨南诏。鲜于仲通率 8 万唐军，分别出戎州（今四川宜宾）经"石门关道"，以及过嶲州（今四川西昌）沿"清

---

① 《蛮书》卷四《名类》。

溪关道"进攻南诏，王知进则领军自安南经"步头路"入云南。鲜于仲通军既至曲州（今云南昭通）、靖州（在今云南大关附近），阁罗凤遣使请罪。鲜于仲通囚南诏使者，率兵进抵洱海地区，又遣大将王天运率军至玷苍山后，拟腹背交袭太和城（在今云南大理市北太和村）。阁罗凤遂遣使至浪穹（今云南洱源），向吐蕃御史论若赞求派援兵，并令长子凤伽异与大军将段全葛领兵拒王天运所率唐军，阁罗凤亲率主力迎战鲜于仲通。经激战，唐军大败，全军陷没，王天运等被杀，鲜于仲通仅以身免。阁罗凤遂北臣吐蕃，受封为"赞普钟"。吐蕃言"弟"曰"钟"，即以南诏为弟之意。①

　　天宝十二载（753），玄宗诏令大将何履光，率岭南五府兵马进讨南诏。② 另据《南诏德化碑》，玄宗命汉中郡太守司空袭礼、内使贾奇俊率兵再置姚州都督府，以将军贾瓘为都督。阁罗凤遣军将王兵各绝其粮道，又派大军将洪光乘等会同吐蕃神川都知兵马使论绮里徐，包围并攻破姚州（今云南姚安北），贾瓘被俘，唐军瓦解溃散。天宝十三载（754），唐朝令前姚州都督、侍御史李宓与中使萨道悬逊率兵 7 万，广州都督何履光领岭南兵马，分两路进攻南诏。唐军广修舟楫，拟水陆俱进。南诏遣军将王乐宽等偷袭造船唐军，唐军锐气顿折。李宓孤军深入，阁罗凤诱之至太和城（在今云南大理市北太和村），闭壁不战。宓军粮尽，兼之瘟疫流行，军士饥病死亡过半，乃被迫撤军。南诏军跟踪追击，李宓投江而死，唐军全军皆没，史称"流血成川，积尸壅水"③。阁罗凤收唐军阵亡者尸体筑为"万人冢"，并立德化碑于太和城，记载天宝战争的前后经过。

　　唐于天宝九载（750）、天宝十二载（753）、天宝十三载（754）三次出兵均被南诏打败，"前后死者几二十万人"④。南诏与唐朝的

---

① 《南诏德化碑》，载《云南考古》（增订本），第 159 页。《新唐书》卷二百二十二上《南蛮传上》，第 6271 页。《旧唐书》卷一百六《杨国忠传》，第 3243 页。

② 《资治通鉴》卷二百一十六《唐纪三十二》，天宝十二载五月，第 6918 页。

③ 《南诏德化碑》，载《云南考古》（增订本），第 160 页。

④ 《资治通鉴》卷二百一十七《唐纪三十三》，天宝十三载六月，第 6927 页。

关系彻底破裂，南诏与吐蕃也由敌对转而结盟。天宝十四载（755），安禄山起兵反叛，并攻陷东京洛阳。唐朝后院起火，无暇顾及南诏。南诏铺平发展的道路，发展为一个强大的地方政权。

南诏摆脱唐朝的羁绊，积极向外部拓展。据《南诏德化碑》所载，乘安禄山范阳兵变、唐朝无暇西顾之机，天宝十二载（753），南诏派大军将洪光乘、清平官赵佺邓等，率军进攻"清溪关道"上的要镇越嶲（今四川西昌东南）、会同（今四川会理北），越嶲唐军坚决抵抗，但城后被攻破，会同唐军被迫投降。南诏从这两个重镇获取大量的人口和各类物资，"子女玉帛，百里塞途，牛羊积储，一月馆谷"①。次年，唐军夺回越嶲，以杨廷琎为都督，兼领台登（在今四川冕宁县南泸沽镇）。南诏、吐蕃联军继而攻占越嶲和台登，俘虏杨廷琎和大批唐军士兵，进而攻下邛部（今四川越西北），南诏势力所及至大渡河南岸。

永昌（今云南保山）及其以西的寻传地区，汉代以来为西至蜀身毒道所必经，"畴壤沃饶，人物殷凑，南通北海，西近大秦"，战略地位重要，开发前景可观。宝应元年（762），阁罗凤率军亲征寻传。南诏军"刊木通道，造舟为梁"，对征服地区的居民慑之以威，喻之以辞，永昌以西的寻传蛮（今云南德宏傣族景颇族自治州景颇族的先民）和祁鲜山（今缅甸北部甘高山）地区的裸形蛮等部落，均被南诏收服。②

南诏在寻传地区"择胜置城"，于今缅甸曼冒建镇西城，置镇西节度管辖当地。南诏还在今西双版纳设置银生节度。对今滇东南诏也进行积极经营，在有盐池之利、位于"诸爨要冲"的安宁设置城监，加强对所经道路相连的今滇东北、滇东南地区的控制。后来，南诏统治者巡视昆川（在今云南昆明一带），认为该地"山河可以作藩屏，川陆可以养人民"，遂于永泰元年（765），令凤伽异置拓东城（在今云南昆明市区），"佐镇抚"。拓东城的地位相当于南诏的

陪都，其修建大体上奠定了后来昆明城的基础。拓东城建立后，"威慑步头，恩收曲靖，颁诏所及，翕然俯从"。① 东北到今曲靖、南至今建水的滇东地区，遂被南诏控制。

在与唐朝决裂后的一段时间内，南诏将经营的重点放在开拓西面与南面疆域，并无持续攻取唐地的行动。阁罗凤认为叛唐属不得已而为之，将来若与唐朝和好，后人"当指碑以示唐使者，知吾之叛非本心也"②。

二、异牟寻时期及其后南诏与唐朝的关系

大历十四年（779），阁罗凤卒。因子凤伽异已死，孙异牟寻继为南诏王。

南诏与吐蕃结盟，常联手攻扰唐界。大历十四年（779）十月，南诏、吐蕃合兵 20 余万，一趋茂州（今四川茂县北），逾文川，扰灌口；一趋扶州（今四川九寨沟县东北）、文州（今甘肃文县西南），掠方维、白坝；一侵黎州（今四川汉源北）、雅州（今四川雅安西），叩邛崃关。吐蕃令曰："为我取蜀为东府，工伎悉送逻娑城，岁赋一缣。"③ 右神策都将李晟率唐军大破进犯者，并追至大渡河以南又破之，吐蕃、南诏死者八九万人。"吐蕃悔怒，杀诱导使之来者"，异牟寻惊惧，迁都至阳苴咩城（今云南大理西北）。吐蕃改封异牟寻为"日东王"，南诏从吐蕃的兄弟之邦降为藩属之国。④

吐蕃对南诏亦多有压迫，"吐蕃每入寇，常以云南为前锋，赋敛重数，又夺其险要立城堡，岁征兵助防。云南苦之"⑤。清平官郑回言于异牟寻："自昔南诏尝款附中国，中国尚礼义，以惠养为务，无所求取。今弃蕃归唐，无远戍之劳、重税之困，利莫大焉。"异牟寻

---

① 《南诏德化碑》，载《云南考古》（增订本），第 161 页。
② 《资治通鉴》卷二百一十六《唐纪三十二》，天宝十载四月，第 6907 页。
③ 《新唐书》卷二百二十二上《南蛮传上》，第 6272 页。
④ 《资治通鉴》卷二百二十六《唐纪四十二》，大历十四年十月，第 7271—7272 页。
⑤ 《资治通鉴》卷二百三十二《唐纪四十八》，贞元三年正月，第 7480 页。

深以为然。①

自天宝战争讨伐南诏失败，唐朝丧失经营 100 余年的云南及其附近地区。南诏、吐蕃结盟后，吐蕃的力量明显增强，给唐朝造成很大压力。② 吐蕃于宝应二年（763）攻陷长安，并不断袭击唐朝盐、夏等州。在吐蕃的连续攻击下，唐朝统治者可以说是寝不安席。贞元三年（787），李泌献策于德宗："臣愿陛下北和回纥，南通云南，西结大食、天竺，如此则吐蕃自困，马亦易致矣。"德宗以"南通云南，西结大食、天竺"语为是。李泌又言："次招云南，则是断吐蕃之右臂也。云南自汉以来臣属中国，杨国忠无故扰之使叛，臣于吐蕃，苦于吐蕃赋役重，未尝一日不思复为唐臣也。"③ 由于有"招云南，断吐蕃之右臂"的战略设想，唐朝、南诏合作具备了共同的思想基础。

贞元元年（785），德宗以韦皋代张延赏为剑南西川节度使。韦皋招抚境上群蛮，异牟寻遣人求内附。韦皋上奏，建言招纳之以分吐蕃之势，德宗许之。韦皋作书招南诏遣使入觐。贞元四年（788），异牟寻遣东蛮鬼主骠旁等入朝，唐廷赐赉甚厚。吐蕃派兵 10 万，欲攻西川（今四川成都及其附近地区），令南诏发兵相助。韦皋用计离间，"由是云南与吐蕃大相猜阻，归唐之志益坚；吐蕃失云南之助，兵势始弱矣"④。贞元九年（793），异牟寻派三批使者各携朱砂、生金与当归，分别从"戎州路"（即"石门关道"）、"黔府路"（经今曲靖过遵义入蜀道）、"安南路"（经安南入唐道）出使唐朝，三路俱达。南诏所赠物品均有寓意，《蛮书》卷十《南蛮疆界接连诸蕃夷国名》"赵昌奏状"称：

合子有棉，有当归，有朱蒙（砂），有金。……送合子中有

---

① 《旧唐书》卷一百九十七《南蛮西南蛮传》，第 5281 页。
② 参见方铁：《异牟寻之后南诏与唐朝的关系》，载王伟主编：《大理民族文化研究论丛》第 6 辑，民族出版社，2017 年，第 213 页。
③ 《资治通鉴》卷二百三十三《唐纪四十九》，贞元三年九月，第 7505 页。
④ 《资治通鉴》卷二百三十三《唐纪四十九》，贞元四年十月，第 7516 页。

棉者，以表柔服，不敢更与为生梗；有当归者，永愿为内属；有朱砂者，盖献丹心向阙；有金者，言归义之意，如金之坚。

南诏献当归寓愿永为内属之意，进朱砂寓献丹心之意，献生金寓归唐之志如金之坚。德宗赐异牟寻诏书抚慰之。贞元十年（794）正月，韦皋遣巡官崔佐时携诏书至阳苴咩城（今云南大理西北）。在清平官郑回的帮助下，崔佐时劝异牟寻斩吐蕃使者复"南诏"旧名，"异牟寻皆从之"①。崔佐时与异牟寻等盟于玷苍山（在今云南大理）神祠，达成南诏归唐的协议。

吐蕃与回纥为争北庭大战，向南诏征兵万人。异牟寻遣5000人前行，自率数万人暗蹑其后，突然袭击吐蕃神川都督府之地（在今云南剑川、维西一带），夺取铁桥等16城，虏吐蕃5王，降其众10余万人。《蛮书》卷六《云南城镇》称，异牟寻用军攻破铁桥城之东西两城，"斩断铁桥，大笼官已下投水死者以万计"。获胜之后，异牟寻遣使向唐朝献捷，随后又派弟凑罗栋等入朝献地图、土贡及吐蕃所颁金印，"请复号南诏"。德宗遂以尚书祠部郎中兼御史中丞袁滋为册南诏使，赐南诏刻文"贞元册南诏印"的银窠金印。② 袁滋一行经石门关道至阳苴咩城，入南诏地界，沿途受到南诏官府的热情款待。

在南诏的都城阳苴咩城，异牟寻为唐使举行盛大的欢迎宴会，同时接受唐使所赐册印。欢迎宴会与唐赐册印的场面十分壮观，双方诚挚的感情亦充分展现。《蛮书》卷十《南蛮疆界接连诸蕃夷国名》"赵昌奏状"云：

> 贞元十年十月二十七日，阳苴咩城具仪注设位，旌节当庭，东西特立。南诏异牟寻及清平官已下，各具仪礼，面北序立，宣慰南诏使东向立，册立南诏使南向立，宣敕书，读册文讫，

① 《资治通鉴》卷二百三十四《唐纪五十》，贞元十年正月，第7552页。
② 《新唐书》卷二百二十二上《南蛮传上》，第6274页。

相者引南诏蒙异牟寻离位授（受）册，次受贞元十年历日。南诏及清平官已下稽颡再拜，手舞足蹈。庆退而言："牟寻曾祖父开元中册云南王，祖父天宝中又蒙册袭云南王。自隔大国，向五十年。贞元中皇帝圣明，念录微效，今又赐礼命，复睹汉仪，对扬天休，实感心肺。

其日楼下大会，又坐上割牲，用银平脱马头盘二面。牟寻曰：此是天宝初先人任鸿胪少卿宿卫时，开元皇帝所赐。比（此）宝藏不敢用，得至今。又伎乐中有老人吹笛、妇人唱歌，各年近七十余，牟寻指之曰：先人归蕃来国，开元皇帝赐胡部及龟兹音声各两部。今死亡零落尽，只余此二人在国。酒既行，牟寻自捧杯擎跽劝让。册立使袁滋引杯洒酒曰："南诏当深思祖宗绪业，坚守诚信，为西南藩屏，使后嗣有以传继也"。异牟寻嘘嘻曰："敢不承命。"

异牟寻接受唐朝的册印，标志着南诏、唐朝的友好关系全面修复，双方关系史翻开了新的一页。

南诏弃吐蕃归唐，使吐蕃的力量遭到极大的削弱。异牟寻与韦皋合作组织了几次成功的战役，给吐蕃以很大的打击。贞元十一年（795），南诏攻取吐蕃占据的昆明城（今四川盐源东北），俘虏降附吐蕃的施蛮、顺蛮蛮王。贞元十七年（801），韦皋因攻拔吐蕃7城、5军镇，焚城堡150处，并斩擒万余人，诏加检校司徒兼中书令。南诏王异牟寻由于"虏获尤多"，德宗遣中使慰抚之。①

南诏与唐朝经济、文化方面的交流也有很大的发展。唐朝、南诏和好，韦皋重开"清溪关道"，以便利南诏入贡往来。韦皋还为充质于成都的南诏贵族子弟开办学校，"教以书数"，"学成则去，复以

---

① 《资治通鉴》卷二百三十六《唐纪五十二》，贞元十七年九月、十月，第7598页。

他子弟继之"。① 数十年间，唐朝为南诏培养人才达数千之多。贞元十年（794）归唐后，由于外部矛盾趋于缓和，南诏得到了对外扩张的机会。在对吐蕃的战争中，南诏夺取原本受吐蕃神川都督府管辖的今云南剑川、维西一带，攻下吐蕃的重要据点昆明城（今四川盐源东北），从而控制了雅砻江以西、金沙江以北的广大地区。

　　南诏占据以上地区后，进行了强制性的移民，把一些当地民族迁往其他地方安置，目的是使之脱离本土难以反抗，同时充实待开发的地区。在今云南西南部地区，异牟寻在宝应元年（762）阁罗凤西征寻传的基础上，于贞元十年（794）再次用兵今西双版纳与临沧等地，把势力扩张到以前未曾征服的茫天连（今云南孟连）、茫吐薅（在今云南澜沧一带）、黑齿等十部落（在今缅甸南掸邦）。②

　　元和三年（808），异牟寻卒。唐廷废朝三日，哀吊异牟寻之逝，又遣使慰问并继册寻阁劝为南诏王。次年寻阁劝卒，13 岁子劝龙晟嗣继。劝龙晟在位期间残暴荒淫，臣民怨恨。元和十一年（816），南诏的弄栋节度使王嵯巅杀死劝龙晟，改立其弟劝利为南诏王，大权落入王嵯巅手中。据《新唐书》卷七《宪宗纪》所载，元和十一年（816），南诏攻扰安南。长庆二年（822），南诏进攻黔中道（治今重庆彭水东北）辖地，穆宗甚为忧虑，剑南西川节度使段文昌遣使招谕后南诏退兵。长庆三年（823），南诏王劝利卒，其弟丰祐嗣立。南诏入贡，"利于赐与"。剑南西川节度使杜悰认为南诏入贡随从过多，奏准节减其数，丰祐因此恼怒。当年冬天，南诏的使者留奏疏嶲州而擅还，又索回在成都求学的子弟，"移牒不逊，自是入贡不时，颇扰边境"。③

　　太和三年（829），剑南西川节度使杜元颖奏报南诏大举来攻。杜元颖不晓军事，专务蓄积并削减士卒衣粮。士卒饥寒，入南诏境

---

① 《资治通鉴》卷二百四十九《唐纪六十五》，大中十三年十二月，第 8078 页。

② 《蛮书》卷四《名类》。

③ 《资治通鉴》卷二百四十九《唐纪六十五》，大中十三年十二月，第 8078 页。

内掠盗，南诏"反以衣食资之"，由是尽知西川虚实。南诏以诛虐帅杜元颖为由，以唐戍卒为向导大举攻蜀，"边城一无备御"，遂连据嶲州（今四川西昌）、戎州（今四川宜宾）、邛州（今四川邛崃）。①唐廷发兵抗御。南诏兵分三路，西路攻陷黎州（今四川汉源北）、雅州（今四川雅安西），东路攻入梓州（今四川三台）西郭，中路由王嵯巅率领攻据成都西郭。南诏军初至抚慰蜀人，"市不扰肆"。十日后退兵，"乃掠（成都）子女、工技数万引而南，人惧自杀者不胜计"。唐朝援军逐之，王嵯巅亲自殿后。南诏军至大渡河，王嵯巅谓所掠子女曰："此吾南境，尔去国，当哭。"众人号恸，赴水死者甚众，但大部分被掠子女仍至南诏，"南诏自是工文织，与中国埒"。②

王嵯巅率军攻入西川（今四川成都及其附近地区），还不敢撕毁南诏与唐朝的宗藩协议，在表面上仍奉唐朝为正朔。撤军后，王嵯巅上表称："蛮比修职贡，岂敢犯边，正以杜元颖不恤军士，怨苦元颖，竟为乡导，祈我此行以诛虐帅。诛之不遂，无以慰蜀士之心，愿陛下诛之。"③

南诏大举进攻西川（今四川成都及其附近地区），标志着南诏与唐朝间和平局面的正式结束，自此南诏攻扰唐地几无宁岁。④ 大中十年（856），南诏王丰祐于阳苴咩城（今云南大理西北）建五华楼，楼高百尺，楼院周长五里，可容万人。在此前后，丰祐还建大理崇圣寺千寻塔，塔高 16 层，供佛 11000 余尊。⑤ 大中十二年（858）正月，南诏初犯安南（今越南河内），不久退去。六月，因安南都护李涿为政贪暴，安南群蛮引导南诏进攻安南。

大中十三年（859），南诏王丰祐死，世隆代之，此后大举攻唐。南诏对唐发动连续进攻，主要目的是掠夺唐地的财物、生产技术与

---

① 《资治通鉴》卷二百四十四《唐纪六十》，太和三年十一月，第 7867 页。
② 《新唐书》卷二百二十二中《南蛮传中》，第 6282 页。
③ 《资治通鉴》卷二百四十四《唐纪六十》，太和三年十二月，第 7868 页。
④ 《资治通鉴》卷二百四十四《唐纪六十》，太和三年十一月，第 7867 页。
⑤ 《滇云历年传》卷四，第 137 页。《南诏野史会证·南诏古迹》，第 384 页。

劳动人手，以满足自身发展的需要。咸通年间，有一段时间南诏对唐的战争较少，原因是"南诏知边人困甚，剽掠无有，不入寇"。世隆性情残暴，是他热衷于对外掠夺的一个原因。世隆年少嗜杀戮，"亲戚异己者皆斩，兵出无宁岁，诸国更仇怨，屡覆众，国耗虚。蜀之役，男子十五以下悉发，妇耕以饷军"①。通过战争对唐朝辖地进行大肆掠夺，是南诏致富并得到较快发展的一个重要原因，南诏的发展，是以唐朝辖地蒙受巨大的灾难与损失为代价的。

咸通元年（860），安南土蛮引南诏兵 3 万余人首次攻下安南（今越南河内）。次年又攻下邕州（今广西南宁南）。南诏军大肆掳掠，邕州"城邑居人什不存一"②。咸通四年（863），南诏攻陷安南。幕府官吏樊绰急取帅印渡江而遁。归长安后，樊绰撰写在安南所闻为《蛮书》。"南诏两陷交趾，所杀虏且十五万人，留兵二万，使思缙据交趾城，溪洞夷獠无远近皆降之。"③ 咸通六年（865），南诏再攻嶲州（今四川西昌），两林蛮不满刺史喻士珍贪狯，开城门接纳南诏军。咸通七年（866），唐朝收复安南。咸通十年（869），南诏倾国进攻蜀地，在大渡河为唐军所阻，遂越雪山至嘉州沐源川（今岷江支流沐川河），进而攻下嘉州（今四川乐山），随后又攻下黎州（今四川汉源北）、雅州（今四川雅安西）、邛州（今四川邛崃），进抵成都城下。由于遭到守城唐军的顽强抵抗，南诏军退守嶲州，与唐军对峙。乾符元年（874），南诏再攻西川（今四川成都及其附近地区），过大渡河进攻雅州，闻高骈调任剑南西川节度使乃撤军。④

在世隆任南诏王的 18 年间，频繁的战争取代了友好的交往，南诏对唐朝的藩属关系名存实亡，残酷的战争伤害了彼此友好的感情，给唐朝与南诏的关系蒙上浓重阴影。连绵不断的战乱，也给唐朝的

---

① 《新唐书》卷二百二十二中《南蛮传中》，第 6289 页。
② 《资治通鉴》卷二百五十《唐纪六十六》，咸通二年七月，第 8095 页。
③ 《资治通鉴》卷二百五十《唐纪六十六》，咸通四年正月，第 8103 页。
④ 《新唐书》卷二百二十二中《南蛮传中》，第 6292 页。

经济造成很大的破坏，史载：

> 宣宗皇帝收三州七关，平江、岭以南，至大中十四年，内库资积如山，户部延资充满，故宰相敏中领西川，库钱至三百万缗，诸道亦然。咸通以来，蛮（按：指南诏）始叛命，再入安南、邕管，一破黔州，四盗西川，遂围卢耽，召兵东方，戍海门，天下骚动，十有五年，赋输不内京师者过半，中藏空虚，十死瘴疬，燎骨传灰，人不念家，亡命为盗，可为痛心！①

南诏也因战争频仍耗尽了国力，史称南诏"为边患殆二十年，中国为之虚耗，而其国中亦疲弊"②。

世隆嗣立，对唐朝、南诏关系的看法发生改变。因使者至唐"礼遇甚薄"，嗣继时唐又因故未行册封，世隆乃自称"皇帝"，国号"大礼"，并遣兵攻陷播州（今贵州遵义）。③ 乾符四年（877），南诏王世隆卒。世隆子隆舜继立，攻唐战争明显减少。后梁贞明元年（915），"潜通南诏"的黎蛮、雅蛮首领为蜀主王建所杀，"自是南诏（按：指南诏之后的大长和国）不复犯边"。④ 云南地方政权对唐朝的战争遂告结束。

乾符五年（878），南诏遣使请和亲，"无表，但令督爽牒中书，请为弟而不称臣"。乾符六年（879），岭南西道节度使辛谠遣徐云虔出使南诏，南诏大臣至驿馆谓其云："贵府牒欲使骠信称臣，奉表贡方物；骠信已遣人自西川入唐，与唐约为兄弟，不则舅甥。夫兄弟舅甥，书币而已，何表贡之有？"徐云虔据理驳之。骠信待之甚厚，

---

① 《新唐书》卷二百二十二中《南蛮传中》，第6292页。

② 《资治通鉴》卷二百五十三《唐纪六十九》，乾符四年二月，第8190页。

③ 《资治通鉴》卷二百四十九《唐纪六十五》，大中十三年十二月，第8078页。

④ 《资治通鉴》卷二百六十九《后梁纪四》，贞明元年正月，第8786页。

"然犹未肯奉表称贡"。① 在这一时期，南诏王世隆、隆舜自称"大礼国"，并想把南诏、唐朝的关系从宗藩关系改变为兄弟之国或舅甥之国的关系，但遭到唐朝拒绝，南诏拟与唐结为兄弟之国或舅甥之国的企望，并未成为事实。

广明元年（880），黄巢起义军逼近长安，僖宗率朝臣逃避入成都。次年，南诏再次求和亲，并上表愿归顺唐朝。中和三年（883），南诏王隆舜派布燮杨奇肱等至成都迎出嫁公主，僖宗亦为嫁女做准备，以检校国子祭酒张谦为礼会五礼使，徐云虔副之，宗正少卿嗣虢王李约为婚使。中和四年（884），黄巢起义军失败，随后僖宗偕群臣返回长安，和亲之事不了了之。

乾宁四年（897），隆舜被大臣杨登杀害，子舜化贞嗣立。天复二年（902），南诏的清平官郑买嗣，杀死舜化贞及大批南诏王族，建立大长和国，南诏亡。② 自贞观二十三年（649）细奴逻建大蒙政权，南诏共历 13 王，统治 253 年。

第二节　南诏与唐朝关系的性质

南诏与唐朝关系的发展，大致经历和、战、和、时战时和等几个阶段。③ 弄清各个时期唐朝、南诏关系发展变化的原因，各个时期双边关系的性质，在唐朝、南诏关系发展的总体过程中，是何种性质的关系居于主导地位，对认定南诏是与唐朝相对立的国家，还是唐朝统治下西南地区的藩属政权，均不失其裨益。

---

① 《资治通鉴》卷二百五十三《唐纪六十九》，乾符五年四月，第 8204 页。《资治通鉴》卷二百五十三《唐纪六十九》，乾符六年二月，第 8211—8212 页。

② 《滇云历年传》卷四，第 155 页。

③ 参见方铁：《论南诏不是国家级政权》，《云南师范大学学报》（哲学社会科学版）2004 年第 5 期。

一、异牟寻以前南诏与唐朝关系的性质

武德元年（618），李渊建唐朝，随即经营云南及其周围地区。当年唐朝即置南宁州，武德四年（621），又置南宁州总管府，武德七年（624），改总管府为都督府，治今云南曲靖西。武德元年（618），唐朝改隋朝犍为郡为戎州，后设戎州都督府（治今四川宜宾）。① 在对今滇东北、滇中地区的统治逐渐巩固后，唐朝把经营的重点放在今滇西与滇北地区。武德四年（621），唐朝于姚安设置姚州（今云南姚安北），以统辖一些羁縻州。贞观二十二年（648），因松外诸蛮降而复叛，唐廷令将军梁建方率军讨之。② 永徽二年（651），郎州白水蛮（分布于今云南昆明至大理一带）反，唐遣左领军将军赵孝祖率兵讨之。③ 待局势基本稳定，唐廷于麟德元年（664）在弄栋川置姚州都督府（治今云南姚安北），以统辖今滇西地区。

经设治与调整，唐朝形成以若干都督府统辖羁縻府州，分片管理今云南及其周围地区的格局。除南宁州都督府、戎州都督府、姚州都督府外，唐朝还于调露元年（679）设安南都护府（治今越南河内），主要管辖今越南北部、中部地区的羁縻府州，也管辖位于今云南境内的郎茫州、龙武州、崀州等一些羁縻府州，也归安南都护府管理。此外，黔州都督府（治今重庆彭水东北）管辖今贵州以及湘西、鄂西南一带的数十处羁縻府州。咸亨三年（672），居今滇东北、川南与黔西相连地区的"昆明十四姓"2万户降唐，唐于其地置殷州、总州与敦州，在设置后的一段时间，此三州亦归黔州都督府管辖，后又改属戎州都督府（治今四川宜宾）。

总体来看，在唐朝讨伐南诏的天宝战争之前，除今滇西北与澜沧江、怒江中下游区域以外，唐朝在云南的大部分地区建立了统治。

---

① 《旧唐书》卷四十一《地理志四》，第1694页。
② 《资治通鉴》卷一百九十九《唐纪十五》，贞观二十二年四月，第6255页。
③ 《资治通鉴》卷一百九十九《唐纪十五》，永徽二年八月，第6275页。

在洱海地区，唐朝亦设置了一些羁縻州，如在蒙舍诏置沙壹州，以蒙舍诏主盛逻皮为沙壹州刺史；于浪穹诏设浪穹州，以诏主傍时昔为刺史；在邆赕诏立邆川州，唐摄监察御史李知古杀死邆赕诏主丰咩后，丰咩子咩罗皮曾自称邆川州刺史。①

高宗中期，位于青藏高原的吐蕃势力南下洱海地区，给唐朝的统治造成很大威胁。唐朝起初的策略是兴兵征讨。神龙三年（707），姚嶲道讨击使唐九征奉命击吐蕃于今滇西，唐军获胜并俘敌3000余人。但唐军东归后，吐蕃势力复至洱海地区。在这样的情况下，唐朝改变做法，在洱海地区选择南诏作为代理人，令其组织当地诸部抗御吐蕃。

南诏攻击投靠吐蕃的叛蛮奏效后，唐朝御史严正海参与策划，帮助南诏讨平洱海地区诸诏。南诏军发自白崖（在今云南弥渡县红岩镇），皮逻阁率一军攻石桥诏（在今云南大理市西部），皮逻阁之子阁罗凤与御史严正海，率另一军进攻石和诏（在今云南大理市凤仪镇），两军皆胜，唐帝诏加阁罗凤右领军卫大将军。不久，南诏又在唐中使王承训的参与下攻破剑川诏，阁罗凤迁左金吾卫大将军，后又拜特进、都知兵马大将。② 开元二十五年（737），南诏夺取太和城并修建龙口城，据有"河蛮"之地。在此前后，南诏又先后击破越析、邆赕、浪穹与施浪等诏。剑南节度使王昱亦插手越析诏与"白蛮"的争端，帮助南诏兼并越析诏之地。

因兼并诸诏有功，开元二十六年（738），玄宗遣使册封皮逻阁为云南王。"云南"一词源自蜀汉在今云南祥云东南所置的云南郡，其时南诏是得宠于唐朝的地方势力，唐封皮逻阁为云南王，管辖范围不超出云南郡（治今云南祥云东南），即以今洱海附近地区为限。

南诏兼并诸诏统一洱海地区，势力日渐增长。《旧唐书》卷一百九十七《南蛮西南蛮传》描述了当时的情形："归义（按：指皮逻阁）既并五诏，服群蛮，破吐蕃之众兵，日以骄大。每入觐，朝廷

---

① 《新唐书》卷二百二十二中《南蛮传中》，第6294页。
② 《南诏德化碑》，载《云南考古》（增订本），第157页。

亦加礼异。"

天宝四载（745），唐朝计划开通自安南都护府北经步头（在今云南个旧西南、元江北岸）、安宁（今属云南）连通"蜀身毒道"的"步头路"，目的之一是加强对今滇东爨氏地区的控制。剑南节度使章仇兼琼遣越嶲都督竹灵倩至安宁筑城。唐军筑城引起爨氏白蛮的猜疑，爨归王联合诸爨首领举兵反抗，杀死竹灵倩并毁安宁城。玄宗闻讯，遣中使孙希庄、姚州都督李宓等督令南诏主皮逻阁率兵讨之。① 南诏通过分化瓦解、各个击破的办法，击败今滇东的爨氏白蛮。在兼并东部的爨氏白蛮地区后，南诏坐大的趋势更为明显。唐朝对南诏的政策，也从扶植帮助转变为抑制间或寻隙打击，其表现是唐朝官员对南诏的态度发生了明显改变。

据《唐会要》卷九十九《南诏蛮》所载，阁罗凤继为云南王，"与（剑南）节度使鲜于仲通不相得，云南太守张虔陀复私其妻"。《新唐书》卷二百二十二上《南蛮传上》亦言："鲜于仲通领剑南节度使，卞忿少方略。故事，南诏尝与妻子谒都督，过云南，太守张虔陀私之，多所求丐，阁罗凤不应。虔陀数诟靳之，阴表其罪，由是忿怨，反。"据此南诏与唐朝关系趋于紧张，似乎仅是由于唐朝官员对南诏欺压、求索太甚。但细考其他记载，事情并没有以上所说的这样简单。

关于天宝年间张虔陀所任官职，《南诏德化碑》称："越嶲都督张虔陀尝任云南别驾，以其旧职风宜，表奏请为都督。"② 《蛮书》卷十《南蛮疆界接连诸蕃夷国名》"异牟寻献状"则言："天宝九载，被姚川（州）都督张乾陁等离间部落，因此与汉阻绝。"由此可知，张虔陀原任越嶲都督，后调任姚州都督。《唐会要》《新唐书》称张虔陀为云南太守，所言"云南郡"即指姚州都督府。张虔陀先后任越嶲都督与姚州都督，在唐朝与南诏发生冲突时首当其冲，

---

① 《南诏德化碑》，载《云南考古》（增订本），第157页。《蛮书》卷四《名类》。

② 《云南考古》（增订本），第158页。

此后成为导致唐朝、南诏关系破裂的替罪羊。

《南诏德化碑》称张虔陀有以下六罪："与（吐蕃）阴谋拟共灭我（按：指南诏）。"阁罗凤庶弟诚节因"不忠不孝"被贬在外地，而张虔陀奉使归，"拟令间我"。爨崇道"罪合诛夷"，而张虔陀收留之，"欲令仇我"。与南诏相恶者，张虔陀授予官职，而与南诏亲好者则"咸遭抑屈"，这样做的目的是"务在下我"。其五是"筑城收质，缮甲练兵，密欲袭我"。其六是倍税军粮，征求无度，"务欲敝我"。南诏驰表上陈，屡申冤枉，唐遣中使贾奇俊前来调解，贾奇俊"一信虔陀，共掩天听，恶奏我将叛"。贞元九年（793），异牟寻遣三路使者致书韦皋，亦云："异牟寻世为唐臣，曩缘张虔陀志在吞侮，中使者至，不为澄雪，举部惶窘，得生异计。"①

从以上记载来看，作为统治今滇西地区唐朝官府的命官，张虔陀忠实地维护了唐朝的利益。他根据云南形势的变化，经过周密计划，用种种办法离间和削弱日渐坐大的南诏。南诏因此向唐朝告状，但张虔陀的做法仍得到唐廷特使的支持；张虔陀在了解云南的真实情况后，亦向唐廷报告南诏"将叛"。

因此，南诏的反叛绝非像一些记载所言，是缘于唐朝官员个人的欺压与勒索，而是南诏的迅速扩张与唐朝在云南的利益发生了激烈冲突，双方的矛盾已不可调和。张虔陀对南诏采取严峻苛刻的态度，只是唐朝对南诏的政策从扶植与依靠，转变为抑制甚至寻隙打击的体现。

南诏与唐朝间的关系紧张达到极点。天宝九载（750）秋，阁罗凤遣军包围姚州都督府所在地姚州城，并于冬天攻下姚州（今云南姚安北），杀死张虔陀，夺取姚州都督府所辖的 32 处羁縻州。之后南诏打败唐朝的三次征讨，唐朝、南诏友好关系彻底破裂，阁罗凤"遂北臣吐蕃"，受封为"赞普钟"。② 在唐朝第三次征讨南诏的次年，安禄山起兵反叛，随后攻陷东京洛阳。唐朝忙于平叛，南诏乘

---

① 《新唐书》卷二百二十二上《南蛮传上》，第 6272 页。
② 《新唐书》卷二百二十二上《南蛮传上》，第 6271 页。

机摆脱唐朝的控制，发展为西南地区一个强大的地方政权。

阁罗凤攻陷姚州（今云南姚安北），并杀死姚州都督张虔陀，曾遣使向唐朝谢罪，愿归还所俘掠，重筑被毁的云南城，且曰：“今吐蕃大兵压境，若不许我，我将归命吐蕃，云南非唐有也。”[①] 后来南诏打败鲜于仲通所率征讨唐军，阁罗凤又立碑于太和城国门，表明不得已而叛唐：“我世世事唐，受其封爵，后世容复归唐，当指碑以示唐使者，知吾之叛非本心也。”[②] 可见南诏在打败唐朝军队后，仍不愿改变其隶属于唐朝的关系，坚信与唐朝决裂是暂时的，与唐朝的友好关系终有一天会恢复。

二、异牟寻时期及其后南诏与唐朝关系的性质

天宝战争后，南诏与唐朝决裂而和吐蕃结盟，受吐蕃封为“赞普钟”（赞普之弟），南诏亦以“赞普钟”为号。南诏乘安禄山兵变、唐朝无暇西顾之机，进攻清溪关道上的要镇越嶲（今四川西昌东南）、会同（今四川会理北）。次年唐军夺回越嶲，以杨廷琏为都督，兼领台登（在今四川冕宁县南泸沽镇）。南诏、吐蕃联军又攻占越嶲、台登与邛部，南诏势力所及，乃至大渡河的南岸，数十年间，南诏发展为西南地区一个强大的军事力量。

大历十四年（779），阁罗凤卒。孙异牟寻继任南诏王。同年十月，南诏、吐蕃合兵20余万，分三道进攻唐朝剑南道辖地，被唐将李晟打得大败。军事上的惨重失败，给异牟寻以深刻的教训，兼之不堪忍受吐蕃的剥削与压迫，异牟寻转而谋求弃吐蕃归唐。在与唐朝决裂后的40余年间，南诏虽与吐蕃结盟，但其经营的重点，是放在开拓西面和南面疆域以及内部的建设方面，并无持续攻取唐地进而谋求独立地位的行动。因此，从天宝战争结束至贞元十年（794）异牟寻归唐期间，南诏是活跃于西南地区的一个地方政权。

贞元十年（794），异牟寻与唐朝恢复友好关系，与当时南诏与

---

① 《资治通鉴》卷二百一十六《唐纪三十二》，天宝十载四月，第6907页。
② 《资治通鉴》卷二百一十六《唐纪三十二》，天宝十载四月，第6907页。

唐朝的处境有密切关系。大历十四年（779），异牟寻与吐蕃合兵20余万，分三路攻西川（今四川成都及其附近地区），唐军大破之。吐蕃、南诏联军死八九万人，"吐蕃悔怒，杀诱导使之来者"。异牟寻惧怕，迁都阳苴咩城（今云南大理西北），吐蕃改封南诏为"日东王"。南诏与吐蕃的关系从"兄弟之国"降为"臣属之国"。其时南诏多受吐蕃的压迫，南诏有兵数十万，吐蕃每攻唐地，"常以云南为前锋，赋敛重数，又夺其险要立城堡，岁征兵助防，云南苦之"。① 清平官郑回遂劝说异牟寻："自昔南诏尝款附中国，中国尚礼义，以惠养为务，无所求取。今弃蕃归唐，无远戍之劳、重税之困，利莫大焉。"异牟寻深以为然。② 可见不堪吐蕃的压迫与盘剥，希望摆脱其钳制，是南诏弃蕃归唐的主要原因。

自天宝战争讨伐南诏失败，唐朝丧失了经营100余年的云南及其附近地区。南诏与吐蕃结盟，吐蕃的力量得到增强。吐蕃于宝应二年（763）攻陷长安，并不断袭击唐朝关内道盐、夏等州。贞元三年（787），李泌献策于德宗："臣愿陛下北和回纥，南通云南，西结大食、天竺，如此则吐蕃自困，马亦易至矣。"德宗以"南通云南，西结大食、天竺"语为是。李泌又言："次招云南，则是断吐蕃之右臂也。云南自汉以来臣属中国，杨国忠无故扰之使叛，臣于吐蕃，苦于吐蕃赋役重，未尝一日不思复为唐臣也。"③

贞元元年（785），韦皋代张延赏为剑南西川节度使，招南诏入觐。贞元四年（788），异牟寻遣东蛮鬼主骠旁等入朝，唐廷"宴之于麟德殿，赐赉甚厚，封王给印而遣之"④。贞元九年（793），异牟寻派三批使者各携朱砂、生金与当归，分别从"戎州路""黔府路"

---

① 《资治通鉴》卷二百二十六《唐纪四十二》，大历十四年十月，第7271—7272页。《资治通鉴》卷二百三十二《唐纪四十八》，贞元三年正月，第7480页。
② 《旧唐书》卷一百九十七《南蛮西南蛮传》，第5281页。
③ 《资治通鉴》卷二百三十三《唐纪四十九》，贞元三年九月，第7505页。
④ 《资治通鉴》卷二百三十三《唐纪四十九》，贞元四年四月、五月，第7513页。

"安南路"出使唐朝。南诏进献当归，寓愿永为内属之意；进朱砂寓献丹心之意；进献生金，寓归唐之志如金之坚。德宗赐异牟寻诏书抚慰之。贞元十年（794）正月，韦皋遣巡官崔佐时携诏书至阳苴咩城（今云南大理西北），与异牟寻盟誓于玷苍山神祠，达成了南诏归唐的协议。

玷苍山盟誓后，异牟寻借机突袭吐蕃神川都督府之地，夺取铁桥（在今云南玉龙纳西族自治县西北塔城乡）等 16 城，降其众 10 余万人。异牟寻遣使献捷，随后又派弟凑罗栋等入朝献地图、土贡及吐蕃所颁金印，"请复号南诏"。德宗遂赐南诏刻文"贞元册南诏印"。① 异牟寻在阳苴咩城（今云南大理西北）为唐使举行盛大的欢迎宴会。在欢迎唐使的宴会上，袁滋说："南诏当深思祖考，子子孙孙尽忠于唐。"异牟寻拜曰："敢不谨承使者之命！"② 异牟寻受唐册封后，唐又赐异牟寻、寻阁劝、郑回和尹仇宽以敕书，"书左列中书三官宣奉行，复旧制也"③。

对归唐以后南诏与唐朝关系的性质，双方的看法并无二致，即南诏不再是唐朝统治下的地方势力，而是奉唐朝为正朔的藩属政权。唐朝虽恢复给南诏首领"王"的封号，但其内涵已发生重要改变。天宝战争以前所封的"云南王"，是唐朝统治下管辖洱海地区的土官；异牟寻受封的"南诏（王）"，则是唐朝对南诏既有统治范围的承认，其实质是认可南诏的藩属政权地位。

唐朝、南诏和好后，南诏是唐朝的藩属政权，还为南诏必须向唐朝纳质这一史实所证实。据笔者研究，唐代有边疆民族向中央政权遣送人质的制度，即纳质者向唐朝中央和地方政府送纳蕃王亲子与贵族子弟为人质，作为维护双方宗藩关系的保证。纳质的承担者，仅限于与唐朝有宗藩关系的藩属政权，以及具有藩属性质的部落，以前一种情形居多；而与唐朝有正式外交关系的国家和被纳入唐朝

① 《新唐书》卷二百二十二上《南蛮传上》，第 6274 页。
② 《资治通鉴》卷二百三十五《唐纪五十一》，贞元十年六月，第 7562 页。
③ 《旧唐书》卷一百九十七《南蛮西南蛮传》，第 5284 页。

直接统治的边疆民族，则无须向唐朝纳质。[①]

南诏向唐朝纳质，即属藩属部落与藩属政权向唐朝纳质的性质。皮逻阁时南诏隶属于唐，是具有相对自主性的地方势力，当时南诏曾向唐朝遣送人质。广德二年（764），郭子仪为朔方节度使，其时"云南子弟万人戍河中，将贪卒暴，为一府患"。郭子仪诛其14人，杖30人，"府中遂安"。[②] 广德二年（764）在天宝年间唐朝、南诏关系破裂后，所言之"云南子弟"，当是天宝战争以前充质唐朝的南诏贵族子弟；他们因唐朝、南诏关系破裂而代人受过，与其他丁壮（可能还有其他质子）共约一万人，被唐朝遣戍朔方（治今宁夏灵武西南）。贞元十年（794），南诏接受唐朝的册封，异牟寻"请以大臣子弟质于皋，皋辞，固请，乃尽舍成都，咸遣就学"。赴成都就学的南诏贵族子弟，事实上是充质于唐朝的质子，他们"学成则去，复以他子弟继之"，数十年之间，赴成都接替为质的南诏贵族子弟达"殆以千数"。[③]

另据《新唐书》卷二百二十二上《南蛮传上》所载，长庆三年（823），南诏王劝利卒，其弟丰祐嗣立。丰祐曾遣使入贡。剑南西川节度使杜悰因南诏入贡随从过多，奏准节减其数，丰祐恼怒，其贺冬使者留表嶲州（今四川西昌）而还，又索回求学子弟，移牒不逊，"自是入贡不时，颇扰边境"[④]。可见南诏向唐朝纳质的制度，一直延续到长庆三年（823）前后。

在南诏与唐朝关系发展的过程中，有一个值得注意的现象，即南诏绝大多数的统治者，始终把唐朝皇帝看作是当然的天子，从未流露打出西南逐鹿中原、取唐廷而代之的想法。相反，南诏统治者对中原文明与唐朝的经济、文化深为倾慕，积极学习。南诏对待唐

① 参见方铁：《汉唐王朝的纳质制度》，《思想战线》1991年第2期。
② 《资治通鉴》卷二百二十三《唐纪三十九》，广德二年二月，第7161页。
③ 《资治通鉴》卷二百四十九《唐纪六十五》，大中十三年十二月，第8078页。
④ 《资治通鉴》卷二百四十九《唐纪六十五》，大中十三年十二月，第8078页。

廷与唐朝文明的这一种态度，对南诏与唐朝关系的发展有深刻的影响。这一现象的形成，有历史、现实与西南本地民族特点等方面的原因。

南诏的政治中心和经济发达区域在白蛮聚居区，白蛮是南诏的主体民族。蒙舍诏虽出自乌蛮，但长期处于白蛮文化的包围与影响之下，遂渐为白蛮所同化。白蛮是长期从事农业生产的僰人，融合迁入西南边疆的汉族人口在南北朝时期形成的。白蛮上层甚至认为祖先是内地迁来的汉族，《南诏德化碑》叙述南诏统治者的先世称："盛家世汉臣，八王称乎晋业；钟铭代袭，百世定于当朝。生遇不天，再罹衰败。敕先君之遗德，沐求旧之鸿恩。"[①] 因此，白蛮对汉族与唐朝文化自然有亲近感，并注重学习和吸收。阁罗凤、异牟寻重用熟悉儒家文化的俘虏郑回，异牟寻"有智数，善抚众，略知书"[②]，寻阁劝与清平官杨奇肱、段义宗能写作造诣甚高的汉文诗，都是这一情形的反映。

在唐前期的 130 余年间，南诏深得唐朝的扶植与帮助，在政治、经济、文化方面深受唐朝影响。贞元年间，郑回在述及当年的情形时说："自昔南诏尝款附中国，中国尚礼义，以惠养为务，无所求取。"南诏还大量派贵族子弟到成都学习唐朝文化。唐许合六诏为一，"俾附庸成都，名之以国，许子弟入太学，使习华风"。[③] 贞元九年（793），异牟寻遣三路使者入唐请求归唐，呈韦皋的帛书深情地说："曾祖有宠先帝，后嗣率蒙袭王，人知礼乐，本唐风化。"[④]

天宝战争以前，南诏与唐朝形成水乳交融的亲密关系，影响十分深远。贞元十年（794），异牟寻弃吐蕃归唐，主要原因固然是不堪吐蕃的欺压，但迫切希望恢复与唐朝经济、文化的交流，也是一个不容忽视的因素。《蛮书》卷三《六诏》说："异牟寻每叹地卑夷

---

① 《云南考古》（增订本），第 162 页。

② 《新唐书》卷二百二十二上《南蛮传上》，第 6272 页。

③ 《新唐书》卷二百二十二中《南蛮传中》，第 6289 页。

④ 《新唐书》卷二百二十二上《南蛮传上》，第 6273 页。

杂，礼仪不通，隔越中华，杜绝声教。遂献书檄，寄西川节度使韦皋。"

异牟寻归唐后，南诏与唐朝迎来一个新的文化交流时期。韦皋复开"清溪关道"，欢迎南诏子弟至成都，"教以书数，欲以慰悦羁縻之。业成则去，复以他子弟继之"。如是者数十年，南诏贵族子弟就学于成都者"殆以千数"，以致"军府颇厌于禀给"。① 南诏对唐朝文化的认同，在双方关系恶化的时期也未消失。长庆三年（823），劝利卒，丰祐嗣立。丰祐"勇敢，善用其众，始慕中国，不与父连名"②。南诏与唐朝长期建立起来的经济、文化联系，已成为南诏继续发展所必不可少的条件。在双方关系严重恶化的情况下，正常的交流受到阻碍，南诏就采取战争的方式，从唐地强行取回自己所需的物资、技术、文化与人力。据《蛮书》卷七《云南管内物产》所载，南诏"俗不解织绫罗，自大和三年蛮贼寇西川，虏掠巧儿及女工非少，如今悉解织绫罗也"。由于上面这些原因，南诏视唐朝为内地文明的代表，奉之为宗主，并以唐朝为南诏补充先进技术与文化的源泉。

云贵地区地形复杂，远离中原，适宜发展农业生产的盆地仅占土地总面积的很小一部分。以发展程度不高的种植业为基础，辅之以占相当比重的畜牧业、渔猎业、采集活动所形成的初级复合型经济，在很长的时期内是云贵地区社会经济的主要类型。受以上所说地理环境和生产生活方式的影响，西南地区的白蛮等本地民族，具有农业地区居民中常见的务实、安土重迁、因循守旧等特点，但却没有在发达农业基础上形成高度的社会分工，因而长期停留在不甚发达的早期封建制或家内奴隶制的社会阶段。这些本地民族具有山地和边疆地区居民勇敢、吃苦耐劳及注重群体力量的优点，同时也有眼界狭小、容易满足、生活简单等性格特征。

---

① 《资治通鉴》卷二百四十九《唐纪六十五》，大中十三年十二月，第 8078页。
② 《资治通鉴》卷二百四十三《唐纪五十九》，长庆三年七月，第 7827 页。

西南边疆的白蛮、乌蛮等本地民族，逐渐形成特有的社会心态与行为方式。早在西汉时，滇王、夜郎侯就向远道而来的汉使提出同样的问题："汉孰与我大？"① 可见滇、夜郎这些本地民族已形成特有的思维方式。在特定的历史条件下，受其思维定势及其他因素的影响，西南边疆的某些民族可以轻易地发动掠夺战争，并借此大肆掳掠和破坏，但若论借此问鼎中原，达到割地立国或改朝换代的目标，便不可想象。在处理与唐朝的关系和进行战争的时候，南诏表现出边疆民族特有的狡黠与务实，而这一点是庞大的官僚集权制度所不能及的。

自异牟寻辞世，至大中十三年（859）世隆为南诏王之前，南诏仍奉唐朝为正朔。异牟寻死后，唐以其子寻阁劝为南诏王。对寻阁劝之后先后执政的劝利、丰祐，唐亦遣使册封，即以册封的形式继续保持双方的宗藩关系。太和三年（829），南诏权臣王嵯巅大举攻蜀，连破州县，并攻据成都西郭，退兵时"大掠子女、百工数万人及珍货而去"。王嵯巅率军攻入西川大肆掠夺，但还不敢撕毁南诏与唐朝间的宗藩协议，在表面上仍奉唐朝为正朔。王嵯巅在撤军后上表称："蛮比修职贡，岂敢犯边，正以杜元颖不恤军士，怨苦元颖，竞为乡导，祈我此行以诛虐帅。诛之不遂，无以慰蜀士之心，愿陛下诛之。"②

在大中十三年（859）至乾宁四年（897）南诏灭亡的38年间，唐朝、南诏的关系处于时战时和、跌宕起伏的时期。咸通元年（860），南诏首次攻下安南（今越南河内），次年又攻下邕州（今广西南宁南），并大肆掳掠。咸通四年（863），南诏再陷安南，"南诏两陷交趾，所杀虏且十五万人，留兵二万，使思缙据交趾城，溪洞夷獠无远近皆降之"③。咸通七年（866），唐朝才收复安南。咸通六年（865），南诏攻入嶲州（今四川西昌）。咸通十年（869），南诏

---

①　《史记》卷一百一十六《西南夷列传》，第2996页。

②　《资治通鉴》卷二百四十四《唐纪六十》，太和三年十二月，第7868页。

③　《资治通鉴》卷二百五十《唐纪六十六》，咸通四年正月，第8103页。

倾国攻蜀地，在大渡河被阻，遂越雪山至嘉州沐源川（今岷江支流沐川河），进而攻下嘉州（今四川乐山），随后又攻下黎州（今四川汉源北）、雅州（今四川雅安西）、邛州（今四川邛崃），进抵成都城下。由于遭到唐朝守军的顽强抵抗，南诏军退守嶲州，与唐军相对峙。乾符元年（874），南诏再攻西川（今四川成都及其附近地区），过大渡河进攻雅州。

乾符五年（878），南诏遣使至唐求和亲，广明元年（880），僖宗许其和亲，拟嫁安化长公主与南诏王隆舜。同年，黄巢起义军攻占洛阳和长安，僖宗避入成都。中和元年（881），唐使李龟年自南诏还，言"骠信上表款附，请悉遵诏旨"①。中和三年（883），隆舜派布燮杨奇肱等到成都迎婚，僖宗指定婚使，为出嫁公主做准备。中和四年（884），黄巢农民大起义失败，僖宗回到长安，和亲之事不了了之。

总之，在南诏与唐朝关系发展的几个时期，南诏与唐朝关系的性质，在一定范围内虽有变动，但并不存在诸如吐蕃与唐朝之间，为双方所承认的兄弟之国或舅甥之国即"敌国"的关系。在与唐朝友好的时候，南诏是唐朝统治下的地方势力，在与唐朝关系紧张甚至兵戎相见时，南诏是从属于中央政府之下西南地区的一个地方政权。在南诏存在的 253 年间，与唐朝关系不和谐、兵戎相见的时间少，友好的时间居多。因此，总体上来说，南诏是唐朝统治下的一个藩属政权，或活动在西南地区的一个地方政权，并非与唐朝相对立的国家。

第三节　吏治对唐朝统治云南的影响

天宝年间，由唐朝一手扶持的南诏毅然与唐朝决裂，转而与宿

---

① 《资治通鉴》卷二百五十四《唐纪七十》，中和元年八月，第 8257 页。

敌吐蕃结盟。南诏政治态度的急剧改变，造成唐朝政治格局的重大改组，是中国历史进程中值得重视的事件。① 关于这一事件的起因，历来说法不一。《旧唐书》《新唐书》《资治通鉴》《册府元龟》《唐会要》等史籍认为，边吏张虔陀等无理欺压南诏，南诏王阁罗凤被迫反抗，导致南诏与唐朝关系破裂。这一说法的影响十分深远，元代以后云南的地方志乃至当今一些学人仍持类似观点。少数人则持不同意见，认为导致双方关系破裂的原因应从当时形势的变化寻找，但并未做进一步研究。

一、唐朝在云南地区的吏治

青藏高原的吐蕃势力崛起，向四周地区不断扩张。永隆元年（680），吐蕃以生羌为向导夺据安戎城（今四川茂县西南），并增兵戍守，吐蕃势力随后进入洱海及其以北的地区，"西洱诸蛮皆降于吐蕃"②。

目睹吐蕃势力南下，并据有洱海地区和嶲州（今四川西昌）以西的区域，唐廷极为忧虑。其初期的策略是出兵遏制吐蕃南下。洱海六诏之一的浪穹诏先附吐蕃。永昌元年（689），浪穹诏首领傍时昔率 25 部来降；唐以傍时昔为浪穹州刺史，令统其众。③ 吐蕃南下今滇西地区，主要是通过经嶲州抵姚州（今云南姚安北）的道路。神龙三年（707），唐朝派姚嶲道讨击使唐九征率兵征讨姚州叛蛮，拆毁吐蕃在漾、濞二水修建的铁索桥与附近城堡，"斩获三千余人"，铸铁柱以纪功。④

景云元年（710），摄监察御史李知古奏请出动剑南唐军，平定投降吐蕃的姚州群蛮，随后筑姚州城（今云南姚安北）并置州县。

① 参见方铁：《边吏张虔陀与唐朝、南诏关系之破裂》，《中南民族大学学报》（人文社会科学版）2006 年第 3 期。

② 《资治通鉴》卷二百二《唐纪十八》，永隆元年七月，第 6396 页。

③ 《资治通鉴》卷二百四《唐纪二十》，永昌元年五月，第 6457 页。

④ 《旧唐书》卷七《中宗纪》，第 144 页。《新唐书》卷二百一十六上《吐蕃传上》，第 6081 页。

李知古欲诛姚州群蛮首领，掠其子女为奴婢，引起群蛮怨恨，首领傍名引吐蕃兵攻杀李知古，姚州道路被吐蕃控制，"连年不通"。①

唐廷为抗御吐蕃势力尽了很大努力，但俟远征唐军撤回，吐蕃势力又卷土重来。之后，唐朝在洱海地区诸诏中挑选出蒙舍诏，支持其统一洱海地区，并组织当地诸族抗御吐蕃。

开元年间，唐玄宗诏令剑南节度使王昱，支持南诏主皮逻阁攻伐降蕃诸部。南诏乃"以兵威胁服群蛮，不从者灭之，遂击破吐蕃"②。开元二十六年（738），玄宗诏授皮逻阁以特进，封越国公，赐名"归义"。此后，玄宗又遣使册封皮逻阁为云南王，南诏"既并五诏，服群蛮，破吐蕃之众兵，日以骄大。每入觐，朝廷亦加礼异"。③经过南诏的努力，唐朝收复洱海地区，吐蕃在北面的势力退守浪穹（今云南洱源）一带。

天宝初年，南诏获得向今滇中与滇东发展的机会。玄宗任命今滇东的爨氏白蛮首领爨归王为南宁州（治今云南曲靖西）都督。爨归王袭杀爨氏其他首领孟聘、孟启父子，夺据升麻川（在今云南寻甸、嵩明一带）。天宝四载（745），唐剑南节度使章仇兼琼遣越嶲都督竹灵倩至安宁筑城，引起爨氏白蛮的猜疑，爨归王联合诸爨首领反抗，杀死唐将竹灵倩并毁安宁城。玄宗闻讯，遣中使孙希庄、姚州都督李宓等，督令南诏主皮逻阁率兵讨之。④

南诏及唐使出兵至波州（今云南祥云），爨归王与诸爨首领诣南诏军谢罪，请奏释前事。玄宗见皮逻阁上疏，颁诏赦诸爨首领之罪。此后南诏插手诸爨事务，出兵讨伐爨崇道，爨崇道兵败南走，皮逻

---

① 《资治通鉴》卷二百一十《唐纪二十六》，景云元年十二月，第6661页。《新唐书》卷二百一十六上《吐蕃传上》称唐九征率兵击姚州叛蛮在李知古讨姚州蛮之后，不确，今从《资治通鉴》。

② 《资治通鉴》卷二百一十四《唐纪三十》，开元二十六年九月，第6836页。

③ 《旧唐书》卷一百九十七《南蛮西南蛮传》，第5280页。

④ 《南诏德化碑》，载《云南考古》（增订本），第157页。《蛮书》卷四《名类》。

阁俘获其族，"诸爨由是离弱"①。天宝七载（748），皮逻阁死，子阁罗凤继立。阁罗凤召爨守隅及其妻归河赕（在今云南大理一带）。阁罗凤又派昆川城使杨牟利，以兵强迫爨氏白蛮20余万户远徙永昌等地，今滇东的爨氏白蛮被严重削弱。②

南诏兼并云南东部爨氏地区后，与唐朝关系的性质逐渐变化，唐朝官员对南诏的态度也发生明显改变。

《旧唐书》卷一百九十七《南蛮西南蛮传》载："归义卒，诏立了阁罗凤袭云南工。无何，鲜于仲通为剑南节度使，张虔陀为云南太守。仲通褊急寡谋，虔陀矫诈，待之不以礼。旧事，南诏常与其妻子谒见都督，虔陀皆私之。有所征求，阁罗凤多不应，虔陀遣人骂辱之，仍密奏其罪恶。"《新唐书》卷二百二十二上《南蛮传上》载："鲜于仲通领剑南节度使，卞忿少方略。故事，南诏尝与妻子谒都督，过云南，太守张虔陀私之，多所求丐，阁罗凤不应。虔陀数诟靳之，阴表其罪，由是忿怨，反。"《资治通鉴》卷二百一十六《唐纪三十二》载："故事，南诏常与妻子俱谒都督，过云南，云南太守张虔陀皆私之。又多所征求，南诏王阁罗凤不应，虔陀遣人詈辱之，仍密奏其罪。阁罗凤忿怨，是岁，发兵反，攻陷云南，杀虔陀，取夷州三十二。"或云：阁罗凤继为南诏主，"与（剑南）节度使鲜于仲通不相得，云南太守张虔陀复私其妻"③。或云："鲜于仲通为剑南节度使，玄宗天宝七载，南诏阁罗凤袭云南，仲通褊急寡谋，及云南太守张虔陁矫诈，遇之不以礼。旧事：南诏常与其妻女谒见都督，虔陁皆私之；又有所征求，阁罗凤皆不应，虔陁遣人骂辱之，仍密奏其罪恶。阁罗凤忿怨，因发兵反，攻围虔陁，杀之，时天宝九载也。"④

---

① 《蛮书》卷四《名类》。

② 《南诏德化碑》，载《云南考古》（增订本），第157页。《蛮书》卷四《名类》。

③ 《唐会要》卷九十九《南诏蛮》，第1763页。

④ 〔宋〕王钦若等编纂，周勋初等校订：《册府元龟》卷四百四十六《将帅部》，凤凰出版社，2006年，第5032页。

　　据前所述，南诏与唐朝关系趋于紧张，似乎是由于唐朝官员对南诏欺压求索太甚，其实并不尽然。唐朝边吏对南诏的态度发生改变，有其深刻的政治背景。

　　天宝九载（750）秋，阁罗凤遣大军将王毗双罗、时牟苴率兵包围姚州都督府所在地姚州（今云南姚安北），于冬天攻下姚州，张虔陀率守军坚决抵抗，"陷死殆尽"。张虔陀被杀（或说饮鸩酒而死）。南诏随后夺据姚州都督府所辖的32处羁縻州。次年初，唐朝令剑南节度使鲜于仲通与安南都护王知进领兵征讨南诏。四月，鲜于仲通等分别率8万唐军出戎州（今四川宜宾），经"石门关道"并经嶲州（今四川西昌）沿"清溪关道"进攻南诏，王知进则领军自安南经"步头路"北赴云南。鲜于仲通军既至曲州（今云南昭通）、靖州（在今云南大关附近），阁罗凤差首领杨子芬等迎军谢罪，请还所攻姚州所俘掠、重建姚州城，且曰："今吐蕃大兵压境，若不许我，我将归命吐蕃，云南非唐有也。"鲜于仲通怒囚南诏使者，率兵进抵洱海地区，又遣大将王天运率军至玷苍山后，拟腹背交袭南诏都城太和城（在今云南大理市北太和村）。阁罗凤遣使至浪穹（今云南洱源），向吐蕃御史论若赞求派援兵，令长子凤伽异与大军将段全葛领兵拒王天运所率唐军，阁罗凤亲率主力迎战鲜于仲通。唐军大败，士卒死者6万人，王天运等被杀，鲜于仲通仅以身免。杨国忠掩其败状，仍叙其战功。① 天宝十一载（752），杨国忠谎奏吐蕃出兵60余万救南诏，剑南唐兵破之于云南，克敌隰州等三城，捕虏6300人，"简丁壮千余并投降首领"献于长安。②

　　南诏击败进讨的唐军后，吐蕃命宰相倚祥叶乐携金冠锦袍、金宝带和驼马等慰问南诏，与之约为"兄弟之国"。天宝十一载（752），吐蕃册封南诏为"赞普钟南国大诏"，授阁罗凤为"赞普

---

① 《南诏德化碑》，载《云南考古》（增订本），第159页。《资治通鉴》卷二百一十六《唐纪三十二》，天宝十载四月，第6907页。
② 〔唐〕杨国忠：《破吐蕃献俘表》，载《全唐文》卷三百四十六，第3509页。

钟"，意为赞普之弟，并颁给金印。①

　　玄宗命汉中郡太守司空袭礼、内使贾奇俊率兵复置姚州都督府，以将军贾瓘为都督。阁罗凤遣军将王兵各绝其粮道，又派大军将洪光乘等，会同吐蕃神川都知兵马使论绮里徐，包围并攻破姚州（今云南姚安北），贾瓘被俘，唐军溃散。② 天宝十二载（753），玄宗诏左武卫大将军何履光率岭南五府兵进讨南诏。③ 天宝十三载（754），唐朝又令前姚州都督、侍御史李宓与中使萨道悬逊率兵进攻南诏。李宓孤军深入，被打得大败，李宓投汇而死，唐兵全军覆没。④ 阁罗凤收唐军战死者尸体筑为"万人冢"，"以存恩旧"⑤，并立德化碑于太和城，记载天宝战争发生前后的经过，言其不得已而叛唐，且曰："我世世事唐，受其封爵，后世容复归唐，当指碑以示唐使者，知吾之叛非本心也。"⑥

　　不甘心失败的杨国忠等人大募两京及河南、河北兵以击南诏。"人闻云南多瘴疠，未战士卒死者什八九，莫肯应募。杨国忠遣御史分道捕人，连枷送诣军所。旧制，百姓有勋者免征役，时调兵既多，国忠奏先取高勋。于是行者愁怨，父母妻子送之，所在哭声振野。"⑦

　　唐朝于天宝年间三次出兵征讨，均被南诏打败，"前后死者几二十万人"⑧。南诏与唐朝的关系彻底破裂，南诏与吐蕃也由敌对转而结盟。天宝十四载（755），安禄山起兵反叛，攻陷东京洛阳。唐朝无暇南顾，南诏发展为强大的地方政权。

　　探究天宝年间唐朝与南诏关系破裂的缘由，姚州府都督张虔陀

---

① 《南诏德化碑》，载《云南考古》（增订本），第159页。
② 《南诏德化碑》，载《云南考古》（增订本），第159—160页。
③ 《资治通鉴》卷二百一十六《唐纪三十二》，天宝十二载五月，第6918页。
④ 《资治通鉴》卷二百一十七《唐纪三十三》，天宝十三载六月，第6926—6927页。
⑤ 《蛮书》卷一《云南界内途程》。
⑥ 《资治通鉴》卷二百一十六《唐纪三十二》，天宝十载四月，第6907页。
⑦ 《资治通鉴》卷二百一十六《唐纪三十二》，天宝十载四月，第6907页。
⑧ 《资治通鉴》卷二百一十七《唐纪三十三》，天宝十三载六月，第6927页。

是一个关键的人物。

南诏主阁罗凤受唐朝边吏的压迫，包围并攻下姚州都督府所在地姚州（今云南姚安北）。攻下姚州既酿成大祸，面对唐朝大军的征讨，阁罗凤慌忙谢罪，并应诺归还所俘掠及重建姚州城，可见姚州在双方眼中地位的重要程度。前已述及，武德四年（621），唐朝于今云南姚安附近置姚州，以统辖云南西面与西北面的诸羁縻州。待滇西局势基本稳定，麟德元年（664），唐廷移姚州治所于弄栋川（今云南姚安北），姚州都督府下辖 57 个羁縻州。姚州为由成都南下云南之"清溪关道"所必经，因此是唐朝管辖云南、监控南诏的咽喉要地。南诏与唐朝的关系彻底破裂，姚州百姓皆被南诏"移隶远处"。南诏废弃姚州城而另建弄栋城，"管杂蛮数部落，悉无汉人"。① 可见南诏视唐朝控制下的姚州为眼中钉、肉中刺。

《新唐书》卷四十二《地理志六》载："姚州云南郡，下。武德四年以汉云南县地置。土贡：麸金、麝香。户三千七百。县三。"《通典》卷一百七十六《州郡六》载：麟德元年（664），唐朝于弄栋川置姚州，"（姚州）或为云南郡"，领姚城、长明、泸南三县。

另据顾祖禹所记，唐武德中置姚州（今云南姚安北），初为姚州总管府，贞观四年（630），唐改置都督府于戎州。顾祖禹云："（姚州）天宝初曰云南郡，既而蒙氏据其地，改置弄栋府。"②

由上可见所言之"云南郡"，或为姚州都督府所属，姚州或一度称为"云南郡"。张虔陀先后任云南郡别驾、越嶲都督、姚州都督，而姚州与越嶲都督府所在地嶲州（今四川西昌）均是唐朝监控南诏的关键地区。唐朝与南诏发生矛盾与冲突，此处官府及其要吏首当其冲。

至于《旧唐书》《新唐书》《资治通鉴》《唐会要》《册府元龟》所说姚州都督张虔陀之不法行为，如"南诏常与其妻子谒见都督，

---

① 《蛮书》卷六《云南城镇》。
② 〔清〕顾祖禹撰，贺次君、施和金点校：《读史方舆纪要》卷一百一十六《云南四》，中华书局，2005 年，第 5137 页。

虔陀皆私之。有所征求，阁罗凤多不应，虔陀遣人骂辱之"① 一类的说法，不仅有悖常理，而且未见于记载南诏情形的权威文献《蛮书》，可信程度并不高。记载张虔陀等唐朝官员所为最详细、最可信的材料，是陈述南诏与唐朝关系破裂之缘由，为"后世容复归唐，当指碑以示唐使者，知吾（按：指阁罗凤）之叛非本心也"② 而制作的《南诏德化碑》。

《南诏德化碑》称张虔陀"旧职风宜"③，即先前与南诏关系不错，并被认为甚知道理，因此南诏建议唐朝任命其为姚州都督府都督，若说此后张虔陀以蛮横无理、随意欺压的态度对待阁罗凤，亦于情理有违。

关于张虔陀任姚州都督之后的"罪状"，《南诏德化碑》详细列举如下：

> 越嶲都督张虔陀尝任云南别驾，以其旧职风宜，表奏请为都督，而反诖惑中禁职起乱阶。吐蕃是汉积仇，遂与阴谋拟共灭我，一也。诚节，王之庶弟，以其不忠不孝，贬在长沙，而彼奏归，拟令间我，二也。崇道蔑盟构逆，罪合诛夷，而却收录与宿，欲令仇我，三也。应与我恶者，并授官荣，与我好者，咸遭抑屈，务在下我，四也。筑城收质，缮甲练兵，密欲袭我，五也。重科白直，倍税军粮，征求无度，务欲敝我，六也。于时驰表上陈，屡申冤枉，望上照察。降中使贾奇俊详覆。属竖臣无政，事以贿成，一信虔陀，共掩天听，恶奏我将叛。王乃仰天叹曰："嗟我无事，上苍可鉴。九重天子，难承咫尺之颜；万里忠臣，岂受奸邪之害。"即差军将杨罗颠等连表控告。岂谓天高听远，蝇点成瑕，虽布腹心，不蒙矜察。管内酋渠皆曰："主辱臣死，我实当之，自可齐心戮力，致命全人，安得知难不

---

① 《旧唐书》卷一百九十七《南蛮西南蛮传》，第5280页。
② 《资治通鉴》卷二百一十六《唐纪三十二》，天宝十载四月，第6907页。
③ 《云南考古》（增订本），第158页。

防，坐招倾败于此。"差大军将王毗双罗、时牟苴等扬兵送檄，问罪府城（按：指姚州）。①

《南诏德化碑》称张虔陀有以下六罪：其一是"与（吐蕃）阴谋拟共灭我（按：指南诏）"；其二是阁罗凤庶弟诚节因"不忠不孝"被贬在外地，而张虔陀奉使归，"拟令间我"；其三是爨崇道"罪合诛夷"，而张虔陀收留之，"欲令仇我"；其四是与南诏相恶者，张虔陀授予官职，而与南诏亲好者则"咸遭抑屈"，这样做的目的是"务在下我"；其五是"筑城收质，缮甲练兵，密欲袭我"；其六是倍税军粮，征求无度，"务欲敝我"。南诏驰表上陈，屡申冤枉，唐遣中使贾奇俊前来调解，但贾奇俊"一信虔陀，共掩天听，恶奏我将叛"。

《南诏德化碑》所云不能说毫无夸大，但与其他记载相印证，仍大体可信。贞元九年（793），南诏王异牟寻遣三路使者致书韦皋，称："异牟寻世为唐臣，曩缘张虔陀志在吞侮，中使者至，不为澄雪，举部惶窘，得生异计。"② 在南诏叛唐数十年之后，南诏王异牟寻仍坚持因"张虔陀志在吞侮，中使者至，不为澄雪"，南诏被迫反抗的说法，也反映了南诏坚持认为张虔陀是唐朝、南诏反目为仇的主要责任者。

从以上记载来看，因南诏坐大的趋势渐趋明显，唐朝遂把原来的盟友与藩属视为逐鹿西南地区的对手。南诏与唐朝关系的决裂，绝非如一些记载所言，是缘于唐朝官员个人的欺压勒索，事实是南诏的扩张与唐朝在云南的利益发生激烈冲突，双方的矛盾已不可调和，张虔陀无非是首当其冲的当事人而已。

张虔陀对南诏采取严峻、苛刻的态度，实际上是唐朝对南诏的政策从扶植和依靠，转变为抑制甚至寻隙打击的一种表现。作为朝廷命官，张虔陀忠实地维护唐朝的利益。他根据云南形势的急剧变

---

① 《云南考古》（增订本），第158页。
② 《新唐书》卷二百二十二上《南蛮传上》，第6272页。

化，制定周密的计划，用种种办法离间与削弱日渐坐大的南诏，为此还与吐蕃接洽以牵制南诏，甚至进行与南诏作战的军事准备。可见张虔陀所为十分周密，有明显的针对性，并进行了系统的部署，并非如《旧唐书》《新唐书》《资治通鉴》《唐会要》《册府元龟》等史籍所言，是昏庸边吏一时的随意胡为。

细究这一段历史，有必要了解玄宗时期唐朝推行的使职差遣制度。在安史之乱爆发以前，唐廷常派遣一些官员去执行各种临时性的任务，时称"差遣"。差遣官员一般由皇帝或宰相直接任命，可绕开由吏部或中书门下铨选授职的烦琐程序，以克服僵化官僚机构的低效率。使职差遣的基本特点，是本司之官不治本司之事，而由朝廷差遣他官来判决。即便以本司之官治本司之事，也需要经特别授权。①《唐国史补》卷下对唐代使职差遣做出如下概括："开元已前，有事于外，则命使臣，否则止。自置八节度、十采访，始有坐而为使，其后名号益广。大抵生于置兵，盛于兴利，普于衔命，于是为使则重，为官则轻。"因此，由朝廷"差遣"的官吏，直接对派遣者皇帝或宰相负责，"差遣"官吏对边疆事务的裁决具有极高的权威性。

据《南诏德化碑》所言，唐朝收到南诏"屡申冤枉"、控告张虔陀的奏疏，即派"差遣"中使贾奇俊去了解情况。贾奇俊"一信虔陀，共掩天听，恶奏我（按：指南诏）将叛"，即完全肯定张虔陀的做法。阁罗凤仍坚持认为是张虔陀诬陷，致使唐廷"不蒙矜察"，遂复遣军将杨罗颠等携表上京控告，终无下文。在这样的情况下，阁罗凤派兵包围姚州（今云南姚安北）达数月之久，要挟唐朝改变主意，但终无效果。② 由此看来，张虔陀等离间与削弱南诏，甚至进行与南诏作战之军事准备的做法，是得到朝廷首肯的。

由此观之，张虔陀是一个较为清醒且干练的边吏，他认识到南诏势力坐大迟早会威胁到唐朝在云南的利益，于是采取了相应的对

---

① 陈仲安、王素：《汉唐职官制度研究》，中华书局，1993年，第99页。
② 《云南考古》（增订本），第158页。

策。张虔陀在这一时期的所为，在南诏叙述相关史实的《南诏德化碑》中得以清楚地体现。《南诏德化碑》记载的张虔陀种种限制和警告南诏的做法，反映了南诏不愿承认也不愿相信，原本支持和庇护自己的唐朝，几乎在一夜间就变了脸，从支持及庇护者变成了可怕的对手与敌人，因此认为与唐朝关系骤然紧张，是由于张虔陀的欺压与诬告。南诏统治者将相关情况刻于《南诏德化碑》，是希望以后若与唐朝恢复友好关系，"当指碑以示唐使者，知吾之叛非本心也"①。这也反映了在这一事件中，南诏始终视唐廷为双方争议的最终裁决者。

对姚州事件前后其他相关唐朝官员的表现，有必要做一分析。

关于张虔陀和先后任剑南节度使的章仇兼琼、鲜于仲通，以及云南郡都督李宓②等重要官员在姚州事件前后的表现，有关史料记载如下：

> 初节度章仇兼琼，不量成败，妄奏是非；遣越巂都督竹灵倩，置府东爨，通路安南，赋重役繁，政苛人弊，被南宁州都督爨归王、昆州刺史爨日进、黎州刺史爨祺、求州爨守懿、螺山大鬼主爨彦昌、南宁州大鬼主爨崇道等，陷煞竹灵倩，兼破安宁。天恩降中使孙希庄、御史韩洽、都督李宓等委先诏招讨，诸爨畏威怀德，再置安宁。其李宓忘国家大计，蹑章仇诡踪，务求进官荣。宓阻扇东爨，遂激崇道，今（令）煞归王，议者纷纭，人各有志。王务遏乱萌，思绍先绩，乃命大军将段忠国等与中使黎敬义、都督李宓又赴安宁，再和诸爨。而李宓矫伪居心，尚行反间，更令崇道谋煞日进。东爨诸酋并皆惊恐曰："归王，崇道叔也；日进，弟也。信彼谗构，煞戮至亲，骨肉既自相屠，天地之所不佑。"乃各兴师，召我同讨。李宓外形忠

---

① 《资治通鉴》卷二百一十六《唐纪三十二》，天宝十载四月，第6907页。
② 李宓曾任云南郡都督兼侍御史，见《南诏德化碑》，载《云南考古》（增订本），第160页。

正，佯假我郡兵；内蕴奸欺，妄陈我违背。赖节度郭虚已（己）仁鉴，方表我无辜。李宓寻被贬流，崇道因而亡溃。①

　　据上所述，先后任剑南节度使的章仇兼琼与鲜于仲通，以及云南郡都督李宓，虽性情各异，但对南诏之崛起都早有警惕，并采取了一些相应的行动，同时将有关情况报告了朝廷。《南诏德化碑》因此说章仇兼琼"不量成败，妄奏是非"，言李宓"蹑章仇诡踪"，在南诏征讨东爨白蛮时肆行离间计，并"妄陈我（按：指南诏）违背"。《南诏德化碑》为一家之言，所述章仇兼琼、李宓等唐朝官员之所为不可尽信，因无其他可靠记载参证，其详细情形已不得而知。但有一点可以肯定，即章仇兼琼、鲜于仲通、张虔陀与李宓等唐朝边臣对南诏在云南的扩张均持强硬的态度，至于《南诏德化碑》所言张虔陀抵制与削弱南诏的种种做法，并未见唐朝相关边将有反对的情形。

　　《南诏德化碑》载："王以为恶止虔陀，罪岂加众？举城移置，犹为后图，即便就安宁再申衷恳。"② 可见阁罗凤认为冤枉、压制自己的主要是张虔陀，把张虔陀与云南其他的唐朝官员大致分开。阁罗凤对张虔陀深恶痛绝，与张虔陀先后担任云南郡别驾、越嶲都督与姚州都督，是唐朝削弱南诏计划的主要策划者与实施者很有关系。如前所分析，南诏一直认为张虔陀的严苛态度是其个人所为，不愿承认也不愿相信原本支持自己的唐朝，立场会骤然发生改变，以及张虔陀的诸多做法，竟然为唐朝统治者所首肯。

二、从统治云南看唐朝治边及其边吏

　　随之而来的一个问题，是为何《旧唐书》《新唐书》《资治通鉴》《唐会要》《册府元龟》等史籍，均将南诏与唐朝关系的破裂，

---

① 《南诏德化碑》，载《云南考古》（增订本），第157—158页。
② 《云南考古》（增订本），第158页。

视为张虔陀等人对南诏无理欺压、"遇之不以礼"① 所致？

笔者认为，其原因首先是朝中擅权的杨国忠等人，将唐朝与南诏关系破裂的责任推到张虔陀头上，将其作为唐朝边政与用兵之失败的替罪羊。在南诏与唐朝关系的问题上，杨国忠等人不止一次歪曲事实欺骗朝廷。史载：

> 南蛮质子阁罗凤亡归不获，帝怒甚，欲讨之。国忠荐阆州人鲜于仲通为益州长史，令率精兵八万讨南蛮，与罗凤战于泸南，全军陷没。国忠掩其败状，仍叙其战功，仍令仲通上表请国忠兼领益部。十载，国忠权知蜀郡都督府长史，充剑南节度副大使，知节度事，仍荐仲通代己为京兆尹。国忠又使司马李宓率师七万再讨南蛮。宓渡泸水，为蛮所诱，至（太）和城，不战而败，李宓死于阵。国忠又隐其败，以捷书上闻。②

据相关史籍的记载，阁罗凤未曾入唐朝为质，更无"亡归不获"之事。鲜于仲通率兵 8 万征讨南诏，也不是由"阁罗凤亡归"所致。鲜于仲通兵败南诏，杨国忠"掩其败状，仍叙其战功，仍令仲通上表请国忠兼领益部"。后来李宓所率唐军再战失败，杨国忠"又隐其败，以捷书上闻"。在杨国忠权倾朝野、多次欺骗朝廷的情况下，他把用兵失败的重大责任推到已死的张虔陀身上，是完全有可能的。

贞元三年（787），李泌献策于德宗，建议北和回纥、南通云南，西结大食与天竺，"如此则吐蕃自困，马亦易至矣"。李泌又言："次招云南，则是断吐蕃之右臂也。云南自汉以来臣属中国，杨国忠无故扰之使叛，臣于吐蕃，苦于吐蕃赋役重，未尝一日不思复为唐臣也。"③ 李泌谓"云南自汉以来臣属中国，杨国忠无故扰之使叛"，所言必有据。

---

① 《册府元龟》卷四百四十六《将帅部》，第 5032 页。
② 《旧唐书》卷一百六《杨国忠传》，第 3243 页。
③ 《资治通鉴》卷二百三十三《唐纪四十九》，贞元三年九月，第 7505 页。

天宝十四载（755），安禄山起兵反叛，揭开了唐朝社会矛盾大爆发的序幕，此后在全国性的长期战乱中，官吏、施政的档案大量丢失，使南诏叛唐这一段历史的真相被长期掩盖，这是后人将南诏叛唐归罪于张虔陀的第二个原因。贞元四年（788）的吏部奏文指出安史之乱导致官员人事档案大量丢失，由此造成铨选与考课混乱的情形。其言：

> 伏以艰难以来，年月积久。两都士类，散在远方，二库敕甲，又经失坠。因此人多罔冒，吏或诈欺。分见官者，谓之擘名；承已死者，谓之接脚。乃至制敕旨甲，皆被改张毁裂。如此之色，其类颇多。比来因循，遂使滋长。所以选集加众，真伪混然。实资检责，用甄泾渭。①

记载南诏与唐朝关系的第一手材料，除南诏自撰的《南诏德化碑》外，还有咸通年间任安南都护府官吏的樊绰，经长期细致调查呈报朝廷的长篇报告。② 令人费解的是，《蛮书》提到张虔陀与姚州，仅有以下数处记载。笔者认为，这个奇怪的现象，显然是樊绰省略或有意隐匿对张虔陀与姚州事件的叙述与评价。《蛮书》称：

> 阁罗凤攻石桥城，擒施谷皮，讨越析，枭于赠，西开寻传，南通骠国。及张乾陀陷姚州，鲜于仲通战江口，遂与中原隔绝。阁罗凤尝谓后嗣悦归皇化，但指大和城碑，及表疏旧本，呈示汉使，足以雪吾前过也。③
> 弄栋城在故兆（姚）州川中，南北百余里，东西三十余里。

---

① 《唐会要》卷七十四《选部上》，第1340页。
② 该篇文字原无名称，流入民间称为《蛮书》。其记载始自南诏崛起，迄咸通四年安南都护府被南诏攻陷。因其史料价值很高，《旧唐书》《新唐书》的《南诏传》大量采用《蛮书》的材料。
③ 《蛮书》卷三《六诏》。

废城在东岩山上。当川中有平岩，周回五六顷，新筑弄栋城在其上。管杂蛮数部落，悉无汉人。姚州百姓陷蛮者，皆被移隶远处。[1]

念异牟寻乃祖乃父忠赤附汉。去天宝九载，被姚川（州）都督张乾陀等离间部落，因此与汉阻绝，经今四十三年。[2]

《通典》的作者杜佑以父荫入仕，历任容管经略使、岭南节度使等重要地方官，在德宗、顺宗、宪宗三朝任平章政事等要职，熟悉唐朝各方面的情况。令人诧异的是《通典》收录了关于突厥、鲜卑、吐蕃等边疆民族的记载，甚至简要叙述了云南地区的滇、西爨、昆弥等部落，却未提及声名远播的南诏。对这一特殊情形较合理的解释是，南诏与唐朝决裂的真实原因乃至南诏的有关情形，在唐代已属忌讳，无人敢言及。这一推测与前文所说杨国忠将失败的责任推到张虔陀身上的看法亦相吻合。

另据《资治通鉴》卷二百一十七《唐纪三十三》所载，天宝年间唐军三次进攻南诏，丧师数十万人，"无敢言者"。玄宗尝谓高力士："朕今老矣，朝事付之宰相，边事付之诸将，夫复何忧！"高力士答："臣闻云南数丧师，又边将拥兵太盛，陛下将何以制之！臣恐一旦祸发，不可复救，何得谓无忧也。"玄宗云："卿勿言，朕徐思之。"看来玄宗虽唯杨国忠等权臣之言是听，但对征南诏失败的情形仍有耳闻。值得注意的是，高力士虽提醒玄宗"云南数丧师"堪忧，亦未言及"云南数丧师"的缘由。

概言之，《旧唐书》《新唐书》《资治通鉴》《唐会要》《册府元龟》等史籍认为唐朝与南诏关系破裂，是张虔陀无故欺压南诏、"遇之不以礼"[3] 所致。笔者根据《南诏德化碑》等史料，认为张虔陀等边吏为维护唐朝在云南的利益，采用种种办法限制及削弱南诏，

---

① 《蛮书》卷六《云南城镇》。
② 《蛮书》卷十《南蛮疆界接连诸蕃夷国名》。
③ 《册府元龟》卷四百四十六《将帅部》，第 5032 页。

其做法得到了唐廷的肯定。张虔陀等对南诏采取严峻、苛刻的态度，反映出唐朝对南诏的政策从初期的扶植与依靠，逐渐转变为抑制甚至寻隙打击。

　　总之，唐朝、南诏的关系破裂后，张虔陀成为此事的替罪羊。造成这一冤案的原因，可能是杨国忠等权贵欺骗朝廷，并将责任推到已死的张虔陀身上，致使唐代无人敢言及此事。唐代记载南诏的第一手材料《蛮书》避而不谈张虔陀所为及姚州事件，《通典》甚至未记载南诏，均与上述情况有关。此外，安史之乱后官方档案大量丢失，也是这一历史真相被长期掩盖的另一原因。① 《资治通鉴》《旧唐书》《新唐书》《册府元龟》《唐会要》等史籍即沿用杨国忠等人的说法，误认为南诏反叛，是张虔陀无故扰之，激变南诏。

　　南诏与唐朝的关系变化，从南诏受唐朝扶持而崛起，到南诏与唐朝反目为仇，进而与吐蕃结盟发展为强大的地方政权，有唐朝统治者治边思想与治策方面的深刻原因。

　　唐朝前期经营云南地区，受到唐太宗治边思想的深刻影响。从记载来看，唐太宗具有如下的治边思想："四海如一家"，"胡、越一家"；若边疆地区藩王凌上虐下，"民延颈待救"，唐廷不能坐视不问；"夷狄亦人耳，其情与中夏不殊"，若施之德泽，则"四夷可使如一家"，"使穷发之地尽为编户"。② "四海如一家""夷狄亦人"的华夷平等观与"德泽治夷"的施德政观，是上述思想认识的核心。这些思想认识在当时是进步的，表明以唐太宗为代表的唐朝统治者，对边疆与内地结为一体的重要性，以及应以较平等态度对待边疆民

---

① 参见方铁：《从南诏与唐朝之关系看唐朝治边及其边疆官吏》，载《法国汉学》丛书编辑委员会编：《边臣与疆吏》，中华书局，2007 年，第 269—270 页。

② 《资治通鉴》卷一百九十二《唐纪八》，武德九年九月，第 6022 页。《资治通鉴》卷一百九十四《唐纪十》，贞观七年十二月，第 6104 页。《资治通鉴》卷一百九十七《唐纪十三》，贞观十八年二月，第 6207 页。《资治通鉴》卷一百九十七《唐纪十三》，贞观十八年十二月，第 6215—6216 页。《资治通鉴》卷一百九十八《唐纪十四》，贞观二十二年二月，第 6253 页。

族有较深刻的认识。唐太宗的治边思想较为开明，既缘于吸取隋末农民大起义的教训以及继承了隋文帝治边方略的积极成分，也与唐皇室有边疆民族的血统，"患在夷狄"的意识较为淡薄有关系。

在上述认识的指导下，唐朝对云南地区进行积极经营。立国当年，百废待兴，唐统治者仍把经营云南视为要事。唐朝以今滇东北、滇中为设治的起点，逐渐向今滇西推进。在对今滇东北、滇中的统治逐渐巩固后，乃把经营重点放在今滇西、滇北地区。在天宝战争之前，唐朝在除今滇西北与澜沧江、怒江中下游区域以外的云南地区，设置若干都督府与众多的羁縻府州。

在唐前期统治的100余年间，云南社会经济水平明显提高，以西部发展最为迅速。由于有唐前期的积极经营，南诏崛起之后，洱海地区才能超过今滇中，成为云南地区新的经济、文化中心。同时，南诏也是凭借唐前期建设的基础，才能打败唐朝数十万军队的征讨。

同时应指出，唐太宗治边思想的局限性亦较明显。首先，太宗治边与怀柔边疆民族的思想主要是从"四海如一家""德泽洽夷"等道德观念出发，并未充分认识到开拓、巩固边疆所具有的深远意义。其次，他对开发边疆获取其资源的认识也不足。因此，唐廷经营边疆消耗大量的人力与物力，却因赋税收益甚微，难以为继。神功元年（697），蜀州刺史张柬之上书请罢姚州，曰："（姚州）今盐布之税不供，珍奇之贡不入，戈戟之用不实于戎行，宝货之资不输于大国，而空竭府库，驱率平人，受役蛮夷，肝脑涂地，臣窃为国家惜之。"① 可见这一弊端当时已较明显，并为一些边吏所认识。

唐朝在边疆普遍设置的羁縻府州，大致未出两汉边郡制度的窠臼。唐朝的羁縻府州有如下特点：首先，主要为控制边疆民族而设，设治的出发点并非征收贡赋及征集丁壮。其次，在设治地区实行轻徭薄赋的治策，羁縻府州的贡赋版籍多不上户部。唐朝在边疆实行

_____

① 《旧唐书》卷九十一《张柬之传》，第2940页。

的羁縻府州之制，与边疆社会经济发展的较低水平相适应，对巩固唐朝在边疆的统治发挥了重要作用。但是，羁縻府州的设置过多过广，通常以当地酋领为羁縻府州的边将，羁縻府州的贡赋版籍又多不上户部，必然易于形成边疆地方势力，国家的财政也难以承受其庞大开支。一旦政局出现动荡，羁縻府州举兵反叛，或中央政府失去对羁縻府州的控制，便属情理之中。从这一意义上来说，天宝年间南诏与唐朝彻底决裂，并不是出自偶然。

唐太宗死后，先后执政的高宗、武则天、玄宗诸帝，大体上继承了太宗既定的治边之策。在玄宗统治的前期，还出现被称为"开元之治"的兴盛局面。但在开元之治时期，由于社会矛盾加剧与上层统治集团腐化，升平景象背后已隐藏深刻的危机。开元之治后不久爆发安史之乱，固然有其深刻的社会原因，但唐廷用人不当，导致一些重大问题处理失误，也是不可忽视的因素。南诏与唐朝决裂后，唐朝改变了在云南乃至全国的治边举措，处理边政事务多属就事论事，实则放弃了前期普遍推行的羁縻府州治策。

唐朝的羁縻府州治策从普遍推行到逐渐放弃，还与玄宗晚年的骄奢淫逸、疏理政事有关。玄宗自初即位，励精图治，勤于政务，但后来"天子亦自喜边功，遣将分出以击蛮夷，兵数大败，士卒死伤以万计，国用耗乏，而转漕输送，远近烦费，民力既弊，盗贼起而狱讼繁矣"①。

统治者很早就认识到边疆问题十分复杂，影响边疆形势的因素有很多，处理边疆问题绝不能以不变应万变。西汉时王莽欲穷追匈奴，大臣严尤谏曰：

> 臣闻匈奴为害，所从来久矣，……后世三家周、秦、汉征之，然皆未有得上策者也。周得中策，汉得下策，秦无策焉。当周宣王时，猃允内侵，至于泾阳，命将征之，尽境而还。其视戎狄之侵，譬犹蚊虻之螫，驱之而已。故天下称明，是为中

---

① 《新唐书》卷五十六《刑法志》，第1415页。

策。汉武帝选将练兵，约赍轻粮，深入远戍，虽有克获之功，胡辄报之，兵连祸结三十余年，中国罢耗，匈奴亦创艾，而天下称武，是为下策。秦始皇不忍小耻而轻民力，筑长城之固，延袤万里，转输之行，起于负海，疆境既完，中国内竭，以丧社稷，是为无策。①

唐臣陆贽也说，封建王朝治理边疆及边疆诸族，"故无必定之规，亦无长胜之法，……形变不同，胡可专一？"②

在这样的情况下，镇守边疆的将吏忠诚及干练与否，便成为影响治边成败的关键。重视并慎选合适的边吏、镇将，是历朝统治者总结出的一条重要经验。唐朝前期对边吏、镇将的任命有严格的规定，其内容包括必须选用忠厚名臣，边吏、镇将不可久任，不能遥领，不得兼统等。但自开元年间始，因统治者认识的失误与吏治废弛的局限，唐廷改变了原有的规定，史载：

> 自唐兴以来，边帅皆用忠厚名臣，不久任，不遥领，不兼统，功名著者往往入为宰相。其四夷之将，虽才略如阿史那社尔、契苾何力犹不专大将之任，皆以大臣为使以制之。及开元中，天子有吞四夷之志，为边将者十余年不易，始久任矣。③

天宝之后唐朝选任的边吏、镇将，政治素质参差不一，虽然有韦皋这样杰出的人物，但毕竟人数不多。总体来看，天宝以后，唐朝边吏的治理水平较唐前期明显下降，这成为唐后期边疆局势失控、动乱难以制止的一个原因。剑南西川节度使杜元颖治蜀失误，给南诏以可乘之机："元颖以旧相，文雅自高，不晓军事，专务蓄积，减削

---

① 《汉书》卷九十四下《匈奴传》，第3824页。
② 《旧唐书》卷一百三十九《陆贽传》，第3805页。
③ 《资治通鉴》卷二百一十六《唐纪三十二》，天宝六载十二月，第6888—6889页。

士卒衣粮。西南戍边之卒，衣食不足，皆入蛮境钞盗以自给，蛮人反以衣食资之；由是蜀中虚实动静，蛮皆知之。南诏自嵯颠谋大举入寇，边州屡以告，元颖不之信；嵯颠兵至，边城一无备御。"① 王嵯巅率南诏军攻西川（今四川成都及其附近地区）得手，与此前数十年唐朝疏于防备也有一定关系。因此李德裕称韦皋担任剑南西川节度使后期，"亭障不修，边防罢警，若后人加置一卒，缮理一城，必有异词，便乖邻好。自武元衡以后，三十余年，戎备落然，不可独责元颖"②。

唐朝因吏治腐败，处理边事失当的事例不少。太和五年（831），吐蕃维州副使悉怛谋降唐，尽率其众奔至成都。李德裕遣行维州刺史虞藏俭率兵入据其城，并奏其状，且言："欲遣生羌三千，烧十三桥，捣西戎腹心，可洗久耻，是韦皋没身恨不能致者也！"文宗令尚书省集百官商议，群臣皆赞同李德裕之策。牛僧孺则以不可失信于吐蕃为由反对。文宗昏庸，竟诏李德裕以其城归还吐蕃，执悉怛谋及所与偕来者悉归吐蕃，"吐蕃尽诛之于境上，极其惨酷"。③ 咸通年间，南诏遣使者杨酋庆来谢释董成之囚，唐定边节度使李师望欲激怒南诏以求功，竟杀酋庆。"西川大将恨师望分裂巡属，阴遣人致意南诏，使入寇。"④ 东蛮苴那时、勿邓、梦冲三部早先附唐，曾助韦皋攻破吐蕃有功。其后唐朝边吏待之刻薄，东蛮诸部怨唐至深，遂归附南诏，"每从南诏入寇，为之尽力，得唐人，皆虐杀之"⑤。

大中年间，安南都护李涿"苛墨自私"，以斗盐易蛮夷一牛。夷人不堪欺压，暗结南诏将领段酋迁攻陷安南都护府。⑥ 嶲州刺史喻士珍贪狡，"阴掠两林东蛮口缚卖之，以易蛮金，故开门降。南诏尽

---

① 《资治通鉴》卷二百四十四《唐纪六十》，太和三年十一月，第7867页。
② 《第二状奉宣令更商量奏来者》，载《全唐文》卷七百三，第7220页。
③ 《资治通鉴》卷二百四十四《唐纪六十》，太和五年九月，第7878页。
④ 《资治通鉴》卷二百五十一《唐纪六十七》，咸通十年十月，第8150页。
⑤ 《资治通鉴》卷二百五十二《唐纪六十八》，咸通十一年二月，第8156页。
⑥ 《新唐书》卷二百二十二中《南蛮传中》，第6282页。

杀戍卒，而士珍遂臣于蛮"①。容管辖下黄少卿万余众叛唐，国子祭酒韩愈奏其原因称："比缘邕管经略使多不得人，德既不能绥怀，威又不能临制，侵欺虏缚，以致怨恨。"韩愈还说："仍为选择有威信者为经略使，苟处置得宜，自然永无侵叛之事。"②可见边吏、镇将施治不当或酷剥诸蛮导致当地夷民反抗的情形，在唐朝中后期并不少见。

由于边疆路程遥远、仕宦难度较大等，内地官吏多不愿前往，这给朝廷遴选边吏造成较大的困难。唐朝的解决办法之一是积极选用当地人，时称"南选"："敕：'桂、广、交、黔等都督府，比来注拟土人，简择未精，自今每四年遣五品已上清正官充使，仍令御史同往注拟。'时人谓之南选。"③"南选"属朝廷不得已而为之，难以保证所选边吏的质量。

德宗时，针对唐朝治边方面存在的严重问题，陆贽上疏：

> 今四夷之最强盛为中国甚患者，莫大于吐蕃，举国胜兵之徒，才当中国十数大郡而已。其于内虞外备，亦与中国不殊，所能寇边，数则盖寡。且又器非犀利，甲不坚完，识迷韬钤，艺乏趫敏。动则中国畏其众而不敢抗，静则中国惮其强而不敢侵，厥理何哉？良以中国之节制多门，蕃丑之统帅专一故也。④

陆贽所论颇为精辟，可视为中国古代治边经验的总结。唐朝289年的治边实践，与陆贽所说治边之理想境界差距甚远，其中的原因是多方面的。而且，这样的情形不仅见于唐代，也存在于中原王朝的其他时期。

---

① 《新唐书》卷二百二十二中《南蛮传中》，第6284页。
② 〔唐〕韩愈：《黄家贼事宜状》，载《全唐文》卷五百四十九，第5565页。《资治通鉴》卷二百四十一《唐纪五十七》，元和十五年十二月，第7787页。
③ 《资治通鉴》卷二百二《唐纪十八》，仪凤元年八月，第6380页。
④ 《旧唐书》卷一百三十九《陆贽传》，第3811—3812页。

第四节 南诏与唐朝、吐蕃的关系

7 世纪至 9 世纪下半叶南诏与唐朝、吐蕃的关系，是我国古代影响最大、情况最复杂的政治关系之一。[①] 兹以南诏崛起、发展、衰落的过程为基本线索，将南诏、唐朝、吐蕃间关系的演变分为四个阶段。笔者将阐述南诏、唐朝关系动荡变化的过程，南诏、吐蕃两度为仇与两度结盟的情形，以及南诏、吐蕃、唐朝关系相互牵制、相互影响的演变经过，同时分析南诏与唐朝、吐蕃关系嬗变的原因。

一、南诏前期与唐朝、吐蕃的关系

唐朝建立不久，即开始经营云南及其周围地区。据《旧唐书》卷四十一《地理志四》所载，武德元年（618），唐朝置南宁州，武德四年（621），又置南宁州总管府（治今云南曲靖西），武德七年（624），改南宁州总管府为南宁州都督府。武德元年（618），唐朝改隋朝犍为郡为戎州（今四川宜宾），后设戎州都督府。对今滇东北、滇中的统治既已巩固，唐朝遂把经营的重点放在今滇西与滇北地区。

武德四年（621），唐朝在云南置姚州（今云南姚安北），以统辖姚州附近的羁縻州。贞观二十二年（648），因"西洱河至天竺道"沿线的松外诸蛮既降复叛，唐廷令将军梁建方率军讨之。[②] 永徽二年（651），郎州白水蛮（分布于今云南昆明至大理一带）反，唐遣左领军将军赵孝祖率兵讨平。麟德元年（664），唐朝置姚州都

---

① 参见方铁：《南诏、吐蕃与唐朝三者间的关系》，《中国藏学》2003 年第 3 期。
② 《资治通鉴》卷一百九十九《唐纪十五》，贞观二十二年四月，第 6255 页。

督府（治今云南姚安北），以之统辖今滇西地区。① 至此，唐朝建立了对云南重要地区的统治。

7 世纪上半叶，吐蕃奴隶制政权崛起。随后吐蕃向周围地区扩张，锋芒直指云南北部。唐朝剑南节度募兵，于茂州西南筑安戎城（今四川茂县西南），以断吐蕃南下云南之路。永隆元年（680），吐蕃以生羌为向导，攻陷安戎城并以兵据守。安戎城天险既失，吐蕃势力始进入云南洱海地区，"由是西洱诸蛮皆降于吐蕃"。吐蕃势力极盛之时，"尽臣羊同、党项诸羌；其地东与松、茂、巂接，南极婆罗门，西取四镇，北抵突厥，幅圆余万里，汉、魏诸戎所无也"②。

唐朝初期的策略是出兵遏制吐蕃势力南下。洱海六诏之一的浪穹诏先附吐蕃。永昌元年（689），浪穹诏首领傍时昔率 25 部来降，唐以傍时昔为浪穹州刺史，令统其众。③ 吐蕃南下今滇西，主要是通过经巂州（今四川西昌）抵姚州（今云南姚安北）的道路。神龙三年（707），唐朝派姚巂道讨击使唐九征率兵征讨姚州叛蛮，拆毁吐蕃在漾、濞二水修建的铁索桥与所筑城堡，俘虏 3000 余人，铸铁柱以纪功。④

但远征唐军撤回后，吐蕃势力复至云南。景云元年（710），摄监察御史李知古奏请出动剑南唐军，平定投降吐蕃的姚州群蛮，随后筑姚州城（今云南姚安北），列置州县。李知古欲诛姚州群蛮首领，掠其子女为奴婢，群蛮因此怨恨，首领傍名引吐蕃军攻杀李知古，姚州道路遂被吐蕃控制，连年不通。⑤ 自吐蕃占领安戎城（今

---

① 《资治通鉴》卷一百九十九《唐纪十五》，永徽二年八月，第 6275 页。《旧唐书》卷四《高宗纪上》，第 85 页。

② 《资治通鉴》卷二百二《唐纪十八》，永隆元年七月，第 6396 页。《新唐书》卷二百一十六上《吐蕃传上》，第 6078 页。

③ 《资治通鉴》卷二百四《唐纪二十》，永昌元年五月，第 6457 页。

④ 《旧唐书》卷七《中宗纪》，第 144 页。《新唐书》卷二百一十六上《吐蕃传上》，第 6081 页。

⑤ 《资治通鉴》卷二百一十《唐纪二十六》，景云元年十二月，第 6661 页。《新唐书》卷二百一十六上《吐蕃传上》载唐九征率兵击姚州叛蛮在李知古讨姚州蛮之后，不确。今从《资治通鉴》。

四川茂县西南），唐军屡攻不克。开元二十六年（738），剑南节度使王昱于安戎城侧筑两城，运粮置军进逼之。吐蕃发兵救安戎城。唐军大败，死者数千人。①

关于吐蕃、唐朝对峙的地界，《旧唐书》卷一百九十六上《吐蕃传上》载："剑南西山又与吐蕃、氐、羌邻接，武德以来，开置州县，立军防，即汉之笮路（按：即"姚州道"），乾元之后，亦陷于吐蕃。"吐蕃攻陷安戎城（今四川茂县西南），"其地东与松、茂、巂接"。贞元十年（794），南诏王异牟寻与唐朝使者盟誓，答应归唐后"尽收复铁桥为界，归汉旧疆宇"。②

《资治通鉴》卷二百一十四载："归义（按：指皮逻阁）之先本哀牢夷，地居姚州之西，东南接交趾，西北接吐蕃。"南诏原居住地在蒙舍（今云南巍山），贞观二十二年（648），蒙舍诏主细奴逻攻灭以白崖（在今云南弥渡县红岩镇）为中心的白子国，到达洱海地区的南端。另据《南诏德化碑》所载，天宝年间南诏与唐军开战，南诏王阁罗凤差首领杨利等赴浪穹（今云南洱源），向吐蕃御史论若赞请求支援，"御史通变察情，分师入救"③。

吐蕃在今滇西及其以北的地区，东北面据有巂州（今四川西昌），在姚州（今云南姚安北）一带与唐军对峙；北面以铁桥（在今云南玉龙纳西族自治县西北塔城乡）与浪穹（今云南洱源）为据点，分别在铁桥地区设神川都督，在浪穹遣御史镇守。可见，吐蕃势力曾南下洱海地区。

面对吐蕃咄咄逼人的攻势，唐朝被迫改变策略，扶持今滇西的地方势力抗御吐蕃。唐初洱海地区有六或八个较大的部落，称为"六诏"或"八诏"。其时大部分部落已投向吐蕃，唐廷遂选择蒙舍诏（南诏）为代理人。

开元二十二年（734），唐玄宗诏令剑南节度使王昱，支持南诏

---

① 《资治通鉴》卷二百一十四《唐纪三十》，开元二十六年九月，第6835页。
② 《蛮书》卷十《南蛮疆界接连诸蕃夷国名》。
③ 《云南考古》（增订本），第159页。

主皮逻阁攻伐降蕃诸部，赐皮逻阁名"蒙归义"。南诏乃"以兵威胁服群蛮，不从者灭之，遂击破吐蕃"。在洱海地区诸部中，南诏攻击的重点是投降吐蕃的施浪等诏。迁居白崖城的时傍与据有剑川的矣罗识两位首领，与吐蕃神川都督暗中联系，"求立为诏"。谋泄，时傍被杀，矣罗识投奔神川都督，神川都督送之至逻些（今西藏拉萨）。施浪诏主施望欠、遵赕诏主咩罗皮联合进攻南诏失败，施望欠率族人远走永昌（今云南保山）。施望欠弟施望千投靠吐蕃，吐蕃立之为诏，置于剑川。施望千死后，其子千旁罗颠继立。[1]

对南诏率众抗遏吐蕃势力之功，唐玄宗的敕文称："或有奸人，潜通犬戎，敢肆蜂虿。（蒙归义）遂能躬摂甲胄，总率骁雄，深入长驱，左萦右拂，凡厥丑类，应时诛翦。"[2] 开元二十六年（738），玄宗遣使册封皮逻阁为云南王。"云南"一词源自蜀汉在今祥云一带所置云南郡。经过南诏的努力，唐朝收复洱海地区，吐蕃势力退守浪穹（今云南洱源）一带。

南诏兼并诸诏统一洱海地区，皮逻阁迁居太和城（在今云南大理市北太和村）。南诏势力日渐增长，唐朝亦另眼相看。《旧唐书》卷一百九十七《南蛮西南蛮传》称："归义（按：指皮逻阁）既并五诏，服群蛮，破吐蕃之众兵，日以骄大。每入觐，朝廷亦加礼异。"天宝四载（745），唐朝拟开通自安南都护府经步头（在今云南个旧西南、元江北岸）北上的"步头路"，剑南节度使遣越嶲都督竹灵倩至安宁（今属云南）筑城。今滇东爨氏白蛮首领爨归王，联合诸爨杀死竹灵倩并毁安宁城。南诏奉唐之命出兵平定爨氏白蛮，随后占据今滇东地区。此时南诏坐大的趋势十分明显，唐朝乃把原来的属下视为逐鹿西南的对手，双方的矛盾逐渐明朗化。

姚州都督张虔陀根据云南形势的变化，经过周密计划，用种种办法离间和削弱日渐坐大的南诏。南诏因此向唐朝告状，但张虔陀

---

① 《蛮书》卷三《六诏》。《新唐书》卷二百二十二中《南蛮传中》，第6294页。

② 〔唐〕李隆基：《封蒙归义云南王制》，载《全唐文》卷二十四，第277页。

的做法仍得到唐廷特使的支持，后者向唐廷报告南诏"将叛"。考释《南诏德化碑》，南诏把"吐蕃是汉积仇，遂与阴谋拟共灭我"列为张虔陀的首要罪状，[①] 可见南诏当时仍以吐蕃为敌，反而是唐朝官吏准备联络吐蕃共同对付南诏。

天宝九载（750）秋，阁罗凤遣军包围姚州都督府所在地，并于冬天攻下姚州（今云南姚安北），杀死张虔陀，夺取姚州都督府所辖的 32 处羁縻州。南诏与唐朝的关系骤然紧张，但尚有挽回的余地。南诏军攻下姚州后，阁罗凤遣使谢罪，请求还所俘掠，重筑姚州城，且曰："今吐蕃大兵压境，若不许我，我将归命吐蕃，云南非唐有也。"其时杨国忠在朝中掌权，令剑南节度使鲜于仲通进讨南诏。天宝十载（751）四月，唐军至西洱河（洱海出水河道，注入漾濞江）。南诏遣使至浪穹（今云南洱源），向吐蕃御史论若赞求援，"御史通变察情，分师入救"。[②]

此次战役唐军大败，士卒死者 6 万余人，鲜于仲通仅以身免。天宝十一载（752）六月，杨国忠掩其败状，谎奏吐蕃出兵 60 万救南诏，剑南唐兵于云南击破之，克敌隰州等三城，捕虏 6300 人。[③]《资治通鉴》称吐蕃出兵 60 万救南诏未必是实，但反映了吐蕃与南诏已实现联合的事实。

南诏击败进讨唐军后，吐蕃命宰相倚祥叶乐携金冠锦袍、金宝带和驼马等慰问南诏，与之约为"兄弟之国"。天宝十一载（752）正月初一日，吐蕃册封南诏为"赞普钟南国大诏"，授阁罗凤为"赞普钟"，意为赞普之弟，亦号"东帝"，颁给金印；又授阁罗凤之子凤伽异为大瑟瑟告身、都知兵马大将，南诏的大小官吏均获吐蕃封赏。南诏、吐蕃还约誓山河，永固维城。南诏改天宝十一载

---

① 《云南考古》（增订本），第 158 页。
② 《资治通鉴》卷二百一十六《唐纪三十二》，天宝十载四月，第 6907 页。《南诏德化碑》，载《云南考古》（增订本），第 159 页。
③ 《资治通鉴》卷二百一十六《唐纪三十二》，天宝十一载六月，第 6912—6913 页。

（752）为赞普钟元年。①

天宝十二载（753），唐廷命汉中郡太守司空袭礼等再置姚州城（在今云南姚安），以将军贾瓘为姚州都督。阁罗凤遣军将王兵各绝其粮道，又派大军将洪光乘等，与吐蕃神川都知兵马使论绮里徐率兵包围并攻破姚州城，俘虏贾瓘，唐军土崩瓦解。天宝十三载（754），唐朝又令侍御史李宓、广州都督何履光兵分两路进攻南诏。李宓军孤军深入，论绮里徐率军来援南诏，南诏、吐蕃军夹击唐军，大破之，李宓投江而死。② 天宝战争标志着南诏、唐朝的关系彻底破裂，南诏、吐蕃正式结盟。天宝十四载（755），安禄山起兵反叛，随后攻陷东京洛阳，唐朝无暇西顾，南诏发展为一个强大的地方政权。

天宝战争后，南诏、吐蕃合兵扫荡嶲州中都督府（治今四川西昌）。据《南诏德化碑》所载，吐蕃赞普差御史赞郎罗于恙结赍敕书至南诏："树德务滋长，去恶务除本，越嶲会同，谋多在我，图之此为美也。"南诏"恭承上命"，遂派大军将洪光乘、清平官赵佺邓等，与吐蕃宰相倚祥叶乐、节度尚检赞率军进攻越嶲（今四川西昌东南）、会同（今四川会理北），越嶲被攻破，会同唐军投降。南诏夺取了大量的人口、牲畜与各类物资，"子女玉帛，百里塞途，牛羊积储，一月馆谷"。③ 唐朝夺回越嶲（今四川西昌东南）后，以杨廷琎为都督，兼领台登（在今四川冕宁县南泸沽镇）。吐蕃赞普又遣使至南诏言："汉今更置越嶲，作爰昆明，若不再除，恐成滋蔓。"南诏、吐蕃联军攻占越嶲与台登，俘虏杨廷琎，进而攻下邛部（今四川越西北），南诏势力已至大渡河南岸。因南诏、吐蕃结盟，吐蕃以"抵剑南西界磨些诸蛮，大渡水西南"为其控制地区的边界。④

吐蕃与南诏实现联合，在东北面与东面的势力大为扩张。广德元年（763）七月，吐蕃攻下唐朝控制的大震关（在今甘肃清水东北

① 《南诏德化碑》，载《云南考古》（增订本），第159页。
② 《南诏德化碑》，载《云南考古》（增订本），第159—160页。
③ 《云南考古》（增订本），第160页。
④ 《旧唐书》卷一百九十六下《吐蕃传下》，第5247页。

小陇山），连陷兰、廓、河、鄯、洮、岷、秦、成、渭等州，尽取河西、陇右之地。数年之间，西北地区数十州相继失陷，自凤翔以西、邠州以北的广大地区被吐蕃占据。十月，吐蕃军至咸阳，率领吐谷浑、党项、氐、羌等 20 万余众，"弥漫数十里"。随后吐蕃军队进入长安，大肆掠夺纵火，代宗率群臣逃走，百姓避入山谷。十二月，吐蕃又攻陷松州（今四川松潘）、维州（今四川理县东北）、保州（今四川理县西北）以及云山新筑二城，剑南西川节度使高适不能相救，"于是剑南西山诸州亦入于吐蕃矣"。①

广德、建中年间，吐蕃多次饮马岷江，进攻时常以南诏军为前锋；南诏军"操倍寻之戟，且战且进，蜀兵折刃吞镞，不能毙一戎"。南诏军队攻下一地即肆行掠夺杀戮，蜀人相语："西戎尚可，南蛮残我。"② 吐蕃大举进攻唐地屡屡得手，与南诏、唐朝反目为仇有很大关系。

南诏与吐蕃结盟后，两者保持着密切的联系。这一时期自逻些（今西藏拉萨）进入云南地区，经今德钦、香格里拉、丽江、洱源至南诏都城太和城（在今云南大理市北太和村）的道路通行无阻。《蛮书》卷二《山川江源》称，大雪山（在今云南丽江），"其高处造天，往往有吐蕃至赎货易，云此山有路，去赞普牙帐不远"。吐蕃于今云南玉龙纳西族自治县西北塔城乡设置神川都督（驻铁桥城），扼守此道并监视南诏。《元史》卷六十一《地理志四》云，巨津州（在今云南玉龙纳西族自治县西北巨甸镇）"北接三川、铁桥，西邻吐蕃"，"以铁桥自昔为南诏、吐蕃交会之大津渡，故名"。

宋代称此道为"北至大雪山道"。沿这条道路，不少吐蕃人口迁居至今滇西北地区。吐蕃与洱海地区经济文化的交流亦较频繁。《蛮

---

① 《资治通鉴》卷二百二十三《唐纪三十九》，广德元年七月，第 7146 页。《资治通鉴》卷二百二十三《唐纪三十九》，广德元年九月，第 7150—7151 页。《资治通鉴》卷二百二十三《唐纪三十九》，广德元年十月，第 7155 页。《资治通鉴》卷二百二十三《唐纪三十九》，广德元年十二月，第 7158—7159 页。

② 《新唐书》卷二百一十五上《突厥传上》，第 6027 页。

书》卷七《云南管内物产》载："大羊，多从西羌、铁桥接吐蕃界三千二千口将来博易。"佛教密宗通过"北至大雪山道"传入云南地区。后来云南地区形成两大宗教系统，一是以洱海地区为中心的白族的阿吒力教，另一派是以迪庆、丽江等地为中心的藏传佛教密宗。

二、南诏后期与唐朝、吐蕃的关系

大历十四年（779）九月，南诏王阁罗凤卒。子凤伽异早死，孙异牟寻继立。十月，南诏和吐蕃合军20余万，进攻唐剑南道辖地。剑南西川节度使崔宁时在京师，所留诸将不能抵御。南诏、吐蕃联军连陷州县，刺史弃城逃走，百姓藏匿山谷。

唐德宗遣右神策都将李晟率禁军与山南唐军合击吐蕃、南诏联军，大败之，斩首6000人。金吾大将军曲环率邠、陇、范阳唐军，追至七盘又破之，遂克维、茂二州。唐军追至大渡河以南复破之，吐蕃、南诏军队饥寒坠崖死者八九万人，"吐蕃悔怒，杀诱导使之来者"。异牟寻惊惧，将都城从太和城迁至阳苴咩城（今云南大理西北）。吐蕃改封异牟寻为日东王，将南诏从兄弟之邦降为臣属之国。①

在吐蕃与南诏的联合中，吐蕃攻唐辖地常以南诏军为前锋，又责重赋于南诏，悉夺其险要立城堡，连年索兵以助防，异牟寻颇感苦痛。南诏清平官、原唐西泸县令郑回遂谏劝异牟寻："中国有礼义，少求责，非若吐蕃婪刻无极也。今弃之复归唐，无远戍劳，利莫大此。"异牟寻深以为然，但顾虑吐蕃报复，终未敢发。②

贞元元年（785），唐廷以韦皋代张延赏为剑南西川节度使。韦

---

① 《资治通鉴》卷二百二十六《唐纪四十二》，大历十四年十月，第7271—7272页。《新唐书》卷二百二十二上《南蛮传上》，第6272页。《旧唐书》卷一百九十七《南蛮西南蛮传》，第5281页。

② 《资治通鉴》卷二百三十二《唐纪四十八》，贞元三年正月，第7480页。《新唐书》卷二百二十二上《南蛮传上》，第6272页。

皋多方招徕西南群蛮，异牟寻遣人寄言群蛮求内附。韦皋遂奏："云南及八国生羌有归化之心，招纳之，以离吐蕃之党，分其势。"德宗命韦皋先作边将书谕之，以观其动静。贞元三年（787），德宗有招南诏内附意，李泌奏："回纥和，则吐蕃已不敢轻犯塞矣。次招云南，则是断吐蕃之右臂也。云南自汉以来臣属中国，杨国忠无故扰之使叛，臣于吐蕃，苦于吐蕃赋役重，未尝一日不思复为唐臣也。"①

贞元四年（788），异牟寻遣东蛮鬼主骠旁等入朝，唐廷宴之麟德殿，赐赉甚厚，封以王爵，授以印信。吐蕃发兵10万将攻西川（今四川成都及其附近地区），亦征发南诏兵。南诏与唐朝暗中联络，但尚未敢背叛吐蕃，亦发兵数万屯于泸北。韦皋知南诏犹豫，作书致南诏王，"叙其叛吐蕃归化之诚"，使东蛮转送吐蕃。韦皋的离间计奏效，"吐蕃始疑云南，遣兵二万屯会川"，防守姚州（今云南姚安北）赴成都之路。南诏恼怒，撤兵南归。后南诏与吐蕃相疑，南诏归唐之志益坚。"吐蕃失云南之助，兵势始弱矣。"吐蕃出兵西川（今四川成都及其附近地区），以4万人攻东蛮两林鬼主骠旁，令3万人攻东蛮，7000人攻清溪关（今四川汉源西南），以5000人取铜山。韦皋遣黎州刺史韦晋等联合东蛮，大破吐蕃军于清溪关外。吐蕃复遣2万人攻清溪关，1万人攻东蛮，唐军再破之。②

贞元五年（789）二月，韦皋致异牟寻书函，称："回鹘屡请佐天子共灭吐蕃，王不早定计，一旦为回鹘所先，则王累代功名虚弃矣。且云南久为吐蕃屈辱，今不乘此时依大国之势以复怨雪耻，后悔无及矣。"十月，韦皋遣将领王有道率兵联合东蛮、两林蛮，与吐蕃青海、腊城两节度战于嶲州（今四川西昌）台登谷，吐蕃战败，大兵马使乞藏遮遮等将领战死；唐军乘胜出击，数年间收复嶲州全

---

① 《资治通鉴》卷二百三十二《唐纪四十八》，贞元三年正月，第7480页。
  《资治通鉴》卷二百三十三《唐纪四十九》，贞元三年九月，第7505页。
② 《资治通鉴》卷二百三十三《唐纪四十九》，贞元四年十月，第7516页。

境。韦皋又以书招谕南诏，异牟寻虽未书答韦皋，"然吐蕃每发云南兵，云南与之益少"。①

贞元七年（791），韦皋遣滞留成都的阁罗凤使者段忠义回云南，致书异牟寻。吐蕃知韦皋使者至，遣使质问。异牟寻托言段忠义本南诏使者，回故土而已，后执段忠义送吐蕃。吐蕃愈疑，"吐蕃多取其大臣之子为质，云南愈怨"。东蛮勿邓首领苴梦冲潜通吐蕃，隔绝唐至云南使者；韦皋遣军俘虏苴梦冲斩之，姚州道路乃通。此后吐蕃对南诏严加防备，南诏军至境上，吐蕃亦托由发兵防备。②

贞元九年（793），异牟寻遣三批使者，各自携带表章、生金与丹砂，分别经戎州、黔州、安南至成都诣韦皋。使者献金以示南诏归唐意坚，献丹砂以示对唐赤心。韦皋遣使者诣长安，德宗赐异牟寻诏书，令韦皋遣使慰抚之。③ 异牟寻上表称：

> 异牟寻世为唐臣，曩缘张虔陀志在吞侮，中使者至，不为澄雪，举部惶窘，得生异计。鲜于仲通比年举兵，故自新无繇。代祖弃背，吐蕃欺孤背约。神川都督论讷舌使浪人利罗式眩惑部姓，发兵无时，今十二年。此一忍也。天祸蕃廷，降衅萧墙，太子弟兄流窜，近臣横污，皆尚结赞阴计，以行屠害，平日功臣，无一二在。讷舌等皆册封王，小国奏请，不令上达。此二忍也。又遣讷舌逼城于鄙，弊邑不堪。利罗式私取重赏，部落皆惊。此三忍也。又利罗式骂使者曰："灭子之将，非我其谁？子所富当为我有。"此四忍也。

---

① 《资治通鉴》卷二百三十三《唐纪四十九》，贞元五年二月，第 7517 页。
《资治通鉴》卷二百三十三《唐纪四十九》，贞元五年十月，第 7519 页。
《资治通鉴》卷二百三十三《唐纪四十九》，贞元七年五月，第 7524 页。
② 《资治通鉴》卷二百三十三《唐纪四十九》，贞元七年五月、六月，第 7524 页。《资治通鉴》卷二百三十三《唐纪四十九》，贞元七年十二月，第 7525 页。
③ 《资治通鉴》卷二百三十四《唐纪五十》，贞元九年五月，第 7547 页。

今吐蕃委利罗式甲士六十侍卫，因知怀恶不谬。此一难忍也。吐蕃阴毒野心，辄怀搏噬，有如偷生，实污辱先人，辜负部落。此二难忍也。往退浑王为吐蕃所害，孤遗受欺；西山女王，见夺其位；拓拔首领，并蒙诛刈；仆固志忠，身亦丧亡。每虑一朝亦被此祸。此三难忍也。往朝廷降使招抚，情心无二，诏函信节，皆送蕃廷。虽知中夏至仁，业为蕃臣，吞声无诉。此四难忍也。①

从表章所言可知，阁罗凤死后吐蕃对南诏多方欺凌，南诏有"四忍"与"四难忍"。四忍：其一，神川都督论讷舌支持逃入吐蕃的乌蛮首领利罗式，以兵骚扰南诏，利罗式反而获取重赏，南诏"部落皆惊"；其二，论讷舌受吐蕃封王，他封锁南诏奏章，不使上达吐蕃赞普；其三，论讷舌"逼城于鄯"，使南诏"弊邑不堪"；其四，利罗式借骂南诏使者扬言："灭子之将，非我其谁？子所富当为我有。"四难忍：其一，利罗式骚扰挑衅南诏 12 年，吐蕃竟予其 60 名侍卫，可见吐蕃用心险恶；其二，吐蕃暗怀兼并南诏之心，南诏若忍气吞声有若偷生；其三，退浑王被吐蕃暗害，遗孤受欺，西山女王被吐蕃夺其位，拓拔首领亦遭诛灭，吐蕃如此杀害忠臣，南诏深感寒心；其四，虽知唐朝至仁，但为吐蕃欺压吞声无诉。异牟寻进而表明归唐诚意，并建议唐朝联络回鹘诸国，分散吐蕃力量，南诏将寻机向吐蕃发难。

贞元十年（794），韦皋遣巡官崔佐时携带诏书，至南诏都城阳苴咩城（今云南大理西北）。吐蕃使者数百人时在其城，异牟寻不欲吐蕃得知，令崔佐时改换牂牁蛮服。崔佐时言："我大唐使者，岂得衣小夷之服！"异牟寻不得已夜迎之。崔佐时大宣诏书，异牟寻恐惧，俯伏受诏。崔佐时劝异牟寻尽斩吐蕃使者，去吐蕃所立之号，献其金印，复南诏旧名，"异牟寻皆从之"。异牟寻率子寻梦凑等与

---

① 《新唐书》卷二百二十二上《南蛮传上》，第 6272—6273 页。

崔佐时盟于玷苍山神祠，正式达成南诏归唐的协议。①

吐蕃与回鹘为争北庭大战，死伤颇众，乃向南诏征兵 10000 人。异牟寻以国小为由，仅出兵 5000 人。异牟寻遣所许兵马前行，率领数万军队紧随其后，昼夜兼行，袭击吐蕃神川都督府并大破之，攻取铁桥（在今云南玉龙纳西族自治县西北塔城乡）等 16 城，虏其五王，降其众 10 余万人。异牟寻遣使向唐朝献捷。贞元十年（794）南诏突袭神川都督府，标志着南诏、吐蕃结盟关系结束，随后唐朝与南诏的友好关系全面恢复。八月，异牟寻遣其弟凑罗栋、清平官尹仇宽等 27 人，入唐献地图、方物及吐蕃所给印八纽，请复号"南诏"。德宗封尹仇宽为高溪郡王，其余使者亦授官不等。唐朝以尚书祠部郎中兼御史中丞袁滋为使前往册封南诏。袁滋经石门关道至阳苴咩城（今云南大理西北），异牟寻跪受册印，其金印文曰："贞元册南诏印。"②

贞元十年（794），南诏与唐朝和好，双方关系的性质较天宝战争前有所不同。南诏不再是唐朝统治下的地方势力，而是奉唐朝为正朔的藩属政权。唐朝虽恢复给南诏"王"的封号，但其内涵已有重大改变。天宝战争以前唐朝所封"云南王"，是唐朝统治下管辖洱海地区的土官。异牟寻受唐册封的"南诏"，则是唐朝对南诏既有统治范围的承认，其实质是认可南诏的藩属地位。

在今川西南至滇西北的地域，唐代分布着东蛮、三王蛮、西山八国、施蛮、顺蛮、磨些蛮等山地民族。唐朝、吐蕃、南诏或联合或冲突，这些山地民族亦置身其中，对南诏、吐蕃与唐朝的关系，其活动的作用不容低估。贞元十年（794）南诏归唐后，异牟寻首先清理南诏与唐剑南节度使辖区之间的诸蛮。

剑南节度使辖区西面、南面诸蛮的情况十分复杂。上述地区的

---

① 《资治通鉴》卷二百三十四《唐纪五十》，贞元十年正月，第7552—7553页。

② 《资治通鉴》卷二百三十四《唐纪五十》，贞元十年正月，第7552页。《资治通鉴》卷二百三十五《唐纪五十一》，贞元十年六月，第7561页。《新唐书》卷二百二十二上《南蛮传上》，第6274页。《旧唐书》卷一百九十七《南蛮西南蛮传》，第5283页。

诸蛮随着唐朝、吐蕃势力的消长，态度亦变化无常，西山松州生羌因此被称为"两面羌"。勿邓、丰琶、两林居于雅砻江以东，被称为"东蛮"，天宝中受唐封爵。天宝战争后，南诏联合吐蕃攻陷嶲州（今四川西昌），东蛮"遂羁属吐蕃"①。黎、邛二州以西有三王蛮，其北界至今云南汉源西北飞越岭，南界至大渡河。贞元十年（794）以前，唐朝的节度使每年赐其帛 3000 匹，命其监视南诏，"南诏亦密赂之，觇成都虚实"②。

在今四川汉源以北，有西山八国哥邻、咄霸、弱水、白狗、逋租、南水、清远与悉董；剑南西山与吐蕃、氐、羌相接，武德以来唐于其地置州县、驻军防，"乾元之后，亦陷于吐蕃"③。西山当吐蕃南下大路，属唐朝石门、柳强三镇，唐于其地置兵戍守，并设招讨使领弥羌等五部落，"其余东钦、磨些也"。这些部落"春秋受赏于嶲州，然挟吐蕃为轻重"。④ 贞元九年（793），韦皋对吐蕃作战获胜，西山八国首领各率部落脱离吐蕃，诣韦皋求内附，韦皋处其众于维、霸、保等州。同年，西山松州生羌等 2 万余户内附。贞元十一年（795）九月，德宗诏韦皋兼近界羌蛮、西山八国及云南安抚使等职。⑤

贞元初，剑南道（治今四川成都）以南诸蛮多依附吐蕃，南诏颇受其累。贞元七年（791），韦皋遣使持书喻南诏，道经磨些蛮之地，其首领潜告吐蕃，吐蕃因此诘问异牟寻，磨些蛮遂与南诏结仇。勿邓部落首领苴梦冲内附吐蕃，阻断南诏与唐朝交往的"姚州道"，韦皋遣军招苴梦冲至琵琶川，数其罪而斩之。异牟寻始终不信任剑南以南诸蛮，在他们降唐后亦如此。贞元十五年（799），吐蕃谋袭南诏，将围嶲州（今四川西昌），"异牟寻畏东蛮、磨些

<hr>

① 《新唐书》卷二百二十二下《南蛮传下》，第 6317 页。
② 《新唐书》卷二百二十二下《南蛮传下》，第 6323 页。
③ 《旧唐书》卷一百九十六上《吐蕃传上》，第 5237 页。
④ 《新唐书》卷二百二十二下《南蛮传下》，第 6324 页。
⑤ 《旧唐书》卷一百九十七《南蛮西南蛮传》，第 5279 页。《旧唐书》卷一百四十《韦皋传》，第 3823 页。

难测，惧为吐蕃乡导，欲先击之"。韦皋言：嶲州严兵把守，"东蛮庸敢怀贰乎？""异牟寻乃檄东、磨些诸蛮内粮城中，不者悉烧之。"①

由于剑南道以南的诸蛮在吐蕃与唐朝间摇摆不定，贞元十年（794），异牟寻领兵攻据吐蕃神川都督所在地铁桥城（在今云南玉龙纳西族自治县西北塔城乡），差大军将为城使，随即将其地诸蛮迁往其他地区安置。铁桥西北大施睒、小施睒、敛寻睒的施蛮，居住铁桥南北面的顺蛮，"皆吐蕃伪封为王"②。异牟寻迁施蛮于蒙舍城，迁顺蛮至白崖（在今云南弥渡县红岩镇）。磨些蛮居铁桥上下及大婆、小婆、三探览（今云南宁蒗西北）、昆池（今泸沽湖）等地，南诏袭破铁桥与昆明（今四川盐源东北）诸城，俘虏磨些蛮一万户，尽迁今滇东之西爨故地。此外，还迁弄栋蛮至永昌（今云南保山），徙裳人数千户到今滇东等地。③

唐朝、南诏结盟后，对吐蕃的战争取得了一系列胜利，这促使依附于吐蕃的诸蛮分化瓦解，不断有部落脱离吐蕃来降。贞元十六年（800），韦皋联合南诏破吐蕃2万余众于黎州（今四川汉源北）、嶲州（今四川西昌）。次年，吐蕃的昆明城（今四川盐源东北）所管磨些蛮1000余户降唐。对韦皋分化东蛮诸部之功，《新唐书》卷一百五十八《韦皋传》称："初，东蛮地二千里，胜兵常数万，南倚阁罗凤，西结吐蕃，狙势强弱为患，皋能绥服之，故战有功。"

唐朝、南诏和好后，南诏摆脱了吐蕃的压迫，又得到唐朝的有力支持，"吐蕃苦唐、诏掎角，亦不敢图南诏"。吐蕃自失嶲州（今四川西昌），战略守御被动，深恨南诏"挟唐为轻重"，遂称南诏为"两头蛮"。④

---

① 《新唐书》卷二百二十二上《南蛮传上》，第6277页。

② 《蛮书》卷四《名类》。

③ 《蛮书》卷六《云南城镇》。《资治通鉴》卷二百三十五《唐纪五十一》，贞元十一年十月，第7570页。

④ 《新唐书》卷二百二十二上《南蛮传上》，第6277页。

贞元十年（794）后，唐朝联合南诏，多次发动进攻吐蕃的战争。贞元十五年（799）四月，异牟寻约剑南西川节度使韦皋共击吐蕃，以确保嶲州（今四川西昌）、昆明（今四川盐源东北）、弄栋（今云南姚安北）诸城的安全。韦皋因兵粮未集不宜轻动，请俟他年。十二月，吐蕃兵五万人分路出击南诏及嶲州，异牟寻与韦皋各发兵御之，"吐蕃无功而还"。吐蕃数次被唐朝、南诏打败，韦皋连败吐蕃于黎州（今四川汉源北）、嶲州（今四川西昌）。吐蕃恼怒，于贞元十六年（800）大肆征兵，筑垒造舟，"欲谋入寇，皋悉挫之。于是吐蕃酋帅兼监统曩贡、腊城等九节度婴、笼官马定德与其大将八十七人举部落来降"。吐蕃闻唐兵 3 万入南诏，大惧，兵屯纳川、故洪、诺济、腊、聿赍等五城，"欲悉师出西山、剑山，收嶲州以绝南诏"。异牟寻谓皋云："虏声取嶲州，实窥云南，请武免督军进羊苴咩。"在唐朝、南诏联军的攻击下，吐蕃大败，但仍固守昆明（今四川盐源东北）、纳川一线。唐朝、南诏合兵破吐蕃于雅州（今四川雅安西），又围维州（今四川理县东北）与昆明。①

在几次战役中，唐、诏联军克吐蕃 7 城、5 军镇，焚堡 150 座，斩首 1 万余级，俘虏 6000 人。唐朝乃升韦皋为检校司徒兼中书令，赐爵南唐郡王。贞元十八年（802），吐蕃内大相论莽热率兵 10 万赴解维州（今四川理县东北）之围，为唐军所败，吐蕃军队死伤过半，韦皋擒论莽热献至长安。

贞元十年（794）至元和三年（808），南诏与唐朝合力与吐蕃作战，取得空前的战绩，南诏与唐军追击吐蕃军至大渡河以北。在今滇西北一带，吐蕃则屯昆明、神川、纳川等地。这一时期，南诏与唐朝交往十分密切，每年都遣使入唐贡方物，受到了唐朝的礼遇。

元和三年（808），异牟寻卒，子寻阁劝继立。是年，寻阁劝死，子劝龙晟立。元和十一年（816），南诏的弄栋节度使王嵯巅杀死劝

---

① 《旧唐书》卷一百四十《韦皋传》，第 3823 页。《新唐书》卷二百二十二上《南蛮传上》，第 6278 页。

龙晟，立其弟劝利，实际权力掌握在王嵯巅手中。① 王嵯巅改变异牟寻亲唐的政策，准备进攻唐朝辖地进行掠夺。

太和三年（829）十一月，南诏军突袭唐朝据有的嶲州（今四川西昌）、戎州（今四川宜宾），"边城一无备御"，嶲州、戎州被南诏夺取。杜元颖派兵与南诏军战于邛州（今四川邛崃）南，唐军大败，邛州失陷。十二月，王嵯巅引兵自邛州北上，随后攻下成都西郭，撤退时大掠子女、百工数万人及珍货而去。太和四年（830）十月，唐朝以义成节度使李德裕为剑南西川节度使。李德裕奏准在大渡河北岸、黎州（今四川汉源北）以南建城堡守之，以防南诏军从"清溪关道"入蜀，"蜀人粗安"。② 王嵯巅虽率军攻入西川（今四川成都及其附近地区），但未敢撕毁与唐朝的宗藩协议，撤军后王嵯巅上表称："蛮比修职贡，岂敢犯边，正以杜元颖不恤军士，怨苦元颖，竟为乡导，祈我此行以诛虐帅。诛之不遂，无以慰蜀士之心，愿陛下诛之。"此后，南诏恢复向唐朝朝贡。③

大中十三年（859），世隆继为南诏王，后大举攻唐。咸通元年十二月（约在861年1月），南诏首次攻下唐安南都护府所在地交州（今越南河内）；后又多次进攻今广西、四川。广明元年（880），唐廷议南诏求和亲事，宰相卢携、豆卢瑑言："自咸通以来，蛮两陷安南、邕管，一入黔中，四犯西川，征兵运粮，天下疲弊，逾十五年。租赋太半不入京师，三使、内库由兹空竭。战士死于瘴疠，百姓困为盗贼，致中原榛杞，皆蛮故也。"④

自咸通元年（860）以来，南诏多次攻唐，均未见南诏与吐蕃合兵的记载，这主要是因为当时吐蕃势力已衰，无出力兵。开成三年

---

① 《资治通鉴》卷二百三十九《唐纪五十五》，元和十一年二月，第7721—7722页。
② 《资治通鉴》卷二百四十四《唐纪六十》，太和三年十一月，第7867页。《资治通鉴》卷二百四十四《唐纪六十》，太和四年十月，第7872—7873页。
③ 《资治通鉴》卷二百四十四《唐纪六十》，太和三年十二月，第7868页。
④ 《资治通鉴》卷二百五十三《唐纪六十九》，广明元年六月，第8227页。

（838），吐蕃彝泰赞普卒，弟达磨立。彝泰多病，委政于大臣，因此"仅能自守，久不为边患"。达磨荒淫残虐，国中朝野不附，于是"灾异相继，吐蕃益衰"。[1] 会昌三年（843），吐蕃王朝分裂为二，不复统一。次年，唐朝"以回鹘衰微，吐蕃内乱，议复河、湟四镇十八州"，并做了一些准备工作。[2] 在这样的情况下，吐蕃已无力与南诏合兵进攻唐地。

这一时期，南诏恢复了向吐蕃称臣。咸通十四年（873），南诏攻蜀，遣使致书剑南西川节度使牛丛，言将借道入唐朝。牛丛回书责之，文中言："尔祖尝奴事西蕃，为尔仇家，今顾臣之，何恩仇之戾邪？"[3] 南诏王世隆死后，子隆舜继立，遣使至邕州（今广西南宁南）向唐朝守将约和，相互间的紧张关系始有缓和，战争亦渐止息。唐朝、南诏间相对冷淡而平静的关系，一直延续至唐代末年。

第五节　大理国与宋朝的关系

宋朝在中国历史上占有重要地位，经济文化水平发展到了一个新的高度。同时，由于复杂的时代背景与历史方面的原因，宋朝实行"守内虚外"的治边政策。宋朝通过这一治策的施行，有效地维持了内部统治的长期稳定，但也造成对外军事能力的软弱与对外交往的封闭保守。[4] 以下分析宋朝在处理与大理国关系方面的做法及其原因，并探讨其做法与"守内虚外"治策的关系，以及宋朝治策对大理国产生的影响。

---

① 《资治通鉴》卷二百四十六《唐纪六十二》，开成三年，第7938页。
② 《资治通鉴》卷二百四十七《唐纪六十三》，会昌四年二月，第7999页。
③ 《新唐书》卷二百二十二中《南蛮传中》，第6290页。
④ 参见方铁：《论宋朝以大理国为外藩的原因及其"守内虚外"治策》，《中央民族大学学报》（哲学社会科学版）2000年第6期。

一、大理国与宋朝的政治关系

大理国是云南白蛮首领段思平，于后晋天福二年（937）在云南地区建立的政权。至宋宝祐元年（1253）为蒙古远征军所灭，大理国共传 22 世，享国 316 年。

建隆元年（960），赵匡胤建北宋。乾德三年（965），宋遣大将王全斌率军进攻成都，后蜀主孟昶出降，四川地区被北宋统一。北宋辖地遂与大理国接壤。大理国闻讯，即派遣建昌城（在今四川西昌）的守吏，经北上成都的清溪关道至宋祝贺。① 开宝元年（968），大理国又再次遣建昌城守吏至黎州（今四川汉源北）递交文书，希望与宋朝通好。在这样的情况下，太平兴国七年（982），宋太宗诏黎州守将于大渡河畔建造大船，"以济西南蛮之朝贡者"②，大理国乃与北宋建立朝贡关系。

大理国多次派遣位于建昌一带的邛部蛮、两林蛮至宋朝贡。入宋朝贡见于记载的年份有：雍熙二年（985）、端拱二年（989）、淳化二年（991）、至道三年（997）、咸平二年（999）、景德二年（1005）、大中祥符二年（1009）、宝元元年（1038）。为向大理国和西南诸蛮购买马匹，北宋在黎州（今四川汉源北）、雅州（今四川雅安西）等地设置博易场。大理国商人与黎州等地方官府的马匹交易，一度达到可观的规模。在这一时期，北宋与大理国在政治、经济方面的往来较为频繁。

但北宋统治者片面总结唐朝灭亡的教训，提出"唐亡于黄巢，而祸基于桂林"③，即认为唐朝虽由于黄巢大起义而覆灭，起因却是为防御南诏驻扎桂林的戍兵发生兵变，乃至政局糜烂不可收拾。乾德三年（965），后蜀被平定不久后，王全斌"欲乘势取云南"，乃以地图进献。太祖赵匡胤"鉴唐天宝之祸起于南诏，以玉斧画大渡

---

① 《续资治通鉴长编》卷十，开宝二年六月，第 228 页。
② 《续资治通鉴长编》卷二十三，太平兴国七年三月，第 515 页。
③ 《新唐书》卷二百二十二中《南蛮传中》，第 6295 页。

河以西曰：'此外非吾有也。'"① 此即"宋挥玉斧"典故的由来。

有人认为"宋挥玉斧"是后人的编造，但这一史实在宋代已广为人知，并在朝廷评议时多被援引。绍兴六年（1136），翰林学士朱震说："按大理国，本唐南诏，大中、咸通间，入成都，犯邕管，召兵东方，天下骚动。艺祖皇帝鉴唐之祸，乃弃越巂诸郡，以大渡河为界，欲寇不能，欲臣不得，最得御戎之上策。"② 朱震所言，可以说是揣度透了宋朝统治者在这一问题上的心态。绍兴二十六年（1156），高宗对辅臣说："蛮夷桀黠，从古而然。唐以前屡被侵扰入川属。自太祖兵威抚定，以大渡河为界，由是不敢猖獗。然沿边控御兵官，岂可非人？"③

在宋朝统治者看来，大理国即南诏的延续，其对外扩张是势所必然的；太祖划大渡河为界使大理国"欲寇不能，欲臣不得"，可杜绝西南地区边患于未发之际。太祖对大理国的这一既定之策，影响了整个北宋时期。政和末年，有人上书请于大渡河外置城邑以利互市，徽宗以之询黎州知州宇文常。宇文常言："自孟氏入朝，艺祖取蜀舆地图观之，画大渡为境，历百五十年无西南夷患。今若于河外建城立邑，虏情携贰，边隙浸开，非中国之福也。"④ 所以，宋朝对大理国始终心怀顾忌，对发展双方关系不太积极。

大理国建立后，云南及其附近的农业地区，先后进入早期封建社会时期，诸如南诏统治下为满足奴隶制度发展的需要，对外频繁发动战争、大肆掠人为奴的情形已不再出现。同时，由于汉、唐以来云南及其附近地区大量吸收汉族人口，并在经济文化方面受到内地深刻影响，大理国统治者对中原王朝有强烈的归属感，对增进与北宋的政治关系表现出很高的热情，希望与之建立明确、长期的臣属关系。在与宋朝进行马匹交易的同时，大理国多次遣使要求宋朝予以册封。政和七年（1117），大理国向宋朝进贡马匹、麝香、牛

① 《续资治通鉴》卷四《宋纪四》，乾德三年正月，第 1 册，第 43 页。
② 《为大理国买马事陈方略奏》，载《云南史料丛刊》第 2 卷，第 214 页。
③ 《宋会要辑稿·方域二十》。
④ 《宋史》卷三百五十三《宇文昌龄传》附《宇文常传》，第 11149 页。

黄、细毡、碧玕山等物，宋廷遂封大理国王段和誉为云南节度使、大理国王，赠金紫光禄大夫、检校司空、上柱国。①

这一时期，宋朝亦遣使至大理国。1925 年，学者发现大理国王段正严时书写的《维摩诘经》，末尾题有文治九年的一段《写经记》，其曰："大理国相国公高泰明致心为大宋国奉使钟，造此维摩一部。""相国公高泰明"即大理国权贵高升泰之子，这部写经是高泰明为赠宋朝来大理国的使者而造，文治是大理国的年号，文治九年为1118 年。② 宣和二年（1120），宋朝约金朝攻辽，北边战事骤然趋紧。广州观察使黄璘又因引荐大理国入觐被罗织罪名，北宋乃有意冷淡大理国，宋朝与大理国的关系进入低谷期，"自是大理复不通于中国，间一至黎州互市"③。

宋廷南渡后，偏安江南一隅。由于与北方边疆王朝进行战争屡次失败带来的屈辱，南宋统治者对边疆民族的偏见进一步加深。其先辈本来就不多的开疆拓土的勇气，到了高宗一代大致消失殆尽。在这样的情况下，南宋君臣对大理国的戒心有增无减。南宋偏安后，仍坚持以大渡河作为与大理国的分界。在南宋统治者看来，大渡河以南的地区（包括大理国）已属徼外，当与交趾等邻国并列。

《宋史》卷一百八十六《食货志下八》载，淳熙七年（1180），"塞外诸戎贩珠玉入黎州，官常邀市之。臣僚言其黩货启衅，非便，止合听商贾、百姓收买，诏从之"。《宋史》卷一百一十九《礼志二十二》称："诸国朝贡。其交州、宜州、黎州诸国见辞，并如上仪。"《宋史》卷四百八十五《外国传一》载："交趾、占城、真腊、蒲耳、大理滨海诸蕃，自刘铱、陈洪进来归，接踵修贡。……来则不拒，去则不追；边圉相接，时有侵轶，命将致讨，服则舍之，不黩以武。"这些记载反映了南宋持有的看法。

在与大理国的交往中，宋朝君臣出尔反尔、随意欺骗对方的行

① 《宋史》卷四百八十八《外国传四》，第 14073 页。
② 《云南考古》（增订本），第 203 页。
③ 《宋史》卷四百八十八《外国传四》，第 14073 页。

为不止一例。熙宁七年（1074），因西北诸族相约不与宋朝贸易，"番马绝迹不来"，宋廷委成都路招募人至大理国"招诱"买马。峨眉进士杨佐应募带人前往。杨佐等至大理国"前通国信，谕市马之实"，大理国王"喜形于色"。熙宁八年（1075），大理国马队至宋朝辖地峨眉县（今四川峨眉山市）铜山寨，并言"乃杨佐者奉帅府命通国信招诱出来"。其时西北诸族贸易已经恢复如初，南宋马匹不足的矛盾得到了初步缓解，宋朝地方官府竟然声称"本路未尝有杨佐也"，终拒马不留，大理国人"知设辞相拒，其去也，颇出怨语"。①

大理国与北宋建立过宗藩从属的关系，但因宋朝刻意疏远大理国，双方关系并未得到充分发展。南宋时双方的政治关系，在较长的时期处于十分冷淡的状态。但大理国与南宋的政治联系也并未断绝。宋淳祐四年（1244），蒙古兵西出灵关（在今四川宝兴县南灵关镇）入大理国辖境，大理国遣大将高禾迎战。高禾败死，蒙古兵亦退去。宋朝得知后遣使吊祭高禾。受上述政治关系的影响，大理国与两宋虽进行过以马匹交易为主的经济、文化方面的交流，但其规模与影响均十分有限。

宋朝视大理国为外藩，待之十分冷淡，除了片面地认为唐朝灭亡是缘于与南诏有关的桂林兵变，并将大理国与南诏类比而深为防范等原因外，还有较深层次的治国方略方面的原因。早在立国之初，宋廷统治便有重内轻外的倾向。端拱二年（989），宋大臣田锡奏言："欲理外，先理内，内既理则外自安。"淳化二年（991），太宗对近臣说："国家若无外忧，必有内患。外忧不过边事，皆可预防。惟奸邪无状，若为内患，深可惧也。帝王用心，常须谨此。"② 在宋太宗看来，"理内"是治国的根本，治理好内部则外部自然安定；"理内"较"理外"远为重要及困难，统治者当集中精力治理国内。宋

---

① 《续资治通鉴长编》卷二百六十七，熙宁八年八月，第6541页。
② 《续资治通鉴长编》卷三十，端拱二年正月，第678页。《续资治通鉴长编》卷三十二，淳化二年八月，第719页。

初统治者提出这一策略，后逐渐发展为具战略性质的"守内虚外"的治边方略，有其深刻的时代背景与历史方面的原因。

宋朝建立，明显加强了中央集权，为巩固全国的统一创造了有利的条件。为维护中央集权，宋朝建立了庞大的军队与官僚统治机构，导致了"冗兵""冗官""冗费"局面的形成，后来"三冗"成为国家沉重的经济负担。统治者在施治方面有重内轻外的倾向，坚持认为最大的危险来自国内，忽视了对边疆地区的经营与防卫，导致宋朝在与北方边疆势力的竞争中经常处于不利的地位。

从10世纪初开始，北方的契丹、党项、女真等民族陆续得到了较快的发展，原本先进的汉族则在政治、军事上处于相对衰弱的状态。① 在近3个世纪各民族多元的对峙与激烈的竞争中，汉族并不占有明显的优势。由此看来，在对辽、西夏和金的战争中，两宋多次失败，并不是简单的战略或战术有误的问题。而对北方边疆势力战争的屡次失败，又促使宋朝"守内虚外"的统治思想进一步强化。

在两宋统治者看来，前代祖宗留下的疆土当慎守之，而开疆拓土或经营边徼则是"贪无用之地"，将导致劳师动众、得不偿失的消极后果。据《宋会要辑稿·蕃夷四》所载，景德三年（1006），邵晔上奏邕州至交州水陆交通图，真宗以之示近臣曰："交州瘴疠，宜州险绝，若兴兵攻取，死伤必多。且祖宗开疆广大若此，当慎守而已，何必劳民动众，贪无用之地。如照临之内，忽有叛乱，则须为民除害也。"真宗所言，代表了宋朝统治集团在治边问题上普遍的看法。元人郭松年说："宋兴，北有大敌，不暇远略。"② 亦道出宋朝"守内虚外"治策形成的缘由。

因此，两宋在开疆拓土问题上历来持保守态度。徽宗曾对大臣说："朝廷不可与四夷生隙，隙一开，祸拏不解，兵民肝脑涂地，岂人主爱民恤物意哉！"南宋端平三年（1236），有理宗"诏悔开边，

① 王钟翰主编：《中国民族史》，中国社会科学出版社，1994年，第14页。
② 《大理行记校注》，载《大理行记校注　云南志略辑校》，第20页。

责己"的记载。① 这些都反映了宋朝统治者具有"守内虚外"的保守心态。在这一治边思想的指导下，两宋对大理国与今广西地区采取截然不同的两种治策。对继承了南诏疆土的大理国，宋朝的基本态度是以大渡河划界，尽量疏而远之；对宋朝疆域之内的广西地区则进行积极经营，争取获得较多的税收，借粅国用并补充向辽、金强邻纳银的不足。宋朝开发广西地区的规模虽不逮元明，但也取得相当明显的效果，使宋代成为元、明以前广西发展最快的一个时期。②

还应指出，承认大理国与两宋（尤其是南宋）政治关系冷淡，并不意味着宋代云南及其附近地区与祖国内地失去了联系，或大理国就是割据一方的独立国家。在宋、契丹、党项、女真、大理等政权角逐的历史舞台上，宋朝是一个政治、军事与地域均不占优势的王朝。两宋虽是中原王朝统治制度与汉族传统文化的继承者，但若视宋朝为辽、宋、西夏、金诸王朝中的正统，把边疆民族政权与宋朝的关系，等同于边疆民族与祖国内地的关系，显然有失妥当。

二、大理国与宋朝经济、文化的交流

大理国与宋朝的经济交流，主要体现在宋朝向大理国买马的方面。

由于北方马匹的来源逐渐断绝，北宋军队的战斗力受到严重影响。为购置战马，熙宁六年（1073）以后，北宋在黎州（今四川汉源西北）、雅州（今四川雅安西）等地置博易场，向大理国与西南诸蛮购买马匹。大理国与黎州等地方官府的马匹交易，曾达到一定的规模，邛部川（在今四川越西）山前、山后五部落，"仰此为衣食"。庆历四年（1044），因在黎州购买的马匹优劣相杂，仁宗诏"择不任战者却之"。益州路转运使袁抗奏，此举或导致百姓"失望

---

① 《宋史》卷三百五十一《赵挺之传》，第 11094 页。《宋史》卷四十二《理宗纪二》，第 810 页。

② 参见方铁：《宋朝经营广西地区述论》，《广西民族研究》2001 年第 2 期。

侵侮"，甚至酿成动乱，朝廷乃"卒如旧制"。①

宋廷南移后，南宋改向大理国与罗殿、自杞诸蛮买马。但"唐亡于黄巢，而祸基于桂林"②的阴影始终在南宋统治者的脑海中徘徊。绍兴三年（1133），广西官府奏大理国请求入贡，高宗"谕大臣止令卖马，不许其进贡"③，透露了中止与大理国在北宋时所建立的宗藩关系的打算。《宋会要辑稿·兵二二》载其经过甚详，称绍兴三年（1133），广西奏大理国欲进贡及卖马事，高宗曰："令卖马可也，进奉可勿许，安可利其虚名而劳民乎？但令帅臣边将偿其马直当价，则马当继至，庶可增诸将骑兵，不为无益也。"

绍兴四年（1134），南宋移买马提举司于邕州（今广西南宁南）。绍兴六年（1136），广南西路买马提举司得知大理国送来马1000余匹、象3头，队伍已至富州（今云南富宁）。广南西路竟遣人告谕大理国使者："今春买马已足，别无买马钱物在寨。"高宗知后乃诏："令广西帅臣更切相度，无他意，即令提举买马官多方措置收买。""仍令帅司密切旨挥，经由沿边供职官等，至时暗作堤备，不许张皇，引惹生事。"④

大理国至宋献象及马匹，高宗诏偿其马值，对所进贡作为臣属关系象征的驯象，则诏"却象勿受"⑤，表明南宋不愿继续维持业已存在的宗藩关系。尤为可笑的是，为拒绝大理国贡马队伍入宋，广南西路买马提举司竟以"今春买马已足，别无买马钱物在寨"作为托词。

朱震《为大理国买马事陈方略奏》说："今日干戈未息，战马为急，桂林招买，势不可辍。然而所可虑者，蛮人熟知险易，商贾囊橐为奸，审我之利害，伺我之虚实，安知无大中、咸通之事？愿密谕广西帅臣，凡市马之所，皆用谨信可任之士，勿任轻狷生事之人，

---

① 《续资治通鉴长编》卷一百五十三，庆历四年十一月，第3721页。
② 《新唐书》卷二百二十二中《南蛮传中》，第6295页。
③ 《宋史》卷一百八十六《食货志下八》，第4565页。
④ 《宋会要辑稿·兵二二》。
⑤ 《宋史》卷一百八十六《食货志下八》，第4565页。

务使羁縻而已。异时西北路通，渐减广马，庶几消患于未然。"① 南宋君臣对大理国的无端猜忌昭然可见。

南宋在与大理国交往时怀有忐忑不安的心态，每逢大理国商队驱马前来，横山寨（在今广西田东）等博易场的宋朝官府必严密防备。周去非曾记载：宋人于横山寨"置寨立关，傍引左、右江诸寨丁兵，会合弹压，买马官亲带甲士以临之，然后与之为市"②。

南宋与大理国的马匹交易，在一段时间内仍达到较大的规模。在邕州管辖下规模最大的市马场横山寨（在今广西田东），每年交易的马匹达1500匹，南宋付出的马值包括黄金50镒、白金300斤、绵绢4000匹、廉州盐200万斤。③ 由于南宋对大理国商人卖马有诸多限制与防范，兼之道路遥远且梗阻难行，有关大理国商人赴邕州（今广西南宁南）卖马的记载渐稀。位于今贵州西部的自杞、罗殿诸蛮"本自无马"，遂"皆贩马于大理"，④ 从事马匹的转手买卖，并取代大理国成为向南宋卖马的主要交易者。

由于南宋对维系与大理国的关系渐趋消极，南宋后期与大理国官方的往来很少见于记载。宝祐元年（1253），蒙古军绕道西北进攻大理国。宋朝邕州官府拟派人潜入大理国刺探军情，但军探大都仅能至特磨道（在今云南广南、富宁一带），"少能至大理者，盖沿途诸蛮隔绝，不易通也"⑤。这反映了南宋后期与大理国的联系已基本断绝的情形。咸淳年间，马塈任邕州知州，史称其为政"皆有条理"。马塈坚决贯彻了南宋疏远大理国的政策，在任期间，"大理不敢越善阐，安南不敢入永平"。⑥

南宋与大理国进行马匹交易，为两地的商人开展民间商贸活动

---

① 《云南史料丛刊》第2卷，第214页。
② 《岭外代答校注》卷五《财计门》，第190页。
③ 《续资治通鉴》卷一百二十九《宋纪一百二十九》，绍兴二十一年正月，第2册，第757页。
④ 《岭外代答校注》卷五《财计门》，第190页。
⑤ 《可斋续稿后》卷九《回宣谕》。
⑥ 《宋史》卷四百五十一《忠义传六》，第13270页。

提供了机会。宋人周去非说："蛮马之来，他货亦至。"大理国商贾与自杞、罗殿等地的本地民族，上市交易的商品有麝香、胡羊、长鸣鸡、披毡、云南刀及诸药物；宋地商人上场交易的商品，则有锦缯、豹皮、文书及"诸奇巧之物"。① 宋朝对双方民间性质的交易通常并不禁止。史载："绍兴初，（大理国）又遣使诣广西求入贡。因中国多故，皆不见许。惟于黎、嶲境外夷民私相贸易，有司不禁也。"② 可见即便在官方贸易已停止的情形之下，包括大理国在内的西南诸族，与南宋民间性质的贸易仍在一定的范围内进行。

大理国商贾至宋地求索的还有各类书籍。据《宋史》卷一百九十八《兵志十二》所载，宋乾道九年（1173），大理人李观音得等22 人至横山寨（在今广西田东）售马，同时求购书籍，邕州知州姚恪"厚遗遣之，而不敢上闻也"。此外，也有云南地方政权的文书进入内地的记载。后唐天成二年（927），云南地区的大长和国差人送布燮上后唐奏疏一封至黎州（今四川汉源北），"其纸厚硬如皮，笔力遒健，有诏体"，"有彩笺一轴，转韵诗一章，章三韵，共十联，有类击筑词"。③ 后唐对大长和国的奏疏颇感新奇，史官甚至记载了奏疏的纸质、书法与写作的文法，可见这一类事并不常见。

大理国与宋朝官方的文化交流亦见于记载。宋哲宗时（1086—1100），大理国王段正淳遣使诣宋，"求经籍，得六十九家，药书六十二部"。宁宗时大理国又求宋朝赐予《大藏经》，得 1465 部，归置大理五华楼。④ 相关的记载仅见以上数处。

总体来看，大理国与两宋在文化方面的交流程度很低，因此，大理国的文化较多地带有地方性的色彩。大理国士人虽读一些儒家的经典，却不知尊拜孔子，而"祀王逸少（羲之）为先师"。在大

① 《岭外代答校注》卷五《财计门》，第 193—194 页。
② 尤中校注：《僰古通纪浅述校注·大理国纪》，云南人民出版社，1989 年，第 111 页。
③ 〔宋〕王溥：《五代会要》卷三十《南诏蛮》，中华书局，1998 年，第 366 页。
④ 《南诏野史会证·后理国》，第 305 页。

理国的知识分子中，"教童子，多读佛书，少知六经者"的情况相当普遍，这与内地不同。元朝建云南行省，在今云南昆明立文庙塑孔子像，当地百姓颇感新奇，而不识其真实身份，乃臆称为"汉佛"。①

① 《云南志略辑校·诸夷风俗》，载《大理行记校注　云南志略辑校》，第88页。《元史》卷一百六十七《张立道传》，第3916页。

第四章 对周边地区的经营

第一节 南诏对东部、东北部的经营

南诏与唐朝决裂，发展为西南边疆重要的地方政权。对周边地区着意经营，并正确处理与周边王朝（主要是唐朝与吐蕃王朝）的关系，摆上了南诏王室的议事日程。南诏统治者很早便有明确的地缘政治观。待政权初步巩固，南诏对东部、东北部地区的经营，便根据地缘政治方面的谋划相应展开，其经营经历了长期的演变过程。①

一、南诏对东部地区的经营

南诏的东部地区主要指今云南东部。

云南东部是中原王朝西南边疆开发较早的区域。云南东部的历史大致有以下特点：战略地位重要，交通线作用明显，历代王朝与南诏较为重视，演进的过程相对平缓，对云南地区的发展具有十分重要的影响。在由南诏经营之前，云南东部的发展大致可分为三个阶段。远古至东汉时期，云南东部开发的时间相对靠前，经过其地的交通线出现亦早，这一时期中原王朝积极设治，并不断迁入移民

---

① 参见方铁：《远古至唐代的今滇中与滇东地区》，《社会科学战线》2019 年第 9 期。

至东部地区。蜀汉至隋朝时期，云南东部经历了蜀汉的强化统治、两晋治策失误导致长期战乱、南朝遥相羁縻与爨氏大姓割据的跌宕变化过程。唐代前期在云南东部的设治加密，云南东部的社会经济亦趋繁荣。随着唐朝经营的重点逐渐向云南西部转移，云南东部的地位便逐渐下降，但仍仅次于今滇西。以下简要回顾中原王朝经营云南东部的历史。

战国至西汉，滇池地区存在滇国。滇国在夜郎（在今贵州西部与云南东部）以西、邛都（今四川西昌东南）以南，滇国的东北有劳浸、靡莫部落，"皆同姓相扶"。史称滇池"旁平地，肥饶数千里"，滇国"其众数万人"。① 武帝时滇国降汉。近数十年的考古发现，滇国的范围与滇文化的分布范围大致相同，即东至今云南的曲靖、陆良与泸西，西到禄丰，北至会泽，南抵元江、新平一带。滇国的都城在滇池湖畔的晋宁以东，此处的石寨山遗址出土了西汉赐予的"滇王之印"，经证实是滇王及其臣属的墓地。滇国降附后，西汉于其地置益州郡，"赐滇王王印，复长其民"②。益州郡的治所在滇池县（今云南昆明市晋宁区东）。后来西汉、滇国打败在云南西部游牧的嶲、昆明部落，将其地并入益州郡，益州郡的范围从先前的滇池地区往西扩大至今保山一带。益州郡的中心（今滇池地区），亦成为汉朝统治西南夷（指今云贵、川西南地区）的核心区域。

两汉在西南夷积极修建道路。西汉整修由蜀地入今云南的"五尺道""灵关道"两条道路，以及经今云南至澜沧江以西地区的"博南山道"。东汉开辟由今云南昆明至越南北部的"交趾道"。"五尺道"的修建可追溯至秦代。据《史记》卷一百一十六《西南夷列传》记载，秦朝派常頞率人开辟"五尺道"，沿途设置官守。"五尺道"始于僰道（今四川宜宾西南），经今滇东北止于郎州（按：唐置，治今云南曲靖）。汉武帝派官吏唐蒙整修"五尺道"，将道路从今曲靖延至滇池地区。为巩固和充实所设的郡县，汉晋从蜀地迁来

---

① 《史记》卷一百一十六《西南夷列传》，第 2993 页。
② 《史记》卷一百一十六《西南夷列传》，第 2997 页。

一些人口。益州郡是移民定居的重点地区，一些移民形成时称"大姓"的地方望族。汉晋时期，云南东部的著名大姓代表人物有李恢、爨习、孟琰、雍闿、孟获等。汉代云南东部的经济较为繁荣。据《后汉书》卷八十六《南蛮西南夷列传》记载，益州郡太守文齐，"造起陂池，开通溉灌，垦田二千余顷"。滇池地区"河土平敞，多出鹦鹉、孔雀，有盐池田渔之饶，金银畜产之富。人俗豪忕，居官者皆富及累世"。

蜀汉设庲降都督，作为统治今云贵地区的军事、行政中心，今云贵地区的政治中心从滇池地区转移到略为偏东的今曲靖。蜀汉在庲降都督治所置屯田。屯田颇有成效，收成可积谷贮藏。为充实建宁郡（治今云南曲靖西），庲降都督李恢从云南西部迁来"濮民"数千。①

西晋任命李毅为南夷校尉，持节统兵镇守今云贵地区。李毅向宁州（治今云南昆明市晋宁区东）诸族大量征收赋税，"每夷供贡南夷府，入牛、金、旃、马，动以万计"。云南东部的大姓多次反叛，均被西晋镇压。在长期的战乱中，宁州被叛军围困，"食粮已尽，人但樵草炙鼠为命"。② 王逊代李毅为南夷校尉，强横粗暴的程度超过李毅。王逊杀害宁州大姓"不奉法度者"数十家，"于是莫不振服"。③ 云南东部的社会经济也遭到严重的破坏。西晋后期宁州的大姓分为两派，在激烈的争斗中两败俱伤，仅剩下爨、孟、霍三家。后孟、霍两家大姓同归于尽，剩下爨氏一枝独秀。东晋虽接管宁州，但统治的有效程度已明显降低。

南朝时期宋、齐、梁、陈名义上辖有宁州（治今云南昆明市晋宁区东），并任命宁州刺史，但到任者有限，宁州乃被爨氏大姓割据。南朝时期云南地区因未卷入内地战乱，社会经济逐渐得以恢复。北周益州总管梁睿称，"南宁州……户口殷众，金宝富饶，二河有骏

① 《华阳国志校注》卷四《南中志》，第435页。
② 《华阳国志校注》卷四《南中志》，第363、372页。
③ 《晋书》卷八十一《王逊传》，第2110页。

马、明珠，益宁出盐井、犀角"，"其地沃壤，多是汉人，既饶宝物，又出名马"。① 隋朝建立，企望恢复对云南地区的统治。隋朝在滇池地区设昆州（今云南昆明），任命爨氏首领为官吏。后昆州刺史爨玩起兵反叛，隋朝将领史万岁率兵讨平。次年爨玩复反，隋朝再次派兵镇压。爨玩惧而入朝，随后被诛杀，此后隋朝放弃了云南地区。

唐朝经营云南地区，因蜀地进入今云南的主要道路是"五尺道"，乃首先恢复对云南东部的统治。武德元年（618），唐置南宁州（治今云南曲靖西），所辖的味、同乐、𠚩麻、同起、新丰、陇堤、泉麻、梁水、降九县，大都位于云南东部。武德四年（621），唐朝又置南宁州总管府，管辖南宁、恭、协、昆、尹、曾、姚、西濮、西宗九州。②

在唐前期统治的 130 余年间，云南东部的社会经济渐趋繁荣。"当天宝中，东北自曲、靖州，西南至宣城，邑落相望，牛马被野。"③ 曲州治今云南昭通，靖州治今云南大关，可见东晋、南朝时期遭受战争破坏的云南东部与东北部，在唐代前期，畜牧业较快得到恢复。唐代云南出产良马。产自越睒川（今云南腾冲北）以东地带的"越睒骢"，因毛色青白相间得名，"尤善驰骤，日行数百里"。滇池等地的良马亦受赞誉，"藤充及申睒亦出马，次睒、滇池尤佳。东爨乌蛮中亦有马"。云南东部普遍饲养黄牛，"天宝中，一家便有数十头"。通海以南地区常见野水牛，或一千二千为群。滇池等湖泊，"冬月，鱼、雁、鸭、丰雉、水扎鸟遍于野中水际"。④

《蛮书》卷七《云南管内物产》说，在曲靖州以南、滇池以西，"土俗唯业水田，种麻、豆、黍、稷，不过町疃。水田每年一熟。从八月获稻，至十一月十二月之交，便于稻田种大麦，三月四月即熟。收大麦后，还种粳稻"。"每一佃人佃，疆畛连延或三十里，浇田皆

---

① 《隋书》卷三十七《梁睿传》，第 1126—1127 页。
② 《旧唐书》卷四十一《地理志四》，第 1694 页。
③ 《蛮书》卷四《名类》。
④ 《蛮书》卷七《云南管内物产》。

用源泉，水旱无损。"这说明云南东北部至滇池以西的地区，稻作农业兴盛，还种植火麻、豆、黄米、小米等作物。当地流行三人驱使二牛的深耕方法，水利设施良好，可做到"水旱无损"，山间梯田亦随处可见。云南东部还流行春夏季种水稻、秋冬季播小麦等作物的方法。双季种植轮作制延续至今，云南人称之为"大春""小春"。

《蛮书》卷五《六赕》称，渠敛赵地区（在今云南大理市凤仪镇一带）"列树夹道为交流，村邑连甍，沟塍弥望。大族有王、杨、李、赵四姓"。《通典》卷一百八十七《边防三》称，居今云南楚雄至大理一带的松外诸蛮，"其土有稻、麦、粟、豆，种获亦与中夏同，而以十二月为岁首，菜则葱、韭、蒜、菁，果则桃、梅、李、柰"。云南东部出产井盐，以安宁的井盐产量最大。《蛮书》卷七《云南管内物产》称："安宁城中皆石盐井，深八十尺。城外又有四井，劝百姓自煎。""升麻、通海已来，诸爨蛮皆食安宁井盐。"《新唐书》卷二百二十二上《南蛮传上》称，云南东部流行饲养柘蚕，"蚕生阅二旬而茧，织锦缣精致"。

天宝四载（745），唐朝为打通由安南（今越南河内）经步头（在今云南个旧西南、元江北岸）、安宁连通"西洱河至天竺道"的道路，派将领竹灵倩率兵在安宁筑城。当地爨氏势力骚动不安，集众毁安宁城，杀死竹灵倩。唐朝乃令南诏东进平叛。南诏平定爨氏势力并占据云南东部，将爨氏地区的20余万户人口强迁至永昌之地（今云南保山等地）。

云南东部、东北部山地的乌蛮因言语不通，且多散居林谷，故得不徙。后来自曲州（今云南昭通）、靖州（在今云南大关附近）、石城（今云南曲靖西）、升麻（在今云南寻甸、嵩明一带）、昆川（在今云南昆明一带）南至龙和（今云南禄丰东南）的地区逐渐衰败。上述区域的乌蛮被"徙居西爨故地"①，散布于云南东部、东北部的广大地区。《元史》卷六十一《地理志四》亦云："南诏阁罗凤以兵胁西爨，徙之至龙和，皆残于兵。东爨乌蛮复振，徙居西爨

---

① 《蛮书》卷四《名类》。

故地。"

南诏崛起后，以洱海地区为统治中心，将经营的重点放在云南西部。在云南的东部与东北部，南诏大致以今曲靖为界，今曲靖以北的区域基本上被放弃。南诏的都城在阳苴咩城（今云南大理西北），以拓东城（在今云南昆明市区）为别都。南诏在所管控的地区，设十赕、八节度、二都督等统治机构，下设一些州郡。十赕位于洱海及其附近地区，为南诏的腹心地带，亦是人众富庶之地。八节度、二都督是南诏在十赕以外地区设置的机构。位于云南东部的统治机构有：弄栋节度（治今云南姚安），管辖弄栋周围地区；拓东节度（治今云南昆明），管辖善阐府（治今云南昆明旧城南关外）、晋宁州（治今云南昆明市晋宁区西北）、河阳郡（治今云南澄江）、温富州（治今云南玉溪）、长城郡（治今云南嵩明）、石城郡（治今云南曲靖西）、东川郡（治今云南会泽）；通海都督（治今云南通海），管辖建水郡（治今云南建水）、目则城（今云南个旧东）。今曲靖、会泽为南诏在云南东部设治区域的极边地界，在今曲靖、会泽以北的地区，未见南诏设治的记载。

因爨氏势力遭到武力打击，之后又有大量的百姓被迁走，云南的东部、东北部遭到沉重的打击。但总体来看，南诏对云南东部地区仍较重视。天宝战争中唐军被打败，南诏统筹云南全局，认为安宁为"诸爨要冲"之雄镇，有盐池之利，"城邑绵延，势连戎僰"，乃置安宁城监。天宝十二载（753），阁罗凤至滇池地区视察后，看法有所改变，"言山河可以作藩屏，川陆可以养人民"。天宝十四载（755），阁罗凤命长子凤伽异在今云南昆明建拓东城，"居二诏，佐镇抚"，以收"威慑步头，恩收曲靖"之效。[①]南诏以拓东城为陪都，陪都负有镇抚云南东部，羁縻、监控云南东北部与东南部的使命。

贞元十年（794）以后，异牟寻攻破云南西北部、四川西南部的诸蛮，将河蛮迁至拓东城（在今云南昆明市区）一带，又将磨些蛮

[①]　《南诏德化碑》，载《云南考古》（增订本），第 161 页。

迁至"西爨故地"，掳夺弄栋蛮与汉裳蛮，"以实云南东北"。① 据《蛮书》卷六《云南城镇》所载，南诏还从永昌郡（治今云南保山）迁望苴子、望蛮千余户至拓东城，"分隶城傍，以静道路"。上述的移民活动，均寓充实、开发云南东部地区的用意。

凤伽异受命镇守拓东城（在今云南昆明市区），其孙寻阁劝亦流连其地。寻阁劝写诗《善阐台》："避风善阐台，极目见藤越。悲哉古与今，依然烟与月。自我居震旦，翊卫类夔契。伊昔经皇运，艰难仰忠烈。不觉岁云暮，感极星回节。元昶同一心，子孙堪贻厥。"② 诗中的"震旦""元昶"等语，是以汉字记白语（即白文）。该诗流露出作者对洱海故乡（以藤越代之）的思念之情，还提到云南东部等地至今流行的星回节（火把节）。

南诏后期，拓东城（在今云南昆明市区）是南诏谋取安南（此处指今越南北部）的前哨，南诏王不时亲履其地。大中十二年（858），南诏的拓东节度使诱降唐安南都护府的将领，后者率其众降于南诏，"自是安南始有蛮（按：指南诏）患"③。咸通年间，南诏"两陷安南、邕管，一入黔中，四犯西川"④。上述用兵与双方使臣的往来，均经由拓东城。唐朝使臣至南诏，多由岭南西道（治今广西南宁南）赴拓东城。乾符六年（879），岭南西道节度使辛谠遣徐云虔往窥南诏。徐云虔在善阐城（今云南昆明旧城南关外）面见南诏王隆舜，留 17 日乃还。⑤

南诏较为重视云南东部，还因其在交通方面有不可替代的地位。唐人称"清溪关道"为云南入蜀之南路，"石门关道"是入蜀的北路。因南诏忽视云南东北部，"石门关道"逐渐衰落。贞元十年（794），唐使袁滋一行赴南诏册封，因"清溪关道"为吐蕃所阻，

---

① 《新唐书》卷二百二十二上《南蛮传上》，第 6275 页。
② 赵浩如选注：《古诗中的云南》，云南人民出版社，1995 年，第 8 页。
③ 《资治通鉴》卷二百四十九《唐纪六十五》，大中十二年六月，第 8070 页。
④ 《资治通鉴》卷二百五十三《唐纪六十九》，广明元年六月，第 8227 页。
⑤ 《资治通鉴》卷二百五十三《唐纪六十九》，乾符六年二月，第 8211—8212 页。

不得已择行"石门关道"。沿途见林木蔽日，"昼夜不分"。所见诸蛮遇见唐使不知拜跪礼节，"三译四译，乃与华通"。① 南诏多次侵扰成都，唐军严守大渡河北岸，"清溪关道"亦逐渐阻塞。贞元十年（794），南诏弃吐蕃归唐，唐朝连通"西洱河至天竺道"与"交州道"的谋划乃终成事实。唐朝宰相贾耽称这条道路为"安南通天竺道"。"安南通天竺道"为唐朝的"入四夷七要道"之一。史籍详载"安南通天竺道"经过的路段，包括每日里程与宿营地点。② 行经该道的行旅，自交州（今越南河内）走水路至古涌步（即贾勇步，今云南河口西北），走陆路经禄索州（今云南屏边西）、傥迟顿（今云南蒙自东南）、南亭（在今云南建水）、通海、晋宁等地至拓东城（在今云南昆明市区），过安宁故城数日，乃至南诏都城阳苴咩城（今云南大理西北），继续往西可至今缅甸、印度等地。云南东部为"安南通天竺道"所经，拓东城为道路上的要镇与交通枢纽，由此可见云南东部位置的重要。

二、南诏对东北部地区的经营

南诏的东北部地区，主要指今云南的东北部。

南诏放弃云南东北部，较之唐朝前期曾积极经营这一地区，两者的做法明显不同。③ 中原王朝经营今云南东北部的历史，可追溯至汉代。

西汉经营西南夷（指今云贵、川西南地区），云南东北部是较受重视的区域。汉朝修建始自成都、经云南东北部到达滇池地区的"五尺道"，以及经今四川汉源、西昌至云南姚安的"灵关道"，作为联络云南地区的主要交通线。在所经之地尤其是"五尺道"沿途，朝廷设置了一些郡县。据《汉书》卷二十八上《地理志上》记载，

① 《蛮书》卷一《云南界内途程》。
② 《新唐书》卷四十三下《地理志七下》，第1151—1152页。
③ 参见方铁：《秦汉至元代的今滇东北》，《西南民族大学学报》（哲学社会科学版）2018年第9期。

隶于益州刺史部（治今四川成都）的犍为郡辖 12 县，其中的南广（今云南盐津东）、存邬（今云南宣威）、朱提（今云南昭通）、堂琅（今云南巧家东）4 县在云南地区，其余 8 县在今四川。西汉所设位于云南东北部的郡县，还有益州郡（治今云南昆明市晋宁区东）所辖的牧靡（在今云南寻甸）、味县（今云南曲靖西）。东汉既立，在今云贵地区增设犍为属国（治今云南昭通），下辖朱提（今云南昭通）、汉阳（在今贵州威宁、水城一带）2 县。

　　建兴三年（225），诸葛亮平定南中（今云贵、川西南地区）大姓反叛，对南中实现有效控制。平叛时味县（今云南曲靖西）是主要战场之一。唐人说南宁州城（今云南曲靖西）"为诸葛亮战处故城"①，据说城中有诸葛亮撰文的两碑。南征以后，蜀汉改益州郡为建宁郡，将郡治移至味县，并把庲降都督也移到味县，在当地开展屯田，奠定以味县为中心管理南中地区的格局。两晋及以后的南朝统治宁州（治今云南昆明市晋宁区东），仍把经营的重点放在云南东北部。隋朝统一全国之前，北周益州总管梁睿上疏大丞相杨坚，建议经营今云贵地区。梁睿称南宁州（治今云南曲靖西）户口殷众，金宝富饶，二河产骏马、明珠，益宁出盐井、犀角，其关注重点仍是云南的东部地区。

　　这一时期云南东北部的经济、文化十分发达。据《后汉书》卷八十六《南蛮西南夷列传》记载，东汉公孙述时，牂牁郡（治今贵州黄平、贵定二县间）的移民大姓龙、傅、尹、董诸姓，与郡功曹谢暹等保境附汉，遣使从番禺江（今西江）朝贡。《华阳国志校注》卷四《南中志》称，朱提郡（治今云南昭通）有大姓朱、鲁、雷、兴、仇、递、高、李诸氏，均辖有部曲，可见两汉时有不少蜀地移民迁居云南东北部。由移民发展而来的大姓，在云南东北部也有较多分布。三国时期云南东北部的大姓，因势力强盛而名震南中。1963 年，在云南昭通后海子发现的东晋南中大姓霍承嗣墓，据研究

---

① 《蛮书》卷六《云南城镇》。

认为是霍弋或其后人的墓葬。① 建宁郡俞元（今云南澄江东南）人李恢，刘璋时任建宁郡督邮，降附刘备受到重用，李恢的姑父建伶令爨习，也出身于知名大姓。诸葛亮征讨南中，李恢率军攻今曲靖。南中既定，诸葛亮以李恢为建宁郡太守。云南东北部大姓的名人，还有朱提的孟琰、建宁的孟获等。

《华阳国志校注》卷四《南中志》称，汉晋时的朱提郡（治今云南昭通），"其民好学"，牂牁郡（治今贵州黄平、贵定二县间）"颇尚学书"。《华阳国志校注》卷二《蜀志》称犍为郡（治今宜宾西南）"士多仁孝，女性贞专"。据东汉《孟孝琚碑》记载，朱提人孟孝琚12岁随官研习《韩诗》，兼通《孝经》两卷；他未婚先聘，死于内地，由族人归葬祖茔。可见孟氏自幼学习汉文并熟悉儒家书籍，婚丧方面亦遵汉俗。由朱提人士撰写碑文的《孟孝琚碑》，尊孔子为"大圣"，文笔流畅典雅。② 这表明当地崇尚儒学，在汉文方面有较高的造诣，反映了汉晋时期云南东北部社会繁荣、文化兴盛的情形。

云南东北部的经济有较大发展。东汉时期，犍为属国（治今云南昭通）的灌溉系统十分发达，昭通盆地"川中纵广五六十里，有大泉池水口，僰名千顷池；又有龙池以灌溉种稻"③。千顷池规模甚巨，可知当地种植水稻较为普遍。云南东北部还大面积种植荔枝，一园或至万株，年收成在150斛以上。史载，"僰住施夷中最贤者，古所谓僰僮之富，多以荔枝为业。园植万株树，收一百五十斛"④。又，《广志》载："犍为僰道南，荔枝熟时百鸟肥。"云南东北部大面积种植荔枝，不可能全在当地消费，大部分当运销蜀地。

---

① 中国社会科学院考古研究所编著：《新中国的考古发现和研究》，文物出版社，1984年，第533—534页。
② 《孟孝琚碑》，载汪宁生：《云南考古》（增订本），第111页。
③ 李昉等：《太平御览》卷七百九十一《四夷部十二》，中华书局，1960年，第3509页。
④ 〔宋〕乐史撰，王文楚等点校：《太平寰宇记》卷七十九《剑南西道八》，中华书局，2007年，第1592页。

金属采冶业也得到较快的发展。据《后汉书》志第二十三《郡国五》记载，两汉时朱提县（今云南昭通）产银、铜，堂琅县（今云南巧家东）出银、铅与白铜。《后汉书》志第二十三《郡国五》又载："朱提银重以八两为一流，直一千五百八十。他银一流直千。"朱提所产银被大量开采，且因成色尤佳，价值高出他地所产银58%。后世在传世器物中，发现一块上刻有"提""银"两字的方形"朱提银块"；1935年，在昭通梁堆墓葬出土的一块含银量达42%的金属块，均为昭通古代产银的物证。魏晋时朱提银仍保持量大、质佳的声誉。

东晋南朝时期，云南东北部遭受战乱严重破坏。为躲避战火，宁州（治今云南昆明市晋宁区东）百姓远走交州（治今越南河内），或避入永昌郡（治今云南保山）、牂牁郡（治今贵州黄平、贵定二县间）。叛军长期围困宁州治所滇池县（今云南昆明市晋宁区东），官吏李毅给朝廷的奏疏描述困厄之状："兵谷既单，器械穷尽，而求救无望，坐待殄毙。"宁州遭连岁饥疫，"死者以十万计"。[1] 李毅死后，西晋任命王逊为南夷校尉兼宁州刺史，《晋书》卷八十一《王逊传》称其"专杖威刑，鞭挞殊俗"。王逊诛杀不遵守法度的南中大姓数十家，被杀戮俘掠的百姓以千数计。其时云南东北部的郡县仓无斗粟，"官民虚竭，绳纪弛废"[2]。犍为太守朱提大姓雷炤、建宁太守大姓爨量愤而反抗，被王逊镇压。蛮夷之间亦相互争夺。萧梁时徐文盛任宁州刺史，"所管群蛮不识教义，贪欲财贿，劫篡相寻，前后刺史莫能制"[3]。

唐朝积极经营云南地区，主要是为保护由今四川经云南抵缅甸、

---

① 《华阳国志校注》卷四《南中志》，第371页。《资治通鉴》卷八十六《晋纪八》，光熙元年三月，第2718页。
② 《华阳国志校注》卷四《南中志》，第373页。
③ 〔唐〕姚思廉：《梁书》卷四十六《徐文盛传》，中华书局，1973年，第640页。

印度至地中海的交通线。① 唐朝前期的策略，是以前朝重视的云南东北部为基础，逐渐向云南的中部、西部推进。武德元年（618），唐置南宁州（治今云南曲靖西）。武德四年（621），唐朝又置南宁州总管府。武德七年（624），唐朝改总管府为都督府。

唐朝对云南东部的统治渐趋巩固，乃把关注重点转移至"西洱河至天竺道"所必经的云南西部。麟德元年（664），唐朝在弄栋川（今云南姚安北）置姚州都督府。唐朝不再重视云南东北部，还与蜀地联系云南地区，主要走"清溪关道"（前代称"灵关道"）有关。唐人称"石门关道"（前代之"五尺道"）为"北路"，"清溪关道"为"南路"。高适言"清溪关道"的重要程度远超"石门关道"，"剑南虽名东西两川，其实一道。自邛关、黎、雅，界于南蛮也"②。

在天宝九载（750）南诏攻据姚州与唐朝决裂之前，云南东北部虽不再受唐朝重视，但经过其地的"五尺道"仍可通行。隋唐时期，有使者行经"五尺道"的一些记载。开皇十七年（597），隋将史万岁平定云南地方首领爨玩之叛，率军由"清溪关道"入云南，自"石门关道"还内地，"石门关道"有史万岁所作诗为证。③ 天宝十载（751），鲜于仲通等率兵进攻南诏，除走"清溪关道""安南道"的两路兵马外，鲜于仲通自率一军从"石门关道"入云南，此后"石门关道""遂闭绝"。④ 贞元九年（793），南诏国主异牟寻谋求归唐，遣使从戎州（今四川宜宾）、黔州（今重庆彭水东北）、安南（今越南河内）三路赴唐，戎州、黔州两路皆至成都，可见"石门关道"仍可通行。

贞元十年（794），南诏与唐朝和好，唐朝派大臣袁滋等出使南诏。其时吐蕃阻断"清溪关道"，袁滋等不得已乃择行"石门关

---

① 参见方铁：《唐宋元明清的治边方略与云南通道变迁》，《中国边疆史地研究》2009 年第 1 期。

② 《旧唐书》卷一百一十一《高适传》，第 3329 页。

③ 〔明〕谢肇淛：《滇略》卷八，清文渊阁四库全书本。

④ 《蛮书》卷一《云南界内途程》。

道"。剑南西川节度使韦皋遣巡官监察御史马益开石门路，"置行馆"。袁滋等人沿途见林木遮日，人烟稀少。南行至鲁望（今云南鲁甸），"即蛮、汉两界，旧曲、靖之地也。曲州、靖州废城及邱墓碑阙皆在"。袁滋等称沿途所见之人，皆为"男女悉披牛羊皮"的乌蛮，见人不知拜跪礼节。跋涉九日乃达制长馆（今云南马龙西），始见门阁廨宇，"皆（类）汉地"①。"石门关道"较"清溪关道"难通行，驿馆等设施皆不如"清溪关道"。《蛮书》卷十《南蛮疆界接连诸蕃夷国名》"赵昌奏状"叙述袁滋一行，经"石门关道"从戎州（今四川宜宾）至南诏都城阳苴咩城（今云南大理西北），行经从戎州至安宁的路段，仅略言十五日至安宁城，述说由安宁至阳苴咩城的经过则颇详细。

　　袁滋一行经过戎州（今四川宜宾）以南的石门（在今四川高县），看到隋开皇五年（585）刊刻的摩崖，其云："开皇五年十月二十五日，兼法曹黄荣领始、益二州石匠，凿石四孔，各深一丈，造偏梁桥阁，通越析州、津州。"② 由此可知隋朝对"石门关道"做过一次包括修桥在内的整修。整修遗迹至唐代犹存。樊绰描述石门关之状：

> 　　东崖石壁，直上万仞，下临朱提江流，又下入地中数百尺，惟闻水声，人不可到。西崖亦是石壁，傍崖亦有阁路，横阔一步，斜亘三十余里，半壁架空，敧危虚险，其安梁石孔，即隋朝所凿也。③

　　天宝四载（745），南诏王皮逻阁奉唐朝之命，率兵平定云南东部爨氏白蛮势力的反叛。爨氏白蛮反叛，缘于唐朝修建通过云南东部的"步头路"，将士骚扰当地引发不安。

------

① 《蛮书》卷一《云南界内途程》。
② 《蛮书》卷一《云南界内途程》。
③ 《蛮书》卷一《云南界内途程》。

南诏征讨爨氏白蛮势力获胜，擅自将云南东北部的百姓大量迁往西部地区。《蛮书》卷四《名类》载：

> 阁罗凤遣昆川城使杨牟利以兵围胁西爨，徙二十余万户于永昌城（地）。乌蛮以言语不通，多散林谷，故得不徙。是后自曲靖州、石城、升麻川、昆川南至龙和以来，荡然兵荒矣。（爨）日用子孙今立（并）在永昌城。界内乌蛮种类稍稍复振，后徙居西爨故地。

经过此次人口大迁徙，今云南东北部遭到极大的破坏。周围山地的乌蛮，乘云南东北部地区人口大量迁走之机，乃徙居其故地，成为这一地区的主要居民。

大历元年（766），阁罗凤在南诏都城太和城国门立德化碑，叙述与唐朝决裂的经过，同时公布对外部扩张的计划。德化碑称天宝十二载（753），阁罗凤与下属至昆川（在今云南昆明一带）察看地貌形势，眼见山河可为屏障，土地可养百姓，乃决计经营云南东北部，由安宁东移至今云南昆明地区，同时做出相应的决策。《南诏德化碑》言：

> 安宁雄镇，诸爨要冲，山对碧鸡，波环碣石，盐池鞅掌，利及群欢，城邑绵延，势连戎爽。乃置城监，用辑携离，远近因依，闾阎栉比。十二年冬，诏侯（候）隙省方，观俗恤隐，次昆川，审形势，言山河可以作藩屏，川陆可以养人民。十四年春，命长男凤伽异于昆川置拓东城，居二诏，佐镇抚。于是，威慑步头，恩收曲靖，颁诏所及，翕然俯从。[1]

南诏将经营的重点放在洱海地区与云南西部，在云南东部仅设拓东节度（治今云南昆明市区），建拓东城为拓东节度治所。拓东节度之

---

[1] 《云南考古》（增订本），第161页。

下设石城郡（治今云南曲靖西）、东川郡（治今云南会泽），在今曲靖、会泽以北的云南东北部并未设治。在云南的东南部，南诏设通海都督府（治今云南通海）。南诏对上述两地之外区域的治理目标，仅限于"威慑步头，恩收曲靖"，与对云南西部的直接统治有明显不同。由此可见对石城郡以北、汉晋时期一度繁荣的云南东北部，南诏已决定放弃。

南诏统治时期，云南东北部的衰落与荒凉，可从《蛮书》卷一《云南界内途程》等记载得知。贞元十年（794），唐使袁滋等人行经"石门关道"，目睹属于曲州、靖州之地的鲁望（今云南鲁甸），沦为蛮、汉的分界，"曲州、靖州废城及邱墓碑阙皆在"。沿途唯见"见人无礼节拜跪，三译四译，乃与华通"的东爨乌蛮。第九程至制长馆（今云南马龙西），"始有门阁廨宇迎候供养之礼，皆（类）汉地"。《蛮书》卷六《云南城镇》称石城（今云南曲靖西）南面有新丰川，为唐代南宁州新丰县（今云南宜良）故地，"废城墙堑犹在，大小石城川同"。

南诏崛起，决然放弃云南东北部地区，既由于其地在南朝时遭受战乱严重破坏，天宝以前唐朝对云南东北部亦不甚重视，致使"五尺道"逐渐壅塞；也因南诏迁走云南东部、东北部的 20 余万户百姓，其地遂被抛荒。对南诏统治者而言，云南东北部与洱海地区相距甚远，战略上的利用价值有限，兼之大量人口被迁走，更使日益衰落的云南东北部雪上加霜。这些因素最终导致南诏放弃了这一地区。南诏的这一决策，对云南地区的地缘政治格局，以及云南东北部以后的演变，都产生了深远的影响。

第二节　南诏对西部、南部的经营

南诏的西部地区，包括今云南西部以及与之相连的缅甸北部的部分区域。南诏的南部地区，则指今云南的南部与相邻的中南半岛北部部分地区。南诏十分重视对西部、南部地区的经营。南诏对西部、南部的经营，可分为前朝对西部、南部地区的开拓与南诏对西部、南部地区的经营两个部分叙述。

一、前朝对西部、南部的开拓

秦朝据有蜀郡（治今四川成都），视蜀郡南面今云南大部分地区为徼外。开通位于今滇东北的"五尺道"，是秦朝经营今云南地区的一个成就。秦朝以蜀郡为基地管理今云南地区，也产生了深远的影响。

西汉打败匈奴后，注意力转移到了南方。武帝企望开通自僰道（今四川宜宾西南）沿牂柯江（今北盘江）至番禺（今广东广州）的通道，以备进攻南越国之用，遂揭开经营今云南地区的序幕。汉武帝后来得知有民间小道自蜀地经今云南、印度至阿富汗北部，决心开通其道。汉武帝派往大夏（今阿姆河上游南北两岸地）等地的使者，在今云南大理以南的地区为游牧的嶲、昆明部落所阻。汉朝与滇国合兵打败嶲、昆明，将嶲、昆明活动的今滇西一带并入益州郡（治今云南昆明市晋宁区东），乃开通称为"蜀身毒道"的道路，同时，在澜沧江流经之地设置不韦、嶲唐两县。①

西汉在全国设十三刺史部，其中的益州刺史部（治今四川成都）管辖蜀地诸郡，以及位于诸郡以南地区的犍为郡、越嶲郡、益州郡、牂柯郡。东汉继承西汉的方略，即沿袭蜀地对今云南的行政统属关系，以确保"五尺道"（由成都经今宜宾至云南中部）与"灵关道"（由成都经今西昌至云南中部）的畅通为目标，并重视经营"蜀身毒道"（由成都经今云南、缅甸至印度）。建武二十三年（47），位于今云南保山一带的哀牢部落，赴越嶲郡（治今四川西昌东南）请求内属，东汉封其首领为君长，其渠帅皆称王。永平十年（67），东汉增设益州西部都尉，治嶲唐（今云南云龙西南）。永平十二年

① 参见方铁：《〈史记〉、〈汉书〉失载西南夷若干史实考辨》，《中央民族大学学报》（哲学社会科学版）2004 年第 3 期。

（69），哀牢王柳貌率众降附东汉。东汉在哀牢分布之地设哀牢县、博南县，与益州郡西部都尉所辖的六县合为永昌郡，治所在不韦（在今云南保山市隆阳区金鸡村）。[1] 永昌郡的设立，基本上奠定了中原王朝西南面的疆界。

西南夷的西南部是东汉经营的重点之一。这一区域最重要的群体是哀牢夷。关于哀牢夷的地望，郦道元称："（不韦）县，故九隆哀牢之国也。有牢山，其先有妇人名沙壹，居于牢山。"[2] 牢山在今保山市郊，汉不韦县亦治今保山。《华阳国志校注》卷四《南中志》称：汉武帝"通博南山，渡兰沧水、溏溪，置巂唐、不韦二县"。此后，西汉"渡兰沧水取哀牢地，哀牢转衰"。可知哀牢夷居于澜沧江以西的不韦（在今云南保山市隆阳区金鸡村）、巂唐（今云南云龙西南）两县之地。另据《后汉书》卷八十六《南蛮西南夷列传》所载，永平十二年（69），哀牢夷归顺东汉，"显宗以其地置哀牢、博南二县"。哀牢县治在今云南保山东南，博南县治在今云南永平西南。由此看来，澜沧江东面的今永平一带也有哀牢夷分布。

关于哀牢夷的族属，有巂与昆明、越、闽濮等几种说法。从记载来看，西汉时巂与昆明在今滇西地区的分布范围，西面已至不韦（在今云南保山市隆阳区金鸡村）、巂唐（今云南云龙西南）一带。《史记》卷一百一十六《西南夷列传》称："西自同师以东，北至楪榆，名为巂、昆明。"西汉的巂唐县，因其地有巂人而得名。汉人桓宽称："氐、僰、冉駹、巂唐、昆明之属，扰陇西、巴、蜀。"[3] 因巂唐之地多巂人，桓宽乃用巂唐为巂人的代称。《古今注》说："永平十年，置益州西部都尉，治巂唐。镇慰哀牢人、楪榆蛮夷。"[4] "楪榆蛮夷"指居楪榆（今云南大理西北）、邪龙（今云南巍山）、

---

① 《后汉书》卷八十六《南蛮西南夷列传》，第2848—2849页。

② 〔北魏〕郦道元著，陈桥驿校证：《水经注校证》卷三十七《叶榆河》，中华书局，2007年，第858页。

③ 〔汉〕桓宽撰集，王利器校注：《盐铁论校注》卷八《备胡》，中华书局，1992年，第445页。

④ 《后汉书》志第二十三《郡国五》，第3514页。

云南（今云南祥云东南）一带的昆明人与嶲人。"楪榆蛮夷"的居住地距不韦甚远，而且中间有山岭相隔，所言之"哀牢人"，当居于不韦与不韦以东的嶲唐（今云南云龙西南）、比苏（今云南云龙）一带。

《古今注》所言之"哀牢人"，即指不韦等地的昆明人与嶲人。另据《后汉书》志第十一《天文中》所载，建初元年（76），蛮夷陈纵等及哀牢王类牢反，攻嶲唐城，"永昌太守王寻走奔楪榆，安夷长宋延为羌所杀"。可见哀牢夷与羌系蛮夷的关系十分密切，曾共同反抗过东汉的统治。杀死宋延之"羌"或亦包括哀牢夷，可见哀牢夷为昆明、嶲的一部分。

永平十二年（69）东汉设立的永昌郡（治今云南保山），地域包括今云南德宏、保山一带与缅甸的东北部。除不韦、楪榆等地有昆明人、嶲人外，在永昌郡的南部与西南部，还居住着百越、闽濮的大量人口。《华阳国志校注》卷四《南中志》言："（永昌郡）有穿胸、儋耳种，闽越濮、鸠僚。其渠帅皆曰王。"哀牢夷崛起后，控制并影响该地区的诸多民族。建武二十七年（51），哀牢王贤栗率众内属，据报告有 2770 户，17659 口人，这些人口当属哀牢夷。永平十二年（69），哀牢王柳貌遣子再次率众降汉，随同的人众有称邑王者 77 人，51890 户，553711 口人，人数较首次内属骤增数十倍。① 这一次降汉的人口除哀牢夷外，还有大量受其控制的"闽濮、鸠僚、僄越、裸濮、身毒之民"②。

同时，哀牢夷也受到周围其他民族的影响。《后汉书》卷八十六《南蛮西南夷列传》说，"（哀牢）种人皆刻画其身，象龙文，衣皆著尾"，"哀牢人皆穿鼻儋耳"。这反映了永昌郡地区百越、闽濮等民族所具有的纹身、衣着尾等习俗，也被哀牢夷接受。

"蜀身毒道"开通，使得汉朝与东南亚、南亚及其以西地区的联系加强。"蜀身毒道"进入今缅甸地区后分为两道，一道过今缅甸北

---

① 《后汉书》卷八十六《南蛮西南夷列传》，第 2848—2849 页。

② 《华阳国志校注》卷四《南中志》，第 430 页。

部、印度北部继续向西，即宋代所称之"西至身毒国"道；另一条道路是经今缅甸杰沙附近，沿伊洛瓦底江而下，接通孟加拉湾海运的路线，宋代称这条路线为"南至海上道"。[1] 汉代已初通入今缅甸的这两条道路。通过这两条道路，掸国（在今中缅边境一带）、骠国（在今缅甸伊洛瓦底江流域）和大秦（罗马帝国），与汉朝有过多次商贸交往与外交方面的活动。永元九年（97）至永建六年（131），掸国的使者三次抵达东汉的都城洛阳。对永宁元年（120）掸国的遣使，《后汉书》卷八十六《南蛮西南夷列传》称："掸国王雍由调复遣使者诣阙朝贺，献乐及幻人，能变化吐火，自支解，易牛马头。又善跳丸，数乃至千。自言我海西人。海西即大秦也，掸国西南通大秦。"《后汉纪》卷十五《殇帝纪》说："自交州外塞檀国（按：即掸国）诸蛮夷相通也，又有一道与益州塞外通。"《后汉纪》既言东汉有一道"与益州塞外通"，此道当经过今云南西部地区。《魏书》卷一百二《西域传》亦言，大秦"东南通交趾，又水道通益州，永昌郡多出异物"。这证明三国时商贾行经"南至海上道"已较普遍，此道在三国之前已存在。

　　汉朝在西南夷地区设治，对金属制品的需求明显增长。《华阳国志校注》卷四《南中志》载："益州西部（按：指今云南大理白族自治州和保山市怒江以东之地），金银宝货之地，居其官者，皆富及十世。"该书还称永昌郡出产黄金、光珠、铜、锡。《后汉书》卷八十六《南蛮西南夷列传》称永昌郡"出铜、铁、铅、锡、金、银、光珠"等物。又，东汉人王充云："永昌郡中亦有金焉，纤靡大如黍粟，在水涯沙中。民采得，日重五铢之金。一色正黄。"[2]

　　《华阳国志校注》卷四《南中志》称，永昌郡（治今云南保山）

---

[1]　参见方铁：《云南地区与邻国间的主要通道》，载陕西师范大学环发中心编：《历史地理学研究的新探索与新动向（004）》，三秦出版社，2008年，第114页。

[2]　黄晖：《论衡校释（附刘盼遂集解）》卷十九《验符篇》，中华书局，1990年，第839页。

有"蚕桑、绵绢、采帛、文绣","猩猩兽能言，其血可以染朱罽"。
"有梧桐木，其华柔如丝，民绩以为布，幅广五尺以还，洁白不受
污，俗名曰桐华布。以覆亡人，然后服之及卖与人。有兰干细
布——兰干，獠言纻也，织成文如绫锦。又有罽旄、帛叠……"《后
汉书》卷八十六《南蛮西南夷列传》说，哀牢地区"土地沃美，宜
五谷、蚕桑。知染采文绣，罽旄、帛叠，兰干细布，织成文章如绫
锦。有梧桐木华，绩以为布，幅广五尺，洁白不受垢污。先以覆亡
人，然后服之"。又言永昌郡的太守郑纯，要求哀牢夷"邑豪岁输布
贯头衣二领，盐一斛，以为常赋"。

永昌郡能织棉布（绵绢、帛叠）、丝绸（蚕桑）、纻麻布（兰干
细布）和羊毛布（朱罽、罽旄），纺织者即永昌郡的鸠僚与哀牢，
纺织品自用或出售，产量不会太少。有记载称纺织品幅宽达五尺，
洁白不受污，并可织出称为"文绣""绫锦"等复杂花纹的布匹品
种，或以动植物类原料对织物进行染色，可见永昌郡的纺织业已达
到较高水平。

三国时期，刘备占据益州（治今四川成都），控制南中（今云
贵、川西南地区）。刘备率军攻东吴失败，于章武三年（223）病死
于白帝城。越巂、益州、牂牁三郡相继脱离蜀汉，永昌郡（治今云
南保山）至蜀地的道路被阻断，大姓吕凯仍率军民闭境坚守。建兴
三年（225）春，诸葛亮率军征讨南中。他亲率主力攻越巂（今四川
西昌东南），派庲降都督李恢伐建宁（今云南曲靖西）。历时 11 个
月，诸葛亮平定南中。①

诸葛亮称赞吕凯忠于蜀汉，上表称："永昌郡吏吕凯、府丞王伉
等，执忠绝域，十有余年。雍闿、高定（元）逼其东北，而凯等守
义不与交通。臣不意永昌风俗敦直乃尔！"乃以吕凯为云南郡太
守。② 永昌军民有着浓厚的蜀汉情结。唐代永昌建有诸葛武侯城，

---

① 《华阳国志校注》卷四《南中志》，第 353 页。

② 〔晋〕陈寿撰，陈乃乾校点：《三国志》卷四十三《蜀志·吕凯传》，中华
书局，1959 年，第 1048 页。

"城中有神庙，土俗咸共敬畏，祷祝不阙。蛮夷骑马，遥望庙即下马趋走"①。时至今日，云南保山一带仍建有诸葛亮庙，祭祀香火不绝。

南征以后，蜀汉把统治南中（今云贵、川西南地区）的庲降都督的治所从平夷（今贵州毕节东）移至味县（今云南曲靖西），在味县驻扎重兵并屯田，味县成为今云南地区的政治经济中心。庲降都督李恢迁永昌郡（治今云南保山）的数千濮民，至今滇中一带的云南郡与建宁郡，"以实二郡"②。蜀汉还在永昌郡增设了一些新县。

两晋、南朝时期，今云南地区的道路建设虽无建树，但旧道仍可通行。刘宋大明二年（458）树立的《爨龙颜碑》称：大姓爨龙颜掌权时，"州土扰乱，东西二境，凶竖狼暴，缅戎寇场"。爨龙颜率5000人，"身伉矢石，扑碎千计，肃清边嵋"。③"缅戎"是位于永昌郡南面的民族。爨龙颜率众前往镇压，是为了维护"蜀身毒道"的安全。

隋初经营云南地区，重点是今滇东与滇中一带。开皇十七年（597），昆州刺史爨玩起兵反叛，隋将史万岁率兵进讨。史万岁的进军路线是由今四川进入云南地区，经弄栋（今云南姚安北）、大小勃弄（在今云南弥渡）抵洱海地区，④ 可见今滇西一带仍在爨氏大姓的控制之下。不久，隋朝放弃了云南地区。

二、南诏对西部、南部地区的经营

唐朝分天下为十道，以剑南道统领今云南地区。唐前期的百余年间，唐廷积极经营今云南地区的交通线。除"清溪关道""石门关道"⑤ 外，唐朝还重视建设西洱河（洱海出水河道，注入漾濞江）至天竺（今印度），以及交州（今越南河内）至安宁故城（在今云

---

① 《蛮书》卷六《云南城镇》。
② 《华阳国志校注》卷四《南中志》，第 435 页。
③ 《爨龙颜碑》，载《云南考古》（增订本），第 116 页。
④ 《隋书》卷五十三《史万岁传》，第 1354—1355 页。
⑤ 唐人称"灵关道"为"清溪关道"，称"五尺道"为"石门关道"。

南安宁）的道路。贞观二十二年（648），唐朝遣将领梁建方率兵平定松外蛮叛乱，以确保"西洱河至天竺道"的安全。① 永徽二年（651），位于今云南昆明至大理一带的白水蛮起事，唐朝遣大将赵孝祖率兵平定。② 南诏割据云南地区后，在"西洱河至天竺道"所经的永昌（今云南保山）驻扎其精兵的 1/3，③ 可见这条道路的重要性。

沿交州（今越南河内）至安宁故城（在今云南安宁）的道路，往北连接"西洱河至天竺道"，全程遂称"安南通天竺道"。贞元年间唐朝宰相贾耽，称"安南通天竺道"为唐朝的"入四夷七要道"之一，并叙述这条道路的走向：从交州至古涌步（今云南河口西北），经今屏边、蒙自、建水、晋宁至昆明，西行至南诏都城阳苴咩城（今云南大理西北），经永昌至诸葛亮城（在今云南保山西隅、高黎贡山东坡），此后分两道，一条道路经些乐城（在今云南芒市）、骠国（在今缅甸伊洛瓦底江流域）至东天竺迦摩缕波国（在今印度阿萨姆邦西部高哈蒂及其附近），另一条道路往西至丽水城（在今缅甸克钦邦伊洛瓦底江东岸达罗基）、安西城（在今缅甸莫冈附近），进抵个没卢国（在今印度阿萨姆邦西部高哈蒂及其附近）。④ 贾耽所言"安南通天竺道"通行所经，为贞元十年（794）唐朝、南诏和好之后的情形。⑤

7 世纪下半叶，吐蕃自青藏高原南下洱海地区，"西洱河至天竺道"的安全受到威胁。唐廷招徕洱海地区诸蛮，与吐蕃势力展开争夺。在洱海地区的诸诏中，唐朝扶植与自己关系密切的蒙舍诏，支

---

① "西洱河至天竺道"即前代的"蜀身毒道"。
② 《资治通鉴》卷一百九十九《唐纪十五》，永徽二年八月，第 6275 页。
③ 《蛮书》卷六《云南城镇》。
④ 《新唐书》卷四十三下《地理志七下》，第 1152 页。据学者考证，迦摩缕波国、个没卢国实为一地。
⑤ 贾耽称由晋宁驿行 80 里至拓东城，又行 80 里至安宁故城。拓东城为南诏割据后所建。贾耽既详述"安南通天竺道"全程，又言及拓东城，可知所述为贞元十年以后的情形。

持其统一洱海地区，组织诸部抗御吐蕃势力。唐朝的这一做法取得了明显效果，蒙舍诏（南诏）由此崛起。南诏控制今滇东地区后，与唐朝的矛盾逐渐激化。天宝九载（750），南诏突袭并攻下姚州都督府驻地姚州（今云南姚安北），与唐朝的关系破裂。唐朝三次出兵征讨失败，云南地区遂被南诏控制。

南诏除北上进攻唐朝辖地外，还通过云南西部对中南半岛积极用兵。唐肃宗、德宗、文宗在位的三个时期，是南诏向外发展的高潮时期。肃宗时，云南王阁罗凤在盛逻皮置拓南城（今云南永德东北）的基础上，"西开寻传"，对征服地区慑之以威、喻之以辞，永昌以西的寻传蛮与祁鲜山（今缅甸北部甘高山）地区的裸形蛮等部落均被收服。① 南诏在寻传地区"择胜置城"，以为镇守。南诏在辖区设置统治机构八节度、二都督，位于西部的有云南节度（治今云南祥云东南）、永昌节度（治今云南保山）、宁北节度（治今云南洱源东南）、镇西节度（治今缅甸曼冒）、开南节度（治今云南景东东南）、银生节度（治今云南景东）。②

唐德宗时，异牟寻从吐蕃手中夺取今剑川、鹤庆、丽江等地，并进兵今云南南部的临沧、西双版纳等地，征服茫蛮诸部落，于云南南部设置银生节度（治今云南景东）。后来又征服茫天连诸部，并派兵2万出征女王国（在今泰国北部南奔府），虽遭失败未能建立统治，但亦将南诏南部的疆界推进至与女王国接壤的地区。唐文宗时，南诏再度出兵骠国（在今缅甸伊洛瓦底江流域），掳其众3000余人以归。南诏还攻破弥诺国（在今缅甸伊洛瓦底江与钦敦江汇合处一带）、弥臣国（在今缅甸伊洛瓦底江口），劫其金银，虏其民数千人送金沙江淘金。南诏又进攻昆仑国（在今缅甸南部萨尔温江口附近），遭到顽强抵抗，饿死10000余军士，大败而回。南诏还攻击水真腊（今柬埔寨和越南南部地区以及泰国的一部分）与陆真腊（在

---

① 《南诏德化碑》，载《云南考古》（增订本），第161页。
② 《蛮书》卷六《云南城镇》。

今老挝巴色），军至大海无法舟渡，于是"怅然收军却回"。①

　　南诏多次攻入中南半岛南部，但未能建立有效的统治。南诏政权南部的疆界，大体在今缅甸、老挝、泰国与越南的西北部。《新唐书》卷二百二十二上《南蛮传上》言南诏管控的范围："东南属交趾，西摩伽陀，西北与吐蕃接，南女王，西南骠。"

　　在西部、南部拓展之地，南诏设置了不少统治机构与据点，派遣官吏进行管理，其对边疆重视与统治深入的程度，远超汉、唐两朝。南诏的这一举措，对加深云南腹地与边疆地区的联系，并通过这些地区扩大与邻邦的交往，具有重要的意义。

　　在南诏的西部、南部地区，居住着乌蛮、白蛮以外的其他民族。对这些本地民族，南诏进行较宽松的统治，或仅遥相羁縻，出征时召为前锋。南诏还把西部、南部地区的一些本地民族迁至农业地区，使其参加经济开发、治安维护一类的活动。

　　宋熙宁七年（1074），峨眉进士杨佐奉北宋政府之命，赴大理国联系买马。杨佐一行在今云南祥云见到里堠碑，"题东至戎州，西至身毒国，东南至交趾，东北至成都，北至大雪山，南至海上"②。里堠碑刻记的"西至身毒国""南至海上"两条道路，均经由云南西部通往中南半岛地区，为沿袭南诏之旧。

　　南诏的都城阳苴咩城（今云南大理西北），是我国南部与中南半岛间道路的中转站。南诏在寻传地区（今澜沧江上游以西至伊洛瓦底江上游以东地区）设治后，"西洱河至天竺道"的通行更为方便，通过此道，南诏与今缅甸等地保持着密切联系。《新唐书》卷二百二十二下《南蛮传下》言：骠国"地亦与波斯、婆罗门接，距西舍利城二十日行。西舍利者，中天竺也"。《蛮书》卷十《南蛮疆界接连诸蕃夷国名》载，大秦婆罗门国，距阳苴咩城约40日程，"蛮王善之，街（往）来其国"。小婆罗门国，与骠国及弥臣国接界，在永昌以北74日程，"蛮夷善之，信共（通其）国"。

---

① 《蛮书》卷三《六诏》、卷十《南蛮疆界接连诸蕃夷国名》。
② 《续资治通鉴长编》卷二百六十七，熙宁八年八月，第6540—6541页。

近数十年，在滇国的墓葬及与之相连的四川、贵州地区东周时期的墓葬，有不少海贝出土。经鉴定，这些海贝大都产于缅甸与印度的南部海岸。可见大理国时期，"南至海上道"仍是重要的国际商道。宋人吴曾说："大秦国多瑑琳、琅玕、明珠、夜光璧，水道通益州永昌郡，多出异物。"①

总而言之，南诏对西部、南部地区的积极经营，改变了唐朝前期对这一地区经营不足的状况，有利于形成云南西部地区以洱海地区为中心，向周边渐次拓展的地缘政治格局，也为蒙元平定大理国后，以洱海地区、滇池地区为中心建立云南行省准备了条件。南诏对西部、南部地区的有效经营与积极开发，是南诏统治的一大亮点。

在南诏以前，历代王朝在云南统治的范围，并不包括今云南的西南部、南部以及中南半岛的北部。东汉在今云南保山设永昌郡，所设郡县主要在今云南大理、保山一带，对今云南的西南部、南部以及中南半岛的北部的管控，仅羁縻而已。南诏两次对今云南的西南部、南部以及中南半岛北部用兵，并在这些地区广泛设置城堡，将其纳入自己的有效管控范围，这是一个重要贡献。元朝在今云南的西南部、南部以及中南半岛的北部普遍设治，便是以南诏的经营为基础。

第三节　南诏对北部的经营

南诏的北部，指今云南北部以及大渡河以南被南诏控制的川西南地区。中原王朝经营今云南等地，一个重要目的是开通自蜀地经今云南、缅甸至印度等地的道路，以便利边陲势力朝贡及收集远方的珍奇异物。西汉首倡其事，并历代相沿，至唐代前期仍不稍衰。自成都过大渡河进入云南地区的"灵关道"（唐代称"清溪关

---

① 〔宋〕吴曾：《能改斋漫录》卷七《事实》，守山阁本。

道"），因经过今云南北部与川西南地区，受到汉、唐诸朝的重视，同时对南诏在北部地区的经营，也产生了深远的影响。

一、前朝、唐前期对北部地区的经营

西汉建元六年（前135），闽越进攻南越，大行王恢受命出击闽越，番阳令唐蒙奉命喻晓南越。唐蒙在番禺（今广东广州）亲睹产自蜀地（今四川盆地）的枸酱，归长安后询问蜀贾得知，枸酱为经夜郎地区之牂牁江（今北盘江）运来，乃建言开夜郎通道，以备将来出兵袭击南越，武帝许之。① 司马相如亦称："邛筰、冉駹者近蜀，道亦易通，秦时尝通为郡县，至汉兴而罢。"② 另据《汉书》卷二十八下《地理志下》所载，秦朝"西南有牂柯、越巂、益州，皆宜属焉"。可见秦朝的势力曾至今川西南等地。武帝以司马相如为中郎将，令其在邛筰、冉駹之地置一都尉十余县，隶于蜀郡（治今四川成都），由成都至邛都（今四川西昌东南）的秦代旧道得以复通。

元狩元年（前122），汉臣张骞出使大夏（今阿姆河上游南北两岸地）归来，称在大夏见到来自蜀地（今四川盆地）的蜀布与邛竹杖，大夏人告之购自身毒（今印度）。张骞推测有道路自蜀地经西南夷（指今云贵、川西南地区）、身毒辗转至大夏，并说由羌中道路出使大夏甚险，若走蜀至身毒的道路近且无寇，大宛及大夏、安息等国"多奇物"，其北之大月氏、康居之属"可以赂遗设利朝"，武帝乃复事西南夷，遣使者自犍为郡（治今云南盐津东）四道并出，寻觅通往身毒的道路，为冉駹、氐、筰、巂与昆明等部落所阻。③

元鼎五年（前112），西汉第三次经营西南夷（指今云贵、川西南地区）。其年南越反，汉遣五路兵击之。其中一路兵发自巴蜀，过犍为（今云南盐津东），经夜郎沿牂牁江（今北盘江）趋番禺（今广东广州）。南越既平，汉军原路返回，诛反抗征兵之且兰部落，平

---

① 《史记》卷一百一十六《西南夷列传》，第2993—2994页。
② 《史记》卷一百一十七《司马相如列传》，第3046页。
③ 《史记》卷一百二十三《大宛列传》，第3166页。

夜郎之地设牂牁郡，治故且兰（今贵州黄平、贵定二县间）。汉军又杀邛君、笮侯，冉駹等部震恐，请求置吏，汉遂于邛都置越嶲郡，治邛都（今四川西昌东南）；于笮都置沈黎郡，治笮都（今四川汉源东北）；在冉駹置汶山郡（治今四川茂县北），于广汉置武都郡（治今甘肃西和西南），乃在今川西南及其以北地区设郡县。司马迁称，武帝置益州、越嶲、牂牁、沈黎、汶山诸郡，"欲地接以前通大夏"①，指出武帝用兵西南夷并置益州诸郡，是为打通蜀地至大夏（今阿姆河上游南北两岸地）的道路。

自元封六年（前105）郭昌奉命征昆明部落，武帝联合滇国继续用兵，终于打败抢劫汉朝使者的嶲、昆明，将嶲、昆明活动的区域并入益州郡（治今云南昆明市晋宁区东）。汉军还击败活动在今云南西部的哀牢夷，开通经永昌（今云南保山）渡兰沧水（今澜沧江）至今缅甸的"博南山道"。"灵关道"为"博南山道"延至成都的重要路段，所经的今云南北部、川西南地区深受统治者重视。

"灵关道"的走向为自成都南下，沿途经临邛（今四川邛崃）、严道（今四川荥经）、旄牛（在今四川汉源南、大渡河南岸）、邛都（今四川西昌东南）、会无（今四川会理）、弄栋（今云南姚安北）、云南（今云南祥云东南）、嶲唐（今云南云龙西南）等地至不韦（在今云南保山市隆阳区金鸡村），前行可至今缅甸北部。由云南中部南下的道路，即西汉所称之"博南山道"，因途经位于今云南永平西南的博南山而得名。②

武帝前期，司马迁奉旨出使巴、蜀以南之地，亲履今四川西昌、汉源一带，后根据见闻在《史记》中记述了西南夷。西南夷既指今云贵、川西南地区与四川西部等地，也指在这一区域活动的族群。司马迁所言西南夷的族群，滇在今云南滇池地区，夜郎在今贵州与滇东一带，邛都在今四川西昌地区，嶲、昆明在今云南大理、保山一带，徙、笮在今四川天全、汉源一带，冉駹在今四川阿坝地区，

① 《史记》卷一百二十三《大宛列传》，第3171页。
② 《华阳国志校注》卷四《南中志》，第427页。

白马居今甘肃南部与今四川相连的地带。可见两汉时的西南夷，包括今云南西部、川西南及其以北一些地区的族群。司马迁所言"西南夷"的地域范围确有所指，与这一区域为嶲、昆明从今甘青地区南下，且汉初迁徙活动十分活跃有关。这一区域即现今学人所称之"川西藏缅语民族走廊"。

先秦至西汉前期，从甘青地区沿青藏高原东端南下的嶲、昆明等游牧部落，从今川西与滇西北向东面、南面作渗透式扩散，活动在今川西一带的嶲、昆明部落迁入今西昌等地。一些嶲、昆明部众进入滇国的势力范围，与滇国及其支持者西汉发生激烈的战争，后被彻底打败。嶲、昆明的大部分人口被迫接受益州郡（治今云南昆明市晋宁区东）的统治，其余部分则辗转进入今滇东、黔西一带的山区。

西汉与滇国对嶲、昆明的战争获胜，打断了嶲、昆明等游牧部落从甘青地区沿青藏高原东端南下进入今川西南与滇西等地的迁徙进程。西汉中期以后，嶲、昆明等部落的迁徙活动少见于记载。两晋、蜀汉时期，属于蜀地管辖的二级行政区宁州、南中，从所设郡县的情形来看，仅指今云贵、川西南地区与川西南一带，不再包括川西南以北的地区，这说明嶲、昆明等游牧部落从甘青地区南下的迁徙活动逐渐中止，相关区域不再为中原王朝所关注。

即便如此，因"灵关道""博南山道"日显重要，这两条道路所经之今云南西部与川西南地区，仍然是历朝经营的重点。

东汉建立，继承西汉经营西南夷（指今云贵、川西南地区）的方略，即沿袭蜀郡（治今四川成都）对西南夷的行政隶属关系，以及确保"灵关道""五尺道"的畅通，同时重视保护"蜀身毒道"。哀牢夷是"蜀身毒道"上重要的地方势力。西汉武帝对哀牢夷用兵，致使哀牢夷转衰，并初通了"博南山道"。在此基础上，东汉招降哀牢夷，彻底解决了影响"博南山道"安全的问题。

魏晋时期上述道路保持畅通。因不断有货物从身毒及身毒以西地区运抵永昌（今云南保山），人称永昌为富足之地。《三国志》卷三十《魏书·乌丸鲜卑东夷传》说："大秦道既从海北陆通，又循海而南，与交趾七郡外夷比，又有水道通益州、永昌，故永昌出异物。"《华阳国志校注》卷四《南中志》称，永昌郡有"黄金、光珠、虎魄、翡翠、孔雀、犀、象、蚕桑、绵绢、采帛、文绣"，"又有罽旄、帛叠、水精、琉璃、轲虫、蚌珠。宜五谷，出铜锡"。在云南永平以西"博南山道"所经的澜沧江渡口，蜀汉曾建竹索吊桥，至唐代，穿索石孔仍存。[①]

建兴三年（225），诸葛亮率军征讨云南反叛势力，击败越巂郡夷帅高定元。此后越巂郡（治今四川西昌东南）"叟夷数反"。越巂郡太守不敢驻治邛都（今四川西昌东南），而移驻至距邛都甚远的安上县（今四川屏山西南）。"灵关道"经邛都（今四川西昌东南）至成都，既平且近"自旄牛绝道，已百余年，更由安上，既险且远"。蜀汉任命骁将张嶷为越巂郡太守。张嶷进讨骁劲的北徼捉马部落，擒其渠帅魏狼，奏准封魏狼为邑侯，"诸种闻之，多渐降服"。又诛杀降而复叛的苏祁邑君冬逢及其弟隗渠，夺取盛产盐铁与漆的定莋（今四川盐源）。汉嘉旄牛夷首领狼路接受招降，张嶷与之盟誓，"开通旧道，千里肃清，复古亭驿"。[②] 隔绝百余年的"灵关道"得以恢复。

中原王朝积极经营今云南北部与四川西南部，产生了深远影响。建武十三年（37），广汉徼外的白马羌豪率众内属。永初元年（107），永昌徼外的焦侥种夷3000余人内属。元初三年（116），越巂郡的徼外夷大羊等8种，共16万余人"慕义内属"。边疆各族规模较大的一次内属，发生在永平十七年（74）。经益州刺史朱辅招徕，居于汶山以西"前世所不至"的白狼、槃木等百余部落，"举种奉贡，称为臣仆"。白狼王还献诗三章。朱辅令习晓其言的犍为郡掾田恭翻译，令人护送白狼王等入朝觐见。[③]

唐朝对云南地区的经营，以安史之乱后南诏脱离唐朝的控制为

---

① 《蛮书》卷二《山川江源》。
② 《三国志》卷四十三《蜀书·张嶷传》，第1052—1053页。
③ 《后汉书》卷八十六《南蛮西南夷列传》，第2855页。

界，大致可分为唐朝有效统治云南地区的前 130 余年，以及云南地区被南诏割据的 150 余年两个阶段。在前一阶段，唐朝十分重视经营今云南北部地区。

"清溪关道"是云南联系西川（今四川成都及其附近地区）的重要交通线。唐人高适说："剑南虽名东西两川，其实一道。自邛关、黎、雅，界于南蛮（按：指南诏）也。"① 高适认为"清溪关道"的重要性远超"石门关道"，甚至称"其实一道"。为保护"清溪关道"及延续南下的路段"西洱河至天竺道"，切实加强对云南西部的控制，麟德元年（664），唐改姚州为姚州都督府，下辖 57 处羁縻州，② 范围包括今云南西部与缅甸东北的部分地区。唐朝在这一区域设治之密超过两汉。天宝九载（750），南诏与唐朝决裂，攻据姚州都督府驻地姚州城（今云南姚安北），夺据 32 处羁縻州，唐廷毅然出兵。南诏乞求许可自新，愿重修被拆毁的姚州城，唐朝仍三次遣军征讨，可见姚州都督府战略地位之重要。南诏自立后，亦重视经营"西洱河至天竺道"，其精锐部队约三成的兵力，驻扎在该道所经的重镇永昌（今云南保山）。③

唐代"清溪关道"数度兴衰。唐朝与南诏失和前，"清溪关道"为云南联系西川（今四川成都及其附近地区）的主要交通线。太宗时梁建方率兵击松外叛蛮，"以通西洱、天竺之道"④。神龙三年（707），唐九征率军击姚州叛蛮，亦行经"清溪关道"。景云元年（710），姚州诸蛮联合吐蕃攻杀唐朝摄监察御史李知古，相率反叛，"姚、嶲路（即"清溪关道"）绝，连年不通"⑤。天宝年间，唐将鲜于仲通、李宓两次率唐军征讨南诏，均走"清溪关道"。南诏击败唐军，因"越嶲会同，谋多在我"，遂攻取越嶲（今四川西昌东

① 《旧唐书》卷一百一十一《高适传》，第 3329 页。
② 《旧唐书》卷九十一《张柬之传》，第 2941 页。
③ 《蛮书》卷六《云南城镇》。
④ 《资治通鉴》卷一百九十九《唐纪十五》，贞观二十二年四月，第 6255 页。
⑤ 《资治通鉴》卷二百一十《唐纪二十六》，景云元年十二月，第 6661 页。

南），逼降会同（今四川会理北），亦有控制"清溪关道"方面的考虑。① 此后，南诏与吐蕃数次联手进攻西川，唐朝、南诏在大渡河两岸对峙，数十年间"清溪关道"不可通行。

唐朝、南诏关系友好时，"清溪关道"得到了良好的维护并保持畅通。贞元十年（794），异牟寻与唐朝重叙旧好。次年，西川（今四川成都及其附近地区）唐军攻拔被吐蕃控制的罗山地区，并置兵驻守，"邛南驿路"由此开通。后来，剑南西川节度使韦皋复开"清溪关道"，"以通群蛮，使由蜀入贡"②。此后的数十年间，南诏贵族子弟赴成都求学，走的也是"清溪关道"。

据《蛮书》卷一《云南界内途程》所载，自成都府至南诏都城阳苴咩城（今云南大理西北），共有 2720 里。其中由成都至嶲州俄准岭（今四川德昌南）有 30 驿，为唐剑南西川节度使管辖的地界，唐差军队镇守，并遣官吏、军将专掌驿务。唐朝管辖地界的驿为：二江驿、三江驿、延贡驿、临邛驿、顺城驿、百丈驿、顺阳驿、延化驿、管长贲关、奉义驿、南道驿、汉昌驿、潘仓驿、黎武城、白土驿、木筤驿、望星驿、清溪关、大定城、达士驿、新安城、菁口驿、荣水驿、初里驿、平乐驿、苏祁驿、三阜城、沙野城、俭浪驿、俄准岭。

从嶲州俄准岭（今四川德昌南）南下至阳苴咩城（今云南大理西北）为南诏辖地，计有 1054 里，共设以下 19 驿：菁口驿、芘驿、会川镇、目集馆、河子镇、泸江、末栅馆、伽毗馆、清渠铺、藏傍馆、阳褒馆、弄栋城、外弥荡驿、求赠馆、云南城驿、波大驿、渠蓝赵馆、龙尾城，乃至阳苴咩城。③《蛮书》所载为异牟寻与唐朝修好时的情形，因其言西川（今四川成都及其附近地区）、南诏的分界在嶲州俄准岭。俄准岭与太和三年（829）南诏大将王嵯巅对西川发动突然袭击，攻入成都所经之大渡河相距 14 驿，共 800 里。另据

---

① 《南诏德化碑》，载《云南考古》（增订本），第 160 页。

② 《资治通鉴》卷二百四十九《唐纪六十五》，大中十三年十二月，第 8078 页。

③ 《蛮书》卷一《云南界内途程》。

《新唐书》卷二百二十二上《南蛮传上》所载，贞元十六年（800），吐蕃谋袭南诏，剑南西川节度使韦皋与异牟寻相约：南诏有急，唐朝则进军相援，"过俄准添城者，南诏供馈"。可见俄准岭是贞元十年南诏与唐朝和好后的分界。《蛮书》卷一《云南界内途程》称"清溪关道"诸驿完备，道路畅通，是这一时期"清溪关道"通行盛况的反映。

二、南诏对北部地区的经营

安史之乱后，内忧外患接踵而至，唐廷穷于应付。天宝战争后云南地区被南诏控制，唐朝无法涉足云南地区的交通建设。贞元十年（794），剑南西川节度使韦皋整修"石门关道"，并置少量驿馆，也仅限于唐军可能涉足的区域。唐朝不可能染指南诏管控的地区，包括今云南北部与川西南的大部分地带。云南北部控制权的转换，经历了从唐朝至南诏的演变过程。

天宝年间南诏与唐朝决裂转与吐蕃结盟，控制了大渡河以南的大部分地区。在这一时期，南诏开辟被称为"北至大雪山道"的新道。"北至大雪山道"的走向，是从今云南大理经丽江入四川，过今康定、天全、雅安至成都，或经今云南丽江进抵西藏拉萨。永隆元年（680）以前，唐剑南节度使募兵，于茂州（今四川茂县北）西南筑安戎城，"以断吐蕃通蛮之路"。吐蕃以生羌为向导攻陷此城，置之以兵，"由是西洱诸蛮皆降于吐蕃"。[①] 这是吐蕃与洱海地区有交通往来的较早记载。

吐蕃崛起后，向东面、南面不断扩张。吐蕃势力南下进入洱海地区及巂州以西的区域，引起唐朝的忧虑。唐廷招徕上述地区的诸蛮与吐蕃展开争夺。在吐蕃南下洱海地区所经的浪穹州（今云南洱源），渠帅傍时昔等25部降附吐蕃，后于永昌元年（689）复归于唐。在唐朝与吐蕃的争斗中，洱海地区诸蛮或叛或附。唐摄监察御史李知古击败洱河蛮并接受投降，但又征其赋徭，取其子女为奴婢，

---

① 《资治通鉴》卷二百二《唐纪十八》，永隆元年七月，第6396页。

诸蛮相约反叛，浪穹诏主傍时昔引吐蕃攻杀李知古。这一次反叛波及越嶲以南的地区，姚嶲路由是连年不通。[①] 神龙三年（707），唐廷派姚嶲道讨击使唐九征率兵击姚州叛蛮，拆毁吐蕃架于漾、濞二水的铁索桥与附近城堡，俘虏3000余人，铸铁柱以纪功。[②]

远征唐军撤回，吐蕃势力卷土重来。唐朝乃扶持南诏，统一洱海地区并率诸部抗拒吐蕃。因吐蕃势力未能进入洱海盆地，"北至大雪山道"由此断绝。吐蕃以浪穹（今云南洱源）为据点，占据浪穹以北的地区，浪穹以南的洱海盆地被南诏控制。据《南诏德化碑》所载，首次天宝战争时，阁罗凤遣首领杨利等至浪穹，向吐蕃御史论若赞求援，论若赞分师入救，[③] 可见吐蕃控制范围的南端在浪穹。

天宝战争后，为彻底拔除唐朝在云南北部等地的据点，南诏、吐蕃合兵扫荡嶲州中都督府。越嶲（今四川西昌东南）被攻破，会同（今四川会理北）唐军投降；南诏夺取大量的人口、牲畜及各类物资，"子女玉帛，百里塞途，牛羊积储，一月馆谷"。次年唐朝夺回越嶲，以杨廷琎为都督，兼领台登（在今四川冕宁县南泸沽镇）。南诏、吐蕃联军攻占越嶲与台登，进而攻下邛部（今四川越西北）。[④] 大渡河两岸乃为唐朝、南诏、吐蕃所分据。南诏攻占清溪关（今四川汉源西南），[⑤] 势力进抵大渡河南岸。吐蕃则以"抵剑南西界磨些诸蛮、大渡水西南"为边界，[⑥] 以铁桥与浪穹为据点，在铁桥一带设神川都督，在浪穹遣御史镇守，并获得南诏的援手，与大渡河北面的唐军相对峙。

大历十四年（779），阁罗凤卒。子凤伽异早死，孙异牟寻继为南诏王。南诏与吐蕃经常联手，经今云南北部攻扰唐朝的辖地。是

① 《资治通鉴》卷二百一十《唐纪二十六》，景云元年十二月，第6661页。
② 《旧唐书》卷七《中宗纪》，第144页。《新唐书》卷二百一十六上《吐蕃传上》，第6081页。
③ 《云南考古》（增订本），第159页。
④ 《南诏德化碑》，载《云南考古》（增订本），第160页。
⑤ 《新唐书》卷二百二十二上《南蛮传上》，第6271页。
⑥ 《旧唐书》卷一百九十六下《吐蕃传下》，第5247页。

年十月，南诏、吐蕃合兵20余万大举攻唐。唐右神策都将李晟率军重创吐蕃、南诏军，吐蕃、南诏军死者八九万人。吐蕃悔怒，杀诱导使者，异牟寻惊惧，迁都阳苴咩城（今云南大理西北）。吐蕃改封南诏为"日东王"，① 南诏地位从吐蕃的兄弟之邦降为藩属之国。

南诏、吐蕃日久生隙，南诏不断感受到吐蕃的欺压。对吐蕃扼守"北至大雪山道"的神川都督府（在今云南剑川、维西一带），南诏深为痛恨，欲除之而后快。贞元十年（794），唐朝巡官崔佐时携诏书至阳苴咩城（今云南大理西北），与异牟寻盟誓于玷苍山神祠，达成南诏归唐的协议。② 异牟寻主动提出归唐之后，"（南诏）尽收复铁桥为界，归汉旧疆宇"③。

贞元十年（794），吐蕃、回纥为争北庭大战，吐蕃向南诏征兵万人。异牟寻遣5000人前行，自率数万人"蹑其后"，突然袭击吐蕃神川都督府（在今云南剑川、维西一带），夺取铁桥等16城，俘虏吐蕃5王，降其众10余万人。异牟寻遣使献捷，随后又派弟凑罗栋等入朝献地图、土贡及吐蕃所颁金印，"请复号南诏"。德宗以尚书祠部郎中兼御史中丞袁滋为册南诏使，赐南诏刻文"贞元册南诏印"的银窠金印。在欢迎宴会上，异牟寻跪受唐使所赐册印，双方的友好关系宣告恢复。④

南诏弃吐蕃归唐后，吐蕃的力量明显遭到削弱。韦皋、异牟寻先后组织了几次较大的战役，给吐蕃以沉重的打击。贞元十一年（795），南诏攻取吐蕃占据的昆明城（今四川盐源东北）。贞元十七年（801），韦皋率唐军过大渡河深入吐蕃界，嶲州经略使陈孝阳等率兵4000人进攻昆明城、诺济城，破吐蕃16万众，攻拔吐蕃7城、5军镇，焚堡150处，斩首、捕虏1万余人，乃围维州（今四川理县

---

① 《资治通鉴》卷二百二十六《唐纪四十二》，大历十四年十月，第7271—7272页。

② 《资治通鉴》卷二百三十四《唐纪五十》，贞元十年正月，第7552页。

③ 《蛮书》卷十《南蛮疆界接连诸蕃夷国名》。

④ 《资治通鉴》卷二百三十四《唐纪五十》，贞元十年正月，第7552页。《新唐书》卷二百二十二上《南蛮传上》，第6274页。

东北），并擒获率兵来解维州之围的吐蕃内大相论莽热。① 异牟寻
"虏获尤多"，德宗诏加韦皋检校司徒兼中书令，并遣中使慰抚异
牟寻。② 韦皋重开"清溪关道"，以便南诏入贡。韦皋还为充质的南
诏子弟在成都开办学校，教以书数，"业成则去，复以他子弟继
之"③。

　　南诏也得到了对外扩张的机会。在与吐蕃的战争中，南诏夺取
原本受吐蕃神川都督府管控的今云南剑川、维西一带，攻下吐蕃的
重要据点昆明城（今四川盐源东北），控制了雅砻江以西、金沙江以
北的广大地区。在贞元十年（794）至元和三年（808）异牟寻去世
前的 10 余年间，南诏、唐朝合力与吐蕃作战，取得了不少战果。南
诏、唐朝联军一度追击吐蕃兵至大渡河以北。南诏把吐蕃军队赶出
今云南北部与川西南，在军事上是一个重要的胜利。

　　活动在今云南北部与川西南地区的诸部落，长期摇摆于吐蕃、
南诏之间，西山松州（今四川松潘）生羌乃被南诏称为"两面羌"。
南诏痛恨诸部族之反复无常，攻下上述地区后，将这些部族迁往他
地安置。据《蛮书》卷四《名类》所载，原居铁桥西北大施赕、小
施赕与敛寻赕一带的施蛮、顺蛮，由吐蕃封为王。贞元十年（794）
南诏攻下其地，俘施蛮首领寻罗及其宗族，移置于蒙舍城（在今云
南巍山）；又俘虏顺蛮首领傍弥潜及其宗族，置于云南白崖（在今云
南弥渡县红岩镇），顺蛮部落的百姓，"则散隶东北诸川"。居住铁桥
北面的还有本属汉人的裳人。南诏攻破铁桥城获裳人数千户，亦移
之云南（今云南祥云东南）东北诸川。南诏攻破吐蕃城邑，俘获的
部落中有弄栋蛮，南诏将之迁至永昌（今云南保山）一带。

　　南诏在铁桥以南置官守，以加强对这一地区的统治。南诏在洱
海以外的辖地设六节度、二都督，下辖一些城堡或郡。位于今云南

---

① 《旧唐书》卷一百九十六下《吐蕃传下》，第 5259 页。
② 《资治通鉴》卷二百三十六《唐纪五十二》，贞元十七年十月，第 7598 页。
③ 《资治通鉴》卷二百四十九《唐纪六十五》，大中十三年十二月，第 8078
　页。

北部与川西南的官府, 有宁北节度 (治今云南洱源东南)、① 会川都督 (治今四川会理)。宁北节度下统宁北城、谋统郡 (治今云南鹤庆)、铁桥城 (在今云南玉龙纳西族自治县西北塔城乡)、聿赍城 (今云南德钦南)、敛寻城 (在今云南维西)、傍弥潜城 (今云南剑川西南)、牟郎共城 (在今云南兰坪)、香城郡 (治今四川盐源)、松外城 (今四川盐边西北)。会川都督 (又称 "清宁郡"),② 管辖会川州 (治今四川会理西)、建昌府 (治今四川西昌)、诺赕等赕。贞元十年 (794), 南诏夺取吐蕃驻守的铁桥城 (在今云南玉龙纳西族自治县西北塔城乡), 后称 "铁桥节度"。③ 南诏攻下越嶲 (今四川西昌东南), 于其地设建昌府, "以乌、白二蛮实之"④。至于唐前期在今云南北部与川西南所置的城市, 则大都被南诏破坏。姚州 (今云南姚安北) 原在东岩山上, 被南诏攻破拆毁, 当地百姓皆移隶远处。之后, 南诏于川中平岩新筑弄栋城, "管杂蛮数部落, 悉无汉人"⑤。

元和三年 (808), 异牟寻卒。子寻阁劝立。次年寻阁劝卒, 幼子劝龙晟嗣继。元和十一年 (816), 弄栋节度使王嵯巅杀死劝龙晟, 立其弟劝利为南诏王, 大权落入王嵯巅手中。⑥ 太和三年 (829), 南诏以诛唐朝虐帅杜元颖为由, 以唐成卒为向导大举进攻西川 (今四川成都及其附近地区), "边城一无备御"。南诏连据嶲州 (今四川西昌)、戎州 (今四川宜宾)、邛州 (今四川邛崃)。唐廷发兵抵御。南诏兵分三路, 西路攻陷黎、雅等州, 东路攻入梓州 (今四川三台) 西郭, 中路由王嵯巅率领攻据成都西郭。退兵时, "大掠子女、百工数万人及珍货而去"。⑦ 南诏进攻西川之役, 标志南诏、唐

---

① 南诏后将宁北节度移至剑川 (今云南剑川南), 改称 "剑川节度"。
② 《元史》卷六十一《地理志四》, 第 1474 页。
③ 《蛮书》卷六《云南城镇》。
④ 《元史》卷六十一《地理志四》, 第 1471 页。
⑤ 《蛮书》卷六《云南城镇》。
⑥ 《资治通鉴》卷二百三十九《唐纪五十五》, 元和十一年二月, 第 7721—7722 页。
⑦ 《资治通鉴》卷二百四十四《唐纪六十》, 太和三年十一月、十二月, 第 7867—7868 页。

朝间和平局面的结束。

咸通十年（869），南诏倾全力进攻蜀地，在大渡河为唐军所阻，遂越雪山至沐源川（今岷江支流沐川河），攻下嘉州（今四川乐山），随后攻下黎州（今四川汉源北）、雅州（今四川雅安西）、邛州（今四川邛崃），进抵成都城下。因守城唐军顽强抵抗，南诏军退守嶲州（今四川西昌）。乾符元年（874），南诏再攻西川（今四川成都及其附近地区），过大渡河进攻雅州，得知高骈调任剑南西川节度使后撤军。① 乾符四年（877），南诏王世隆卒，世隆子隆舜继立，遣使至邕州（今广西南宁南），向岭南西道节度使辛谠约和，僖宗诏许之。②

自世隆继为南诏王，南诏对唐地的进攻有增无减。连绵不断的战乱，给唐朝的社会经济造成了很大破坏。广明元年（880），卢携等宰相议南诏求和亲事并奏：“自咸通以来，蛮（按：指南诏）两陷安南、邕管，一入黔中，四犯西川，征兵运粮，天下疲弊，逾十五年。租赋太半不入京师，三使、内库由兹空竭，战士死于瘴疠，百姓困为盗贼，致中原榛杞，皆蛮故也。”③ 南诏也因战争频仍耗尽了国力，史称：“南诏酋龙（按：指世隆）嗣立以来，为边患殆二十年，中国为之虚耗，而其国中亦疲弊。”④

自太和三年（829）南诏进攻西川（今四川成都及其附近地区）以来，今云南北部与川西南地区就经常陷于战火，遭到了严重破坏，汉代至唐前期开创的今云南北部、川西南繁荣的局面，至此宣告结束。自太和三年至南诏灭亡，其间虽有贞元十年（794）后唐朝、南诏重归于好的数十年，“清溪关道”亦获开放，但在姚州事件发生至唐朝终结的 150 余年间，异牟寻归唐的时间不到 1/3。异牟寻死后不

---

① 《资治通鉴》卷二百五十二《唐纪六十八》，乾符元年十一月、十二月，第8172—8173 页。《新唐书》卷二百二十二中《南蛮传中》，第 6290 页。
② 《新唐书》卷二百二十二中《南蛮传中》，第 6291 页。
③ 《资治通鉴》卷二百五十三《唐纪六十九》，广明元年六月，第 8227 页。
④ 《资治通鉴》卷二百五十三《唐纪六十九》，乾符四年二月，第 8190 页。

久，唐朝、南诏再次失和，南诏多次进攻西川。为防范南诏的进攻，唐朝阻断了由云南北上的道路，与南诏以大渡河为分界，双方固守河流的两岸。南诏国王舜化贞继位，"遣使款黎州修好，昭宗不答"。① 可见唐末南诏遣使入西川，仅能至大渡河北岸的黎州（今四川汉源北）。

第四节　大理国对周边地区的经营

关于大理国统治的地域范围，现存资料不多。据《元史》卷六十一《地理志四》所载，蒙古宗王忽必烈率兵远征大理国，"凡收府八，善阐其一也，郡四，部三十有七"。宪宗五年（1255），随同忽必烈征大理国的大将兀良合台，"平大理五城八府四郡，泊乌、白等蛮三十七部"。② "八府四郡"是大理国在统治范围设置的行政区划，"乌白等蛮三十七部"指与大理国关系密切的东部地方势力，"五城"是蒙古军对大理国旧地五个区域的称呼。以此类记载为线索，可探知大理国经营周边地区的情形。

一、大理国对北部、西部、南部的经营

初步平定各地后，蒙古统治者在大理国旧地置"五城"。《元史》卷六《世祖纪三》称，至元四年（1267），世祖遣云南王忽哥赤镇大理、善阐、茶罕章、赤秃哥儿、金齿等处，此五地即兀良合台置兵戍守的"五城"。其中"大理"（又称哈剌章）在今云南大理、保山至楚雄一带，"善阐"（又称押赤）指今云南昆明、曲靖和玉溪等地，"茶罕章"辖今云南丽江、迪庆地区，"赤秃哥儿"指今

---

① 《资治通鉴》卷二百四十九《唐纪六十五》，大中十三年十二月，第8078页。《新唐书》卷二百二十二中《南蛮传中》，第6293页。

② 《元史》卷一百二十一《速不台传》附《兀良合台传》，第2980页。

贵阳以西的贵州西部，"金齿"包括德宏、西双版纳一带和缅甸东北部。

南诏在洱海地区设立"十睑"，作为腹心地区的行政统治机构，大理国仍保留这一建置。在其他接受统治的地区，大理国设立了一些府与郡。《元史》所称的大理国旧地"八府四郡"仅为概称，大理国先后设置的府、郡不止此数。

大理国时期、元初云南地区见于记载的府，主要有永昌府（治今云南保山）、腾冲府（治今云南腾冲）、谋统府（治今云南鹤庆）、建昌府（治今四川西昌）、会川府（治今四川会理西）、弄栋府（治今云南姚安北）、威楚府（治今云南楚雄）、最宁府（治今云南开远）、善阐府（治今云南昆明旧城南关外）、统矢府（治今云南姚安）。见于记载的郡则有：善巨郡（治今云南永胜北）、秀山郡（治今云南通海）、兰溪郡（治今云南兰坪）、胜乡郡（治今云南永平）、天水郡（治今云南大理市凤仪镇）。

从有关记载来看，上述府、郡是大理国所设的行政机构。《元史》卷六十一《地理志四》详细记载了元朝在大理国旧地及其附近地区的设治，从《元史》等史料的记载中，可探知大理国对周边地区经营的大致情形。

关于大理国的北部地区，《元史》卷六十一《地理志四》称，今楚雄一带历代无郡邑。阁罗凤占据云南等地，于今楚雄一带立郡县，"诸爨尽附"。"及段氏兴，银生隶姚州，又名当筋赕。及高升泰执大理国柄，封其侄子明量于威楚，筑外城，号德江城，传至其裔长寿。"可见威楚（今云南楚雄）在大理国的控制之下。《肇域志·云南》称姚州（今云南姚安北）为南诏阁罗凤所破，"终段氏为姚州"。北胜州（今云南永胜北），"大理段氏以高大惠治此赕"。《肇域志·云南》又说：丽江军民府，"南诏衰后，大理莫能有其地，乃磨些蛮蒙醋醋为酋长，世袭据之"。《元史》卷六十一《地理志四》言，泸州（今四川西昌西南）段氏于热水甸立城，"曰演笼，隶建昌"。会川路（治今四川会理南），天宝末没于南诏，立会川都督府，又号清宁郡，"至段氏仍为会川府"。北胜府（治今云南永胜北），异牟寻改名"善巨郡"。"段氏时，高智升使其孙高大惠镇此郡。后隶大理"。巨津州（在今云南玉龙纳西族自治县西北巨甸镇），"南诏居铁桥之南，西北与吐蕃接。今州境实大理西北陬要害地，么、些大酋世居之"。明代志书称：北胜州，"蒙氏立善巨郡，段氏为成纪镇"。丽江军民府，"为蒙氏所并。段氏以此为四镇之一"①。

据上述记载，在大理国的北部，从今云南中部往北，至今楚雄、姚安、永胜、丽江至四川的西昌、会理等地，均在大理国的统治之下。大理国于上述区域设置一些城、赕、府、州或镇作为统治据点。大理国对北部地区的统治，大致延续了南诏时期的情形，而且由于消弭了战乱，大理国对北部地区的统治相对有效。

大理国后期一些地方势力兴起，一些据点的实权逐渐转移至地方势力手中。《元史》卷六十一《地理志四》称，元代建昌路（治今四川西昌），南诏于其地立建昌府，"以乌、白二蛮实之。其后诸酋争强，不能相下，分地为四，推段兴为长。其裔浸强，遂并诸酋，自为府主，大理不能制"。南诏置会川都督（治今四川会理），徙张、王、李、赵、杨、周、高、段、何、苏、龚、尹 12 姓至此，以赵氏为府主。后赵氏弱，王氏据之。大理国时高氏专政，"逐王氏，以其子高政治会川"。此类情形并非个例。

巨津州（在今云南玉龙纳西族自治县西北巨甸镇）为"大理西北陬要害地"，北面为吐蕃控制的地区。唐代末年，吐蕃地区发生农民与奴隶的大暴动，进入割据混战的时期。这一时期大理国与吐蕃的交往不多。开成三年（838），达磨赞普登吐蕃王位，下令禁佛。在此期间，有一些信奉密宗的印度僧或西藏僧经西藏进入大理地区，如有一名摩揭陀国的"赞陀崛多神僧"，"自西域摩迦（陀）国来，为蒙氏崇信"。② 元人郭松年认为，通过吐蕃、缅国等地，大理国与

---

① 《景泰云南图经志书校注》，第 252、312 页。
② 转引自张锡禄：《大理白族佛教密宗》，云南民族出版社，1999 年，第 55 页。

今印度的交往十分密切，云南地区佛教兴盛与此有关。《大理行记校注》称："（大理地区）此邦之人，西去天竺为近，其俗多尚浮屠法，家无贫富皆有佛堂，人不以老壮，手不释数珠；一岁之间斋戒几半。"

宋熙宁七年（1074），峨眉进士杨佐奉宋朝之命至大理国商议买马。他在大云南驿（今云南祥云东南）见驿前里堠碑，上题"东至戎州，西至身毒国，东南至交趾，东北至成都，北至大雪山，南至海上，悉著其道里之详，审询其里堠，多有完葺者"①。里堠碑上所记的这几条道路，是云南地区联系外地的重要通道。里堠碑上所记的"北至大雪山道"，指由今丽江经滇西北入四川、西藏的道路，这条通道经今丽江至中甸，一路经今康定、天全、雅安至成都，另一路经西藏东部至拉萨。② 忽必烈率蒙古骑兵自西北攻入大理国，走的便是"北至大雪山道"。又，《宋史》卷一百九十八《兵志十二》载："大理连西戎，故多马，虽互市于广南，其实犹西马也。"大理国与南宋交易的马匹，有一部分是来自丽江和丽江以北的区域，也有一些马匹可能来自吐蕃地区。

在大理国北部的沿边地区，与大理国关系密切的地方势力还有邛部川蛮。邛部川蛮又称"勿邓"或"大路蛮"，居今四川美姑、越西两地之间，唐末以来势力逐渐壮大，酋长自称"百蛮都鬼主"。乾德三年（965），北宋灭后蜀。此后，大理国两次遣使至蜀地交涉，欲与宋朝通好。之后一段时间，大理国多次派遣关系密切的邛部川蛮赴宋朝贡。淳化元年（990），邛部川蛮都鬼主诺驱赶马250匹至黎州求互市，"诏增给其直"。③ 后来邛部川蛮又至黎州卖马及朝贡。经常至黎州朝贡的还有山后两林蛮。山后两林蛮居住在今四川美姑西南部，自后唐天成间至黎州朝贡。宋朝建立后，山后两林蛮多次

① 《续资治通鉴长编》卷二百六十七，熙宁八年八月，第6540—6541页。
② 参见方铁：《大理国里堠碑三通道考》，载尤中主编：《中国民族史研究》，云南大学出版社，1997年，第38页。
③ 《宋史》卷四百九十六《蛮夷传四》，第14232—14233页。

入贡。

邛部川蛮、山后两林蛮曾参加大理国与北宋在黎州（今四川汉源北）的马匹交易。因对大理国的情形了解有限，宋朝误以为邛部川蛮都鬼主诺驱即大理国王。淳化年间，宋太宗颁诏："敕云南大理国主、统辖大渡河南姚嶲州界山前山后百蛮三十六鬼主兼怀化大将军、忠顺王诺驱，可特授检校太保、归德大将军，依旧忠顺王。"① 有关情形表明，邛部川蛮、山后两林蛮与大理国关系较为密切，在大理国与宋朝交往方面，邛部诸蛮发挥了积极的沟通作用。宋廷南移，与大理国交易马匹的地点改在今广西，邛部诸蛮遂被纳入大理国的管控之下。《宋史》卷四百九十六《蛮夷传四》说："嘉定九年，邛部川逼于云南，遂伏属之。其族素效顺，捍御边陲，既折归云南，失西南一藩篱矣。"

关于大理国的西部与南部，《元史》卷六十一《地理志四》称，永昌府（治今云南保山），"唐时蒙氏据其地，历段氏、高氏皆为永昌府"。腾冲府（治今云南腾冲），在永昌之西，南诏王异牟寻攻取越赕，逐诸蛮占有其地，设软化府。"其后白蛮徙居之，改腾冲府。"金齿等处宣抚司（治今云南保山），在大理西南，西面与缅地相接。异牟寻攻破其地金齿蛮，南诏南面的辖地扩至"青石山缅界"，"及段氏时，白夷诸蛮渐复故地，是后金齿诸蛮浸盛"。开南州（今云南景东东南），汉武帝开西南夷，蜀汉定益州，"皆未尝涉其境"。南诏兴盛，于其地设银生府，"后为金齿、白蛮所陷，移府治于威楚，开南遂为生蛮所据。自南诏至段氏，皆为徼外荒僻之地"。《景泰云南图经志书校注》卷六《金齿军民指挥使司》称，金齿军民指挥使司（治今云南保山），"段氏以此为八府之一"。《肇域志·云南》亦言，景东，"宋时，大理段氏莫能复，以此白夷子孙众多，析为赕川者有十二处，此阿只步为首焉"。

上述记载说得较为清楚，大理国西南部的边界在今云南景东以北，景东北面的保山、腾冲等地为大理国辖地。今云南德宏、西双

---

① 《续资治通鉴长编》卷十，开宝二年六月，第228—229页。

版纳一带与缅甸东北部，因金齿诸蛮"渐复故地"①，逐渐脱离了大理国的控制。大理国在西南部的统治范围，较南诏时期有所收缩。元人李京称："大驾（按：指忽必烈）东还，命大将兀良吉歹（按：即兀良合台）专行征伐，三十七部及金齿、交趾举皆内附，云南悉平。"② 李京将东部三十七部、金齿、交趾三地并列，表明这三个地区与大理国旧地有所区别，其看法颇有见地。

　　大理国时期，分布在今云南德宏、西双版纳一带与缅甸东北部的金齿百夷，势力较前代有较大发展。金齿百夷的酋长叭真，以景昽（今云南景洪东南郊曼景兰）为中心建景昽金殿国，兰那（今泰国北部昌盛）、猛交（今缅甸景栋南部孟皎）、猛老（今老挝琅勃拉邦）等地的金齿部落由其统治。大理国王承认叭真为一方之主，赐以"虎头金印"。大理国与景昽金殿国建立了宗藩关系。受景昽金殿国统治的兰那、猛交、猛老等地，则在前代一些中原王朝的版图之外。唐中叶后，上述地区归黑齿等十部落统辖，黑齿等十部落虽被南诏羁縻，但南诏对这一地区的控制仍较有限。一些研究表明，叭真不仅是孟泐（今云南西双版纳一带）的首领，还受到傣、泰、佬等民族的尊奉。这表明景昽金殿国统治的范围包括了云南的西双版纳与中南半岛的北部。今云南德宏地区的金齿百夷，也逐渐脱离大理国的管控，形成相对独立的地方势力。

二、大理国对东部、东北部的经营

　　大理国建立后，在东部地区撤销拓东节度（治今云南昆明），而分设善阐府（治今云南昆明旧城南关外）、石城郡（治今云南曲靖西）、东川郡（治今云南会泽）、河阳郡（治今云南澄江）。善阐府仍为大理国的陪都，地位相当于南诏时期的拓东城。

　　关于东部地区行政机构运行的情形，《元史》卷六十一《地理志

① 《元史》卷六十一《地理志四》，第1482页。
② 《云南志略辑校·云南总叙》，载《大理行记校注　云南志略辑校》，第83页。

四》称，曲靖等路宣慰司军民万户府（治今云南曲靖），"南诏阁罗凤以兵胁西爨，徙之至龙和，皆残于兵。东爨乌蛮复振，徙居西爨故地，世与南诏为婚"。南诏石城郡（治今云南曲靖），"至段氏，乌蛮莫弥部酋据石城"。沾益州（治今云南宣威东南），"天宝末，没于蛮，为僰、剌二种所居。后磨弥部夺之"。澂江路（治今云南澄江），南诏蒙氏为河阳郡，"至段氏，么、些蛮之裔复居此甸，号罗伽部"。河阳州（治今云南澄江），"至段氏，些么徙蛮之裔居此城。更名步雄部"。仁德府（治今云南寻甸），"昔僰、剌蛮居之，无郡县。其部曰仲扎溢源，后乌蛮之裔新丁夺而有之"。新兴州（治今云南玉溪），"段氏时么、些蛮分居其地"。① 曲靖军民府（治今云南曲靖），"宋大理亦为石城郡，后为末弥地部所据"②。

从以上记载来看，在立国之初，大理国设善阐府（治今云南昆明旧城南关外），维持了南诏时期以滇池地区为统治副中心的格局。同时置石城郡（治今云南曲靖西）、东川郡（治今云南会泽），作为大理国东部、东北部的边界，在石城郡、东川郡以北地区并未设治，这一地缘政治格局亦与南诏相同。③ 由于南诏放弃了对今滇东北地区的经营，兼之强迁今滇东、滇东北坝区的 20 余万户百姓至今滇西，其原居住地"皆残于兵"，山区的东爨乌蛮乃"徙居西爨故地"，势力也不断增强，至南诏后期，形成史籍所称"东部乌蛮三十七部"。至大理国中期，东部、东北部的乌蛮势力进一步发展，今曲靖、玉溪等地先后被乌蛮夺占，甚至距今云南昆明市区不足百里的澂江、寻甸等地，也为乌蛮部落所据。乌蛮势力甚至威胁到滇池地区。东部乌蛮三十七部曾攻下善阐府，当地的统治者高明清被杀。④

东部乌蛮三十七部的组成与分布范围，不见于大理国时期的记

---

① 《元史》卷六十一《地理志四》，第 1467、1468、1477 页。
② 《肇域志·云南》，第 2367 页。
③ 参见方铁：《宋元时期今滇中与滇东地区的历史发展》，《贵州社会科学》2019 年第 4 期。
④ 《南诏野史会证·后理国》，第 274 页。

载，而首见于明代诸葛元声《滇史》，转载于《滇考》。

《滇史》称乌蛮三十七部包括以下部分："一、因远部，唐为威远睑，总名和泥，即今之元江也。一、阳城堡部，今晋宁州。一、休腊部，今河西县。一、嶍峨部，唐嶍猊蛮所居，后阿僰蛮酋逐嶍猊而有其地，今为县。一、强现三部，即教化长官司，今开化府。一、王弄部。一、旧处甸部。一、伴溪落恐部，今俱长官司。一、铁容甸部，今亏容长官司。一、官桂思陀部，今思陀甸长官司。一、屈中部，今阿迷州。一、师宗部，今州。一、落蒙部，今路南州。一、弥沙部。一、邑市部。皆落蒙子孙分治之。一、维摩部。一、弥勒部，今俱州。一、磨弥部，今沾益。一、罗雄部，今罗平。一、纳垢部，今马龙。一、夜直部，今亦佐。一、温部，今陆凉。以上弥勒等六部，即桀瓠六种也。一、吉输部。一、褒恶部。今俱弥勒地。一、罗部，今罗次县。一、仁地部，即新丁，后讹为寻甸。一、白鹿部，即富筋睑，今楚雄府地。一、掌鸠部，讹为石旧，今县。一、法块部，未详所在。一、谋统部，今鹤庆样共川。一、于矢部，今武定府。一、维婆部，巨箐甸棘，猓诸彝种，今和曲州。一、洪农禄券部，后讹为禄劝。一、华竹部，又名环州，今元谋县。一强宗部，后讹阳宗。一、休制部，又云休纳，即普札龙城，今新兴州。一、步雄部，今江川县。一、罗伽部，即步雄所分。"[1]

《增订南诏野史》上卷《南诏三十七蛮部》所载与《滇史》稍有不同。后人对乌蛮三十七部的名称与分布范围亦有一些考证。看来所谓"东部乌蛮三十七部"，是对今云南东部以乌蛮、斡泥蛮为主组成的庞大部落联盟的统称。明代记载虽有一些不同，但可以肯定东部乌蛮三十七部主要分布在今云南昆明以东的广大地区，包括今滇东北、滇东南部分地区与楚雄地区的北部。今楚雄地区北部乌蛮的分布地区，与今川西南的乌蛮分布地区相连；今滇东北乌蛮的分布地区，则与今贵州罗甸的乌蛮分布地区相接。《云南志略辑校·诸夷风俗》称：罗罗即乌蛮，"自顺元、曲靖、乌蒙、乌撒、越嶲，皆

---

[1]　《滇考》上，载《云南备征志》卷十一《故实十一》，第699—700页。

此类也"。顺元在今贵州贵阳，乌蒙在今云南昭通，乌撒在今贵州威宁，越嶲在今四川西昌。李京所言，道出了元初乌蛮在今滇东北及相连地区密集分布的状况。

乌蛮三十七部的腹心地区在今云南曲靖一带，三十七部的几次重要活动，均以今曲靖为集合地。段思平建大理国，与贵族高氏谋划，"高曰：东方诸部聚之可得胜兵数万人，动以大义，罔不济矣"。段思平遂往乌蛮三十七部借兵，乌蛮三十七部"皆助之，会于石城"，大军"所向无敌"，"师至河尾"。① 大理国还与乌蛮三十七部举行会盟，约定双方的宗藩关系"务存久长"。会盟的地点亦在石城。② 乌蛮三十七部有相当的独立性，与大理国发生过战争，双方的关系较南诏时期不同。南诏统治时期，今滇东北的乌蛮仍奉南诏为宗主。大理国建立后，段思平兑现诺言，"加恩三十七部。于是远近归心，诸彝君长各来贡献"③。乌蛮三十七部的地位也得以提高。

在今贵州与大理国毗连的地区，有由乌蛮建立的两个地方势力自杞、罗殿。《岭外代答校注》卷三《外国门下》说，宋朝至大理国必经横山寨（在今广西田东），自横山寨行十三程，"至自杞之境名曰磨巨（按：在今贵州安龙），又三程至自杞国，自杞四程至古（石）城郡，三程至大理国之境名曰善阐府"。欲至罗殿，亦发自横山寨，由顺唐府"二程至罗殿国矣"。"所以谓大理欲以马至中国，而北阻自杞，南阻特磨者，其道里固相若也。"

《岭外代答校注》卷五《财计门》载："马产于大理国。"大理国至宜州（今广西河池市宜州区），道路有险阻不易通，"故自杞、罗殿皆贩马于大理，而转卖于我（按：指南宋）者也"。"自杞之人强悍，岁常以马假道于罗殿而来。罗殿难之，故数至争。"又，《岭外代答校注》卷九《禽兽门》载："南方诸蛮马，皆出大理国。罗殿、自杞、特磨岁以马来，皆贩之大理者也。"

---

① 《滇考》上，载《云南备征志》卷十一《故实十一》，第696页。
② 《大理国三十七部会盟碑》，载《云南考古》（增订本），第168页。
③ 《滇考》上，载《云南备征志》卷十一《故实十一》，第697页。

自杞以今贵州兴义为中心，地处南丹、泗城、特磨道、大理国、罗殿之间。自杞的地域，大致在今贵州的兴义、兴仁、安龙、普安、晴隆与盘州一带。[①] 北宋末年自杞见于记载，南宋时趋于活跃。自杞的地理位置十分重要，李大异《横山买马图》称："横山通自杞、罗殿诸蛮，控连巴蜀。"[②] 罗殿兴起于唐末五代，天成二年（927）有如下的记载："昆明大鬼主罗殿王"与周围的九部落，随牂牁、清州八郡刺史宋朝化等赴后唐进献方物。[③] 南宋建立，罗殿参与西南诸蛮向宋朝卖马的活动。从《岭外代答校注》等书的记载来看，罗殿的位置在大理国以东，自杞以北，中心在今贵州安顺一带。有研究者认为，宋代西南边疆较大的地方势力，除大理国外便是自杞、罗殿。[④]

大理国与自杞、罗殿保持着友好的关系。自杞、罗殿参与大理国与南宋以售马为主的经济交流。南宋后期，大理国的售马活动逐渐减少，自杞、罗殿诸蛮成为向南宋售马的主要来源。据《宋史》卷一百九十八《兵志十二》所载，自杞、罗殿"本自无马，盖转市之南诏，南诏，大理国也"。因此，自杞、罗殿卖与南宋的马匹，实为购自大理国再做转手交易。为争取多售马匹，自杞、罗殿产生了矛盾。自杞势力较强，在与宋朝的交易中十分活跃，这引起了罗殿的不满，罗殿经常刁难经过辖地的自杞马队，"故数至争"[⑤]。

在大理国的东南部，有僚人地方势力特磨道。特磨道是宋朝的羁縻州，中心在今云南广南一带。特磨道的西面与大理国最宁府（治今云南开远）辖地相连，北部与自杞相近，东南面与今越南北部

① 参见史继忠：《自杞国再探》，《贵州史学》1987 年第 1 期。
② 〔宋〕祝穆撰，〔宋〕祝洙增订，施和金点校：《方舆胜览》卷三十九，中华书局，2003 年，第 707 页。
③ 〔宋〕薛居正等撰：《旧五代史》卷三十八《明宗纪第四》，中华书局，1976 年，第 526 页。
④ 侯绍庄、史继忠、翁家烈：《贵州古代民族关系史》，贵州民族出版社，1991 年，第 195 页。
⑤ 《岭外代答校注》卷五《财计门》，第 190 页。

相接。其范围包括今云南文山壮族苗族自治州的东部与广西的那坡、靖西等地。五代时通海节度使段思平起兵，联合今滇东的三十七部和附近的一些势力，其中就有特磨道。段思平建大理国，封特磨道侬人首领侬民富为"坦绰"（意为"大首领"），后又封特磨道首领侬夏诚为"布燮"，借此羁縻特磨道。

北宋亦寻机笼络特磨道。太平兴国二年（977），北宋封广源州酋长"坦绰"侬民富为检校司空、御史大夫、上柱国。[①] 总体来看，宋朝对特磨道的羁縻仍较松弛。庆历元年（1041），侬智高再次起兵，以所得两广的金帛、人口赠特磨道"布燮"侬夏诚，并与之联姻，侬夏诚乃借兵给侬智高。侬智高在特磨道修建寨宫，反宋起事失败后，曾携其母、弟、妻子等往居。侬智高起兵，特磨道"西山诸蛮凡六十族皆附智高"，宋朝寻隙分化，"诸族俱叛"。形势危急之时，侬智高携妻与六子率兵500人"奔大理国，欲借兵以攻诸族"。[②] 侬智高在特磨道的协助下进攻今广西地区。侬智高败走，侬夏诚之弟侬夏卿收残众3000余人驻特磨道，"欲内寇"。嘉祐七年（1062），侬夏卿等人从特磨道投降宋朝。[③]

大理国与南宋交易马匹，特磨道亦参与其事。《岭外代答校注》卷三《外国门下》说："若欲至特磨道，亦自横山。"经上安县、富州（今云南富宁）等地，历十一程可至特磨道。由特磨道历两程可至大理国辖地，再行一程至大理国最宁府（今云南开远）。由此可见特磨道与大理国的关系较密切。

皇祐年间，北宋广源州（今越南广渊）的侬人首领侬智高，率众攻占安德州（今广西靖西西北），起因是侬智高之父侬全福不堪交趾欺压起而反抗，后兵败被杀。庆历元年（1041），侬智高起兵攻占傥犹州，建"大历国"，后被交趾镇压。庆历八年（1048）侬智高

---

① 《宋史》卷四《太宗纪一》，第55页。
② 〔宋〕司马光撰，邓广铭、张希清点校：《涑水记闻》卷十三，中华书局，1989年，第263—264页。
③ 《宋会要辑稿·蕃夷五》。

再次起事，并向宋朝请求内附，遭到拒绝，"穷无所归"，乃联合其他力量攻下安德州，建"南天国"。皇祐四年（1052），侬智高起兵反宋，攻下邕州（今广西南宁南），挥师取宋五府经略使所在地广州，屡攻不下，退回广西，起事在宋朝的镇压下失败。在这一事件中，侬智高曾联合特磨道，与大理国也有联系。

侬智高兵败投奔大理国，大理国一度善待之。据称侬智高在大理国的支持下，准备进攻北宋的广南西路。至和元年（1054）益利路奏："得黎州申：侬智高自广源州遁入云南。"朝臣又转西川所奏："侬智高收残兵入大理国，谋寇黎、雅二州。"治平四年（1067），桂州知州张田奏："得钦州石鉴状，蛮贼侬智高犹在大理国及尝往来蜀中。如闻与大理结亲，聚集蛮党，制造兵器，训习战斗，不可不为朝廷虑。"朝臣奏言侬智高造反"经今已十五余年，恐是蛮人诡诈"。英宗命广西差人打探，言"如智高果在，亦勿致张皇"。熙宁二年（1069），广南西路经略安抚司奏："访闻侬智高见在特磨道，已令知邕州陶弼密切探候，暗作堤防。"神宗诏："此州控扼二广之冲，访闻宗旦徒类萃在任所者甚众，况此辈尽是智高残党，使聚居要地，密迩广南道，实为非便。令分隶近北诸路。"① 上述消息是否属实，无从查考。但有一点是可能的，即侬智高进入大理国之初，曾得到大理国的善意接待。

关于侬智高的结局，众说不一，过去多认为不知所终。《宋史》卷四百九十五《蛮夷传三》言："智高卒不出，其存亡莫可知也。"1979 年，大理市出土了元碑《故大师白氏墓碑铭并序》，碑文缺损过甚，但仍可看出其中有"皇祐四年壬辰""降于大理""是函其首送于知邕州萧□"等语。据研究，上述文字说的是大理国因宋朝施加压力，杀死侬智高函其首送宋之事。②《宋史》卷三百三十四《萧注传》称："智高走大理国，母与二弟寓特磨道。"邕州知州萧注

① 《宋会要辑稿·蕃夷五》。
② 参见方龄贵：《考碑辨史——新出元碑〈故大师白氏墓碑铭并序〉考释》，《广西民族研究》1986 年第 1 期。

"募死士使入大理取智高，至则已为其国所杀，函首归献"。《故大师白氏墓碑铭并序》的文字，证明《宋史》的记载大体可信。

第五节　南诏与中南半岛的关系

南诏十分重视对辖地进行开拓。唐肃宗、德宗、文宗在位时期，南诏向外部的拓展进入高潮。中南半岛是南诏积极经营的地区之一。南诏对中南半岛地区的探索，远早于元朝对中南半岛的锐意经营，产生了广泛而深远的影响。南诏与中南半岛地区的关系，可分为南诏对中南半岛的经营，南诏与中南半岛经济与文化的交流两个部分。

一、南诏对中南半岛的经营

唐肃宗时，阁罗凤在盛逻皮置拓南城（今云南永德东北）的基础上，"西开寻传，南通骠国"[①]，把疆域扩张至云南的西南部和今缅甸北部。"阁罗凤已后，渐就柔服，通计南诏兵数三万，而永西（昌）居其一。"[②] 德宗时，异牟寻又从吐蕃手中夺取今剑川、鹤庆、丽江等地，并进兵今临沧与西双版纳地区，征服茫蛮诸部落，于今临沧、西双版纳置银生节度。此后，南诏又征服茫天连诸部，派兵两万出征女王国（在今泰国北部南奔府），虽遭失败未能建立统治，但将南诏南部的疆界推进到与女王国接壤的地区。

文宗时南诏再度出兵骠国（在今缅甸伊洛瓦底江流域），虏其众3000 余人以归。此后，南诏攻破弥诺国（在今缅甸伊洛瓦底江与钦敦江汇合处一带）与弥臣国（在今缅甸伊洛瓦底江口），劫其金银，虏其民数千人送金沙江淘金。南诏又进攻昆仑国（在今缅甸南部萨尔温江口附近），遭到当地军民的顽强抵抗，饿死 10000 余军士而败

---

① 《蛮书》卷三《六诏》。
② 《蛮书》卷六《云南城镇》。

回。南诏还攻击水真腊（今柬埔寨和越南南部地区以及泰国的一部分）与陆真腊（在今老挝巴色），军至大海无法舟渡，"怅然收军却回"[1]。

南诏多次攻入中南半岛南部，但未能建立有效的统治。南诏南部的疆界，大致在今缅甸、老挝、泰国和越南的北部。在其拓展的辖地，南诏设置了较多统治机构与据点，派遣官吏进行管理。

南诏几次对中南半岛地区用兵，这种用兵具有军事扩张的性质。南诏还积极发展与中南半岛诸国的联系，我国西南地区与中南半岛、印巴地区的交往，在唐朝前期经营的基础上，于南诏时期又有了进一步发展。南诏对其疆界南面与西面地区的经营，产生了重要影响，尤其使南诏至以上地区的交通得到很大发展。

宋熙宁七年（1074），峨眉进士杨佐至大理国联系买马事宜。他在大云南驿（今云南祥云东南）见驿前有里堠碑，"题东至戎州，西至身毒国，东南至交趾，东北至成都，北至大雪山，南至海上，悉著其道里之详，审询其里堠，多有完葺者"[2]。里堠碑上所记的几条交通线，除"东至戎州道"（"石门关道"）和"东北至成都道"（"清溪关道"）外，其他的四条重要通道，均通往中南半岛或今印度，而大理国的这几条对外交通线，则是沿袭南诏之旧。

"西至身毒国道"开通甚早。元狩元年（前122），汉使张骞出使大夏（今阿姆河上游南北两岸地），见到蜀布和邛竹杖，推测有道路自今四川经云南至印度。汉朝先后打败今滇西的昆明人和哀牢夷，正式开通自今大理过保山、缅甸北部至印度东部的"西至身毒国道"，因途经今保山一带的博南山，故此道又称"博南山道"。魏晋时此道通行不辍。唐初为保持"博南山道"畅通，太宗曾对道路所经地区的松外叛蛮用兵。

据《释迦方志》卷四十一所载，唐初中原与印度之间的交通线，主要有北道、中道与东道。北道与中道自敦煌启程，沿塔里木盆地

---

[1] 《蛮书》卷十《南蛮疆界接连诸蕃夷国名》。

[2] 《续资治通鉴长编》卷二百六十七，熙宁八年八月，第6540—6541页。

北缘或南缘出葱岭入今印度北部，东道由长安经青海、吐蕃、泥婆罗（今尼泊尔）至今印度中部。三道之中，因称为中印藏道的东道较近，其遂成为中印间主要的交通线。太宗后期，唐使王玄策三次出使印度，走的都是经吐蕃、泥婆罗西行的道路。[①] 在这样的情形下，知道云南有道路通往天竺的人不多。唐代的"博南山道"，也是中印之间一条重要的交通线。南诏的都城阳苴咩城，是我国南部与中南半岛地区前往印度的重要中转站。

唐贞元午间的宰相贾耽，叙述"安南通天竺道"西段（即"西至身毒国道"）的走向甚详：由阳苴咩城（今云南大理西北）西至永昌，渡怒江至诸葛亮城（在今云南保山西隅、高黎贡山东坡）分二道。一路经些乐城、悉利城、突旻城至骠国，西渡黑山，至东天竺迦摩缕波国（在今印度阿萨姆邦西部高哈蒂及其附近），往西北渡迦罗都河至奔那伐檀那国（在今孟加拉国巴布纳一带），又往西南至中天竺国东境、恒河南岸的羯朱嗢罗国（在今印度比哈尔邦巴特那、伽耶一带）。另一路从诸葛亮城西至弥城，再至丽水城（在今缅甸克钦邦伊洛瓦底江东岸达罗基），西渡丽水、龙泉水至安西城（在今缅甸莫冈附近），再西渡弥诺江，至大秦婆罗门国，又西越大岭，至东天竺北界个没卢国（在今印度阿萨姆邦西部高哈蒂及其附近），又西南至中天竺国东北境奔那伐檀那国，与骠国往婆罗门（今印度）之路会合。[②]

南诏在寻传地区（今澜沧江上游以西至伊洛瓦底江上游以东地区）设治，"西至身毒国道"通行更为方便，南诏通过此道与骠国（在今缅甸伊洛瓦底江流域）以西的地区建立了密切联系。《新唐书》卷二百二十二下《南蛮传下》说，骠国"地亦与波斯、婆罗门接，距西舍利城二十日行。西舍利者，中天竺也"。另据《蛮书》卷十《南蛮疆界接连诸蕃夷国名》所载，大秦婆罗门国，"在永昌西北，正东与弥诺江安西城楼接界，东去蛮阳苴咩城四十日程。蛮王

① 沈福伟：《中西文化交流史》，上海人民出版社，1985 年，第 149 页。
② 《新唐书》卷四十三下《地理志七下》，第 1152 页。

善之，街（往）来其国"。"小婆罗门，与骠国及弥臣国接界，在永昌北七十四日程"，"蛮夷善之，信共（通其）国"。

"北至大雪山道"，是南诏联系今印度的另一条重要交通线。这条通道的走向，是从今云南大理经丽江、中甸、德钦至西藏芒康分道，西道经今拉萨至印度噶伦堡，东道入四川经今康定、天全至成都。据有关记载，"北至大雪山道"至迟在唐代已开通。吐蕃于隋、唐之际崛起，向四周地区扩张，其势力南面进入今滇西。天宝十三载（754），南诏与唐彻底决裂而和吐蕃结盟，并与吐蕃合兵攻下今四川盐源、会理、西昌等地，诏、蕃同盟一直维持到贞元十年（794）。

在此期间，南诏与吐蕃的关系十分密切。《蛮书》卷二《山川江源》说，大雪山（在今云南丽江）"其高处造天，往往有吐蕃至赕货易，云此山有路，去赞普牙帐不远"。赞普牙帐当指今西藏拉萨，可见"北至大雪山道"的西段，已成为南诏与吐蕃间重要的商道。这一条道路的要害在今云南玉龙纳西族自治县西北巨甸镇。贞元初，南诏与吐蕃关系紧张，吐蕃于今巨甸北置铁桥城，扼守此道并监视南诏。《元史》卷六十一《地理志四》说："铁桥自昔为南诏、吐蕃交会之大津渡。"贞元十年（794），吐蕃与回鹘大战，索兵于南诏。南诏王异牟寻暗率兵数万北上，大破吐蕃于铁桥。可见"北至大雪山道"可通行数万军队，道路的规模不小。又，《明史》卷三百十一《四川土司传一》载：天全、碉门一带，"为南诏咽喉，三十六番朝贡出入之路"。

宋代"北至大雪山道"仍可通行。《元史》卷六十一《地理志四》说，巨津州（在今云南玉龙纳西族自治县西北巨甸镇）"今州境实大理西北阨要害地"。蒙古军占领云南地区，"北至大雪山道"是云南地区最早恢复并设驿站的道路之一。在贞元十年（794）前南诏与吐蕃结盟的40余年间，"北至大雪山道"保持畅通。自今西藏拉萨往西，有多条道路可至今印度。玄奘、慧琳等曾至天竺的名僧，均谈到过从云南西行可至今印度。慧琳说："（云南）此山路与天竺至近，险阻难行，是大唐与五天陆路之捷径也。"①

"南至海上道"，其路线是自今云南保山南下，经今德宏地区至今缅甸杰沙附近，再走水路或陆路沿伊洛瓦底江至孟加拉湾出海。近年在今云南晋宁、江川以及四川广汉、贵州威宁等地东周时期的墓葬，出土了大量用作交易中介物的海贝。据鉴定，这些海贝大都产于缅甸和印度的南部海岸，由此可推知"南至海上道"在当时已存在。汉代"南至海上道"成为重要的商道。《汉书》卷二十八下《地理志下》称，从日南障塞（今越南岘港）或徐闻（今属广东）、合浦（今广西浦北南）出海，可至谌离国。向西陆行十余日至夫甘都卢国，走水路航行两月余可至黄支国。从夫甘都卢国沿伊洛瓦底江至出海口，走的就是"南至海上道"的南段。通过这条国际通道，云南与缅甸中北部的骠国、掸国，以及地中海地区的大秦（罗马帝国），建立了经常性的商业往来。

唐文宗时南诏再度出兵骠国（在今缅甸伊洛瓦底江流域），攻破弥诺国（在今缅甸伊洛瓦底江与钦敦江汇合处一带）与弥臣国（在今缅甸伊洛瓦底江口），并进攻昆仑国（在今缅甸南部萨尔温江口附近）。在今缅甸北部，南诏还设置了一些城镇，如位于今八莫的苍望城。在南诏时期，"南至海上道"成为南诏联系中南半岛的交通要道。《旧唐书》卷一百九十七《南蛮西南蛮传》说，骠国"北通南诏些乐城界，东北拒阳苴咩城六千八百里"。又，《蛮书》卷六《云南城镇》载：开南城"陆路去永昌十日程，水路下弥臣国三十日程。南至南海，去昆仑国三日（月）程"。

"南至海上道"的上段，还另有一条称为"青木香山路"的支道，可由今云南临沧至伊洛瓦底江中游再顺江南下。贞元十年（794），南诏王异牟寻出兵攻占今云南的临沧与西双版纳，这条道路正式开通。《蛮书》卷六《云南城镇》载："量水川西南至龙河，又南与青木香山路直。南至昆仑国矣。"又，《蛮书》卷七《云南管内物产》载："青木香，永昌出，其山多青木香山，在永昌南三日程。"

① 〔唐〕释慧琳：《一切经音义》卷八十一《牂柯》，大正大藏经本。

南诏曾沿"青木香山路"进攻位于今萨尔温江口附近的昆仑国，被掘江淹浸，饿死万余人败回。南诏开通的"青木香山路"经历代修拓，至明代成为重要的用兵通道。

南诏时期，今云南景东南下西双版纳至中南半岛中南部的道路也被开拓。由云南腹地至今景洪有两道，其一是从今大理或楚雄经景东、镇沅、普洱、思茅至景洪，即明清时期所说的"贡象下路"。另一条是元代始通由今云南昆明经建水、元江至景洪的道路。"贡象下路"至迟在南诏时已开通。今景东与西双版纳及其以南地区，南诏时属银生节度管辖。《蛮书》卷六《云南城镇》载：

> 开南城，在龙尾城南十一日程，管柳追和都督城。又威远城、奉逸城、利润城，内有盐井一百来所，茫乃道并黑齿等类十部落皆属焉。陆路去永昌十日程，水路下弥臣国三十日程。南至南海，去昆仑国三日（月）程。

威远城在今云南景谷，茫乃道在今云南景洪，奉逸城和利润城在今云南的景谷、镇沅、普洱一带。该卷又称：银生城"东南有通镫川，又直南通河普川，又正南通羌浪川，却是边海无人之境也"。

二、南诏与中南半岛诸国经济、文化的交流

南诏积极经营中南半岛地区，有利于加强南诏与中南半岛经济、文化的联系。

骠国是位于今缅甸中北部的古国，都城室利差呾罗位于今缅甸卑谬附近。东汉时骠国始见中国史籍记载。骠国与唐朝、南诏的关系十分密切。《旧唐书》卷一百九十七《南蛮西南蛮传》称：骠国"东邻真腊国，西接东天竺国，南尽滇海，北通南诏些乐城界，东北拒阳苴咩城六千八百里。……相传本是舍利佛城。城内有居人数万家，佛寺百余区"。《新唐书》卷二百二十二下《南蛮传下》说骠国有弥臣等 18 个属国，悉利移等 9 个城镇。天宝战争后，阁罗凤"西

开寻传，南通骠国"①，经营范围进入今缅甸北部，与骠国建立直接联系。

《蛮书》卷十《南蛮疆界接连诸蕃夷国名》称："骠国，在蛮（按：指南诏）永昌城南七十五日程，阁罗凤所通也。……与波斯及婆罗门邻接。西去舍利城二十日程。据佛经，'舍利城，中天竺国也'。"②"南诏以兵强地接，常羁制之。"③太和六年（832），南诏军劫掠骠国，俘其众3000余人，"隶配柘（拓）东，令之自给"。④骠国因常受南诏的钳制，《新唐书》卷二百二十二下《南蛮传下》称骠国"属羊苴咩城"。

贞元十年（794），得知南诏与唐朝和好，骠国（在今缅甸伊洛瓦底江流域）国王雍羌萌发内附之心。异牟寻遣使杨加明拜见剑南西川节度使韦皋，称愿进献南诏歌舞，并言骠国愿献其乐。韦皋乃用正律黄钟之韵，作《南诏奉圣乐》进献朝廷。《南诏奉圣乐》是以南诏心悦诚服、一心向化为主题，糅合南诏、中原乐舞的元素而成的。《南诏奉圣乐》的规模十分宏大，编排亦较复杂。计编舞六组，每组由16人出演，排为4列，分别组成"南、诏、奉、圣、乐"5字，先后唱《圣主无为化》《南诏朝天乐》《海宇修文化》《雨露覃无外》《辟土丁零塞》等歌。

伴演的乐工有196人，分为龟兹部、大鼓部、胡部、军乐部四组，演奏羯鼓、腰鼓、长短箫、横笛、筝、箜篌、琵琶、笙、金铙、金铎等中原与边陲的乐器。舞蹈有群舞与独舞，歌曲有合唱与独唱。一些舞者穿南诏服饰，如绛裙襦、黑头囊、金佉苴、画皮靴，"首饰袜额，冠金宝花鬘，襦上复加画半臂"⑤，表演具有鲜明的地方色彩。骠国乐"每为曲皆齐声唱，各以两手十指，齐开齐敛，为赴节

---

① 《蛮书》卷三《六诏》。
② 《蛮书》卷十《南蛮疆界接连诸蕃夷国名》。
③ 《新唐书》卷二百二十二下《南蛮传下》，第6308页。
④ 《蛮书》卷十《南蛮疆界接连诸蕃夷国名》。
⑤ 《新唐书》卷二百二十二下《南蛮传下》，第6310页。

之状，一低一昂，未尝不相对"①。

骠国（在今缅甸伊洛瓦底江流域）国王雍羌，亦遣其子悉利移城主舒难陀，随同"南诏奉圣乐"乐舞团进献骠国乐舞。舒难陀与随从人员至成都，韦皋"复谱次其声，以其舞容、乐器异常，乃图画以献"，所作图画详细介绍了骠国乐舞使用的各种乐器。骠国乐舞包括12组歌曲与舞蹈："佛印"歌舞的内容为"国人及天竺歌以事王"；"赞娑罗花"歌舞谓"国人以花为衣服，能净其身"；"白鸽"歌舞赞美鸽子飞止遂情；"白鹤游"歌舞形容白鹤翔则摩空，行则徐步；歌舞"斗羊胜"表演二羊斗于海岸，强者乃现，弱者入山；"龙首独琴"演奏一弦而五音具备的独弦琴，"象王一德以畜万邦"；歌舞"禅定"表达"离俗寂静"的意境；歌舞"革蔗王"意为佛教民如甘蔗之甜，众人皆悦其味；歌舞"孔雀王"赞美孔雀之毛采光华；歌舞"野鹅"蕴含"飞止必双，徒侣毕会"之意；歌舞"宴乐"意指"康宴会嘉"；歌舞"涤烦"谓时涤烦恼，以此适情。骠国乐舞的乐工皆著昆仑衣，"朝霞为蔽膝"，"两肩加朝霞，络腋"，足臂戴金制环钏，"冠金冠，左右珥珰，条贯花鬘，珥双簪"。表演时译者在旁转译其意。每组歌舞既毕，出演者"拜首稽首以终节"。②

白居易观看骠国乐舞后，写诗形容此乐舞之精妙："玉螺一吹椎髻耸，铜鼓千击文身踊。珠缨炫转星宿摇，花鬘斗薮龙蛇动。"③ 表演结束后，德宗授舒难陀以太仆卿之职。④ 贞元十年（794），唐使袁滋一行至南诏时，曾观赏骠国所献乐舞。⑤ 韦皋进献朝廷的骠国乐舞，是以骠国所献原始乐舞为基础改编而成的。贞元十八年

---

① 《唐会要》卷三十三《南蛮诸国乐》，第620页。
② 《新唐书》卷二百二十二下《南蛮传下》，第6312、6314页。
③ 《白居易集》卷三《讽谕三·骠国乐》，第71页。
④ 《新唐书》卷二百二十二下《南蛮传下》，第6314页。
⑤ 《唐会要》卷三十三《南蛮诸国乐》，第620页。另据《白居易集》卷五十七《翰林制诏四·与骠国王雍羌书》敕骠国王雍羌，称雍羌"得睦邻之善谋，秉事大之明义，又令爱子，远赴阙庭，万里纳忠，一心秉命"。《白居易集》卷三《讽谕三·骠国乐》："雍羌之子舒难陀，来献南音奉正朔。"可知献乐者为骠国王雍羌子悉利移城主舒难陀。

（802），骠国再次进献其乐，有 12 曲，乐工 35 人，"乐曲皆演释氏经论之词"①。

与南诏关系密切的中南半岛古国，还有弥诺国（在今缅甸伊洛瓦底江与钦敦江汇合处一带）与弥臣国（在今缅甸伊洛瓦底江口）、女王国（在今泰国北部南奔府）、陆真腊（在今老挝巴色）、昆仑国（在今缅甸南部萨尔温江口附近）。在今印巴地区则有狮子国（亦称师子国，今斯里兰卡）、大秦婆罗门国（在今印度阿萨姆北部以西以至于恒河流域）、小婆罗门国（在今缅甸、印度交界的曼尼普尔河一带）。南诏与其中一些国家发生过战争，彼此间也进行过贸易。《蛮书》卷十《南蛮疆界接连诸蕃夷国名》称："弥诺国、弥臣国，皆边海国也。……在蛮（按：指南诏）永昌城西南六十日程。大和九年曾破其国，劫金银，掳其族三二千人。"该卷又载："昆仑国，正北去蛮（按：指南诏）界西洱河八十一日程。出象及青木香、檀香、紫檀香、槟榔、琉璃、水精、蠡坯（杯）等诸香药、珍宝、犀牛等。蛮贼曾将军马攻之，被昆仑国开路放进军后，凿其路通江，决水掩（淹）浸，进退无计。饿死者万余，不死者，昆仑去其右腕放回。""女王国，去蛮（按：指南诏）界镇南节度三十余日程，其国去骠州一十日程，往往与骠州百姓交易。蛮贼曾将二万人伐其国，被女王药箭射之，十不存一。"值得一提的是，虽然南诏远征昆仑国受挫，但后来双方又恢复友好关系。《南诏野史会证·大蒙国》载，广明元年（880），"昆仑国进美女于南诏"。

贞元十年（794），南诏恢复与唐朝的友好关系，因受南诏、骠国（在今缅甸伊洛瓦底江流域）睦唐的影响，中南半岛一些古国与唐朝的联系有所增强。弥臣（在今缅甸伊洛瓦底江口）与骠国的关系比较密切，弥臣可能是骠国的属国，骠国与唐朝友好的做法影响到弥臣。唐人称："骠国之与弥臣，伏联踪而叠轨。臣制乐以奉圣，

---

① 《唐会要》卷三十三《南蛮诸国乐》，第 620 页。

裁文以叙美。"① 可见弥臣与骠国的使者接踵或相伴入朝。贞元二十一年（805），唐朝封弥臣国嗣王乐道勿礼为弥臣国王。② 唐前期，文单国（在今老挝巴色）与唐朝已建立友好关系。天宝十二载（753），文单国王子率属下 26 人来朝，唐授王子果毅都尉之职，赐紫金鱼袋，诏其随何履光征讨南诏，"事讫听还蕃"。大历六年（771），文单国副王婆弥入觐，诏封开府仪同三司，试殿中监。③ 贞元年间南诏睦唐，文单国再次入贡。

南诏与大秦婆罗门国（在今印度阿萨姆北部以西以至于恒河流域）、小婆罗门国（在今缅甸、印度交界的曼尼普尔河一带）未发生过战争，保持着良好的关系。南诏王与大秦婆罗门国国王"善之"，两国信使往来不绝。南诏对小婆罗门国亦"善之，信共（通其）国"。④ 斯里兰卡在唐代称狮子国（亦称师子国）。自咸亨元年（670）狮子国国王海他至他遣使入唐以来，狮子国与唐朝有过三次遣使往来。大中末年，狮子国进攻骠国（在今缅甸伊洛瓦底江流域），骠国求援于南诏。南诏王丰祐派清平官段宗榜率兵往救。南诏军打败狮子国军，解除骠国之困，骠国酬以"金佛一堂"。南诏军回至腾越（今云南腾冲），权臣王嵯巅率众亲往迎接。⑤

由于南诏与今印度地区诸国交往不绝，双方文化方面的交流亦较频繁。唐代一些天竺僧人进入云南地区，带来了印度的佛教文化。云南剑川石钟山的唐代石窟，至今仍保存着两个天竺僧人的石像。⑥明代万历《云南通志》，有多处关于唐代天竺僧人在云南地区活动的记载。⑦

---

① 〔唐〕符载：《为西川幕府祭韦太尉文》，载《全唐文》卷六百九十一，第7086 页。
② 《唐会要》卷一百《骠国》，第 1795 页。
③ 《册府元龟》卷九百七十一《外臣部（十六）》，第 11245 页。《册府元龟》卷九百六十五《外臣部（十）》，第 11180 页。
④ 《蛮书》卷十《南蛮疆界接连诸蕃夷国名》。
⑤ 《南诏野史会证·大蒙国》，第 130—131 页。
⑥ 李昆声：《云南文物古迹》，云南人民出版社，1984 年，第 107 页。
⑦ 参见李家瑞：《南诏以来云南的天竺僧人》，《学术研究》1962 年第 1 期。

第六节　大理国与中南半岛的关系

大理国时期云南农业地区进入早期封建社会，发展农业生产成为大理国经济生活的第一要务，南诏时期以掠夺财物、人口为主要目的的对外战争逐渐止息。为集中力量应对北方边疆王朝的挑战，两宋与大理国划大渡河为界，限制大理国朝贡的规模与次数，经济方面仅维持向大理国购买马匹的贸易往来。在这样的情况下，大理国与中南半岛的经济、文化交流被置于重要位置，受到大理国统治层的重视。

一、大理国与中南半岛西部的关系

大理国与中南半岛的缅、波斯、昆仑等国，建立了接受朝贡与相互贸易的关系。宋熙宁六年（1073），陕西诸蕃与北宋关系紧张，相约不与宋朝贸易，"自是蕃马绝迹而不来"，宋朝战马来源吃紧。次年，宋廷委成都路募人入大理国商议买马事宜。峨眉进士杨佐应募前往。杨佐一行数十人经虚恨（今四川峨边南）、束密入大理国，受到友好接待。杨佐一行至大云南驿（今云南祥云东南），见驿前有里堠碑，其上"题东至戎州，西至身毒国，东南至交趾，东北至成都，北至大雪山，南至海上，悉著其道里之详，审询其里堠，多有完葺者"。①

里堠碑上的"东至戎州道"，指唐代以来的"石门关道"，"东北至成都道"即指唐代以来的"清溪关道"。这两条道路自秦汉时期开通以来，一直是云南联系四川地区的重要通道，宋代也不例外。北宋于戎州（今四川宜宾）、黎州（今四川汉源北）设博易场向大理国购马，大理国售马队伍即分别途经这两条道路入宋。

---

① 《续资治通鉴长编》卷二百六十七，熙宁八年八月，第6539—6541页。

　　杨佐赴大理是在北宋中期，其时大理国至邕州（今广西南宁南）的道路尚不知名，因此云南驿里堠碑无载。南宋建立，向西南诸蕃与大理国买马的地点，由黎州（今四川汉源北）、戎州（今四川宜宾）等地改为横山寨（在今广西田东），宋朝亦于邕州（今广西南宁南）置买马提举司。"邕州道"遂取代"石门关道"与"清溪关道"，成为宋朝联系大理国的主要道路。

　　所谓"西至身毒国道"，是指由大理经今缅甸北部进入印度的道路。太平兴国七年（982），益州僧光远"至自天竺，以其王没徙曩表来上"①，证明此道可以通行。大理国时期，由今缅甸北部南至伊洛瓦底江口的"南至海上道"，是云南联系中南半岛诸国的重要交通线。云南驿里堠碑将"南至海上道"与"西至身毒国道"并列，证明其重要性。《南诏野史会证·后理国》说，宋崇宁二年（1103），"缅人、波斯、昆仑三国进白象、香物"。缅人居今缅甸北部，波斯指今缅甸勃生，昆仑即今缅甸之地那悉林。缅人入贡走的就是"西至身毒国道"。波斯、昆仑则是走"南至海上道"，此道由云南入缅后沿伊洛瓦底江南下，可抵安达曼海。通过"西至身毒国道"与"南至海上道"，大理国与大秦（东罗马帝国）等地有较频繁的商贸往来。宋人吴曾说："大秦国多璆琳、琅玕、明珠、夜光璧，水道通益州永昌郡，多出异物。"②

　　所谓"东南至交趾道"，指唐代"安南通天竺道"的前半段。沿此道南行可至位于今越南中部的占城，占城"西北抵交州四十日，皆山路"③。从大理国赴占城还可走经今老挝的道路。据记载，"占城国在中国之西南，东至海，西至云南，南至真腊国，北至驩州界"④。

　　通过以上道路，大理国与南亚、东南亚地区建立了经济、文化

① 《宋史》卷四百九十《外国传六》，第 14104 页。
② 《能改斋漫录》卷七《事实》。
③ 《宋史》卷四百八十九《外国传五》，第 14085 页。
④ 《宋史》卷四百八十九《外国传五》，第 14077 页。

方面的较多交流。元人郭松年指出宋末元初云南地区的居民崇尚佛法，与宋代云南地区与印度交往密切有关。

又，《蒙化府志》载："宣宗大中十年，晟丰祐建五华楼于国中，以会西南十六国蛮夷之长。"《宋时大理国描工张胜温画梵像》（以下简称《张胜温画梵像》）第131图至134图，有赴大理国朝拜的16位国王的画像。其中有深目高鼻或满脸胡须者，一位国王还怀抱犬一类的宠物，与剑川石宝山石窟印度人的形象相似。① 从《张胜温画梵像》所绘来看，《蒙化府志》所言抵达大理国的"西南十六国蛮夷之长"，可能包括来自南亚与东南亚地区的使者。云南剑川的石宝山石窟，有一部分凿成于大理国时期。其中旁刻"波斯国人"四字的造像，人物束带着靴戴耳环，研究认为是"波斯国人"的形象，这是大理国与中南半岛诸国友好交往的证物。②

大理国时期白蛮地区盛行佛教。元人李京说大理等地"佛教甚盛"，"少长手不释念珠，一岁之中斋戒几半"。③ 元人郭松年谈到宋末元初大理地区信奉佛教的情形时说："此邦之人，西去天竺为近，其俗多尚浮屠法，家无贫富皆有佛堂，人不以老壮，手不释数珠；一岁之间斋戒几半，绝不茹荤、饮酒，至斋毕乃已。"④

大理国广建佛寺与佛塔等宗教建筑。现存大理国时期的佛寺有云南安宁曹溪寺。曹溪寺在明代重修，但大殿内的斗拱仍为宋、元原物。大殿内木雕的"南海三圣"，据考证也是大理国的遗物。⑤ 现存昆明市博物馆的地藏寺石幢，堪称大理国石雕的代表作。石幢高8.3米，呈八棱形，积7层，通体共雕神像和佛像200余尊，所琢四大天王像高达1米有余，最小的坐佛仅高10余厘米。石幢还刻有

---

① 李昆声：《云南艺术史》，云南教育出版社，1995年，第226页。
② 杨延福：《剑川石宝山考释》，云南民族出版社，1999年，第99页。
③ 《云南志略辑校·诸夷风俗》，载《大理行记校注　云南志略辑校》，第87页。
④ 《大理行记校注》，载《大理行记校注　云南志略辑校》，第22—23页。
⑤ 夏光辅：《云南科学技术史稿》，云南科技出版社，1992年，第80页。

600 余字的《造幢记》和多篇巴利文经文，①反映了中国与印度文化的融合。

南诏、大理国时期的写本佛经现存不少。知名者如《护国司南抄》，唐乾宁元年（894）写本，还有《通用启请仪轨》《大灌顶仪》《金刚般若波罗蜜经》《药师琉璃光如来本愿功德经》《佛说灌顶药师经疏》《大佛顶如来密因修证了义诸菩萨万行首楞严经序》《礼佛忏悔文》《大般若波罗蜜多经》《佛说长寿命经》《诸佛菩萨金刚等启请仪轨》《金光明最圣王经疏》等，这些写经为大理国写本。用云南鹤庆制造的白棉纸书写，卷轴装。②可见南诏、大理国与今印度等地的文化交流也较为频繁。

大理国时期，金齿百夷首领叭真，以景昽（今云南景洪东南郊曼景兰）为中心建立地方政权景昽金殿国，兰那（今泰国北部昌盛）、猛交（今缅甸景栋南部孟皎）、猛老（今老挝琅勃拉邦）等地的金齿部落均受其统治。大理国王承认叭真为一方之主，赐以虎头金印。景昽金殿国的统治范围，包括今云南西双版纳与中南半岛北部的一些地区。景昽金殿国与大理国建立了往来关系。

大理国十分重视与其他政权发展睦邻的关系，并通过这种关系来推进相互间经济文化的交流。大理国对宋朝和其他相邻政权的政策，其基本特点是坚持友好相处，互通有无和守境相安。在通常情况下，大理国对相邻的政权并不轻易诉诸武力，这一点与南诏动辄对外用兵亦不相同。

二、大理国与安南的关系

与大理国建立较密切关系的邻邦之一是安南。宋乾德六年（968），安南将领丁部领削平十二使君，建立"大瞿越国"。开宝六年（973），丁部领遣使入贡，宋太祖诏以丁琏（丁部领之子）为安

---

① 《云南文物古迹》，第 146 页。
② 李孝友：《云南古老的写本佛经》，载《云南书林史话》，云南人民出版社，1998 年，第 11—13 页。

南都护，① 正式承认安南独立国家的地位。安南脱离中原王朝的统治后，与后者仍保持较密切的关系。大理国作为西南边疆的一个地方政权，与安南也有一定的往来。

据记载，大中祥符七年（1014），"交州李公蕴败鹤柘（拓）蛮，献捷"②。越南史料亦云，宋大中祥符七年春正月，"鹤拓蛮杨长惠、段敬至二十万人入寇，屯金花步，布列军营，号五花寨"③。"鹤拓"为唐朝对南诏的称呼，宋朝沿用其名以称大理国。从以上记载来看，大理国出动20万军队进攻安南，被安南国王李公蕴指挥军队打败，事后，李公蕴遣使至宋朝"献捷"。事不可谓不大，但因史籍缺载，我们对这一次战争的起因、经过和影响不得而知。

另据记载，绍兴九年（1139），广西经略安抚司奏："探得李乾德有妾，生一子，奔入大理国寄养，改姓赵，名智之，自号平王。知阳焕死，天祚为郡王，大理国遣还，见在安南龙令州驮河驻札，要与天祚交割王位，天祚领兵战敌。又探得赵智之差人赍金五十两，象一头，称欲进奉。"高宗颁诏：积极防备并婉言劝回赵智之的使者，"不得接纳，引惹生事"。④ 李心传则称：赵智之知其兄阳焕死，遂与天祚争国，"大理以兵三千助之"⑤。《宋史》卷四百八十八《外国传四》亦有类似的记录。

以上记载说的是这样一件事：绍兴二年（1132），安南国王李乾德卒，子李阳焕嗣继。绍兴八年（1138），李阳焕死，子李天祚继立，南宋袭封为交趾郡王。李乾德原有侧室，生一子送入大理国寄养，改姓赵，名智之，大理国待之不薄，遂得自称"平王"。知李天祚继安南国王位，大理国遣赵智之归，与天祚争立，李天祚领兵与协助赵智之的3000名大理国兵作战。赵智之拟遣使入宋纳贡，希望

① 《宋史》卷四百八十八《外国传四》，第14058页。
② 《宋史》卷八《真宗纪三》，第156页。
③ 《钦定越史通鉴纲目》正编卷三。
④ 《宋会要辑稿·蕃夷四》。
⑤ 〔宋〕李心传：《建炎以来系年要录》卷一百二十九，中华书局，1988年，第2092页。

得到宋朝的支持，被宋廷拒绝。绍兴十七年（1147），宋朝赐鞍鞯给李天祚，后又晋封南平王，表示认可李天祚。由此看来，大中祥符七年（1014），大理国与安南间的战争结束，双方恢复了友好关系，大理国还接受并抚养安南国王李乾德的庶子赵智之。

但大理国与安南的矛盾并未彻底解决。绍兴八年（1138），安南国王李阳焕死，大理国派军队护送赵智之归国，与李天祚争夺王位，宋朝的态度是支持安南。这次争夺安南王位的战争，以赵智之的失败而告终。除以上两次战事外，未见大理国与安南兵戎相见的其他记载。

第五章 民族与民族关系

第一节 南诏、大理国的主要民族

南诏是一个多民族联合政权，主体民族是白蛮与乌蛮。① 在南诏的统治下，还生活着一些其他的本地民族。在大理国的边缘地区，有一些本地民族建立了自己的政权，并接受大理国的羁縻。除汉族外，南诏、大理国的其他民族可泛称为"少数民族"。② "少数民族"的主体是新石器时代以来居住在云南的本土民族，可称为"原有民族"。随着外来人口不断迁入并与原有民族逐渐融合，"本地民族"群体由是形成。本地民族的外延较原有民族更大，既包含原有民族，也包括在不同时期迁入云南定居、成为云南土著的一些外来人口。另外，本地民族也指外来移民与原有民族融合之后所形成的"白蛮"等新的民族群体。

唐代云南地区的民族构成发生变化，主要是因为大量吸收了迁入的汉族人口。白蛮得到长足的进步，成为在云南等地起主导作用的民族。乌蛮、金齿百夷等居住在山区与南方边疆的本地民族，在300余年间也有较大发展。另外一些山区与僻远地区的本地民族，则

---

① 一般认为白蛮是今白族的先民，乌蛮是今彝族、哈尼族等民族的先民。
② 云南古代并无"少数民族"的说法。为便于叙述，以下将历史上汉族以外的云南其他民族称为"少数民族"。

处于较为落后的状态。

一、白蛮与乌蛮

秦汉以来居住在云南等地的僰人，在不断吸收外来人口的情况下，于南北朝时形成了新的民族群体"白蛮"。南北朝时今滇东地区白蛮的统治者是爨氏大姓，该地区的白蛮又称"爨氏白蛮"。《蛮书》卷四《名类》说："西爨，白蛮也。东爨，乌蛮也。""在石城、昆川、曲轭、晋宁、喻献、安宁至龙和城，谓之西爨。在曲靖州、弥鹿川、升麻川，南至步头，谓之东爨，风俗名爨也。"上述记载说明爨氏大姓统治的地区可分为西爨、东爨，西爨包括今云南寻甸以西至楚雄以东以滇池周围为中心的地区；东爨则指寻甸以东南面至今建水的区域，主要在今滇东与滇东南一带。西爨的居民以白蛮为主，因此被称为"西爨白蛮"；东爨的居民以乌蛮为主，被称为"东爨乌蛮"。

白蛮、乌蛮这两个民族尤其是上层，在一定范围内进行通婚，同时存在相互争夺的情形。乌蛮的首领爨归王之妻阿姹为南诏之女，爨归王被爨崇道杀死，阿姹"遂归诉父母"，在南诏的军事干预下，"诸爨遂乱"。皮逻阁将女儿嫁给另一爨氏首领爨守隅为妻，并以一女妻爨崇道之子爨辅朝。爨崇道与爨守隅相攻不已。南诏乃兴师讨伐爨崇道俘获其族，杀爨辅朝之后取还己女，阁罗凤召爨守隅及其妻归河赕（在今云南大理一带）。[①] 总体来看，由于各方面存在较大差异，除南诏王室被"白蛮化"以外，南诏、大理国时期白蛮与乌蛮融合的情形并不普遍。白蛮、乌蛮分别形成近代西南地区的白族与彝族。今滇西地区也有为数不少的白蛮，如活动在洱海地区的西洱河蛮，其首领多姓杨，与居今云南大理至楚雄之间松外蛮中的杨、赵、李、董等望族，为白蛮群体的一部分。

今滇西的白蛮与今滇东的爨氏白蛮属同一民族。史载，"（爨氏白蛮）自云本安邑人，七世祖晋南宁太守，中国乱，遂王蛮中。梁

---

① 《蛮书》卷四《名类》。

元帝时，南宁州刺史徐文盛召诣荆州，有爨瓒者，据其地，延袤二千余里"。① 爨氏白蛮自称祖先为今河北人，七世祖赴云南出任南宁州（治今云南曲靖西）太守，因内地纷乱，"遂王蛮中"。这说明他们仍保持了其祖先来自内地的历史记忆。称"有爨瓒者，据其地，延袤二千余里"，则指南北朝时期，爨氏白蛮割据今云南东部等地的情形。

在民族自我意识与生活习惯方面，今滇西的白蛮、今滇东的爨氏白蛮并无明显差别。《蛮书》卷八《蛮夷风俗》说："西爨及白蛮死后，三日内埋殡，依汉法为墓。稍富室广栽杉松。蒙舍及诸乌蛮不墓葬。凡死后三日焚尸，其余灰烬，掩以土壤，唯收两耳。"《云南志略辑校·诸夷风俗》称："白人，有姓氏。汉武帝开僰道，通西南夷道，今叙州属县是也。故中庆、威楚、大理、永昌皆僰人，今转为白人矣。"李京所说的"白人"，即南北朝以来云南地区的白蛮，分布范围包括唐宋时期今滇东的爨氏白蛮与今滇西的白蛮，分布地区与秦汉时期僰人的分布地区大致相同。爨氏白蛮与今滇西的白蛮虽是同一民族，但发展和接受汉文化的程度却有差异。总而观之，在隋代和唐代前期，白蛮最发达的部分在今滇东，隋朝和唐朝前期，也把经营的重点放在东部的爨氏白蛮地区。

在唐前期经营云南等地的100余年间，白蛮地区的社会经济有较大发展。据《南诏德化碑》所载，唐前期洱海地区已是"厄塞流潦，高原为稻黍之田；疏决陂池，下隰树园林之业。易贫成富，徙有之无，家饶五亩之桑，国贮九年之廪"②。《蛮书》卷四《名类》称天宝年间，曲州（今云南昭通）、靖州（在今云南大关附近）、宣城（在今云南东南部）等地呈现"邑落相望，牛马被野"的繁荣景象。唐前期对白蛮地区的努力经营，为之后其地的较快发展创造了条件。

天宝四载（745），在东部爨氏白蛮地区，发生爨氏首领拆毁安

---

① 《新唐书》卷二百二十二下《南蛮传下》，第6315页。

② 《云南考古》（增订本），第161页。

宁城（在今云南安宁），武力抗拒唐朝开通"步头路"的事件。唐朝令南诏东进平叛，南诏获得统一爨氏白蛮地区的机会。南诏想方设法瓦解了爨氏白蛮。天宝七载（748），南诏召服从南诏的爨氏白蛮首领爨守隅及其妻归于河赕（在今云南大理一带），扶持嫡亲乌蛮首领阿姹为今滇东地区的霸主，随后南诏国王阁罗凤派遣昆川城使杨牟利，以兵胁迫爨氏白蛮迁徙，迁其20余万户于永昌（今云南保山）至龙和（今云南禄丰东南）一带。关于这一次对爨氏白蛮的大迁徙，《蛮书》卷四《名类》称是迁至永昌地，《元史》卷六十一《地理志四》则称："贞观中，以西爨归王为南宁都督，袭杀东爨首领盖聘。南诏阁罗凤以兵胁西爨，徙之至龙和，皆残于兵。东爨乌蛮复振，徙居西爨故地，世与南诏为婚，居故曲靖州。"可见永昌至龙和一带，均为所迁爨氏白蛮的安置之地。

这一次人口迁徙的规模很大，以致爨氏白蛮居住的今滇东北、滇中一带的坝区"荡然兵荒矣"①。今滇东的乌蛮原本居于山区，乘坝区爨氏白蛮大部分迁走之机，一部分乌蛮下山徙居坝区，形成在今云南昆明、曲靖等地的平坦地区白族、彝族相互杂居的状况，但当地山区仍以彝族为主。之后今滇西的白蛮人数大为增加，以洱海地区为重点的今滇西地区，其经济文化获得迅速发展。

唐、宋尤其是南诏时期，白蛮与汉族的融合面相当广泛，在特定的历史条件下，白蛮吸收了大量外来汉族人口。天宝年间，唐朝三次进讨南诏遭到失败，大量唐朝军士丧生或被迫落籍云南地区。大理地区有崇尚"本主"（村寨守护神）的习俗，明清时期，大理白族崇尚的"本主"中有唐朝的将领李宓，或为落籍云南的唐朝将士的后代所立。

落籍云南的内地人口的另一来源，是南诏通过掠夺战争获取唐地的人口。天宝战争后，南诏联合吐蕃进攻嶲州（今四川西昌），城破后南诏夺取大量的人口、牲畜与各类物资，"子女玉帛，百里塞

---

① 《蛮书》卷四《名类》。

途，牛羊积储，一月馆谷"①。此后，南诏又多次发动对唐朝的战争。南诏从唐地掠夺的汉族人口估计不少于 10 万。南诏重点掠夺唐朝的青壮年劳力与工匠，通过这一途径来获取劳动人手与先进的生产技术。

对熟悉内地文化与唐朝制度的汉人，南诏多予重用。据《旧唐书》卷一百九十七《南蛮西南蛮传》所载，南诏攻陷嶲州时，俘虏了西泸县令郑回，阁罗凤因其熟悉儒学，"甚爱重之"，以之为宫廷教师，先后教凤伽异、异牟寻和寻梦凑。郑回在南诏颇有威仪，"牟寻以下皆严惮之"。异牟寻嗣位，以郑回为清平官，"事皆咨之，秉政用事"。郑回的后裔在南诏也颇受优侍，南诏末年发动政变的权贵郑买嗣，即为郑回的后人。

因谋生、躲避战乱等原因流入边疆的难民，是落籍云南的内地移民的又一来源。书写《南诏德化碑》的唐人杜光庭，即自行来到云南。这一类情形在宋代更为普遍。宋熙宁七年（1074），峨眉进士杨佐至大理国联系买马。杨佐一行进入大理国境，见有"群蛮"耕锄山田，杨佐等以夷语相询，有老翁垂泪曰："我乃汉嘉之耕民也。皇祐中以岁饥来活于兹，今发白齿落，垂死矣，不图复见乡人也。"② 据现存云南楚雄的《护法明公德运碑摩崖》，作者自称是"大宋国建武军进士"，因"两战场屋，画虎无成"，流入大理国已有 16 年。③

南诏对外来人口还采取强制同化的做法。据《蛮书》卷六《云南城镇》所载，南诏攻下姚州都督府治所姚州（今云南姚安北），姚州百姓"皆被移隶远处"，南诏于其地新筑弄栋城，"管杂蛮数部落，悉无汉人"。《蛮书》卷四《名类》称："裳人，本汉人也。部落在铁桥北，不知迁徙年月。初袭汉服，后稍参诸戎风俗，迄今但朝霞缠头，其余无异。"贞元十年（794），南诏异牟寻领兵攻破吐蕃

---

① 《南诏德化碑》，载《云南考古》（增订本），第 160 页。
② 《续资治通鉴长编》卷二百六十七，熙宁八年八月，第 6540 页。
③ 《云南考古》（增订本），第 171 页。

铁桥城，获裳人数千户，"即移于云南东北诸川"。"皆被移隶远处"的汉族百姓，必然被云南的本地民族同化。论云南地区吸收汉族人口数量之多与影响之广，唐宋时期远超汉、晋两代。通过大量吸收汉族人口和学习内地文化，云南地区白蛮的素质明显提高，力量也大为增强，这是南诏、大理国崛起并兴盛数百年的一个重要原因。

由于大量补充来自汉族的新鲜血液，白蛮等云南本地民族对内地文化的认同感明显加强，在两宋与大理国关系疏远的300余年间，云南地区仍奉行内地的一些习尚。

宗教信仰方面，唐代前期，白蛮信奉本地原始宗教与内地传入的道教，至唐代后期，白蛮主要信仰佛教中的白蛮密宗。白蛮密宗是在综合大乘佛教的禅宗等教派与流行于吐蕃地区的密宗的基础上，吸收白蛮原有的宗教而形成。大理国时期白蛮密宗十分兴盛，大理国传22主，竟有10名国王避位为僧。根据发现于云南大理市凤仪镇北汤天董氏宗祠内的《董氏本音图略叙》可知，董氏之祖董伽罗为大理国的开国国师，其后裔世袭大理"阿吒力"之职，在大理国时期有13人为"阿吒力"僧，这大致反映出地方上层热衷佛教的情形。大理国的读书人既习读儒书又信仰佛教，信佛教戒律精严者称为"得道"，"俗甚重之"，"得道"者或称"师僧"，"段氏而上有国家者设科选士，皆出此辈"。①

笃信佛教在白蛮百姓中也十分普遍，郭松年说：

> （洱海地区）中峰之南有玉局寺，又西南有上山寺。凡诸寺宇皆有得道居之。得道者，非师僧之比也。师僧有妻子，然往往读儒书，段氏而上有国家者设科选士，皆出此辈。今则不尔。其得道者，戒行精严，日中一食，所诵经律一如中国，所居洒扫清洁，云烟静境，花木禅房，水瀿瀿循堂厨。至其处者，使人名利之心俱尽。

① 《大理行记校注》，载《大理行记校注　云南志略辑校》，第23页。

此大理之大观。南游则永昌、腾冲，北走则鹤庆、丽江，周行数千里，皆莫若此也。①

郭松年所说虽为元初所见，但仍可窥知大理国时期的情形。郭松年又称："沿山寺宇极多，不可殚纪。中峰之下有庙焉，是为点苍山神，亦号中岳。"赵州甸（在今云南大理市凤仪镇）有建峰神庙，"凡水旱疾疫，祈请有征，州人赖之"。品甸（在今云南祥云）清湖"湖西官道中有石焉，纹如古篆，号曰地符，行人谨避，莫敢践之"。白崖甸（在今云南弥渡县红岩镇）西南有古庙，"中有铁柱，高七尺五寸，径二尺八寸，乃昔时蒙氏第十一主景庄王所造"。当地民族每年贴金其上，"号天尊柱，四时享祀，有祷必应"。② 可见除信仰佛教外，白蛮还信奉道教以及崇拜山神大地等原始宗教，并流行崇拜铁柱的习俗。

由于受内地文化的熏陶，白蛮的社会习尚带有汉文化影响的痕迹。《云南志略辑校·诸夷风俗》称，白蛮俊秀者颇能书，"有晋人笔意"。云南地区尊崇东晋书法家王羲之，"不知尊孔、孟"。两宋奉行与大理国疏远的政策，大理国逐渐被边缘化，其对内地文化的认识，大致还停留在东晋时期。《蛮书》卷八《蛮夷风俗》称，白蛮地区凡人家所居，皆依傍四山，"上栋下宇，悉与汉同，惟东西南北，不取周正耳"。南诏节日"粗与汉同，唯不知有寒食清明耳"。《新唐书》卷二百二十二上《南蛮传上》说，南诏"俗以寅为正，四时大抵与中国小差"。据《蛮书》卷二《山川江源》所载，因越赕（今云南腾冲北）至寻传（今澜沧江上游以西至伊洛瓦底江上游以东地区）的道路途经高黎共山，险阻难行，冬天积雪严寒，秋夏山下毒暑酷热，羁留寻传的白蛮商客作歌道："冬时欲归来，高黎共上雪。秋夏欲归来，无那穹赕热。春时欲归来，平中络赂（按：钱

---

① 《大理行记校注》，载《大理行记校注 云南志略辑校》，第23、25页。
② 《大理行记校注》，载《大理行记校注 云南志略辑校》，第23、14、11、12页。

财）绝。"歌中夹杂一些白语，但大体上是用汉语叙述。该诗表达的是大理地区的白蛮至寻传地区做生意，因羁留外地，对家乡怀有思念之情。

白蛮文化带有受内地影响的明显痕迹。《大理行记校注》称元初大理等地，"其宫室、楼观、言语、书数，以至冠昏丧祭之礼，干戈战陈之法，虽不能尽善尽美，其规模、服色、动作、云为，略本于汉。自今观之，犹有故国之遗风焉"。在白蛮的社会习尚中，从僰人文化发展而来的本地文化的积淀也很明显。《蛮书》卷八《蛮夷风俗》称，"言语音白蛮最正，蒙舍蛮次之，诸部落不如也。但名物或与汉不同，及四声讹重"。所谓白蛮"言语音白蛮最正，蒙舍蛮次之，诸部落不如也"，指白蛮语掺杂了一些汉语，因此汉人认为"言语音白蛮最正"。《云南志略辑校·诸夷风俗》说，白语称穿衣为"衣衣"，吃饭曰"咽羹茹"，樵采曰"拆薪"，帛曰"幂"，酒曰"尊"，鞍鞘曰"悼泥"，墙曰"砖垣"。元人李京认为上述称呼是受汉语的影响，这些叫法虽夹杂有汉语的成分，但大体上是对相关白语的记音。

《云南志略辑校·诸夷风俗》说白蛮称市集为"街子"，"午前聚集，抵暮而罢"。交易多用海贝，俗呼为"贝只"，以一只为庄，四庄为手，四手为苗，五苗为索。人死，其亲属浴尸击铜鼓送葬，"以剪发为孝，哭声如歌而不哀"，"三日内埋殡依汉法为墓"。白蛮地区的农业较发达，大理等地多有水田，"谓五亩为一双"。其山明水秀与江南颇为相似，各地多种植稻、麻、麦、蔬菜和水果。《蛮书》卷七《云南管内物产》载，在今滇东、滇中等地的坝区，"土俗唯业水田"，即以种水稻为主，虽亦种麻豆黍稷，但数量不多。水稻收获后又种大麦，小麦则多种于岗陵地区，"浇田皆用源泉，水旱无损"。

在衣着穿戴方面，白蛮百姓多穿着以柘蚕丝织成如衾被的衣服，南诏贵族及清平官等穿的礼服为锦绣织成，上面缝缀虎皮为装饰。大理国时男女多戴覆以黑毡的竹编斗笠，无拜跪之节，遇客唯取下斗笠为礼。男子椎髻披毡，妇女不施脂粉，但以油润泽其发用青纱盘系，裹以攒顶黑巾，流行戴金耳环臂套象牙镯，着细绣方幅围腰，以半身细毡为上服。白蛮普遍崇尚白色，嫁女以陪赠纯白色的羊皮为珍贵。《蛮书》卷八《蛮夷风俗》记载，一些白蛮地区有"处子孀妇出入不禁"的习俗，嫁娶之夕"私夫悉来相送，既嫁有犯，男子格杀无罪，妇人亦死"。南诏少年弟子暮夜游行闾巷，吹葫芦笙，或吹树叶，"声韵之中皆寄情意，用相呼召"。《云南志略辑校·诸夷风俗》亦称，元初的白蛮少年暮夜游行，或吹芦笙，或作歌曲，"声韵之中皆寄情意，情通私耦，然后成婚"。白蛮喜生食，"如猪、牛、鸡、鱼皆生醢之，和以蒜泥而食"。白蛮食畜禽肉多略以烹之，水沸即食。

出自乌蛮的蒙舍诏贵族与白蛮上层均有饮茶的习惯。所用之茶产自银生城（今云南景东）界诸山，但"散收无采造法"，饮用方法是"以椒姜桂和烹而饮之"。每年阴历十一月初一日，白蛮必盛会宴客，酿酒宰杀牛羊，"亲族邻里更相宴乐"。[①] 白蛮逢腊月二十四日有祀祖的习俗，"如中州上冢之礼"。阴历六月二十四日，白蛮地区"通夕以高竿缚火炬照天，小儿各持松明火相烧为戏，谓之驱禳"。[②] 南诏王子寻阁劝所作诗《善阐台》写道："避风善阐台，极目见藤越。……不觉岁云暮，感极星回节。"[③] 白蛮地区"缚火炬照天"的活动，即后来有名的"星回节"（火把节）。《通典》卷一百八十七《边防三》说，洱海以东地区的松外诸蛮，"言语虽小讹舛，大略与中夏同。有文字，颇解阴阳历数"。从以上记载可知，白蛮与松外诸蛮等从事农业生产的民族，在南诏时期普遍使用阴历。

乌蛮出自分布在中国西北部的氐羌族群。新石器时代氐羌的分布地区，西南面已至今云南省西北部，新石器时代或稍后的时期，今缅甸东北部亦可能已有羌人。公元前 4 世纪，今青海东部的一些羌人部落开始南下。汉代见于《史记》记载，活动在今滇西一带的

---

① 《蛮书》卷七《云南管内物产》、卷八《蛮夷风俗》。
② 《云南志略辑校·诸夷风俗》，载《大理行记校注　云南志略辑校》，第87页。
③ 《古诗中的云南》，第8页。

"昆明"和"嶲",即为南迁羌人的一部分。南迁羌人与当地土著羌人逐渐融合,成为近代藏缅语族各民族的先民。羌人及其后裔又向云南的南部与东部扩散,先后进入今贵州与广西地区,约在东汉、魏晋时期,"昆明""嶲"又称为"乌蛮"。

唐宋时期,云南等地的乌蛮有很大发展,形成西部、东部、北部三个较大的地方性群体。唐初,在洱海附近分布着被称为"六诏"(一说八诏、十诏)的几个较大的乌蛮部落,蒙舍诏因所居之蒙舍川(在今云南巍山南部)位于诸诏以南,又称"南诏"。洱海附近较大的诏还有:蒙嶲诏(在今云南巍山北境)、越析诏(在今云南宾川县)、浪穹诏(在今云南洱源)、邆睒诏(在今云南洱源县邓川镇)、施浪诏(今云南洱源东)。六诏中除越析诏是磨些蛮以外,其余五诏都是乌蛮。南诏建立政权后,西部的乌蛮进一步发展,并与东部和北部的乌蛮建立了联姻的关系。

东部的乌蛮在唐初被称为"昆明十四姓",咸亨三年(672),昆明十四姓两万户内属,唐析其地为殷州、总州、敦州,后又设盘、麻等41州,皆以首领为刺史。这一地区的乌蛮在较大范围内与白蛮相杂居,但以今云南寻甸以东至黔西,南部至今建水一带分布最为集中,唐代后期被称为"东爨乌蛮"。在南诏兼并东部爨区之前,今滇东、黔西最大的地方势力是爨氏白蛮。爨氏白蛮被南诏制服,大部分人口被迁到今滇西,乌蛮首领阿姹成为东部的霸主,"自主其部落,岁入朝,恩赏蕃厚"[1]。南诏后期,东部的乌蛮分化演变为许多部,并形成一个被称为"乌蛮三十七部"的庞大部落联盟。

"乌蛮三十七部"是史籍对分布在今滇东、黔西的数十个部落联盟的统称。三十七部并无确数,其数目在不同时期有所增减。三十七部中除位于今云南红河县境的官桂思陀部、溪处甸部、伴溪落恐部、铁容甸部为和蛮外,其余诸部均为乌蛮。大理国时期乌蛮三十七部分布的范围,大致是北至今云南寻甸,南至今云南元阳、马关,东抵今贵州普安一带,西面到今云南楚雄一带。宋代时乌蛮三十七

---

[1] 《新唐书》卷二百二十二下《南蛮传下》,第6316页。

部的势力更为强盛，大理国对其亦礼让三分。而分布在自杞（中心在今贵州兴义）、罗殿（在今贵州西部）一带的乌蛮，则建立了有较大势力的部落联盟，时称"自杞国"与"罗殿国"。

云南北部的乌蛮与乌蛮三十七部在北面的部落有亲缘关系，与南诏贵族亦结姻亲："乌蛮与南诏世昏姻，其种分七部落，一曰阿芋路，居曲州、靖州故地；二曰阿猛；三曰夔山；四曰暴蛮；五曰卢鹿蛮，二部落分保竹子岭；六曰磨弥敛；七曰勿邓。""勿邓地方千里，有邛部六姓，一姓白蛮也，五姓乌蛮也。又有初裹五姓，皆乌蛮也，居邛部、台登之间。"可知位于今四川冕宁、喜德一带的勿邓部落，其联系地域达千里，黎、嶲、戎数州的不少部落隶于勿邓。勿邓以南70里有两林部落（在今四川甘洛），其南有丰琶部落（今四川昭觉一带），管辖阿、诺二姓。两林地虽狭但受诸部推举为长，号为"都大鬼主"。勿邓、丰琶、两林因居于雅砻江以东地域，被称为"东蛮"，天宝中，曾受唐朝封爵。天宝战争后，南诏攻陷嶲州（今四川西昌），东蛮"遂羁属吐蕃"。[1] 贞元十年（794），异牟寻与唐复好，东蛮诸部落随之附唐。

北部乌蛮诸部中的东钦蛮二姓，以及邛部蛮中的一姓白蛮，为西汉时越嶲郡（治今四川西昌东南）邛都夷的后裔，唐代时作为东蛮诸部中的一部分而存在。另据《新唐书》卷二百二十二下《南蛮传下》所载，在黎、邛二州之东又有凌蛮；西面有三王蛮，因杨、刘、郝三姓世袭为王而得名。三王蛮的北界到今汉源西北飞越岭，南界至大渡河，所居建筑是"叠甓而居，号碉舍"。唐剑南节度使岁赐其帛3000匹，令其监视南诏，"南诏亦密赂之，觇成都虚实"。嶲州新安城（今四川越西北）附近有六姓蛮，除蒙蛮、夷蛮、讹蛮、狼蛮，"余勿邓及白蛮也"。以上本地民族部落多为乌蛮，或是与乌蛮关系密切的笮都夷、白马氏的后裔。在今四川汉源以北还有西山八国。唐人称今岷山、邛崃山为"西山"，称分布在西山及其以西地区的八个部落为"西山八国"，分别是哥邻、咄霸、弱水、白狗、逋

---

① 《新唐书》卷二百二十二下《南蛮传下》，第6317页。

租、南水、清远、悉董。剑南西山与吐蕃、氐、羌相接，武德以来唐朝于其地置州县驻军防，乾元之后陷于吐蕃。

宋代云南北部的乌蛮又有变化。《宋史》卷四百九十六《蛮夷传四》说，黎州（今四川汉源北）诸蛮计有 12 种，知名者有山后两林蛮、邛部川蛮、风琶蛮、保塞蛮、三王蛮、西箐蛮、净浪蛮、白蛮、乌蒙蛮和阿宗蛮，其中风琶蛮、两林蛮、邛部川蛮谓之"东蛮"，其余小蛮各分隶之。与唐代不同的是，邛部川蛮取代了两林蛮的霸主地位，"招集蕃汉亡命，侵攘他种，闭其道（清溪关）以专利"。至于各部落与宋朝的关系，山后两林蛮自开宝二年（969）至宋朝贡，此后入贡络绎不绝。太平兴国二年（977），宋朝封其首领勿尼为归德大将军，勿儿为怀化大将军。邛部川蛮的首领自称"百蛮都鬼主"，雍熙二年（985），邛部川蛮都鬼主诺驱，遣王子领 172 人入宋朝贡，宋封诺驱为怀化将军。其余诸蛮亦至宋朝贡，并参加与宋朝的马匹交易。①

关于叙州（今四川宜宾西北）以南地区的乌蛮，《宋史》卷四百九十六《蛮夷传四》称叙州有三路蛮，董蛮在马湖江右侧古僰侯国之地，宋初其首领名董春惜，自称"马湖路三十七部落都王子"，其辖下有 30 余个支系。南广蛮在庆符县（在今四川高县庆符镇）以西，宋于其地置 14 个羁縻州。石门蕃部蛮与临洮土羌相接，势力强盛精悍善斗，"自马湖、南广诸族皆畏之"。元初，东部、北部地区的乌蛮又称"罗罗"，《云南志略辑校·诸夷风俗》言罗罗即乌蛮，"自顺元、曲靖、乌蒙、乌撒、越嶲，皆此类也"。

关于乌蛮的习俗，南诏贵族头戴头囊，制法是取红绫近边撮缝为角，刻木如樗蒲头以实角中，梳发脑后为一髻，取头囊包裹头髻以结之，青少年及一般军士则当额结为一髻，不戴囊角。乌蛮无论贵贱皆披毡跣足。俗贵绯、紫两色，有军功者得披虎皮。妇女以绫锦、布等衣料制为裙襦，其上仍披一锦幅围腰为饰。发式为"两股辫其发为髻"。南诏贵族有妻妾数百人，称为"诏佐"，清平官、大

---

① 《宋史》卷四百九十六《蛮夷传四》，第 14231 页。

军将亦有妻妾数十人。①

《云南志略辑校·诸夷风俗》谓乌蛮又称"罗罗"，男子多椎髻，或去须髯，或髡其发，左右多佩带双刀，"喜斗好杀，父子昆弟之间，一言不相下，则兵刃相接，以轻死为勇"。妇女则披发，多穿布衣，贵族着锦衣，百姓或披羊皮，乘马则并足横坐马背。未嫁之女耳穿大耳环，剪发齐眉，裙不过膝。"男女无贵贱皆披毡，跣足。"乌蛮崇尚黑色，《蛮书》卷八《蛮夷风俗》称东蛮中的乌蛮部落，妇女以黑缯为衣，其长曳地。乌蛮夫妇夜同寝，但昼不相见，子生十岁尚不得见其父，可能是原始社会知其母不知其父婚俗的遗留。乌蛮夜寝习惯围卧火塘旁，"虽贵，床无褥，松毛铺地，惟一毡一席而已"②。

南诏王室沿用父子连名制，父王之名作为其子之姓，如皮逻阁子名阁罗凤，阁罗凤子名凤伽异，凤伽异子名异牟寻，仅丰祐"慕中国，不肯连父名"③。这种使用父子连名制的习俗，在彝族中流传到近代。

乌蛮信仰属于原始宗教的巫鬼教。大部落有大鬼主，一两百家的小部落有小鬼主，"一切信使鬼巫，用相服制。"④ 乌蛮地区流行以习惯法判案定罪。今滇东南一带的乌蛮，"刻木为契，盗者倍三而偿，杀人者出牛马三十"。在松外蛮地区，"有罪者，树一长木，击鼓集众其下。强盗杀之，富者贳死，烧屋夺其田；盗者倍九而偿赃。奸淫，则强族输金银请和而弃其妻，处女、釐妇不坐"⑤。乌蛮患病无寻医问药的习惯，多求助于被称为"大奚婆"的男巫，"以鸡骨占吉凶"。"大奚婆"又是酋长的亲信和谋士，"事无巨细皆决之"。酋长的正妻称"耐德"，仅"耐德"所生子可继父亲之位。若"耐德"无子或有子但未及娶而死者，众人为酋长娶妾，有所生，即认为是

---

① 《蛮书》卷八《蛮夷风俗》。
② 《云南志略辑校·诸夷风俗》，载《大理行记校注　云南志略辑校》，第89页。
③ 《新唐书》卷二百二十二上《南蛮传上》，第6270页。
④ 《蛮书》卷一《云南界内途程》。
⑤ 《新唐书》卷二百二十二下《南蛮传下》，第6319、6322页。

已死男女之转世。乌蛮地区盛行姑舅表婚，"嫁娶尚舅家，无可匹者，方许别娶"。①

在丧葬方面，南诏时乌蛮死后焚其尸，仅留两耳，贮金、铜、铁瓶中作为纪念。② 大理国时乌蛮死遂焚其尸，若酋长死则以豹皮裹尸而焚，密葬其骨于山，"非骨肉莫知其处"。葬毕则盗取邻近贵人之头以祭，祭祀时亲戚毕至，"宰杀牛羊动以千数，少者不下数百"。③

每年腊月春节，乌蛮有设跷板供取乐之俗，其法为竖长竿横设一木，左右各坐一人，"以互相起落为戏"。酋长喜养被称为"苴可"的义士，平时厚赡之，若遇战斗，"苴可"多视死如归。乌蛮善造武器并对此颇为看重，所造坚甲利刃，"有价值数十马者"，所制标枪劲弩以矢尖蘸以剧毒，人"沾血立死"。④

居于大理一带山区的乌蛮，在一定范围内逐水草畜牧。《新唐书》卷二百二十二下《南蛮传下》称其"夏处高山，冬入深谷，尚战死恶病亡"。居住今滇东北等山区的乌蛮则较落后，《蛮书》卷一《云南界内途程》言其"见人无礼节拜跪，三译四译乃与华通"。而今滇东等地的乌蛮有一部分已移居平坦地区，并种植水稻等水田作物，这一部分乌蛮"多水田，谓五亩为一双"；《新唐书》卷二百二十二下《南蛮传下》言今黔西、滇东南"土热多霖雨，稻粟再熟"。蒙舍川乌蛮经济发展程度已相当高，《蛮书》卷五《六赕》称蒙舍川等地"肥沃宜禾稻。又有大池，周回数十里，多鱼及菱芡之属"。蒙舍川周围地区虽亦较为发达，但仍不及蒙舍川，"邑落人众，蔬果水菱之味，则蒙舍为尤殷"。

---

① 《云南志略辑校·诸夷风俗》，载《大理行记校注　云南志略辑校》，第89页。
② 《蛮书》卷八《蛮夷风俗》。
③ 《云南志略辑校·诸夷风俗》，载《大理行记校注　云南志略辑校》，第90页。
④ 《云南志略辑校·诸夷风俗》，载《大理行记校注　云南志略辑校》，第90页。

二、其他本地民族

除白蛮、乌蛮之外，南诏、大理国较重要的本地民族还有金齿百夷。[①] 金齿百夷分为若干支系，其中金齿蛮以金片裹齿，银齿蛮裹银片为饰，见客戴上，吃饭时取下。食槟榔致齿黑者称为"黑齿蛮"，以彩缯分撮其发者则称为"花角蛮"。"绣脚蛮则于踝上排（腓）下周匝刻其肤为文彩，衣以绯布，以青色为饰。绣面蛮初生后出月，以针刺面上，以青黛傅之。"[②] 金齿百夷的名称虽有不同，但不同支系的风俗并无明显差异，记载乃言"（金齿百夷）北接吐蕃，南抵交趾，风俗大概相同"[③]。

金齿百夷出自分布在我国东南、南方的古老族群"越"。周代越人建吴国与越国。周元王时，吴并于越。周显王时，越为楚所灭。越国既亡，越人群龙无首，支系众多，遂被称为"百越"。百越分布广泛，唐人颜师古认为长江下游往南至今越南北部，均为"百越杂处"之地。[④] 今汉藏语系壮侗语族的民族均源自百越。《史记》卷一百二十三《大宛列传》称西汉时张骞出使大夏（今阿姆河上游南北两岸地），见到来自蜀地（今四川盆地）的邛竹杖与蜀布，推知有道路自蜀地经身毒（今印度）至大夏，并闻知其西千余里有乘象国，名"滇越"。滇越在今云南德宏一带及相毗连的缅甸克钦邦、掸邦地区。滇越为金齿百夷的先民。

南诏、大理国时期，金齿百夷发展的速度加快，宋代以今西双版纳为中心出现景昽金殿国。景昽金殿国是金齿百夷首领叭真于淳熙七年（1180）建立的，中心在景昽（今云南景洪东南郊曼景兰），并控制着在其南方的金齿百夷部落。大理国与景昽金殿国建立宗藩

---

① 一般认为金齿百夷是今傣族的先民。
② 《蛮书》卷四《名类》。
③ 《云南志略辑校·诸夷风俗》，载《大理行记校注　云南志略辑校》，第93页。
④ 《汉书》卷二十八下《地理志下》，第1669页。

的关系，大理国王承认叭真为一方之主，并赐以虎头金印。今德宏、西双版纳等地的金齿百夷也有较快发展，其表现是势力向周围地区不断拓展。《元史》卷六十一《地理志四》载：

> 其地在大理西南，兰沧江界其东，与缅地接其西……茫施蛮本关南种，在永昌之南，楼居，无城郭。或漆齿，或金齿，故俗呼金齿蛮。自汉开西南夷后，未尝与中国通。唐南诏蒙氏兴，异牟寻破群蛮，尽虏其人以实其南东北，取其地，南至青石山缅界，悉属大理。

《元史》卷六十一《地理志四》又称，在大理国时期，金齿百夷渐复故地，"是后金齿诸蛮浸盛"。

南诏、大理国时期，金齿百夷尚处于"记识无文字，刻木为约"的发展阶段，但已进入阶级社会，出现有权威的部落酋长。"酋长死，非其子孙自立者，众共击之。"金齿百夷的装束，通常是男子纹身，以彩缯束发，着赤黑衣蹑绣履，"去髭须鬓眉睫，以赤白土傅面"，"绝类中国优人"，呼痛之声曰"阿也韦"。金齿百夷的男子"不事稼穑，唯护小儿"。妇女"去眉睫，不施脂粉，发分两髻，衣文锦衣，联缀珂贝为饰。尽力农事，勤苦不辍。及产，方得少暇。既产，即抱子浴于江，归付其父，动作如故"，当地流行父亲代母亲"坐月子"照看婴儿"产翁制"的习俗。①

金齿百夷喜居滨江竹楼，"一日十浴，父母昆弟惭耻不拘"。金齿百夷通常患疾，并无服药治疗的习惯，"惟以姜盐注鼻中"。一些地方流行以槟榔待客的习俗。由于处于阶级社会的初期，部落之间的争斗掠夺十分普遍，破敌斩其首，则置于楼下，聚众杀鸡以祭之，并使巫祝之曰："尔酋长、人民速来归我。"在婚姻习俗方面，金齿百夷"嫁娶不分宗族，不重处女"。未婚女子以红帕缠头，余发下

---

① 《云南志略辑校·诸夷风俗》，载《大理行记校注　云南志略辑校》，第91—92页。

垂，若未嫁而死，所交往的男人持一幡相送，幡至百者为绝美。居住地区多5日一集市，"旦则妇人为市，日中男子为市，以毡、布、茶、盐互相贸易"。[①] 又据《蛮书》卷四《名类》所载，居住在今云南德宏、西双版纳等地的金齿百夷称"茫蛮"，亦居竹楼，"皆衣青布裤、藤篾缠腰，红缯布缠髻，出其余垂脑后为饰，妇人披五色娑罗笼"。"孔雀巢人家树上，象大如水牛，土俗义（养）象以耕田，仍烧其粪。"

南诏对金齿百夷地区的经营，影响到了与金齿百夷相杂居的"寻传蛮"、"野蛮"（裸形蛮）、"斡泥蛮"（即和蛮）、"蒲蛮"（扑子蛮）、"望苴子蛮"等部落。《蛮书》卷四《名类》载："寻传蛮，阁罗凤所讨定也。""阁罗凤既定寻传，而令野蛮散居山谷。其蛮不战自调伏，集战自召之。"扑子蛮，"开南、银生、永昌、寻传四处皆有。铁桥西北边延（近）兰沧江亦有部落"。望苴子蛮，"在兰沧江以西，是盛罗皮所讨定也。……南诏及诸城镇大将出兵，则望苴子为前驱"。《云南志略辑校·诸夷风俗》说："野蛮，在寻传以西，散居岩谷，无衣服，以木皮蔽体。""斡泥蛮，在临安西南五百里，巢居山林。""蒲蛮，一名扑子蛮，在澜沧江以西。"南诏在西南边地设城堡管理金齿百夷与其他民族，作战时征调后者参加战争。南诏还把以上民族的一部分人口迁到腹地参加经济开发。南诏从永昌（今云南保山）望苴子蛮、望蛮外喻等部落中迁1000余户至拓东城（在今云南昆明市区），"分隶城傍，以静道路"[②]。南诏对寻传蛮等边疆民族的统治，虽带有民族压迫的性质，但客观上打破了这些民族封闭隔绝的状态，促进了各民族的联系，对边疆民族的发展有积极意义。

扑子蛮以青婆罗段为通身裤，善用泊箕竹弓，深林间射飞鼠发无不中，食无盛器，以芭蕉叶盛之。寻传蛮，俗无丝绵布帛，披娑

---

① 《云南志略辑校·诸夷风俗》，载《大理行记校注　云南志略辑校》，第92—93页。
② 《蛮书》卷六《云南城镇》。

罗笼，射杀豪猪，生食其肉，取其两牙双插头顶两旁为饰，又割其皮以系腰，战斗时以竹笼笼头，如兜鍪状。

裸形蛮居住在寻传城以西的地区，与寻传蛮有亲缘关系，处于无君长的原始社会阶段，多女少男，或五妻十妻共养一夫，其妻"入山林，采拾虫鱼菜螺蚬等归啖食之"，"无农田，无衣服，惟取木皮以蔽形"。①

望苴子蛮分布在澜沧江以西的地区。其人乘马不用鞍，善于在马上使枪，跣足，穿仅蔽胸腹的短甲，股膝皆露。头盔卜插以牦牛尾，驱马驰突若飞。望蛮外喻部落，与望苴子蛮为同一民族，居于永昌西北一带，其人高大，负排持稍无人能敌。妇女跣足，"以青布为衫裳，联贯珂贝巴齿真珠，斜络其身数十道。有夫者竖分为两髻，无夫者顶（后）为一髻"。妇女喜食乳酪，"肥白，俗好遨游"。②

居住在今滇西北的磨些蛮、施蛮、顺蛮、长裈蛮等本地民族，唐代时颇为活跃，经常俯仰于南诏、吐蕃和唐朝之间，其中一部分被南诏控制，迁往其他地方安置。据《云南志略辑校·诸夷风俗》和《蛮书》卷四《名类》所载，磨些蛮分布在铁桥（在今云南玉龙纳西族自治县西北塔城乡）以及大婆、小婆、三探览（今云南宁蒗西北）与昆池（今泸沽湖）等地。施蛮、顺蛮原本在剑、共诸川（在今云南剑川、鹤庆一带）杂居，后迁到铁桥（在今玉龙纳西族自治县西北塔城乡）西北，其首领被吐蕃封为王。贞元十一年（795），南诏攻取吐蕃占据的昆明城（今四川盐源东北），俘虏降附吐蕃的施蛮、顺蛮部落，施蛮首领寻罗及其宗族被"置于蒙舍城，养给之"。顺蛮首领傍弥潜及其宗族，"置于云南白岩（崖），养给之。其施蛮部落百姓则散隶东北诸川"。南诏又虏获磨些蛮近万户，"尽分隶昆川左右及西爨故地"。

居住在今云南剑川一带隶属于三浪诏的长裈蛮，"其本俗皆衣长

---

① 《蛮书》卷四《名类》。
② 《蛮书》卷四《名类》。

裈曳地"，则被南诏迁至塔城以东与施蛮、顺蛮余部杂居，"养给之"。① 但今滇西北诸族中的某些部落，则一直游离于南诏的势力范围之外。建中四年（783），唐与吐蕃结盟，誓文中有"剑南西山大渡河东，为汉界"，"西至临洮，东至成州，抵剑南西界磨些诸蛮，大渡水西南，为蕃界"等语。② 盟誓既将大渡河西南划入吐蕃地界，居住当地的磨些等蛮应依附吐蕃。

磨些蛮分布在今滇西北等地，所居区域海拔较高。《云南志略辑校·诸夷风俗》称磨些蛮"地凉，多羊、马及麝香、名铁"。元初磨些蛮已进入阶级社会，但尚无势力强大的酋长，"依江附险，酋寨星列，不相统摄"。男子善战喜猎，挟短刀，以砗磲（一种大海贝）为饰；稍不如意则鸣钲相仇杀，若双方妇女出面和解即罢，这反映出磨些蛮还较多地保留母系氏族社会的残余，妇女仍有较高的社会地位。妇女着皂衣，披毡，跣足，喜梳高髻。未婚女子剪发齐眉，以毛绳为裙，若嫁则改易其装束。不事神佛，唯于正月十五日登山祭天，"极严洁"。祭后男女上百人互执其手，团旋歌舞以为乐。由于社会经济尚不发达，大部分人"俗甚俭约，饮食疏薄"，一岁之中，或半以蔓菁充粮，贫家"盐外不知他味"；但富裕者每年冬天宰杀牛羊，竞相邀客，宴请无虚日，"一客不至，则为深耻"，反映出族内贫富悬殊。人死盛行火葬，"贵贱皆焚一所，不收其骨"，其余习俗与乌蛮略同。

土僚蛮居住在叙州（今四川宜宾西北）以南、乌蒙（今云南昭通）以北的地区，男子达十四五岁，击去左右两齿方才婚娶。土僚蛮爬山敏捷，"上下山坂如奔鹿"。妇女跣足高髻，以桦木为冠，耳坠大耳环，衣黑布衣，项带锁牌以为饰。人死，亲属以棺木盛尸置于千仞颠崖之上，以先堕者为吉，此即后世所称之"悬棺葬"。元初，土僚蛮尚处于"山田薄少，刀耕火种"的阶段，所收稻谷悬于

---

① 《蛮书》卷四《名类》。
② 《旧唐书》卷一百九十六下《吐蕃传下》，第 5247 页。

竹棚之下，"日旋捣而食"，人或以采荔枝、贩茶为业。[1]

斡泥蛮居今滇西南地区，"巢居山林"，但也参加商业贸易活动。斡泥蛮若有积贝，"以一百二十索为一窖，藏于地中"，老人将死嘱其子："我平日藏若干，汝可取几处，余者勿动，我来生用之。"[2]可见斡泥蛮已有人死转世的宗教意识。

唐宋时期，一些吐蕃人口迁入今滇西北地区。《滇志》卷三十《羁縻志》说："古宗，西番之别种，滇之西北与吐蕃接壤，流入境内，丽江、鹤庆皆间有之。"所言"古宗"指吐蕃，可知唐代一部分吐蕃人口自青藏高原南迁至今滇西北。仪凤时唐朝于茂州西南筑安戎城（今四川茂县西南），以断吐蕃南下之路。吐蕃以生羌为向导攻陷其城，控制范围东接凉、松、茂、嶲等州，洱海地区也被吐蕃控制。[3] 神龙三年（707），唐军攻击投靠吐蕃的姚州叛蛮，并拆毁吐蕃架在漾、濞二水上的铁索桥和城堡，这表明吐蕃已在洱海以北的今滇西北建立据点。在吐蕃军队南下的过程中，有一部分吐蕃人口随之迁入云南的西北部。据《南诏德化碑》所载，第一次天宝战争时，阁罗凤遣使至浪穹（今云南洱源）求援于吐蕃御史论若赞，论若赞"通变察情，分师入救"[4]。可见吐蕃在西南控制范围的最南端是浪穹，浪穹以北地区居有吐蕃的移民。

天宝年间南诏与唐朝决裂，阁罗凤转与吐蕃结盟，迁入今滇西北的吐蕃人口遂在迁徙地区定居。贞元十年（794），南诏夺取受吐蕃控制的今云南剑川、丽江等地，并把一些当地民族迁往他地安置，但吐蕃人众在当地与其他民族杂居的状况，已无法改变。

南诏、大理国时期，今滇西北的吐蕃居民参与吐蕃与洱海地区的商贸活动。南诏从吐蕃地界购取大羊，一次贸易便达数千头。唐

---

[1] 《云南志略辑校·诸夷风俗》，载《大理行记校注　云南志略辑校》，第94—95页。

[2] 《云南志略辑校·诸夷风俗》，载《大理行记校注　云南志略辑校》，第95—96页。

[3] 《旧唐书》卷一百九十六上《吐蕃传上》，第5224页。

[4] 《云南考古》（增订本），第159页。

代佛教密宗传入云南，洱海地区至拉萨的"北至大雪山道"，是传播密宗的重要通道。宋代"北至大雪山道"通行依旧，《元史》卷六十一《地理志四》称巨津州（在今云南玉龙纳西族自治县西北巨甸镇），"今州境实大理西北阨要害地"①。唐代迁至今云南迪庆等地的吐蕃人口，为近代当地藏族的先民。

第二节　南诏的民族治策

从贞观二十三年（649）细奴逻建大蒙政权，至天复二年（902）南诏灭亡，南诏共历13王，传253年。南诏极盛之时，疆域包括今云南省、贵州省西部、四川省西南部和中南半岛北部的一部分。南诏是7—9世纪西南地区影响最大的地方政权，在我国西南地区乃至亚洲东南部地区发展史上占有十分重要的地位。南诏的主体民族是白蛮与乌蛮，同时有诸多民族接受南诏的统治。南诏的民族治策带有地方和时代的鲜明特色，同时又受到中原王朝深刻的影响。②

一、南诏对辖地各民族的治策

南诏王室出自乌蛮。③ 唐初史籍称为"乌蛮"的部落，除彝族的先民以外，还包括今傈僳族、纳西族的先民。乌蛮的分布范围相当广泛，除广大山区外，还在一些坝区与白蛮相杂居。乌蛮中不同部分发展的程度存在很大差异，居住坝区的部分承担南诏征收的赋税并入伍作战，分布在山区的乌蛮，则有相当一部分滞留在较封闭

---

① 《元史》卷六十一《地理志四》，第1466页。
② 参见方铁：《论南诏的民族政策》，《思想战线》2003年第3期。
③ 关于南诏王室的族属问题尚有争议，主要有乌蛮说、白蛮说两种意见。作者赞同乌蛮说，但不展开讨论。

的状态。唐代云南的乌蛮初步形成了西部、东部、北部三个较大的群体。西部乌蛮以洱海地区的"六诏"诸部落为主。南诏后期东部乌蛮分化演变为许多部，形成一个称为"三十七部"的庞大部落联盟。滇北、川西南地区的北部乌蛮，与三十七部和南诏保持了一定的姻亲关系。

南诏与发展程度较高的乌蛮部落的联系十分密切，还与一些部落长期保持联姻关系；而其他的乌蛮部落则与当地其他民族一起接受南诏的统治。如洱海地区乌蛮首领时傍，其母为皮逻阁之女，时傍女又嫁阁罗凤为妻。遝赕诏主咩罗皮为皮逻阁之甥，他先与皮逻阁同伐河蛮并占据大厘城（在今云南大理市北喜洲镇），后被南诏兼并。南诏统一云南及其附近地区，与乌蛮诸部联姻的情形仍见于记载：居秦臧（今云南禄丰）以南的独锦蛮，为"乌蛮之苗裔"。南诏王异牟寻母为独锦蛮之女，异牟寻之姑亦嫁独锦蛮首领。异牟寻则娶独锦蛮女子为妻，生子名李负蓝。贞元十年（794），李负蓝为大军将，任勃弄川城使。磨些蛮亦"与南诏为婚姻家"。[①]

南诏与今滇东地区乌蛮也保持着密切联系。天宝中今滇东地区的爨氏白蛮上层内讧，爨崇道杀死爨归王，爨归王妻乌蛮女阿姹率兵与爨崇道相持，并求助于南诏。皮逻阁试为调解，嫁女与阿姹子爨守隅为妻，又以另一女嫁爨崇道子爨辅朝，后爨守隅与爨崇道相攻不已，南诏击败爨崇道，杀爨辅朝，取还己女，遂支持阿姹自立为今滇东乌蛮部落主，此后阿姹负责统治其地。[②] 今滇北、川西南地区的阿芋路、阿猛、夔山、暴蛮、卢鹿蛮、磨弥敛、勿邓乌蛮七部落，也与南诏世代保持联姻的关系。[③]

南诏虽由乌蛮中的蒙舍诏建立，但性质是以乌蛮、白蛮为主体的多民族集合体政权。洱海地区的居民以白蛮为主，白蛮又是云南经济文化发展程度最高的民族，因此白蛮在南诏政权中占有举足轻

---

① 《蛮书》卷四《名类》。

② 《蛮书》卷四《名类》。

③ 《新唐书》卷二百二十二下《南蛮传下》，第6317页。

重的地位，这一点可从南诏政权高级官吏的组成看出。《南诏德化碑》碑阴所载立碑官吏题名，尚可见姓或名者有 64 人，[①] 属于白蛮族系的有段、杨、赵、王、张等姓 30 余人，占总数的一半以上；其中如段忠国、王琮罗铎、尹瑳迁、杨龙栋等均位居清平官、大军将、六曹长等要职。题名中的爨守□、孟绰望，推测是来自爨氏白蛮。至于题衔带"诏亲"字样的李外成苴、李些丰浔等人，则来自与南诏王室世结婚姻的独锦蛮。

洱海地区的乌蛮诸诏被南诏攻破，相当一部分人口被迁往外地，当地的居民遂以白蛮居多。此外，今滇东、滇东南等地的坝区也是白蛮重要的聚居区。南诏统一云南，白蛮是南诏政权税赋的主要承担者，又是南诏军队兵力的主要来源，因此南诏对白蛮采取笼络和倚重的政策。洱海地区的白蛮颇受重视和优待。南诏政权中为数众多的白蛮文武官吏，大部分是来自今滇西地区，如贞元中任清平官的尹辅酋、尹求宽，本是居住在青蛉县（今云南大姚）的白蛮苗裔青蛉蛮，天宝中投奔阁罗凤，遂受重用。[②] 对于今滇东地区的爨氏白蛮，南诏初期的策略是注重安抚和笼络，皮逻阁嫁女与爨辅朝即为一例。

东部的爨氏白蛮被南诏打败，南诏将大部分爨氏白蛮强迁至今滇西，这一部分白蛮后与当地的白蛮融合。未迁走的白蛮，则与今滇东地区的乌蛮等民族相混居。从有关记载来看，南诏对强迁至今滇西的东部爨氏白蛮并无明显歧视。段思平建大理国，以爨判为巴甸侯，证明爨氏白蛮在当地仍有较大势力。"爨"是今滇东、滇东北首屈一指的大姓，南诏以后，今滇西的爨氏贵族屡见于记载，这些人是迁来的东部爨氏白蛮的后裔。

经过南诏 200 余年的经营，今滇西地区白蛮的人数大为增加，该地经济文化也迅速发展起来，成为云南最发达的地区。南诏王室与多由白蛮充任的清平官、大军将等朝夕相处，深受白蛮语言和习

---

① 《南诏大理的碑刻》，载《南诏大理文物》，第 152 页。
② 《蛮书》卷四《名类》。

俗方面的影响，遂出现南诏乌蛮王室"白蛮化"的倾向。《蛮书》卷八《蛮夷风俗》说："言语音白蛮最正，蒙舍蛮次之，诸部落不如也。"这反映了蒙舍诏与白蛮在语言方面接近的情况。洱海地区经济文化发展水平领先云南各地的情形，一直延续至 13 世纪，元朝以中庆（今云南昆明）为治所建立云南行省，情况才有所改变。

南诏与唐朝有着千丝万缕的联系，在制度与文化方面又深受内地的影响，因此注意吸收有汉地统治经验的汉人进入统治上层，同时通过交流、掠夺战争等方式大量获取汉族人口，以充实劳动力队伍。南诏曲意笼络和重用汉族的官吏和士人，典型的例子莫过于郑回。相州人郑回于天宝中举明经，出任西泸（今四川西昌西南）县令，嶲州（今四川西昌）陷落时为南诏所虏。阁罗凤因郑回熟悉儒学，"甚爱重之"，以其教子凤伽异，异牟寻、寻梦凑亦从其学。异牟寻嗣立，以郑回为众清平官之首，"事皆咨之，秉政用事"。[1] 天复二年（902），清平官郑买嗣发动兵变，建大长和国代替南诏。郑买嗣为郑回七世孙，郑回的后代"世为清平官"。[2] 被南诏重用的汉人还不止郑回一人。宋熙宁七年（1074），峨眉进士杨佐受宋朝派遣至大理国商议买马，大理国遣"头囊儿"来相伴。[3] 杨佐见到的"头囊儿"，为南诏从西川（今四川成都及其附近地区）掠来的唐朝士大夫的后代，宋代还保留彼此间说汉语的习惯，在南诏以后的数百年间，"头囊儿"多仕宦食禄，颇受大理国重用。

南诏吸收汉族人口主要的方法，是通过战争获得战俘和靠掳掠获取汉地的人口。天宝年间，唐朝与南诏发生三次大规模的战争，唐军"凡举二十万众，弃之死地，只轮不还"[4]。连同运输辎重粮草的丁壮，唐军丧师云南者远不止 20 万人。这些唐军将士除一部分战死沙场，其余的都做了南诏的俘虏。后来南诏攻占嶲州（今四川西

---

① 《旧唐书》卷一百九十七《南蛮西南蛮传》，第 5281 页。
② 《滇考》上，载《云南备征志》卷十一《故实十一》，第 695 页。
③ 《续资治通鉴长编》卷二百六十七，熙宁八年八月，第 6541 页。
④ 《旧唐书》卷一百六《杨国忠传》，第 3243 页。

昌），也掳掠了不少的汉族人口，《南诏德化碑》称南诏掳得的子女玉帛"百里塞途"①。南诏王异牟寻死后，南诏多次进攻西川（今四川成都及其附近地区），由于南诏的掠夺和破坏，"自成都以南，越巂以北，八百里之间，民畜为空"②。太和三年（829），南诏军攻入成都，"将行，乃大掠子女、百工数万人及珍货而去"，"自是南诏工巧埒于蜀中"。③ 南诏在成都重点掳掠士人、工匠和织女，以致京城传说南诏军攻入成都，"驱掠五万余人，音乐伎巧，无不荡尽"④。

南诏多次进攻唐朝辖地，士人、工匠仍是掠夺的重点。咸通元年（860）以后，南诏军多次进攻唐朝，通过战争掠夺了大量的汉族人口。对流入南诏的汉地百姓和掳掠来的士人、工匠与织女，南诏视为人力资源加以利用，其待遇普遍高于奴隶。至于被俘的唐军军士，有些沦为奴隶，唐史郭仲翔的遭遇即为一例。开元元年（713），南诏进攻姚州（今云南姚安北），都督李蒙率军讨之，为南诏所败，管记郭仲翔被掠为奴。南诏许郭仲翔家人以绢赎之。10 余年后，郭仲翔的同乡吴保安凑足绢数赎回仲翔，始知 10 余年间，郭仲翔因逃跑被奴隶主转卖多次。⑤

南诏境内还有一些迁居数代的汉族百姓，南诏统治者对其怀有防范之心，强迫其迁往他处。阁罗凤时南诏攻下弄栋城（今云南姚安北），"姚州百姓陷蛮者，皆被移隶远处"。居住在铁桥以北的"裳人"，"本汉人也"，"不知迁徙年月"。贞元十年（794），南诏攻破吐蕃铁桥城（在今云南玉龙纳西族自治县西北塔城乡），获"裳人"数千户，遂迁于云南东北部诸川。⑥

---

① 《云南考古》（增订本），第 160 页。
② 《书田将军边事》，载《全唐文》卷七百九十五，第 8335 页。
③ 《资治通鉴》卷二百四十四《唐纪六十》，太和三年十二月，第 7868 页。
④ 《第二状奉宣令更商量奏来者》，载《全唐文》卷七百三，第 7220 页。
⑤ 《新唐书》卷一百九十一《忠义传上》，第 5509 页。〔宋〕李昉等编：《太平广记》卷一百六十六《气义一》，中华书局，1961 年，第 1214、1216、1217 页。
⑥ 《蛮书》卷六《云南城镇》、卷四《名类》。

南诏从唐地获得大量人口，其做法与移民进入云南地区有很大区别，但其影响却有相似之处，即进入南诏辖地的汉族人口带来了内地生产技术与文化，南诏政权也增加了劳动人手，客观上促进了南诏经济的发展。南诏是继汉晋之后，云南及其周围地区大量吸收内地人口，学习内地生产技术、文化的又一高潮时期。在南诏的统治下，数十万内地人口先后落籍洱海、滇池等地。通过大量吸收汉族人口和学习内地的文化，白蛮等本地民族的素质大为提高，力量大为增强，这是南诏能兴盛 200 余年的一个重要原因。

在南诏的山区和南方边疆地区，还居住着一些乌蛮、白蛮以外的其他本地民族。对这一部分本地民族，南诏或设官吏进行相对松弛的统治，或遥相羁縻，但出征时召之为前锋，对这些本地民族的歧视与压迫十分明显。据《蛮书》卷六《云南城镇》所载，南诏于摩零山上筑摩零城（今缅甸克钦邦江心坡南），"置腹心，理寻传、长傍、摩零、金（宝）、弥城等五道事"，以管理当地的金齿、漆齿、绣脚等十余个部落。另据《蛮书》卷四《名类》所载，居今云南南部与中南半岛北部的扑子蛮、寻传蛮、裸形蛮、望苴子蛮、黑齿蛮、金齿蛮、穿鼻蛮、茫蛮等部落，也都归南诏管辖，"攻战亦召之"。

南诏也把山区和边疆地区的一些本地民族部落迁到农业发达地区，参加经济开发和维持治安一类的活动。贞元十年（794），南诏攻破吐蕃铁桥城（在今云南玉龙纳西族自治县西北塔城乡），从其地迁施蛮、顺蛮、磨些蛮诸种数万户，至拓东城（在今云南昆明市区）"以实其地"，又从永昌（今云南保山）迁望苴子蛮、望蛮外喻部落等 1000 余户至拓东城，"分隶城傍，以静道路"。[①] 南诏对这些民族的统治带有压迫的性质，但也打破了他们封闭隔绝的状态。

南诏还多次攻入中南半岛北部，掳掠当地的人口作为部落奴隶。太和九年（835），南诏攻破弥诺国（在今缅甸伊洛瓦底江与钦敦江汇合处一带）、弥臣国（在今缅甸伊洛瓦底江口），"劫金银，虏其

---

① 《蛮书》卷六《云南城镇》。

族三二千人，配丽水淘金"①。另外，《南诏德化碑》碑阴载有"阿忍""黑嘴罗"一类的题名，② 当是黑齿蛮（今傣族先民）将领的姓名，可见南诏也吸收一些边疆民族的首领进入统治层。

唐代有一些吐蕃人口自青藏高原迁入今滇西北地区。吐蕃人口南迁在 7 世纪下半叶已开始，天宝战争后南诏与吐蕃结盟，出现了吐蕃人口南迁的高潮，南诏对此持默许的态度。唐代吐蕃密宗传入云南，后形成以洱海地区为中心受密宗影响的阿吒力教，以及以今云南迪庆、丽江等地为中心的藏传密宗，表明白蛮也接受了吐蕃宗教文化的影响。

二、南诏的移民与促进各民族交往、交流、交融的措施

南诏割据云南地区后，先后采取了一些巩固统治的措施，其中影响较大的有移民运动。南诏的移民大致有以下几种情形。

其一是通过武力兼并各地，把战败的部落迁离故土至其他地方安置。这一做法在南诏兼并洱海诸诏时已实行。部落首领时傍原居邆川州（在今云南洱源），招上浪诏人口得数千户，后受阁罗凤猜忌，"遂迁居白崖城"。开元中，南诏在唐守将帮助下杀死越析诏主波冲，"遂移其诸部落，以地并于南诏"。③ 南诏进行的规模最大的一次移民，是阁罗凤把今滇东地区诸爨的 20 余万户迁至今滇西。④ 这一次人口迁徙的规模很大，以致迁徙后诸爨白蛮居住的今滇东北、滇中一带坝区"荡然兵荒矣"⑤。今滇东地区的乌蛮原本居于这一带的山区，因坝区的爨氏白蛮迁走，乌蛮乃下山徙居坝区，形成近代昆明、曲靖等地白族、彝族相杂居的状况。

异牟寻归唐后，从吐蕃手里夺取洱海以北的铁桥（在今云南玉龙纳西族自治县西北塔城乡）等地，随后把当地居民迁往他地安置，

① 《蛮书》卷十《南蛮疆界接连诸蕃夷国名》。
② 《云南考古》（增订本），第 165 页。
③ 《蛮书》卷三《六诏》。
④ 《蛮书》卷四《名类》。《元史》卷六十一《地理志四》，第 1467 页。
⑤ 《蛮书》卷四《名类》。

这是南诏进行的第二次大规模移民。据《蛮书》卷四《名类》所载，施蛮、顺蛮原居铁桥西北大施赕一带，受吐蕃封为王。贞元十年（794）南诏攻破其地，俘施蛮首领寻罗及其宗族，"置于蒙舍城，养给之"；虏顺蛮首领傍弥潜及其宗族，"置于云南白岩（崖），养给之。其施蛮部落百姓，则散隶东北诸川"。居住在铁桥北面的还有裳人。贞元十年南诏攻破铁桥城，获裳人数千户，"即移于云南东北诸川，今铁桥城为南蛮所据"。南诏攻破吐蕃城邑，俘获的部落中还有弄栋蛮，南诏亦将之迁于永昌（今云南保山）之地。后异牟寻攻击洱海地区未降诸部，击破三浪诏，将其部落迁至永昌等地。南诏攻破剑川，俘浪穹诏主矣罗君，将其家族徙于永昌地区。随后南诏进据野共川，俘获邆赕诏主颠之托，亦徙于永昌。居住在剑川地区的长裈蛮，被南诏迁至铁桥城以东的地区，与施蛮、顺蛮余部相杂居，"养给之"。

南诏还把河蛮迁至拓东（在今云南昆明市区）一带居住。[①] 南诏安置被俘的诸部落，主要是在永昌地区、滇池与洱海的周围地区，后两个地区是南诏社会经济最发达的地区，永昌（今云南保山）为云南通往骠国（在今缅甸伊洛瓦底江流域）和天竺（今印度）的道路所必经，南诏驻扎在永昌的兵力，约占南诏总兵力的1/3。由此看来，南诏把战败的部落大量迁走，寓使之脱离本土不易反抗与充实经济发达地区、军事要地的双重目的。南诏这一做法，与内地王朝将获罪之人发配边疆僻地，以示惩戒的做法有所不同。

南诏大规模移民的第二种情形，是将边疆地区的一些本地民族部落，迁于云南腹地经济较先进的地区，安排这些移民做修整道路、维持治安一类的工作，或作为补充劳力安置在有待开发的地区。如南诏袭取吐蕃所据铁桥（在今云南玉龙纳西族自治县西北塔城乡）诸城，将当地的施蛮、顺蛮数万户迁至拓东城（在今云南昆明市区），"以实其地"。磨些蛮原居于铁桥上下和昆明（今四川盐源东北）等地，南诏袭破铁桥及昆明诸城，虏获磨些蛮约万户，"尽分隶

---

① 《蛮书》卷四《名类》。

昆川左右及西爨故地"。南诏还从永昌地区的望苴子、望蛮外喻部落中，迁千余户至拓东城，"分隶城傍，以静道路"。[①] 这一类移民具有强迫的性质，但对边疆地区后进民族的发展，客观上具有积极的意义。

南诏移民的第三种情形，是出兵征讨南诏境外的地区，掠夺其人口带回。南诏进攻中南半岛诸国，除掠夺财物外还掳掠人口作为奴隶，或遣至拓东（在今云南昆明市区）等城，或送丽水（今缅甸伊洛瓦底江）淘金。据《蛮书》卷十《南蛮疆界接连诸蕃夷国名》所载，太和六年（832），南诏攻入骠国（在今缅甸伊洛瓦底江流域），掠其民3000余人，"隶配柘（拓）东，令之自给"。太和九年（835），南诏攻破弥诺国（在今缅甸伊洛瓦底江与钦敦江汇合处一带）、弥臣国（在今缅甸伊洛瓦底江口），"劫金银，掳其族三二千人，配丽水淘金"。南诏攻下其境内曾被唐朝控制的城镇，亦将当地汉民迁往他处安置，这种迁徙则具有瓦解和防范的性质。姚州（今云南姚安北）是唐姚州都督府的治所，南诏攻下姚州，姚州百姓"皆被移隶远处"，南诏新筑的弄栋城（今云南姚安北），"管杂蛮数部落，悉无汉人"。[②]

南诏移民还有一种特别的情形，即统治者派遣一些乌蛮、白蛮贵族镇守境内要隘或城镇，日久这些乌蛮、白蛮贵族及其部下落籍当地，也成为移民。史载：安宁州，"阁罗凤叛唐后，乌、白蛮迁居"。和曲州（今云南武定西南），南诏时"白蛮据其地"。澄江路，唐初为磨些蛮所据，"后为僰（白）蛮所夺"。河阳（今云南澄江），"蒙氏叛唐，使白蛮居之"。建昌路（治今四川西昌），"蒙诏立城曰建昌府，以乌、白二蛮实之"。泸沽（在今四川冕宁县南泸沽镇），"至蒙氏霸诸部，以乌蛮酋守此城，后渐盛，自号曰落兰部"。[③] 类似的记载还有隆州、黎溪州、会川、河西、建水、步日赕、腾冲等

① 《蛮书》卷四《名类》、卷六《云南城镇》。
② 《蛮书》卷六《云南城镇》。
③ 《元史》卷六十一《地理志四》，第1459、1462、1471、1472页。

多处，证明这种形式的移民还是比较普遍的。

南诏进行各种类型的移民，除了巩固统治等政治目的外，还企图通过移民以增加劳动人口，或充实有待开发的地区。唐代云南腹地的生产力水平明显提高，边疆和僻地也得到开发，与南诏实行的移民政策有密切关系。而南诏进行的大规模移民，一定程度上改变了云南各民族分布的格局，客观上加强了云南各民族之间的联系，促进了各民族的交往、交流、交融，因此具有积极意义。

南诏十分重视开发辖地的交通。宋熙宁七年（1074），峨嵋进士杨佐至大理国联系买马。他在大云南驿（今云南祥云东南）见到里堠碑，"题东至戎州，西至身毒国，东南至交趾，东北至成都，北至大雪山，南至海上，悉著其道里之详，审询其里堠多有完葺者"[1]。大理国里堠碑上所记的几条交通线，是南诏时期通行道路的延续。"东至戎州道"指汉代开通自四川宜宾经今昭通、曲靖至滇中的"五尺道"。"西至身毒国道"开通于汉代，路线是自大理过今保山和缅甸北部至印度东部。"东南至交趾道"即由今滇中经今通海、蒙自入越南的道路。"东北至成都道"为从成都经今西昌入滇中的道路。"北至大雪山道"，其走向是从大理经今丽江、中甸、德钦至西藏芒康分道，西道经拉萨至印度噶伦堡，东道入四川经康定至成都。"南至海上道"的路线，是由今保山南下，经德宏至缅甸杰沙附近，再沿伊洛瓦底江至孟加拉湾出海。"南至海上道"的上段还有一条称"青木香山路"的支道，可由今云南临沧至缅甸的伊洛瓦底江中游南下。贞元十年（794），异牟寻攻占今云南的临沧、西双版纳后开通此道。

南诏还开通了由今云南景东南下西双版纳至中南半岛的道路。此路由云南腹地至景洪有两道，其一是从今云南大理或楚雄经景东、普洱、思茅至景洪，即明清时所说的"贡象下路"；另一条是元代始通由今云南昆明经建水、元江至景洪的道路。"贡象下路"至迟在南诏时就已开通。南诏通行的多条道路从腹地通往内地或邻邦，为打

---

① 《续资治通鉴长编》卷二百六十七，熙宁八年八月，第 6540—6541 页。

破僻地和边疆闭塞的状态，密切各民族之间的联系，创造了十分有利的条件。

南诏在辖地还建置 100 余处城镇，这些城镇大部分以前代城镇和唐城、吐蕃城为基础发展而来，但也有一些南诏新建的。从布局来看，这些城镇绝大部分在交通沿线附近，对促进城镇所在地区各民族的发展，有着不容低估的积极作用。

通过发达的交通和遍布各地的城镇，南诏积极发展内外商业贸易。南诏在积极发展经济生产的同时，也注意照顾各民族的利益。南诏辖地盛产食盐。南诏初期有盐井 40 口，后又有所增加。产量大的盐井为周围诸族所仰靠。据《蛮书》卷七《云南管内物产》所载，安宁城中皆石盐井，深 80 尺，城外又有 4 井，南诏"劝百姓自煎"；升麻、通海以来，"诸爨蛮皆食安宁井盐"。泸南井盐质量亦佳，"河赕、白崖、云南已来供食"。开南城（今云南景东东南）则"内有盐井一百来所"。南诏的大部分盐井，允许诸族自行开发和生产，并免除征税，如剑川、丽水城、长傍诸山盐井，"当土诸蛮自食，无榷税"。

南诏的民族治策，总体来说具有实用性、复杂性与灵活性的特点。实用性即指南诏以实用为处理民族关系的基点，并注意根据具体情况灵活变通；复杂性指在南诏的统治下，民族压迫剥削现象与民族合作交融并存的情形十分普遍，有关的情况也较为复杂；灵活性则是指南诏对待辖地的乌蛮、白蛮和汉人，以及山地和边疆地区的其他民族有不同的治策，根据具体的条件和情况的变化，这些治策也相应有所调整甚至改变。

南诏发展为强大的地方政权，一个重要原因是施行了开明的民族治策。南诏时期云南及其周边地区的局部统一与发展，为元朝统一云南地区准备了条件。这也反映了南诏的民族治策与我国西南部疆域的巩固与发展有密切关系。南诏民族治策的内涵十分丰富，施行也较为得力而有效。其治策与施治对巩固和发展南诏的统治，促进云南及其周边地区社会的发展与各民族的交往、交流、交融，起到了重要作用。

第三节 大理国的民族治策

大理国的民族政策在南诏的基础上发展而来，但两者又有明显差异。白蛮贵族是大理国的统治者，其统治下有白蛮、乌蛮、汉人、金齿百夷等民族。对于僻地与边疆地区的本地民族，如乌蛮三十七部、自杞、罗殿、特磨道、邛部诸蛮等，大理国一直保持较密切的联系，对上述民族施行富有特色的羁縻治策。①

一、大理国对所统治诸族的治策

从记载来看，大理国统治者的御下之法，主要是采取具有封建性质的分封制。大理国统治者依靠各级白蛮封建领主维持其对腹地的统治，具体做法是对段、高、杨、董等封建领主进行分封，并允许其子孙继承封地和权力。

大理国采取封建性质的层层分封方式以驾驭和统治各民族的制度，与南诏时期乌蛮贵族积极笼络各地的乌蛮、白蛮上层，与之进行联合统治的做法有所不同。除了分封土地，对白蛮中的封建领主，段氏统治者还通过封赐、联姻等方式加强联系。

大理国以白蛮封建领主为基本统治力量，大量遣派后者镇守各地。大理国沿袭南诏的做法，在各地积极修建城镇，这些城镇在对外作战和地区开发中发挥了重要的作用。南诏中后期建置的城镇多达100余处，大理国在南诏的基础上又有所增设。对重要的城镇，大理国统治者派遣白蛮封建领主率领部曲前往镇守。地位显赫的白蛮贵族高智升，将子孙分封在鹤庆、北胜、腾冲、永昌、姚州、威楚、建昌、善阐、晋宁、嵩明、禄丰、易门和罗次等郡邑，高氏诸

---

① 参见方铁：《大理国的民族治策和对外政策》，载赵寅松主编：《白族文化研究 2003》，民族出版社，2004年，第154页。

侯对上述郡邑着力经营，先后将一些郡邑建设为城市，如威楚城。唐代以前今云南楚雄"历代无郡邑"，阁罗凤时始立郡县。大理国王段正淳筑楚雄城，以封贵族高泰明的后裔。高升泰执掌国柄，封其侄高明亮于威楚（今云南楚雄），又"筑外城，号德江城"。后来该地人口聚集，经济繁荣，蒙古军平定云南，遂在威楚城的基础上设万户府。①

以农业地区为主要分布区域的白蛮百姓，是大理国施行统治的社会基础。白蛮百姓是大理国税收、劳役的主要负担者，也是常备军兵源的重要来源。大理国统治者重视争取白蛮百姓的支持。段思平建大理国，提出了对自由民实行减一半税粮、免除三年徭役的口号。② 白蛮百姓接受各级封建领主的统治与管辖，其社会地位类似汉晋时期内地的部曲。大理国王段正淳在位时，善阐领主高观音来朝，进金杖 80 节、人民 33000 户，证明白蛮百姓对封建领主有很强的人身依附关系，必须接受封建领主的支配。以白蛮百姓为主组成的常备军和乡兵是军队的主力，平时亦耕亦军，主要负责维持地方治安，有战争时则奉调参战。大理国在云南腹地的东南、西南、西北与南部的险要之处，分别设立最宁（今云南开远）、镇西（今缅甸曼冒）、成纪（今云南永胜北）、蒙舍（今云南巍山）四镇，并遣重兵驻守，可见大理国组建了一支颇有实力的常备军。

大理国沿用南诏的做法，以移民充实待开发的地区。据《元史》卷六十一《地理志四》所载，高氏专权时，迁今云南祥云一带的些莫徒蛮 200 户于威楚（今云南楚雄）黄蓬井；又迁汉人于巨箐甸（今云南武定南），至元初这一带"地多汉冢，或谓汉人曾居"。大理国在会川府（治今四川会理西）所属的古会川设"五赕"，"徙张、王、李、赵、杨、周、高、段、何、苏、龚、尹十二姓（白蛮）于此，以赵氏为府主"。大理国移"十二姓白蛮"至会川"五赕"，以及迁汉人于巨箐甸，主要是为了增强上述地区的基本统治力量；

---

① 《元史》卷六十一《地理志四》，第 1460、1462、1470 页。
② 《南诏源流纪要》，载《云南史料丛刊》第 4 卷，第 748 页。

徙些莫徒蛮于威楚，则与南诏时期各地居民互迁的情形类似。从记载来看，大理国移民的数量和规模不大，难与南诏时期相比。

大理国继承了南诏积极吸收汉族人口和学习内地文化的做法。宋代并无官方组织移民进入云南地区的记载，大理国亦未出兵掠夺汉地的人口。因大理国社会相对安定，封建领主制经济亦稳定发展，周围遭受战乱或饥荒地区的百姓，不断迁入大理国地区，但从总量来看，迁入辖地人口的数量不及南诏时期。

大理国重视学习内地儒家文化，主要表现在模仿内地的方式发展文化教育事业。大理国通过举行科举考试积极学习汉文化，并在此基础上选拔人才。段素英在位，"敕：述《传灯录》，开科取士，定制以僧道读儒书者应举"[1]。大理国还多方设法从内地购求经籍。宋崇宁二年（1103），大理国使高泰运奉表入宋，"求经籍，得六十九家，药书六十二部"。嘉泰元年（1201），大理国又遣人入宋求赐《大藏经》，获取后归置大理城五华楼。由于统治者"举贤育才"，段智祥在位时"时和年丰，称治国焉"。[2] 大理国上层社会以读汉文书籍、写汉字诗文为时尚。元初至云南的郭松年说："宋兴，北有大敌，不暇远略，（大理国）相与使传往来，通于中国。故其宫室、楼观、言语、书数，以至冠昏丧祭之礼，干戈战陈之法，虽不能尽善尽美，其规模、服色、动作、云为，略本于汉。自今观之，犹有故国之遗风焉。"[3]

在尚处于奴隶制以前的发展阶段的僻地与山区，大理国主要依靠当地民族的首领进行统治。乌蛮卢鹿部落居住在今云南武定一带，段氏崛起，命乌蛮酋长阿历在共甸修共龙城和易龙城，又支持阿历吞并附近诸蛮聚落30余处。大理国统治者还支持黑爨蛮（分布在今云南路南一带）首领落蒙建撒吕城，"子孙世居之，因名落蒙部"[4]。

---

① 《滇云历年传》卷五，第165页。
② 《南诏野史会证·后理国》，第305、307页。
③ 《大理行记校注》，载《大理行记校注 云南志略辑校》，第20页。
④ 《元史》卷六十一《地理志四》，第1470页。

　　大理国的对外战争不多，战争规模也不能与南诏时期相比。大理国的军队分为常备军、乡兵和夷卒三种。以自耕农为主组成的乡兵是军队的主力，平时亦耕亦军，主要负责维持地方治安，亦参加对外战争。《大理国三十七部会盟碑》署职中有"三军都统长皇叔布燮段子标""彦贲敝宇览杨连永、杨求彦"等官职与人名。① "三军"当指参加会盟大理国的常备军、乡兵和夷卒三军，布燮段子标为其统帅并直接负责指挥常备军；敝宇、敝览是大理国前期的中府将副，担任此职的杨连永、杨求彦是乡兵的将领。段思平起事和之后的一些战事，亦常借兵东部乌蛮三十七部。由此可知，大理国的夷卒主要是从山地民族借调的武装力量，与南诏直接征集边疆少数民族参战有所不同；这是大理国不再沿袭南诏做法对各民族作武力征服，而代之以借分封建立羁縻隶属关系的反映。

二、大理国对边远地区诸族的羁縻

　　南诏后期以来，云南僻地、边疆的一些地区出现了有势力的本地民族部落。大理国对辖区僻地和边疆诸族的基本治策，是"远之来者，割地而封之；不归化者，兴兵而讨之，自是天下大化"②。大理国采取的做法，与中原王朝对边疆民族的羁縻之制可以说是异曲同工，这一情形，一方面反映出封建领主制在大理国已占据主导地位，③ 因此无须征服诸地方民族作为部落奴隶的情况；另一方面，对这些地方民族实行委其酋长而治的"以夷治夷"，可坐收羁縻之效，也有利于僻地和边疆地区社会的发展。因此，大理国对边远地区诸族的治策，在南诏的基础上前进了一步。

　　大理国通过盟誓或分封的形式，给予辖区僻地与边疆各民族一定程度的自治权力，此类做法在南诏时期尚未见著录。大理国采取

---

① 《云南考古》（增订本），第 167 页。
② 《护法明公德运碑摩崖》，载《云南考古》（增订本），第 168 页。
③ 参见方铁：《大理国时期云南地区经济文化的发展》，《云南民族学院学报》（哲学社会科学版）1997 年第 3 期。

这种封建社会常见的做法，表明其民族统治政策发生了重大改变。大理国用上述方法羁縻山地与边疆民族的典型例子，是允许东部乌蛮三十七部有一定的自治权，甚至与之举行盟誓，约定双方的宗藩关系"务存久长"①。三十七部反叛，大理国亦出兵讨之。大理国对景昽金殿国也采取同样的治策。宋淳熙七年（1180），金齿百夷首领叭真在景昽（今云南景洪东南郊曼景兰）建立景昽金殿国。大理国王承认叭真为一方之主，并赐印，与景昽金殿国建立宗藩关系。

接受大理国羁縻统治的地方势力，还有自杞、罗殿、特磨道等本地民族与邛部川诸蛮。

北宋末年，自杞始见于记载，南宋时期自杞最为活跃。自杞以今贵州兴义为中心，位于大理国与邕州间马匹贸易通道的中途。罗殿兴起于唐末五代，天成二年（927），史籍有如下记载："昆明大鬼主罗殿王"与周围的九部落，随牂牁、清州八郡刺史宋朝化等共153人赴后唐进献方物。② 南宋建立，罗殿参与大理国向宋朝卖马的经营活动，遂见于史载。罗殿的中心在今贵州安顺一带。从《岭外代答校注》等记载观之，大理国与自杞、罗殿的关系十分密切，自杞、罗殿参与了大理国与南宋之间以售马为主的商贸交流。随着大理国对宋朝的售马活动逐渐减少，自杞、罗殿诸蛮成为南宋获得良马的主要来源。自杞、罗殿"本自无马，盖转市之南诏。南诏，大理国也"③。可知自杞、罗殿的马匹实购自大理国，再做转手南宋的交易。由此可见，自杞、罗殿处于大理国相对宽松的羁縻控制之下。

特磨道原是宋朝的羁縻州，特磨道的僚人部落与大理国保持着密切联系，其首领接受大理国授予的官职。大理国、北宋都注意笼络特磨道，授予其首领官职。此外，特磨道的僚人与广西的依智高势力也有联系。

大理国与南宋交易马匹，特磨道亦参与其间。《岭外代答校注》

<hr />

① 《大理国三十七部会盟碑》，载《云南考古》（增订本），第167页。
② 《旧五代史》卷三十八《明宗纪第四》，第526页。
③ 《宋史》卷一百九十八《兵志十二》，第4956页。

卷三《外国门下》说："若欲至特磨道，亦自横山。"经上安县、富州（今云南富宁）等地，行十一程"至特磨矣"。由特磨道两程可至大理国界虚，再一程即至最宁府（今云南开远）。此外，特磨道还是大理国与宋朝联系的中介之一。这些都表明，特磨道虽摇摆于宋朝、大理国与侬智高势力之间，但与大理国的联系较为密切，也是大理国羁縻统治下的地方势力。

邛部川蛮又称"勿邓"或"大路蛮"，居今四川美姑、越西两县之间，其酋长自称"百蛮都鬼主"。开宝二年（969），邛部川蛮始经黎州（今四川汉源北）向宋朝入贡。淳化元年（990），邛部川蛮都鬼主诺驱赶马 250 匹，至宋地黎州请求互市，宋帝诏增给马值。此后，邛部川蛮至黎州卖马、朝贡不绝。经常至黎州朝贡的还有山后两林蛮。山后两林蛮居住在今四川美姑西南一带，亦多次入宋朝贡。① 乾德年间，北宋统一今四川地区，大理国多次派遣邛部川蛮与山后两林蛮入宋朝贡。

这两个部落也参加大理国与宋朝在黎州的马匹交易，宋廷误认为这两个部落"皆云南之部落耳"，甚至以为邛部川蛮都鬼主诺驱即大理国王，淳化二年（991），宋太宗颁诏："敕云南大理国主统辖大渡河南姚、嶲州界山前山后百蛮三十六鬼主兼怀化大将军、忠顺王诺驱，可特授检校太保、归德大将军。"② 这些情形表明，邛部川蛮、山后两林蛮接受了大理国的羁縻统治。宋廷南渡后，马匹交易的地点改在今广西，经过黎州（今四川汉源北）的"清溪关道"逐渐被废弃，邛部诸蛮遂直接为大理国所统治。《宋史》卷四百九十六《蛮夷传四》称，嘉定九年（1216），"邛部川逼于云南，遂伏属之。其族素效顺，捍御边陲，既折归云南，失西南一藩篱矣"。

广西侬智高势力也是大理国遥相羁縻的对象。宋皇祐年间，广源州侬人首领侬智高率众攻占安德州（今广西靖西西北），建立"南天国"。侬智高兵败遂投奔大理国。在大理国的支持下，侬智高

---

① 《宋史》卷四百九十六《蛮夷传四》，第 14233 页。
② 《续资治通鉴长编》卷十，开宝二年六月，第 228—229 页。

还准备进攻今广西与四川的黎、雅等州，甚至传说侬智高与大理国王族结亲，"聚集蛮党，制造兵器，训习战斗"①。关于侬智高的结局，过去多认为不知所终。而近年大理出土的元碑《故大师白氏墓碑铭并序》有"皇祐四年壬辰""降于大理""是函其首送于知邕州萧□"等语。据研究，上述文字所言即大理国不堪宋朝的压力，杀死侬智高函其首送宋之事。②《宋史》卷三百三十四《萧注传》称，邕州知州萧注曾"募死士使入大理取智高，至则已为其国所杀，函首归献"。《故大师白氏墓碑铭并序》出土，证明《宋史》的记载较为客观。

综上所述，大理国的民族治策、对外政策具有鲜明的地方与时代的特色。大理国民族治策的主要内容，是以白蛮封建领主为基本统治力量，对白蛮百姓以及乌蛮、汉人、金齿百夷、僚人等民族进行富有实效的统治。大理国的民族治策有以下特点。

其一是采取封建性质的分封制，通过对各级白蛮封建领主的层层分封，依靠他们对腹地各民族进行统治；其二是放弃南诏对边远少数民族进行武力征服的做法，通过盟誓或分封的形式，采取与内地相似、具有羁縻性质的统治方式；其三是与乌蛮、金齿百夷等重要少数民族的政治联盟有所削弱，其联合统治政权的特征不甚明显；其四是继承了南诏注重吸收汉族人口和学习内地生产技术、文化的传统，对祖国内地有更积极与深刻的认同。

大理国采取上述民族治策，大致有以下方面的原因。

大理国建立后，其农业地区从奴隶制经济普遍过渡到封建领主制经济。占支配地位经济形态的重大变化，直接影响到大理国的政治体制和民族关系。如统治者对领主进行分封，并依靠其进行统治成为腹地治理的基本形式；对边远地区的少数民族，羁縻治策成为较武力征服更为实际和有效的方式；由于奴隶制经济的急剧衰落，

---

① 《宋会要辑稿·蕃夷五》。

② 参见方龄贵：《考碑辨史——新出元碑〈故大师白氏墓碑铭并序〉考释》，《广西民族研究》1986 年第 1 期。

大理国不再需要对外发动战争掠夺奴隶。同时，发展封建制农业经济需要安定的社会环境，大理国必然的选择，是尽量减少战争和社会动荡，并积极发展与外界的经济、文化交流。

通过南诏以来云南等地的民族融合，白蛮的经济实力与政治作用有很大发展，进而影响到大理国民族关系的格局。在南诏统治的253年间，有数十万内地汉人以战俘等身份落籍洱海等地。通过吸纳大量汉人以及学习内地生产技术、文化，白蛮的经济、政治力量大为增强，成为云南居于主导地位的民族。而由于大理国的统治者不再是乌蛮贵族，因此大理国与乌蛮的政治联盟有所削弱。大理国对中原王朝有更强烈的认同感与归属感，与白蛮大量吸收汉族人口并深受其影响也有密切关系。

经过南诏以来数百年的发展，乌蛮、金齿百夷等山地或边疆的民族在总体上进入了阶级社会，这些民族中出现了强大的部落联盟或地方势力，如云南东部三十七部与景昽金殿国。缘由于此，对这些民族放弃强硬的武力征服，代之以通过结盟等方式施行羁縻统治，是大理国的明智之举。

受南诏末年社会动荡的影响，也由于经历了从奴隶制到早期封建制的巨大变革，大理国的经济实力和政治能量比不上南诏。因此，大理国不可能再继续南诏对各民族进行武力征服与积极拓展外部的政策。了解了这一点，也才能正确解释大理国后期出现的王权旁落和诸侯割据现象。亦应指出，王权衰落与诸侯普遍割据，在中外早期封建社会属常见现象。

第四节 王朝统治对各民族交往、交流、交融的影响

就民族之间的关系而言，"交往"多指各民族间的联系、人口的流动以及各种类型的交往；"交流"主要指民族之间经济文化方面的交流，如商业贸易活动，物质与信息的交换，以及民族之间互通有

无，但民族之间的竞争，同样构成交流方面的重要内容；"交融"则指民族之间深层的联系与融合，如民族成员之间的通婚，相互深层次的学习与融合。交融的最高层次是实现民族融合，即两个或多个民族融合后形成新的民族群体。各民族间的交往、交流、交融，除在日常的生产、生活层面进行，还受到相关王朝统治的影响。而后者的作用经常是全局性与强制性的，影响也十分深刻。以下就这一问题略为阐述。

一、北方游牧民族两次南下今云南等地

由于不同地区的自然环境、各民族生产生活方式的复杂多样性，以及云南历史发展所具有的特点，从很早时候起，云南地区的各民族便形成相互杂居、相互区别但又相互依赖、互为补充的关系，这是云南地区的民族关系形成友好共存、协同发展特点的历史基础。

云南地区的古代文明发端于几个较大的坝子，其影响扩张到附近的山地。自汉代以来，历代外来人口主要落籍在位处平地的坝子。但大中坝子较为分散且坝子的总面积很小，使坝子经济的发展受到限制。因此，坝子与周围地区建立了相互影响的密切联系，坝子与周围山地各民族的关系因此受到影响。

在云南古代史上，出现过几次以吸收汉族移民为主的大规模民族融合，主要发生在汉晋时期、南诏大理国时期、元明清时期。因此云南各民族与内地文明有深厚亲密的感情。在云南地区各民族的关系中，汉文化因素占有重要地位。唐宋时期白蛮成为在云南地区起主导作用的本地民族，并以洱海区域为中心建立南诏、大理国。在南诏、大理国统治的数百年间，白蛮通过大量吸收战俘、移民等途径发展壮大。通过积极吸收汉族人口与学习内地文化，白蛮等本地民族的素质明显提高，对内地文化的认同感不断加强，这对云南地区各民族的交往、交流、交融具有重要意义。

同时，中原王朝在云南地区的统治，对各民族的交往、交流、交融也产生重要而深刻的影响，此处可举北方游牧民族两次南下今云南等地，因历朝的民族治策有较明显的差异，深刻影响了云南等地各民族的交往、交流、交融为例。① 西周时期，秦国多次对西北一带的游牧部落用兵，秦献公远征居住在渭水源头的诸戎。在秦国强大的军事压力下，西戎部落中的一些羌人被迫南迁。羌人首领爰剑的后裔率领族人，逐渐南下并与众羌远离。这一部分羌人分布在西南地区的有三支，其中"牦牛种"分布在今四川汉源、西昌一带，西汉于其地设越嶲郡，在史籍中称"越嶲羌"。"白马种"居今四川绵阳以北、甘肃武都以南的区域，西汉在这一地区置广汉郡，这一部分羌人被称为"广汉羌"。"参狼种"部落迁至今甘肃武都一带，西汉于其地设武都郡，于是称为"武都羌"。一般认为《史记》中的"嶲"和"昆明"，便属于先秦时南迁羌人中的牦牛种与白马种。

嶲、昆明进入西南边疆后，继续保持随畜游牧的习俗，并向周围地区持续扩散。据《史记》卷一百一十六《西南夷列传》所载，西汉初年嶲、昆明族群活动的主要地域，为桐师（在今云南西部澜沧江和怒江之间）至楪榆（今云南大理西北）一带，"地方可数千里"，这部分羌人尚处于无大君长与固定住所的早期游牧阶段。从东汉及其后的记载来看，分布在上述地区的嶲、昆明部落，从最初进入的今川西、滇西北一带向东部与南部扩散，其中活动在今川西一带的部落，在西汉中期进入今四川西昌地区，在蜀汉时发展为强大的地方势力。

一部分嶲、昆明部落进入位于今云南东部的滇国地域，与滇人发生激烈战争。汉武帝后期，这一部分嶲人、昆明人被西汉和滇国击败，被迫接受益州郡（治今云南昆明市晋宁区东）的统治。嶲、昆明族群的其余人口，则避开汉朝的锋芒，辗转进入今滇东、黔西一带的山区，在宋代发展为号称"乌蛮三十七部"的部落联盟。

在滇国与嶲、昆明部落的战争中，西汉站在滇国一边。原因是西汉所遣自今四川盆地经西南夷（指今云贵、川西南地区）赴大夏（今阿姆河上游南北两岸地）的使者，屡次遭到昆明部众的劫杀。元

---

① 参见方铁：《论北方游牧民族两次南下西南边疆》，《中南民族大学学报》（人文社会科学版）2013 年第 1 期。

封二年（前109），西汉遣将军郭昌等率兵数万进攻昆明。但是，汉军撤回后，昆明又卷土重来，西汉使者再次遭受昆明的抢劫。① 元封三年（前108），汉武帝令在京城长安修凿昆明池，练习水军准备与昆明作战。事实上昆明与巂都是来自西北的游牧部落，并不擅长水战，可能汉武帝听说楪榆（今云南大理西北）一带有大池，误以为昆明人傍水而居。

元封六年（前105），汉武帝再次派郭昌率军进攻昆明，但战果有限，郭昌因此受到夺印的处置。② 元封之后，汉朝对巂、昆明继续用兵，最终打败进入滇国地域的巂、昆明部落。据《后汉书》卷八十六《南蛮西南夷列传》记载，元封二年（前109），西汉在滇国旧地设置益州郡（治今云南昆明市晋宁区东），其后数年，西汉攻占昆明人活动的地区，"皆以属之此郡（按：指益州郡）"。由此可见，滇国、西汉与巂、昆明之间的战争，最终以西汉获胜而告结束，西汉乃将战败的巂、昆明部落的活动区域，归入滇王与汉朝太守共同管辖的益州郡。③

西汉战胜进入滇国地域的巂、昆明部落后，有一部分巂、昆明的人口绕过滇国的地域，迂回迁入今滇东、黔西一带的山区。其事发生在《史记》杀青后，因此《史记》缺少记载，但有关情形却见载于西汉以后的史籍。《水经注校证》卷三十六《温水》载，温水流经味县（今云南曲靖西），温水之侧皆是高山，在山水之间，"悉是木耳夷居，语言不同，嗜欲亦异。虽曰山居，土差平和而无瘴毒"。《水经注校证》卷三十六《温水》记载的"木耳夷"，当指流

---

① 《史记》卷一百二十三《大宛列传》，第3170—3171页。
② 《汉书》卷六《武帝纪》，第198页。《汉书》卷五十五《郭昌传》，第2492页。
③ 《史记》卷一百一十六《西南夷列传》：滇王降汉，"诸置吏入朝。于是以为益州郡，赐滇王王印，复长其民"。这可以证明滇王享有与郡太守共同管辖益州郡的权力。

行"曲头、木耳"习俗的寯、昆明部落。① 在寯人、昆明人的后代彝族、哈尼族等民族中，延至近代，男子仍有戴硕大木耳环、以铁铜质发箍束发的习俗。

另据宋代《太平寰宇记》卷八十《剑南西道九》所载，寯州（今四川西昌）地区的"木耳夷"死，亲属积薪烧其尸，若烟平稳上升，则大杀牛羊相贺作乐，若遇风向旁逸散，则认为不吉而聚首悲哭。火葬是羌系民族共有的习俗。早在汉代，便有羌人战不畏死，唯忧死后不得焚其尸的记载。《水经注校证》卷三十六《温水》所说居今云南曲靖附近山地的木耳夷，以及见于《太平寰宇记》记载今四川西昌一带人死后必焚其尸的木耳夷，便为汉代迁至上述地区的寯人、昆明人的后裔。

北方游牧民族第二次南下西南边疆，发生在宋、元之际。蒙古汗国欲进攻南宋，成吉思汗问谋士郭宝玉攻取中原之策。郭宝玉回答南宋尚强，难以骤图，而西南诸蕃勇悍可用，宜先获取借以攻金，必能奏效。② 窝阔台执政时蒙古汗国大举攻宋，与对手纠缠难解。宪宗二年（1252），蒙哥汗决定先攻大理国，然后利用其兵力夹击南宋。其弟忽必烈与大将兀良合台受命，率10万骑兵绕道西北远征大理国。云南初定，忽必烈留一部分军队继续征伐，自己率其余军队北归。

忽必烈继汗位，于至元四年（1267）封其子忽哥赤为云南王。在忽哥赤出镇云南之前，世祖当面告谕："大理朕手定，深爱其土风，向非历数在躬，将于彼分器焉。汝往，其善抚吏民。"③ 可见忽必烈对云南地区怀有深厚的眷念之情。更重要的是云南地区为元朝进攻邻邦的基地与扩大对外交往的门户，因此他对治理云南地区尤为重视。忽哥赤被下属暗害后，忽必烈思虑再三，决定派重臣赛典

---

① 《华阳国志校注》卷四《南中志》："夷人大种曰'昆'，小种曰'叟'。皆曲头木耳，环铁裹结，无大侯王，如汶山、汉嘉夷也。"
② 《元史》卷一百四十九《郭宝玉传》，第3521页。
③ 《蒙兀儿史记》卷七十六《云南王忽哥赤传》，载《元史二种》第2册，第510页。

赤·瞻思丁至云南地区建行省。云南行省的设立，标志着云南地区正式成为中央政府直辖下的一省，为外地人口移居和充实云南地区，促进诸族之间的交往融合，均创造了有利的条件。

统一全国后，元朝实行"命宗王将兵镇边徼襟喉之地"① 的制度。云南地区因战略地位重要深受朝廷重视，朝廷先后派蒙古宗王多人镇守。这些被封为云南王或梁王的蒙古宗王，与行省官衙在云南地区参差而治。元朝在全国设十余处行省，但派遣蒙古宗王前往镇守的不多。见于《元史》记载的云南王，有忽哥赤、也先帖木儿、老的、王禅、帖木儿不花、阿鲁、孛罗；见于记载的梁王，则有甘麻剌、松山、孛罗、把匝剌瓦尔密。通常云南王镇守大理，与设治于中庆（今云南昆明）的行省，分别位于云南腹地的两端，对云南全省形成钳制之势。梁王的地位高于云南王，元代后期云南行省的事务被梁王控制。云南王和梁王统率的众多亲兵，成为移居云南的蒙古人的重要来源。

元朝在西南边疆所设政区，论设置时间最早、管辖地区最广者首推云南行省。其辖境包括今云南省、贵州省西部、四川省西南部与中南半岛北部，云南行省辖地之大，超过此前历朝在西南边疆所设政区。云南行省的各级机构众多且严密，据《元史》卷六十一《地理志四》所载，云南行省共辖 37 路、2 府、3 属府、54 属州与47 属县，其余的甸寨军民则多不胜数。行省之下还设多处军事统治机构宣慰司与宣抚司。行省所辖的路府州县，与宣慰司、宣抚司等交错分布，形成完整、严密的统治系统。

云南行省还设有多种职能明确的管理机构，见于《元史》等史料记载的机构：一是各级监察机构。至元二十年（1283），元朝设立云南道提刑按察司，至元二十七年（1290），设云南行御史台，大德二年（1298），罢去云南行御史台，改设肃政廉访司，泰定四年（1327），又置云南行省检校官。二是管理屯田的机构。至元二十二年（1285），行省令专门官员主持全省屯田；泰定四年（1327），皇

---

① 《元史》卷九十九《兵志二》，第 2358 页。

帝颁诏以马思忽为云南行省平章政事，专门负责乌蒙地区的屯田。云南行省还设有乌蒙等处屯田总管府与建昌路屯田总管府。三是主持教育的儒学提举司与各级学校。至元十年（1273），平章政事赛典赤·瞻思丁在中庆（今云南昆明）、大理两地首设儒学提举。至元二十八年（1291），元朝在云南诸路遍立学校，教官从蜀士中选任。延祐元年（1314），云南行省正式设立专门管理教育的机构——儒学提举司。四是管理金属制作及其税收的规措所。至元十二年（1275），有始设云南诸路规措所的记载。五是管理食盐税收的榷税官。至治三年（1323），元朝设大理路（治今云南大理）白盐城榷税官，同时设立的还有中庆路（治今云南昆明）榷税官。六是管理宗教的广教总管府。至顺二年（1331），元朝在全国设广教总管府16所，设立地区中有云南诸路。七是国家经营的养马场。元朝在全国设14处大型国家养马场，云南、亦奚不薛（治今贵州大方）有设立养马场的记载。八是设负责采集、加工药材及治疗疾病的惠民药局。据记载，湖广行省、四川行省、云南行省设有惠民药局。

　　今广西和贵州东部属湖广行省管辖。湖广行省在上述地区亦置有不少统治机构，在今贵州地区设立的官署有：八番顺元蛮夷官，下辖小程番等53处蛮夷军民长官。顺元等路军民安抚司，管辖24处基层机构，包括九溪十八洞蛮夷、雍真乖西葛蛮等处军民长官司。思州宣抚司，管辖镇远府等67处基层机构。播州宣抚司，管辖黄平府等33处土官负责的府州。新添葛蛮安抚司，管辖南渭州等131处土州与洞寨。定远府管辖桑州等5处土州。

　　由于云南行省、湖广行省的管辖范围广阔，管理机构完整严密，派驻的各级官吏数量必然众多。元朝主要依靠蒙古人与色目人统治，派驻的大部分官吏为蒙古人和色目人。据近人统计，《元史》中镇守云南的将吏有传者计100人，其中有蒙古人31人，色目人32人，汉人及其他民族者37人。[1] 收入《元史》的将吏多为显宦，其中以蒙古人、色目人居多。出任云南等地官吏的蒙古人与色目人，任职

---

① 夏光南：《元代云南史地丛考》，山西人民出版社，2014年，第75页。

既久，多落籍当地。

元朝的土官制度尚处于待完善阶段。土官制度下的一些基层官吏，也由蒙古人或色目人担任，甚至许其世袭。属燕只吉䚟氏的蒙古人别儿怯不花，世袭八番宣抚司的长官，英宗乃授别儿怯不花以八番宣抚司至鲁花赤之职。别儿怯不花赴任以后，当地土民感悦，有积年不服者亦称，别儿怯不花为前代贤官子孙，我等怎敢违命。①

元代军队驻守西南边疆，大致有在指定地点屯守以及守卫城镇、形胜险要这两种情形。据《元史》卷一百《兵志三》所载，在蒙古军南下初期，遇坚城大敌必屯田围困之。自从全国统一，元朝在各地设立军民屯田，借以解决军队给养所需。云南、八番、海南和海北等地，因是蛮夷所据腹心，尤其需要驻扎军队以为控扼。延祐三年（1316），元朝在乌蒙（今云南昭通）设立军屯，原因为云南行省上奏：乌蒙为云南咽喉要地，别无屯戍兵马，且其地广阔，土质膏腴，所见皆有前代耕种的痕迹，乃请求诏令畏吾儿军及新附汉军，前往乌蒙屯田镇守。朝廷从之。

云南行省举办的屯田，以乌蒙（今云南昭通）、中庆（今云南昆明）、大理（今属云南）、威楚（今云南楚雄）、曲靖（今属云南）、临安（今云南通海北）等处规模最大，驻守的军人也最多。仅乌蒙等处屯田总管府所辖军屯，土地面积便达125000亩，约占全省屯田总数的1/3强；置办屯田较多的中庆、大理、威楚、临安等地，均为传统的农业地区。但元朝在乌蒙、乌撒（今贵州威宁）、罗罗斯（今四川西昌）等偏僻之地也大量兴办屯田，在建昌路（治今四川西昌）还设过屯田总管府，至元二十五年（1288）才罢去，②这样做必有原因。元朝在此类地区兴办屯田，当寓寄保护当地所经重要驿道之意。元朝在今贵州与广西地区的官办屯田亦不少。凡官办屯田之处，通常以驻军为屯垦的主要力量，而且有一部分为蒙古军与色目军。延祐三年（1316）元朝立乌蒙军屯，负责屯垦的是

---

① 《元史》卷一百四十《别儿怯不花传》，第3365页。
② 《元史》卷十五《世祖十二》，第316页。

5000 户畏吾儿军与新附汉军，耕种 1250 顷土地。

　　守卫城镇等要害之处，也是蒙古军与色目军的重要任务。有关记载如：至元二十二年（1285），元朝沿安南大罗城（在今越南河内）至邕州（今广西南宁南）的道路设置驿站，每 30 里设一寨，60 里置一驿，每一寨一驿屯军 300 人，负责在当地镇守和巡逻。① 云南行省、湖广行省的驿道网络十分发达。据研究，蒙元在云南等地先后开通的重要驿路有：大理经察罕章（今云南丽江）至成都道、中庆（今云南昆明）经乌蒙（今云南昭通）至叙州（今四川宜宾西北）道、中庆至邕州（今广西南宁南）道、中庆经建昌（今四川西昌）至成都道、中庆经普安（在今贵州盘州市东旧普安镇）至黄平（今贵州黄平西北）道、中庆经乌撒（今贵州威宁）至泸州道、大理或中庆至车里（今云南景洪）道、中庆经蒙自至大罗城道、中庆经大理至缅国道。②

　　在以上驿道中，以中庆经普安黄平的道路最为重要。该驿道东抵黄平后，乃接通辰州（今湖南沅陵）往东地带的"常行站道"。元朝又在镇远到岳州（今湖南岳阳）间设多处水站，这条道路乃成为云南、湖广两省联系内地的交通要衢。经今滇东北和黔西一带的重要驿道，还有中庆经乌蒙至叙州的通道以及中庆经乌撒（今贵州威宁）至泸州的道路，在设驿之后，上述地区成为重兵镇守之地。

　　《元史》卷六十三《地理志六》说："贵州地接八番，与播州相去二百余里，乃湖广、四川、云南喉衿之地。"元朝向西南边疆派驻蒙古军和色目军，一个重要的特点是主要部署在城镇和交通沿线。今滇东北、黔西地区为重要驿路的交会之地，乃有众多的蒙古军镇守。近年居住今云南、贵州相连地带姓余的居民，③ 向当地政府反

---

① 《元史》卷二百九《外夷传二》，第 4644 页。

② 参见方铁：《唐宋元明清的治边方略与云南通道变迁》，《中国边疆史地研究》2009 年第 1 期。

③ 据笔者实地调查，这部分铁姓居民自称"铁改余"，谓为铁木真的后代，元代以后为避害而改姓"余"。

映自己是蒙古族的后裔，据说当地的余姓居民约有 10 万人，这与蒙元时期其地有重要交通线经过有关。

二、汉、元等王朝经营今云南等地的策略与影响

北方游牧民族两次南下今云南等地后的境遇，与历代王朝经营其地的策略有密切关系。

汉武帝前后数次经营西南夷（指今云贵、川西南地区），都与拓建这一地区的交通线有关。具体来说西汉经营西南夷，主要是为开通由僰道沿牂牁江（今北盘江）抵番禺（今广东广州）的军事用兵道路，以及从蜀地经过西南夷、身毒（今印度）至大夏（今阿姆河上游南北两岸地）的国际交通线。汉武帝企望开通上述道路，与蜀地的重要战略地位有关。

周慎王五年（前 316），秦军攻灭蜀、巴两国，巴蜀地区为秦国所并。[①] 经过秦国、秦朝 109 年的积极经营，四川盆地成为号称"沃野千里"的丰腴之地。秦国一度经营蜀地以南的地区，修建自僰道（今四川宜宾西南）至今滇东北的"五尺道"，并在道路所经地区设置官吏。[②] 秦朝还开拓自成都至今西昌的道路，亦在其地设官守。[③] 后来，这两条道路成为成都平原联系印巴次大陆交通线的北部路段。

东汉经营西南夷，在前代的基础上增设永昌郡（治今云南保山），使通往身毒至大夏国际交通线的安全得到保证，同时也奠定了中原王朝在西南部的疆界。东汉经营西南边疆的其他方略与举措，较之西汉并无明显不同。

两汉经营西南夷，主要目的是打通和维护前往身毒（今印度）与大夏（今阿姆河上游南北两岸地）的国际通道。两汉时形成的以四川盆地为基地经营西南夷的地缘政治格局，对后世也产生了深远

---

① 《华阳国志校注》卷一《巴志》，第 32 页。
② 《史记》卷一百一十六《西南夷列传》，第 2993 页。
③ 《史记》卷一百一十七《司马相如列传》，第 3046 页。

影响。至于对西南边疆进行深入统治与积极开发，显然未列入两汉谋划的范围。两汉采取这一较为保守的经营策略，亦与北方匈奴经常南侵造成巨大压力有关。因此，在今川西与滇西一带游牧，多次阻挠甚至抢劫汉朝使者的嶲、昆明部落，自然被西汉统治者视为仇敌。自元封时被西汉、滇国彻底打败，嶲和昆明的一部分人口为益州郡（治今云南昆明市晋宁区东）所统治，其余的大部分人口，则辗转迁入益州郡附近的山区，并逐渐淡出两汉统治者的视野，在很长的时期属于无人过问的山地民族。

两汉及其后的蜀汉、晋朝与唐朝，经营西南边疆的主要目的，均是维持赴身毒（今印度）、大夏（今阿姆河上游南北两岸地）等地国际通道的畅通，对统治山区的嶲、昆明并无很大兴趣。也由于安置在郡县治所来自四川盆地的汉族移民，在文化面貌与发展水平等方面远高于嶲、昆明部众，朝野与嶲、昆明的距离感增加，甚至视嶲、昆明为不可理喻、难以管辖的"怪逆蛮夷"。汉至唐历代王朝与嶲、昆明关系之疏远，在史籍中多有记载。

两汉以来聚居在西南边疆坝子（盆地）的汉族移民，与山地民族的接触不多，甚至相互防范。章武三年（223），刘备病死在白帝城。南中（今云贵、川西南地区）的大姓（汉族移民首领），以及夷帅（山地民族首领）纷纷倒戈反蜀，益州郡大姓雍闿，与越嶲郡（治今四川西昌东南）夷帅高定元商定联合起事。建兴三年（225），诸葛亮率军进攻夷帅高定元。雍闿闻讯率众赴援，却在内讧中被夷帅高定元的部曲杀死。[1] 其经过因记载缺失不得而知，但也说明南中大姓与夷帅相互戒备，甚至轻易反目为仇。

为实现进取中原的长远目标，蜀汉非常注重维护南中（今云贵、川西南地区）的稳定。诸葛亮经营南中十分成功，其治策亦堪称开明实用。但即便是诸葛亮这样开明的政治家，对南中的山地民族亦无好感。他认为南蛮"失意则相攻，居洞依山，或聚或散"[2]，官府

① 《华阳国志校注》卷四《南中志》，第353页。
② 《诸葛亮集》卷四《南蛮》，中华书局，1960年，第102页。

对之很难约束，因此，诸葛亮对叟、昆明采取重在防范与分化瓦解的政策。据《三国志》卷四十三《蜀书·张嶷传》所载，张嶷以武力平定越嶲郡（治今四川西昌东南）的北徼捉马部落，上表朝廷封其渠帅魏狼为邑侯。在蜀汉的军事压力下，汉嘉的旄牛夷首领狼路接受招降，"灵关道"才得以复通，张嶷奏准封狼路为旄牛呴毗王。此外，诸葛亮还抽调叟族丁壮入伍，同时"劝令"大姓聘"恶夷"为部曲，以尽量分散和削弱夷帅掌握的武装力量。

唐朝建立不久便经营西南边疆。唐朝对今云南地区的经营，以今滇东北与滇中为突破口，逐渐向今滇西等地推进，后把经营重点放在通往四川盆地道路所经的今滇西与滇北一带。由此可见，唐朝经营今云南地区仍不出两汉窠臼，即以确保自剑南道（治今四川成都）通往云南以西地区交通线的安全为目标。

天宝年间，唐朝与受其扶持的地方势力南诏决裂，云南地区乃被南诏割据。在天宝以前唐朝有效控制云南的100余年间，唐朝对云南诸族的用兵屈指可数。除睿宗时数次出兵驱赶自青藏高原进入洱海地区的吐蕃势力外，仅有贞观二十二年（648），为解决松外蛮反叛干扰"西洱河至天竺道"（即前代的通往身毒和大夏的道路）等个别军事行动见于记载。即便是出兵与南下洱海地区的吐蕃势力争夺，其主要目的，也是防止"西洱河通天竺道"上的重要枢纽洱海地段受吐蕃的侵害。

在这一时期，唐朝与叟、昆明的后裔乌蛮的接触甚少。① 集中记载云南蛮夷状况的《新唐书》与《旧唐书》，对居住在今西昌地区、滇东北等地乌蛮的情形言之甚少，书中的内容也主要是在叙述在唐朝与南诏、吐蕃的争夺之中，乌蛮身处其中态度摇摆的情形。唐代居住在山地的乌蛮的一个重要变化，是天宝五载（746）南诏奉唐朝之命，平定今滇东地区爨氏白蛮的反叛，随后南诏王阁罗凤遣部将杨牟利以兵胁迫爨氏白蛮，迁其20余万户至永昌（今云南保

---

① 参见方铁：《论唐朝统治者的治边思想及对西南边疆的治策》，《云南民族学院学报》（哲学社会科学版）2001年第2期。

山）地区。乌蛮因语言不通，且多散居林谷，因此未被强徙。这次大迁徙后，今云南昆明以东的广大地区"荡然兵荒"，今滇东北山区的一部分乌蛮乃下山徙居西爨故地，①　形成今云南东部彝族、哈尼族分布的大致格局。其时云南的大部分地区已被南诏控制，唐朝既无兴趣、亦不可能过问这一次人口的大迁徙。

宋朝对发展与大理国的关系态度十分冷淡。宋太祖赵匡胤制定划大渡河与大理国为界的治策一直为两宋诸帝所遵循。由于两宋视大理国为异邦，对居今西昌地区、滇东北等地的乌蛮，两宋不可能有兴趣。出自牵制大理国的需要，两宋虽多次接纳今西昌地区、滇东北等地乌蛮部落的朝贡，但待之漫不经心，甚至误认为居今四川美姑一带的邛部川蛮首领诺驱即大理国王。宋太宗于淳化二年（991）颁诏，封"云南大理国主"诺驱为检校太保、归德大将军。②

南宋后期南下云南等地的蒙古人与色目人，在地位、境遇和演变过程等方面，与战国汉初南下的羌人游牧部落明显不同。

蒙元据有云南等地，先后建云南行省与湖广行省，对西南边疆进行全面的统治。蒙元在西南边疆成功推行土官制度，是使其统治深入广大地区的一个关键因素。

蒙元的土官制度在云南等地取得成功的原因，主要是土官制度与当地社会的特点相契合。③　云南等地的地理气候环境及其派生的动植物资源，有复杂多样的特点，受其影响，云南等地蛮夷的生产生活方式也较复杂多元。各民族长期生活在特定的自然环境中，与当地的动植物资源建立起密切的依赖关系。而土著民族在不同时期吸纳外来的人口，学习先进的生产技术与文化，长期积累的结果使

---

① 《蛮书》卷四《名类》。

② 《续资治通鉴长编》卷十，开宝二年六月，第228页。

③ 参见方铁：《论元朝的土官制度》，载方铁、邹建达主编：《中国蒙元史学术研讨会暨方龄贵教授九十华诞庆祝会文集》，民族出版社，2010年，第298页。

其文化类型与内地类似，对中原王朝容易产生亲近感。因此，云南等地蛮夷的主要矛盾，是诸族内部及相互间为资源占有和恩怨相报而进行的争斗，并由此形成盘根错节的利害关系。若处理得当，中原王朝可利用云南等地蛮夷内部的矛盾，使其为己效力而不至于引火上身，较好实现"以夷制夷"。

土官制度的基本内容，是朝廷任命边疆蛮夷首领为国家的正式官吏，承诺其世守其土、世辖其民，由此使土官获得占有资源及拥有权势的合法性，在与其他蛮夷的争斗中处于有利地位。同时，朝廷掌握收回其资源和权势的权力，迫使土官为朝廷奔走效忠。土官制度施行后便迅速取得成效，蒙元对云南等地的统治，也深入前代难以企及的山地和边远地区。

蒙元实行土官制度，还表现出充分信任西南蛮夷及待之以宽等特点，这是由蒙元自身的特点所决定的。据明末人估计，入主中原初期的蒙古人仅有 40 万人。[1] 征服者企望依靠极少的蒙古人统治人数众多的汉族地区十分困难。蒙元统治者乃在全国推行四等人制，以蒙古人和色目人为依靠对象，重点防范人数众多的汉人与南人。元朝在云南等地推行土官制度还有一个目的，即希望通过土官制度，解决自身兵力和边疆官吏严重不足的问题。另外，蒙元统治者来自草原深处，很少受到"华夷有别"传统观念的影响，也容易与西南边疆的蛮夷和睦共处。

所以，在实行土官制度的过程中，蒙元统治者视云南等地的蛮夷为得力助手。凡蛮夷首领来降，朝廷便视其势力大小授以不同官职；之后若反叛，平定后亦可官复原职，甚至有多次反叛、多次复职的记载。云南等地的蛮夷亦感其厚意，回报以忠诚和积极效力。

凭借土官制度，蒙元对云南等地的统治渗透至基层。由于土官制度主要施用于山区和边远地区，为前代所忽视的乌蛮等山地民族，乃成为土官制度下最大的获益者。如前所述，因今滇东北与黔西一带有多条重要驿道经过，其地乃成为设置土官最密集的地区。今滇

---

[1]　《元朝史》上册，前言第5—6页。

东北、黔西一带是乌蛮重要的聚居区，他们感受到了蒙元统治者的充分信任与礼遇。蒙元在云南等地设州县等官府，大致有军事征服后设置与蛮夷接受招降设置两种情形，后者在边疆和山区较为常见，这反映出蒙元的边疆策对乌蛮等山地民族有很大的吸引力。蒙元授他们以协助统治的权柄，同时给予较高待遇和充分信任，与其进行的合作亦多，如允许他们组织土军，协助蒙元进攻南宋与中南半岛诸国，蒙元由此获得他们的拥护。

关于土官制度在云南等地蛮夷中产生的深刻影响，笔者试举一例。洪武十四年（1381），朱元璋令大将傅友德等人率30万军队进攻云南，虽力戒轻敌，但亦估计若战略正确，必能获胜。明军经贵州攻入云南，迅速击溃扼守曲靖的元军主力，随后转战云南中部和大理一带。此时已平定地区的元朝土官纷纷反叛，并推举被击溃的元军将领为首领，云南全省尽陷动乱。明军回军镇压，耗时十余年才最终平定云南，由此可窥知各级土官对元朝的忠诚。

中原王朝依据华夏、蛮夷相对的二元结构思维方式审视蛮夷，看重蛮夷敌对与否以及服从中原王朝的程度，在元代以前尤为明显。有关史籍有不少统治者歧视甚至敌视蛮夷的说法，如"戎狄可以威服，难以化狎"①。"附则受而不逆，叛则弃而不追。"② "蹈仁义者为中寓，肆凶犷者为外夷"。③ "内诸夏而外夷狄"，"非我族类，其心必异，戎狄志态，不与华同"。④ "贪而无厌，狠而好乱，强则旅拒，弱则稽服"。⑤ "彼鸟兽野心，非我族类，弱则伏，强则叛，其天性也。"⑥ "好则人，怒则兽。"⑦ "人面兽心，非我族类，强必寇

---

① 《后汉书》卷八十八《西域传》，第2912页。
② 《后汉书》卷八十六《南蛮西南夷列传》，第2833页。
③ 《晋书》卷九十七《四夷传》，第2550页。
④ 《晋书》卷五十六《江统传》，第1529、1531—1532页。
⑤ 《周书》卷四十九《异域传上》，第898页。
⑥ 《新唐书》卷二百一十五上《突厥传上》，第6037页。
⑦ 〔唐〕韩愈：《送郑尚书序》，载《全唐文》卷五百五十六，第5626页。

盗,弱则卑服,不顾恩义,其本情也。"① "夷狄无信,易动难安;故斥居塞外,不迁中国。"② 等等。

在这样的情况下,中原王朝往往对蛮夷持鄙视态度并与之保持距离,而较少注意其内部的状况,更毋论关心其社会发展等方面的情形。具体来说,中原王朝将蛮夷分为"驯顺之夷"与"怪逆之夷",区分标准主要是其文化与华夏文化的差异,以及对中原王朝持友好还是敌视的态度。"驯顺之夷"指发展程度较高的蛮夷,中原王朝认为其易于交流,与中原王朝亦较友好。在一些地区,"驯顺之夷"包括迁入蛮夷之地被"夷化"的汉人。"怪逆之夷"则指社会发展滞后的蛮夷,中原王朝认为其性格、行为均怪诞难以理喻,亦常与中原王朝作对或造反。在历朝统治者看来,"驯顺蛮夷"与"怪逆蛮夷"虽有差异,但并无根本性的差别,"驯顺蛮夷"亦易转变为"怪逆蛮夷"。总体上来看,中原王朝明显鄙视和不信任蛮夷,应对的方式倾向于武力镇压,甚至随意掠夺蛮夷的人口与财产。

蒙元对乌蛮等山地民族的信任与放权,表明蒙元对其并无歧视,而是将之视为积极的合作者,颠覆了前代以山地民族为"怪逆蛮夷"的偏见,朝廷与山地民族的关系,也因此发生明显改变。据研究,元明清时期,历朝较少将西南边疆蛮夷划分为"驯顺蛮夷"与"怪逆蛮夷",而是将之区分为"熟夷"与"生夷"。③ 所谓"熟夷",主要指南方蛮夷中受官府有效管辖的部分,他们通常有户籍,服从官府管理,并向朝廷纳税供役,虽然还保留一些传统习俗,但在受官府的有效管辖方面,与具有编户齐民身份的汉民已无很大区别。元代以前划分"驯顺蛮夷"与"怪逆蛮夷",主要是根据其对待朝廷是否友好驯顺、其性格及行为方式是否怪诞。而元明清三朝区分"熟夷"与"生夷",则是根据其社会发展的水平,以及接受官府有效管辖及相互合作的程度而定,而且区分"熟夷"与"生夷"的范

---

① 《通典》卷一百九十七《边防十三》,第5414页。
② 〔唐〕薛登:《请止四夷入侍疏》,载《全唐文》卷二百八十一,第2853页。
③ 参见方铁:《论元明清三朝的蛮夷观》,《社会科学辑刊》2016年第1期。

围，包括为前代所忽视的山地民族。

元、明、清三朝在云南等地民族中区分"熟夷"与"生夷"，表明统治者有主动接近边疆民族、企望将其改造为编户齐民的积极心态。元、明、清三朝经营云南等地形成上述认识，是其深入统治和开发云南等地的思想根源之一，因此具有进步意义。对包括山地民族在内的云南等地诸族，元、明、清三朝采取积极争取与推动进步的开明政策，也有利于打破民族间的隔阂，促进民族间的交往、交流、交融。

明朝统一云南等地后，为避免新朝对旧朝统治民族可能施加的迫害，落籍云南等地的蒙古人逐渐隐入本地民族中。延至民国时期，在云南等地坚持原有民族身份的蒙古人，仅剩云南通海等地的数千人。元代落籍云南等地的蒙古人，在明清时期大部分顺利融入其他民族，表明其他民族对落籍的蒙古人亦乐于接纳。其中虽有前面所说蒙古人与云南等地本地民族较为亲近等原因，但同时也反映了时代改变后的变化。至于南下云南等地的色目人，则陆续融合其他民族，在元明之际形成云南等地的回族，明代云南继续吸收以军士、商人等身份从外地迁入的回族人口，至清代前期，云南回族发展为人数众多的本地民族。

总体来看，战国汉初西北羌人游牧部落的南下，为云南等地民族增添了新的血液，并促进云南等地民族构成多样化的发展，也有利于广大山地的早期开发。蒙元时期，蒙古人和色目人以军人、官吏、商人等身份大量移居云南等地，不仅增加了新的民族与边疆建设者，也加强了云南等地与内地的联系。

由于元、明、清统治者采取较开明的治策，迁入云南等地的蒙古人、色目人与本地民族的关系较为和睦，民族间的交往、交流、交融较为顺畅，对云南地区与内地的一体化进程发挥了积极作用。在数千年的发展过程中，云南等地经历了从前期南下羌人与本地民族的相对陌生，到元明清时期蒙古人、色目人与本地民族的关系较为和睦、相互的交往、交流、交融较为顺利的改变。这既是对元明清王朝边疆治策的肯定，也是值得称道的历史性进步。

第五节　云南地区民族关系的特点及成因

在中国西南地区，云南是民族最多、社会和文化最为复杂多元的区域。现今人口在 5000 人以上的民族，在云南省有 26 个，支系在 200 个以上。历史上云南还有不少出现过的民族，后被其他民族融合。云南地区的民族与民族关系，经历了上千年的发展演变过程。研究历史上云南地区的民族关系，对我们进一步认识云南民族关系发展嬗变的历史过程，中国古代民族关系中的云南类型，以及云南地区古代各民族交往、交流、交融的情形，都具有重要的价值。[①]

一、云南地区民族关系的特点

云南地区古代民族的情形十分复杂。从其发展过程来看，有相互融合、内涵变化与时分时合等不同的情形，其主体大致可分为少数民族和汉族两个部分。[②]"汉族"是与少数民族相对的概念。自汉朝在云南地区设郡县，先后有一些汉族人口迁居该地。外来汉族移民与云南少数民族的融合，大致可分为前、后两个时期。前一时期汉族移民与云南少数民族的差别甚大，在经济、文化形态与地域分布方面亦明显不同。随着外来移民逐渐融入少数民族，约在南北朝时，新的本地民族白蛮形成。在南诏、大理国统治的 500 余年间，由于较多的内地汉人以军士、官吏、移民等身份进入云南地区，与白蛮等本地民族逐渐融合，后者的力量得到很大增强。

元代以后，迁入云南地区的汉族移民在数量与影响方面迅速扩

---

① 参见方铁：《云南古代民族关系的特点及形成原因》，《社会科学战线》2013 年第 7 期。
② 参见方铁：《西南边疆汉族的形成与历朝治边》，《中国边疆史地研究》2012 年第 4 期。

大，民族融合的倾向转变为以汉族移民为主融合白蛮等本地民族。约在明、清之际，以大中坝子（盆地）和重要交通沿线为主要聚居地，形成了云南地区新的汉族群体，并逐渐成为云南地区影响最大的民族。云南地区民族关系的一个明显特色，是汉族人口移居云南地区甚早，并与少数民族形成你中有我、我中有你的血肉联系。同时，汉族与少数民族的关系，在云南地区民族关系整体中占有重要位置，并随着时间的推移，在云南地区民族关系中逐渐占据主导地位。

古代云南地区的民族关系大致具有以下特点。

一是各民族的关系比较和睦和谐。长期以来各民族相互杂居、混同乃至融合，形成了你中有我、我中有你的血肉联系。二是受复杂自然环境、生产生活方式多样性的影响，云南地区不仅民族的种类较多，同一民族内部支系亦较复杂，在各民族之间以及同一民族内部，普遍存在相互区别，但又相互依存、互补互助的关系。三是在古代的民族关系中，汉族与少数民族的关系十分重要乃至起到主导作用。

唐宋时期，以白蛮为主体的群体，在云南地区建立了强大的地方政权南诏、大理国。经过南诏、大理国数百年的发展，白蛮成为云南地区分布最广、影响最大的民族群体。明清时期，大部分白蛮与迁入的外来人口进一步融合，形成具有云南地方特点的汉族群体。明清时期汉族在云南各民族中不仅力量最强，而且普遍受到少数民族的敬重。云南汉族对少数民族也持宽容及理解的态度，普遍视少数民族为骨肉乡亲。云南的各民族相互间通婚，在一些地方虽有程度不同的顾忌，但少数民族与汉族联姻是较普遍的现象。

总体看来，我国古代的民族融合，大致趋势是汉族吸收少数民族的成分发展壮大，逐渐形成相互离不开的格局。具体来说，南北方少数民族与汉族融合的途径和方式，又有较明显的差异，由此反映了我国民族关系形成过程具有多样性与复杂性，并表现出我国统一多民族的大家庭，在历史来源方面具有博大精深、源广流长的特点。

明、清两代是我国西南边疆民族融合的重要时期。明清以前，在西南边疆，主要是少数民族吸收迁入的汉族人口。少数民族与汉族的融合，经历了汉族移民逐渐"夷化"的过程，少数民族自身也得到了充实与壮大。明清时期因汉族人口大批进入西南边疆，以及从事农业生产的少数民族与汉族的差距明显缩小，民族融合的倾向乃发生反转。本地少数民族有相当一部分被迁入的汉族移民融合，西南边疆乃形成地方性的汉族群体，并在边疆地区逐渐占据主导地位。西南边疆民族融合过程中发生的变化，以云南地区较为典型。

郭沫若先生认为我国古代民族关系的特点是"北方防御，南方浸润"，并解释"浸润"主要是文化浸润。① 郭沫若所说的"北方防御"，大致是指北方游牧民族不断南下，给中原王朝造成很大压力，双方的关系主要是前者南下侵扰和后者防御，民族融合的过程表现为激烈的斗争。所谓"南方浸润"，则是指南方少数民族很少进入中原地区，而与中原汉族在文化上有较多相通之处，双方的关系主要是南方少数民族为中原汉文化所浸润，民族融合呈现渐进式发展、相嵌式融合的演变过程。

长期以来，内地文化被云南本地民族接受，外来移民不断进入并逐渐被本地民族接纳。外来移民经历了在云南逐渐"夷化"的过程，亦因云南地区的社会经济以农业为基础，与内地相比并无很大的差别，所以云南诸族对内地文化较为熟悉，甚至奉之为圭臬。在这样的情形下，云南诸族与内地民族间的交往与交流，以及云南本地民族间的交往与交流得以顺利进行，对形成和谐的民族关系发挥了重要作用。在古代云南的民族关系中，汉族起到黏合剂与核心成员的作用。少数民族与汉族的关系十分密切，这是云南地区民族关系较为和谐的一个重要原因。

云南各民族对祖国怀有深厚的感情。云南各民族对国家和中央政府有深刻的政治认同，普遍有维护祖国统一和归属中国的观念，对中央政府怀有崇敬和遵从的亲密感情。这些观念与感情是在历史

---

① 转引自《陈连开先生访谈录》，载《民族学名家十人谈》，第64—65页。

过程中逐渐形成的。

二、云南地区民族关系的成因

云南地区的民族关系具有上述特点，其形成原因主要有特定自然环境的作用、社会经济基础的类似性、受历史发展过程的影响等几个方面。

首先，自然环境、气候条件的作用与地缘政治格局的变化，深刻影响了云南地区的民族关系。

云南地区自然环境的基本特点，是地形和气候条件十分复杂，在广大高原和山地间分布着一些大小各异的坝子。云南地区各民族的居住分布呈现大分散、小聚居的状况，不少民族习惯居住在特定海拔高度的地区，与其他民族形成立体插花状的较稳定的分布格局。又受地形交通条件与特定的地理生态环境有明显依存关系等因素的影响，各民族人口的迁徙活动普遍呈现渗透式的扩张，而且扩张的速度十分缓慢，也较少进入其他海拔高度的地区。从很早的时候起，云南地区的各民族便形成交错杂居、相互区别又相互依赖的关系。在云南地区基本上不存在大规模迁徙导致的激烈冲突，以及由此遗留的负面历史记忆。这是云南地区的民族关系具备友好共存、协同发展特点的一个重要条件。

云南地区是一个具有大致相同的地质构造，以及类似地貌特征的地理单元。其主体部分是云贵高原，地势有西北高东南低的特点。因金沙江、元江、南盘江和北盘江的冲击切割作用，云南高原的地形较为破碎，呈现多山地和高原、山地在地表面积占很大比例的特点。云南省的山地与高原占总面积的90%以上，余下的土地为大小不一的坝子。云南有湖泊30余个，其中以位于大型盆地的滇池、洱海流域的面积最大。

云南地区多山地、山地间坝子散布的地貌特征，以及以热带亚热带气候为主，呈现多样性立体状分布的气候特点，深刻影响了历朝对云南地区的经营。云南地区居民的分布范围，主要集中在地势平坦、适宜种植粮食的坝子，以及与坝子相连的丘陵地区。时代愈早，人口相对集中的情形愈明显。而不同高度的地区很早便有数量不等的居民活动。这些居民主要从事采集、狩猎和渔捞，对当地丰富的野生动植物资源有明显的依赖性，由此形成小规模聚居、大范围散布与间或进行扩散式迁徙的特点。居住在坝子和山地的不同民族，相互之间的交往虽很早便存在，但在清代以前的交往仍十分有限。至清代，云南地区的大中型坝子人烟稠密，玉米、洋芋等耐粗放经营的作物被广泛种植，才逐渐出现较多的人口向山区和僻地迁徙的热潮，进而形成坝子、山地联系加强与协同发展的趋势。

云南地区少数民族中常见的迁徙方式，是中短距离的居民集体跋涉，以及向原居住地相近海拔高度地区进行的迁徙。若迁徙距离过远，便有脱离家族血缘关系圈和进入未可知蛮荒之地的危险；若迁入海拔高度悬殊的地区，则要面对不熟悉的自然环境与动植物，既可能丧失经祖辈积累获得的种植、畜牧、采集与狩猎方面的经验，又可能与陌生的部落对峙甚至发生冲突。因此，大部分少数民族的迁徙活动，表现出扩散式、渐进式、习惯沿相同的地貌和地表高度迁徙，以及主要为寻找新的自然资源与趋利避害等目的进行迁徙等特征。

由于云南高原的开发范围大致是由邻近四川的北部逐渐向南部发展，为寻找受人类干扰较少的动植物资源，以及规避外来移民进入而导致的排挤甚至威胁，主要居住在山地的少数民族的迁徙活动，大致呈现由北向南转移和部分人口逐渐进入山区与僻地的趋势。而定居坝子、主要从事农业生产的僰人（白蛮的前身）等少数民族，则形成与内地农民"守土为安"类似的传统，其向外部世界的迁徙，主要是伴随人口繁衍向周边地区的少量扩散式的分流，而较少有持续性、大规模的迁徙活动。

嶲、昆明等游牧部落，于秦汉时期自西北进入云南地区，数千年间保持了其祖先氐羌随畜迁徙的习惯，同时从事较粗放的旱地种植，以及采集、狩猎等经济活动。嶲、昆明部落逐渐向云南的南部、东部进行渗透式的迁移。即便是这样一个迁徙活动较为频繁的民族群体，自云南的西北部扩散至南部并进入中南半岛，亦用了上千年的时间。若谓云南地区少数民族如同北方草原的游牧民族，经常进行搬家式、直线式及不间断式的长途迁徙，既有悖于情理，亦未见可靠实证。

受上述因素的影响，云南地区的各民族，普遍形成了守土相安、相互区别又相互依赖的传统。在分布方面彼此又有明显的区别，后来逐渐混杂才形成大杂居、小聚居的局面。因此，外来移民与云南地区原有民族的交往与联系，必然要经历长期的相互熟悉、磨合乃至融合的过程，由此减轻了因不同经济文化类型接触所产生的矛盾与冲突。

历代外来移民在云南地区的迁徙活动，与中原王朝对边疆地区的统治与经营有关，并主要是沿交通线迁徙及形成相应的分布范围。汉晋时期，作为中原王朝所设郡县的依靠力量，外来移民主要聚居在位于大中坝子的郡县治所，并逐渐形成受本土民族包围的大姓势力。东晋南朝时期，大姓与居住在坝子的本土民族僰人融合，形成新的地方群体白蛮，分布面也扩张到郡县治所附近适宜耕作的地区。在南诏、大理国的统治下，白蛮群体获得较快发展，分布相应扩张到更大的范围。南诏、大理国是白蛮发展的关键时期，对后来云南地区民族关系的格局产生了深远影响。

云南地区外来移民的来源，根据时间不同而有明显的差异。大体而言，元代以前的外来移民主要来自四川盆地，尤其是成都及其附近地区，进入云南地区的分布情形，以相邻的云南北部、云南中部较为集中。南诏、大理国时期，外来移民集中分布在洱海地区及其以西的今保山等地，这对云南西部的发展产生了重要的影响。元明清时期的外来移民，主要沿元代开通的由湖广经贵州进入云南东部的驿道迁入，初期散布在这条驿道及其支道的附近地区，后来逐渐深入人口较少的广大山区与僻地。

元代以前今云贵地区联系内地，主要是通过汉代开辟的两条官道，即由今四川成都经宜宾入云南至曲靖的"五尺道"，以及自今四川成都过西昌入云南中部的"灵关道"。通过这两条道路，今云贵地区与四川盆地建立了密切联系，并形成由今四川管辖云贵地区的传统。因此，历朝向今云贵地区派遣军队及官吏，以及遣发移民，均以今四川盆地为出发地。这一时期外来移民除聚居在郡县治所外，还有一些人口散居在"五尺道""灵关道"与滇池至洱海地区道路的沿线。迄今发现两汉时期汉式墓葬的地点，主要在云南的昭通、曲靖、大理、昆明、保山和嵩明，贵州的威宁、赫章、毕节、清镇、安顺、兴义以及川西南的西昌等地，这些地方大都是汉晋所设郡县的治所，其中一些位于"五尺道"或"灵关道"的沿线。

元朝建云南行省，并将省治设于今云南昆明，随后开通由今云南昆明经贵州入湖南的"湖广道"等驿路。为了保护云南至湖南驿路的安全等，明朝中期建贵州省。上述举措改变了西南边疆的地缘政治格局，今云贵地区始与长江中游及中原建立紧密联系，长江中游诸省的移民大量进入今云贵地区，使当地移民以四川人为主的局面明显改观。外来人口居住之地，也从郡县治所扩张到中小坝子及其周围地区。位于贵州通湖广道路的沿线及其两侧的今贵阳、曲靖、昆明、昭通和玉溪等地，乃发展为人烟稠密、经济繁荣的地区。乾隆二十三年（1758），云贵总督爱必达等在奏疏中历数外来移民，说："凡江西、湖广、陕西、四川等省民人，散在各郡各县者实繁有徒。"① 所言将江西、湖广列于陕西、四川之前，表明云南省来自江西、湖广的移民甚多，这反映出移民的来源发生了明显变化。

其次，云南地区民族关系特点形成，也受到云南地区坝子与山地复杂关系的影响。

云南文明发端于几个面积较大的坝子，其影响扩张到周围乃至广大山地。坝子是云南地区早期文明的主要发源地，并在相当长的时期内引领云南地区的整体发展。面积较大的坝子地势平坦，地表多有河流及湖泊，土层深厚且肥力甚高，尤其适宜发展以稻作为主的农业。大中坝子的稻作农业起步甚早，发展亦速，随处可见的河

---

① 《奏为遵旨酌定滇省编查保甲责成考核事》，乾隆二十三年五月二十八日，中国第一历史档案馆馆藏档案，档号04-01-01-0219-021，微缩号04-01-01-032-0608。

流、湖泊、草地和森林，又为发展捕捞业和畜牧业提供了有利条件。大中坝子因有重要交通线经过，乃成为大宗商品的重要集散地。大中坝子通常也是地方势力统治的据点，以及当地文化积累传承的中心。

因此，云南地区的大中坝子为历代王朝所重视。元代以前迁入云南地区的汉族移民，主要聚居在郡县的治所。这一时期中原王朝在云南地区设置郡县，大都以农业基础较佳、为交通枢纽和常见商品的集散地，同时亦是文化积累中心的大中坝子为治所。滇池坝、洱海坝是云南地区面积较大的坝子，分别位于云南腹心地带的东西两端。这两个坝子先后发展为云南地区政治与行政管理的中心，不是偶然的。

云南地区的大中坝子因历朝积极经营，以及劳动人口持续增加，而得到迅速发展并取得长足进步。上述地区因较多吸收内地人口，学习内地的生产技术与文化，进而成为各民族交往、交流、交融的基本平台。在这样的情况下，大中坝子逐渐成为经济文化繁荣的地区。但清代以前，云南地区大中坝子与广大山地的发展并非同步，在一些时期还出现差距明显扩大的情形。

但是，坝子分布分散，而且总面积偏小，因此对云南地区发展的引领作用受到限制，在古代的前半期尤为明显。若将汉晋时期少数民族分布的范围形容为湖泊，这一时期汉族移民的分布范围，可比喻为广阔湖泊中的若干岛屿，这些岛屿也是历朝所设郡县的治所。在相当长的时期内，坝子的价值主要体现在局部地区的兴盛，以及作为中原王朝的统治据点和重要交通线的枢纽方面，在促进移民与山地民族交往方面尚不明显。随着时间的推移与外来移民的逐渐增多，人口分布的范围扩大到坝子周围乃至更大的区域。云南地区经济较繁荣的地区，也从大中坝子扩张到周围的丘陵与重要道路沿线，坝子及其居民在云南地区民族关系中的地位相应得到提高。南诏、大理国统治的500余年，是坝子兴盛并促进周边地区发展的重要时期。

云南地区广大山地普遍具有的特点，是地势高低悬殊、坡度陡峭及土层单薄，可耕的土地也很少，并不适宜种植稻谷等农作物。山地的土地生态系统脆弱，开发不当易引起水土流失，导致附生的动植物资源遭到破坏。位于南方亚热带及热带气候范围内的广大山地，动植物资源十分丰富，对居民的采集与狩猎十分有利。另外，云南东北部等地分布着众多的草甸，适宜饲养牛马羊等大牲畜。但山地的森林茂密难入，常有猛兽毒蛇出没。山岭气候多样变幻无常，腐败有机物较多且湿度甚大，容易滋生各种微生物和蚊虫，使人易患疾病，尤其是疟疾等急性传染病。另外，山岭地区交通不便，隔绝封闭，是导致山地居民社会发展滞后的一个重要原因。因此，长期以来山岭地区人烟稀少，与坝子的社会发展水平差距甚大。外来人口不敢轻易进入山岭腹地，未能入居坝子的居民，大都选邻近坝子较为平坦的丘陵居住。

坝子与山地在自然条件、发展水平方面虽有很大差距，但相互间又存在必然的联系，尤其体现在居民共生互补的关系上。元代以前，迁入云南地区的汉族移民普遍经历了"夷化"的过程。受坝子与山岭地区复杂关系的影响，逐渐"夷化"的汉族移民与坝子的原有民族交往甚密，亦深受后者文化的影响。汉晋时期南中大姓的上层"耆老"，与相杂居的少数民族首领结为"遑耶"。耆老犯法多往夷人处藏匿，官府法办夷人，耆老或为之报仇，耆老与夷人交情至厚者称为"百世遑耶"，彼此"恩若骨肉"。① "遑耶"的关系并不限于大姓与夷人上层，移民百姓亦喜与夷人择对结谊，此类情形历代皆有。"遑耶"关系或相互结谊的实质，是双方在经济上建立共生互补的关系，并由此发展为互助的社会关系甚至政治结盟的关系。

由此可见，云南地区普遍存在坝子与山地相对的一种二元性结构，在自然条件、发展水平和文化面貌等方面，坝子与山地虽然存在明显差异，但也存在联系与互补的关系。这种二元性结构使汉族移民与少数民族存在显著差别，时代愈早差别愈明显。随着时代的发展与社会的进步，二元性结构中的共生互补关系逐渐明显，具体

---

① 《华阳国志校注》卷四《南中志》，第364页。

表现在汉族移民与主要居住山地的少数民族相互间的联系逐渐密切并不断得到强化。

坝子在云南地区发展过程中的重要作用，在古代的前期最为突出。宋元及其后的一段时期，山地民族先后崛起并获得较快发展，坝子与山地居民间的交往增多，两者间相互依存、资源互补的关系不断增强。大理国与周边地区的乌蛮三十七部、景昽金殿国间若即若离的微妙关系，或可从此处获得较合理的解释。

自元代起，中原王朝加强对云南山地和僻地的经营，边疆、僻地与少数民族发展的速度明显加快，逐渐形成坝子与山地联系加强以及协同发展的趋势，至清代这一趋势达到一个高峰。清朝通过对边疆与僻地的大规模改土归流，对这些地区加强管理与开发，鼓励移民迁居边疆和僻地，加快了边疆与僻地的发展，坝子、山地相对的二元社会结构发生明显变化，两者关系中合作联系、互补的一面逐渐凸显，形成坝子、山地协调发展的趋势，云南少数民族与汉族的差距也逐渐缩小。汉族与少数民族的关系更为密切，进而形成和谐、互补的民族关系持续发展的局面。

若论历代迁入西南边疆汉族移民的数量，以明清两代居多，但明代、清代迁入移民的类型和影响却有不同。明代进入西南边疆的外地移民，虽有军户、百姓及商贾等类别，但军户占总人口数的七八成以上。朝廷在各地所设卫所大都驻扎在城镇、农业地区和交通沿线。明代西南边疆社会的变化，主要是云南等省的腹地逐渐内地化，而与边疆及僻地发展水平的差距有所扩大。因此，明人王士性说云南、临安、大理、鹤庆、楚雄五府"嵌居中腹地，颇饶沃"，云南的其余区域则为"痩壤警区"。① 贵州迁入的军户等移民长期被少数民族聚居地包围，逐渐形成相对隔绝的"屯堡"。贵州"屯堡"文化现象的存在，说明西南边疆民族关系演变的情形十分复杂，基于特定的时代背景与自然人文环境，可能形成不同于主流类型的若

---

① 〔明〕王士性著，吕景琳点校：《广志绎》卷五《西南诸省》，中华书局，1981 年，第 127 页。

干亚类型。① 平坝、安顺、镇宁、普定、长顺等地保存的屯堡较多，据说屯堡在21世纪初的人口有30余万人。②

清代大体无官方组织的移民，进入西南边疆的内地人口，主要是因生计困难而自发迁徙的流民。因担忧变乱，朝廷曾颁文禁止流动，但实际态度则是默许，云南等省官府则以提供启动金、耕牛及将新垦土地定为私田等优惠条件，吸引外地流民前来垦荒。清代流民位丁社会底层，既无组织亦乏谋生之术，选择定居地点与谋生途径均受限制。云南有句民谚，叫"穷走夷方急走厂"，指的是外来流民进入云南，多选择入矿厂当矿工，或赴边疆僻地垦荒，日久便落籍谋生。由于平坦地带人口稠密难以插足，外地流民大量赴山区及边疆僻地。

云南地区民族关系形成的第三个原因，是受到云南地区主体经济及其发展状况的影响。

云南地区的地理环境具有局部地域的相似性，主要是以种植水稻的坝子为中心，经营坡地与草甸的山区或半山区为边缘，组成众多近似同心圈状分布的经济地理单元。在这些经济地理单元中，坝子经济起到主导与核心的作用。这些经济地理单元的发展程度与影响亦存在差异，虽可细分为高坝经济、低坝经济、坝子结合丘陵经济、坝子结合湿地经济等不同的类型，但诸多坝子的经济形态存在明显的类似之处。历代在云南地区所置郡县的治所大都位于坝子，这些治所逐渐发展为当地行政管理、经济交流与文化传播的中心。坝子以外的地区，大致可以分为广大的山地以及南部受大河冲击形成的下游丘陵两个部分。其共同的特点是植被茂密、野兽出没、人口稀少和开发较晚。与内地传统农业地区相比，云南地区的大中坝子与广大的山地及南部丘陵，在社会经济类型、资源占有及开发利用等方面较为接近。因此，云南地区古代的经济类型，可笼统地称

---

① 参见方铁：《论"屯堡"文化现象存在于特定地域的原因》，《贵州民族研究》2019年第1期。

② 参见翁家烈：《屯堡文化研究》，《贵州民族研究》2001年第4期。

为"初级复合型经济"。①

云南地区大、中面积的坝子数量较少，同时受封闭的社会环境与落后生产方式等的限制，农业生产总体水平不高，因此在经济类型与资源利用等方面，坝子与山地具有一定的类似性。受其影响，坝子与山地各民族在社会生活与文化方面虽有差异，并表现出明显的多样性，但也具有总体上的类似性或同一性。可以说，坝子经济与山地经济存在的差异，形成了两地居民在经济生活上的相互区别和相互补充的关系，而坝子经济与山地经济在总体上的类似性，又为两地居民形成相互包容与和谐共存的关系创造了前提。

云南地区民族关系形成的第四个原因，是云南地区历史上未出现过占统治地位的宗教，亦不存在宗教、民族仇恨等方面重大事件所造成的严重社会创伤。

云南地区的宗教，具有种类众多、派系与演变情况复杂的特点，除傣族较普遍信仰上座部佛教外，其他民族大都未出现信仰同一宗教的情形。云南地区的宗教包括佛教、道教、伊斯兰教、基督教等世界性宗教，以及祖先崇拜、自然崇拜、神灵崇拜等带原始宗教色彩的早期宗教。一般说来，白族信仰受藏传佛教与大乘佛教禅宗教派影响形成的白族佛教密宗教派。信仰基督教的有彝族、苗族的一部分，以及云南西部的一些少数民族。信仰道教的民族有壮族、瑶族等民族。另外，有一些民族仍信仰或部分信仰祖先崇拜、神灵崇拜等早期宗教。在同一民族中，不同的支系或部分分别信仰不同宗教，以及所信仰宗教混合其他宗教成分的情形较为普遍。云南地区各民族的宗教信仰还有一个特点，即受经济文化发展有限及民族类别众多等影响，宗教信仰很少出现盲目崇拜与宗教狂热的情形。因此，云南地区历史上未发生过因宗教冲突所引发的战乱。

云南地区也不存在民族之间较大的争端或战争创伤，因此，云南地区很少有因宗教、历史仇恨等而影响民族关系的情形。极度虔

---

① 参见方铁：《论影响云贵高原开发的社会历史因素》，《中南民族大学学报》（人文社会科学版）2009 年第 3 期。

诚地信仰某一宗教，甚至愿意为宗教信仰献身的情况在云南地区较少见。不同宗教信仰者之间可以融洽相处。云南地区各民族的传统文化普遍具有这样一个特征，即各民族的传统文化得以顽强的保留，而各民族对彼此的传统文化又十分尊重，不仅在较大的地域范围内如此，甚至居住在同一村寨的不同民族也相类同，这是云南地区各民族具有宽广、包容精神的具体表现。

云南地区民族关系形成的第五个原因，是在云南地区出现过几次以吸收汉族移民为基本特征的大规模的民族融合，对云南地区的民族关系产生了重要而深刻的影响。

这几次大规模的民族融合，主要发生在汉晋时期、唐宋时期、元明清时期。因此，云南地区少数民族与汉族有深厚亲密的感情。在云南地区各民族的关系中，汉族与少数民族的关系占据主要作用，起着支配作用，由此决定了云南地区民族关系的和睦与和谐，以及与内地保持密切的血肉联系，拥有牢靠的基础和长久的稳定性。云南地区少数民族与迁入汉族人口的融合，经历了上千年的演变过程。云南地区出现汉族移民与本地民族的渐进性融合，主要是两者在较大范围内长期杂居与互相影响的结果。秦汉时期，成都等地的汉族移民迁入云南地区。汉晋时期，今云南地区的大姓及其汉族风尚多见于记载，反映出迁入的汉族移民分布较集中，而且这些汉族移民大都游离于本地民族之外，在经济文化的面貌与两者的水平等方面，移民大姓与少数民族仍存在明显差别。

秦汉以来主要居住在云南地区平坦地带的僰人，在不断吸收外来汉族人口与经济文化发展较快的情况下，于南北朝时期形成新的民族群体——白蛮。今云南东部白蛮的实际统治者是爨氏大姓，这一地区的白蛮又称为"爨氏白蛮"。① 今云南东部的白蛮，与今云南西部洱海等地的白蛮属于同一民族。自南诏将今云南东部的爨氏白蛮20余万户迁至永昌（今云南保山）等地，② 促进了今云南东部、

---

① 《蛮书》卷四《名类》。
② 《蛮书》卷四《名类》。

西部白蛮的融合，白蛮的聚集中心也从今云南东部转移至云南西部。

白蛮经济文化的水平较僰人要高得多，僰人吸收汉族人口形成的白蛮是云南地区更高层次上的本地民族，其中最活跃和最先进的部分，主要由汉族移民的后裔嬗变而来。南北朝后半期白蛮的出现，并不意味着大姓和其他汉族移民已彻底消失，事实上在白蛮形成之后，大姓的传人与影响通过新的形式，仍继续发挥核心的作用。

天宝年间，南诏与唐朝的关系宣告破裂，唐朝三次进讨南诏遭到失败，大量唐朝军士战死或被迫落籍云南地区。唐代落籍云南外地人口的另一来源，是南诏通过掠夺战争获取唐地的人口。天宝战争后，南诏联合吐蕃进攻今四川西昌，城破后南诏夺取大量人口、牲畜和各类物资。南诏王异牟寻执政后，南诏与唐朝和好数十年。异牟寻死后，南诏军队多次攻入唐地。南诏攻入唐地重点掠夺工匠，以此获取唐朝的生产技术并增加壮劳力。对熟悉内地文化的汉人，南诏亦以重用，甚至吸收其入南诏统治上层。

因外出谋生或避祸等，还有一些内地百姓自发迁入云南地区。刘宋时赋役严苛，贫者不堪重负，多逃亡入蛮地。蛮夷既无徭役，强者又不须供官税，遂致逃亡入蛮地者结党连群，动辄有数百千人，若州郡官府力弱，逃亡者便聚为"盗贼"，其种类甚多，户口情形不得而知。唐蜀州刺史张柬之上奏疏给武则天，称姚州都督府（治今云南姚安北）暗藏诸多危机，其中之一便是剑南道（治今四川成都）遁逃者与中原的亡命之徒，有 2000 余户分散在姚州，"专以掠夺为业"。至于姚州都督府所辖的 57 处羁縻州，"巨猾游客，不可胜数"。①

《通典》称自云南的滇池以西到洱海一带，居有被称为"松外诸蛮"的百数十个部落，其中杨、李、赵、董为大姓。松外诸蛮自称祖先是汉人，有城郭、村邑、弓矢和长矛，"言语虽小讹舛，大略与中夏同。有文字，颇解阴阳历数"。所种植的作物有稻谷、小麦、粟米和豆类，"种获亦与中夏同，而以十二月为岁首"。其地的蔬菜

---

① 《旧唐书》卷九十一《张柬之传》，第 2940—2941 页。

有葱、韭、蒜与菁，果实有桃、梅、李与奈。"有丝麻，女工蚕织之事"，并畜养牛、马、猪、羊、鸡与犬。① 从所述经济文化的特点来看，松外诸蛮应为汉族移民的后裔，因落籍较早，虽受原有民族的一些影响，但汉族移民的基本特征仍未泯灭。松外诸蛮的居住地在滇池、洱海两大坝子之间，这一区域地势比较平坦，同时有山岭插布其间，说明唐代汉族移民的分布范围，已从滇池、洱海等大中坝子，扩大到周围的一些地区。

唐宋时期，云南地区的民族构成发生了重要变化，基本倾向是白蛮大量吸收迁入的汉族人口取得长足进步，成为在云南地区起主导作用的本地民族。唐宋时期以洱海区域为中心建立的南诏、大理国，其统治期间是白蛮空前壮大的时期。自元代起，中原王朝治边方略的一个重大改变，是加强了对南方边疆的经营，边疆与内地政治一体化的趋势趋于明显。由于大量驻军屯田以及鼓励移民到云南地区开垦，明清时期云南地区的外来人口迅速增加，分布范围也更为广阔，汉族与少数民族的融合达到更高水平。

明清两代以前，在云南地区与内地联系较少的情况下，内地移民被人口众多的本地民族融合，出现了内地移民逐渐"夷化"的过程。明清时期，由于迁入云南地区的汉族人口空前增多，民族融合的方向发生转变，即从原先迁入云南地区的汉族人口逐渐融合于本地民族，改变为以汉族移民为主体，融合白蛮等本地民族形成新的云南汉族群体。在云南民族关系演变的过程中，各民族间较频繁的交往、交流、交融，则起到类似催化剂的积极作用。

---

① 《通典》卷一百八十七《边防三》，第5067页。

第六章 对南方"丝绸之路"的经营

第一节 南方"丝绸之路"的缘起与拓建

中原王朝自认为是天下的中心，认为王朝的核心区域与其他地区的关系，其密切的程度与地位之重要，依距离的近远而逐渐递减，由此形成中心（华夏文明）与边缘（边疆及徼外的非华夏文明）相互关系的地缘政治思想，进而施行以注重全局与长远利益为特色的远交近攻方略。其表现包括：一是通过封贡制度发挥对外文化软实力的作用，企望形成以华夏为中心的天下秩序；二是通过封贡制度羁縻对方，其频度、效力依距离之远近而明显有别，靠近华夏之地的周边是中原王朝重点羁縻的对象，距离华夏之地较远的区域，联系的频度及效力则递减；三是以宋元之际为界，中原王朝施行远交近攻方略的对象发生变化，从此前普遍施用于广义上的蛮夷，逐渐集中到与内地结为一体的边疆地区。为实践其地缘政治思想，中原王朝很重视经营作为其行动载体的"丝绸之路"。

一、南方"丝绸之路"的缘起

中原王朝通过封贡制度，与前来朝贡的蛮夷建立盟约关系，确立主从地位，进而形成通行天下的规范。在华夏文明独领风骚时代，中原王朝处理与蛮夷的关系时主要通过采取友好相处、德化浸润的做法，封贡制度取得很大成功，逐渐形成以中原王朝为中心的华夏文化圈，以汉、唐两代尤为明显。宋代情形出现变化，封贡制度的效果逐渐减弱并趋衰落，而朝廷对边疆的经营尤其是兴办儒学教育则日渐兴盛。元、明、清三朝逐渐放弃传统的封贡制度，既有唐代以后中原王朝趋于衰落、华夏在东亚地区的地位下降等原因，长期奉行厚往薄来的做法，导致高成本、低收益的矛盾难以解决，这也是一个重要原因。

随着时间的推移，"丝绸之路"在境内外不同路段的地位发生改变，这反映出中原王朝远交近攻的方略在施行的重点方面发生变化。古代"丝绸之路"的走向大致包括北方"丝绸之路"、南方"丝绸之路"与海上"丝绸之路"。"丝绸之路"的开拓与维护，本质上属于中原王朝的国家行为。中原王朝积极经营"丝绸之路"，并采取多种措施力保其运行安全，主要目的是向边疆及徼外的"蛮夷"推行封贡制度，以形成和维护以中原王朝为中心的东亚秩序。宋代以前中原王朝经营"丝绸之路"，重点是保障"丝绸之路"全程的畅通，为边陲少数民族赴京朝贡创造条件。①

宋代以后中原王朝的边疆逐渐稳定，边疆地区经济的较快发展以及矿藏、木材等资源不断得到开发，使边疆地区及联系相邻诸省交通的重要性显著提升。② 元明清时期内地人口向边疆地区大量迁徙，并与边疆诸族逐渐实现融合与重组，促使边疆与内地牢固地结合在一起。在这样的情形下，道路不仅是边疆地区发展不可缺少的要素，也为边疆蛮夷与内地更多交往创造了条件，"丝绸之路"在边疆地区的路段因此受到重视。边疆地区道路的功能，发生了从主要用于遣使、朝贡与用兵，向重在满足物资转运与商贸活动需求的转变。而中原王朝的周边势力成为邻邦，中原王朝很难插手"丝绸之

---

① 参见方铁：《秦汉蜀晋南朝的治边方略与云南通道开发》，《云南师范大学学报》（哲学社会科学版）2007 年第 6 期。方铁：《简论西南丝绸之路》，《长安大学学报》（社会科学版）2015 年第 3 期。

② 参见方铁：《论中原王朝的地缘政治观》，邢广程主编：《中国边疆学》第 7 辑，社会科学文献出版社，2018 年，第 12 页。

路"在邻邦的路段，这也是"丝绸之路"在境外地区的路段，地位与作用发生变化的另一个原因。

南方"丝绸之路"的缘起与兴盛，经历了长期的发展过程。春秋时期，蜀国、巴国分别据有四川盆地的西部与东部。巴、蜀为世仇，蜀王讨伐与巴结盟的苴侯，巴求救于秦。① 周慎王五年（公元前 316），秦军伐蜀，蜀国亡。秦又灭巴，蜀、巴之地尽入秦国版图。② 秦于蜀国旧地置蜀相及蜀国守，封蜀王后裔为蜀侯。周赧王三十年（前 285），蜀侯绾因"谋反"被杀，秦未复置蜀侯，在蜀地彻底实行郡县制。秦蜀守李冰开成都两江，溉田万余顷，"始皇得其利，以并天下"③。经过秦国、秦朝长达 110 余年的经营，至西汉代秦，四川盆地已是沃野千里的天府之国。

对位于蜀郡（治今四川成都）南面的今云南地区，秦始皇不甚注意，大致以蜀郡附带管辖的今云南地区为徼外。秦国统治四川盆地期间，官吏常颇开通"五尺道"，"诸此国（指宜宾至滇东北）颇置吏焉"。④ "五尺道"因道宽五尺而得名。其道始于僰道（今四川宜宾西南），经滇东北迄于郎州（今云南曲靖）。另据《史记》卷一百一十七《司马相如列传》所载，司马相如对汉武帝说："邛筰、冉駹者近蜀，道亦易通，秦时尝通为郡县，至汉兴而罢。"可见秦曾于滇东北部分区域设官守，在今四川西昌等地拓路置郡县，但详情不可知。《汉书》卷二十八下《地理志下》言，秦朝"西南有牂柯、越嶲、益州，皆宜属焉"。秦朝的势力及其影响已至今贵州西北部，以及云南的滇池地区与今川西南一带。但秦朝的统治仅维持 15 年，不可能对西南边疆有深入的经营。

西汉建国之初，百废待兴，且忙于抵御北方的匈奴，除继续经

---

① 《华阳国志校注》卷三《蜀志》，第 191 页。
② 《华阳国志校注》卷一《巴志》，第 32 页。
③ 〔唐〕虞世南编：《北堂书钞》卷七十四《设官部二十六》，清光绪十四年刻本。
④ 《史记》卷一百一十六《西南夷列传》，第 2993 页。

营巴、蜀之地外，统治者暂时放弃西南夷（指今云贵、川西南地区）。《史记》卷一百一十六《西南夷列传》称，自秦朝在今滇东北开"五尺道"并置官守，"十余岁，秦灭。及汉兴，皆弃此国而开蜀故徼"。《华阳国志校注》卷三《蜀志》说："（汉高祖）虽王有巴、蜀，南中不宾也。"后元三年（前141）刘彻继位。经过文景之治，西汉的国力大为增强，武帝开始注意南方。

西汉几次经营西南夷（指今云贵、川西南地区），均与其地的交通线有关。西汉经营西南夷的主要原因，是武帝企望开通自僰道沿牂牁江（今北盘江）至番禺（今广东广州）的用兵通道，以及自蜀地经西南夷、身毒（今印度）至大夏（今阿姆河上游南北两岸地）的朝贡通道。

《史记》成书时汉武帝尚健在。对汉武帝经略西南夷（指今云贵、川西南地区）的用意，司马迁不便直抒胸臆，但从《史记》行文仍可推知。《史记》卷一百二十三《大宛列传》称，张骞出使大夏回朝，建议打通经西南夷至身毒的道路，"天子既闻大宛及大夏、安息之属皆大国，多奇物，土著，颇与中国同业，而兵弱，贵汉财物；其北有大月氏、康居之属，兵强，可以赂遗设利朝也。且诚得而以义属之，则广地万里，重九译，致殊俗，威德遍于四海。天子欣然，以（张）骞言为然"。司马迁认为汉武帝经略西南夷，主要是为"赂遗设利朝"与实现"威德遍于四海"，其看法大体是客观的。

东汉建立，大致继承西汉经营西南夷（指今云贵、川西南地区）的方略，即沿袭蜀郡（治今四川成都）对西南夷的行政隶属关系，以及确保"五尺道""灵关道"的畅通，同时重视经营"蜀身毒道"。在国际通道的经营方面，东汉取得了较西汉更为突出的成就。

在南方"丝绸之路"的建设方面，东汉取得的一项重要成绩，是对"蜀身毒道"实行更有效的经营，并实现道路较长时期的畅通。哀牢是"蜀身毒道"上不可忽视的地方势力。西汉武帝对哀牢用兵，致使哀牢转衰。在此基础上，西汉初步开通"博南山道"。但彻底解决哀牢干扰道路通行的问题，则是在东汉时期才实现。① 开通由今云南中部至交趾（今越南河内）的水陆通道，是东汉做出的又一重要贡献。马援开通由今云南中部至交趾时称"交趾道"（又称"进桑关道"）的道路，标志着南方"丝绸之路"的格局基本形成。

南方"丝绸之路"由成都启程，分别经"五尺道""灵关道"进入今云南地区，前者经今缅甸至今印度或沿缅甸的伊洛瓦底江出海，辗转赴印巴地区乃至地中海沿岸，后者由今云南昆明南下沿红河至今越南北部，再经今越南海防出海，转赴印巴地区乃至更远的区域。

二、南方"丝绸之路"的拓建与维护

建元六年（前135），闽越进攻南越，大行王恢受命出击闽越，番阳令唐蒙奉命喻晓南越。唐蒙在番禺（今广东广州）目睹产自蜀地的枸酱，归长安后询问蜀贾得知，枸酱为经夜郎地区之牂柯江（今北盘江）运来，遂建言开夜郎通道，以备将来出兵袭南越，武帝许之。唐蒙赴见夜郎侯多同，赠礼许愿，遂置犍为郡（治今贵州遵义西），并开通由犍为至牂柯江的道路。② 司马相如亦称西夷邛筰可置郡县，武帝以之为中郎将遣往，于邛筰、冉駹之地置一都尉十余县，隶于蜀郡（治今四川成都），并复通由成都至邛都（今四川西昌东南）的秦代旧道。

汉朝在西南夷（指今云贵、川西南地区）东北部置郡县，调用汉中、巴郡、广汉、蜀郡四郡的人力和物力修建"西南夷道"。费时数年，道路不通，筑路的士卒与民工死者甚众，西南夷又数次反叛，汉朝调兵进击，"耗费无功"。元朔三年（前126），朝廷为抗御匈奴在北方建朔方城，用度浩大，御史大夫公孙弘建言暂罢西南夷，专

① 参见方铁：《秦汉蜀晋南朝的治边方略与云南通道开发》，《云南师范大学学报》（哲学社会科学版）2007 年第 6 期。
② 《史记》卷一百一十六《西南夷列传》，第 2993—2994 页。

事匈奴。同年，汉武帝诏罢西夷（指今四川西南部等地），"独置南夷夜郎两县一都尉，稍令犍为自葆就"。① 经过这一次调整，汉朝撤销邛筰地区的一都尉、十余县和西南夷东北部的若干县，在今贵州西北部保留两县一都尉。

元狩元年（前 122），张骞出使大夏（今阿姆河上游南北两岸地）归来后，向汉武帝报告说，在大夏看到了蜀布、邛竹杖，大夏人告之购自身毒（今印度）。张骞据此推测有道路自蜀地经西南夷（指今云贵、川西南地区）、身毒辗转至大夏，并说由羌中道路出使大夏甚险，若走蜀至身毒道近且无寇，大宛及大夏、安息等国"多奇物"，其北之大月氏、康居之属"可以赂遗设利朝"，武帝遂遣使者自犍为郡（治今云南盐津东）四道并出，寻觅通身毒的道路，但为冉駹、氐、筰、巂、昆明等部落所阻。汉朝得知巂、昆明以西千余里有乘象国（在今云南西南部），名为"滇越"，蜀地商人私出贩运者或至此处。在找到"身毒道"的方向后，汉使复至滇国（中心在今云南昆明市晋宁区），得到滇王尝羌款待，尝羌为之遣使觅道，仍为昆明所阻，汉使滞滇国岁余，无功而返。②

元鼎五年（前 112），西汉第三次经营西南夷（指今云贵、川西南地区）。因南越反，汉遣五路兵击之。其中一路兵发自巴蜀过犍为郡（治今云南盐津东），经夜郎沿牂牁江（今北盘江）趋番禺（今广东广州）。南越既平，汉军沿原路返回，诛反抗征兵之且兰部落，平夜郎之地设牂牁郡，治故且兰（今贵州黄平西南）。汉军又杀邛君、筰侯，冉駹等部震恐，请求置吏，汉遂于邛都置越巂郡，治邛都（今四川西昌东南）；于筰都置沈黎郡，治筰都（今四川汉源东北）；在冉駹置汶山郡（治今四川茂县北），于广汉置武都郡（治今甘肃西和西南）。武帝使汉军威逼滇王入朝，滇王未从。元

---

① 《史记》卷一百一十六《西南夷列传》，第 2995 页。《史记》卷一百一十二《平津侯主父列传》，第 2950 页。
② 《史记》卷一百一十六《西南夷列传》，第 2995—2996 页。《史记》卷一百二十三《大宛列传》，第 3166 页。

封二年（前109），武帝征发巴蜀兵突然临滇，滇王举国降，汉于其地设益州郡，治滇池县（今云南昆明市晋宁区东）。① 西汉在西南夷设置的犍为、越嶲、沈黎、益州诸郡，均为重要通道所必经。

为彻底开通由蜀地经西南夷（指今云贵、川西南地区）至身毒（今印度）、大夏（今阿姆河上游南北两岸地）的通道，武帝费尽心机，终达目的。司马迁称西汉派出寻觅通身毒、大夏道路的使者，屡为昆明所杀，"终莫能通至大夏焉"。元封二年（前109），西汉遣将军郭昌率兵数万攻昆明，"其后遣使，昆明复为寇"。② 元封三年（前108），武帝在长安修昆明池操练水军，欲与昆明作战。③ 元封六年（前105），汉廷又遣郭昌率兵攻昆明，无功而返，郭昌因而被夺印。④《史记》卷一百二十三《大宛列传》称："其后遣使，昆明复为寇，竟莫能得通（大夏）。"

司马迁称西汉终未开通至身毒、大夏道路的说法有误。据笔者考证，自元封六年（前105）郭昌征昆明后，武帝联合滇王继续用兵，终于打败嶲、昆明，并将嶲、昆明活动的区域并入益州郡管辖。汉军还击败活动于今云南西部的哀牢夷，开通经永昌渡兰沧水（今澜沧江）至今缅甸的"博南山道"，于兰沧水两岸置不韦（在今云南保山市隆阳区金鸡村）、嶲唐（今云南云龙西南）两县。⑤

汉初嶲、昆明向今云南中部扩张，与滇国（中心在今云南昆明市晋宁区）发生激烈冲突。在滇国与嶲、昆明的战争中，西汉站在滇国一边。原因是西汉派出赴大夏的使者屡为昆明劫杀。元封以后，汉朝对嶲、昆明继续用兵，并最终平定嶲、昆明。据《后汉书》卷

---

① 《史记》卷一百一十六《西南夷列传》，第2996—2997页。《史记》卷一百一十三《南越列传》，第2975页。

② 《史记》卷一百二十三《大宛列传》，第3170—3171页。

③ 《史记》卷三十《平准书》，第1428页。

④ 《汉书》卷六《武帝纪》，第198页。《汉书》卷五十五《郭昌传》，第2492页。

⑤ 参见方铁：《〈史记〉、〈汉书〉失载西南夷若干史实考辨》，《中央民族大学学报》（哲学社会科学版）2004年第3期。

八十六《南蛮西南夷列传》所载，元封二年（前109），西汉于滇国旧地置益州郡，"后数年，复并昆明地，皆以属之此郡"。可知滇国、西汉与巂、昆明的战争，结局是滇国、西汉获胜。获胜方将巂、昆明活动的地区并入滇王与汉太守共同管辖的益州郡。① 兼并"昆明地"以之隶于益州郡，是在益州郡设立之后数年实施的。

武帝以后的继任者，以平定巂、昆明为武帝之赫赫武功。本始二年（前72），宣帝为褒武帝颁诏："朕以眇身奉承祖宗，夙夜惟念孝武皇帝躬履仁义，选明将，讨不服，匈奴远遁，平氐、羌、昆明、南越，百蛮乡风，款塞来享；……功德茂盛，不能尽宣，而庙乐未称，其议奏。"② 西汉与滇国战胜巂、昆明后，一部分巂、昆明部众为避胜利者之锋芒，迁入今滇东、黔西一带的山区，有关情形见西汉以后的记载。

由此可知，在西汉前期，从甘青地区沿青藏高原东端南下的巂、昆明游牧部落，从今川西和滇西北向东面、南面作渗透式扩散，活动在今川西一带的巂、昆明部落进入今西昌地区，一些巂人、昆明人进入滇国的势力范围，与滇国及其支持者西汉发生激烈战争，后来被彻底打败。巂、昆明的大部分人口被迫接受益州郡的统治，其余部分则进入今滇东、黔西一带的山区，这一过程延续了百余年之久。

司马迁奉使巴、蜀以南的区域，了解到巂、昆明与西汉关系的一些情形，并在《史记》中做了记载。但司马迁出使西南夷较早，亲履地区仅今四川西昌、汉源一带，了解的情况有限。西汉与滇国彻底打败巂、昆明，并其地入益州郡，已是《史记》封笔或杀青前后，因此，《史记》不可能完整地记述上述史实。

下面叙述关于西汉开通博南山道与经营哀牢地区的事。元封六

---

① 《史记》卷一百一十六《西南夷列传》记载，滇王降汉，"诸置吏入朝。于是以为益州郡，赐滇王王印，复长其民"。证明滇王享有与郡太守共同管辖益州郡的权力。

② 《汉书》卷八《宣帝纪》，第243页。

年（前 105），郭昌率兵进攻昆明，因战败而受罚。《史记》卷一百二十三《大宛列传》言，"其后遣使，昆明复为寇，竟莫能得通（大夏）"。似乎西汉平定嶲、昆明，打通博南山道的努力最终失败。但据范晔的记载可知，武帝击败嶲、昆明，"（置益州郡）后数年，复并昆明地，皆以属之此郡"①。西汉击败嶲、昆明，将其居住地并入益州郡，同时开通博南山道，应在元封六年（前 105）之后不久，一般认为《史记》在太初年间杀青，② 太初年间后的史实不可能载入《史记》。

有的史籍关于西汉经营"博南山道"的记载与《史记》所言明显有异。《华阳国志校注》卷四《南中志》称："孝武时通博南山，渡兰沧水、渚溪，置嶲唐、不韦二县。徙南越相吕嘉子孙宗族实之，因名不韦，以彰其先人之恶。行者歌之曰：'汉德广，开不宾。渡博南，越兰津。渡兰沧，为他人。'渡兰沧水以取哀牢地，哀牢转衰。"《水经注校证》卷三十六《若水》载："博南，山名也，县以氏之。其水东北流径博南山，汉武帝时通博南山道，渡兰仓津，土地绝远，行者苦之。歌曰：汉德广，开不宾，渡博南，越仓津，渡兰仓，为作人。……兰仓水又东北径不韦县与类水合，水出嶲唐县，汉武帝置。"任乃强认为兰沧水即今澜沧江，周水即今怒江，类水即今保山河，即常璩所云"渚溪"，"足见汉武帝拓境，已经逾博南、渡澜沧，以（嶲唐、不韦）二县为益州郡西境矣，何待明帝置郡时始有歌哉？"③ 所言有据。

西汉经营西南夷（指今云贵、川西南地区）的一个重要方略，是充分发挥蜀地管辖今云南等地的作用。西汉在全国设 13 个刺史部，④ 其中的益州部刺史管辖蜀地诸郡，以及今云南及其附近地区

---

① 《后汉书》卷八十六《南蛮西南夷列传》，第 2846 页。

② 张大可：《〈史记〉文献研究》，民族出版社，1999 年，第 122 页。

③ 〔晋〕常璩撰，任乃强注校：《华阳国志校补图注》，上海古籍出版社，1987 年，第 288 页。

④ 《汉书》卷二十八上《地理志上》，第 1543 页。

之犍为郡、越嶲郡、益州郡、牂牁郡。为巩固蜀地与西南夷的联系，西汉积极发展两地之间的交通。

在前代旧道的基础上，西汉将始自僰道（今四川宜宾西南）的"五尺道"，由今云南曲靖延至滇池地区，沿途经朱提（今云南昭通）、味县（今云南曲靖西）等地至益州（今云南昆明市晋宁区东）。又复通由成都至邛都（今四川西昌东南）的"灵关道"，沿途经临邛（今四川邛崃）、严道（今四川荥经）、旄牛（在今四川汉源南、大渡河南岸）、邛都等地。若继续南下，经会无（今四川会理）、弄栋（今云南姚安北）、云南（今云南祥云东南）、嶲唐（今云南云龙西南）至不韦（在今云南保山市隆阳区金鸡村），前行可至今缅甸北部。由不韦南下的道路，即史籍所言之"博南山道"，因途经位于今云南永平西南的博南山而得名。[①] 经"博南山道"入今缅甸辗转可至印度，"博南山道"及其延长路线又称"蜀身毒国道"。

元光五年（前130），西汉开通由僰道经南广（今云南盐津东）至平夷（今贵州毕节东）的"南夷道"。元光六年（前129），西汉于此道设邮亭。[②] 至于元鼎五年（前112），西汉为平定南越开通的经夜郎沿牂牁江（今北盘江）趋番禺（今广东广州）的道路，则与"南夷道"类似，因汉朝经略的重点发生改变，汉代以后上述道路很少见于记载。

东汉在边郡置都尉与属国都尉，"治民比郡"，将西汉在边疆地区设置的属国升级为郡级行政机构。安帝在全国边疆设六处属国都尉，其中益州辖广汉、蜀郡、犍为三处属国。对西汉所置犍为郡，东汉予以保留，并增置犍为属国（治今云南昭通）。犍为属国辖朱提

---

① 《华阳国志校注》卷四《南中志》，第427页。
② 《汉书》卷六《武帝纪》，第164页。《华阳国志校注》卷四《南中志》，第417页。《史记》卷一百一十六《西南夷列传》，第2995页。

（今云南昭通）、汉阳（在今贵州威宁、水城一带）两县。① 这些举措对"五尺道"的安全与畅通十分有利。犍为属国的辖境，南面已进入今云南昆明市的辖境。犍为属国与益州郡（治今云南昆明市晋宁区东）的辖地相连，使自僰道（今四川宜宾西南）南下益州郡的使臣及商旅，途中能处于各级官府的保护之下。

"五尺道""灵关道"遂成为西南夷联系外地重要的交通线。通过上述道路，由官方组织来自蜀地的移民大量进入西南夷（指今云贵、川西南地区），尤以今滇东北、滇中一带较为密集。移民带来先进的生产技术与文化，有助于开发西南夷。

东汉进一步开拓"蜀身毒道"。哀牢是"蜀身毒道"上不可忽视的地方势力。《史记》《汉书》罕见关于哀牢夷的记载，后来的某些史籍则有之。建武二十三年（47），哀牢王贤栗发兵乘船，攻击位于今澜沧江下游的附塞夷鹿茤，因遭遇大雷雨，"水为逆流"，哀牢兵船沉没，溺死数千人。贤栗复遣其六王率万人进攻鹿茤，鹿茤王迎战，大破哀牢军，六王亦被杀。哀牢人埋六王，夜间虎掘而食之。哀牢人惊怖而溃退。② "贤栗惶恐，谓其耆老曰：'我曹入边塞，自古有之，今攻鹿茤，辄被天诛，中国其有圣帝乎？天祐助之，何其明也！'"乃于建武二十七年率部属 17000 余人，降于越巂太守郑鸿，"自是岁来朝贡"。永平十二年（69），哀牢王柳貌遣子率众再次投降东汉，随同者有称邑王 77 人，部众 5 万余人。③

由此可见，东汉之初，哀牢是人口众多、颇具势力的古国，有大小王和军队，受其管辖的部落人众达数万之多。哀牢王曰："我曹入边塞，自古有之，今攻鹿茤，辄被天诛，中国其有圣帝乎？"此言可证至迟在西汉时期，哀牢国已存在，并多次出入汉朝边塞。又，《后汉书》志第二十三《郡国五》载："哀牢，永平中置，故牢王国。"亦证明汉代人认为哀牢是一个重要的古国。

---

① 《后汉书》志第二十八《百官五》，第 3621 页。《后汉书》志第二十三《郡国五》，第 3515—3516 页。

② 《华阳国志校注》卷四《南中志》，第 427、420 页。

③ 《后汉书》卷八十六《南蛮西南夷列传》，第 2848—2849 页。

哀牢夷彻底投降后，东汉在西汉置哀牢、博南 2 县的基础上，割益州郡西部都尉所领六县合为永昌郡，郡治不韦（在今云南保山市隆阳区金鸡村）。[①] 永昌郡为东汉著名的大郡，下属 8 县，管辖今祥云以西的云南省西部与西南部，以及相邻的缅甸东北部，"其地东西三千里，南北四千六百里"[②]。永昌郡的设立，基本上奠定了中原王朝西南部的疆界，意义十分深远。哀牢夷率众彻底投降东汉，东汉在哀牢夷之地设永昌郡，使今云南的西部与西南部，以及相邻的缅甸东北部为东汉所控制，为行经上述地区的"博南山道"与通行更远之"蜀身毒道"的行旅，提供了切实有效的安全保障。

自"博南山道""蜀身毒道"开通，两汉尤其是东汉，与中南半岛、南亚及其以西地区的联系明显加强。

行旅经"博南山道"进入今缅甸地区，主要有两种走法，一种是过今缅甸北部、印度阿萨姆邦继续前行可至地中海地区，"博南山道"也扩张为"蜀身毒道"。另一种走法，是从今缅甸杰沙附近沿伊洛瓦底江南下，经水路或陆路至伊洛瓦底江口出海，此道即现今所称的"伊洛瓦底江道"。永昌郡计辖 8 县，即巂唐（今云南云龙西南）、比苏（今云南云龙）、楪榆（今云南大理西北）、邪龙（今云南巍山）、云南（今云南祥云东南）、哀牢（今云南保山东南）、博南（今云南永平西南）、不韦（在今云南保山市隆阳区金鸡村）。[③] 此 8 县大都位于"博南山道"沿途，可见东汉增设永昌郡，有保障"博南山道"畅通方面的考虑。

永昌郡的设置，还使"蜀身毒道"行经的中南半岛北部被纳入中原王朝的版图。因此，东汉为经营"博南山道""蜀身毒道"而建永昌郡，永昌郡置立，又以保护及管理"博南山道""蜀身毒道"为重要职责。陈佳荣认为永平十二年（69）东汉设永昌郡（治今云

---

① 《后汉书》卷八十六《南蛮西南夷列传》，第 2849 页。《华阳国志校注》卷四《南中志》，第 430 页。

② 《华阳国志校注》卷四《南中志》，第 428 页。

③ 《后汉书》志第二十三《郡国五》，第 3514 页。

南保山），掸国等自徼外来献，掸国西通天竺，《华阳国志》亦载永昌一带有"身毒之民"，"则由滇、缅而至印度之道应已开通"。①

经水路或陆路至伊洛瓦底江口出海的"伊洛瓦底江道"，在汉代已见于记载：

> 自日南障塞、徐闻、合浦船行可五月，有都元国；又船行可四月，有邑卢没国；又船行可二十余日，有谌离国；步行可十余日，有夫甘都卢国。自夫甘都卢国船行可二月余，有黄支国，民俗略与珠厓相类。其州广大，户口多，多异物，自武帝以来皆献见。有译长，属黄门，与应募者俱入海市明珠、璧流离、奇石异物，赍黄金杂缯而往。所至国皆禀食为耦，蛮夷贾船，转送致之。……自黄支船行可八月，到皮宗；船行可二月，到日南、象林界云。黄支之南，有已程不国，汉之译使自此还矣。②

以上文字记载十分宝贵，但有若干错漏之处，致使其所经道路的走向难以释通。

据学者多年研究，一般认为邑卢没在今缅甸勃生、勃固至萨尔温江下游一带；谌离国在今泰国西岸的佛统、尖喷、巴蜀，或在缅甸东南岸的丹那沙林，或在缅甸伊洛瓦底江下游地区；夫甘都卢国在今缅甸西南部一带；黄支国在今印度东海岸的康契普拉姆。③ 由夫甘都卢国继续前行，并无较大规模的河流可供船只航行。因此，对航海商人在今缅甸地区的行程，应释读为从今缅甸南部进入伊洛瓦底江，溯江而上至今缅甸蒲甘一带，返回时沿伊洛瓦底江回到安达曼海，继续扬帆前往南亚地区。

---

① 陈佳荣：《中外交通史》，学津书店，1987 年，第 144 页。
② 《汉书》卷二十八下《地理志下》，第 1671 页。
③ 陈佳荣、谢方、陆峻岭：《古代南海地名汇释》，中华书局，1986 年，第 421、715、173、694 页。

从今缅甸勃固至蒲甘一带，沿伊洛瓦底江两岸可能辟有陆路。《汉书》卷二十八下《地理志下》言航海商人乘船前往，从夫甘都卢国返回安达曼海，所经河流为伊洛瓦底江，证明汉代已开通经伊洛瓦底江联系今缅甸北部的内河航运路线。《魏书》卷一百二《西域传》说，大秦（东罗马帝国）"东南通交趾，又水道通益州"。益州指今四川成都，所说大秦通往益州的"水道"，即指由安达曼海至今缅甸北部的伊洛瓦底江水运路线。远行商队经伊洛瓦底江航行至今缅甸北部，弃舟登岸进入云南地区，继续北上可至成都贸易。①

通过上述国际通道，两汉与今缅甸的骠国、掸国及地中海的大秦（罗马帝国）等国建立了较多往来。

位于今老挝、泰国、缅甸三国相连地带略偏东地区的掸国，曾三次遣使至东汉都城洛阳。据《后汉书》卷八十六《南蛮西南夷列传》记载，第一次遣使在永元九年（97），第二次在永宁元年（120），第三次在永建六年（131）。关于永宁元年（120）的入贡有如下记载："掸国王雍由调复遣使者诣阙朝贺，献乐及幻人，能变化吐火，自支解，易牛马头。又善跳丸，数乃至千。自言我海西人。海西即大秦也，掸国西南通大秦。"②《后汉纪》卷十五《殇帝纪》，亦记述安帝时掸国至汉廷献幻人，与《后汉书》卷五《安帝纪》记载的是同一事。永宁元年（120）掸国的这一次遣使，有大秦的杂技团随行。

另据《后汉书》卷八十八《西域传》所载，延熹九年（166），"大秦王安敦遣使自日南徼外献象牙、犀角、玳瑁，始乃一通焉"。延熹九年（166）晚于永宁元年（120）46年。《后汉书》卷八十八《西域传》称延熹九年（166）的朝贡"始乃一通"，可知永宁元年

---

① 参见方铁：《论西南丝绸之路与海上丝路的关系》，载丘进、张倩红、万明主编：《全球视野下的中外关系史：中国中外关系史学会2014年学术论文集》，中国华侨出版社，2015年，第100页。

② 《后汉书》卷八十六《南蛮西南夷列传》，第2851页。

(120) 至东汉的大秦人并非官方使团，可能是民间艺人或掸国使者，为托远取重而自称官方使团。即便是后者，亦具备"掸国西南通大秦"这一条件，才可能出现假托大秦使团的情形。这一记载还证明大秦人众远赴东汉，走的是"伊洛瓦底江道"。魏晋时期上述道路仍保持畅通。

在云南永平以西"博南山道"所经的澜沧江渡口，蜀汉曾建竹索吊桥，至唐代穿索石孔仍存。① 另据唐代《爨龙颜碑》，南朝刘宋时期，宁州（治今云南昆明市晋宁区东）西部爆发过一次大规模的诸族起事，永昌郡（治今云南保山）的"缅戎"（今布朗、德昂等民族先民）参加反抗。为"肃清边隅"，宁州东部的爨氏势力首领爨龙颜，亲率五千之众赴其地镇压。② 这说明爨氏势力对永昌郡的稳定十分看重，或与维护其地的交通线有关。

东汉建武十九年（43），伏波将军马援奉命镇压交趾的"二征起事"，他率军沿麋泠水道出进桑（在今云南屏边），经贲古（今云南蒙自东南）、西随（在今云南金平）至交趾，以方便运输军粮辎重。马援开通的由今云南中部至交趾的交通线，通常被称为"交趾道"。因经由进桑关，这条道路又称"进桑关道"。这条道路的走向，为由今云南中部南下蒙自，沿红河经今屏边地界至越南河内，沿途"崇山接险，水路三千里"③。另据《汉书》卷二十八上《地理志上》所载，汉朝在进桑县（在今云南屏边）红河河畔设进桑关，可见其时红河已有民间的水陆运输，西汉因此设关，马援正式开辟这条通道，以供官府利用。

"交趾道"开通后，今东南亚、南亚及其更远地区赴中原王朝的商船，经常在今越南北部停靠。商队登陆后，经由交趾道赴益州（今四川成都）贸易，中南半岛、南亚地区诸国的使臣亦多取此路。《后汉书》卷八十八《西域传》称，和帝时天竺（今印度）数次遣

---

① 《蛮书》卷二《山川江源》。

② 《爨龙颜碑》，载《云南考古》（增订本），第116页。

③ 《水经注校证》卷三十七《叶榆河》，第859页。

使贡献。延熹二年（159）、延熹四年（161），天竺"频从日南徼外来献"。《后汉纪》卷十五《殇帝纪》称："自交州外塞檀国诸蛮夷相通也，又有一道与益州塞外通。"

《梁书》卷五十四《诸夷传》称，汉朝置日南郡（治今越南广治省广治河与甘露河合流处），"后汉桓帝世，大秦、天竺皆由此道遣使贡献"。"（大秦）其国人行贾，往往至扶南、日南、交趾，其南徼诸国人少有到大秦者。"《三国志》卷三十《魏书·乌丸鲜卑东夷传》说："大秦道既从海北陆通，又循海而南，与交趾七郡外夷比。"《宋书》卷九十七《夷蛮传》："若夫大秦、天竺，迥出西溟，……而商货所资，或出交部。泛海陵波，因风远至。……千名万品，并世主之所虚心，故舟舶继路，商使交属。"

三国时，蜀汉在南中（今云贵、川西南地区）设庲降都督（治今云南曲靖），作为统治南中的军事与行政中心。蜀汉沿袭两汉以来由蜀地管理西南夷，以及西南夷与内地的交往，须经由今四川宜宾、滇东北至滇中的"五尺道"，以及从成都经今西昌至云南之"灵关道"的传统。诸葛亮在南中置 7 郡。

蜀汉统治南中，注重保持"灵关道""五尺道""蜀身毒道""交趾道"的畅通。"初，越嶲郡自丞相亮讨高定之后，叟夷数反，杀太守龚禄、焦璜。"继任的越嶲郡太守不敢驻治所邛都（今四川西昌东南），移驻到了距邛都甚远的安上县（今四川屏山西南）。安上县"去郡八百余里，其郡徒有名而已"。"灵关道"经邛都至成都，既平且近"自旄牛绝道，已百余年，更由安上，既险且远。"后来，蜀汉任命张嶷为越嶲郡太守。张嶷在任期间恩威并施，讨平了北徼捉马部落，擒其渠帅魏狼，又奏准封魏狼为邑侯，"诸种闻之，多渐降服"。他诛杀了降而复叛的苏祁邑君冬逢及其弟隗渠，夺取盛产盐、铁与漆的定筰（今四川盐源）；又招降了汉嘉旄牛夷首领狼路，并与之盟誓，"开通旧道，千里肃清，复古亭驿"。[①] 隔绝百余年的"灵关道"得以恢复。

---

① 《三国志》卷四十三《蜀书·张嶷传》，第 1052—1053 页。

蜀汉在"博南山道"的澜沧江渡口建吊桥,① 还分越嶲、建宁两郡地置云南郡,郡治弄栋(今云南姚安北)。增置云南郡,与加强对"蜀身毒道"的保护有关。蜀汉又在永昌郡增设若干新县,其中的永寿(在今云南耿马)、南涪(今云南景洪)两县,② 位于今临沧与西双版纳,推测已初通自今景洪至今老挝与泰国北部的道路。

在蜀汉、西晋与孙吴的争斗中,"交趾道"的地位十分重要。建安十五年(210),孙权以步骘为交州刺史,汉交趾太守士燮降吴。刘备向孙吴求和,以湘水为界平分荆州,"长沙、江夏、桂阳以东属权,南郡、零陵、武陵以西属备"③,孙吴辖地乃与南中(今云贵、川西南地区)接界。士燮暗中联络南中大姓雍闿,形势对蜀汉不利。④ 景元四年(263),蜀后主刘禅降魏。吴交趾郡吏吕兴杀太守孙谞投魏。魏以蜀原庲降都督霍弋续任本职,并以霍弋遥领交州刺史,以吕兴为安南将军,使持节,都督交州诸军事。

吴为取回交州,与魏进行激烈争夺。霍弋奏准以建宁大姓爨谷为交趾太守,率将军董元等经交趾道赴交趾(今越南河内)。爨谷死后,晋先后以马融、杨稷为交趾郡太守。泰始四年(268)至泰始七年(271),凭借通过"交趾道"获得的后援,交趾晋军与从"荆州道""建安海道"前来的 10 余万吴军进行拉锯战。交趾城中食尽,城池被吴军攻破,九真郡、日南郡"皆降于吴"。⑤ 太康元年(280),晋军攻入吴都建业,吴主出降。交州刺史陶璜亦降,交趾遂为西晋所有。⑥

两晋时期,今云南地区的道路建设虽无较大建树,但"灵关道"

---

① 《蛮书》卷二《山川江源》。

② 《华阳国志校注》卷四《南中志》,第439—440页。

③ 《三国志》卷四十七《吴书·吴主传》,第1119—1120页。

④ 《三国志》卷四十七《吴书·士燮传》,第1192页。

⑤ 《华阳国志校注》卷四《南中志》,第462—468页。《资治通鉴》卷七十九《晋纪一》,泰始四年十月,第2508页。《资治通鉴》卷七十九《晋纪一》,泰始五年十月,第2511页。《资治通鉴》卷七十九《晋纪一》,泰始七年七月,第2517页。

⑥ 《晋书》卷五十七《陶璜传》,第1560页。

"五尺道"等旧道仍可通行。晋代左思《蜀都赋》载:"驰九折之坂。"九折坂是在"灵关道"上的严道(今四川荥经)以南路段。另据《华阳国志校注》卷三《蜀志》所载,三缝县通宁州,"渡泸得蜻蛉县"。三缝县在今四川会理南,泸水即今金沙江,蜻蛉县在今云南大姚、姚安一带,可知"灵关道"在晋代仍可通行。

自今云南赴蜀地还可走"五尺道"。经"五尺道"由味县(今云南曲靖西)至朱提(今云南昭通),可分别经水路或陆路至僰道(今四川宜宾西南)。《华阳国志校注》卷四《南中志》称,水路有黑水(今南广河)、羊官水(今横江河)两途,皆"至险,难行"。陆路经牛叩头、马搏颊诸坂,亦甚难行。途经商贾乃作歌:"庲降贾子,左儋七里。"以商人挑担七里始得换肩,形容路途之艰险难行。萧纪为梁益州刺史,"南开宁州、越巂,西通资陵、吐谷浑,内修耕桑盐铁之功,外通商贾远方之利,故能殖其财用,器甲殷积"。萧纪经营建宁、越巂,"贡献方物,十倍前人"。① 可见萧纪统治益州时期,"五尺道""灵关道"的利用情形明显改善,今云南的土产也不断运至蜀地。

两晋时期,"蜀身毒道""交趾道"均可通行。西晋任命李毅为南夷校尉,"持节,统兵镇南中"。因时局纷乱,民不聊生,宁州(治今云南昆明市晋宁区东)的百姓"或入交州,或入永昌、牂柯"。② 这一时期行经交趾道的记载不少。晋人陶璜说,"宁州兴古接据上流,去交阯郡千六百里,水陆并通,互相维卫③。两晋时宁州大姓受命远征交州,也经由"交趾道"。④

晋代由宁州(治今云南昆明市晋宁区东)经牂牁(约当今贵州大部、广西西北部和云南东部)、犍为(今四川宜宾西南)北上蜀

① 〔唐〕李延寿:《南史》卷五十三《梁武帝诸子传》,中华书局,1975 年,第 1332、1328 页。
② 《华阳国志校注》卷四《南中志》,第 363、371 页。
③ 《晋书》卷五十七《陶璜传》,第 1560 页。
④ 《华阳国志校注》卷四《南中志》,第 462 页。

地的道路，仍是南中联系外地的重要通道。建安间，刘巴通过"交趾道"，"从交阯至蜀"①。左思《蜀都赋》称从交趾经牂牁、犍为至成都的道路，"经途所亘，五千余里"②。长达数千里的这条路线，指的就是从交趾至今云南中部，再经"五尺道"转赴蜀地的道路。

第二节 唐、宋的治边方略与南方"丝绸之路"

唐、宋两朝经营西南边疆有较为明确的治边方略。唐朝经营西南边疆的主要目标，是开通及保证由蜀地（指四川盆地）经云南至边陲交通线的畅通。治边方略与南方"丝绸之路"的建设密切相关，两者是如影随形的关系。而宋朝面临的内外形势与相应的治边方略，同前期相比却有较大变化。唐、宋两朝经营南方"丝绸之路"，在诸多方面体现出较大的差别。③

一、唐朝的治边方略与南方"丝绸之路"

唐太宗的治边思想及其方略，深刻影响了唐前期对云南地区的经营。

太宗的治边思想有如下几个特点：其一是"视四海如一家，封域之内，皆朕赤子"④，为实现"四海如一家"，必须积极致力于边疆的经营与扩张。神功元年（697），鸾台侍郎狄仁杰上书言："天生四夷，皆在先王封略之外，故东拒沧海，西阻流沙，北横大漠，南阻五岭，此天所以限夷狄而隔中外也。自典籍所纪，声教所及，三

---

① 《三国志》卷三十九《蜀书·刘巴传》，第 981 页。
② 《全上古三代秦汉三国六朝文·全晋文》卷七十四，第 4 册，第 767 页。
③ 参见方铁：《唐宋元明清的治边方略与云南通道变迁》，《中国边疆史地研究》2009 年第 1 期。
④ 《资治通鉴》卷一百九十二《唐纪八》，武德九年九月，第 6022 页。

代不能至者，国家尽兼之矣。"① 由于一味追求拓境为大，又不知获取边疆资源作为补充，拓疆之举已难以为继。有人说安史之乱后唐朝的治边普遍内收，实则在太宗施政时已埋下种子。宋人曾巩曾批评唐太宗："（唐代）四夷万国，古所未及以政者，莫不服从，天下莫不以为盛，而非先王之所务也。"②

其二是唐太宗提出"夷狄亦人耳，其情与中夏不殊"，若施德泽于夷狄，则"四夷可使如一家"。③ 认为夷狄与华夏可为一家，体现了唐太宗宝贵的华夷平等思想。但这种思想也易走入另一极端，如朝廷为遍施德泽，体现"四海如一家"，经营边疆的浩大费用全由国家承担，且取用无度，忽视收益，如南诏清平官郑回所言："中国尚礼义，以惠养为务，无所求取。"④ 这使得相关政策难以为继。

以上述的治边思想为指导，唐前期经营云南地区颇为积极，有效控制的区域从前代之今川西南、滇东北与滇东，发展到今滇西、滇南、滇西北与黔西北等地。为统治以上地区，唐朝设置了戎州（今四川宜宾）、嶲州（今四川西昌）、姚州（今云南姚安北）、黔州（今重庆彭水东北）等都督府与安南都护府（治今越南河内），所统辖的羁縻州多达数百处。为加强对今滇西、滇西北的控制，唐朝多次对今滇西一带的诸蛮用兵，并于麟德元年（664）置姚州都督府，其府统辖57处羁縻州。经营边疆费用浩大，而在当地唐朝基本上不征赋税，致使经营边疆的困难日增。神功元年（697），蜀州刺史张柬之上书请罢姚州，理由是"（姚州）今盐布之税不供，珍奇之贡不入，戈戟之用不实于戎行，宝货之资不输于大国，而空竭府库，驱率平人，受役蛮夷"，⑤ 所言反映了这一方面的情形。

唐朝经营云南地区亦如同汉晋，以紧邻蜀地的今川西南、滇东

① 《资治通鉴》卷二百六《唐纪二十二》，神功元年闰十月，第6524页。
② 《唐论》，载《宋文鉴》卷八十七，第1365页。
③ 《资治通鉴》卷一百九十七《唐纪十三》，贞观十八年十二月，第6215—6216页。
④ 《旧唐书》卷一百九十七《南蛮西南蛮传》，第5281页。
⑤ 《旧唐书》卷九十一《张柬之传》，第2940页。

北为基础，向南面及西面扩张。武德元年（618），唐置南宁州，随后置总管府，武德七年（624），改为南宁州都督府（治今云南曲靖西）。武德元年（618），又改隋朝犍为郡为戎州，后设戎州都督府（治今四川宜宾）。① 之后，唐朝将经营重点置于洱海及其以西地区，以及今滇中以南的区域。麟德元年（664），唐在弄栋川置姚州都督府（治今云南姚安北）。② 调露元年（679），唐设安南都护府（治今越南河内），管辖今越南的北部、中部及云南东南部的羁縻府州。

　　唐朝积极经营云南地区，与企望恢复前代经其地至邻邦的交通线有关。西汉武帝时，从今四川成都过今云南至邻邦的两条便道被扩建为官道，一条是由今四川成都经汉源、西昌、姚安、大理至缅甸的道路，其中自今四川成都入云南的一段称"灵关道"；另一条是从今四川成都经宜宾、曲靖至昆明的通道，继续南下可至交趾，其中由今四川成都至昆明的道路，被称为"五尺道"。"灵关道"在唐代称"清溪关道"，五尺道称"石门关道"。《蛮书》卷一《云南界内途程》如此叙述"石门关道"所经石门关之险，以及沿途路程之艰：

　　　　石门东崖石壁，直上万仞，下临朱提江流，又下入地中数百尺，惟闻水声，人不可到。西崖亦是石壁，傍崖亦有阁路，横阔一步，斜亘三十余里，半壁架空，欹危虚险，其安梁石孔，即隋朝所凿也。阁外至蒦岭七日程，直经朱提江，上下蹄攀，伛身侧足，又有黄蝇、飞蛭、毒蛇、短狐、沙虱之类。石门外第三程至牛头山，山有诸葛古城，馆临水，名马安渡。上源从阿等部落，绕蒦蒙山，又东折与朱提江合。第五程至生蛮阿蒦部落，第七程至蒙蒦岭，岭当大漏天，直上二十里，积阴凝闭，昼夜不分。从此岭头南下八九里，青松白草，川路渐平。第九

---

① 《旧唐书》卷四十一《地理志四》，第1664页。
② 《旧唐书》卷四《高宗纪上》，第85页。

程至鲁望，即蛮、汉两界，旧曲、靖之地也。

"清溪关道""石门关道"在云南的中部交会。云南的道路向南分别通往今缅甸与越南，则构成唐朝入四夷7条重要交通线之一的"安南通天竺道"。贞元年间宰相贾耽述其走向：从交州经今云南河口、屏边、蒙自、建水、通海、晋宁至昆明，经安宁故城西抵今云南大理，再过今保山至位于今腾冲东南的诸葛亮城（在今云南保山西隅、高黎贡山东坡）分两道，一道经骠国至今印度阿萨姆邦西部；另一路从诸葛亮城过今缅甸密支那以南的丽水城至今莫冈附近，再经大秦婆罗门国亦至今印度阿萨姆邦西部。① 唐代称"安南通天竺道"的西段为"西洱河至天竺道"，称东段为"安宁至交州道"。

受地方势力割据的影响，唐代初期经由云南的道路险阻难行。贞观二十二年（648）、永徽二年（651），唐朝两次用兵今云南西部，分别平定西洱河天竺道沿途松外诸蛮及郎州白水蛮的反叛。② 贞观二十二年（648）的用兵起因于自嶲州都督刘伯英的上疏。刘伯英上疏称："松外诸蛮，率暂附亟叛，请击之，西洱河天竺道可通也。"太宗乃令右武候将军梁建方率蜀12州兵进讨，杀获松外诸蛮10余万，谕降者70余部，计10.9万户。③

自设姚州都督府与安南都护府，因置于唐军的保护之下，"蜀身毒道"得以保持畅通。凭借"清溪关道""石门关道"，以及延伸入今缅甸与越南北部的交通线，唐朝在云南实现了较稳定的统治，并与中南半岛诸国建立了密切联系。姚州都督府与安南都护府，也成为唐朝经营西南边陲的桥头堡，对云南的西部、南部及其徼外地区形成钳制之势。

---

① 《新唐书》卷四十三下《地理志七下》，第1152页。
② 《资治通鉴》卷一百九十九《唐纪十五》，贞观二十二年四月，第6255页。
《资治通鉴》卷一百九十九《唐纪十五》，永徽二年八月，第6275页。
③ 《新唐书》卷二百二十二下《南蛮传下》，第6322页。

姚州都督府管辖 57 处羁縻州，① 范围包括今云南西部与今缅甸东北部。唐在这一地区设治之密超过两汉。天宝九载（750），以今洱海为中心的地方势力南诏与唐朝决裂。南诏首先攻据姚州都督府，拆毁姚州城，进而夺据羁縻州 32 处。唐廷出兵征讨，南诏乞求许可自新，愿重修姚州城，但唐朝仍三次遣军征讨，可见姚州都督府战略地位之重要。南诏自立后亦重视西洱河至天竺道，其常备军约三成兵力，驻扎于该道所经的重镇永昌（今云南保山）。②

安南（今越南河内）的战略位置十分重要。唐朝拟将安宁至交州道，向北延长与西洱河至天竺道相接。天宝四载（745），为修筑"步头路"，越巂都督竹灵倩至安宁筑城，滇东地方势力爨氏杀死竹灵倩并毁安宁城。玄宗诏南诏进讨。南诏占据今滇东地区后，与唐朝的矛盾激化，唐朝拓建新道的计划乃被搁置。由于南诏反目，唐朝以安南为基地夹击南诏。天宝十载（751），安南都护王知进领军自安南入云南，与四川唐军合击南诏。天宝十三载（754），唐又令广州都督何履光领岭南兵马赴云南，配合侍御史李宓所率兵进击南诏。

咸通初，南诏攻下安南，严重威胁唐朝对西南边疆的统治。懿宗乃颁诏分岭南为东、西两道，岭南东道治广州，岭南西道治邕州。咸通四年（863），南诏再陷安南，唐朝于今广西合浦置行交州，随后于行交州复置安南都护府。咸通七年（866），安南都护高骈收复安南，唐于安南设静海军节度加强镇守。

唐朝不仅辟建"清溪关道""石门关道""西洱河至天竺道""安宁至交州道"为官道，还在一些路段设置驿传。唐经营云南通道的完整记载迄今未见，但零星记录还是有的。据记载，沿"清溪关道"从成都府至阳苴咩城（今云南大理西北），南诏与唐朝的分界在巂州俄准岭（今四川德昌南），其间成都至俄准岭有 30 驿，俄准

---

① 《旧唐书》卷九十一《张柬之传》，第 2941 页。
② 《蛮书》卷六《云南城镇》。

岭至阳苴咩城有 19 驿。①

　　贞元年间，异牟寻谋求归唐，唐廷拟遣使袁滋册封异牟寻，其时传言吐蕃将阻断"清溪关道"，剑南西川节度使韦皋乃整修石门关旧路，于沿途设置一些驿馆。袁滋一行由戎州南下，沿途少有人烟，第九日至位于今马龙县的制长馆，"始有门阁廨宇迎候供养之礼"。由今马龙经安宁至阳苴咩城路段，沿途有拓东、安宁、龙和、沙雌馆、曲馆、沙却、求赠、波大、白崖、龙尾等处驿馆。② 迄今未见南诏置驿的记载，上述见于记载的驿馆应为唐前期所建。贾耽所言以及《蛮书》的记载，皆详述"安南通天竺道"之云南段宿营的地点，应为唐前期置建驿馆的遗留。唐建驿馆沿用前代旧制，多为 30 里置一驿。上述记载中的驿馆，相互距离亦多为 30 里，与唐制相合。

　　对今广西通往中南半岛的交通线，唐朝亦注意经营。在咸通三年（862）唐朝分设岭南东道、岭南西道之前，岭南的政治中心主要在广州与交趾。自秦汉在交趾设治，历朝联系交趾虽有海、陆两途，但行者多以海路为首选。咸通年间自唐朝收复安南，广西的西南部受到朝廷重视，行经邕州（今广西南宁南）北至桂州（今广西桂林）道路的行者渐多。但唐代广西的西南部尚未充分开发，自安南经邕州赴桂州的陆道，路途遥远且艰险难行，因此由安南赴内地，多数行者仍选走海路。

　　唐朝与中南半岛诸国的往来十分频繁。贞元十年（794）南诏与唐和好，中南半岛诸国与唐朝的交往达到高潮，经由云南的陆路在其中起到了重要作用。骠国是中南半岛北部的大国，辖弥臣等 18 属国，唐代以前"未尝通中国"。贞元十八年（802），骠国王知南诏王异牟寻归附，乃遣其弟悉利移随南诏进贡，献国乐十曲及乐工多人。入朝前，韦皋于成都谱录其曲，画其舞容及乐器以献。③ 《说

────────────

① 《蛮书》卷一《云南界内途程》。
② 《蛮书》卷一《云南界内途程》。
③ 《册府元龟》卷九百七十二《外臣部（十七）》，第 11248 页。《旧唐书》卷一百九十七《南蛮西南蛮传》，第 5286 页。

郛》卷六十七《骠国乐颂》也说：骠国王子献其乐器及乐工，"逾万里自至于蜀"，韦皋遣使者护送入朝。可见骠国使者赴唐朝贡，行经云南入成都的道路。贞元二十年（804）及元和元年（806），骠国又遣使朝贡。①

中南半岛的其他古国遣使入朝，也多行经云南或交州的道路。武德八年（625），文单（在今老挝巴色）遣使朝贡。天宝十二载（753），文单国王子率 26 人入朝，唐授之以属果毅都尉。文单王子回国行经交州，玄宗诏其随何履光征讨南诏，事讫许其回国。大历六年（771），文单国副王婆弥入觐。贞元十年（794）南诏归唐，文单再次入贡。② 贞元二十一年（805），弥臣国嗣王乐道勿礼朝贡，唐朝封其为弥臣国王。③ 唐臣制文述其美，有"骠国之与弥臣，伏联踪而叠轨"等语，可见弥臣与骠国的使者为接踵或相伴入朝，亦必行经云南。④ 另据《蛮书》卷六《云南城镇》所载，自开南城（今云南景东东南）走陆路至永昌（今云南保山）须 10 日，水路下弥臣国 30 日程，"南至南海，去昆仑国三日（月）程"，表明自永昌沿今伊洛瓦底江可至弥臣国，南下可至昆仑国（在今缅甸南部萨尔温江口附近）。

综上所述，唐朝积极拓边，并着力经营云南地区与岭南西部。在云南西部设置的姚州都督府，与在交州基础上建立的安南都护府，分别位于"安南通天竺道"的两端，是稳定西南边疆的两个桥头堡。在这一时期，唐朝与中南半岛间的陆路、海路交通堪称繁荣。

通过这些道路，中南半岛诸国与唐朝保持密切的往来。中南半岛北部诸国遣使入唐，大都行经由云南至成都的道路。以云南为中介通往中南半岛与印度的"安南通天竺道"，由云南入成都的"清

---

① 《册府元龟》卷九百七十二《外臣部（十七）》，第 11248 页。
② 《册府元龟》卷九百七十一《外臣部（十六）》，第 11245 页。《册府元龟》卷九百六十五《外臣部（十）》，第 11180 页。
③ 《唐会要》卷一百《骠国》，第 1795 页。
④ 《为西川幕府祭韦太尉文》，载《全唐文》卷六百一十九，第 7086 页。

溪关道"与"石门关道"，以及从交州至广州等地的海运路线，均跻身于唐代繁忙的交通线之列。唐朝还在上述陆路设置了一些驿馆，交州则成为亚洲南部最繁盛的贸易港。自唐朝、南诏交恶，"清溪关道""石门关道"受到不利影响，以"石门关道"尤甚。

二、宋朝的治边方略与南方"丝绸之路"

两宋北面均有强敌。在与辽、金、西夏、蒙古等政权角逐的历史舞台上，宋朝是一个政治、军事均不占优势的王朝。两宋面临的严峻形势，对其经营南部边陲的方式产生了深远影响。

在辖地的西南部，两宋面对如何处理与大理国、安南关系的问题。

宋朝统治有重内轻外的倾向。受这一思想的影响，宋朝治边奉行"守内虚外"的治策。同时，两宋"北有大敌，不暇远略"[1]。来自北疆游牧势力的沉重压力，也使其四围治边难以分心。北方诸族步步紧逼，使两宋朝臣既怕又恨，却又无法摆脱困境。出自对边疆蛮夷的嫌恶心理，两宋视大理国与北方夷狄为同类，唯恐避之不及。随着北疆局势渐趋严峻，两宋尤其是南宋对大理国的防范之心日渐增长。

乾德三年（965），宋将王全斌进献四川地图，建议乘势攻取云南地区，太祖赵匡胤以唐朝天宝之祸起于南诏为由，确定了与大理国划大渡河为界的原则。南宋翰林学士朱震说：大理国本唐代南诏，大中、咸通年间数入成都且犯邕管，致天下骚动；太祖弃越嶲诸郡以大渡河为界，使大理国"欲寇不能，欲臣不得，最得御戎之上策"[2]。

政和末年，有人建议于大渡河外置城邑以利互市，徽宗询黎州知州宇文常。宇文常说自太祖划大渡河为境，历 150 年无西南夷之

---

① 《大理行记校注》，载《大理行记校注　云南志略辑校》，第 20 页。
② 《为大理国买马事陈方略奏》，载《云南史料丛刊》第 2 卷，第 214 页。

患，今若于河外建城邑，难免萌生边隙。其议遂止。① 可见不仅两宋诸帝遵循太祖既定的策略，臣子亦奉之为至上之策。

北宋前期，大理国数次入贡。熙宁九年（1076），大理国遣使贡金装碧玕山、毡罽等物；"自后不常来，亦不领于鸿胪。"政和七年（1117），大理国入朝贡马及麝香等物，北宋以其王段和誉为大理国王。不久，奏大理国入觐事的广州观察使黄璘，被人举报诈冒获罪，自是大理复不通于宋，"间一至黎州互市"②。宣和二年（1120），宋约金攻辽，北方战事骤紧；北宋终止改善与大理国的关系，可能与此有关。

南宋对大理国的态度更为保守，甚至明令只许卖马，不许进贡。四川安抚使孟珙还拒绝复通"清溪关道"。③ 据《宋史·孝宗纪》所载，从淳熙三年（1176）至淳熙十二年（1185），关于"黎州蛮犯边""黎州蛮投附"以及加强黎州边防一类的记载有多项，可见南宋恪守祖宗遗训，仍以黎州大渡河之南为异域。《宋史》记录外藩朝贡，亦将大理国与日本、蒲甘、真腊等国并列。④

因北方诸朝中止与中原的马匹交易，两宋战马奇缺，遂被迫向大理国及西南诸夷买马。熙宁七年（1074），因熙河用兵，马源不畅，宋廷令成都知府蔡延庆兼领戎州（今四川宜宾）、黎州（今四川汉源北）买马事。此后戎州、黎州购马屡废屡兴。北宋在戎州、黎州所购之马称"羁縻马"，矮小质劣不堪乘骑，购入数量亦少。⑤宋廷南移，向大理国及西南诸夷买马的规模扩大，交易地点也从川南改至广西。绍兴三年（1133），南宋于邕州（今广西南宁南）置市马提举司，在横山寨（在今广西田东）设马匹博易场，以广南西路经略使总管邕州购马事。⑥

---

① 《宋史》卷三百五十三《宇文昌龄传》附《宇文常传》，第 11149 页。
② 《宋史》卷四百八十八《外国传四》，第 14073 页。
③ 《宋史》卷四百一十二《孟珙传》，第 12378 页。
④ 《宋史》卷一百一十九《礼志二十二》，第 2813 页。
⑤ 《宋史》卷一百九十八《兵志十二》，第 4955 页。
⑥ 《宋史》卷九十《地理志六》，第 2240 页。

通过邕州（今广西南宁南）至善阐（今云南昆明旧城南关外）的道路，南宋与大理国的马匹交易一度形成较大的规模。"蛮马之来，他货亦至"①，横山寨与邕州乃成为内地与云南等地交易商品的集散地。周去非说："朝廷南方马政，专在邕。边方珍异，多聚邕矣。"② 由善阐经横山寨至邕州北上的道路，也成为云南联系内地的重要通道。

从横山寨（在今广西田东）至大理国东都善阐（今云南昆明旧城南关外），共有三种走法：其一为由横山寨经归乐州（今广西百色北）、睢殿州（今广西百色西北）、泗城州（今广西凌云）、磨巨（在今贵州安龙）、自杞（中心在今贵州兴义）至善阐；其二是自横山寨至七源州分道，经马乐县、顺唐府等地过罗殿（在今贵州西部）抵善阐；其三是由横山寨经安德州（今广西靖西西北）、特磨道（在今云南广南、富宁一带）、最宁府（今云南开远）至善阐。③

南宋对横山寨的马匹交易颇为防范，时因小故即关闭博易场，商队所经路程亦险阻难行，因此大理国赴邕州卖马的记载渐少。位于今贵州、广西相连地带的自杞、罗殿，"皆贩马于大理"④，再转卖于南宋。善阐至横山寨的道路，因北阻自杞、南梗特磨道，大理国马队久不得至。⑤ 经善阐至邕州的道路亦渐阻塞，咸淳时已无大理国商队路过善阐的记载。⑥ 宝祐元年（1253），蒙古军进攻大理国，邕州官府派人刺探军情，亦仅能至特磨道。⑦

北宋初年"清溪关道""石门关道"的情形，大致如同唐代后

---

① 《岭外代答校注》卷五《财计门》，第 193 页。
② 《岭外代答校注》卷一《边帅门》，第 47 页。
③ 《岭外代答校注》卷三《外国门下》，第 122—123 页。
④ 《岭外代答校注》卷五《财计门》，第 190 页。
⑤ 〔元〕刘应李原编，〔元〕詹友谅改编，郭声波整理：《大元混一方舆胜览》卷下《湖广等处行中书省》，四川大学出版社，2003 年，第 719 页。
⑥ 《宋史》卷四百五十一《忠义传六》，第 13270 页。
⑦ 《可斋续稿后》卷九《回宣谕》。

期。大理国知北宋建立，两次遣使至宋朝官府祝贺，均经由"清溪关道"。① 太平兴国七年（982），太宗诏黎州守将于大渡河畔造大船，"以济西南蛮之朝贡者"②。后来，大理国经"清溪关道"又数次朝贡。但因北宋对大理国持消极态度，太平兴国年间或其后不久，经由"清溪关道"入蜀的大理国官民已少见。

熙宁六年（1073），峨眉进士杨佐应成都官府招募，赴大理国商议买马之事。杨佐一行备装裹粮，沿"清溪关道"的"铜山寨路"行进，"初，铜山为蕃汉贸易之场，蕃人从汉境负大布囊，盛麻苴以归，囊罅遗麻，或苴既久而蘖生。佐之徒蹑麻苴生踪，前寻去路"，沿途概无人烟，若迷路竟日不能逾一山谷。一行人至阳苴咩城前150里始见锄山农人，谓原为汉嘉（今四川芦山）耕民，皇祐年间因岁饥迁至此，"今发白齿落，垂死矣，不图复见乡人也"。③ 可见"清溪关道"阻塞寥落之状。嘉熙四年（1240），大理国请南宋复开"清溪关道"以利入贡，四川安抚使孟珙以"大理自通邕广，不宜取道川蜀"为由拒绝。④

五代梁贞明年间，权贵曲承美等割据交州。宋乾德六年（968），丁部领削平交州十二使君，建大瞿越国。开宝六年（973），丁部领遣使入贡，宋太祖以其子丁琏为安南都护、交趾郡王。⑤ 太平兴国五年（980），丁琏及其父相继死。邕州知州侯仁宝建言乘交州内乱可偏师攻取。太宗遂以其为交州水陆转运使，令率兵讨之。次年，侯仁宝被交州所诱，被俘遇害，宋军战败。⑥ 收复交州遇挫，北宋以安南为列藩如故，未再有兴兵收复之想。

景德三年（1006），真宗以邕州至交州水陆交通图示近臣曰：

---

① 《续资治通鉴长编》卷十，开宝二年六月，第228页。
② 《续资治通鉴长编》卷二十三，太平兴国七年三月，第515页。
③ 《续资治通鉴长编》卷二百六十七，熙宁八年八月，第6540页。
④ 《宋史》卷四百一十二《孟珙传》，第12378页。
⑤ 《宋史》卷四百八十八《外国传四》，第14058页。
⑥ 〔明〕陈邦瞻编：《宋史纪事本末》卷十五《交州之变》，中华书局，1977年，第102页。

"交州瘴疠，宜州险绝，若兴兵攻取，死伤必多。且祖宗开疆广大若此，当慎守而已，何必劳民动众，贪无用之地。"① 这一政策亦被南宋继承。淳熙元年（1174）大瞿越国入贡，孝宗下诏赐名"安南"，以李天祚为安南国王。②

安南多次骚扰广西地区。至道元年（995）春，交州战船100余艘犯钦州（今广西灵山西）如洪镇，掠居民及廪粮而去，至夏又攻邕州（今广西南宁南）所管绿州。③ 熙宁八年（1075），安南甚至攻陷邕州、钦州与廉州（今广西合浦）。

皇祐四年（1052），邕州所辖广源羁縻州首领侬智高反。侬军攻破邕州，连克横、贵、龚、浔、藤、梧、封、康、端诸州，并围攻广州城，后被狄青率部打败，侬智高只身逃入大理国。事后宋廷认为侬智高反叛与安南有关，大理国亦存祸害；遂令狄青分广、邕、宜、容诸州为三路，守臣兼本路兵马都监，于桂州置经略安抚使统之；又于邕州设建武军节度使，下辖左右两江；左江外御安南，右江外御大理国诸蛮。两江之间设60余处羁縻峒，遣军5000人镇守。倘有安南及大理国疆场之事，"必由邕以达"；经略安抚使咨询边事，"亦惟邕是赖"。④ 另据《宋史》卷四百八十八《外国传四》所载，淳熙年间，左右江地区的峒丁达10余万人，邕州布防如此严密，是因为"欲制大理"。邕州乃成为广西的边防重镇，以及内外贸易的重要市场。

为防备安南与更多地征收赋税，宋朝着力经营广西地区，使两宋成为明代以前广西发展最快的一个时期。宋朝重视广西的标志之一，是提高桂州（今广西桂林）统辖广南西路的地位。汉朝管辖岭南的帅府在交州，唐朝在广州。皇祐中为平侬智高起事，宋廷置经

---

① 《宋会要辑稿·蕃夷四》。
② 《宋史》卷四百八十八《外国传四》，第14058页。
③ 《宋史》卷四百八十八《外国传四》，第14062页。
④ 《岭外代答校注》卷一《边帅门》，第47页。

略安抚使于桂州，知州兼行安抚使事，桂州遂成为"西路雄府"。①
邕州作为紧邻安南、大理国的门户亦备受重视，由桂州至邕州的道
路，遂成为广西重要的交通线。北宋于其道设 18 处驿馆，② 又自桂
州沿湘水北上的水路设水递铺夫数千户，但运输仍繁忙不堪，衡州
通判张齐贤乃奏准朝廷，减免其水路铺夫劳役之半。③

　　安南立国，与广西地区的地缘政治关系随之改变。经邕州至安
南的道路虽可通行，但宋廷因事关边防而严加防范。紧邻安南位于
道路上之永平寨，虽有设博易场，但赴场交易者皆为安南的峒落土
民。④ 钦州与安南隔海相望，距邕州入安南的道路较远，乃成为南
宋与安南官民贸易的活跃市场。周去非说："凡交趾生生之具，悉仰
于钦；舟楫往来不绝也。"富商自四川贩锦至钦州，每年往返一次，
交易数额高达数千缗。前往交易者还有安南永安州的富商与大罗城
（在今越南河内）的专使。前者的交易被称为"小纲"，后者则称
"大纲"。⑤ 广西官府还奏准于钦州设驿馆，"令交人就驿博买"⑥。
海外商船亦多赴钦州停靠，既补淡水亦行交易，钦州乃成为重要的
国际商港。

　　大理国与两宋联系松弛，与中南半岛诸国却保持较为密切的往
来。据《南诏野史会证·后理国》所载，宋崇宁二年（1103），缅
人、波斯、昆仑赴大理国进贡白象及香物。缅人居今缅甸北部，波
斯指今缅甸勃生，昆仑即今缅甸南部萨尔温江口附近。《岭外代答校
注》卷三《外国门下》亦说自大理国五程至蒲甘国，距西天竺不
远，"亦或可通"。"余闻自大理国至王舍城，亦不过四十程。"王舍
城在今印度比哈尔邦的拉杰吉尔。

　　熙宁年间杨佐一行至大云南驿（今云南祥云东南），见驿前有里

① 《岭外代答校注》卷一《边帅门》，第 42 页。
② 《宋史》卷三百三十二《陆诜传》，第 10680 页。
③ 《宋史》卷二百六十五《张齐贤传》，第 9150 页。
④ 《岭外代答校注》卷五《财计门》，第 195 页。
⑤ 《岭外代答校注》卷五《财计门》，第 196 页。
⑥ 《宋史》卷一百八十六《食货志下八》，第 4564 页。

堠碑，上标由云南东至戎州西至身毒，东南至交趾，东北至成都，北至大雪山，南至海上诸道路的走向，"悉著其道里之详"①。这表明前代所开由今云南至四川、中南半岛乃至天竺等地的陆路，大理国时依然存在。通过这些道路，大理国与中南半岛诸国乃至印度仍继续交往。

蒲甘国位于今缅甸北部，距大理国仅五日程。②宋代以前，位于今缅甸中北部的掸国与骠国，通过经云南的道路与中国内地交往密切；而蒲甘遣使至宋仅有两次，当与经云南赴宋的道路不畅有关。史载，崇宁五年（1106），蒲甘国入贡。宋廷以蒲甘为大国为由，以见大食、交趾诸国使臣的较高规格接待。③绍兴六年（1136），"大理、蒲甘国表贡方物"。高宗令广西经略司差人护送至临安。④可见本次入贡，蒲甘使者偕同大理国使者，行路经云南的道路至邕州。"景德元年，遣使同三佛齐、大食来贡，获预上元观灯。"崇宁五年（1106）蒲甘又入贡，所走路途失载不明。⑤宋代中南半岛的其他国家也曾遣使赴宋，似未见途经云南的记载。

宋代以前，内地联系交趾的陆路，主要有经今云南和广西的两条道路，以行经前一道的记载较多。宋朝疏远大理国，由云南入蜀的"清溪关道""石门关道"难以通行，经过邕州（今广西南宁南）、桂州（今广西桂林）北进中原的道路，乃成为安南联系宋朝重要的陆路。安南本国遣使至宋，多以过邕州的道路为首选。宋朝对安南颇重防范。若安南使臣经邕州或钦州入境，须先遣使议定，并移文广西经略司转奏朝廷；有旨许其来朝则专使上京，不然不得入京。⑥

中南半岛诸国向宋朝贡象，也可能走经过邕州的道路。大中祥

---

① 《续资治通鉴长编》卷二百六十七，熙宁八年八月，第6541页。
② 《岭外代答校注》卷二《外国门上》，第84页。
③ 《宋史》卷四百八十九《外国传五》，第14087页。
④ 《宋会要辑稿·蕃夷七》。
⑤ 冯承钧撰：《诸蕃志校注》卷上《志国》，中华书局，1956年，第11页。
⑥ 《岭外代答校注》卷二《外国门上》，第58页。

符八年（1015），占城遣使者自交州押驯象赴阙。① 乾道九年
（1173），安南向南宋贡驯象 10 头，行程援引绍兴二十六年（1156）
旧例，即渡海至钦州后陆行北上。② 贡象队伍长途跋涉，驯象可能
因水土不服而死亡，因此须尽量走陆路。而诸国使者或商贾远赴中
国，主要考虑安全与速度，不一定选走陆路。

安南与宋朝时有纠纷，自安南过邕州（今广西南宁南）的道路
或通或闭。在通常情形下，中南半岛诸国赴宋朝多选海路，而较少
走经安南、邕州北上的陆路。即便是宋使赴安南亦愿走海路。淳化
元年（990），宋廷遣宋镐出使安南，"冒涉风涛，颇历危险"③。自
从至元二十二年（1285），元朝在邕州至安南的道路置驿站并加强管
理，此路才成为安南联系中原的主要通道。④ 元人黎崱亦言："朝廷
平宋，驿桂始近，安南屡贡（象）焉。"⑤

邕州（今广西南宁南）至安南道路的走向，为过左江太平寨正
南，至桄榔花步渡富良、白藤两江，四程可至；若自太平寨东南行，
过丹特罗小江自谅州入，六程可至；自右江温润寨则路途最远。⑥
周去非所说与之略同，谓自钦州西南舟行一日至安南永安州，由玉
山大盘寨过永泰与万春，行五日至安南国都。若自邕州左江永平寨
（今越南禄平）南行，入其境机榔县（即桄榔县，在今越南高平附
近），过乌皮、桃花二小江（即如月江东部支流），行四日过洍定江

---

① 《宋史》卷四百八十九《外国传五》，第 14083 页。
② 《宋会要辑稿·蕃夷七》。另说乾道九年贡象的行程，为自永平寨入邕州至
　　静江，见《岭外代答校注》卷二《外国门上》，第 58 页。孰是待考。
③ 《宋史》卷四百八十八《外国传四》，第 14061 页。
④ 《元史》卷二百九《外夷传二》，第 4642 页。是书又载至元十九年
　　（1282），世祖命柴椿自江陵直抵邕州，以至交趾。柴椿等至邕州永平寨，
　　安南国王陈日烜遣人进书："今闻国公辱临敝境，边民无不骇愕，不知何国
　　人使而至于斯，乞回军旧路以进。"可见在至元二十二年置驿前，邕州至安
　　南的道路并不通畅，亦未被视同"旧路"。
⑤ ［越］黎崱：《安南志略》卷十五《物产》，清钞本。
⑥ ［宋］范成大撰，方健整理：《桂海虞衡志·佚文》，载上海师范大学古籍
　　整理研究所编：《全宋笔记》第 55 册，大象出版社，2019 年，第 124 页。

至其国都。或自太平寨东南行，过丹特罗江（今平而河上游）入谅州，行六日至安南国都（今越南河内）。①

综合宋代的有关记载可知，海外诸国至宋朝贡或贸易，基本上是择行海路。史载，邻近中国之宼里诸国，以占城（在今越南中部）、真腊（今柬埔寨）为交通之"都会"；真腊远于占城，其旁之宼里国、西棚国、三泊国、麻兰国、登流眉国与第辣挞国，皆以真腊为"都会"，诸国行旅经海路"北抵占城"。注辇国为西天南印度，"欲往其国，当自故临国易舟而行"。②

西方诸国之著名者，有王舍城（今印度比哈尔邦拉杰吉尔）、天竺国与中印度。此三国与宋朝往来的路途，贾耽《皇华四达记》载："自安南通天竺。"③ 海外诸国富足而多宝货者，莫如三佛齐、大食、阇婆。三佛齐赴宋须正北航行，海舶过上下竺与交洋乃至宋境。大食赴宋须乘小舟南行，至故临国换大船东行，至三佛齐乃循其入宋海途。④ 赴阇婆于十一月、十二月舟发广州，"一月可到"。⑤

两宋尤其是南宋的海外交通贸易，呈现出高度繁荣的局面。这与宋朝社会经济发达、南宋偏安东南有关，也有两宋通往周边的陆路受阻等方面的原因。宋代东南部海洋的交通，最大的变化是交州（今越南河内）的枢纽地位明显下降，而占城（在今越南中部）的地位持续上升。安南为两宋之邻邦或敌国，时常扣留或抢劫他国赴宋的海船。因此他国海船大都不愿停靠交州，而转赴与两宋关系较密切的占城。

占城（在今越南中部）与宋朝往来频繁。据《宋史》《宋会要辑稿》《古今图书集成》所载，占城遣使入宋朝贡有 60 次之多。⑥赵汝括称宋朝十分重视占城：

---

① 《岭外代答校注》卷二《外国门上》，第 55 页。
② 《岭外代答校注》卷二《外国门上》，第 74、81、92 页。
③ 《岭外代答校注》卷三《外国门下》，第 108 页。
④ 《岭外代答校注》卷三《外国门下》，第 126 页。
⑤ 《岭外代答校注》卷二《外国门上》，第 88 页。
⑥ 《中外交通史》，第 273 页。

占城，东海路通广州，西接云南，南至真腊，北抵交趾，通邕州；自泉州至本国，顺风舟行二十余程。①

迄至元代，诸国海船赴中国东南沿海仍多停占城（在今越南中部），占城在海运中的枢纽地位更为明确。周达观随使臣赴真腊（今柬埔寨），谓从温州（今属浙江）港口开洋，20 余日抵占城。周达观说，自温州出发历闽广海外诸州港口，过七洲洋，经交趾洋至占城，"自占城顺风可半月到真蒲"②。周致中言："（占城）南抵真腊，北抵安南。广州顺风八日可到。"③《元史》则云："爪哇在海外，视占城益远。自泉南登舟海行者，先至占城而后至其国。"④ 黎崱说得更为清楚："（占城）立国于海滨。中国商舟泛海往来外藩者，皆聚于此，以积新水，为南方第一马头。"⑤

宋朝至中南半岛海运的另一改变，是钦州、琼州（今海南琼山）成为诸国海船中途停靠的重要港口，而秦汉以来知名的海港徐闻（今属广东）、合浦（今广西浦北南），则日渐衰落。

据《汉书》卷二十八下《地理志下》所载，日南障塞（今越南岘港）、徐闻（今属广东）与合浦（今广西浦北南）是停泊中国与南海诸国海船的重要港口，至宋初相沿未改。另外，历代海船虽多停靠海南岛，但尚未形成稳定的港口。贾耽述唐朝入四夷之路，其中有广州通海夷道，谓海船先后在九州石（今海南岛东北七洲列岛）、象石（今海南岛东南大洲岛）停靠。⑥

宋初以后，上述情形发生了变化。周去非说："今天下沿海州

① 《诸蕃志校注》卷上《志国》，第 3 页。
② ［元］周达观原著，夏鼐校注：《真腊风土记校注·总叙》，中华书局，1981 年，第 15 页。
③ ［元］周致中纂集：《异域志》，商务印书馆，1936 年，第 35 页。
④ 《元史》卷二百十《外夷传三》，第 4664 页。
⑤ 《安南志略》卷一《边境服役》。
⑥ 《新唐书》卷四十三下《地理志七下》，第 1153 页。

郡，自东北而西南，其行至钦州止矣。"宋朝于钦州设巡检司，对远道而来的海船"迎且送之"。① 范成大亦言自安南出发，"东海路通钦、廉"②。可见钦州已成为中国及诸国海舶在广西停靠的主要港口，廉州（今广西合浦）则退居其次。③ 至于前代热闹的徐闻港，宋代似未见于记载。

周去非指出廉州（今广西合浦）的地位不如钦州（今属广西），并解释原因是"异时安南舟楫多至廉，后为溺舟，乃更来钦"，"交人之至钦也，自其境永安州，朝发暮到"。④ 即认为廉州海面凶险易致溺舟，而钦州海面安全且距安南甚近，因此包括安南在内的诸船均愿泊靠钦州。但据《岭外代答校注》卷五《财计门》所说"凡交阯生生之具，悉仰于钦，舟楫往来不绝"的情形来看，钦州当时是繁荣的国际港口，且有驿道相通，此亦为钦州受诸国海舶欢迎的重要原因。至于海舶过海南岛多停靠琼州，当与宋朝在其地置靖海军节度，琼州（今海南琼山）成为知名市场有关。元代琼州仍为中外海船重要的中转地，史载："占城近琼州，顺风舟行一日可抵其国。"⑤

第三节 唐前期的南方"丝绸之路"

唐朝前期积极经营南方"丝绸之路"，取得值得称道的成就，也为以后南诏扩大辖地，加强与周边地区的交流奠定了坚实基础。唐代后期政府管理混乱，档案资料大量丢失，致使我们对唐代前期经营南方"丝绸之路"的具体内容了解有限。但从保存至今的零星记

① 《岭外代答校注》卷三《外国门下》，第126页。《岭外代答校注》卷一《地理门》，第53页。
② 《桂海虞衡志·佚文》，载《全宋笔记》第55册，第124页。
③ 贞观八年，唐朝于合浦旧址置廉州。宋朝沿袭设置。
④ 《岭外代答校注》卷一《地理门》，第53页。
⑤ 《元史》卷二百十《外夷传三》，第4660页。

载中，仍可窥知其大致情形。①

一、唐前期南方"丝绸之路"的云南路段

唐朝对云南地区的管理，以安史之乱后南诏脱离唐朝的控制为界，大致可分为唐朝前期有效统治的130余年，以及此后云南被南诏管控的150余年。唐朝前期将对云南切实控制的区域，从前代的东部、中部推至西部的澜沧江流域，所采取的设治、驻军、整顿交通线等措施亦有成效。

安史之乱后，云南地区被南诏控制。其间虽有贞元十年（794）南诏与唐朝修好，并维持数十年友好的时期，但贞元年间的南诏已不是受命管辖洱海区域的土官，而是据有云南地区的藩属政权。贞元十年（794），唐朝遣使册封异牟寻为南诏王，便是对南诏既有统治范围的承认。因此，在安史之乱发生后，唐朝已丧失对云南地区的实际控制权。

西汉武帝时，从今四川成都过今云南至徼外的两条便道被扩建为官道，其一是由今四川成都经汉源、西昌、姚安、大理至缅甸的道路即"蜀身毒道"，唐代称今云南大理以下的路段为"西洱河至天竺道"。自今四川成都经西昌至大理的路段称"灵关道"，由今四川成都经曲靖至昆明的道路称"五尺道"。灵关道在唐代称"清溪关道"，五尺道则称"石门关道"。此两道在云南中部交汇，再分别赴今缅甸或越南北部。

云南地区的另一条官道，是从今云南昆明南下经蒙自至越南河内的道路，称为"交州道"或"安南道"。唐代中期存在称为"入四夷七要道"之一的"安南通天竺道"。安南通天竺道的西段为"西洱河至天竺道"，唐代称其东段为"安宁至交州道"。

因受地方势力割据的影响，唐立国前由蜀地经行云南的道路险阻难行。自设置姚州都督府（治今云南姚安北）、安南都护府（治

---

① 参见方铁：《唐宋两朝至中南半岛交通线的变迁》，《社会科学战线》2011年第4期。

今越南河内）后，凭借"清溪关道""石门关道"及延伸入今缅甸与越南北部的交通线，唐朝在云南实现了较稳定的统治，并与中南半岛诸国建立密切的联系。姚州都督府、安南都护府也成为唐朝经营西南边陲的桥头堡，对云南的西部、南部及其徼外地区形成钳制之势。

姚州都督府管辖 57 处羁縻州，① 范围包括今云南西部与今缅甸东北部。唐朝在这一地区设治之密超过两汉。天宝九载（750），以今洱海为中心的地方势力南诏与唐朝决裂。南诏攻据姚州都督府驻地姚州城，夺据 32 处羁縻州。唐廷决然出兵，南诏乞求许可自新，愿重修被拆毁的姚州城，但唐朝仍三次遣军征讨，可见姚州都督府战略地位之重要。南诏自立后，亦重视"西洱河至天竺道"，其精锐部队约三成兵力，驻扎于该道所经的重镇永昌（今云南保山）。②

"清溪关道"因途经今四川地区的清溪关（今四川汉源西南）而得名。该道详细情况，见第一章第一节。

由成都至云南的另一条道路"石门关道"，从戎州（今四川宜宾）经今滇东北至拓东城（在今云南昆明市区），该道路因途经石门关（今云南盐津西南）而得名。"石门关道"行经的地点，分别是石门、马鞍渡、阿傍部、蒙夔岭、鲁望、竹子岭、磨弥殿、制长馆。③ 由拓东城往西至阳苴咩城（今云南大理西北），《蛮书》卷一《云南界内途程》记其所经驿馆，分别是安宁馆、龙和馆、沙雌馆、曲馆、沙却馆、求赠馆、波大驿、白崖驿、龙尾城。

唐人称"清溪关道"为"南路"，"石门关道"为"北路"。④戎州（今四川宜宾）以南的石门，有隋开皇五年（585）刊刻于通道附近的摩崖，上刻字："开皇五年十月二十五日，兼法曹黄荣领

---

① 《旧唐书》卷九十一《张柬之传》，第 2941 页。
② 《蛮书》卷六《云南城镇》。
③ 《蛮书》卷一《云南界内途程》。
④ 《蛮书》卷一《云南界内途程》。

始、益二州石匠，凿石四孔，各深一丈，造偏梁桥阁，通越析州、津州。"① 可知隋朝对"石门关道"做过一次包括修桥在内的整修。唐人樊绰如此描述其地："东崖石壁，直上万仞，下临朱提江流，又下入地中数百尺，惟闻水声，人不可到。西崖亦是石壁，傍崖亦有阁路，横阔一步，斜亘三十余里，半壁架空，欹危虚险，其安梁石孔，即隋朝所凿也。"②

开皇十七年（597），隋将史万岁平定云南大姓爨玩的反叛，率军由"清溪关道"入，自"石门关道"而还。天宝十载（751），鲜于仲通等率兵进攻南诏，除走"清溪关道""安南道"的两路兵马外，鲜于仲通率一军从"石门关道"进入云南地区。

贞元九年（793），异牟寻谋求归唐，遣使从戎州、黔州、安南分三路赴唐，三路使者皆至成都。③ 可知"石门关道"亦可通行。贞元十年（794），唐廷拟遣使册封南诏主异牟寻，因有吐蕃阻断"清溪关道"的迹象，剑南西川节度使韦皋开辟封闭已久的"石门关道"，并于沿途设置一些驿馆。④ 这是继隋开皇五年（585）之后，中原王朝对"石门关道"进行的第二次整修。唐使袁滋一行经"石门关道"至阳苴咩城（今云南大理西北），对异牟寻进行册封。

自天宝年间南诏与唐朝结怨，两者的关系时松时紧，由云南入蜀地的道路亦受到影响。总体而言，行旅经由"清溪关道"的记载较多，"石门关道"则渐遭废弃。天宝年间鲜于仲通征讨南诏经由"石门关道"，后遂封绝。此后仅见贞元十年（794）袁滋等人赴南诏册封，得知"清溪关道"为吐蕃所阻，而择行"石门关道"的记载。《蛮书》卷一《云南界内途程》，如此形容"石门关道"寥落之状：

　　第九程至鲁望，即蛮、汉两界，旧曲、靖之地也。曲州、靖州废城及邱墓碑阙皆在。依山有阿竿路部落，过鲁望第七程

① 《蛮书》卷一《云南界内途程》。
② 《蛮书》卷一《云南界内途程》。
③ 《资治通鉴》卷二百三十四《唐纪五十》，贞元九年五月，第 7547 页。
④ 《蛮书》卷一《云南界内途程》。

> 至竹子岭，岭东有暴蛮部落，岭西有卢鹿蛮部落，第六（八）
> 程至生蛮磨弥殿部落，此等部落，皆东爨乌蛮也。男则发髻，
> 女则散发。见人无礼节拜跪，三译四译，乃与华通。……第九
> 程至制长馆，于是始有门阁廊宇迎候供养之礼，皆（类）汉地。

袁滋等人沿途唯见荒凉，所经山岭或林木蔽日，"昼夜不分"。偶而
见到的诸蛮亦无拜跪礼节，经三译、四译乃通其语；第九日至制长
馆（今云南马龙西），始有驿馆，"皆（类）汉地"。① 由此可知
"石门关道"荒芜已久。

唐朝不仅修整"清溪关道""石门关道""西洱河至天竺道"
"安宁至交州道"为官道，还在一些重要路段设置驿传。据《蛮书》
卷一《云南界内途程》所载，自成都府沿"清溪关道"至南诏都城
阳苴咩城（今云南大理西北）共有49驿。异牟寻归唐后，剑南道与
南诏辖境的分界在嶲州俄准岭（今四川德昌南），俄准岭以北为剑南
道地界，设有30驿，俄准岭以南的19驿归南诏管辖。

贞元十年（794），唐廷拟遣使袁滋册封异牟寻，传言吐蕃将阻
断"清溪关道"，剑南西川节度使韦皋乃整修石门关旧路，于沿途设
置驿馆。② 由制长馆经安宁至阳苴咩城（今云南大理西北）的道路，
沿途有拓东、安宁、龙和、沙雌、曲馆、沙却、求赠、波大、白崖、
龙尾等处驿馆见于记载。③ 迄今未见南诏置驿的记载，上述驿馆应
为唐代前期所建。

唐朝前期，南方"丝绸之路"行旅不断。《蛮书》卷二《山川
江源》记载了行旅奔走于"蜀身毒道"的感受：

> 高黎共山在永昌西，下临怒江。左右平川谓之穹赕，汤浪
> 加萌所居也。草木不枯，有瘴气。自永昌之越赕，途经此山，

---

① 《蛮书》卷一《云南界内途程》。
② 《蛮书》卷一《云南界内途程》。
③ 《蛮书》卷一《云南界内途程》。

一驿在山之半，一驿在山之巅。朝济怒江登山，暮方到山顶。冬中山上积雪苦寒，夏秋又苦穹赕、汤浪毒暑酷热。河赕贾客在寻传羁离未还者为之谣曰：冬时欲归来，高黎共上雪。秋夏欲归来，无那穹赕热。春时欲归来，平中络赂绝。

高黎共山在今腾冲东北、洱海以西。所言"河赕贾客"，指来自洱海地区的商贩，"络赂"为白蛮语"盘缠"之意。"河赕贾客谣"意为河赕贾客在"寻传"之地（指今滇西与缅甸北部）经商贩运，十分思念家乡，却因道路险阻而难以回还。

二、唐前期南方"丝绸之路"的中南半岛路段

唐朝积极经营云南地区，与企望恢复前代经其地通往徼外的交通线有关。唐初对云南的几次用兵，均出自保护通往徼外道路的需要。贞观二十二年（648），唐朝遣梁建方率兵平定松外蛮，以维护"西洱河至天竺道"。永徽二年（651），郎州白水蛮（分布于今云南昆明至大理一带）造反，唐遣左领军将军赵孝祖率兵征讨，次年大破之，"西南蛮遂定"，"西洱河至天竺道"得以复通。①

唐朝对云南西部边疆的开拓，可从姚州都督府管辖州县的分布中窥知。姚州都督府统辖众多羁縻州，迄今所知最西部的羁縻州为今腾冲。② 可见唐朝对"西洱河至天竺道"的有效管辖，大体上仅限今腾冲以东的区域；行者进入今腾冲以西的地区，便只能走民间

---

① 《资治通鉴》卷一百九十九《唐纪十五》，永徽三年四月，第 6278 页。
② 据《旧唐书》卷九十一《张柬之传》，第 2939 页。神功初年，蜀州刺史张柬之上疏请罢姚州，谓姚州都督府辖 57 处羁縻州，但未言州名及地望。《新唐书》卷四十三下《地理志七下》载姚州府所辖 13 处羁縻州，大致位于今云南楚雄、大理一带。《元史》卷六十一《地理志四》载，唐于弄栋川置姚州都督府，"治楪榆洱河蛮"。所言管辖重点与《新唐书》卷四十三下《地理志七下》所说羁縻州分布方位相合。《元史》卷六十一《地理志四》又说：腾冲府，"唐置羁縻郡"。可见腾冲为姚州都督府所辖羁縻州之一。由此观之，腾冲应为知姚州都督府管辖范围的极西界。

便道。

云南的"安宁至交州道",以及其后扩建而成的"安南通天竺道",是南方"丝绸之路"通往中南半岛的重要路段。据《新唐书》卷四十三下《地理志七下》所载,从安南(今越南河内)可至阳苴咩城(今云南大理西北)。由阳苴咩城西行可至天竺(今印度),并进抵大秦(东罗马帝国)。① 由安南经拓东城(在今云南昆明市区)、阳苴咩城至天竺,是"安南通天竺道"的主线。此外又有若干支线通往中南半岛各地。②

唐安南都护府(治今越南河内)在汉代交州的基础上演变而来。交州历来是诸朝经营今云南、广西与中南半岛地区的桥头堡。元封五年(前106),西汉置交趾刺史部,居全国十三刺史部之列。东汉改交趾刺史部为交州。孙吴分交州为交州与广州。隋朝亦置交趾郡(治今越南河内)。武德五年(622),唐改交趾为交州总管府,后改为安南都护府。③

唐前期经营云南地区与中南半岛,凭借朝廷所设的戎州(今四川宜宾)、嶲州(今四川西昌)、姚州(今云南姚安北)诸都督府以及安南都护府(治今越南河内),对上述地区形成夹击之势。汉代以来,交州(今越南河内)成为重要的国际贸易港口。

调露元年(679),唐以交州改置安南都护府,统辖今越南北部、中部与今滇东南的诸羁縻州。唐军沿交州至安宁故城的道路北上,可利用"清溪关道""石门关道"对云南地区形成合围的态势。天宝九载(750),姚州事件爆发,唐军三次进攻南诏,均有岭南兵马由交州进入云南。天宝十载(751),唐令剑南节度使鲜于仲通与安南都护王知进领兵征南诏,以兵败告终。天宝十二载(753),玄宗诏令大将何履光率岭南五府兵进讨南诏。天宝十三载(754),唐又令侍

---

① 《新唐书》卷四十三下《地理志七下》,第1151—1152页。

② 《通典》卷一百九十三《边防九》,第5261页。

③ 《太平寰宇记》卷一百七十《岭南道十四》,第3250—3251页。

御史李宓率兵 7 万，广州都督何履光领岭南兵马，分两路大举进攻南诏。①

玄奘谈到过唐初"西洱河至天竺道"的情形。玄奘于贞观元年（627）只身西行，数年后至天竺王舍城（今印度比哈尔邦拉杰吉尔）。后历游五天竺，于贞观十九年（645）返回长安。玄奘记载，迦摩缕波国以东，"山阜连接，无大国都，境接西南夷，故其人类蛮獠矣。详问土俗，可两月行，入蜀西南之境。然山川险阻，嶂气氛沴，毒蛇毒草，为害滋甚"②。

《一切经音义》卷八十一《牂柯》言此路较详："若从蜀川南出，经余姚、越嶲、不韦、永昌等邑，……今并属南蛮（按：指南诏），北接互羌杂居之西。过此蛮界，即入土蕃国之南界。西越数重高山峻岭，涉历川谷，凡经三数千里，过土蕃界，更度雪山南脚，即入东天竺东南界迦摩缕波国。""此山路与天竺至近，险阻难行，是大唐与五天陆路之捷径也。仍须及时。……唯有正二三月仍是过时。仍须译解数种蛮夷语言，兼赍买道之货，仗土人引道，展转问津，即必得达也。"《一切经音义》所述路线，正是自今云南经缅甸入印度地区的"西洱河至天竺道"，既称其路途"险阻难行"，与玄奘所言"山川险阻，嶂气氛沴，毒蛇毒草，为害滋甚"相符，说明唐初"西洱河至天竺道"尚艰险难行。

交州的战略位置十分重要，但仅靠海路难以支撑。唐廷因此早有连通交州至西川（今四川成都及其附近地区）道路的打算。贞观十三年（639），渝州（今重庆）人侯弘仁一行在唐军护送下自牂柯〔此处指牂州（今贵州黄平西北）〕开道，经西赵出邕州（今广西南宁南），"以通交、桂；蛮、俚降者二万八千余户"③。其道路的走向，乃从今重庆南经黄平、望谟、田林过南宁至越南北部。

---

① 参见《西南通史》，第 262 页。
② 〔唐〕玄奘、〔唐〕辩机原著，季羡林等校注：《大唐西域记校注》卷十《迦摩缕波国》，中华书局，2000 年，第 799 页。
③ 《资治通鉴》卷一百九十五《唐纪十一》，贞观十三年六月，第 6148 页。"西赵"在明州（今贵州望谟东北）。

因路途艰险，其道终未成官道。

天宝四载（745），唐朝拟开通自安南都护府（治今越南河内）北经步头（在今云南个旧西南、元江北岸）、安宁与西洱河至天竺道衔接的"步头路"。剑南节度使章仇兼琼遣越巂都督竹灵倩，率兵至安宁筑城。此举引起了东部爨氏白蛮的猜疑，爨归王率众杀死竹灵倩并毁安宁城。[①] 玄宗诏南诏进讨。南诏随后占据今滇东地区，云南政局更趋复杂，拟建"步头路"的计划无疾而终。将安南都护府北上的路线，与"西洱河至天竺道"相连接的计划（此道被贞元年间宰相贾耽称为"安南通天竺道"），在贞元十年（794）南诏与唐和好后才得以实现。

唐朝贞元年间的宰相贾耽，以"安南通天竺道"为入四夷七要道之一，述其走向为：从交州北至古涌步（今云南河口西北），又经禄索州（今云南屏边西）、侥迟顿（今云南蒙自东南）、南亭（在今云南建水）、通海、晋宁至拓东城，经安宁故城西行抵阳苴咩城（今云南大理西北），再经永昌至诸葛亮城（在今云南保山西隅、高黎贡山东坡）。之后分为二道，一道经些乐城、骠国至东天竺迦摩缕波国（在今印度阿萨姆邦西部高哈蒂及其附近）。另一路从诸葛亮城西至丽水城（在今缅甸克钦邦伊洛瓦底江东岸达罗基），渡丽水至安西城（在今缅甸莫冈附近），经大秦婆罗门国至个没卢国（在今印度阿萨姆邦西部高哈蒂及其附近）。[②] 贾耽所说"安南通天竺道"之详情，为贞元十年（794）唐诏和好后的情形。[③]《蛮书》叙述沿途所经更

① 《南诏德化碑》，载《云南考古》（增订本），第157页。爨归王为南宁州都督，随同爨归王杀竹灵倩者，还有昆州刺史爨日进、黎州刺史爨祺、求州爨守懿、螺山大鬼主爨彦昌、南宁州大鬼主爨崇道等。以上诸爨为今滇东与滇东南羁縻州的土官，可见步头路将北经今滇东与滇东南地区，引起当地诸爨不安。

② 《新唐书》卷四十三下《地理志七下》，第1151页。

③ 贾耽言由晋宁驿行80里至拓东城，又行80里至安宁故城。拓东城为南诏割据后所建。贾耽既详述"安南通天竺道"全程，又言及拓东城，可知所言为贞元十年（794）畅通后的情形。所述之安宁故城，当与天宝四载所建之安宁新城相区别。

为详细,甚至记载了云南境内每日宿营的地点,可见"安南通天竺道"转运之盛。

秦汉以来交州受中原王朝统治,历来是中原王朝与中南半岛及其以远地区交往的重要中转站。诸国经由交州赴中原,有陆路和海路可供选择。西汉置日南郡(治今越南广治省广治河与甘露河合流处),徼外诸国皆由过日南的道路献贡;东汉桓帝时,大秦(罗马帝国)、天竺(今印度)亦经此道入贡。[①]

唐代交州的位置进一步提升。因内地联系交州主要是通过海路,同时也由于唐朝与海外诸国交往频繁,交州的海运枢纽地位得以巩固。史载:"交州都护制诸蛮。"海南诸国大致位于交州以南及其西南,居大海中州之上,"自汉武已来朝贡,必由交趾之道"。[②] 西人依宾库达特拔所著、成书不晚于咸通初年之《道程及郡国志》,亦称Al-Wakin(即龙编,在今越南河内)"为中国第一个港口"[③]。晚近的日本学者亦认为,"交州在唐代依然为中国最南之繁盛贸易港"[④]。

关于交州至中南半岛中南部及其以远地区的道路,唐代的记载大致如下。

一路由骥州(今越南荣市)东行至唐林州安远县,经古罗江、檀洞江、朱崖、单补镇至环王国都城(在今越南中南部)。若自骥州西南至文单国算台县,再经文单城(在今老挝巴色)至陆真腊(在今老挝巴色),南行可至小海及罗越国(在今马来半岛南部柔佛附近),再往南至大海。如自通海城(在今云南通海)取陆路南下,经古涌步(今云南河口西北)可至昆仑国(在今缅甸南部萨尔温江

① 《太平寰宇记》卷一百七十六《四夷五》,第3354页。
② 《旧唐书》卷四十一《地理志四》,第1750页。
③ 岑仲勉:《中外史地考证》上册,中华书局,2004年,第376页。前代学者认为Al-Wakin即龙编或比景(即唐代景州,位于今越南义静省横山),当以龙编为是。
④ [日]桑原骘藏著,杨炼译:《唐宋贸易港研究》,商务印书馆,1935年,第69页。

口附近)。① 真腊赴唐朝的陆路，需经由安南的骥州与道明；若走海路远行，还可由交州至天竺与大秦。杜佑称："（天竺）西与大秦、安息交市海中，或至扶南、交趾贸易。"②

安南的演州（今越南义安省演州县西）西控海路，为自广州等港口通往林邑（在今越南中南部）、扶南的道路所必经。③ 位于今缅甸丹那沙林一带的顿逊国，其国之东界通往交州；由位林邑东南之婆利国，航海经丹丹国、赤土（在今泰国宋卡）和交州可至广州。若自中原赴赤上，自广州乘舟先抵交州，再经林邑乃达。赴北与林邑隔小海相望之盘盘国（在今泰国南部万伦湾一带），自交州船行40日可至。④

安南（今越南河内）当时是重要的国际贸易市场。史载，中天竺"以贝齿为货。有金刚、旃檀、郁金，与大秦、扶南、交趾相贸易"⑤。贞元八年（792），岭南节度使奏称"近日海舶珍异，多就安南市易"，大臣陆贽认为"广州素为众舶所凑，今忽改就安南，若非侵刻过深，则必招携失所"。⑥ 徼外诸国多经海路赴安南等地贸易，因交州刺史、日南太守贪利盘剥，其值十者必折之二三，"由是诸国怨愤"⑦。

位于今云南南部与缅甸北部的"西南夷"，亦沿今伊洛瓦底江南下，经海路赴广州交易。《南诏德化碑》说，寻传（今澜沧江上游以西至伊洛瓦底江上游以东地区）"南通北海，西近大秦"⑧。"西南夷"每年至广州交易的商船原仅四五艘，因岭南节度使李勉交易公

---

① 《新唐书》卷四十三下《地理志七下》，第 1152—1153 页。
② 《通典》卷一百九十三《边防九》，第 5261 页。
③ 〔唐〕李吉甫撰，贺次君点校：《元和郡县图志》卷三十八《岭南道五》，中华书局，1983 年，第 963—964 页。
④ 《太平寰宇记》卷一百七十六《四夷五》，第 3365 页。
⑤ 《新唐书》卷二百二十一上《西域传上》，第 6237 页。
⑥ 《资治通鉴》卷二百三十四《唐纪五十》，贞元八年六月，第 7532 页。
⑦ 《太平寰宇记》卷一百七十六《四夷五》，第 3357 页。
⑧ 《云南考古》（增订本），第 160 页。

正，商船乃增至 40 余艘。①

安史之乱爆发后，内忧外患接踵而至，唐廷穷于应付。天宝战争后云南地区被南诏控制，唐朝后期无法插手云南地区的交通建设。贞元十年（794），剑南西川节度使韦皋整修"石门关道"，并设置一些驿馆，也仅限于唐军据有的区域，不可能涉足南诏控制的地区。南诏与唐朝决裂转与吐蕃结盟，进而获取"清溪关道"上的要镇越嶲（今四川西昌东南）、会同（今四川会理北），势力进抵大渡河南岸，与唐军隔河对峙。唐朝为防范南诏进攻西川（今四川成都及其附近地区），亦阻断由云南北上的道路。其间，虽然贞元十年（794）唐朝、南诏重归于好，"清溪关道"亦获开放，但是在姚州事件至唐朝终结的 150 余年间，异牟寻归唐的时段不到 1/4。因此，安史之乱后，唐朝失去了对云南地区的实际控制。唐代前期对南方"丝绸之路"的经营，也仅限于安史之乱以前的时段。

在唐朝统治期间，中国与中南半岛之间的交通线，在兴衰、更替及其作用等方面发生明显的变化。唐朝对西南边疆的治策及其经营实践，以及西南边疆和中南半岛地区时代条件的改变，是造成这些交通线及其利用情形变化的重要原因。唐朝至中南半岛交通线的改变，还深刻影响了西南边疆与中南半岛的地缘政治关系。

唐朝积极经营云南地区，在云南西部设置的姚州都督府（治今云南姚安北）与在交州基础上建立的安南都护府（治今越南河内），分别位于"安南通天竺道"的两端，是稳定西南边疆的两个重要桥头堡。唐朝与中南半岛间的陆路、海路交通堪称繁荣。

通过这些道路，中南半岛诸国与唐朝保持密切的往来。中南半岛北部诸国遣使入唐，大都行经由云南至成都的道路。以云南为中介通往中南半岛与今印度的"西洱河至天竺道"，由云南入成都的"清溪关道"与"石门关道"，以及从交州（今越南河内）至广州等地的海运路线，均跻身于唐代繁忙交通线之列。唐朝还在上述陆路设置一些驿馆，交州则成为亚洲南部最繁盛的贸易港。在安史之乱

---

① 《新唐书》卷一百三十一《李勉传》，第 4507—4508 页。

以前的唐代前期，南方"丝绸之路"十分兴盛，成为唐朝联系云南地区与中南半岛等地的纽带。

第四节　南诏时期的南方"丝绸之路"

　　南诏时期的南方"丝绸之路"，在唐代前期的基础上又有了新的发展。虽然因受战乱的影响，南诏时期南方"丝绸之路"险阻难通，但也并非所有时段均是如此。另外，南诏还开拓了一些新的道路。贞元十年（794），南诏与唐朝和好，唐朝期盼已久的"安南通天竺道"终于开通，实现了海上"丝绸之路"与南方"丝绸之路"的联运，这是南诏在南方"丝绸之路"建设方面取得的一项重要成就。

一、南诏时期的南方"丝绸之路"及其特点

　　天宝战争以后，南诏与唐朝全面决裂。双方的战争连绵不断，南诏还多次进攻唐朝辖地，肆意掠夺财物和人口，导致南诏与唐朝辖地之间的交通受到严重破坏。但是，唐朝前期建成的道路，有一些在大部分时间仍可通行，亦有南诏、唐朝的使臣行经这些道路的记载。以下略举数例。

　　贞元元年（785），德宗以韦皋代张延赏为剑南西川节度使。韦皋招抚境上群蛮，异牟寻遣人混入求内附。韦皋上奏此事，建议招纳以分吐蕃之势，德宗许之。韦皋作书招南诏遣使入觐。贞元四年（788），异牟寻遣东蛮鬼主骠旁等入朝，唐廷赐赍甚厚。[①] 吐蕃派兵10万将攻西川（今四川成都及其附近地区），令南诏发兵相助。韦皋用离间之计，吐蕃始疑南诏，遣兵2万驻守会川（今四川会理

---

① 《资治通鉴》卷二百三十三《唐纪四十九》，贞元四年四月、五月，第7513页。

西），以阻塞"清溪关道"。由是，异牟寻"归唐之志益坚"①。

贞元九年（793），异牟寻派三批使者各携朱砂、生金与当归，分别从"戎州路"（"石门关道"）、"黔府路"（经今曲靖过遵义入川道）、"安南路"（经安南入唐辖地的道路）出使唐朝，三路俱达。南诏献当归寓愿永为内属之意，进朱砂寓献丹心之意，献生金寓归唐之志如金之坚。德宗赐异牟寻诏书抚慰。② 贞元十年（794），韦皋遣巡官崔佐时携诏书至阳苴咩城（今云南大理西北）。在清平官郑回的帮助下，崔佐时劝异牟寻斩吐蕃使者，复"南诏"旧名，"异牟寻皆从之"。崔佐时与异牟寻盟于玷苍山神祠，达成南诏归唐的协议。③

贞元十年（794），吐蕃因与回纥交战，向南诏征兵万人。异牟寻设计突袭了吐蕃神川都督府之地（在今云南剑川、维西一带），夺取铁桥等16城，虏吐蕃5王，降其众10余万人。异牟寻遣使献捷，随后又派弟凑罗栋等入朝献地图、土贡及吐蕃所颁金印，"请复号南诏"。德宗任命尚书祠部郎中兼御史中丞袁滋为册南诏使，赐南诏刻文"贞元册南诏印"的银窠金印。④

袁滋一行经"石门关道"至阳苴咩城（今云南大理西北），入南诏辖境后沿途受到热情款待。袁滋行经"石门关道"，在今云南盐津县豆沙关山崖留下著名的"袁滋摩崖"。摩崖的文字共八行，大意是贞元十年（794）九月二十日，袁滋等人奉朝廷之命，"赴云南册蒙异牟寻为南诏"，"故刊石纪之"。文字还称韦皋差巡官马益"统行营兵马，开路置驿"。⑤ 由此可见袁滋等人赴南诏有官兵同行保护，并随机"开路置驿"。袁滋为唐代知名书法家，其亲笔在山崖所题文字至今犹存，弥足珍贵。在南诏的都城阳苴咩城（今云南大理

---

① 《资治通鉴》卷二百三十三《唐纪四十九》，贞元四年十月，第7516页。
② 《蛮书》卷十《南蛮疆界接连诸蕃夷国名》。
③ 《资治通鉴》卷二百三十四《唐纪五十》，贞元十年正月，第7552页。
④ 《新唐书》卷二百二十二上《南蛮传上》，第6274页。
⑤ 《袁滋摩崖》，载《云南考古》（增订本），第167页。

西北），异牟寻为唐使举行盛大的欢迎宴会，并"跽受册印，稽首再拜"①。

乾符五年（878），南诏遣使求和亲。岭南西道节度使辛谠先后派摄巡官贾宏、摄节度巡官徐云虔等，通过"清溪关道"出使南诏。② 广明元年（880），黄巢起义军逼近长安，僖宗率朝臣逃避成都。广明二年（881），南诏使臣行经"清溪关道"晋见僖宗求和亲，上表愿归顺唐朝。中和三年（883），南诏王隆舜派布燮杨奇肱等至成都迎出嫁公主。次年，黄巢起义军失败，僖宗偕群臣返回长安，和亲之事无果而终。③

在南诏统治时期，南诏辖地及通往周边地区的交通仍有不同程度的进步。这一时期的南方"丝绸之路"主要具有以下特点。

其一，重要道路的数量较多。"清溪关道""石门关道""西洱河至天竺道""安宁至交州道"均是在旧道的基础上发展而来，此外也有开辟的新道，如"邕州道""黔州道"。樊绰说："从邕州路至蛮（按：指南诏）苴咩城，从黔州路至蛮苴咩城，两地途程，臣未谙委。"④"邕州道""黔州道"开通时间较晚，且重要性不如前四道，因此樊绰不知详情，但这两条道路确实存在。

"邕州道"初次开通于咸通年间。咸通四年（863），南诏遣兵进逼邕州（今广西南宁南），进军路线是经今左右江地区南下。次年，南诏以僚人为向导围攻邕州。这两次用兵，初步打通了由拓东城（在今云南昆明市区）经左右江流域至邕州的道路。⑤ 乾符四年（877），南诏派使者至邕州约和，唐邕州大将杜弘送南诏使者归，逾年方还。不久，岭南西道节度使辛谠遣使赴南诏。⑥ 唐朝与南诏的

① 《新唐书》卷二百二十二上《南蛮传上》，第6274页。
② 《新唐书》卷二百二十二中《南蛮传中》，第6291页。
③ 《新唐书》卷二百二十二中《南蛮传中》，第6293页。
④ 《蛮书》卷一《云南界内途程》。
⑤ 《资治通鉴》卷二百五十《唐纪六十六》，咸通四年三月，第8104页。
⑥ 《资治通鉴》卷二百五十三《唐纪六十九》，乾符四年二月，第8190页。
　《资治通鉴》卷二百五十三《唐纪六十九》，乾符五年五月，第8206页。

这几次交往，走的均是咸通时开通的"邕州道"。大理国驱赶马匹至横山寨（在今广西田东）与宋朝官府交易，走的也是南诏开拓的"邕州道"。

"黔州道"见载于贞元九年（793）。是年，异牟寻遣使三路赴唐朝，谋求修复与唐朝的友好关系。其中一路是"出牂牁，从黔府路入"。[①] 唐黔州治所在今重庆彭水东北。至元三十年（1293），元朝中书平章政事不忽木等奏："乌撒（撒）芒部有一径道，近可千余里，既无瘴毒，又皆坦途。……今已安静，请改设站赤。"[②] 元朝发现的乌撒（今贵州威宁）、茫部（今云南镇雄北）一线近道，其西段即唐代的"黔府旧道"。这条道路的走向是从今云南曲靖经贵州的威宁、毕节、遵义到至重庆彭水附近。

南诏还开辟了被称为"北至大雪山"的新道。此道最早见于宋代记载。宋熙宁七年（1074），峨眉进士杨佐奉宋廷之命到大理国商议买马，他在大云南驿（今云南祥云东南）见里堠碑，"题东至戎州，西至身毒国，东南至交趾，东北至成都，北至大雪山，南至海上，悉著其道里之详"[③]。《明史》卷三百十一《四川土司传一》称此道"为南诏咽喉，三十六番朝贡出入之路"。

"北至大雪山道"的走向，是从今云南大理经丽江入四川，过今康定、天全、雅安至成都，还可经今丽江抵西藏拉萨。

见载于大理国大云南驿里堠碑的"南至海上道"，指的是由云南至今缅甸北部再沿伊洛瓦底江南下出海的道路。南诏多次对中南半岛地区用兵，对沟通"南至海上"的道路起到重要作用。在南诏统治时期，"南至海上道"成为南诏联系中南半岛的交通要道。《旧唐书》卷一百九十七《南蛮西南蛮传》称，骠国"北通南诏些乐城界，东北拒阳苴咩城六千八百里"，另据《蛮书》卷六《云南城镇》所载，开南城（今云南景东东南）"陆路去永昌十日程，水路下弥

---

① 《蛮书》卷十《南蛮疆界接连诸蕃夷国名》。
② 《经世大典辑校》第八《政典》，第541页。
③ 《续资治通鉴长编》卷二百六十七，熙宁八年八月，第6540—6541页。

臣国三十日程。南至南海，去昆仑国三日（月）程"，均指"南至海上道"及其支线。

唐朝对云南西部边疆的开拓仍较有限，可从姚州都督府管辖州县分布的情形中窥知。姚州都督府统辖众多羁縻州，迄今所知最西部的羁縻州为今腾冲。可见唐朝对西洱河至天竺道的有效管辖，大体上限今腾冲以东的区域；行旅进入今腾冲以西的地区，只能走民间的便道。

对今腾冲以西地区道路的开拓，南诏做出了重要的贡献。天宝年间南诏实现割据，多次对今腾冲以西的地区用兵，《蛮书》卷三《六诏》说阁罗凤"西开寻传，南通骠国"。唐文宗时，南诏再次出兵骠国（在今缅甸伊洛瓦底江流域），攻破弥诺国（在今缅甸伊洛瓦底江与钦敦江汇合处一带）、弥臣国（在今缅甸伊洛瓦底江口）。[①]在所征服的地区，南诏建广荡、丽水、安西、苍望等城镇并驻兵镇守。

南诏对云南以西地区的用兵具有扩张的性质，但也疏通了西洱河至天竺道的西段，便利了中南半岛诸国与中国的陆行往来。《旧唐书》卷一百九十七《南蛮西南蛮传》说：骠国北通南诏些乐城（在今云南芒市），东北距阳苴咩城（今云南大理西北）6800里。骠国联系南诏，便是通过经些乐城至阳苴咩城的道路。

南诏时期，由云南腹地至今景洪有两道，其一是从今云南大理或楚雄经景东、镇沅、普洱、思茅至景洪，即明代记载所说的"贡象下路"。另一条是元代始通由今云南昆明经建水、元江至景洪的道路。"贡象下路"至迟在南诏时已开通。今景东、西双版纳及其以南的地区，南诏时属银生节度（治今云南景东东南）管辖。《蛮书》卷六《云南城镇》载："开南城，在龙尾城南十一日程，管柳追和都督城。又威远城、奉逸城、利润城，内有盐井一百来所，茫乃道并黑齿等类十部落皆属焉。陆路去永昌十日程，水路下弥臣国三十日程。南至南海，去昆仑国三日（月）程。"该书又称：银生城"东

———————————

① 《蛮书》卷十《南蛮疆界接连诸蕃夷国名》。

南有通镫川，又直南通河普川，又正南通羌浪川，却是边海无人之境也"。

由此看来，由龙尾城（在今云南大理）走水陆路至弥臣国（在今缅甸伊洛瓦底江口）的道路，经银生城（今云南景东）、通镫川（在今云南墨江）、河普川（今云南江城）至羌浪川（今越南莱州），"边海无人之境"指位于澜沧江畔的茫乃道，沿此道南下可至中南半岛南部。

万历《云南通志》卷十六《羁縻志》记载，由景东至镇沅府，行四日至普洱，又行六日至车里宣慰司（治今云南景洪）。由车里西南可至八百媳妇宣慰司（治今泰国清迈）、老挝宣慰司（治今老挝琅勃拉邦），"西行十五六日至西洋海岸"，乃是摆古莽酋之地（在今缅甸勃固）。以上记载的走向与《蛮书》所述相同。至于《蛮书》卷六《云南城镇》所言：开南城（今云南景东东南）"水路下弥臣国三十日程。南至南海，去昆仑国三日（月）程"，当是指沿行伊洛瓦底江的情形。

自今景洪或伊洛瓦底江下游再往东南，还可至水真腊（今柬埔寨和越南南部地区以及泰国的一部分）、陆真腊（在今老挝巴色）。《蛮书》卷十《南蛮疆界接连诸蕃夷国名》称："水真蜡国、陆真蜡国，与蛮（按：指南诏）镇南相接，蛮贼曾领马军到海畔，见苍波汹涌，怅然收军却回。"

南诏时期南方"丝绸之路"的第二个特点，是在道路所经地区设置不少城镇，既便利了道路的运行与管理，也有利于道路经过地区经济、文化的交流与发展。

唐代前期南方"丝绸之路"途经云南的城镇，见于记载的主要有姚州（今云南姚安北）、永昌（今云南保山）、安宁（今属云南）。天宝九载（750），姚州都督府所在地姚州城被南诏攻破，姚州城被拆毁，之后居民也被迁走。《蛮书》卷六《云南城镇》云："姚州百姓陷蛮（按：指南诏）者，皆被移隶远处。"据称永昌有诸葛武侯城，"城中有神庙，土俗咸共敬畏，祷祝不阙。蛮夷骑马，遥望庙即下马趋走。西南管柘（拓）南城。土俗相传，呼为要镇"①。唐代前期永昌城因兼管拓南城，时称"要镇"，但详情不可知。南诏与唐朝决裂后，南诏的精锐部队有三万人，"而永西（昌）居其一"②，可见永昌城仍受南诏重视。

至于安宁城，《蛮书》卷四《名类》称："（爨）崇道弟日进、日用在安宁城。及章仇兼琼开步头路，方于安宁筑城。群蛮骚动，陷杀筑城使者。"《蛮书》卷六《云南城镇》说："安宁镇，去柘（拓）东城西一日程，连然县故地也。"可见唐代前期安宁有城，但规模有限。唐朝为开步头路拓建安宁城或筑安宁新城，因东爨乌蛮势力反抗，筑城使者被杀，修筑安宁城的计划失败，其后乃称安宁城遗址为"安宁镇"。

在南诏的统治下，南方"丝绸之路"沿线的城镇迎来了建造的高潮时期。

南诏统一洱海地区，南诏王皮逻阁将统治中心迁至太和城（在今云南大理市北太和村）。太和城在此后的 40 余年成为南诏的都城。天宝五载（746），南诏据有东部爨氏白蛮地区，随后打败唐军的三次进讨，于永泰元年（765）在昆川建拓东城（在今云南昆明市区），作为东都。建中二年（781），拓东城改名"善阐城"。大历十四年（779），南诏、吐蕃联军进攻西川（今四川成都及其附近地区）遭到惨败，吐蕃因此悔怒，南诏王异牟寻惊惧，将都城迁至阳苴咩城（今云南大理西北）。③ 周围的太和、龙尾、大厘、龙口、邆川诸城，对阳苴咩城形成群星拱月状的护卫之势。

南诏在视为腹心的洱海地区设统治机构十赕。十赕分别是：苴咩赕、大厘赕、邓川赕、矣和赕、赵川赕、白崖赕、蒙舍赕、蒙秦赕、云南赕、品澹赕。十赕的位置，前文已有介绍，此处不再赘述。十赕的所在地，有一些是南方"丝绸之路"上的重要城镇。

---

① 《蛮书》卷六《云南城镇》。

② 《蛮书》卷六《云南城镇》。

③ 《资治通鉴》卷二百二十六《唐纪四十二》，大历十四年十月，第 7271 页。

在十赕以外的地区，南诏设地方统治机构八节度、二都督。据《蛮书》卷六《云南城镇》所载，云南（今云南祥云东南）、拓东（在今云南昆明市区）、永昌（今云南保山）、宁北（今云南洱源东南）、镇西（今缅甸曼冒）、开南（今云南景东东南）、银生（今云南景东）等7城，皆由大军将领之，亦称"节度"。贞元十年（794），南诏夺取吐蕃驻守的铁桥城（在今云南玉龙纳西族自治县西北塔城乡），后称"铁桥节度"。云南、拓东、永昌、宁北、镇西、开南、银生、铁桥等8城，是南诏八节度的驻地，也是南诏重点建设的城镇，基本上位于南方"丝绸之路"的沿线。南诏还设通海都督府（治今云南通海）、会川都督府（治今四川会理）。通海、会川也是新建的城市。

南诏在南方"丝绸之路"沿线建造的城市不仅数量多，规模亦大，在建筑方面也颇有造诣。这一类城市主要有太和城（在今云南大理市北太和村）、阳苴咩城（今云南大理西北）、龙尾城（在今云南大理）、龙口城（在今云南大理市北上关镇）、大厘城（在今云南大理市北喜洲镇）、邓川城（在今云南洱源县邓川镇）、白崖城（在今云南弥渡县红岩镇）、永昌城（今云南保山）、铁桥城（在今云南玉龙纳西族自治县西北塔城乡）、弄栋城（今云南姚安北）、拓东城（在今云南昆明市区）等。①

阳苴咩城（今云南大理西北）是异牟寻新建的南诏都城，《蛮书》卷五《六赕》对该城有详细记载。② 阳苴咩城具有以下的特点。

第一个特点，该城是一组构思严密完整的建筑群。城内重楼前方，南北城门相对，有往来通衢相接。入城经三重门，方至议事大厅。城内有南诏王族和清平官、大军将等高级官吏的住宅。门楼外有前临方形水池的客馆，全城占地方圆十五里。整座建筑群有入三重门过二重楼，两次登上高一或二丈的阶道方可登堂入室的布局；若以进入者行走的路线为中线，建筑群具有左右对称的特色。如此

① 《蛮书》卷五《六赕》、卷六《云南城镇》。
② 《蛮书》卷五《六赕》。

设计，充分表现出皇权的庄严和高深莫测，与内地皇城的设计观念不谋而合。第二个特点，是修造时采用一些高难度的工艺技术。如议事厅"重屋制如蛛网，架空无柱"①，即使用串角飞檐、重叠斗拱等建造技术，大厅顶穹采用无梁式建造法建造。南诏擅长建造大型建筑物。南诏王丰祐在阳苴咩城建五华楼，"方广五里，高百尺，上可容万人，下可建五丈旗"。大理国后期，蒙古宗王忽必烈率军征大理，曾驻兵五华楼前，此楼后来毁于兵火。② 阳苴咩城的第三个特点，是既学习唐朝的先进技术，又注重体现自己的特色。阳苴咩城给人以庄严、深邃感觉的布局，可能是受唐朝建筑的影响。皇城中清平官、大军将、六曹长的住宅距南诏王住宅不远。又如建都城太和城，以当地出产石块为建筑材料，"巷陌皆垒石为之，高丈余，连延数里不断"③，这些设计秉承因地、因事制宜的修建原则，具有鲜明的地方特点。

南诏时期，位于南方"丝绸之路"沿线较重要的城市，既是当地经济文化的中心，又是商贾货物的集散地。据记载，拓东城（在今云南昆明市区）以北十余里，"官路有桥渡此"。④ 贞元十年（794），南诏攻破位于今云南北部的吐蕃据点，迁"施、顺、磨些诸种"数万户以实拓东城，"又从永昌以望苴子、望外喻等千余户分隶城傍，以静道路"。龙尾城（在今云南大理），"城门临洱水下，河上桥长百余步。过桥分三路：直南蒙舍路，向西永昌路，向东白崖城路"。⑤ 上述城市具有的这一特点，是南诏时期道路通畅、贸易兴盛的情形的反映。

南诏对重要城市的定位，有作为交通枢纽方面的考虑。银生城（今云南景东）在扑赕之南，距离龙尾城 10 日程，东南有通镫川，

---

① 《蛮书》卷五《六赕》。
② 《南诏野史会证·南诏古迹》，第 384 页。
③ 《蛮书》卷五《六赕》。
④ 《蛮书》卷二《山川江源》。
⑤ 《蛮书》卷六《云南城镇》、卷五《六赕》。

直南通往河普川，正南则通羌浪川，"却是边海无人之境也"。往东至送江川，南可至邛鹅川，又南面至林记川，东南面至大银孔。凡外通交易之处，"多诸珍宝，以黄金、麝香为贵货"。① 开南城在龙尾城以南 11 日程，管柳追和都督城，以及威远城、奉逸城、利润城；茫乃道、黑齿等十部落亦属开南城管辖。开南城走陆路距永昌 10 日程，水路至弥臣国（在今缅甸伊洛瓦底江口）30 日程，"南至南海，去昆仑国三日（月）程"②。

　　南诏多次攻入中南半岛南部，在占据地区设置一些统治机构或据点，派遣官吏进行管理。《蛮书》卷六《云南城镇》载，南诏在永昌（今云南保山）以北置越礼城（今云南腾冲北），管长傍、藤弯诸部落，长傍、藤弯亦置有城。其南至些乐城（在今云南芒市），附近有罗君寻城，又西至利城（今云南梁河西），渡水有押西城，另有寻传大川城（在今缅甸克钦邦伊洛瓦底江东岸达罗基）在水东，北上有安西城（在今缅甸莫冈附近）、宝山城，渡过丽水（今缅甸伊洛瓦底江）有金宝城（在今缅甸密支那一带），眉罗苴西南有金生城，从金宝城北牟郎城渡丽水可至金宝城。从金宝城西折东北至门波城，西北至广荡城（在今缅甸葡萄），与吐蕃地界相接。由镇西城往南可至苍望城（在今缅甸八莫），东北至弥城，在祁鲜山有摩零都督城。在永昌及其以西的地区，南诏设置的城镇有 10 余处。

　　对南方"丝绸之路"上尤其是重要地区的驿馆，南诏亦注意管理，使其充分发挥作用。据《蛮书》卷一《云南界内途程》所载，由成都经石门关道至南诏，"谓之北路"。贞元十年（794），唐朝使臣袁滋一行奉命至南诏册封，行经"石门关道"。袁滋一行由戎州（今四川宜宾）南下 8 日，皆为高山大岭，地势险恶，蒙夔岭"直上二十里，积阴凝闭，昼夜不分"。这一带均为乌蛮居住，"见人无礼节拜跪，三译四译，乃与华通"。第九程至马龙县制长馆（今云南马

---

① 《蛮书》卷六《云南城镇》。
② 《蛮书》卷六《云南城镇》。

龙西），"始有门阁廨宇迎候供养之礼，皆（类）汉地"。《蛮书》卷十《南蛮疆界接连诸蕃夷国名》"赵昌奏状"叙述袁滋一行出使经过，从戎州至安宁的路段仅言"十五日至安南（宁）城"，叙述由安宁至阳苴咩城（今云南大理西北）的路段则颇为详细，其中提到曲驿、云南驿、白崖驿、渠敛赵中路客馆、龙尾城客馆等处驿馆。这些驿馆得以较完整地保留并发挥作用，显然是南诏的功劳。

二、南方"丝绸之路"与海上"丝绸之路"联运

南诏在交通建设方面的一项重要贡献，是将"安宁至交州道"扩建为"安南通天竺道"，以及进一步开通经今缅甸伊洛瓦底江出海的通道，有力地推动了南方"丝绸之路"与海上"丝绸之路"的联运。

中原王朝经营今越南北部甚早，自西汉时期即已开始。武德五年（622），唐朝改交趾郡为交州总管府，后改为安南都护府。[①] 在监管、护卫西南边疆的安全方面，安南都护府发挥了重要的作用。

汉晋时期交州（今越南河内）与中原地区的交通往来，有海、陆两类路线可供选择。交州至中原的海路主要有两条，一条从交州泛海至东冶（今福建福州），另一条路由交州至合浦（今广西浦北南），再乘海船至建安（今福建建瓯），在西汉与东汉前期，交州转运物资至中原地区大致是走海路。因海运经常发生覆舟事故，汉建初八年（83），东汉采纳大司农郑弘的建议，开通由交州经零陵（今湖南永州北）、桂阳（今湖南郴州）至内地的陆路。[②]

因零陵一带荒凉乏治，经过这一区域的陆路崎岖难行，行旅多改走经云南至成都的陆路。东汉末年刘巴至交趾（今越南河内），因与交趾太守士燮意见不合，遂经通过牂牁（约当今贵州大部、广西西北部和云南东部）的道路北至益州（今四川成都）。[③]

① 《太平寰宇记》卷一百七十《岭南道十四》，第3250—3251页。
② 《资治通鉴》卷七十九《晋纪一》，泰始五年十月，第2511页。《后汉书》卷三十三《郑弘传》，第1156页。
③ 《三国志》卷三十九《蜀书·刘巴传》，第981页。

咸通三年（862），唐朝将岭南分为岭南东道（治今广东广州）、岭南西道（治今广西南宁南），这一行政区划调整改变了岭南的地缘政治格局。在此之前，岭南的政治中心主要在广州、交州。自秦汉在交州设治，历朝联系交州虽有海、陆两类道路，但行者多以海路为首选。

咸通年间，唐朝收复被南诏攻占的安南（今越南河内），邕州（今广西南宁南）的战略地位得以彰显，经邕州赴桂州（今广西桂林）道路的行旅逐渐增多。在唐代，今广西西南部开发的程度有限。自侬智高反叛被平定，宋朝加强对今广西西南部的统治，这一地区才出现经济建设的热潮。① 因此，唐代从安南经邕州北赴桂州的陆行道路，不仅路途遥远，而且艰险难行，安南与中国往来，多数行者仍选择海路。

安南（今越南河内）不仅是海外诸国赴广州海路的中转站，也是重要的国际贸易市场。据记载，中天竺（今印度中部）以海贝为货币，以金刚、旃檀、郁金等珍物与交趾、大秦（东罗马帝国）、扶南（约当今柬埔寨以及老挝南部、越南南部和泰国东南部）等地贸易。② 贞元八年（792），原计划赴广州的海外商船，因故普遍改往安南交易。对于这个不同寻常的现象，唐朝大臣陆贽认为是广州官吏"侵刻过深"或"招携失所"所致。③ 另据史料记载，徼外诸国通过海路赴安南等地贸易，因交州刺史、日南太守贪利盘剥，货物价值十者必折之二三，"由是诸国怨愤"④。可见经过安南的海路商贸活动十分繁忙。

宋代以前，活跃在海上"丝绸之路"的航船大部分是外国船。《汉书》卷二十八下《地理志下》称中原王朝的商人携带黄金、杂

---

① 参见方铁：《唐宋两朝至中南半岛交通线的变迁》，《社会科学战线》2011年第 4 期。

② 《新唐书》卷二百二十一上《西域传上》，第 6237 页。

③ 《资治通鉴》卷二百三十四《唐纪五十》，贞元八年六月，第 7532 页。

④ 《太平寰宇记》卷一百七十六《四夷五》，第 3357 页。

缯前往南海诸国，换取明珠、璧流离、奇石异物，所至诸国皆予供食，"蛮夷贾船，转送致之"。孙吴丹阳太守万震撰《南州异物志》，记载了外国海船航行于南海的情形，万震称外国海船"四帆不正前向，皆使邪移，相聚以取风吹"，即使用先进的打偏驶风技术，航行"不避迅风激波，所以能疾"，并言上述海船为"外徼人"（按：指外国人）制造。①

唐代至中原王朝交易的海船，见于记载者有"南海舶""番舶""西南夷舶""波斯舶""昆仑舶""昆仑乘舶""西域舶""蛮舶""海舶""南蕃海舶""婆罗门舶""师子国舶""外国舶"等诸多称呼，② 这些海船都是外国船。唐人李肇说南海舶为外国船，"每岁至安南、广州"。在诸多的海舶之中，以"师子国舶"的体积最大，"梯而上下数丈，皆积宝货"。凡海舶抵港有人飞报官府，港口闻之惊喜喧闹。③

两宋时期尤其是南宋之前，中原王朝的航海技术水平较为有限。因受太平洋季风的影响，中原王朝的商船自广州等地出发，在逆行季风的情形下，多在交趾（今越南河内）靠岸，行旅再经安宁至交州道、西洱河至天竺道，经云南地区转赴今缅甸与印度等地。在这一时期，南方"丝绸之路"与海上"丝绸之路"合为一条国际交通线。《旧唐书》卷一百九十七《南蛮西南蛮传》说：阳苴咩城（今云南大理西北），"东北至成都二千四百里，东至安南如至成都，通水陆行"。

南亚地区的朝贡使臣与商队，亦多选择行经云南至安南，再登船航行至广州进抵中原的路线。因此，彻底打通安宁至交州道与西洱河至天竺道联运的路线有着重要意义。这一举措，不仅方便边陲势力向唐朝朝贡，也有利于唐朝用兵与各方商旅的商贸活动。

---

① 《太平御览》卷七百七十一《舟部四》，第 3419 页。
② ［日］桑原隲藏著，陈裕菁译：《蒲寿庚考》，中华书局，1954 年，第 49—50 页。
③ 〔唐〕李肇：《唐国史补》卷下，学津讨原本。

因受航海技术水平较低的限制，远洋航船直接绕行中南半岛的难度甚大。唐朝很早便有如下构想，即将"安宁至交州道"与"西洱河至天竺道"相接，构成以后所称"安南通天竺道"的交通线。天宝四载（745），越嶲都督竹灵倩为修筑此路率军至安宁（今属云南）筑城，云南爨氏势力杀死竹灵倩并毁安宁城。玄宗诏南诏进讨。南诏平定爨氏之乱，进而占据云南东部地区，与唐朝的矛盾激化，唐朝拓建新道的计划遂被搁置。

天宝九载（750），姚州（今云南姚安北）事件发生，南诏与唐朝的关系破裂，唐朝从多地出兵夹击南诏。天宝十载（751），安南都护王知进领军自安南进入云南，与四川唐军合击南诏。天宝十二载（753），玄宗诏令左武卫大将军何履光率岭南五府兵进讨南诏。天宝十三载（754），唐朝又令何履光领岭南兵马远赴云南地区，配合侍御史李宓所率军队进攻南诏。唐朝这三次调兵进攻南诏，安南均是唐军的出动地之一。① 可见沿行"安宁至交州道"可至今大理，但"安宁至交州道"并未连通"西洱河至天竺道"成为正式官道。后来南诏打败唐军的进讨，发展为强大的地方政权。在南诏统治的前半期，唐朝构建"安南通天竺道"的意愿仍是奢望。

唐朝将"安宁至交州道"与"西洱河至天竺道"相连的计划，虽因南诏与唐朝反目而搁浅，但借贞元十年（794）唐朝与南诏和好的契机，上述两条道路最终相衔接，构成唐朝贞元年间的宰相贾耽所称"入四夷七要道"之一的"安南通天竺道"。唐代史籍详载"安南通天竺道"经过云南地区的路段，包括每日步行里程与宿营地点的情形，可以想见其路段行经旅人之繁忙。② 贾耽所言与《蛮书》的有关记载，是贞元十年（794）后"安南通天竺道"开通情形的反映。③

---

① 参见《西南通史》，第 262 页。
② 《蛮书》卷一《云南界内途程》。
③ 贾耽称由晋宁驿行 80 里至拓东城，又行 80 里至安宁故城。拓东城为南诏割据后所建。贾耽既详述"安南通天竺道"全程，又言及拓东城、安宁故城（安宁城于天宝四载为地方势力爨氏所毁），可知所述为贞元十年以后的情形。

"安南通天竺道"的走向，为从交州（今越南河内）北至古涌步（今云南河口西北），又经禄索州（今云南屏边西）、傥迟顿（今云南蒙自东南）、南亭（在今云南建水）、通海、晋宁至拓东城（在今云南昆明市区），经安宁故城西行至阳苴咩城（今云南大理西北）。① 由阳苴咩城西至永昌（今云南保山），渡怒江至诸葛亮城（在今云南保山西隅、高黎贡山东坡）后分两道，一道经些乐城（在今云南芒市）、悉利城、突旻城至骠国（在今缅甸伊洛瓦底江流域），西渡黑山，至东天竺迦摩缕波国（在今印度阿萨姆邦西部高哈蒂及其附近），再西北渡迦罗都河至奔那伐檀那国（在今孟加拉国巴布纳一带），又西南至中天竺国东境、恒河南岸的羯朱嗢罗国（在今印度比哈尔邦巴特那、伽耶一带）。

另一路从诸葛亮城（在今云南保山西隅、高黎贡山东坡）西至弥城，再至丽水城（在今缅甸克钦邦伊洛瓦底江东岸达罗基），西渡丽水至安西城（在今缅甸莫冈附近），又西渡弥诺江至大秦婆罗门国，西越大岭至东天竺北界个没卢国（在今印度阿萨姆邦西部高哈蒂及其附近），西南至中天竺的奔那伐檀那国，与骠国往婆罗门（今印度）的道路会合。②

异牟寻死后，南诏与唐朝的关系再度破裂。在南诏与唐朝关系时松时紧的时期，"安南通天竺道"受到南诏、唐朝关系变化的影响，但大部分时间仍可通行。咸通元年（860）、咸通四年（863），南诏军沿"安南通天竺道"两次攻陷安南（今越南河内），咸通七年（866），唐军收复安南，亦经由"安南通天竺道"。大理国时期大云南驿的里堠碑，亦载"（云南）东南至交趾"道，将其列为大理国通往外地的要道之一。③

关于经今缅甸伊洛瓦底江出海的道路，伊洛瓦底江纵贯今缅甸南北，河流宽阔少湾，有利于大型船舶航行。这条内河航运的路线，

---

① 《新唐书》卷四十三下《地理志七下》，第1151—1152页。
② 《新唐书》卷四十三下《地理志七下》，第1152页。
③ 《续资治通鉴长编》卷二百六十七，熙宁八年八月，第6540—6541页。

在汉代已见于记载。①《魏书》卷一百二《西域传》说：大秦（东罗马帝国）"东南通交趾，又水道通益州"。益州指今四川成都，所说大秦通往益州的"水道"，即指由安达曼海至今缅甸北部的"伊洛瓦底江道"，远行商人经伊洛瓦底江至今缅甸北部弃舟登岸，经过云南可前往成都等地。

南诏占据云南地区，多次对中南半岛用兵，或蕴含开拓伊洛瓦底江通道的用意。唐文宗时，南诏出兵骠国（在今缅甸伊洛瓦底江流域），攻破弥诺国（在今缅甸伊洛瓦底江与钦敦江汇合处一带）、弥臣国（在今缅甸伊洛瓦底江口），并进攻昆仑国（在今缅甸南部萨尔温江口附近），②均以伊洛瓦底江为用兵通道。南诏还在伊洛瓦底江上游置建了一些城镇，如位于今缅甸八莫的苍望城。大理国称"伊洛瓦底江道"为"南至海上道"，宋人明确指出这条内河水路具有通往海洋的联运性质。吴曾说："大秦国多璆琳、琅玕、明珠、夜光璧，水道通益州永昌郡，多出异物。"③所言"水道通益州永昌郡"，即指经"伊洛瓦底江道"至永昌（今云南保山）的水陆交通线。可见在南诏统治时期，海上"丝绸之路"经伊洛瓦底江延伸至缅甸内陆，还与前往云南、蜀地构成联运路线，这说明海上"丝绸之路"明显得到了重视。

第五节 大理国时期的南方"丝绸之路"

两宋与大理国的关系较为疏远，对云南地区与内地的交通产生了消极影响。大理国时期的南方"丝绸之路"，具有与南诏时期不同的一些特点，主要是经营南方"丝绸之路"的重点从北部转向南部，

---

① 《汉书》卷二十八下《地理志下》，第 1671 页。
② 《蛮书》卷十《南蛮疆界接连诸蕃夷国名》。
③ 《能改斋漫录》卷七《事实》。

兼之消弭了战乱带来的影响，南部的"丝绸之路"较为通畅，大理国与中南半岛地区保持着较为频繁的经济、文化交流。另外，大理国开通了自今滇中进入广西地区卖马的道路，促进了云南与广西地区的联系。

一、大理国时期南方"丝绸之路"的传统路段

大理国统治316年。与大理国处于同一时期的宋朝，为集中力量应对北方的边疆王朝，以大渡河为界疏远大理国，欲使大理国"欲寇不能，欲臣不得"，自称是"御戎之上策"。① 受制于宋朝刻意疏远的时代环境，大理国时期南方"丝绸之路"不可能有长足的发展。而大理国一直力求与宋朝建立内属关系。这一愿望虽一再受挫，大理国仍希望与宋朝发展经济、文化方面的交流。在这样的情况下，大理国时期南方"丝绸之路"的传统路段，较之于唐末、五代时期衰落、封闭的状态有所恢复。同时，大理国开辟了自善阐（今云南昆明旧城南关外）赴邕州（今广西南宁南）卖马的道路。

赵匡胤建北宋，于乾德三年（965）遣大将王全斌率军攻成都，后蜀亡。大理国数次遣使经"清溪关道"至蜀地递交文书，希望与宋通好。② 北宋认为"唐亡于黄巢，而祸基于桂林"③，对南诏的后继者大理国怀有戒备之心。灭后蜀后，王全斌以相关地图进献，"欲乘势取云南"，"（赵匡胤）鉴唐天宝之祸起于南诏，以玉斧画大渡河以西曰：'此外非吾有也。'"④ 从此宋廷确定了与大理国划大渡河为界的应对方略，这一方略也为以后的诸帝所遵循。但是，此方略严重削弱了云南与内地的联系，对南方"丝绸之路"的发展也造成了十分不利的影响。

为解决战马严重不足的问题，熙宁六年（1073）后，北宋在黎

① 《为大理国买马事陈方略奏》，载《云南史料丛刊》第2卷，第214页。
② 《续资治通鉴长编》卷十，开宝二年六月，第228页。
③ 《新唐书》卷二百二十二中《南蛮传中》，第6295页。
④ 《续资治通鉴》卷四《宋纪四》，乾德三年正月，第1册，第43页。

州（今四川汉源北）、雅州（今四川雅安西）等地置马匹博易场，向西南诸蛮买马。大理国与黎州等地官府的马匹交易一度达到较大规模，邛部川（在今四川越西）山前、山后五部落甚至"仰此为衣食"。庆历四年（1044），因黎州所购马匹优劣相杂，仁宗诏"择不任战者却之"，四川官府奏百姓或因失业酿成动乱，于是"卒如旧制"。① 在大理国的一再请求下，政和七年（1117），北宋封大理国王段和誉为云南节度使、大理国王，赠金紫光禄大夫等衔，双方建立宗藩关系。宣和二年（1120），宋约金攻辽，北方战事趋紧，广州观察使黄璘又因引荐大理国入觐被罗织罪名，北宋刻意冷淡与大理国的关系，"自是大理复不通于中国，间一至黎州互市"②。

宋廷南渡，继承了北宋疏远大理国的方略，甚至不愿继续维持与大理国的宗藩关系。绍兴三年（1133），广西官府奏大理国请求入贡，高宗"谕大臣止令卖马，不许其进贡"③，明令退回大理国所贡象征藩属关系的白象。南宋还封闭经过黎州（今四川汉源北）的"清溪关道"。

宋熙宁七年（1074），峨眉进士杨佐奉宋朝差遣至大理国商议买马。他在大云南驿（今云南祥云东南）见驿前有里堠碑，上题"东至戎州，西至身毒国，东南至交趾，东北至成都，北至大雪山，南至海上，悉著其道里之详，审询其里堠，多有完葺者"④。由此可见大理国至周边地区交通的大致情形。里堠碑所言之"东至戎州"，指唐代的"石门关道"，"东北至成都"即唐代的"清溪关道"。此两条道路自秦汉开通以来，一直是云南联系四川地区的重要通道，宋代也不例外。北宋于戎州（今四川宜宾）、黎州（今四川汉源西北）设博易场向大理国购马，售马队伍即分别经过这两条道路。"西至身毒国"，指由大理经今缅甸北部入印度的"蜀身毒道"。太平兴国七

---

① 《续资治通鉴长编》卷一百五十三，庆历四年十一月，第2721页。
② 《宋史》卷四百八十八《外国传四》，第14073页。
③ 《宋史》卷一百八十六《食货志下八》，第4565页。
④ 《续资治通鉴长编》卷二百六十七，熙宁八年八月，第6540—6541页。

年（982），益州僧光远，"至自天竺，以其王没徙曩表来上"①。益州僧光远自天竺返唐，走的便是"西至身毒国道"。

《岭外代答校注》卷三《外国门下》说，西方诸国"凡数百国，最著名者王舍城、天竺国、中印度"，"余闻自大理国至王舍城，亦不过四十程"。该卷又称："自大理国五程至蒲甘国（在今缅甸北部），去西天竺不远。"自大理国至王舍城、蒲甘国、西天竺，所行经路线均为"蜀身毒道"。"南至海上道"，指由伊洛瓦底江南下出海的通道。大理国时期"伊洛瓦底江道"仍是重要的国际商道。云南驿里堠碑将之与西至身毒、东南至交趾诸道并列，即证明了这一点。宋崇宁二年（1103），经今缅甸北部的"缅人"，在今缅甸勃生一带的"波斯"，以及地处萨尔温江口附近的"昆仑"，向大理国"进白象及香物"。②此三国进贡走的是"伊洛瓦底江道"。此道由云南入缅后沿伊洛瓦底江南下，可抵安达曼海换乘海船。

大理国后期，元朝军队攻破缅国，在伊洛瓦底江上游置驿站。至元二十年（1283）前后，元朝在位于伊洛瓦底江北部的江头城（在今缅甸杰沙附近）设驿站，约于至元二十六年（1289），元朝在从江头城南下太公城（在今缅甸抹谷西北太公）的道路上置驿站。元朝攻克缅国的都城蒲甘后，在其地驻扎重兵，在蒲甘以下的伊洛瓦底江河段亦遣兵戍守；远至今卑谬以南的多卢末（Tarokmaw）亦驻有元军。③

元军占领蒲甘至今卑谬及其以南地区，标志着元朝对"伊洛瓦底江道"全程实现了有效的控制。沿伊洛瓦底江继续南下，可至登笼国都城白古（今缅甸勃固），由白古往西南即至伊洛瓦底江的出海口。大德二年（1298），登笼国王遣使者随元使臣赴大都（今北京），使者一行途经蒲甘，被缅王领兵劫去贡物，④ 证明"伊洛瓦底

---

① 《宋史》卷四百九十《外国传六》，第14104页。

② 《南诏野史会证·后理国》，第269页。

③ ［英］戈·埃·哈威著，姚梓良译：《缅甸史》，商务印书馆，1973年，第126页。

④ 《经世大典辑校》第八《政典》，第320页。柯绍忞：《新元史》卷二百五十二《外国传四》，载《元史二种》第1册，第967页。

江道"全程均可航行。

元代云南与缅甸的联系十分密切。至元后期，意大利旅行家马可·波罗奉命出使缅国。他自成都出发经由云南，《马可波罗行纪》记载了他沿途亲睹的情形。马可·波罗说云南、印度之间的贸易十分兴盛，今大理、开远地区所产良马，"多售之印度人，而为一种极盛之贸易"。云南地区交易喜用贝币，马可·波罗称这些海贝来自印度。① 元人汪大渊说："天堂（按：指今沙特阿拉伯麦加），……云南有路可通，一年之上可至其地。"② 13 至 16 世纪，印度处于穆斯林统治的德里苏丹时期。此时云南穆斯林至麦加朝圣，可用约一年时间经今缅甸至其地。

元代末年，在云南为官的述律杰说："（云南）手捻□提珠、口诵阿弥陀者，比比皆然。由其地连西竺，与佛国通，理势然□。"③云南的马匹输入印度，云南交易使用大量贝币，云南穆斯林信徒至麦加朝圣，以及印度的佛教深刻影响云南地区，可能都是通过伊洛瓦底江与海上"丝绸之路"联运的路线。元代这条道路兴盛，亦是大理国时期情形的延续。

"东南至交趾道"，指唐代"安南通天竺道"的南段，亦即唐代所称之"安宁至交州道"。这条道路自今云南昆明南下，经通海、建水、蒙自、河口入今越南北部，沿红河两岸至今越南河内。大中祥符七年（1014），大理国与安南爆发战争。大理国出动 20 万军队，沿东南至交趾道进攻安南，被李公蕴指挥安南军打败，安南遣使至宋朝献捷。④ "东南至交趾道"可供 20 万军队通行，表明道路的规模相当可观。

蒙元攻据云南地区，"东南至交趾道"是较早复开的道路之一。

---

① 《马可波罗行纪》，第 433 页。
② 《岛夷志略校释》，第 352 页。
③ 〔元〕述律杰：《重修大胜寺碑铭》，载《新纂云南通志》卷九十四《金石考十四》，第 5 册，第 278 页。
④ 《宋史》卷八《真宗纪三》，第 156 页。参见《西南通史》，第 386—387页。

宪宗七年（1257），兀良合台率军进攻安南，至其都城大罗城（在今越南河内），后师还押赤城（在今云南昆明市区）。① 此行走的就是"东南至交趾道"。数月后南宋所遣谍探报："鞑（按：指蒙古军）介间到交境，或谕修路，或索执俘。"② 这表明蒙古军在着手修复大罗城至押赤城的道路。通过云南至安南的道路，安南与元朝建立了密切的联系。至元四年（1267），世祖封皇子忽哥赤为云南王，"往镇大理、善阐、交趾诸国"。忽哥赤临行，世祖"以云南地接安南，同时诏谕安南国以六事"。③ 至元五年（1268），忽哥赤奉世祖之命，自大理统兵南下援助安南，以击退占城、真腊的侵扰。④ 次年，元朝以张庭珍为安南国至鲁花赤，张庭珍"由吐蕃、大理诸蛮至于安南"⑤。

至元十一年（1274），元朝在云南建行省，云南的政治中心从大理迁至中庆（今云南昆明）。"东南至交趾道"成为重要的国际交通线。次年，元朝敕安南使者"以旧制籍户、设达鲁花赤、签军、立站、输租及岁贡等事谕之"⑥ 随后在云南至交趾道设置驿站。据《元史》卷一百二十五《赛典赤赡思丁传》所载，至元十三年（1276），云南行省平章赛典赤·瞻思丁与安南约为兄弟之国，安南王亲至云南，赛典赤·瞻思丁亲迎于中庆城郊。据《元史》卷六十一《地理志四》所载，至元十三年（1276），元朝改蒙自为县，以"其地近交趾"，遂于舍资（今云南蒙自东）设安南道防送军千户，隶于临安路（治今云南通海北）。

"北至大雪山道"，指由今丽江经滇西北入四川或西藏，东经今

---

① 《元史》卷一百二十一《速不台传》附《兀良合台传》，第 2981 页。《元史》卷二百九《外夷传二》，第 4633 页。

② 《可斋续稿后》卷五《安南求援奏》。

③ 《蒙兀儿史记》卷七十六《云南王忽哥赤传》，载《元史二种》第 2 册，第 510 页。

④ 《元史》卷六《世祖纪三》，第 119 页。

⑤ 《元史》卷一百六十七《张庭珍传》，第 3920 页。

⑥ 《元史》卷八《世祖纪五》，第 160 页。

康定、天全、雅安至成都或西至拉萨的道路。此道在南诏时已成为重要通道，在宋代是大理国联系成都或吐蕃的重要交通线。《明史》卷三百十一《四川土司传一》称此道"为南诏咽喉，三十六番朝贡出入之路"。《元史》卷六十一《地理志四》称，巨津州（在今云南玉龙纳西族自治县西北巨甸镇），"今州境实大理西北陬要害地"。又，《宋史》卷一百九十八《兵志十二》称，"大理连西戎，故多马，虽互市于广南，其实犹西马也"。可见"北至大雪山道"是大理国与吐蕃贸易往来的重要通道。

大理国至吐蕃、印度、交趾、缅国的道路既然保持畅通，大理国自然与这些地区之间有着经济贸易的往来。大理国与两宋的关系，虽不如南诏、唐朝的关系紧密，但联系并未中断。而两地间民间性质的经济文化交流，则较官方的往来更为密切。南宋、大理国经济方面的交流，主要是以马匹为主的交易。《宋史》卷一百九十八《兵志十二》载："大理连西戎，故多马，虽互市于广南，其实犹西马也。"由此可知通过"北至大雪山道"，大理国与吐蕃有贸易方面的往来，大理国售与南宋的马匹，有一部分是来自今丽江以北的地区。大理国与中南半岛诸国，也保持着接受朝贡与相互贸易的关系。通过上述道路，大理国与中南半岛诸国乃至印度等地，保持经常性的商贸往来。

二、大理国时期南方"丝绸之路"的新辟路段

因战马十分紧缺，南宋仍向西南诸蛮购马，但把交易地点从黎州（今四川汉源北）等地改为今广西东北部，并在邕州（今广西南宁南）设买马提举司。南宋对前来的大理国马队严加防范，高宗诏广西帅司密切指挥，暗作防备，"不许张皇，引惹生事"[1]，对大理国的无端猜忌灼然可见。由于南宋对卖马有诸多限制，同时道路遥远路途难行，大理国马队赴邕州卖马的记载渐稀。而位于黔西一带的自杞（中心在今贵州兴义）、罗殿（在今贵州西部）诸部落"皆

[1]　《宋会要辑稿·兵二二》。

贩马于大理"①，转而成为与南宋交易的主要客商。

南宋后期与云南地区的往来渐趋断绝。咸淳间马塈为邕州知州，在职期间"大理不敢越善阐（今云南昆明旧城南关外），安南不敢入永平"②。宋末蒙古军绕道西北进攻大理国，宋邕州官府派人刺探军情，仅能至特磨道（在今云南广南、富宁一带），"少能至大理者，盖沿途诸蛮隔绝，不易通也"③。

南宋在今广西横山寨（在今广西田东）设博易场，向大理国与西南诸蛮买马，由善阐（今云南昆明旧城南关外）经自杞（中心在今贵州兴义）或罗殿（在今贵州西部）至邕州（今广西南宁南）的道路因此兴盛，即"邕州道"。

经由"邕州道"的马匹交易，在一段时间还形成了较大的规模。绍兴二十一年（1151），在邕州辖下规模最大的市马场横山寨（在今广西田东），大理国、诸蛮每年与南宋交易的马匹达1500匹，南宋付出的马值包括黄金50镒、白金300斤、绵缯4000匹和廉州盐200万斤。④ 南宋与大理国进行马匹交易，也为大理国与宋地商人开展商贸活动提供了机会。有不少商人随同西南诸蛮马队，携带大批货物至横山寨交易，"边将、商旅私自贸易"的情形随处可见。⑤ 大理国商贾和自杞、罗殿等地诸族带来的商品，有麝香、胡羊、长鸣鸡、披毡、云南刀及诸药物；宋地商人上市交易的货物，有锦缯、豹皮、文书及"诸奇巧之物"。周去非说："朝廷南方马政，专在邕。边方珍异，多聚邕矣。"⑥

宋廷南移，将向大理国购马的地点改在广西，致使经黎州（今四川汉源北）入蜀的"清溪关道"逐渐废弃；"邕州道"成为云南

① 《岭外代答校注》卷五《财计门》，第190页。
② 《宋史》卷四百五十一《忠义传六》，第13270页。
③ 《可斋续稿后》卷九《回宣谕》。
④ 《续资治通鉴》卷一百二十九《宋纪一百二十九》，绍兴二十一年正月，第2册，第757页。
⑤ 《可斋续稿后》卷五《再条具备御事宜奏》。
⑥ 《岭外代答校注》卷一《边帅门》，第47页。

联系内地的主要通道。这一变化削弱了云南与蜀地的联系,为以后元朝设立脱离四川管辖的云南行省埋下伏笔。在与南海诸国交往方面,两宋以大渡河为界疏远大理国,使云南徼外诸邦通过云南赴中原朝贡十分困难,汉代以来,云南徼外诸邦与中原的传统联系明显削弱。

据《宋史》卷四百八十九《外国传五》所载,宋代中南半岛之交趾、占城、真腊、蒲甘诸国,与宋朝的联系显著减少,且朝贡大都走海路经广州或交趾以至中原,而无一例经由云南陆路。蒲甘等国,前代与中原王朝的往来甚密,但蒲甘入贡于宋,仅见少量记载,所经路途不明。

后晋天福三年(938),交州(今越南河内)的权贵吴权击败南汉进讨,自立为国。① 宋乾德六年(968),交州的丁部领建大瞿越国,北宋以之为"列藩"。淳熙元年(1174)大瞿越国入贡。次年孝宗赐其国名"安南",② 承认其独立地位。交州既失,中原王朝经营西南边疆及其徼外顿失犄角,影响十分深远。安南与大理国的关系疏薄,大中祥符七年(1014),两国发生战争,最终安南获胜。③ 自五代以来,交趾至云南的道路阻碍难通,亦未见宋代有商旅行经交州至云南地区的记载。

总而观之,两宋及大理国时期,南方"丝绸之路"利用的效率不如唐代。两宋在北边有劲敌,多时自顾不暇。两宋治边注重权衡利弊,亦因受"守内虚外"方略的影响,与大理国划大渡河为界,并刻意冷淡大理国,"清溪关道""石门关道"在大部分时间被废弃。为解决战马的来源,两宋向大理国及西南诸蕃购马,南宋时经过广西的马匹交易较为兴盛。由云南往东至今南宁的路线一度成为重要的道路,但南宋后期此道亦难通行。两宋认可安南立国。为防

---

① 《资治通鉴》卷二百八十一《后晋纪二》,天福三年十月,第9192—9193页。
② 《宋史》卷四百八十八《外国传四》,第14071页。
③ 《宋史》卷八《真宗纪三》,第156页。

范安南增收赋税，宋朝着力经营广西地区，今桂林、南宁两地受到重视，两地之间的道路趋于兴盛，大理国、安南的使臣赴宋亦走此道，但此路时通时阻。

中南半岛及海外诸国与宋朝交往，多数选走赴东南沿海的海路。这条海路发生的变化，主要是由于往来的海船中途大都停靠占城（在今越南中南部）、钦州（今属广西）、琼州（今海南琼山），前代兴盛的安南（今越南河内）、徐闻（今属广东）、合浦（今广西浦北南）等中转港口趋于衰落。除地缘政治关系改变外，钦州等地在宋代成为繁荣的贸易市场，也是吸引过往海船停靠的一个原因。至于邻近云南的蒲甘等国，因北上的陆路受阻，与宋朝的交往很少。

自宋代起，前朝以云南、交趾（在今越南河内）为阵地经营中南半岛的局面已不复存在。明代以今云南瑞丽为中心的麓川势力崛起，对西南边疆的安定构成严重的威胁。明朝先后出动四五十万军队，历时近十年才勉强平定，但遗患未除，中南半岛北部最终脱离了明朝的版图。这一重大事件的出现，与宋朝在西南边疆实行消极的治边方略，以及宋朝疏远云南地区、中南半岛交通线的改变等因素有关。

第七章　经济文化与历史地位

第一节　南诏的社会经济

叙述南诏的社会经济，必然涉及南诏社会的性质。较通行的观点认为南诏是以奴隶制为基础的联合体国家，同时存在受奴隶制经济支配的村社农民个体小生产。此外，还有南诏属早期封建制社会、南诏为发达的奴隶制社会这两种观点。[①] 由于西南边疆特殊的地形与气候条件，由此派生的动植物资源的多样性，以及受在此基础上形成的居民生产、生活方式及社会结构的复杂影响，在相当长的时期内，西南边疆不少地区属于东方型的家内奴隶制与封建制因素共存的类型，南诏亦不例外。在家内奴隶制与封建制因素共存的时代条件下，南诏努力经营，使社会经济获得了较大的发展。

一、种植业、畜牧业及其他

隋唐时期云南地区发展的速度加快，尤其在南诏统治的大部分时期，云南及其附近地区的社会经济出现了堪称繁荣的局面。

在唐前期经营的 100 余年间，云南地区的社会经济获得了长足的发展，种植业与畜牧业是发展较迅速的经济部门。唐初的洱海地

[①] 参见方铁：《40 年来我国西南民族史研究情况综述（上）》，《民族研究动态》1990 年第 3 期。

区，已是"厄塞流潦，高原为稻黍之田；疏决陂地，下隰树园林之业。易贫成富，徙有之无。家饶五亩之桑，国贮九年之廪"①。洱海一带大兴水利，从而把山坡辟为可种植水稻和旱地作物的耕地，同时又发展手工业和商业贸易，使这一地区实现"易贫成富，徙有之无，家饶五亩之桑"。

自天宝年间摆脱唐朝的羁绊，南诏便加强对洱海地区的经营。兼之南诏从唐地掠夺得来的大量财物与人口主要安置在洱海地区，这一带农业生产的水平进一步提高。以村社为基础的领主经济发展壮大，在大庄园使用众多的奴隶从事农业生产。南诏在洱海地区实行的政策，为"专于农，无贵贱皆耕，不簾役，人岁输米二斗。一艺者给田，二收乃税"。即强调农业是立国之本，规定自由民乃至各级贵族均须参加农业生产。对这一部分生产者，官府免除徭役，仅征收轻税。新开垦的土地，耕种一年后方可征税。在洱海和其他农业较发达的地区，南诏仿照唐朝的均田制实行计口授田的制度，"上官授与四十双，汉二顷也。上户三十双，汉一顷五十亩。中户、下户各有差降"。② 1 双约合汉地 5 亩。南诏农业发达地区的自由民，不会少于 3 万户。以每户平均授田 30 双（150 亩）计算，通过官府授田，南诏的高产农田不会少于 450 万亩。

《蛮书》卷七《云南管内物产》载：

从曲靖州已南，滇池已西，土俗唯业水田。种麻、豆、黍、稷，不过町疃。水田每年一熟。从八月获稻，至十一月十二月之交，便于稻田种大麦，三月四月即熟。收大麦后，还种粳稻。小麦即于冈陵种之，十二月下旬已抽节如三月，小麦与大麦同时收刈。其小麦面软泥少味。

每一佃区，佃疆连延或三十里。浇田皆用源泉，水旱无损。

---

① 《南诏德化碑》，载《云南考古》（增订本），第 161 页。
② 《新唐书》卷二百二十二上《南蛮传上》，第 6270 页。《蛮书》卷九《蛮夷条教》。

收刈已毕，官蛮据佃人家口数目，支给禾稻，其余均输官。

由上可知，在今大埋和滇东北、滇池以西的农业地区，水稻是主要农作物，麻、豆、黍、稷等作物亦有种植。水稻收割后，还有四个月左右的时间，可种一季大麦或小麦，大麦与粳稻轮种，小麦多种于丘陵地区。这种麦、蚕豆与水稻轮种的方法延续至今。云南人称种水稻为"大春"，称水稻收获后再间种麦、蚕豆为"小春"。这种换茬轮种的方式，与云南冬季不甚寒冷的气候相适应，可提高土地的利用率并增加土壤中的含氮量，进而提高土壤的肥力。

坝区的稻田也得到了严格的管理，每一佃区面积连绵或达30里。看来官吏、贵族由南诏分配得来的大面积农田，主要是农奴和一些奴隶耕作，农奴也有少量的份地。为数不少的自耕农则是自耕自食，收获的粮食也输纳官府一部分。由于粮食有较多的剩余，以粮食酿酒已较普遍。山区的梯田产量亦高，一些地方达到"殊为精好"的程度。大部分农田还使用泉水、陂池进行灌溉，做到"水旱无损"。农业地区不仅普遍使用畜力，而且推广"二牛三夫"耕作法。其方法是："每耕田用三尺犁，格长丈余，两牛相去七八尺，一佃人前牵牛，一佃人持按犁辕，一佃人秉末。""二牛三夫"耕作法提高了工作效率，而且可以做到深耕，因牵牛、扶辕、掌握犁田深度均有专人负责，犁田的质量得以提高。农忙时节，诸城镇官须差官吏"遍令监守催促"，如监守有乞酒饭等违反规定的行为，将受到"杖下捶死"的严厉惩罚。[①]

今滇中等农业区域农业生产的水平，与洱海地区相去不远。居今洱海以北至滇池地区的松外诸蛮，"其土有稻、麦、粟、豆，种获亦与中夏同，而以十二月为岁首"[②]。《新唐书》卷二百二十二下《南蛮传下》说，居西洱河一带的昆明蛮"土歊湿，宜粳稻"，"随水草畜牧，夏处高山，冬入深谷"，大致反映了以上地区的农业生产

① 《蛮书》卷七《云南管内物产》。
② 《通典》卷一百八十七《边防三》，第5067页。

水平与洱海地区类似。

除粮食作物外，农业地区还普遍种植各种蔬菜与水果，池塘中喂养各种鱼类，种植菱、芡等水面作物。《蛮书》卷五《六睒》称，蒙舍川（在今云南巍山南部）"肥沃宜禾稻。又有大池，周回数十里，多鱼及菱芡之属，……邑落人众，蔬果水菱之味，则蒙舍为尤殷"。《通典》卷一百八十七《边防三》称，松外诸蛮地区"菜则葱、韭、蒜、菁，果则桃、梅、李、柰"。这些地区沟渠纵横，农田成片，蔬果茂盛，农舍点缀其间，俨然一派江南水乡的风光。《蛮书》卷五《六睒》称，在渠敛赵地区（在今云南大理市凤仪镇一带），"列树夹道为交流，村邑连甍，沟塍弥望。大族有王、杨、李、赵四姓，皆白蛮也"。这是南诏统治下农业地区安定丰足情形的生动写照。《新唐书》卷二百二十二下《南蛮传下》称分布在洱海、滇池之间地区的白水蛮，"其众完富与蜀埒"。可知南诏农业发达地区的生产水平，已接近四川盆地的一些地区。

山区和边远地区的农业生产，较前代也取得了明显进步，其重要标志是不少原本经济落后的地区开始种植水稻或其他作物，这对原本靠采集、狩猎和畜牧为生的当地诸族而言，是一个不可低估的变化。居住在今云南红河哈尼族彝族自治州南部与老挝北部的尾濮，在南诏统治时期，社会生产也有较大的发展，不仅种植陆稻、稷米等粮食作物，还开发了一些盐井。① 居住在大赕（在今缅甸葡萄一带）的"野蛮"，前代尚较落后，阁罗凤西开寻传，将"野蛮"部落纳入南诏的统治之下，这一地区"其山土肥沃，种瓜瓠长丈余，冬瓜亦然，皆三尺围。又多薏苡，无农桑，收此充粮"②。可见"野蛮"地区虽无农桑，但已种植冬瓜、薏苡一类的作物。

对有经济价值的野生作物，南诏也注意开发与利用。"茶出银生城界诸山，散收无采造法。蒙舍蛮以椒姜桂和烹而饮之。"③ 这是关

---

① 《通典》卷一百八十七《边防三》，第5065页。

② 《蛮书》卷二《山川江源》。

③ 《蛮书》卷七《云南管内物产》。

于西南边疆采茶、饮茶较早的记载。由此看来，所采之茶可能是野生茶，时人尚不知炒制等加工方法，饮时将茶叶与椒姜桂一起烹煮。野生水果亦受重视。《蛮书》卷七《云南管内物产》提到永昌、丽水、长傍、金山等地有荔枝、槟榔、椰子等果品。丽水城（在今缅甸克钦邦伊洛瓦底江东岸达罗基）出波罗蜜果，"南蛮以此果为珍好"。一些有药用价值的植物也得到开发，丽水山谷出濩歌诺木，男女久患腰脚疾者，"浸酒服之，立见效验"。丽江诸族与大理一带的白蛮获得濩歌诺木，"皆寸截之"，珍藏备用。

元代以前今川西南地区的种植业、畜牧业在唐代也有很大发展。嶲州（今四川西昌）、戎州（今四川宜宾）是唐朝设治较早的地区。嶲州、戎州有重要交通线经过，战略地位十分重要，戎州紧邻成都平原，自东汉以来，嶲州、戎州基本上未脱离中原王朝的控制，以这两个州为核心的今川西南地区，成为唐朝向其南部广大区域开拓的前沿。唐朝对嶲州、戎州的经营十分重视。唐朝与南诏的关系破裂，南诏派兵进攻"清溪关道"上的要镇越嶲（今四川西昌东南）、会同（今四川会理北），并攻破越嶲，会同唐军投降。南诏从这两个重镇获得大量的人口、牲畜与粮食，"子女玉帛，百里塞途，牛羊积储，一月馆谷"①。唐朝不愿放弃经营云南的这一前沿阵地，于次年夺回越嶲，以杨廷珏为都督兼领台登（在今四川冕宁县南泸沽镇）。南诏、吐蕃联军继而攻占越嶲与台登，并攻下邛部（今四川越西北）。此后，越嶲成为南诏、唐朝交战的主要战场之一。南诏还多次掠夺这一地区的人口、牲畜和各类物资，使当地的社会经济遭到严重的破坏。贞元十年（794）南诏与唐朝和好，发生在今川西南的战争明显减少，当地的社会经济逐渐恢复。

唐朝统治云南地区，各地的畜牧业趋于繁荣。《蛮书》卷四《名类》说："当天宝中，东北自曲靖州，西南至宣城，邑落相望，牛马被野。"曲州（今云南昭通）、靖州（在今云南大关附近）、宣城（在今云南东南部）等今滇东与滇东南地区，其北部在两晋时遭战乱

---

① 《南诏德化碑》，载《云南考古》（增订本），第160页。

残破，从以上记载来看，唐代前期当地的社会经济有所恢复或进步。

云南地区发展最快的是牛、马的饲养。各地饲养牛相当普遍，尤其是洱海、滇池地区养牛的数量很大。史载："云南及西爨故地并只生沙牛，俱缘地多瘴，草深肥，牛更蕃生犊子。天宝中，一家便有数十头。"居住在永昌（今云南保山）西北的望蛮外喻部落，善养沙牛，"亦大于诸处牛，角长四尺已来，妇人惟嗜乳酪，肥白"。通海以南地区多野水牛，或一千二千为群。弥诺江以西则普遍饲养牦牛。居林西原（在今越南老街一带）一带的崇魔蛮，"溪洞而居，俗养牛马，比年与汉博易"。大中八年（854），唐朝的安南都护施政苛暴，用盐与崇魔蛮交易牛马，每一头匹只许盐一斗，引起崇魔蛮不满，"因此隔绝，不将牛马来"。①

云南各地养马也相当常见。前代养马不多的南方边疆亦开始有养马的记载。在澜沧江以西的地区，"俗尚勇力，土又多马"。诸葛亮城（在今云南保山西隅、高黎贡山东坡）有神庙，"蛮夷骑马，遥望庙即下马趋走"。② 可见这一地区不仅饲养马匹，当地民族还以马代步。越嶲地区亦产马。《新唐书》卷四十二《地理志六》将"蜀马"列为当地土贡之首。南诏的马军训练有素，是一支举足轻重的力量。马军的建设，必以拥有大量优质马匹为前提。《新唐书》卷二百二十二上《南蛮传上》说："壮者皆为战卒，有马为骑军。"

南诏在畜牧业方面的一项突出贡献，是培育出了能"日驰数百里"的良种马"越赕骏"。越赕骏产于越赕（今云南腾冲北）之西，当地"有泉地美草，宜马"。饲养之法为在马驹一岁后，"纽莎草为拢头縻系之"，三年内喂以"米清粥汁"，"六七年方成就"。越赕骏"尾高，尤善驰骤，日行数百里"，因毛色多"骢"（按：青、白色相间称"骢"），故又称"越赕骢"。《南诏德化碑》有"越赕天马生郊，大利流波濯锦"之句，③ 可知阁罗凤时南诏已培育出越赕骏。

---

① 《蛮书》卷四《名类》、卷七《云南管内物产》。
② 《蛮书》卷六《云南城镇》。
③ 《云南考古》（增订本），第161页。

越赕（今云南腾冲北）、申赕（今云南腾冲西北）、次赕（今云南禄丰东南）、滇池等地亦产良马，以滇池地区所产为佳。今滇东的山地民族东爨乌蛮也饲养马，但数量和质量赶不上越赕地区。各地牧马大都"野放"，即通行放牧于野外，唯阳苴咩城（今云南大理西北）与大厘城（在今云南大理市北喜洲镇）、遵川（在今云南洱源县邓川镇）置有槽枥，一些养马场达到"喂马数百匹"的规模。越赕骏深受南诏珍重。贞元十年（794），唐朝、南诏和好，异牟寻献至长安的珍贵礼物中便有越赕骏。①

　　云南各地饲养的家畜，还有猪、羊、猫、犬、骡、驴与兔，家禽有鸡、鹅、鸭等。这些畜禽的饲养相当普遍，"诸山及人家悉有之"。各族还培育出一些畜禽的优良品种，永昌（今云南保山）、云南（今云南祥云东南）培育的"大鸡"，重10余斤且"觜距劲利"，能搏取鹝、鸥、鹊、鸟、鸽、八哥等鸟类。"大鸡"不仅颇具食用价值，还能在行猎时作为猎鸟。可惜，这一珍贵鸡种后来消失了。

　　各地饲养淡水鱼类也十分普遍。蒙舍川（在今云南巍山南部）池塘饲养的鲫鱼，大者重达5斤。在洱海以及今滇中的抚仙湖，"冬月，鱼、雁、鸭、丰雉、水扎鸟遍于野中水际"。南诏还成功驯养了象、鹿等野生动物。象在开南地区（辖境东抵哀牢山，西至澜沧江，约当今云南景东往南直至境外）饲养普遍，"或捉得，人家多养之，以代耕田也"。在今云南南部的茫蛮等部落，象"大如水牛，土俗义（养）象以耕田，仍烧其粪"。在龙尾城东北息龙山（今洱海南岸团山），南诏建立了一个大型养鹿场，"要则取之"。类似的养鹿场，在览赕、织和川、鹿川等地亦有。在养鹿场中常见龙足鹿30或50只，白昼群行食草。②

　　南诏大量猎取犀牛与虎。犀牛主要产自今腾冲与缅甸伊洛瓦底江上游一带，今德宏、弥渡等地"亦出犀皮"。猎取之法为当地民族

---

① 《蛮书》卷七《云南管内物产》。《新唐书》卷二百二十二上《南蛮传上》，第6275页。

② 《蛮书》卷七《云南管内物产》。

"以陷井取之"。犀角可制酒具，亦可入药；犀皮是制甲不可多得的优质原料。南诏制甲使用犀皮，甚至比用牛皮更普遍。南诏猎虎主要是为取其皮以制衣披，虎出高山、穷谷者色深纹明，"炳然可爱"，"如在平川，文浅不任用"。① 贞元十年（794），异牟寻列队迎接唐使袁滋，"（异牟寻披）金甲，蒙虎皮，执双铎鞘"②。南诏有这样的制度：贵族功绩卓著者赐披虎皮，有超等殊功者可披全虎皮，次功则胸前背后得披而缺其袖，再次功者胸前得披而缺其背。③《南诏德化碑》碑阴题名，注明披虎皮者计7人。④ 南诏既以赐披虎皮为奖励军功的制度，披虎皮的将领不少，猎虎当不在少数。

唐代云南一些偏僻山区还处于较落后的阶段，一些地方种植业虽欠发达，但畜养牛羊等大型牲畜却较为普遍。居铁桥（在今云南玉龙纳西族自治县西北塔城乡）一带的磨些蛮，"土多牛羊，一家即有羊群"，"男女皆披羊皮"。鲁望（今云南鲁甸）以南至竹子岭（在今云南宣威西北、牛栏江东岸）一带，有阿芋路、暴蛮、卢鹿蛮、磨弥殿等属于东爨乌蛮的部落，这些部落日常生活的情形是"男则发髻，女则散发，见人无礼节拜跪，三译四译，乃与华通"。"无布帛，男女悉披牛羊皮。"⑤

二、手工业、交通业、商业及其他

唐代前期，云南地区的金、瑟瑟（按：一种玉石）和银等已进一步得到开采。《南诏德化碑》称："西开寻传，禄郫出丽水之金；北接阳山，会川收瑟瑟之宝。""建都镇塞，银生于墨嘴之乡。"⑥ 丽水（今缅甸伊洛瓦底江）产金，会川（今四川会理西）产玉，已见于前代史籍，但墨嘴之乡（指今云南德宏、西双版纳一带）产银，

---

① 《蛮书》卷七《云南管内物产》。
② 《新唐书》卷二百二十二上《南蛮传上》，第6274页。
③ 《蛮书》卷八《蛮夷风俗》。
④ 《云南考古》（增订本），第163—165页。
⑤ 《蛮书》卷四《名类》、卷一《云南界内途程》。
⑥ 《云南考古》（增订本），第161页。

却是首见于唐代记载。

南诏统一云南和附近地区后，金属开采业有了更大的发展。金矿被大量开采，矿源主要有生金（裸块金）、麸金（沙金）两种。生金主要产自长傍诸山（在今缅甸克钦邦东部拖角一带），以及腾冲以北的金宝山（在今缅甸密支那）。生金含金量高，贵于麸金数倍。取金之法，为春冬间于山上掘深丈余、宽数十步的大坑，夏天降雨时添土入坑，于所添土里的砂石中披拣生金。麸金产自丽水（今缅甸伊洛瓦底江），矿工盛河水在刻有槽的木板上冲洗，于沙中淘取麸金。南诏对金矿的开采控制甚严，生金主要由百姓开采以代赋税，长傍诸山"部落百姓悉纳金，无别税役、征徭"。"然以蛮法严峻"，当地百姓所掘金块，十之七八须纳官府，其余归开采者所有。"如不输官，许递相告"。① 开采沙金，主要是使用奴隶与罪犯集中劳动。南诏制定"河赕法"，男女犯罪，多送丽水淘金。南诏还从邻国掠人为奴，送金沙江淘金场充为劳力。太和九年（835），南诏攻破弥诺国（在今缅甸伊洛瓦底江与钦敦江汇合处一带）与弥臣国（在今缅甸伊洛瓦底江口），"劫金银，掳其族三二千人，配丽水淘金"②。南诏亦大量开采银、锡等矿，银以产自会同（今四川会理北）银山的最有名，锡则主要出自诺赕川（今四川会理西南）锡山。南诏对这些矿藏的开采"禁戢甚严"③，看来是实行官营。

南诏不仅矿冶业发达，金属加工业也达到了很高的水平。制造水平最高的是刀剑打造。贞元十年（794），异牟寻遣清平官尹辅酋等随唐使袁滋入朝，携带的礼物中便有铎鞘、浪剑与郁刃。"铎鞘者，状如残刃，有孔傍达，出丽水，饰以金，所击无不洞，夷人尤宝，月以血祭之。郁刃，铸时以毒药并冶，取迎跃如星者，凡十年乃成，淬以马血，以金犀饰镡首，伤人即死。浪人所铸，故亦名浪剑。王所佩者，传七世矣。"所说铎鞘出自丽水（今缅甸伊洛瓦底

---

① 《蛮书》卷七《云南管内物产》。
② 《蛮书》卷十《南蛮疆界接连诸蕃夷国名》。
③ 《蛮书》卷七《云南管内物产》。

江），可知当地有铸制兵器的工场。铎鞘最有名者为越析诏祖传的铎鞘。阁罗凤击破越析诏，"得铎鞘，故王出军必双执之"。贞元十年（794），南诏欢迎唐朝使者一行，异牟寻戎装见唐使袁滋即双手执铎鞘。之后异牟寻遣使入朝，所献铎鞘即其之一。① "昔时越析诏于赠有天降铎鞘，后部落破败，盛逻皮（皮逻阁）得之"。既言"天降"，可知获取不易，可能是以陨石打制而成。

质量次于铎鞘的刀剑有郁刃。打造方法为："用毒药、虫、鱼之类，又淬以白马血，经十数年乃用。中人肌即死，俗秘其法，粗问得其由。"从记载来看，南诏已知淬火是提高刀剑质量的关键环节，并总结出用含有一定比例盐分的液体（白马血）淬火的方法。为增加杀伤力，工匠在锻造刀剑时还加入毒药。②

南诏剑是南诏军士普遍使用的武器，"不问贵贱，剑不离身"。造剑的方法是："锻生铁，取迸汁，如是者数次，烹炼之。剑成，即以犀装头，饰以金碧，浪人诏能铸剑，尤精利，诸部落悉不如，谓之浪剑，南诏所佩剑，已传六七代也。"③ 洱海地区诸部落大都会制造铁剑，以三浪诏锻造的剑最为锋利，精品又称"浪剑"。刀剑锐利坚韧与否，很大程度上取决于刀剑原料的含碳量。南诏工匠锻打生铁，取迸汁反复锻炼，④ 可能还加入熟铁，是为减少制剑生铁原料中的含碳量，使碳的含量较为适当。这种改变钢铁含碳量使之成为优质钢材的方法，近代仍见使用，被称为"灌钢法"。"灌钢法"在中原出现于南北朝时期，是"坩埚炼钢法"发明之前一种先进的制钢技术。北宋沈括描述了"灌钢法"的工艺过程："用柔铁屈盘之，乃以生铁陷其间，泥封炼之，锻令相入，谓之'团钢'，亦谓之'灌钢'。"⑤

---

① 《新唐书》卷二百二十二中《南蛮传中》，第 6294、6275 页。
② 《蛮书》卷七《云南管内物产》。
③ 《蛮书》卷七《云南管内物产》。
④ 《蛮书》卷七《云南管内物产》。
⑤ 〔宋〕沈括撰，金良年点校：《梦溪笔谈》卷三《辩证一》，中华书局，2015 年，第 23 页。

南诏大量冶炼加工的金属还有铜。南诏中期佛教盛行，用铜大量铸造佛像与大钟，用铜数量之大与铸造工艺之精使人叹为观止。为建造洱海湖滨的崇圣寺，南诏铸铜佛 1 万余尊，用铜 4 万余斤，所铸观音像保存至今。观音像高 2.4 丈，比例适度，神态庄重，而且铸造精细。所铸铜钟高达 1 丈余，重达数千斤，钟面铸有 12 个佛像。除用于佛事，民间也普遍用铜制造盆、瓶等日用器皿。《蛮书》卷八《蛮夷风俗》说，南诏及乌蛮死不墓葬，死后 3 日焚尸，唯收两耳贮之以供祭祀。南诏家以金瓶贮耳，又以银为函盛之，"其余家或铜瓶铁瓶盛耳藏之也"。

南诏冶炼金、银的数量很大。元和四年（809），南诏国王劝龙晟铸金佛三尊赠佛顶寺，使用黄金 3000 两。太和二年（828），南诏国王丰祐"用银五千铸佛"①。南诏用金、银制造日用器物也相当普遍。王族的食用器皿均以金银制成。洱海一带的白蛮妇女发髻及耳上多缀金、贝、珍珠等饰物。南诏王异牟寻身穿金甲，大军将、清平官佩带金带。金、银还是南诏贸易的贵重货物。南诏在银生城等地与邻国贸易，"多诸珍宝，以黄金麝香为贵货"②。云南南部边陲的冶金业、冶银业亦较发达。居住这一地区的金齿百夷，因喜好以金银镂片包裹其齿，"有事出见人则以此为饰，食则去之"，而被称为"金齿蛮"或"银齿蛮"。③

云南地区的制盐业十分兴盛。《新唐书》卷二百二十二上《南蛮传上》说，安宁（今属云南）有五口盐井，"人得煮鬻自给"。唐玄宗令大将何履光率兵临之，"取安宁城及井"。《南诏德化碑》言："安宁雄镇，诸爨要冲，山对碧鸡，波环碣石，盐池鞅掌，利及群欢。"④ 南诏据有云南地区，制盐业得到进一步发展。境内"其盐出处甚多"，南诏初期境内有盐井 40 口，后来又有增加。产量最大的

---

① 《南诏野史会证·大蒙国》，第 111、132—133 页。
② 《蛮书》卷六《云南城镇》。
③ 《蛮书》卷四《名类》。
④ 《云南考古》（增订本），第 161 页。

盐井，主要在安宁城、泸南（今云南大姚西南）、昆明城（今四川盐源东北）、龙佉河（即龙怯河，今雅砻江支流永兴河）、敛寻（在今云南维西）、剑川、丽水城（在今缅甸克钦邦伊洛瓦底江东岸达罗基）、开南城（今云南景东东南）、长傍诸山（在今缅甸克钦邦东部拖角一带）等处，所产之盐，为周围诸族所仰靠。安宁城中"皆石盐井，深八十尺，城外又有四井，劝百姓自煎"。"升麻、通海已来，诸爨蛮皆食安宁井盐"。泸南井盐质量亦佳，"河赕、白崖、云南已来供食"。昆明城有"大盐池"，贞元十年（794）以前被吐蕃控制。① 开南城"内有盐井一百来所"②。此外，敛寻东南有傍弥潜井、沙追井，西北有若耶井、讳溺井。

南诏采盐之法，除继续使用"以咸池水沃柴上，以火焚柴成炭，即于炭上掠取盐"的传统方法外，还使用了较先进的煎煮法。贞元十年（794），南诏从吐蕃驻军夺取昆明城（今四川盐源东北）盐池，"蛮官煮之如汉法也"。但煎煮法尚未推广，因此"煎煮则少"。南诏的盐井不仅数量多而且产量大，可满足各族对食盐的需要。南诏还将食盐铸为颗盐，每颗盐重一二两，"有交易即以颗计之"。③以盐块作为贸易中介物流通，使各地获得食盐较为容易，乃是南诏的一项创举。据《马可波罗行纪》所述，元代云南地区仍流行可作为贸易中介物使用的颗盐。

纺织业在水平与规模方面有较大的进步。云南纺织业最发达的地区，仍是今洱海与滇池的周围地区。自曲州（今云南昭通）、靖州（在今云南大关附近）至滇池一带，"人水耕，食蚕以柘，蚕生阅二旬而茧，织锦缣精致"④。在洱海地区，"无桑，悉养柘，蚕绕树，村邑人家，柘林多者数顷"。"抽丝法稍异中土，精者纺丝绫，亦织为锦及绢。其纺丝入朱紫以为上服，锦文颇有密致奇采。"至于寻常

---

① 《蛮书》卷七《云南管内物产》。
② 《蛮书》卷六《云南城镇》。
③ 《蛮书》卷七《云南管内物产》。
④ 《新唐书》卷二百二十二上《南蛮传上》，第 6282 页。

百姓，则穿"制如衾被"的绢衣，其绢极粗，"原绸不入色"。南诏王族和清平官穿用的衣服十分讲究，在丝绫和锦料上加以刺绣，其上还点缀虎皮。南诏原本并不掌握织造绫罗的技艺，自太和三年（829）南诏军队攻下成都，掳掠大量的工匠、织女回到云南，遂掌握织制绫罗的生产技术，"如今悉解织绫罗也"。①

农业地区纺织业的特点，一是养蚕十分普遍。所养的多是柘（柞）蚕，洱海地区为饲养柘蚕种植的柘林甚广，有的竟达数顷之多。二是绢布、绫罗的产量很大，充分保证了制衣所用原料的需要。② 南诏妇女"贵者以绫锦为裙襦，其上仍披锦方幅为饰"，贵族家的仆女"亦有裙衫，常披毡，及以缯帛韬其髻，亦谓之头囊"③。南诏生产的绢布还进入边疆地区，成为当地诸族常用的衣料。金齿蛮、银齿蛮"以青布为通身裤，又斜披青布条"，绣脚蛮"衣以绯布，以青色为饰"。分布在云南南部的茫蛮部落，皆衣青布短裤，"红缯布缠髻，出其余垂后为饰，妇人披五色娑罗笼"。居今川西南一带的栗粟等蛮，"丈夫妇人以黑缯为衣，其长曳地。又东有白蛮，丈夫妇人以白缯为衣，下不过膝"。④ 居洱海以北至滇池地区的松外诸蛮，纺织业的水平与洱海、滇池地区相去不远。松外诸蛮"有丝麻，女工蚕织之事，出绅绢丝布，幅广七寸以下"⑤。

南部边陲的诸族，织布大都就地取材，纺织桐华布亦属常见。《蛮书》卷七《云南管内物产》称，自银生城、拓南城、寻传、祁鲜以西，"蕃蛮种并不养蚕，唯收婆（娑）罗树子破其壳"，其中白如柳絮，纫为丝，织为方幅，裁之为笼段，"男子、妇女通服之"。位于中南半岛的骠国、弥臣国、弥诺国之人皆披娑罗笼段。《蛮书》卷四《名类》称，生活在云南南部的金齿百夷，除穿大理等地输入

---

① 《蛮书》卷七《云南管内物产》。
② 《蛮书》卷七《云南管内物产》。
③ 《蛮书》卷八《蛮夷风俗》。
④ 《蛮书》卷四《名类》。
⑤ 《通典》卷一百八十七《边防三》，第5067页。

的绢布外，亦穿着桐华布，"妇人披五色娑罗笼"。

边疆诸族纺织的丝绫绢布与桐华布，以及山地民族织造的披毡，做工颇为精美，南诏将其中一些精品作为礼物献至唐朝。贞元十年（794），南诏遣使献至长安的珍贵方物，其中有"氎、纺丝"。氎即白氎，为纺织精细的棉布。长庆三年（823），南诏王"进金碧文丝十有六品"。"金碧文丝"是掺织金丝的纺织品。中和元年（881），南诏遣使者往迎唐朝公主，"献珍怪毡罽百床"。①

南诏在云南腹地修建了不少城市。这些城市和位处边陲的城镇不同，虽也有军事镇戍的效用，但主要是当地统治机构治所的所在地，也是当地经济文化的中心。南诏在云南腹地建造的城市，不仅数量较多，规模亦大，在建筑方面亦颇有造诣。这一类城市有太和城（在今云南大理市北太和村）、阳苴咩城（今云南大理西北）、龙尾城（在今云南大理）、龙口城（在今云南大理市北上关镇）、大厘城（在今云南大理市北喜洲镇）、邓川城（在今云南洱源县邓川镇）、白崖城（在今云南弥渡县红岩镇）、铁桥城（在今云南玉龙纳西族自治县西北塔城乡）、弄栋城（今云南姚安北）、拓东城（在今云南昆明市区）。南诏擅长建造大型建筑物。以五华楼为例，南诏王丰祐在阳苴咩城建五华楼为迎宾馆，"楼方广五里，高百尺，上可容万人"②。蒙古宗王忽必烈率领军队征大理曾驻兵楼前，后来此楼毁于兵火。修建高达百尺的木结构建筑，在今天也是高难度的工程。

南诏腹地的城市既是经济文化的中心，又是商贾货物的集散地与交通枢纽。拓东城（在今云南昆明市区）北10余里，"官路有桥渡此"。龙尾城（在今云南大理），"城门临洱水下，河上桥长百余步。过桥分三路：直南蒙舍路，向西永昌路，向东白崖城路"③。云

---

① 《新唐书》卷二百二十二上《南蛮传上》，第 6275 页。《旧唐书》卷十六《穆宗纪》，第 503 页。《新唐书》卷二百二十二上《南蛮传上》，第 6294 页。

② 《滇考》上，载《云南备征志》卷十一《故实十一》，第 691 页。

③ 《蛮书》卷二《山川江源》、卷五《六赕》。

南腹地城镇所具有的这一特点，是南诏贸易交换和交通发达情形的反映。

唐朝在云南及其附近地区设治，十分重视当地交通业的建设。贞观二十二年（648），唐朝遣梁建方率兵平定松外蛮反叛，复通"西洱河至天竺道"。神龙三年（707），唐廷派姚巂道讨击使唐九征率兵击姚州（今云南姚安北）叛蛮，可能与复通"灵关道"有关。天宝四载（745），唐朝筹划开通自安南都护府北经步头（在今云南个旧西南、元江北岸）、安宁城连通"蜀身毒道"的"步头路"，引发爨氏大姓的反叛，唐命南诏东进平叛，复置安宁城。可见唐朝十分重视发展云南及徼外地区的交通。唐代前期云南地区重要的交通线，有"清溪关道"（原"灵关道"）、"石门关道"（原"五尺道"）。据《蛮书》卷一《云南界内途程》所载，自成都沿"清溪关道"，至南诏都城阳苴咩城共有49驿。异牟寻归唐，剑南道与南诏辖境的分界在巂州俄准岭（今四川德昌南），俄准岭以北为剑南道地界，设有30驿，俄准岭以南的19驿归南诏管辖。

南诏统治云南和附近地区时，这一地区的交通业继续发展。汉代以来通行的"清溪关道""石门关道""交趾道"，仍是云南联系周围地区主要的交通线，这几条道路在云南地区的路段，则是南诏境内的交通干线。这几条交通线前文已有详述，兹不赘言。此处重点详述一下"安南道"及以后的"安南通天竺道"。据《新唐书》卷四十三下《地理志七下》所载，从安南（今越南河内）至阳苴咩城（今云南大理西北），须经以下诸地：太平、峰州（在今越南白鹤）、南田、恩楼县、忠城州（在今越南锦溪）、多利州（在今越南安沛）、朱贵州、丹棠州、古涌步（今云南河口西北）、浮动山、天井山、汤泉州、禄索州（今云南屏边西）、龙武州、僚迟顿（今云南蒙自东南）、八平城、洞澡水（今云南个旧北）、南亭（在今云南建水）、曲江、通海镇（在今云南通海）、绛县（今云南玉溪市江川区北）、晋宁驿、拓东城、安宁城、云南城、白崖城、蒙舍城、龙尾城、太和城，遂至阳苴咩城。由阳苴咩城西行，可至天竺（今印度）进抵大秦（东罗马帝国）。继续往西南行，可至中天竺国东北的奔那伐檀那国，与骠国往婆罗门（今印度）之路汇合。

将入安南道扩展为"安南通天竺道"，发生于异牟寻归唐之后。开元、天宝年间，剑南节度使章仇兼琼遣越嶲都督竹灵倩，"置府东爨，通路安南"①。此行为是为开通"安南通天竺道"做准备。天宝八载（749）和天宝十载（751），唐将何履光与安南都督王知进，分别率兵马从安南进讨南诏。贞元九年（793），异牟寻遣三路使者至唐谋和，安南是其中一路。贞元十年（794），异牟寻与唐朝恢复旧好。经过双方共同努力，唐朝关于将"安南道""蜀身毒道"相连的设想终于实现。《新唐书》卷四十三下《地理志七下》所载由安南至天竺（今印度）等地的驿路，反映的便是贞元十年（794）以后的情形。咸通元年（860）与咸通四年（863），南诏军沿"安南通天竺道"两次攻陷安南，咸通六年（865）安南才被唐军收复。

南诏还开辟了被称为"北至大雪山道"的新道。这条道路的走向，是从今云南大理经丽江入四川，过今康定、天全、雅安至成都，还可经今丽江进抵西藏拉萨。这些足以证明，南诏十分重视交通线与相关设施的建设。南诏于中后期设立了100余个城镇，从布局来看，这些城镇大部分在交通沿线附近，对保障交通的畅通和便利商品集散，起到了积极的作用。

随着交通业的发展，云南地区的商贸活动趋于活跃。《蛮书》卷八《蛮夷风俗》说："（南诏）本土不用钱，凡交易缯帛、毡罽、金银、瑟瑟、牛羊之属，以缯帛幂数计之，云某物色直若干幂。"《新唐书》卷二百二十二上《南蛮传上》称，南诏"以缯帛及贝市易，贝者大若指，十六枚为一觅"。从所述情形来看，南诏使用货币已较为普遍。南诏与相邻地区的经贸往来也很频繁。吐蕃居民常驱赶两三千的羊群，经铁桥（在今云南玉龙纳西族自治县西北塔城乡）一带至洱海地区贸易。自永昌（今云南保山）到越赕（今云南腾冲北）及其以西地区交易，必经高黎共山。高黎共山在永昌（今云南保山）之西，下临怒江。左右平川，谓之"穿赕"，其山"草木不

---

① 《南诏德化碑》，载《云南考古》（增订本），第157页。

枯，有瘴气"。自永昌赴越赕途经此山。冬天山顶积雪严寒，秋夏山下盆地毒暑酷热，一驿位山腰，一驿在山巅，拂晓客商从怒江边登山，迟暮方至高黎共山顶，河赕（在今云南大理一带）羁留寻传（今澜沧江上游以西至伊洛瓦底江上游以东地区）的商客乃作歌："冬时欲归来，高黎共上雪。秋夏欲归来，无那穿赕热。春时欲归来，平中络赂绝。"① 从歌谣可知大理等地的白蛮商人，翻山越岭到边疆做生意已属司空见惯，同时也反映了商贾生活的动荡与艰辛。

南诏与中南半岛诸国也建立商贸往来。"骠国，在蛮永昌城南七十五日程，阁罗凤所通也。……有移信使到蛮界河赕，则以江猪、白氎及琉璃、罂为贸易。与波斯及婆罗门邻接。西去舍利城二十日程"。大秦婆罗门国（在今印度阿萨姆北部以西以至于恒河流域）、小婆罗门国（在今缅甸、印度交界的曼尼普尔河一带），南诏与其也有往来。②

第二节　大理国的社会经济

大理国前期基本上继承南诏的统治地域，后期却出现严重的地方分裂割据。大理国与南诏的主要不同之处，一是大理国所统治的农业地区，先后进入了早期封建社会，社会性质发生重大改变，深刻影响了大理国的政治、经济、文化与民族关系。二是在大理国统治的 316 年间，大理国周边的乌蛮、金齿百夷等本地民族崛起，建立了一些重要的地方政权。大理国放弃南诏对周边民族进行军事征服的做法，转而采用中原王朝常用的遥相羁縻的治策，以处理与周边民族的关系。大理国民族治策的改变，对其社会经济也产生了较大的影响。

---

① 《蛮书》卷七《云南管内物产》、卷二《山川江源》。
② 《蛮书》卷十《南蛮疆界接连诸蕃夷国名》。

一、种植业与畜牧业

与五代十国、两宋时期大致相当，云南与周边地区先后被大长和国、大天兴国、大义宁国、大理国统治。大长和国、大天兴国、大义宁国的统治仅 35 年。在大理国的后半期，各地虽有一些割据与纷争，但与中国北部及黄河流域相比，大理国遭受战乱破坏的程度较轻，社会大致保持安定。由于统治者的努力经营和各族百姓的辛勤劳动，大理国的社会经济在南诏的基础上有所进步。① 在大理国时期，今洱海、滇池周围等经济较发达的地区进入早期封建社会。

在洱海、滇池等农业地区，农业朝着精耕细作的方向发展。宋熙宁七年（1074），峨眉进士杨佐奉宋成都路之命赴大理商议买马，进入今滇中一带，"见土田生苗稼，其山川风物略如东蜀之资、荣"②。可知其地农业生产的水平，与四川农业地区相去不远。洱海与滇池地区是大理国经营的重点。元人郭松年称，品甸（在今云南祥云）"甸中有池，名曰'青湖'。灌溉之利达于云南（今云南祥云东南）之野"。又说赵州甸（在今云南大理市凤仪镇）"神庄江贯于其中，溉田千顷，以故百姓富庶，少旱虐之灾"。郭松年在云南任官的时间距大理国不远，所述青湖与神庄江的水利工程应为大理国所建。青湖水利工程使祥云盆地大面积的耕地得到灌溉之利，神庄江能浇溉赵州甸的上千顷田地，可见这两处水利工程具有相当大的规模。郭松年称洱海地区的玷苍山终年积雪，当地官府引玷苍山的雪水泻下为水渠，"功利布散，皆可灌溉"③。大理国还在今祥云一带兴建蓄水的陂塘。位于白塔村的段家坝塘"东接镜湖"，可浇溉较大面积的农田。④

---

① 参见方铁：《大理国时期云南地区经济文化的发展》，《云南民族学院学报》（哲学社会科学版）1997 年第 3 期。
② 《续资治通鉴长编》卷二百六十七，熙宁八年八月，第 6540 页。
③ 《大理行记校注》，载《大理行记校注 云南志略辑校》，第 20 页。
④ 《滇志》卷三《地理志之三》，第 122 页。

大理国对滇池地区的金棱河、银棱河经常进行维修，收到分洪与灌溉之效。① 宋康定元年（1040），大理国王段素兴于金棱河筑春登堤，于云津河（盘龙江）建云津堤，此二堤于蓄洪、灌溉大有裨益。水利工程的兴建，使受浇溉的田地达到数十万亩之多。② 元初奉命出使缅国的意大利人马可·波罗，讲述其途经中庆（今云南昆明）的见闻，称此地"颇有米麦"，盛行用海贝交易，滇池多见大鱼，"诸类皆有，盖世界最良之鱼也"。③ 元代在云南任职的李京则说居住今大理、滇中一带的白蛮，"多水田，谓五亩为一双。山水明秀，亚于江南。麻、麦、蔬、果颇同中国"④。

云南等地山区与边疆的农业生产也有较大进步。刘秉忠于大理国后期随蒙古军征讨大理，他写了一些诗歌记录经丽江至大理沿途所见，其中一首云："鳞层竹屋倚岩阿，是岁秋成粳稻多。远障屏横开户牖，细泉磴引上坡陀。"另一首称："绿水洄环浇万塍。"⑤ 鹤州即今云南鹤庆。从刘秉忠所言来看，在丽江至大理一带，诸族引水浇溉山间梯田的情形随处可见。《云南志略辑校·诸夷风俗》称，居住在云南南部的金齿百夷妇女，"尽力农事，勤苦不辍。及产，方得少暇"。

在经济作物的种植与利用方面，值得一提的是植茶业与中药材的发展。两宋向西北诸蛮购买马匹，以茶叶作为偿付马值货物的大宗。宋朝与大理国商人交易马匹，则是以金、白金、棉布和食盐来支付，未见付与茶叶的记载，表明大理国辖地所生产的茶，已能满足本地消费的需要。大理国地区种植的茶叶，还通过民间贸易输入内地。在一些地区，种茶与贩茶还成为百姓的一项生计。居今滇东北、川南地区的土僚蛮，"山田薄少，刀耕火种。所收稻谷，悬于竹

---

① 《滇云历年传》卷五，第 166 页。
② 《景泰云南图经志书校注》卷一《云南布政使司》，第 6 页。
③ 《马可波罗行纪》，第 428—429 页。
④ 《云南志略辑校·诸夷风俗》，载《大理行记校注 云南志略辑校》，第 88 页。
⑤ 《藏春集》卷一。

棚之下，日旋捣而食，常以采荔枝、贩茶为业"。在金齿百夷地区，交易为五日一集，"以毡、布、茶、盐互相贸易"。① 以上为元代的记载，推测大理国时已如此。

大理国加工和使用的药材，种类较前代有所增加。大理国经常使用的药物有紫檀、沉水香、甘草、石决明、井泉石、蜜陀僧、香蛤、海蛤、麝香与牛黄。有关记载如：银屑，"生永昌"，"陶隐居云：银之所出处，亦与金同"。升麻，主解百毒，生益州山谷，"陶隐居云：旧出宁州者第一"。木香，主邪气辟毒疫，"生永昌山谷"。琥珀，主安五脏，"生永昌"。蘖木，主五脏肠胃中结热，"生汉中山谷及永昌"。榿实，主五痔去三虫，"生永昌"。木鳖子，主折伤消结肿，"出朗州及南中，七八月采之"。蔡苴机屎，主蛇虺毒，"出永昌郡"。犀角，主百毒蛊疰，"生永昌山谷及益州"。贝子，主目翳，"云南极多，用为钱货易"。② 上面所举的药物有植物、动物和矿物，这些药物见录于宋代医书，还注明了效用和产地，可知这些药物不仅在大理国使用，还通过民间贸易输入内地。一些名贵药物如麝香、牛黄，大理国充作贡品献至宋朝。

大理国也出现了传授数代的名医。据大理五华楼遗址出土的《溪智墓志》所载，死者溪智及其先人以擅长医术位居大理国高位，其祖先因治疗公主之疾有功而"继补阇黎"，溪智则"继承祖父，罔坠厥宗，□炼艺能，培成其器"，"修术以克度人"，继承祖业以医术为生。③ 宋崇宁二年（1103），大理国派遣高泰运奉贡表至宋并"求经籍"，所得经籍中有药书62部。近年在大理千寻塔等古塔出土的唐宋时期药物，有朱砂、沉香、檀香、麝香、云母、香蛤、松香、水君子、金箔、珊瑚、玛瑙、绿松石、水晶石、水中石子、珍珠、

① 《云南志略辑校·诸夷风俗》，载《大理行记校注 云南志略辑校》，第95、93页。

② 〔宋〕唐慎微：《证类本草》卷四、卷六、卷十二、卷十四、卷十六、卷十七、卷二十二，四部丛刊景金泰和晦明轩本。

③ 《云南考古》（增订本），第262页。

贝、琥珀、象牙、干姜、槟榔、荜茇、荜澄茄、胡椒、桃仁、胡豆、扁豆、草果、樟木子等。① 出土的药物可以说是种类繁多，有一些药物现已录入《中华药典》，至今仍在临床上使用。

大理国的畜牧业也有长足的发展，发展最快的是马、牛、羊等大牲畜的饲养。各地饲养马、牛、羊相当普遍。据《南诏野史会证·后理国》所载，宋大观三年（1109），各地诸侯进贡，"犀象万计，牛马遍点苍"。宋朝在黎州（今四川汉源北）、雅州（今四川雅安西）、戎州（今四川宜宾）、泸州等地亦置博易场，向西南诸蛮购买马匹。崇宁五年（1106），在黎州交易马匹的数量达4000匹，"凡云蜀马者，惟沈黎所市为多"。可知与北宋、西南诸蛮交易马匹者，以大理国提供的数量最多。绍兴三年（1133），南宋于邕州（今广西南宁南）置买马提举司，前往售马的有自杞（中心在今贵州兴义）、罗殿（在今贵州西部）诸蛮和大理国的商贾。"自杞诸蕃本自无马，盖转市之南诏。南诏，大理国也。"② 可见自杞、罗殿售与南宋的马匹，实自大理国转买得来。

大理国所产马匹，数量多且质量亦高。山地马"涉峻奔泉，如履平地"③，因体格较小，很难充当战马。据《桂海虞衡志·志兽》所载，大理"地连西戎，马生尤蕃。大理马，为西南蕃之最"。《宋史》亦言："大理连西戎，故多马，虽互市于广南，其实犹西马也。每择其良赴三衙，余以付江上诸军。"宋朝购买大理国马匹，马匹的高度是衡量其质量的重要标准。宋朝规定马匹"须四尺二寸已上乃市之，其直为银四十两。每高一寸增银十两，有至六七十两者"。据知情的当地民族说，大理国最善之马可日行400里，在产地已值黄金20两。"第官价已定，不能致此。"④ 绍兴三年（1133），邕州

①　李朝真、张锡禄：《大理古塔》，云南人民出版社，1985 年，第 82 页。

②　《宋史》卷一百九十八《兵志十二》，第 4956 页。

③　〔清〕檀萃辑，宋文熙、李东平校注：《滇海虞衡志校注》，云南人民出版社，1990 年，第 150 页。

④　《宋史》卷一百九十八《兵志十二》，第 4956 页。

（今广西南宁南）官吏上奏朝廷：据朝廷旧法在横山寨（在今广西田东）购蕃马，"立定等格，自四尺一寸至四尺七寸，逐等各立定价钱收买"。建议"于格外自四尺六寸以上，五尺以下，高等阔壮齿嫩大马，增立格价"，以高价收买。① 据此可知，大理国商人售与宋朝的马匹，虽不乏鱼目混珠、矮小质劣者，但身躯高大的也不少，一些品种是自南诏以来育成，如产于今腾冲东北一带的良马"越赕骏"。宋人周去非指出这一点，他说："闻南诏越赕之西产善马，日驰数百里，世称'越赕骏'者，蛮人座马之类也。"周去非听说西南溪洞间有一淡黄色马，"高止四尺余，其耳如人指之小，其目如垂铃之大。鞍辔将来，体起拳筋，一动其缰，倏忽若飞，跳墙越堑，在乎一喝（喝）"。其马虽体型较小，但行动迅速，跳跃、越堑为他马所不及，价值黄金一二百两，可见其珍贵。② 大理马因品质优良深受内地重视。从大理国等西南诸蛮购买的马匹，宋廷"每择其良赴三衙，余以付江上诸军"③。大理马还是大理国向宋朝所进的贡品。据《宋史》卷四百八十八《外国传四》所载，政和七年（1117），大理贡使至京师，贡物中有马 380 匹。又据《宋史》卷一百八十六《食货志下八》所载，绍兴六年（1136），大理国人宋"献象及马五百匹"。在横山寨（在今广西田东）向大理国购买马匹者并不限于宋朝官府，亦有"边将、商旅私自贸易"，宋朝并不禁止。④ 可知通过民间渠道输入宋地的马匹并不少。

　　云南各地养羊极为普遍。诸本地民族均喜披毡，乌蛮等民族还喜披羊皮，这也是当地大量养羊的佐证。据《云南志略辑校·诸夷风俗》所载，金齿百夷地区"少马多羊"。磨些蛮"多羊、马及麝香、名铁"。土僚蛮"猪、羊同室而居"。《云南志略辑校·佚文辑录》载，乌撒路（治今贵州威宁）"节气如上都，宜牧养，出名马、

---

① 《宋会要辑稿·兵二二》。
② 《岭外代答校注》卷九《禽兽门》，第 349—350 页。
③ 《宋史》卷一百九十八《兵志十二》，第 4956 页。
④ 《可斋续稿后》卷五《再条具备御事宜奏》。

牛羊"。由于畜牧业发达，祭祀和宴会时人们常大量宰杀牛羊，这在一些地区成为时尚。据《云南志略辑校·诸夷风俗》所载，乌蛮"祭祀时，亲戚毕至，宰杀牛羊动以千数，少者不下数百"。磨些蛮"有力者尊敬官长，每岁冬月宰杀牛羊，竞相邀客，请无虚日；一客不至，则为深耻"。

云南的本地民族还总结出了行之有效的养马方法。大理国马匹被驱赶至横山寨（在今广西田东），"涉地数千里，瘠甚"。赶马人复膘的方法是："缚其四足拽仆之，啖盐二斤许，纵之，旬月自肥矣。"宋朝军队也掌握了这种为瘠马补充食盐令其强壮的方法。"（宋军）押马亦有法焉。其法：买盐留以自随，每日晚以盐数两啖之，自然水草调而无疾，此求全纲之法也"。① 这一喂盐使马复膘的饲养方法，直至元代在云南等地还有被使用的记载。

居住在山区和边疆地区的各民族，在大理国时期发展较为迅速，尤其是乌蛮、金齿百夷与磨些蛮。

乌蛮的先民嶲、昆明，汉代由西北方迁入今云南和川西南的山区。唐代今滇东的白蛮，被南诏大量迁往今滇西地区。一部分乌蛮下山居住，形成在今滇东地区的坝子与白蛮等民族相杂居的情形。唐宋之际，今滇东的乌蛮社会有较快的发展，出现一些有势力的部落酋长。

据《元史》卷六十一《地理志四》所载，在南安州（今云南楚雄南），乌蛮首领瓦晟吴据居其地。后来子孙渐盛，不隶他部，至大理国高氏时属于威楚。元朝的武定路一带，大理国段氏令乌蛮首领阿历筑易龙城，其裔孙法瓦以远祖"罗婺"作为部名，元初罗婺部为云南地区的 19 个万户府之一。元代普安路（治今贵州盘州市东旧普安镇）之地，南诏时东爨乌蛮七部落居之。后来，酋长阿宋强大起来，"逐诸蛮据其地"，称为"于矢"部，元朝于其地立于矢万户府。石城（今云南曲靖西），世为白蛮爨氏所居。大理国时期乌蛮莫弥部酋长据有石城，元朝即其地乌蛮立为千户所。元沾益州（今云

---

① 《岭外代答校注》卷五《财计门》，第 191—192 页。

南宣威东南）之地，大理国时被乌蛮磨弥部夺据，元初以其部隶于磨弥万户府。元代路南州（今云南路南）一带，大理国时乌蛮首领落蒙曾于当地筑撒吕城，"子孙世居之"，元朝立其部为万户府。元会理州（今四川会理东）乌蛮酋长阿坛绛，其孙阿罗仕于大理国主高泰，后夺据会川龙纳城，称为"绛部"，"后强盛，尽有四州之地"。黎溪州（今四川会理西南），南诏时阁罗凤迁白蛮镇守其地。后来罗罗强盛，遂逐去白蛮，大理国段氏勃兴，令罗罗首领乞夷统治其地。元代广西路（治今云南泸西），唐于其地置羁縻州。后来乌蛮师宗、弥勒二部强盛，"蒙氏、段氏莫能制"。乌撒路（治今贵州威宁）之地，原为乌蛮与诸蛮杂居。乌蛮后裔折怒部落强大，"尽得其地，因取远祖乌撒为部名"。

云南东部的乌蛮，因势力强大、部落众多，史称为"三十七部"，大理国对三十七部亦礼让三分。分布在自杞（中心在今贵州兴义）、罗殿（在今贵州西部）的乌蛮，还建立有较大影响的部落联盟，时称"自杞国"与"罗殿国"。今川西南的乌蛮也有较大的发展。嶲州（今四川西昌）乌蛮地区出产丝、布、五味子、麸金和牛；昆明县（今四川盐源东北）有盐井，"民取盐，先积薪，以火烧过，以水洗灰，即成黑盐，炼之又白"。昆明县"川陆有盐铁之利，尤为邦邑之繁会"。[①] 另据记载，戎州（今四川宜宾）、泸州（今属四川）"夷界小井尤多，止之实难"，可见乌蛮自行凿井取盐的颇不少。[②]

南诏在云南南部普遍设治，并征金齿百夷丁壮入军为前锋。大理国时金齿百夷得到较快发展，情况与乌蛮类似。据《元史》卷六十一《地理志四》所载，威远州（今云南景谷），原为扑、和泥二蛮所居。金齿百夷酋长阿只步等夺据其地。南诏王异牟寻攻取金齿等地，尽虏其人以充实南诏待开发地区。大理国时期，金齿百夷尽复故地，"是后金齿诸蛮浸盛"。在今西双版纳地区，以景昽（今云南景洪东南郊曼景兰）为中心，金齿百夷酋长叭真建景昽金殿国，

---

①　《太平寰宇记》卷八十《剑南西道九》，第1619页。
②　《宋史》卷一百八十三《食货志下五》，第4474页。

并控制兰那（今泰国北部昌盛）、猛交（今缅甸景栋南部孟皎）、猛老（今老挝琅勃拉邦）等地的金齿部落。大理国与景昽金殿国建立宗藩关系，大理国王承认叭真为一方之主，赐以虎头金印。在边疆诸族中，金齿百夷发展的程度较高。《云南志略辑校·诸夷风俗》称金齿百夷妇女"尽力农事，勤苦不辍"。金齿百夷地区商业贸易较为发达，五日逢一集市，"旦则妇人为市，日中男子为市"。其地多桑柘，"四时皆蚕"。

磨些蛮居住在今云南丽江等地。《元史》卷六十一《地理志四》称，永宁州（今云南宁蒗西北）原为吐蕃所居，后磨些蛮驱走吐蕃，遂居此赕，"世属大理"。通安州（今云南丽江）之地，原为仆�蛮所居，磨些蛮首领叶古乍夺据其地，"世隶大理"。巨津州（在今云南玉龙纳西族自治县西北巨甸镇）为"大理西北陬要害地"，磨些大酋"世居之"。磨些蛮在宋代亦有较大的发展。《云南志略辑校·诸夷风俗》称，磨些蛮"地凉，多羊、马及麝香、名铁"。"有力者尊敬官长，每岁冬月宰杀牛羊，竞相邀客，请无虚日。"

原本发展较为滞后的一些本地民族，在大理国时期亦有不同程度的进步。土僚蛮、斡泥蛮从事贸易，并普遍使用贝币。《云南志略辑校·诸夷风俗》记载，元初居今云南东北部与川南一带的土僚蛮，"常以采荔枝、贩茶为业"。居今云南东南部的斡泥蛮，"治生极俭，家有积贝，以一百二十索为一窖，藏之地中"。但是，边疆地区的一些民族在大理国时仍然相当落后。居住在云南西南边徼的"野蛮"，"不事农亩，入山林采草木及动物而食。无器皿，以芭蕉叶藉之"。

二、手工业、交通业与商业

大理国的矿冶业相当发达。南诏大量开采金、银、铜、铁、锡等矿藏，大理国亦同。大理国如同南诏一样大量铸造铜佛，所造刀剑以锋利耐用驰名于世。所不同者，南诏贸易通行以缯帛与海贝作为交换的中介物，大理国时期交易则多用金、银。不仅云南等地如此，两宋向大理国买马，亦付金、白金、棉布、食盐以偿马值，每年付给大理国商人的金有 50 镒，白金达 300 斤，可见金、银是大理国通行的贸易中介物。

据《南诏野史会证·大理国》所载,段思平建大理国,"岁岁建寺,铸佛万尊"。《大理行记校注》说:洱海地区"沿山寺宇极多,不可殚纪"。大理国因佛教兴盛,遂于各地广建寺院。建寺时铸造的铜佛、铜钟不在少数。云南永胜县觉斯楼现存一座大理国铸造的大钟。钟高6尺,直径5尺,重达万斤,①可见大理国已能浇铸上万斤的大铜钟。大理刀是大理国的名产。周去非说:"蛮刀以大理所出为佳。""峒人、蛮人,宁以大刀赠人,其小刃必不与人,盖其日用须臾不可阙。""今世所谓吹毛透风,乃大理刀之类。盖大理国有丽水,故能制良刀云。"②大理国多次进贡两宋,贡品中常有大理刀。据《宋史》卷四百九十六《蛮夷传四》所载,端拱二年(989),大理国通过邛部蛮向宋朝进贡诸物,其中有合金银饰的蛮刀2把。又据《宋史》卷四百八十八《外国传四》所载,熙宁九年(1076),大理国"遣使贡金装碧玕山、毡罽、刀剑、犀皮甲、鞍辔"。宋人范成大对大理刀有生动的描述:"云南刀。即大理所作,铁青黑沈沈,不鉻,南人最贵之。以象皮为鞘,朱之,上亦画犀毗花纹。一鞘两室,各函一刀。靶以皮条缠束,贵人以金银丝。"③

宋人沈括说:"凡铁之有钢者,如面中有筋,濯尽柔面,则面筋乃见,炼钢亦然。"百炼之钢"乃铁之精纯者,其色清明,磨莹之则黯黯然青且黑,与常铁迥异"。④我国古代有百炼钢法,即将生铁反复锻打及淬火而得优质钢,其钢表面青且黑,看来大理刀是用百炼钢法锻打而成。乌蛮等民族也掌握了制造刀剑的技术,而且所造刀剑的质量颇佳。据《云南志略辑校·诸夷风俗》所载,乌蛮"善造坚甲利刃,有价值数十马者"。《太平寰宇记》卷八十《剑南西道九》说,乌蛮居住的昆明县(今四川盐源东北)有铁石山,火烧其

① 《云南科学技术史稿》,第62页。
② 《岭外代答校注》卷六《器用门》,第206页。
③ 《桂海虞衡志·志器》,载《全宋笔记》第55册,第100页。
④ 《梦溪笔谈》卷三《辨证一》,第22页。

石成铁，"为剑戟，极刚利"。

金、银、铜、铁等金属，在云南及其附近地区多有出产，一些本地民族掌握了冶炼、加工的技术。据《南诏野史会证·后理国》所载，宋大观三年（1109），"各方贡金银、罗绮、珍宝，犀象万计，牛马遍点苍"。《云南志略辑校·诸夷风俗》说，居今丽江一带的磨些蛮，"多羊、马及麝香、名铁"，乌蛮"善造坚甲利刃，有价值数十马者"。

大理国的手工业生产水平在南诏的基础上进一步提高。闻名的手工业产品有甲胄、毛毡、织造品、大理石制品、绵纸等。《桂海虞衡志·志器》说："蛮甲，惟大理国最工。"其制法为："甲胄皆用象皮，胸、背各一大片，如龟壳，坚厚与铁等。又联缀小皮片，为披膊、护项之属，制如中国铁甲，叶皆朱之。"在兜鍪及甲身内外，红色纹间又涂以黄黑漆，皆作百花虫兽之纹，"极工妙"。工匠以小白海贝缀于甲缝，整套甲胄既坚固实用又美观精致。《岭外代答校注》卷六《器用门》也说："诸蛮唯大理甲胄，以象皮为之。"称大理国的甲胄"皆坚与铁等，而厚几半寸。苟试之以弓矢，将不可彻，铁甲殆不及也"。大理国的甲胄有一些是以犀皮制成，较之象甲更为名贵。甲胄也是大理国输贡宋朝的贡品，所献之甲多为犀甲。

云南等地多产羊。各族百姓平时惯于披毡，寒时毛毡可御风雨保温暖，天热时脱下能垫坐，夜间还可代棉被御寒，使用十分方便。《桂海虞衡志·志器》说："蛮人昼披夜卧，无贵贱，人有一番。"居住在坝区的白蛮、金齿百夷等民族亦常披毡。对山地民族而言，毡毯是须臾不可离之物。《云南志略辑校·诸夷风俗》云：乌蛮，"男女无贵贱皆披毡"。"虽贵，床无褥，松毛铺地，惟一毡一席而已"。白蛮亦"男子披毡，椎髻"，所戴斗笠编竹为之，覆以黑毡。在金齿百夷地区，毛毡是交易的大宗商品。居住在云南丽江等地的磨些蛮，其地多产羊，"妇人披毡"，"以毛绳为裙"。毡毯在诸族中不仅使用十分普遍，在制造工艺方面亦达到很高的水平。《桂海虞衡志·志器》载："蛮毡，出西南诸蕃，以大理者为最。"《岭外代答校注》卷六《器用门》言：毡毯"其上有核桃纹，长大而轻者为妙，大理国所产也。佳者缘以皂"。毡毯还作为珍贵的土产，由大理国献至宋廷。端拱二年（989），大理国通过邛部蛮入贡宋朝，贡品中有莎罗毯一领。熙宁九年（1076），大理国遣使朝贡，所贡物品中亦有毡罽。《僰古通纪浅述校注·大理国纪》载，政和六年（1116），大理国遣使李紫琮等至宋朝贡，贡品中有细毡。毡毯还是云南诸族与广西等地百姓交易的商品。绍兴三年（1133），西南蛮至泸州（今属四川）售马，"诸蛮从而至者几二千人"。西南蛮携带至集市交易的货物中，有毡、茶、麻、酒等物，"留三日乃去"。①

织造品是大理国的特产。据欧阳修《六一诗话》所载，苏轼在渟井监（今四川长宁南）购到一件大理国白蛮织造的弓衣，上面织有梅圣俞《春雪》的诗句。苏轼极为珍视，视为传家宝物。大理国百姓使用的织造品，除制毛毡所用的羊毛外，还以绵、麻、丝和多种野生植物纤维等为原料。蚕桑业在边疆一些地区发展很快。《云南志略辑校·诸夷风俗》说：金齿百夷"地多桑柘，四时皆蚕"。据《宋史》卷四百八十八《外国传四》所载，大理国献至宋朝的贡物中有"金装碧玕山"。"金装碧玕山"是用大理石精雕山岭形状，并镶嵌以金、珠等饰物的工艺品。早在南诏时期，洱海地区的百姓便开采大理石以制作器物。南诏清平官杨奇鲲写有《岩嵌绿玉》诗："天孙昔谪下天绿，雾鬓风鬟依草木。一朝骑凤上丹霄，翠翘花钿留空谷。"② 诗中将大理石比喻为天上绿玉，被仙女摘下留在人间。至大理国时期，大理石制品的种类更为丰富，并使用了镶嵌金宝等复杂工艺。大理国所造有名的手工业产品，还有饰金银鞍辔与皮纸等。因大理国的工匠技艺精湛，蒙元平定云南地区后，特意挑选了一些工匠送入大都（今北京）官府作坊。明初北京官府中的一些工匠，仍是云南选送工匠的后代。③

---

① 《续资治通鉴》卷一百一十二《宋纪一百一十二》，绍兴三年四月，第 2 册，第 506 页。

② 《古诗中的云南》，第 11 页。

③ 〔明〕沈德符：《万历野获编》卷二十六《云南雕漆》，中华书局，1959 年，第 661 页。

五代以来云南等地已能造纸。后唐天成二年（927），大长和国差人送给后唐奏疏一封，"其纸厚硬如皮，笔力遒健，有诏体"，上书"彩笺一轴，转韵诗一章"。① 书写奏疏"厚硬如皮"的纸张即云南本地生产。大理国可以大量生产柔韧的棉纸供抄写佛经使用。现存南诏、大理国时期的写本佛经不少。纸张的质地类似于敦煌发现的唐代卷子纸和宋代的"藏经纸"，但纸质较厚略有绵性，黄褐如茶色，多数经卷的纸张经过"入潢"处理（用黄檗水浸过），历千余年未见虫眼蠹蚀，推测是以产自今滇西的构皮树皮为原料制成。

大理国的建筑业在南诏的基础上有所进步，尤其在城市与寺院的建造方面。大理国以大理（今属云南）为"西都"，以善阐（今云南昆明旧城南关外）为"东都"。统治者对东部的经营极为重视。曾建"太中国"的高氏贵族，世袭善阐侯。善阐附近的今呈贡、昆阳、易门、安宁等地，大理国时均"世隶善阐"②。由于善阐是经营今滇中地区的重镇，大理统治者对善阐的建设十分看重。宋庆历二年（1042），大理国王段素兴于此"广营宫室"③，多种花草，善阐遂发展为一座重要的城市。大理国后期，蒙古军进攻善阐城，见"城际滇池，三面皆水，既险且坚"，由此推知善阐城的范围西至今云南昆明市五华山麓，南至今双龙桥一带，城墙亦十分坚固，蒙古军使用火炮才攻破善阐城。④ 马可·波罗亦盛赞元初的中庆城（即善阐城），称"城大而名贵，商工甚众"⑤。

大理国权倾朝野的白蛮贵族高智升的子孙被分封了不少郡邑。高氏诸侯多着力经营这些郡邑。以威楚（今云南楚雄）为例，据《元史》卷六十一《地理志四》所载，唐代以前，今楚雄一带"为杂蛮耕牧之地，夷名俄碌，历代无郡邑"。阁罗凤于此地立郡县。

---

① 《五代会要》卷三十《南诏蛮》，第366页。
② 《元史》卷六十一《地理志四》，第1459页。
③ 《滇考》上，载《云南备征志》卷十一《故实十一》，第697页。
④ 《元史》卷一百二十一《速不台传》附《兀良合台传》，第2979页。
⑤ 《马可波罗行纪》，第428页。

大理国王段正淳又筑楚雄城，以封高泰明之侄高明亮。高升泰执掌大理国柄，"筑外城，号'德江城'"。威楚遂建内外二城，此后这一带人口聚集，经济繁荣。蒙古军平定云南，于威楚设立万户府。大理国所建新城还有渭笼城。大理国"于热水甸立城，名渭笼，隶建昌"。

白蛮地区盛行佛教。李京说元初白蛮地区"佛教甚盛"，"少长手不释念珠，一岁之中斋戒几半"。大理国多次修建佛寺、佛塔等建筑。现存大理国时期的佛寺有云南安宁曹溪寺。曹溪寺在明代重修，大殿内的斗拱仍为宋元原物。大殿内木雕的"南海三圣"，据考证也是大理国的遗物。① 三圣雕像宝冠华服璎珞遍体，飘带流畅精美生动，反映出大理国的木雕已达到很高的水平。大理国时期建造的佛塔，有大理崇圣寺三塔中的南北两座八角形塔、弘圣寺塔，祥云水目山的水目塔，洱源梅城浮雕石塔等。② 这些古塔建造精细，质量上乘，一些塔还具有唐宋时期内地佛塔的风格。大理国的佛塔一般塔基入土很深，塔壁宽厚规整，塔体空心，砖块烧制严格认真，大部分古塔抗御近千年来几次强烈的地震，至今仍保存完好。所发现的南诏、大理国时期的有字瓦，大多也厚大质坚。

大理国工匠精于石刻。位于今云南剑川的石钟山石窟，琢建于南诏、大理国时期。石窟分 3 区，共 17 窟。在 139 个雕刻造像中，有南诏诸王、佛教人物等的形象，石窟内容丰富造型生动，现为全国重点文物保护单位。

云南等地的交通业也取得了重要成就。宋熙宁七年（1074），杨佐奉宋朝之命至大理国商议买马。他在大云南驿（今云南祥云东南）见到驿前有里堠碑，上题"东至戎州，西至身毒国，东南至交趾，东北至成都，北至大雪山，南至海上，悉著其道里之详，审询其里堠，多有完葺者"③。可见大理国至四域交通之发达。

---

① 《云南科学技术史稿》，第 80 页。
② 《大理古塔》，第 28 页。
③ 《续资治通鉴长编》卷二百六十七，熙宁八年八月，第 6540—6541 页。

《元史》卷六十一《地理志四》称巨津州（在今云南玉龙纳西族自治县西北巨甸镇），"今州境实大理西北陬要害地"。又，《宋史》卷一百九十八《兵志十二》称："大理连西戎，故多马，虽互市于广南，其实犹西马也。"可知通过"北至大雪山道"，大理国与吐蕃间有贸易往来，而且大理国售与南宋的马匹，有一部分是来自丽江与丽江以北的地区。大理国与中南半岛诸国，也保持接受朝贡与相互贸易的关系。通过这些道路，大理国与中南半岛诸国乃至印度等地，保持着经常性的商贸往来。

第三节　南诏、大理国的多元本土文化

在云南与周边地区被元朝管控，实现元明清的持续统一之前，云南与周边地区出现过两次文化发展的高潮。一次在两汉、东晋时期，另一次在南诏、大理国时期。比较这两次文化发展的高潮，无论是发展的广度与高度、涉及的地域范围，还是产生的历史影响方面，都有十分明显的差别。毋庸讳言，南诏、大理国形成的多元本土文化，仍是以两汉、东晋时期南中（今云贵、川西南地区）大姓的外来文化为基础，但就发展的程度与产生的影响而言，南中大姓的文化则难望前者之项背。

一、两汉、东晋时期南中大姓的文化

秦朝既立，对西南夷（指今云贵、川西南地区）始有经营。据《史记》卷一百一十六《西南夷列传》与卷一百一十七《司马相如列传》所载，秦朝曾在今四川西昌、汉源、茂县等地设郡县，在今滇东北置官守，并拓建自今四川宜宾至云南曲靖的"五尺道"。立国之初，西汉百废待举，又忙于抗御匈奴，遂放弃西南夷。武帝时汉朝国力增强，北方战局趋于平缓，统治者始注意到西南边疆。元光五年（前130），武帝遣唐蒙招降夜郎侯，于其地置犍为郡（治今贵州遵义西）。后接受邛笮君长的请求，在邛笮、冉駹（以今西昌、汉源为中心的川西南地区）置一都尉和十余县，属蜀。①

元朔三年（前126），因北方建朔方城用度浩大，西南夷（指今云贵、川西南地区）屡反，武帝乃诏罢西夷，仅保留犍为郡与南夷、夜郎两县一都尉。元狩元年（前122），西汉复事西南夷，汉使首次至滇国（在今滇池地区）。元鼎五年（前112），南越国（中心在今广东广州）反，汉征发夜郎兵随征，夜郎且兰君遂反。南越既灭，汉回军诛且兰，平南夷设牂牁郡（治今贵州黄平、贵定二县间），冉駹等震恐请求置吏，汉朝乃在今川西置越嶲郡（治今四川西昌东南）、沈黎郡（治今四川汉源东北）、汶山郡（治今四川茂县北）。元封二年（前109），汉军临滇，滇王出降，汉朝于其地设置益州郡（治今云南昆明市晋宁区东）。东汉维持西汉在西南夷保留的诸郡，并于永平十年（67）增置益州西部都尉，治嶲唐（今云南云龙西南）。永平十二年（69），东汉在哀牢地区设哀牢、博南两县，与益州西部都尉所领六县合为永昌郡（治今云南保山）。②

汉朝经营西南夷（指今云贵、川西南地区），带有明显的功利倾向与随意性，与出自长远战略上的考虑对巴蜀地区十分重视的做法，形成鲜明对比。武帝置犍为郡（治今贵州遵义西），是为了开通经夜郎袭南越的道路，元狩元年（前122），汉复事西南夷，主要目的仍是打通至大夏（今阿姆河上游南北两岸地）的通道，东汉设永昌郡（治今云南保山），则是缘于哀牢夷的内属。在经营西南夷时西汉曾两度束手。郡县既置，在汉朝统治集团内部，也存在经营西南夷得不偿失的议论。秦汉在经营西南夷的过程中表现出来的短视与犹豫，对治理西南夷产生了不利的影响。

由于西南夷（指今云贵、川西南地区）经济相对落后，与内地在社会结构、居民的生产生活方式等方面存在较大差异，也因为统

---

① 《史记》卷一百一十六《西南夷列传》，第2994页。

② 《后汉书》志第二十三《郡国五》，第3513页。《后汉书》卷八十六《南蛮西南夷列传》，第2849页。《后汉书》卷二《明帝纪》，第114页。

治者并无全面开发、积极治理西南夷的打算，所以在西南夷地区，汉朝采取与巴蜀地区不同的统治方法。西汉设置的犍为郡、牂牁郡、越嶲郡、沈黎郡、汶山郡、益州郡，以及东汉建立的永昌郡均属边郡，东汉设置的广汉、犍为、蜀郡三个属国，性质与边郡类似。汉朝统治边郡，以当地蛮夷为争取和防范的主要对象，其治策主要是"以其故俗治，毋赋税"①。实现"以其故俗治"的主要途径，是在坚持边疆民族对中原王朝隶属关系的前提下，承认边疆民族首领原有的地位和权力，实行郡县与土长结合统治的制度。为做到"以其故俗治"，朝廷允许边郡官吏在执行法规时可酌依其俗有所变通，这实际上扩大了边郡官吏的权力。

　　施行"以其故俗治"取得了羁縻边疆民族的一些效果，但也使民族首领势力膨胀，官府不得不仰其鼻息。在郡县统治较为稳固的地区，则出现郡县官吏、军将与当地的移民大姓、边疆民族首领相结合，蜕变为称霸一方的地方势力的情形。"毋赋税"是边郡治策的另一面。中原王朝在边郡免征或少征赋税，是由当地落后状况与蛮夷"叛服不常""急而生变"的情况所决定的。置郡之初，中原王朝有可能在一些地方做到免征或少征赋税。但随着郡县巩固，统治者通常也加重剥削。由于朝廷对边郡多鞭长莫及，边郡官吏又常假公济私，因此在汉代中后期，边郡各族反抗频繁。

　　设置益州等郡后，西汉对西南夷（指今云贵、川西南地区）的移民正式开始。《华阳国志校注》卷四《南中志》说，设益州郡（治今云南昆明市晋宁区东）后，"汉乃募徙死罪及奸豪实之"。汉迁罪人与奸豪至西南夷，主要目的是充实边郡，因此迁徙之人多居于边郡治所。秦迁吕不韦宗族于房陵，汉开西南夷，又从房陵迁吕不韦后人于不韦县（在今云南保山市隆阳区金鸡村），不韦县名即源于此。不韦为"身毒道"所经，东汉以之为永昌郡治所。益州郡大姓雍闿，其先人为武帝时从今四川什邡迁来。镇守西南夷的官吏与军将，一些人日久落籍当地成为移民。如先后任永昌、建宁二郡太

---

① 《史记》卷三十《平准书》，第1440页。

守的霍弋，其后代成为南中大姓。

　　移民中的另外一部分，是流徙至边疆的外地农民与商贾。在秦汉至南北朝时期，西南夷（指今云贵、川西南地区）的移民多数是汉代迁入的，但这一地区移民的总量并不算多，另外，移民主要是来自巴蜀地区。见于记载的东汉时有名的大姓，还有建宁郡（治今云南曲靖西）俞元人李恢，刘璋时为建宁郡督邮，后投附刘备，李恢的姑父建伶令爨习，也是南中（今云贵、川西南地区）方土大姓。牂牁郡（治今贵州黄平、贵定二县间）郡丞朱提人朱褒，在雍闿反蜀时自领牂牁郡太守。此外还有朱提大姓孟琰、建宁大姓孟获。①

　　汉朝向西南夷（指今云贵、川西南地区）移民，主要是为巩固和充实边郡，因此大部分移民居住在郡县治所。汉晋时南中（今云贵、川西南地区）大姓的分布地区，主要是在建宁、晋宁、朱提、牂牁和永昌诸郡的治所与一部分县的治所。南中大姓主要是来自外地移民，这一情况还可从考古材料得到证实。在今滇东北、滇中、滇西和黔西等地的坝子，分布有不少古代墓葬。这些因地表有高大的封土堆而被称为"梁堆"的古墓，是东汉以来南中大姓的墓葬。出土于"梁堆"随葬的各类铜制生活用具，形制与纹饰等均与内地同类器物相同，墓葬所反映的装殓下葬、起坟立碑等丧葬习俗，也与内地大体一致。这些情况表明，"梁堆"反映的是相当成熟的汉文化，墓葬的主人南中大姓是来自外地的汉族移民。

　　南中（今云贵、川西南地区）大姓的崛起，多是凭借以夷汉部曲为基础的家族势力，以及与官府结交而形成权势。雍闿、吕凯的先人迁入西南夷（指今云贵、川西南地区），带来众多的族人、家丁与奴仆，俨然是一方豪强。霍氏自蜀汉世镇南中，所辖军士和受其控制的夷人，逐渐演变为依附于霍氏的夷汉部曲，这些人平时守家护院，也参加耕作一类的生产活动，具有家奴和农奴的双重身份，对大姓有很强的人身依附关系。可以说，南中大姓反映的是封建领

_____

① 参见《西南通史》，第157—158页。

主制的生产关系。由于中原王朝在南中边郡实行"羁縻之治"，也因为南中大姓与地方官府建立千丝万缕的联系，统治者对南中大姓基本上是采取笼络与宽松治之的政策。大姓获罪官府多从轻发落，以收羁縻之效。《三国志》卷四十三《蜀书·李恢传》说刘璋治蜀，建伶令爨习犯法，姻亲李恢当连坐免官，但因爨习是"方土大姓"，太守董和遂"寝而不许"。

中原王朝对南中（今云贵、川西南地区）大姓经常纵容，一个重要原因是两汉在南中设置的郡县，仅是西南边疆民族地区一些相对孤立的据点，宛如若干岛屿被周围的湖水包围。对郡县官府来说，居住在郡县治所的汉族移民，尤其是颇有势力的大姓，是必须依靠的重要力量。作为一位务实的政治家，诸葛亮对这一点有着清醒的认识。他率领军队征讨南中，对孟获"七纵七擒"以收服其心，治理南中时，对大姓和夷帅又采取不同的统治方法，对大姓侧重于支持和依靠，分配夷族为部曲以加强其经济实力，任命大姓为郡守、县令以借重其社会影响与政治力量；对山区民族首领夷帅则重在防范，于降附者也仅是沿用传统的羁縻之法，授予王、侯、邑长之号。① 实行这一治策以后，大姓在政治和经济上的特权得到认可，这对大姓发展为重要的地方势力起到促进作用。

汉代西南夷（指今云贵、川西南地区）的农业生产有明显的发展，进步最快的地区是郡县治所。《后汉书》卷八十六《南蛮西南夷列传》说，滇池地区"有盐池田渔之饶，金银畜产之富。人俗豪忕，居官者皆富及累世"。永昌郡（治今云南保山）"土地沃美，宜五谷、蚕桑"，邛都（今四川西昌东南）"其土地平原，有稻田"。东汉以前西南夷尚不知牛耕，大部分的僻地与山区仍相当落后，《华阳国志校注》卷四《南中志》称，僰道（今四川宜宾西南）至朱提（今云南昭通）一带的山区，"土地无稻田蚕桑，多蛇蛭虎狼"。牂牁郡（治今贵州黄平、贵定二县间）"寡畜产，虽有僮仆，方诸郡

---

① 参见方铁：《论诸葛亮治理南中的分类统治策略》，《地域文化研究》2018年第1期。

为贫"。西南夷地区的矿冶业也有较大进步。先秦时西南夷主要产铜。汉代大量出产的是铜和银,在益州郡、越嶲郡、永昌郡、犍为属国、广汉属国、蜀郡属国,均建有大型的矿冶工场。

西南夷(指今云贵、川西南地区)及其与外地经济上的联系,在汉晋时期有较大的进步,但这种联系是有限度的。首先,汉晋时期西南夷的社会经济虽有较大的发展,但在数量、规模以及门类的均衡性方面未能达到较高的水平。而西南夷输出外地的商品以土产、珠宝和少量铜器为主,土产与珠宝中还有相当一部分是作为贡纳品献至朝廷的,这种情况对发展西南夷的商品经济是不利的。受上述因素影响,西南夷地区的商品经济难称发达。其次,由于汉晋时西南夷通往祖国其他地区的交通线均经过四川盆地,因此西南夷与内地经济文化方面的联系,远不如与巴蜀地区的联系直接和密切。《史记》卷一百一十六《西南夷列传》言,在汉武帝开拓西南夷前,巴蜀商人便向西南夷购取筰马、牦牛和奴隶,"以此巴蜀殷富"。因冶铁而致富的临邛大姓卓氏与程郑,其产品的相当一部分也销往西南夷。① 汉朝置边郡后,西南夷与内地的经济联系虽有加强,但与巴蜀地区联系十分紧密的情形并无改变。

汉晋时期,西南夷(指今云贵、川西南地区)社会经济发展较快的地区,仍限于主要郡县的治所,而其他地区仍处于相当落后的状态。因此,视西南夷为"巴蜀徼外",即以之为巴蜀边徼、蛮荒之地的看法,汉晋时仍较为常见。

南中大姓主要出自外地移民,其文化基本上属于汉族文化。同时,大姓又与居住地区的夷人建立密切的联系,在文化上亦深受夷人的影响。《华阳国志校注》卷四《南中志》说:

> 夷中有桀黠能言议屈服种人者,谓之"耆老",便为主。论议好譬喻物,谓之"夷经"。今南人言论,虽学者亦半引"夷经"。与夷为姓曰"遑耶",诸姓为"自有耶"。世乱犯法,辄

----

① 《史记》卷一百二十九《货殖列传》,第3277页。

依之藏匿，或曰：有为官所法，夷或为报仇。与夷至厚者谓之
"百世遑耶"，恩若骨肉，为其逋逃之薮。故南人轻为祸变，恃
此也。

常璩指出，大姓与夷人通过建立"遑耶"（亲家）的关系而实
现联合，是大姓"轻为祸变"的重要原因。为维持与夷人的联盟，
大姓还仿效夷人的习俗，包括"论议好譬喻物"和奉行夷人中流行
的巫鬼教。《三国志》卷四十一《蜀书·张裔传》说，雍闿在叛蜀
举事前，"假鬼教曰：'张府君如瓠壶，外虽泽而内实粗，不足杀，
令缚与吴。'"雍闿把益州太守张裔比喻为外泽内粗的葫芦，并借巫
鬼教之名，令众夷将张裔送至东吴，由此可见雍闿不仅熟悉夷人的
习俗，而且在夷人中享有与巫鬼教领袖"鬼主"相当的权威。《华阳
国志校注》卷四《南中志》载，后来益州夷"复不从"雍闿，雍闿
遂使建宁大姓孟获劝说夷叟，孟获把蜀汉对南中蛮夷的求索，说成
蜀官欲得膺前尽黑的乌狗300头、玛瑙3斗、长3丈的柞木3000根。
此皆难觅之物，夷竟"以为然，皆从闿"，可见"论议好譬喻物"
作用之大。

常璩还说，在蛮夷中"桀黠能言议屈服种人者"称"耆老"，
"便为主"。耆老议论譬喻物之语称为"夷经"，"夷经"在南中（今
云贵、川西南地区）的影响很大，移民上层议论事物"亦半引'夷
经'"。蜀汉时诸葛亮便巧妙利用南中蛮夷信巫鬼、好诅盟、好譬喻
物的习惯。他赐给诸夷图谱，于图谱上"先画天地、日月、君长、
城府；次画神龙、龙生夷，及牛、马、羊；后画部主吏乘马幡盖，
巡行安恤，又画（夷）牵牛负酒、赍金宝诣之之象，以赐夷"。又
赠给蛮夷瑞锦、铁券，教其"每刺史、校尉至，赍以呈诣，动亦如
之"。诸葛亮用直观形象的图谱一类物品，教给诸夷应敬畏官府宛若
天地、日月、君长，官吏巡行至时，夷须牵牛负酒、赍金宝前往拜
见，实则告诉诸夷对官府要承担封建义务并服从统治。诸葛亮的做

法果然奏效，对诸葛亮所赐之物，"夷甚重之，许致生口直"。①

南中（今云贵、川西南地区）大姓奉内地封建文化为不二圭臬，还可举永昌郡（治今云南保山）大姓吕凯所撰的回答雍闿劝降的檄文为例。这篇记载于《三国志》卷四十三《蜀书·吕凯传》的檄文，对东汉末年南中的形势与人心的向背等做了透彻分析，把答复雍闿劝降的文字，写成了告雍闿归蜀的谕降书。檄文有理有实，引经据典，申明忠贞报国之理，在文字上亦贴切流畅，有很强的说服力。上述情况表明，南中大姓文化的主体仍是内地的封建文化。中原王朝、地方官府管控南中本地民族，仍以内地封建文化为主要的武器。同时，由于南中大姓居住在本地民族占明显优势的地区，因此大姓有趋于"夷化"的倾向，这实际上是以后汉族移民被南中本地民族逐渐融合的前奏。

与之有关的一个问题，是与大姓建立"遑耶"关系的"夷"，为南中（今云贵、川西南地区）何民族？东汉及晋迁入南中的汉人逐渐增多，一些史籍等记载遂将南中的居民分为"夷、汉"或"夷、晋"两类。"汉""晋"指迁入南中的外地移民，"夷"则是对南中本地民族的泛称，但有时又专指其中某一民族。大姓主要分布在今滇中、滇东、黔西地区的郡县所在地，尤其以今滇池地区与曲靖一带最为集中。这些地区历来是濮（僰）人的聚居地，因此与大姓联姻而"恩若骨肉"的"夷"，当指僰人无疑。

至于居住在郡县治所附近山区的叟人、昆明人，汉代虽出现被称为"夷帅"的部落首领，但郡县的统治和大姓的影响还未深入这一地区，因此这一部分本地民族与大姓的关系谈不上密切，甚至彼此还存在着猜忌与不和。雍闿与越巂郡夷帅高定元联合反抗蜀汉统治，但在蜀兵压境之际雍闿却为高定元的部下所杀，可证明这一点。总而观之，汉晋时与南中（今云贵、川西南地区）大姓关系密切和相互融合的本地民族主要是僰人，居住在广大山地和边疆的其他居民，则处于分散及相对隔绝的状态。

---

① 《华阳国志校注》卷四《南中志》，第364页。

据《梁书》卷四十六《徐文盛传》所载，大同末年，萧梁以徐文盛为宁州（治今云南昆明市晋宁区东）刺史。本传叙述当时的情形："先是，州在僻远，所管群蛮不识教义，贪欲财贿，劫篡相寻，前后刺史莫能制。文盛推心抚慰，示以威德，夷獠感之，风俗遂改。"在萧梁统治者看来，宁州地区居住的都是夷人、僚人，反映了以爨氏大姓为代表的汉族移民与坝区的僰人已基本上融合，在内地人看来并无明显区别，这一看法大致符合事实。迁入南中（今云贵、川西南地区）的汉族移民（包括大姓）在南北朝的后半期，与僰人融合形成新的民族群体白蛮，其经济文化的水平较僰人要高得多，白蛮是更高层次上的本地民族，其中最活跃和较先进的部分由汉族移民的后裔嬗变而来。唐代的南诏与宋代的大理国，这两个政权的主体民族主要是白蛮，大理国就是白蛮贵族段思平建立的。

汉晋南北朝时期，在内地移民聚居的郡县治所与重要交通线经过的农业地区，从内地传入的观念意识与生活习俗，可说是随处可见。1901 年，在云南昭通发现的东汉《孟孝琚碑》，是云南地区现存较完整的碑刻中时代最早的。碑文说：朱提郡（治今云南昭通）人孟孝琚 12 岁，"随官受韩诗，兼通孝经二卷"。他未婚先聘，死于内地而由族人归葬祖茔。可知孟氏自幼研习汉文，对儒家典籍相当熟悉，其家族在婚、丧方面亦遵循内地的习俗。《孟孝琚碑》由朱提郡人士撰写，文笔典雅流畅，并称孔子为"大圣"，这些都表明内地文化在朱提郡有很深的影响。①

朱提郡（治今云南昭通）是"五尺道"必经之地，这一带也是移民大姓集中的地区，孟孝琚即出自朱提大姓家族。类似孟氏家族熟悉儒学并遵循汉族习俗的情形，在今滇东北的移民中是较普遍的。内地的文化与习尚，也传播到了西南夷（指今云贵、川西南地区）的其他农业地区，与移民相杂居的本地民族亦受其影响。

两晋、南北朝时期与宁州（治今云南昆明市晋宁区东）大姓有

----

① 碑文见《云南考古》（增订本），第 110—111 页。

关的碑刻，有著名的《爨龙颜碑》和《爨宝子碑》。① 《爨龙颜碑》于刘宋大明二年（458）立于云南省陆良，《爨宝子碑》，清乾隆三十三年（1768）出土于云南省曲靖扬旗田，立于东晋义熙元年（405）。这两块碑都出土于曲靖地区并叙述爨氏大姓的事迹，因此合称"两爨碑"，《爨龙颜碑》因面积较大、字数较多被称为"大爨碑"，《爨宝子碑》则称"小爨碑"。"两爨碑"所言之爨宝子、爨龙颜未见于史籍。从碑文得知他们都是建宁郡同乐县（今云南陆良南）人，为爨氏大姓的上层人物。爨宝子官至建宁郡太守，于23岁时病死。爨龙颜的祖父、父亲都是宁州地区的显贵，他本人据称官至护镇蛮校尉、宁州刺史、邛都县侯。"两爨碑"反映了东晋、南朝时期宁州大姓醉心汉文化，并奉内地习尚为圭臬的情形。《爨龙颜碑》称爨龙颜"缙绅踵门，扬名四外，束帛戋戋，礼聘交会"，还说爨氏"绸缪七经"。

　　从"两爨碑"文字的内容，可清楚地看出爨氏大姓所具有的封建观念与意识。② 一是宗法观念。《爨龙颜碑》称爨龙颜是"颛顼之玄胄，才子祝融之渺胤也"，系其家世于黄帝之孙颛顼；又说："清源流而不滞，深根固而不倾。"此寓有出身非凡、后裔必当显贵之意；还说爨龙颜"乡望标于四姓，邈冠显于上京"。这些均为受秦汉以来封建宗法思想与魏晋门阀观念影响的反映。二是天命观念。《爨宝子碑》称爨宝子"少禀瑰伟之质，长挺高邈之操"，而这些高贵的气质和豁达的气度，乃"发自天然"。三是伦理观念。《爨宝子碑》言爨宝子"弱冠称仁，咏歌朝乡"。意指爨宝子虽仅及"弱冠"但已"称仁"；《爨龙颜碑》则称爨龙颜"容貌玮于时伦，贞操超于门友"。碑文以诸多溢美之词，来形容两爨是遵守封建伦理的楷模。四是符谶观念。汉代以来谶纬神学在内地十分流行。"两爨碑"也有反映符谶观念方面的内容。《爨龙颜碑》的碑额上部有青龙、白虎和

---

① 碑文见《云南考古》（增订本），第115、113页。

② 龚有德：《儒学与云南少数民族文化》，云南人民出版社，1993年，第189页。

朱雀，下部有玄武，其左右刻日和月，日中有三足金乌，月中有蟾蜍，象征着"日月同辉"。青龙、白虎、朱雀和玄武在汉代称为"四灵"，有象征祥瑞的含义。月中蟾蜍源于后羿的故事，以汉代儒家的阴阳观来解释，月为阴蟾蜍为阳，月中蟾蜍为阴系于阳。

"两爨碑"的书法十分出色。碑文用从隶书向楷书过渡的字体书写，具有古拙浑厚、朴茂遒美的风格。石碑出土以后备受赞誉，康有为认为《爨宝子碑》是"正书古石第一"，称《爨龙颜碑》为"神品第一"，由此可见这两块碑在书法史上享有崇高地位。另外，从考古发掘材料得知，汉晋时内地文化与意识的影响，在西南夷的农业地区是较普遍的。近年在云南的昭通、陆良、保山、大理、昆明、祥云、姚安和大关等地，发现数十处画像石墓石刻和画像砖，①其刻画的题材除"四灵"和"日月同辉"外，还有西王母、伏羲女娲、车骑出行等内地常见的内容。

汉代以前西南夷（指今云贵、川西南地区）的文化较落后，较先进的滇人使用一种表形表意的图画文字，其他本地民族大都还处于刻木记事的阶段。东汉时情况发生明显的变化。受汉文化影响较深的地区，主要是在"五尺道"经过的今滇东北与益州郡（治今云南昆明市晋宁区东）、越嶲郡（治今四川西昌东南）、牂牁郡（治今贵州黄平、贵定二县间）的治所，熟悉汉文的主要是以上地区的外地移民和与之杂居的僰人。东汉人王充这样形容汉文化在越嶲郡的影响："周时被发椎髻，今戴皮弁，周时重译，今吟诗书。"②

自汉代起，始有西南夷地方官吏热心办学的记载。《后汉书》卷八十六《南蛮西南夷列传》说，东汉章帝元和间，蜀郡人王阜为益州郡太守，"政化尤异"，王阜"始兴起学校，渐迁其俗"。这是西南夷官府办学迄今最早的记载。既言办学以后"渐迁其俗"，看来入学者不限于移民的子弟，应还有少量其他民族。除益州郡外，其他边郡的治所也陆续开办学校。东汉桓帝时，牂牁郡人尹珍，"自以生

---

① 《云南艺术史》，第 151、155、157 页。
② 《论衡校释（附刘盼遂集解）》卷十九《恢国篇》，第 833 页。

于荒裔，不知礼义，乃从汝南许慎、应奉受经书图纬，学成，还乡里教授，于是南域始有学焉"。尹珍官至荆州刺史。又，《华阳国志校注》卷四《南中志》载："明、章之世，毋敛人尹珍，字道真，以生逬裔，未渐庠序，乃远从汝南许叔重受五经，又师事应世叔学图纬，通三材；还以教授，于是南域始有学焉。珍以经术选用，历尚书丞、郎，荆州刺史。"

从以上记载可知，尹珍孤身一人赴内地求学，看来是外来移民的子弟。言其学成"还乡里教授，于是南域始有学焉"，可知尹珍在牂牁郡开办的是私学。后来尹珍"以经术选用"而入仕，官至荆州刺史，则反映当时西南夷（指今云贵、川西南地区）像尹珍这样的人才还不多，因此颇受重视。至于说尹珍同时问学于许慎、应奉，可能属传言有误，因为许慎、应奉生活的时代相距甚远。

二、南诏、大理国时期云南的多元本土文化

在 8 世纪至 13 世纪的数百年间，云南与周边地区受南诏、大理国的统治。在这一时期，上述地区的各民族均有不同程度的发展，尤以白蛮发展的速度最快。在南诏、大理国时期，洱海、滇池等农业地区的社会经济十分繁荣，为当地文化水平的较快提升创造了条件。以白蛮、乌蛮（主要指居住坝区的部分）为主体建立的南诏、大理国，实现了云南与周边地区的局部统一，并通过交流、战争与外界发生密切联系，这有利于吸收其他文化的成分以及实现不同文化的交融。在白蛮、乌蛮文化有很大发展的基础上，南诏、大理国的主流文化逐渐形成。这一文化不是简单的某一两个民族的文化，而是以白蛮、乌蛮文化为基础，广泛吸收汉族、吐蕃乃至印度与中南半岛等地文化所形成的多元本土文化。就所达到的水平与影响程度而言，南诏、大理国的主流文化，远超云南地区前代出现的各种文化。

南诏通用汉文、白文两种文字，汉文是云南农业地区通用的文字。立于圣历元年（698）的《王仁求碑》，全用汉文写成，行文流畅优美，并娴用典故，但为之立碑的王仁求却是任唐河东州（在今

云南大理市凤仪镇一带）刺史的当地夷人。立于大历元年（766）的《南诏德化碑》，通篇为汉字，碑文辞藻华丽，行文典雅通畅。《南诏图传》的文字卷亦全用汉文写成，该图深藏于宫廷，仅供王室与上层臣僚观赏，可见南诏上层通行汉字。南诏中后期的君王与清平官大都有较高的汉文素养，一些人还有汉文写就的诗文传世。南诏王子寻阁劝写诗《善阐台》："避风善阐台，极目见藤越。悲哉古与今，依然烟与月。自我居震旦，翊卫类夔契。伊昔经皇运，艰难仰忠烈。不觉岁云暮，感极星回节。元昶同一心，子孙堪贻厥。"又如"读书贯穿百家，有诗名"的南诏清平官杨奇鲲，其《途中诗》云："风里浪花吹更白，雨中山色洗还清。海鸥聚处窗前见，林狖啼时枕上听。此际自然无限趣，王程不敢暂留停。"① 这两首诗清新自然，饶有唐风，诗中的"震旦""元昶"等语，为以汉字记白语（即白文），具有鲜明的地方特色。他们的一些作品高雅优美、蕴意深远，清平官杨奇鲲、段义宗的诗作还被收入《全唐诗》。

民间与统治上层的日常生活中流行白语。《蛮书》卷八《蛮夷风俗》说："言语音白蛮最正，蒙舍蛮次之，诸部落不如也。"白蛮、乌蛮等本地民族日常使用本民族语言，白蛮语因吸收一些汉语，在汉人听来感到亲切，故称"言语音白蛮最正"。大理国及此前的大长和等国，在统治上层和拟就官方文书时也使用汉字。现存的《大理国三十七部会盟碑》《护法明公德运碑摩崖》《兴宝寺德化铭》《水目寺碑》等有名的大理国碑刻以及《张胜温画梵像》，上面的文字都是用汉文书写的。

20 世纪 50 年代以来，在云南大理市凤仪镇北汤天发现了大理国时期的一些佛经，在崇圣寺主塔顶部出土一批大理国明治四年（1000）的文物，其中部分佛经与瓷器经鉴定是从内地传入的，但大部分佛经仍是大理国人士所写。② 过去认为大理国写本佛经掺杂一

---

① 《古诗中的云南》，第 8、10 页。
② 云南省博物馆：《云南古代文化的发掘与研究》，载文物编辑委员会编：《文物考古工作三十年 1949—1979》，文物出版社，1979 年，第 381 页。

些白文，近年根据对写本佛经缩微胶片与新近搜集的白文佛教资料的识读，可以肯定大理国的写本佛经，均是用汉文写成，并无白文。①

据《通典》卷一百八十七《边防三》所载，活动在洱海以东地区的松外诸蛮，"言语虽小讹舛，大略与中夏同，有文字，颇解阴阳历数"。看来松外诸蛮所操语应属汉语的方言，使用的文字当为汉文。在南诏、大理国还流行以汉字（部分汉字的笔画略做了增删）记录白语的"白文"。白文出现于南诏时期，直至清代大理等地仍在使用。近年在洱海地区发现大量南诏、大理国时期刻有白文的有字瓦，上面雕刻的汉字有的可识读，但也有一些不知其意。据明清史料记载，大理国有以白文写成的国史《僰古通》，明代以后失传。明代云南的《滇载记》等书籍，仍保存了《僰古通》等白文史籍的一些内容。

南诏、大理国的石刻艺术十分发达。保存至今的大理剑川"石钟山石窟"、昆明"地藏寺经幢"及南诏德化碑为其代表作，知名的石窟还有大理"挖色石窟"、安宁"法华寺石窟"、剑川"金华山摩崖造像"和"晋宁摩崖造像"、禄劝"密达拉摩崖造像"等。南诏、大理国的石刻艺术是佛教盛行的产物，同时表明南诏、大理国的艺术已达到相当高的水平。剑川"石钟山石窟"包括 17 窟（处）、造像 139 驱、碑碣 5 通、题记 44 则等遗迹。其中有名的是《异牟寻坐朝图》《阁罗凤议政图》《甘露观音像》《细奴逻全家福》等石刻。石窟开凿于南诏时期，完成于大理国时期，作品以汉传佛教为范本，同时带有浓厚的云南佛教密宗与大理地区的地方特色。从内容来看，石窟是白族、汉族、彝族、藏族先民进行文化交流的见证，也是我国西南地区与南亚、东南亚友好往来的证据，石窟中有"藏密"的保护神八大明王与藏文题记，以及彝族的"毕摩"石雕，印度梵僧的形象等。据记载，唐咸通年间有来自天竺的三藏僧

---

① 参见侯冲：《大理国写经〈护国司南抄〉及其学术价值》，《云南社会科学》1999 年第 4 期。

路过成都，"晓五天胡语，通大、小乘经律论"。因"北天竺与云南接境，（三藏僧）欲假途而还"。成都官府怀疑其为"奸细"，竟"絷于成都府"。①

南诏与天竺在宗教文化方面也有密切的往来。在南诏、大理国石窟中有梵僧的形象。石钟山石窟雕刻精细，形象准确生动。《阁罗凤议政图》以圆雕与浮雕结合的手法，刻画南诏王阁罗凤与大臣、侍官及僧侣议政的场面，清平官长袍的线条细密流畅，衣纹叠复有序，给人以衣薄透体的感觉，颇具唐代人物绘画的风格。现存昆明市博物馆的"地藏寺经幢"，是云南现存唯一的大理国时期的石幢。石幢计雕神像和佛像共 300 尊，所琢四大天王像高约 1 米，最小的坐佛仅 10 余厘米。经幢上的神像按照弥山规制纵向排列层层上升，由大海到天宫；横向排列则是按密教金刚界的规矩设坛。总而言之，这座经幢可看作一具密教的立体神坛。② 石幢还刻有 600 余字的《造幢记》与《陀罗尼经》等经文。制作经幢的工匠赋予神像人性、人情，其上的金刚刻画得体态威武，神情各异，观音菩萨则衣纹细腻，风姿绰约。经幢具有明显的地方特点，如天王戴耳环、穿草鞋、以佛母为至尊等。整座经幢琳琅满目、美不胜收，为宋代不可多得的艺术佳作。

南诏、大理国的绘画艺术也达到很高的水平，代表作是《南诏图传》与《张胜温画梵像》。《南诏图传》包括长约 5.73 米、高约 0.3 米的画卷和文字卷两个部分，绘画部分又称作《南诏中兴二年画卷》。《南诏图传》描绘"观音幻化""祭铁柱"等内容，主题是反映佛教密宗与云南巫教间的斗争，佛教密宗最终战胜巫教，取得南诏"国教"的地位。目前所见的《南诏图传》是一件摹本，但也提供不少有珍贵价值的资料，推想原作的艺术造诣当高于摹本。《张胜温画梵像》全长 1636.5 厘米，高 30.4 厘米，为纸本设色贴金。

① 《太平广记》卷一百九十《将帅二》，第 1424 页。
② 昆明市博物馆组编，王海涛著：《昆明文物古迹》，云南人民出版社，1989年，第 86—87 页。

该图用笔工细生动，设色金碧灿烂，堪称大理国艺术的佳作。《张胜温画梵像》于1944年在重庆展览，备受关注，1949年被运往台湾。画卷包括"蛮王礼佛图""四金刚护法""十六观世音菩萨""十六国主众"等内容，反映了大理国王室与俗世诚心事佛的情形。原作在流传中装裱错简的地方很多，经近人整理已基本上恢复原貌。绘制《张胜温画梵像》的画匠张胜温，画风类似唐朝著名的画家吴道子，画白马、犬、象等动物形象酷肖，又把大理玷苍山有名的"玉带云"描绘得宛如空中蜿蜒玉带，兼之巧妙地设色贴金，取得开相庄严大方、色泽典雅谐和的效果。明代士人宋濂盛赞其画"施色涂金，皆极精致"。清乾隆帝亦称此画"诸像相好庄严，傅色涂金，并极精彩，楮质复淳古坚致"。近代学者李霖灿赞其为"中国艺术史上的一件金玉瑰宝"。①

南诏、大理国还有发达的音乐与舞蹈。据《新唐书》卷二百二十二下《南蛮传下》所载，贞元十年（794），异牟寻与唐朝恢复友好关系，遣使至成都"献夷中歌曲"，剑南西川节度使韦皋使人改编为"南诏奉圣乐"。"南诏奉圣乐"为包括30首乐曲，由196位乐工演奏、配合以多场舞蹈的大型音乐舞蹈表演。"南诏奉圣乐"虽经过唐朝艺术家的加工，但以南诏提供的音乐舞蹈素材为基础。在《南诏图传》中，可以看到使用的乐器有琵琶、横笛与铜鼓，《张胜温画梵像》则有腰鼓、箫笛、竽、羯鼓等乐器，上述乐器主要用于宫廷乐舞等正式的场合。另据《蛮书》卷八《蛮夷风俗》所载，南诏"少年子弟暮夜游行闾巷，吹壶卢笙，或吹树叶，声韵之中皆寄情意，用相呼召"。《云南志略辑校·诸蛮风俗》称元初白蛮少年"暮夜游行，或吹芦笙，或作歌曲，声韵之中皆寄情意"。由此可知南诏、大理国时的民间音乐艺术之多姿多彩。

南诏前期信奉的宗教除本地原始宗教外，还有从内地传入的道教。贞元十年（794）初，南诏王异牟寻决意归唐，与唐朝剑南西川节度使巡官崔佐时在大理玷苍山盟誓，誓文称："其誓文一本请剑南

---

① 《云南艺术史》，第227—228页。

节度随表进献，一本藏于神室，一本投西洱河，一本牟寻留诏城内府库，贻诚子孙。伏惟山川神祇，同鉴诚恳。"① 可见南诏主要信仰山川、河神，一说南诏崇拜的是道教的天官、水官、地官"三官"，总之南诏还未受到佛教的影响。从文献与《南诏图传》反映的情形来看，约在丰祐在位时，佛教在南诏开始兴盛，统治者修建崇圣寺主塔，并以3000两黄金铸佛三尊供奉于佛顶寺。至世隆为南诏王，《大理行记校注》称其"俗尚浮屠法"。佛教在云南等地传播开来，逐渐演变为两大系统，一支是以洱海地区为中心遍及白蛮地区的白蛮阿吒力教，简称"白密"；另一支是流传于滇西北藏族聚居区的藏传佛教密宗。据近人研究，南诏、大理国时期，白族密宗已形成密宗瑜伽部的信仰，白族密宗既不是肤浅的杂密，与藏族地区的密宗也有较大区别，白族密宗、藏族密宗分别是密教的两个派别。②

南诏、大理国时期兴盛的白族密宗，是外来佛教与白蛮原有宗教融合的产物，是在吸收唐代汉地密宗与印度密宗基础上白族化的佛教密宗。"白密"在大理国时进一步发展并成为国教。郭松年《大理行记校注》谈到宋末元初大理地区信奉佛教的情形："此邦之人，西去天竺为近，其俗多尚浮屠法，家无贫富皆有佛堂，人不以老壮，手不释数珠；一岁之间斋戒几半，绝不茹荤、饮酒，至斋毕乃已。"元明时期，"白密"在云南地区还有很大影响。现存南诏、大理国的画卷、石刻、塔寺、文学作品等，无不浸润"白密"的文化因素。

20世纪以来，人们在大理崇圣寺千寻塔塔顶发现南诏、大理国时期的文物580余件，其中有为数众多的佛像、菩萨像、明王像与天王像，以金属铸像为主。③ 佛是以大日如来为中心的五方佛，菩萨以观音为主，护法天神像则具有白族密宗的色彩，这批造像形成

① 《蛮书》卷十《南蛮疆界接连诸蕃夷国名》。
② 《大理白族佛教密宗》，第129—131页。
③ 参见邱宣充：《南诏大理的塔藏文物》，载《南诏大理文物》，第128—139页。

了自己独特的体系。千寻塔还出土一些密宗的法器，如金刚杵、金刚铃等物。史载，大理国传 22 主，竟有十位国王避位为僧。据发现于云南大理市凤仪镇北汤天董氏宗祠的《董氏本音图略叙》所载，董氏之祖董伽罗为大理国的开国国师，其后裔世袭大理"阿吒力"之职，在大理国时期有 13 人成为"阿吒力"僧。这些都反映出大理国佛教兴盛的情形。大理国时期不仅王室权贵热衷于佛教，与佛教有关的内容，也渗透到社会生活的各个方面。

在南诏、大理国的文化中，可以看出内地文化的影响。南诏的统治制度大致以唐朝为圭臬，同时又有所增益。内地文化的影响不但表现在官制、教育、文学、艺术、宗教等方面，还表现在白蛮等本地民族的思想意识乃至社会习尚等方面。南诏的一些统治者与贵族子弟，曾获得直接学习唐朝文化的机会。在细奴逻至阁罗凤统治前期的数十年间，有大批南诏贵族子弟至成都学习内地文化。时人云："天子录其勤，合六诏为一，附庸成都，名之以国，许子弟入太学，使习华风。"① 异牟寻在给剑南西川节度使韦皋的信中回忆这一段历史称："曾祖有宠先帝，后嗣率蒙袭王，人知礼乐，本唐风化。"② 天宝四载（745），阁罗凤的长子凤伽异入朝宿卫，唐授予鸿胪少卿。"入朝宿卫"是藩属国送王子至长安充作人质的代称，但质子在京城能学习内地文化，并了解唐朝的各项制度，朝廷通常待质子甚为优渥，有助于加深质子对唐朝的亲近之情。③ 在唐朝充质的南诏子弟不少。据《资治通鉴》卷二百二十三《唐纪三十九》所载，广德二年（764），有"云南子弟"万人被遣戍朔方。这批"云南子弟"应是南诏遣送入朝的质子，因后来南诏与唐朝的关系破裂，遂成为代人受过的牺牲品。

另据《新唐书》卷二百二十二上《南蛮传上》所载，贞元十年（794）南诏与唐朝和好，异牟寻"请以大臣子弟质于皋，皋辞，固

① 《新唐书》卷二百二十二中《南蛮传中》，第 6289 页。
② 《新唐书》卷二百二十二上《南蛮传上》，第 6273 页。
③ 参见方铁：《汉唐王朝的纳质制度》，《思想战线》1991 年第 2 期。

请，乃尽舍成都，咸遣就学"。韦皋在成都修建馆舍，"选群蛮子弟聚之成都，教以书数，欲以慰悦羁縻之。业成则去，复以他子弟继之。如是五十年，群蛮子弟学于成都者殆以千数"。由于来成都学习的南诏子弟人数过多，"军府颇厌于禀给"。另据记载，大批南诏子弟来到成都，"（唐）赐书习读，降使交欢，礼待情深，招延意厚，传周公之礼乐，习孔子之诗书"①，可知儒学文化是南诏子弟学习的重点，数十年间形成南诏与唐朝文化交流的又一次高潮。在唐朝、南诏交恶期间，南诏统治者或从被俘的唐朝官吏学习内地文化，或通过战争从唐地掳夺人口，以继续获取内地文化的营养。

　　两宋时期，大理国多次遣使至宋朝求赐典籍。宋哲宗时，大理国王段正淳遣使高泰运奉表诣宋，"求经籍，得六十九家，药书六十二部"。宁宗在位，大理国又遣使至南宋求赐《大藏经》，计得1465部，归大理后置于五华楼。② 大理国统治者对内地文化十分钦慕，政和六年（1116），大理国遣官吏李紫琮等出使宋朝，李紫琮等路过鼎州（今湖南常德），"闻学校文物繁盛"，请求观瞻州学与孔子像。知州许之并派人陪同，"升堂谒见诸生，又问御书阁，乞观皇帝御制，举首读遍，以笏叩头。要巡斋观看，每至一斋，皆顶礼"。③ 受内地文化的影响，大理国的一些教育制度，如开科取士、由士入宦等也模仿内地。据《云南志略辑校·诸夷风俗》所载，大理国的知识分子既习读儒书亦熟悉佛教，佛教戒律精严者称为"得道"。"得道"有家室者则称"师僧"。师僧"教童子，多读佛书，少知六经者"。统治者通过考试把这些师僧选拔为各级官吏。总体来看，大理国与宋朝的文化交流并不多，因此大理国的文化更多地带有地方性的色彩。大理国士人虽习读《五经》《国语》等儒家经典，却不知尊拜孔子，而"祀王逸少（羲之）为先师"④，这些情形显然与内地

---

① 《回云南牒》，载《全唐文》卷八百二，第8430页。
② 《南诏野史会证·后理国》，第305页。
③ 《宋会要辑稿·蕃夷四》。
④ 《元史》卷一百六十七《张立道传》，第3916页。

不同。

受内地文化的影响，南诏、大理国上层对汉文化的倾慕，以及对内地文化的认同感表现得十分明显。异牟寻嗣继，"每叹地卑夷杂，礼仪不通，隔越中华，杜绝声教"①。南诏王室沿用父子连名制，以父王之名作为其子之姓。异牟寻以后的南诏王丰祐则"慕中国，不肯连父名"②。在唐朝与南诏的关系中，友好相处约占 3/5 以上的时间，因此正常的经济、文化往来仍是唐朝与南诏交往的主流。大理国的文化事业在南诏的基础上亦有进步，以白蛮文化为主线的大理国文化，深受内地文化的影响与浸润。大理国上层一直希望明确大理国对宋朝的臣属关系，在边疆与内地一体问题的认识上较南诏更进一步，其文化上的认同感也表现得更为突出，这是大理国一再入贡，并希望与宋朝保持臣属关系的一个重要原因。由于具备这一思想基础，元朝把云南及其周围地区再次纳入中原王朝的统治，上述地区与内地恢复了正常联系，云南等地的文化乃逐渐与内地文化合流。

唐宋时内地与云南等地文化交流的一个特点，表现为交流的多面性与双向性。南诏后期佛教兴盛，所兴建的佛寺与佛塔，有些修建时从内地请来工匠参加。大理崇圣寺的千寻塔，高 200 余尺，计 16 级，"即唐遣大匠恭韬、徽义所造。塔成，韬、义乃归"③。位于今云南昆明市的东寺塔与西寺塔，也是在内地工匠的参与及指导下建成的。南诏所建的城镇，其规划、建造风格深受内地的影响，据《蛮书》卷六《云南城镇》所载，天宝年间阁罗凤建造的云南城（今云南祥云东南），"城池郭邑皆如汉制"。《蛮书》卷八《蛮夷风俗》则称："凡人家所居，皆依傍四山。上栋下宇，悉与汉同，惟东西南北，不取周正耳。"《新唐书》卷二十二《礼乐志》称，贞元年间，南诏进献《南诏奉圣乐》舞曲，德宗于麟德殿前观看，表现出

① 《蛮书》卷三《六诏》。
② 《新唐书》卷二百二十二中《南蛮传中》，第 6281 页。
③ 《大理行记校注》，载《大理行记校注　云南志略辑校》，第 23 页。

较大的兴趣。内地的历法与节日也传到云南等地。《蛮书》卷八《蛮夷风俗》说，南诏的节日"粗与汉同，唯不知有寒食清明耳"。《新唐书》卷二百二十二上《南蛮传上》称，南诏"俗以寅为正，四时大抵与中国小差"。这些都反映出南诏、大理国的主流文化具有多元性，尤其受到内地文化较深刻的影响。

总之，汉晋时期南中大姓的文化，基本上仍是与云南本地文化合流之前外来移民的文化，而且影响仅限于大姓活动的郡县地区。南诏、大理国的主流文化，则是吸收了多方的营养，在各族中居支配位置的多元本土文化。这一文化为南诏、大理国的统治奠定了思想文化的基石。在形成南诏、大理国主流文化的同时，云南等地的各民族还拥有自己的特色文化。

第四节　边疆的王朝与政权参与统一国家构建

所谓"中国统一国家构建"或"共同缔造中国"，主要指中国统一多民族国家构建的过程与关键的环节，包括相关的王朝与政权在政治方面的整合，统一国家疆域的形成并趋于稳定，内地与边疆逐渐实现一体化，统一国家基本制度的确立与有效管理，国民的内聚力与国家认同感的不断强化，不同民族逐渐融合形成中华民族的历史过程，国家主流文化的成形等诸多的内容。中国统一国家构建是一个长期而复杂的过程，必然涉及诸多的问题。

一、中原王朝同边疆的王朝与政权共同缔造中国

自秦朝实现初步统一，中国的疆域经历了形成与巩固的演变过程。参与中国历史疆域的构建者，既有中原王朝，也有边疆地区的王朝与政权。汉族、少数民族都是中国统一多民族国家的构建者。过去是这样，现在与未来也同样如此。以少数民族为主体建立的吐蕃、南诏、辽、金、西夏、蒙古汗国、后金等边疆王朝，与中原王

朝等内地政权共同构建了古代中国，其中由蒙古汗国演绎而来的元朝，以及从后金发展而来的清朝尤其值得重视。元朝、清朝不仅在新的高度上完成全国统一，在治边的理念、思想与方略方面也有杰出的贡献。

"疆域""边疆"这两个概念既有联系，也有明显区别。所谓"疆域"是指王朝与政权管辖的地域范围，而"边疆"则是指某一王朝腹心地带的外缘部分。中原王朝视华夏地区的外缘部分为边徼或边疆，边疆的王朝与政权通常也有自己的边徼或边疆，但其边疆观、治边观与中原王朝不尽相同。不同时期"中国"有不同的含义，在中国历史发展过程中起主导作用的中原王朝，其疆域经常出现扩张或内收的变化。参与历史疆域构建的边疆的王朝与政权，其疆域也经常发生程度不同的改变。另外，"中国的疆域"并不单指中原王朝或边疆王朝的疆域，中国的历史疆域曾是一个众说纷纭的问题。①

20 世纪 50 年代中期，毛主席提出要对清代学者杨守敬等编绘的《历代舆地图》重编改绘。复旦大学的谭其骧教授接受领衔修改的任务。工作开始不久，谭其骧便发现杨守敬等人的疆域观存在严重问题。《历代舆地图》仅绘制中原王朝的直辖版图，除西汉附有一幅西域地图以外，《历代舆地图》的其余部分连中原王朝的羁縻地区都不画，更毋论边疆的王朝与政权的疆土。中国是由汉族与少数民族共同缔造的，不能把中国等同于主要是汉族建立的中原王朝。以全国专家参与的《中国历史地图集》编绘工作为中心，学术界开展了关于正确疆域观的讨论。

当时有三种意见。一种意见认为中原王朝便是历史上的中国，但历代中原王朝的版图有很大变化，既不能以幅员广阔的唐朝为中国，也不能以辖地仅占现今中国版图约 1/5 土地的宋朝为中国。更为严重的问题是这种观点否认边疆少数民族在缔造中国疆域方面做出的重要贡献，因此不可取。第二种意见认为中华人民共和国的版

---

① 参见方铁：《论中国的历史疆域与边疆》，《玉溪师范学院学报》2016 年第 5 期。

图便是中国的历史疆域，这种观点否认中国的疆域经历了动态变化且是一个逐渐形成的过程，若采纳这种意见，便回避了近代资本主义列强侵占中国部分领土的事实。另外，将现今中国的范围等同于中国的历史疆域，也不符合现今邻国的某些土地在历史上曾属中国的事实。

谭其骧提出的第三种意见较为合理，得到了大部分学者的赞同。谭其骧认为中原王朝与边疆少数民族的关系，随着时间的推移越来越密切。[①] 至17—18世纪，历史的发展使中国需要形成一个统一的政权，将中原地区与边疆统一在一个政权之下。清朝顺应历史发展的趋势，完成了统一历史疆域的任务。清朝的统一主要体现在对满、蒙、汉三个地区的统一。1840年鸦片战争爆发前清朝的版图，是中国历史发展的必然结果，可代表历史时期中国的基本范围。

根据谭其骧提出的标准，在上述地域范围活动的民族被认为是中国历史上的民族，在这一地域范围建立的政权也都是中国历史上的政权。若超出上面所说的范围，那就不是中国的民族，也不是中国的政权。当然，历史上的情况十分复杂。属于中国历史上的政权，其中一些的统治范围超过了1840年以前清朝的版图，也不能说这些政权所有的统治地域都属于中国。如汉代的匈奴，唐代的突厥、吐蕃与南诏，宋代的辽就是较典型的例子。通常的处理是承认这些政权是中国历史上的政权，在1840年以前清朝版图内的地区可算中国的疆域，在1840年以前清朝版图以外的地区，则根据具体的情况处理，因为此时中国的疆域还处于形成与变动的过程之中。

同时也要看到，曾被纳入中原王朝版图现今属邻国的某些土地，在特定的时期也曾属于中原王朝的范围。以古代所称"交州""安南"的今越南北部为例。秦朝实现初步统一，设置的郡县南面进入交州。汉朝在全国设十三刺史部监察区，其中有交趾刺史部（治今广西梧州）。东汉改交趾刺史部为交州。孙吴分交州为交、广二州，

---

① 参见谭其骧：《历史上的中国和中国历代疆域》，《中国边疆史地研究》1991年第1期。

交州治龙编（在今越南河内）。唐朝在交州设安南都护府（治今越南河内）。五代时期内地动乱，安南权贵曲承美等割据其地。宋朝建立后承认安南独立，元、明、清三朝大致沿袭宋朝的做法。在曲承美割据之前，历代中原王朝十分重视对交州的统治，并积极经营交州至内地的水陆交通线。这一时期交州属于中原王朝的版图，国内外对此并无异议。自宋朝起今越南北部独立成为中国的邻国，这也是公认的事实。

汇集全国学术界的主要力量，根据谭其骧提出的疆域观编绘的《中国历史地图集》，于 20 世纪 70 年代出版了试行本，于 20 世纪 80 年代正式出版发行。《中国历史地图集》在国内外产生了很大的影响，自《中国历史地图集》出版发行至今，未听说有因其疆域观导致争议的情形，证明谭其骧提出的疆域观，得到了学术界与读者的普遍认可。

进一步来说，边疆的王朝与政权参与中国统一国家构建，经历了从中原王朝的藩篱、"敌国"，向中原王朝的边疆或邻邦演变的过程。[①] 元代以前中国的历史疆域，被中原王朝、边疆的王朝与政权分别统治。元代以前，中原王朝对边陲及其以远地区施行较宽松的羁縻。这一时期中原王朝的边陲变动不定，边陲地区的远端亦较含混。元朝在新的高度上实现全局统一，对边疆地区与邻邦实行相异的治策，以推行不同管理制度的做法，肯定了宋代以来邻邦逐渐形成以及元朝的边疆趋于稳定的事实。明、清两朝继承和发展了元朝的做法与制度。元、明、清三朝对边疆地区的管控与经营，与元代以前的中原王朝明显不同。在完善边疆管理制度、加强边疆地区管控与开发边疆资源等方面，元、明、清三朝均有建树，至清代达到古代的顶峰。

近现代国家的衡量标准，主要是定居的人民、确定的领土、政

---

① 参见方铁：《深化中国边疆史研究的若干重要问题及价值》，《云南师范大学学报》（哲学社会科学版）2019 年第 1 期。

权组织、主权。① 近现代国家强调独立主权、完整领土，这是与古代国家最大的区别。国际法规定各国一律平等，国家领土是稳定的，非经法定事由与程序不得变更。而古代国家关系的不平等是常态，古代并无国家主权的明确概念。稳定的国家疆域、国家领土的科学概念形成也很晚。在较长的历史时期，国家疆界变动是常有之事。在漫长的时期里，形成过程中的中国处于东亚地区的腹心地带，中原王朝与周边的一些边疆王朝长期占据政治舞台的中心。经过复杂的演变过程，中原王朝与周边的一些王朝逐渐交融，成为古代中国的主体，而其他的边疆王朝或趋于灭绝，或演变为中国的邻邦。

　　中原王朝自认为是天下的中心，周围的蛮夷势力须服从于己，由此形成中心（华夏文明）与边缘（边疆及徼外的非华夏文明）相互关系的思想。中原王朝通过推行教化，在边疆及其以远地区传播华夏文化，并通过朝贡、册封这两种形式，与四方蛮夷建立盟约关系，确立主从关系，进而形成通行天下的制度规范。封贡制度的基础是服事观。先秦时期的服事观认为统治者居天下之中心，其影响由中心向周边地区传播。中原王朝对先秦的服事观进行改造，将其发展为以四方蛮夷向中原王朝进贡、中原王朝册封朝贡者为基本内容的封贡制度。

　　对依附自己的边陲势力，中原王朝授予藩王或羁縻府州官吏的虚衔，规定其职责是守卫中原王朝的边陲，古人形象地称为"藩篱"。西汉使臣陆贾至南越，南越王赵佗顿首谢罪并称"愿长为藩臣，奉贡职"，并下令："吾闻两雄不俱立，两贤不并世。皇帝，贤天子也。自今以后，去帝制黄屋左纛。"② 唐朝立突厥首领李思摩为可汗，允许统率突厥诸部，李思摩上书称："蒙恩立为落长，实望世世为国一犬，守吠天子北门，有如延陀侵逼，愿入保长城。"太宗诏许之。③ 中原王朝认为"藩篱"是理想的制度，希望守卫藩篱的边

① 赵建文主编：《国际法新论》，法律出版社，2000年，第69—70页。
② 《史记》卷一百一十三《南越列传》，第2970页。
③ 《新唐书》卷二百一十五上《突厥传上》，第6040页。

陲势力长期存在，生生不息。突厥突利可汗归顺，唐朝封其为北平郡王，后又授以都督之职，太宗敕曰："我欲中国安，尔宗族不亡，故授尔都督，毋相侵掠，长为我北藩。"突利叩首听命。① 边陲的藩王若彻底归降，中原王朝便置为地方官府，或将其首领与部属迁入塞内安置，推动其向编户齐民转化，双方自从藩的关系正式转变为臣属的关系。

中原王朝与强大的边疆王朝或互为"敌国"，即建立古代的国家关系。东亚古代国家常以舅、甥相称，通常中原王朝居于舅甥关系的上层。但也有中原王朝奉强大的边疆王朝为尊主的情形。"敌国"双方相互承认为国家，同时仿照封建社会的家长管理制，建立严格的等级关系，说明古代的国家关系以不平等的等级关系为基础。同时要看到，舅甥关系毕竟比同封建家族内部同宗和睦的关系。建立舅甥关系的国家，双方愿意仿照封建家族制度，建立亲若一家、守望相助的关系。中原王朝与边疆王朝的舅甥关系，强调双方建立"有同一家""安危同体"的亲密关系，这些与近代西方殖民制度之下，占领国以压迫、剥削为手段统治殖民地明显不同。

古代确认相互间的国家关系，以建立关系的双方均具有较强实力，并愿意尊重对峙现状为条件，"敌国"关系还必须为双方所认可。一些力量较弱的地方政权如同南诏，曾提出与唐朝建立兄弟或舅甥的关系，享有如同吐蕃之"敌国"的地位，遭到唐朝使臣的驳斥。乾符六年（879），南诏王遣使者见唐朝使臣徐云虔，提出"与唐约为兄弟，不则舅甥"，被徐云虔严词拒绝。② 随着时间的推移，"敌国"关系或向从藩、臣属的关系转变。元代以前，中原王朝周边的政治势力主要包括徼外势力与边疆势力，两者尚未明确分开。对与自己交往的徼外势力或边疆势力，中原王朝通过以厚往薄来为特征的封贡制度，施行较为宽松的羁縻与笼络，从而达到"守在四夷"

---

① 《新唐书》卷二百一十五上《突厥传上》，第 6038 页。
② 《资治通鉴》卷二百五十三《唐纪六十九》，乾符六年二月，第 8211—8212 页。

的目标。

对徼外势力或边疆势力中较为强大者，中原王朝便与其建立"敌国"的关系，承认其享有国家的地位，企望由此实现守境相安。从藩、臣属的关系不同于"敌国"关系。双方主要区别是建立从藩、臣属关系的被动政治实体，基本上不具有国家的性质，从藩关系的双方分别是藩主王朝与从属政权，后者或可保持较弱的独立性。在臣属关系之下，臣属政权大都成为藩主王朝统领的地方官府，甚至被纳入藩主王朝统治的版图。

元代以前的中原王朝，虽称周边的某些政治势力为"敌国"，待之以"敌国之礼"，如唐代的突厥、吐蕃，宋代的辽、金、西夏与蒙古，但这些"敌国"究竟是古代国家，抑或是与中原王朝有臣属关系的地方政权，有时不仅难以区分，与中原王朝的关系也时常变动。中原王朝处理与周边势力的关系，普遍以封贡制度应对，即接受朝贡或向对方朝贡，中原王朝强盛时视对方为华夏周边之藩篱，卑弱时奉对方为居高驭下的家长，并无区分边疆或邻邦的明确表述，亦无根据明确原则区别处理的制度化对策。

中唐及以后的时代风云际会，吐蕃、南诏、辽、金、西夏、蒙古等边疆势力先后崛起，兼之明代后期西方列强东至，中原王朝面临着严峻的挑战。元、清两个统一王朝为边疆民族所建，有其独到的天下观与治边观。在诸多力量的冲击下，汉、唐以来形成的东亚秩序逐渐解体。继起的元朝从全国统一的高度，明确了新的天下格局，内容大致是中国的边疆地区逐渐巩固并趋完善，成为拱卫统一国家的有力屏障，中国周边仍然存在的政治势力，则成为与中原王朝建立藩属国关系的邻邦。因此，元、明、清三朝经营边疆地区，表现出边疆治理与邦交应对明确分开的特点。

元、明、清三朝的藩属国体制，源自此前中原王朝的藩篱制度。藩篱制度的基本特点，是中原王朝视归附的边陲夷狄为捍卫华夏腹地的藩篱，后者受命护卫华夏边陲的安全。中原王朝恪守"守在四夷"的底线，与边陲夷狄建立藩篱关系的基本原则，是"附则受而不逆，叛则弃而不追"①。因此，大部分中原王朝并无认真经营、深入开发边陲的打算，亦无进一步控制或积极改造边陲夷狄的计划。如武德二年（619），唐高祖颁诏："昔王御世，怀柔远人，义在羁縻，无取臣属。"② 在边陲地区，中原王朝的边疆与周边势力的界限经常变动，汉、唐等中原王朝乃以藩篱制度为主要的武器，笼统地应对边陲地区的夷狄势力。

唐代以后中国进入全局分裂、局部统一的时期。北方的辽、西夏、金、蒙古等边疆王朝，西南的吐蕃诸部、大理国等边疆势力先后与两宋对峙。元朝实现了新的全国统一，同时也明确了新的天下格局，表现在中原王朝的边疆地区逐渐稳定并趋巩固，成为拱卫统一国家的有力屏障，而中原王朝周边保持独立的政治势力则演变为邻邦。元朝明确区分边疆与邻邦，在边疆地区实行任命土官等统治的制度，对邻邦则施用藩属国体制应对。元、明、清三朝的藩属国体制有别于前代的藩篱制度，包含了近代国家关系的萌芽。元朝视安南、占城等为邻邦，制定派遣达鲁花赤（掌印官）、藩属国君王定期入觐、按期纳质朝贡等规定。③ 在元、明两代的基础上，清朝的藩属国体制趋于完善，中国统一多民族国家也得到巩固。

二、中国统一国家构建的一般规律

实现中国统一国家的构建，存在着一些具有普遍意义的规律。兹列举主要规律如下。

其一，中原王朝同边疆的王朝、政权进行交往，以及相互间的交流、交融，双方须积极参与并努力推进，这是促成中国统一国家构建的基本途径。

同边疆的王朝与政权必须保持交往、交流，中原王朝对其重要

---

① 《后汉书》卷八十六《南蛮西南夷列传》，第2833页。
② 《抚镇边陲诏》，载〔宋〕宋敏求编，洪丕谟、张伯元、沈敖大点校：《唐大诏令集》卷一百二十八《蕃夷》，学林出版社，1992年，第632页。
③ 《元史》卷二百九《外夷传二》，第4635页。

性早有认识。东汉班固称：

> 汉兴已来，旷世历年，兵缠夷狄，尤事匈奴。绥御之方，其涂不一，或修文以和之，或用武以征之，或卑下以就之，或臣服而致之。虽屈申无常，所因时异，然未有拒绝弃放，不与交接者也。①

中原王朝同边疆的王朝与政权各有其管辖范围，统治的方略、方法也存在明显的差别，但相互间的交往、交流、交融始终未曾中断。中国历史疆域的形成演变，历经 2000 余年与诸多的朝代，呈现出跌宕起伏的动态发展过程。中国历史疆域的形成、演变有特定的背景与时代条件，同时受到政治、经济、文化、族别等诸多因素的影响。在秦朝初步统一以来的 2000 余年间，中原王朝与边疆的王朝、政权始终强调交往与对话，积极谋求共同点，努力发展双方的友好关系。

中国统一多民族国家是在整合内地与边疆的基础上形成的。一方面，边疆地区实现局部统一，为构建统一多民族国家创造了条件，中原王朝对边疆地区的经营，促进了边疆地区的发展，缩小了边疆与内地在发展程度方面的差距。另一方面，边疆地区的社会发展与经济开发，又为内地提供了大量税收以及有色金属产品、马匹、木材、药材等重要物资，为统一国家建立对外交往的门户与国防的保护屏障，有利于统一多民族国家的深度形成与进一步巩固。

中国统一多民族国家的形成走过了不平坦的道路。两汉的统治，巩固了秦朝全局统一的局面。唐朝拥有辽阔的版图，前期形成万方来朝的盛唐气象。安史之乱后唐朝的版图急剧收缩，五代十国的出现，成为继南北朝之后的第二次大分裂。后来边疆王朝的强势超过中原王朝。由于边疆民族积极参与等原因，元朝再次实现全国统一，清朝发展了持续统一的局面，这一时期中国的历史疆域与边疆地区最为巩固与稳定。

---

① 《后汉书》卷四十下《班固传》，第 1374 页。

中原王朝同边疆的王朝与政权保持交往、交流、交融，一个重要的措施是努力发展内地联系边陲的交通线。① 现今或称这些交通线为"丝绸之路"。古代"丝绸之路"的开拓、维护与运营，属于中原王朝的国家行为，费用皆从国库支出，目的是为中原王朝与边陲势力交往、交流提供通道，企望通过对外传播文化软实力，达到"守在四夷"的目标。《新唐书》卷二百二十一下《西域传下》载："西方之戎，古未尝通中国，至汉始载乌孙诸国。后以名字见者浸多。唐兴，以次修贡，盖百余，皆冒万里而至，亦已勤矣！然中国有报赠、册吊、程粮、传驿之费，东至高丽，南至真腊，西至波斯、吐蕃、坚昆，北至突厥、契丹、靺鞨，谓之'八蕃'，其外谓之'绝域'，视地远近而给费。"历代王朝积极开拓"丝绸之路"并注重保障"丝绸之路"的安全，动用国家力量进行维护，唐、元等王朝还在"丝绸之路"的一些路段设置驿站，使兵力所及的路段成为官道，一些王朝要求前来朝贡的使臣须走规定的"贡道"，否则不予接待。

北方"丝绸之路"、海上"丝绸之路"与南方"丝绸之路"，构成了中原王朝经营边疆与沟通外部世界的交通网络。积极开通各地的"丝绸之路"，约始于两汉时期。汉武帝开发西南夷（指今云贵、川西南地区）的内在动力，是企望开通经过其地、实现远交近攻战略的南方"丝绸之路"。在元朝建云南行省之前，历代中原王朝经营西南边疆的主要目的，是维护由四川盆地经西南夷至天竺（今印度）、安南（今越南北部）的"丝绸之路"，为中原王朝与周边蛮夷的朝贡联系提供必不可少的通道。② 元朝建云南行省，加强对西南边疆的经营，中原王朝重北轻南的治边传统始有改变，这也是中原王朝全面经营、积极开发西南边疆地区的肇始。

---

① 《论中原王朝的地缘政治观》，载《中国边疆学》第 7 辑，第 8 页。

② 参见方铁：《秦汉蜀晋南朝的治边方略与云南通道开发》，《云南师范大学学报》（哲学社会科学版）2007 年第 6 期。方铁：《唐宋元明清的治边方略与云南通道变迁》，《中国边疆史地研究》2009 年第 1 期。

以元代为界，途经西南边疆地区交通线的"丝绸之路"，其框架结构与功能发生了重要的改变。因周边的强大势力陆续崛起，中原王朝施用的治边文化软实力趋于衰落，前代倚重的封贡制度相应淡化。在这样的情况下，南方"丝绸之路"与海上"丝绸之路"的地位与活跃程度超过北方"丝绸之路"。在交通线的功能方面，从元代开始，"丝绸之路"的作用从重在满足边陲势力朝贡往来的需要，向主要为边疆与内地、中原王朝与外邦的商贸活动提供服务转化。元明清时期，"丝绸之路"对西南边疆统治的巩固与经济的开发，发挥了重要作用，为国家的整合与巩固做出了积极贡献。

古代"丝绸之路"具有全局部署、中原王朝与边疆王朝重视、历代相沿、不断完善等特点。古代的"丝绸之路"大致包括北方"丝绸之路"、南方"丝绸之路"与海上"丝绸之路"。上述三条不同走向的"丝绸之路"，存在相互依存、彼此补充、兴衰更替的关系。元代以前"丝绸之路"的重点在北方，作用主要是朝贡、夹攻匈奴及获取远方珍物供宫廷享用。汉朝、晋朝、唐朝时期南方"丝绸之路"较为繁荣，一是作为北方"丝绸之路"的补充，二是在北方"丝绸之路"被阻断时发挥作用。当时途经边疆地区的交通线，主要是作为"丝绸之路"的一部分而存在，并非中原王朝经营的重点路段。宋元时期情况则发生了很大变化。"丝绸之路"的功能转变为主要为国际贸易服务。由于货物以瓷器为主，必须通过海路运输才能便捷和安全，南方"丝绸之路"的地位乃逐渐超过北方"丝绸之路"，中原王朝"重北轻南"的治边传统有所改变。另外，随着边疆地区趋于稳定，而且南方边疆形成较早、作用较大，"丝绸之路"经过边疆的路段逐渐成为中原王朝经营的主体，域外"丝绸之路"的地位则降低至次要的地位。

宋元时期，海上"丝绸之路"较为发达，为明代郑和七次下西洋准备了条件。郑和下西洋的主要目的是向海外宣传国威，招徕诸蕃入贡。但传统的厚往薄来政策不能容纳日益庞大的国际贸易，导致出现成本与效益严重倒挂，国家财政无力支撑的情形，最后黯然谢幕。明清的朝贡制度具有时代特色，与此前的封贡制度已大不相同。南方出现较大规模的茶马贸易与马市，是朝贡制度向大规模商品贸易转化的一种形式。

中国统一国家的成功构建，不仅得益于政区行政管辖的确定及完善，还因为通过内地与边疆不间断的交往、交流、交融，内地文化在边疆地区得到传播并被认同。元明清时期内地人口向边疆地区大量迁徙，并与边疆诸族实现融合与重组，诸如此类的诸多因素，推动边疆与内地牢固地实现结合。

通过交往、交流、交融的途径，外来移民与边疆原有民族趋于融合。以元代为界，西南边疆地区民族融合的倾向大致分为前、后两个时期。在前一时期，外来移民与原有民族在经济文化上的差别较为明显。随着时间的推移，外来移民逐渐融合于原有民族，形成白蛮等新的本地民族。在这一时期，历朝大都以外来移民为可依靠的力量，对其较为信任并实行积极扶持的政策。自秦汉在西南边疆开发交通、设置郡县，汉族移民便不断迁入这一地区。历代向西南边疆的人口迁徙虽有高潮与低谷，移民的身份及来源亦不尽相同，但迁徙活动普遍具有持续连贯与逐渐增强的特点。南北朝时期，云南的汉族移民融合僰人形成本地民族白蛮。白蛮是南诏、大理国的主体民族。历代移民向西南边疆的迁徙，不仅加强了开发边疆地区的力量，密切了内地与西南边疆的联系，促进了边疆地区的巩固，还在历朝治边的过程中，深受朝廷重视并发挥了重要作用。

元代以后，迁入西南边疆移民的数量迅速增加，民族融合的倾向，转变为以移民为主融合原有民族，并以大中坝子和交通沿线为聚居地形成当地的汉族群体。外来移民的大量进入与西南边疆汉族的正式形成，为西南边疆的迅速发展创造了有利条件。这一时期诸朝在西南边疆的治策，主要是积极扩大编民（以西南边疆汉族为主）数量及分布范围，并以之为边疆管理的基点。清朝顺应坝子与山地的联系加强、边疆地区需要整体性发展的时代潮流，通过对边疆民族地区的改土归流、加强其地的管理与开发、鼓励移民迁居边疆与僻地等措施进行治理，从而加快了中国统一国家构建的进程。

其二，相关各方推动地缘政治格局发生改变，是实现中国统一国家构建的重要机制。

所谓"地缘政治"，指与地理因素紧密相关的政治问题。中原王朝有经过长期的实践与积累形成的地缘政治观。一些边疆的王朝与政权如同南诏，也有自己的地缘政治观。但就地缘政治观具有的深度、广度与产生的影响而言，中原王朝的地缘政治观稳居前列。①

古代中国在统一局面破裂后，无一例外能在或长或短的时间内回归统一。经过数千年的演变，中国从低水平、低层次的统一，逐渐发展到较高水平的统一，并非由于古代的边吏具备极高素质，或中原王朝在边疆地区配置强大的兵力，实行严格的制度，而主要是在边疆的经营方面，形成了较为优越且有效的内在机制所致。在这一发展过程中，推动地缘政治格局逐渐改变，是实现国家整合的一项重要机制。或者说，中原王朝的疆域能在很长时期内大体保持稳定并渐趋巩固，关键是统治者在地缘政治方面较好地处理了中心与边缘的关系，充分利用华夏文化圈对周边地区的辐射作用，并借助文化传播与国家管理的力量，把对边疆地区的控制，由微弱的影响发展为质量方面的突变。

中原王朝在治边方面的地缘政治观重点突出，特色十分明显。中原王朝较重视人文因素在地缘政治关系中的作用，相对忽视海洋等地理因素。古人认为中原是天下的中心，中原王朝的核心区域与其他地区的关系，密切的程度依距离的近远逐渐递减。这突出表现在中原王朝承认内地与边疆存在差异，并根据远交近攻的原则应对。边疆地区形成后，中原王朝逐渐明确因地制宜、因时制宜的施治原则，治理边疆的成效也趋于彰显。古人重视对边疆乃至徼外的蛮夷进行羁縻与教化，甚于西方常见的武力征服与赋税重征。

中原王朝的边疆地缘政治观强调农业文明与其他文明的区别。《旧唐书》卷一百九十七《南蛮西南蛮传》说："禹画九州，周分六服，断长补短，止方七千。国赋之所均，王教之所备，此谓华夏者也。以圆盖方舆之广，广谷大川之多，民生其间，胡可胜道，此谓

---

① 《论中原王朝的地缘政治观》，载《中国边疆学》第 7 辑，第 4 页。

蕃国者也。"① 所言以是否征收赋税、施行王教为标准，明确天下之"华夏""蕃国"迥然有异，实则将其划分为两种不同类型的文明。中原王朝以农业文明为固守社稷的基础，恪守"守在四夷"的治边传统，谨慎地向外部扩张或求保稳定。历朝还重视经过边疆的"丝绸之路"与边疆行政机构的作用，注重加强与边疆地区的联系，在边疆地区设治管理、驻兵与移民。处理边疆问题时，中原王朝重视不同区位边疆地区相互配合或牵制的关系。

中原王朝的地缘政治观，强调内地与边疆间主次、先后的关系，形象地将两者喻之为树木与枝叶或身体与四肢的辩证关系。中原王朝具有宝贵的全局观、长远观与内在联系观，注意到不同地区间存在联系及互动的关系。中原王朝不仅关注地域板块间的关系，还重视地缘政治视角下之区域经营及治理方面的问题。尤应指出，我国南北方地缘政治长期存在差异，历朝治边大都具有"重北轻南"的倾向。由于北部草原的游牧势力经常南下，严重威胁中原王朝的安全，历朝治边的重点多在北方，相关王朝对南方边疆的经营与开发，因此受到了不利影响。

以边疆地缘政治观为基础，中原王朝施行以下的治边方略。②

"守在四夷"的方略。春秋时沈尹戌提出"古者天子，守在四夷"的观念。③ 两汉在接受先秦"五服"说的基础上，进一步形成了"守在四夷"的治边思想。历朝对边疆和徼外通常慎用刀兵，处理与边疆蛮夷、徼外邻邦的争端大多采取守势，用兵以自卫及防范性质者居多。历代有关的表述有："不居之地，不牧之民，不足以烦中国"④，"治安中国，而四夷自服"⑤，"欲理外，先理内"⑥，等等。

---

① 《旧唐书》卷一百九十七《南蛮西南蛮传》，第5286页。
② 参见方铁：《论中国古代的治边方略》，《思想战线》2017年第1期。
③ 《汉书》卷九十四下《匈奴传》，第3830页。
④ 《汉书》卷六十四上《严助传》，第2777页。
⑤ 《资治通鉴》卷一百九十三《唐纪九》，贞观三年十二月，第6067页。
⑥ 《续资治通鉴长编》卷三十，端拱二年正月，第678页。

基于上述认识，中原王朝提出"附则受而不逆，叛则弃而不追"的原则，① 进而形成了"守在四夷"的治边方略。

"重北轻南"的方略。我国南北方的地缘政治长期存在差异，突出表现在中原王朝经营北部边陲地区，普遍存在"重北轻南"的倾向，并由此形成"重北轻南"的经营方略。"重北轻南"方略的主要内容，是中原王朝治边与驻守的重点，长期放在防范北方的游牧势力方面。中原王朝治边的其他策略，亦深受这一传统的影响。由于对北方游牧势力持警惕与敌对的态度，中原王朝经营北部边陲较为消极保守，经营南部边陲则较为忽视甚至随意施治。秦汉至宋代，中原王朝承受北方游牧势力经常南下骚扰的巨大压力，乃把治边的重点放在北方。元明清时期受诸多因素的影响，北方游牧势力南下的压力有所减轻，中原王朝重北轻南的倾向及应对方略相应发生改变。通过上层联姻、向草原移民、鼓励传播佛教等途径，清朝较彻底地解决了北方游牧势力南下侵扰的问题。

重视德治教化的方略。中原王朝认为"治安中国，而四夷自服"。唐太宗提出"德泽洽夷"，相信"德泽洽，则四夷可使如一家"。② 对边疆的蛮夷与徼外的势力，中原王朝主张"修文德以来之，被声教以服之"③。中原王朝积极推行和亲、朝贡封赏、建立宗藩关系等制度，借此体现朝廷对蛮夷的"德泽"。元代以前中原王朝坚信德治必能教化蛮夷，因此奉行靠传播华夏文化、体现王朝恩赐以感化蛮夷的策略。

对外施用文化软实力的方略。中原王朝大都恪守"守在四夷"的原则，向腹地以外的地区积极传播文化、扩大影响，由此形成治边的文化软实力。④ 治边文化软实力的基础，是中原王朝的夷夏有别观与用夏变夷观。治边文化软实力的内容，主要是彰显中原王朝

---

① 《后汉书》卷八十六《南蛮西南夷列传》，第 2833 页。
② 《资治通鉴》卷一百九十七《唐纪十三》，贞观十八年十二月，第 6216 页。
③ 《旧唐书》卷一百九十九下《北狄传》，第 5364 页。
④ 参见方铁、黄禾雨：《论中原王朝治边的文化软实力》，《中国边疆史地研究》2013 年 2 期。

的文化、实力与制度。治边文化软实力的载体是封贡制度，传播的机制主要是文化传播。实施文化软实力方略的前提，是统治者具有"华夏居中""华夷有别""守在四夷""以夏化夷"等观念，反映出中原王朝推行治边文化软实力的方略，受到边疆地缘政治观的深刻影响。

远交近攻的方略。此方略详见第六章第一节。

在漫长的演变过程中，中原王朝边疆的外缘部分较难确定。其腹地的外围以及和他国的疆界间，通常存在范围时常变化的缓冲地带，中原王朝治边因此体现出一定的对外开放性。历朝相关的治策亦有较大的适应空间，主要做法是将华夏以外的区域普遍视为夷狄，实行鼓励夷狄入朝觐见，以及对朝贡或示善的夷狄首领进行册封的制度。上述制度既针对腹地外围归顺的夷狄，通常也适用于远方来朝的邦国。封贡制度的实质是以丰厚的回赐和待之以礼，换取朝贡者至少在形式上的归顺，以及对中原王朝至尊地位的承认。

为实现"守在四夷"，历朝认为中心与边缘的地位有主次之别，治边与治内的先后有缓急之分。古代的政治家对拓边多持慎重态度。他们信守"谨事四夷"，同时也重视边疆地区对内地的拱卫作用。历朝积极招徕边疆的夷狄并予册封，一个重要目的便是以夷狄为"藩篱"，利用夷狄为中原王朝的安全提供屏障。边疆的夷狄亦深知这一点。贞元十年（794），南诏愿与唐朝重修旧好，南诏王异牟寻表示"愿充内属，盟立誓言，永为西南藩屏"。唐使袁滋至云南册封，强调南诏应"坚守诚信，为西南藩屏"，异牟寻流涕允诺。①

随着时代的变迁，中原王朝的地缘政治观逐渐发生变化，中华大地上的地缘政治格局也相应改变。蒙古汗国与元朝的蒙元时期，是中原王朝地缘政治观与中华大地地缘政治格局发生改变的重要转折点。蒙元统治者来自蒙古草原，行为方式具有游牧民族的特点。蒙元征战各地的目标是不断扩张，以壮大统治的范围，因此与其他的中原王朝相比，蒙元的地缘政治观带有鲜明的特色。忽必烈逝世

---

① 《蛮书》卷十《南蛮疆界接连诸蕃夷国名》。

后，元朝的对外扩张逐渐停止，元朝继任统治者的地缘政治观，乃表现出深受前朝地缘政治传统的影响。蒙元的地缘政治观影响了所进行的战争，以及蒙元对全国尤其是边疆地区的统治，对明、清两朝的影响也十分深远。

蒙元的地缘政治观包括以下内容。经营地域的重点从北方逐渐转移到南方，改变了中原王朝治边的"重北轻南"传统。元代以前历朝经营边疆有重北轻南的倾向，治边的重点是防范北方游牧民族南下，对南方边疆大致是消极应付。元代情形发生明显的改变。元朝统治者来自蒙古草原，同时元朝的北部疆域延伸到西伯利亚地区，西北面疆域则与四大汗国相连，致使向北部拓展的空间十分狭小。元朝实行游牧汗国及以汉法治汉地并行的政策，必须不断获取土地、人口来满足封赏将士的需要，元朝前期继续向外扩张，并将扩张的方向选在南方。

蒙元积极经营云南、广西地区及与其相邻的中南半岛，云南由此成为直隶中央的一省。元朝对云南、广西地区的积极开发，加快了这些地区与内地一体化的进程。元朝积极经营南方边疆的做法为明、清两朝所继承，使元、明、清三朝成为中原王朝开发南方边疆力度最大及效果最明显的时期。蒙元是来自北部草原的游牧民族建立的政权，并无"守中治边""守在四夷"等一类意识。蒙元对外多次用兵造成诸多的影响，包括扩张及巩固了边疆地区，为中国传统疆域的最终形成奠定基础。蒙元与邻邦交往密切，彼此建立新型的国家关系，尤其体现在与安南、占城等邻邦，确立与汉唐时期不同的藩属国体制。

在地处边疆地区的王朝与政权中，南诏的地缘政治观较为明晰，并富有鲜明的特色。南诏的地缘政治观，包括确定核心区域、重视腹心与周边的关系、注重防守的区域、积极开拓新地区、明确辖地的范围、在辖地分封五岳四渎、大幅度调整人口布局、合理使用交通线等诸多内容。南诏地缘政治观的结构较为合理，认识亦较清晰。通过施行有关的方略，南诏将其地缘政治观付诸应用，大体实现了所规划的地缘政治图景，总体上有利于南诏政治、经济与文化的发展。

除南诏以外，吐蕃、西夏、辽、金、蒙古汗国、后金等边疆地区的王朝与政权，也有其地缘政治观，而且各有不同的特点。一些边疆的王朝与政权的地缘政治观，对中原王朝也产生了不同程度的影响。元朝由蒙古汗国的一部分发展而来，清朝由后金发展而来。研究元朝、清朝治边的地缘政治观，尤其是其继承了边疆王朝地缘政治观的哪些部分，具有重要的学术价值。

进一步而言，中原王朝同一些边疆的王朝与政权的地缘政治观有相近之处，而且随着时间的推移，双方的地缘政治观相互影响、逐渐接近。中原王朝的地缘政治观及其变动，深刻影响了统治地区的地缘政治格局。自元代起，中原王朝的边疆地区趋于明确与稳定，边疆与内地的关系更为密切，两者结为不可分割的整体，这些变化与中原王朝边疆地缘政治观的改变密不可分。因此，推动边疆内外地区地缘政治格局改变，是实现中国统一国家构建的重要机制。

其三，中国统一国家的构建，经历了由量变到质变的演变过程。

中国历史疆域的形成、巩固是一个缓慢的渐进过程。一方面，历代中原王朝与边疆的王朝与政权，其各自的管辖范围经历了发展演变的过程。另一方面，中原王朝、边疆的王朝与政权共同构建了古代中国，中国的疆域又经历了由量变到质变的演进过程。中国历史疆域形成与巩固的过程，绝非如一些外国人所称，是中原王朝对周边地区进行蚕食或殖民化的结果。事实是中国历史疆域的形成，是中原王朝、边疆的王朝与政权历史发展的必然结果。

秦朝统治的时间虽短，但创立了国家的基本制度。秦汉的政区分为郡、县两级。在边陲地区秦朝设与县同级的"道"，汉朝则置有别于内郡的"边郡"。西汉、东汉在东北、北方、西北、西南、南方设置了多处边郡。据《史记》卷三十《平准书》所载，边郡的特点是"以其故俗治，毋赋税"，即不改变边陲民族势力的社会与生活方式，沿用旧俗，朝廷对其进行较宽松的统治。汉朝在边郡不征收赋税，边郡的经营费用由周边的内郡支付。汉朝授予降附的夷狄首领以王、侯、邑君与邑长等封号，许其"复长其民"①；但未明确王、侯、邑君、邑长的职责与义务。稍不如意，王、侯、邑君、邑长便被统治者废除或诛杀。

隋朝享国日短，治边未产生大的影响。唐朝治边以安史之乱为界可分为前、后两期。前期为实现太宗"四海如一家"的构想，朝廷"多事四夷"，主要表现在于边疆及其以远地区广置羁縻府州。所置羁縻府州范围之大，设置之快速与随意均令人瞠目。贞观四年（630），唐朝平定东突厥，在其地大规模设羁縻府州，后来形成由都护府、羁縻府、羁縻州组成的羁縻府州制度，并被推广到边陲各地。唐朝的都护府从汉朝的西域都护府发展而来，负责管理辖区的边防、行政与夷狄事务。各地的都护府虽名称相同，类型却有差异。位于汉化较明显地区的都护府属朝廷的正式政区，其他区域的都护府则仅具监护的性质；至于羁縻府、羁縻州则专为边陲民族势力而设。开元年间，唐朝在东北、北方、西南与岭南共设 850 余处羁縻府州。② 唐朝所置羁縻府州并无固定的制度，正州、羁縻州少有区别，做法是依据内附夷狄部落的大小设置，大者为府，小者为州。羁縻府州的都督、刺史由部落首领担任，许可世袭，对都督、刺史的权力、义务等并无规定，朝廷对都督、刺史统辖的番兵亦无权过问。唐代后期羁縻府州的都督、刺史明显坐大，番兵失控成为安史之乱的源头。对唐朝之滥置羁縻府州，史书讽曰："玄宗有逸德，而拓地太大，务远功，忽近虞，逆贼一奋，中原封裂，讫二百年不得复完，而至陵夷。"③

唐代羁縻府州具有的特点，一是设置羁縻府州的范围甚广，凡前来朝贡声言归属朝廷者，均可设为羁縻府州。二是唐朝的羁縻府州如同秦朝的道、汉朝的边郡，在形式、内容方面整齐划一，并无东、南、西、北地区的差别。唐朝的羁縻府州大致分为三种情形：

---

①　《史记》卷一百一十六《西南夷列传》，第 2997 页。

②　《新唐书》卷四十三下《地理志七下》，第 1119—1120 页。

③　《新唐书》卷二百一十六下《吐蕃传下》，第 6109 页。

第一种始终处于唐朝的控制之下；第二种是前期为唐朝据有，后来发生了变化；第三种是仅名义上与唐朝有羁縻关系，甚至有夷狄自作主张设置的。可见唐朝所设的羁縻府州，仅是羁縻边疆及其以远地区夷狄的一种手段，这与唐朝的疆域尚不明确，并处于经常变动中的状况相适应。唐朝拓边、营边及羁縻府州的开支均取自国库。安史之乱后羁縻府州纷纷脱离，唐朝的疆界骤然内收。

从中唐时期开始，吐蕃、南诏、辽、金、西夏、大理国、蒙古等边疆势力先后崛起，对中原王朝构成严峻的挑战。宋朝治边及相关治策也发生变化。宋朝视辽、金、西夏、蒙古为"敌国"，视大理国、安南等为外藩。对接受统治的广西地区则设治收税，实行与"敌国"、外藩接界地区有别的羁縻州县制度。庆历八年（1048），广西羁縻州首领侬智高发动大规模起事，占领广西多地并围攻广州数月。起事失败后，宋廷改革羁縻州县制度，一是明确土官的职权与义务，加强土官的权威与作用；二是组建平时耕作、战时入伍的"峒丁"，建立朝廷可调用的地方武装；三是在广西增加赋税征收的额度。

蒙古军攻灭大理国，进而统一云南地区。蒙古统治者起初在云南等地实行万户制度。但流行于北部草原的下马即牧养、上马即战斗的万户制度在此并不适用，各地动乱不止。大臣赛典赤·瞻思丁奉命至云南建行省，因招降广西土官得知宋朝设置羁縻州县的情形，乃吸收其合理成分创立土官制度，获得成功后在云南行省、湖广行省等地推广。对安南、占城等邻国，元朝则实行藩属国体制。元朝在全国实行行省制度，有利于疆域的统一与巩固，也促进了边疆地区的发展。实行土官制度后，元朝废止在边疆各地实行整齐划一治策的传统做法，分别实行不同的管理制度。元朝在南方蛮夷地区推行土官制度，在北部草原及类似地区则实行万户制度，实则顺应了边疆需要更深入的统治，以及相关制度须适合当地社会的状况与文化传统的客观要求。元朝的做法在实践中取得良好成效，为明、清两朝所继承。

明朝沿袭元朝对边疆与邻邦的划分，对两者采取不同的治策。

清朝认为自身对疆域安全负有历史责任，坚定地维护疆土的安全，并努力将羁縻地区正式转化为国土。清朝在蒙古草原实行盟旗制度，在维吾尔族地区施用政教分离的治策，并对伯克制度进行改革，在西藏则实行政教合一的管理制度。这些制度的共同特点，是统治进一步深入以及遵循因地制宜、因时制宜的原则，因此在实践中获得明显的成功。

总之，中国统一国家得以确立并渐趋巩固，其深层原因是华夏文明的内聚力不断得到增强，同时不断吸收其他文明的优秀成果，通过微弱、渐次的积累发展为质的突变，进而形成强大的中华文明，为统一国家的构建奠定了坚实基础。中国历史疆域与边疆地区的形成及演变，便是这一发展过程的生动写照。历史证明，中国的内地与边疆、发达地区与欠发达地区彼此离不开，融合为一个整体是历史演进的必然趋势。中原王朝同边疆的王朝与政权间的交往、交流、交融，为中国统一国家的构建提供了重要保证，也是统一国家构建必不可少的政治基础。

第五节　南诏、大理国的历史评价

南诏统治253年，其范围包括今云南全省、四川、贵州的一部分与中南半岛的北部，奠定了以后元朝建云南行省的行政基础。南诏前期参与唐朝对云南的经营，与唐朝决裂后转而与吐蕃结盟，发展为强大的地方政权。南诏完成云南与附近地区的局部统一，努力发展经济文化，实现对辖地民族关系的整合，吸收迁入云南的大量外来人口，在西南边疆的发展与参与统一国家构建方面做出了重要贡献。大理国继承南诏的基本格局，统治时间达316年。大理国王族投降蒙元后，积极率兵平定各地，配合蒙元统治者参加云南行省的管理，其历史作用也不可小视。

一、南诏、大理国参与统一国家构建的独到之处

（一）特有的生态环境与生计方式，是影响南诏、大理国文化传统形成的重要因素

南诏、大理国参与中国统一国家构建，具有与其他边疆政权相同的一般规律，同时其独到之处也相当明显。古代知名的边疆王朝与政权，汉代有匈奴、鲜卑、南越国，唐代有突厥、回纥、吐蕃、南诏、渤海，宋代有辽、西夏、金、蒙古、大理国等。南部强大的边疆政权，其数量较北方少得多，知名者仅见南诏、大理国。南诏、大理国能延续500余年并产生较大的影响，与云南等地的生态环境、居民的生计方式与文化传统，以及时代背景（包括唐、宋经营云南等地的理念与方略）等诸多因素有关。

西南边疆地形复杂、气候类型多样，山地占土地总面积的绝大部分。不同海拔高度的地区，往往有不同的生态环境以及由此派生的动植物资源，居住在不同海拔高度地区的居民，逐渐形成对特定生态环境及其动植物资源紧密依赖的关系。

初级阶段的复合型经济，是云南等地占主导地位的经济形态。[①]其特点是各民族以发展程度较低的农业为基础，同时积极经营畜牧业、养殖业、采集与狩猎。初级复合型经济发展的程度有限，但具有顽强的生命力。由于动植物资源充足，人们实现果腹乃至温饱较为容易，但难以达到与内地比肩的发展水平。一方面，云南各民族的经济形态与社会发展水平大致相近，成为民族关系较易整合的经济基础。另一方面，以不甚发达的农业为基石，又使云南各民族倾慕并易于接受内地的文化，使云南各民族对中原王朝有着明显的亲近感。

西南边疆民族支系众多，内部结构复杂，他们既杂居共处、相互依存，同时又为争夺土地、水源、山林与矿藏等资源，以及因历

---

① 参见方铁：《论影响云贵高原开发的社会历史因素》，《中南民族大学学报》（人文社会科学版）2009年第3期。

史纠葛经常结仇并长期争斗，当遭遇外来压力或解仇结盟组织抵抗。《明史》卷三百十《湖广土司传》称西南边疆诸族，"彼大姓相擅，世积威约，而必假我爵禄，宠之名号，乃易为统摄，故奔走惟命。然调遣日繁，急而生变，恃功怙过，侵扰益深，故历朝征发，利害各半"，可谓得其要义。西南边疆的社会经济不如中原地区发达，但经济、文化受到内地的深刻影响并呈渐进式发展，因此形成安土重迁、易于满足，以及认同并崇尚内地文化的传统。

西南边疆与内地间的经济、文化交流、民族融合，在类型方面属于渐进型与积累型。一方面，西南边疆诸族与内地汉族融合的途径，主要是汉族人口不断进入边疆地区而被融合，本地民族与外来民族的接触与融合呈渐进式的过程，较少出现激烈冲突并引发严重的社会动荡。另一方面，由于西南边疆的经济形态普遍是以较低水平的农业经济为基础，同时兼营畜牧业、采集和渔猎的初级复合型经济，因此迁入的农业人口较易适应，不同形态文明的冲突较之北方游牧地区相对缓和，较少出现西南边疆诸族给中原王朝造成严重威胁的情形。

数千年来，中原地区始终是东亚大陆经济的中心与文化交流的腹心地区。在此基础上建立起来的内地城市，亦是科学技术、文化艺术的中心，因此周边各族都以中原地区的文明为仿效对象。北方游牧民族进入中原，由于自我文化积累有限，游牧文明与农耕文明因文化特色差别过大易产生强烈反差。游牧民族愿归属中原王朝的文明，或把自己当成后者的继承者。与此形成对照的是，南方边疆民族的文化一般经历持续的积累，亦因长期接触与吸收内地文化，与内地文化的色彩较为接近，两者融为整体的过程亦较顺利，相互取代的可能性不大。

受生计方式、社会结构与文化传统的影响，西南边疆诸族较难实现不同势力的整合，进而组成强大的地方政权，有影响的地方势力，亦无问鼎中原或与中原王朝平分秋色的政治抱负。清人王夫之注意到此，乃称："天气殊而生质异，地气殊而习尚异。故滇、黔、西粤之民，自足以捍蛮、苗，而无逾岭以窥内地之患。非果蛮、苗弱而北狄强也，土著者制其吭，则深入而畏边民之捣其虚也。"① 又言："南蛮之悍，虽不及控弦介马之猛，然其凶顽奰发而不畏死，亦何惮而不为。乃间尝窃发，终不出于其域。"② 王夫之谓南方蛮夷"无逾岭以窥内地之患"，是因为"深入而畏边民之捣其虚"的说法尚可商榷，但言滇、黔、桂诸地的蛮夷"无逾岭以窥内地之患"，"乃间尝窃发，终不出于其域"，则是无可争议的事实。

西南边疆先后出现的地方势力，大部分属于部落或具有酋邦性质的古国，并不具备正式国家机器必备的统治阶级、统治制度、法律、军队、警察等基本要素。西南部地方势力的情形，见于记载者大致如下。

秦末汉初，以番禺（今广东广州）为中心出现南越国。南越国是秦朝驻守将士与当地越人的联合政权，存在不满百年，西汉初年被武帝所灭。南越国的统治范围主要在今广东、广西及越南中北部地区，对西南地区影响不大。先秦、汉初出现以滇池地区为中心的滇国和以今贵州西部为中心的夜郎。滇国、夜郎具有酋邦的性质。西汉初年滇国、夜郎降附，数年后被武帝废除，产生的影响十分微弱。东汉时今云南保山一带有哀牢势力。哀牢有诸王与武装，与东汉发生过战争，在周边诸族中有较大的影响。在两次被东汉打败后，哀牢王率首领与子民彻底投降，东汉于其地设永昌郡（治今云南保山）。哀牢势力见于记载仅数十年。

南宋时期，今广西、贵州相连地带存在自杞、罗殿两个部落。大理国通过今广西、贵州相连地带向南宋官府出售马匹，自杞、罗殿亦参与交易马匹的活动。从有关记载来看，自杞、罗殿不具备国家机器的基本特征，而且存在的时间较短，谈不上对统一国家构建有明显的影响。今广西南部的土官侬智高为反抗北宋发动起事，北宋的兵力大多分布在北方，侬智高起事一度形成相当的规模。侬智高称帝建"南天国"，约半年后被北宋打败，他本人逃入大理国，被

① 《读通鉴论》卷二《文帝》，第37页。
② 《读通鉴论》卷三《武帝》，第55页。

大理国杀死函首送宋，"南天国"仅存称号而已。至于明代在麓川（约今云南陇川县、瑞丽市、芒市遮放镇及缅甸部分地区）发动叛乱的金齿势力，性质为土司家族组织的区域性反叛，十余年后被明朝平定。

　　南诏、大理国时期，中南半岛地区尚未出现强大的地方政权。南诏、大理国对中南半岛地区的交往、经营具有早期探索的特点。但南诏对中南半岛地区的战争与掠夺，又带有压迫的性质，南诏、大理国的活动亦形成深刻的历史烙印。泰国等中南半岛国家将南诏历史列为本国早期史，反映出这一问题所具有的复杂性。

　　在政治、经济与文化方面，南诏、大理国的一个重要特点，是烙上了受中原王朝影响的明显印迹。其所受影响全面、深刻的程度，在边疆的王朝与政权中十分突出。南诏、大理国对中原王朝有强烈的政治认同感，希望归属中原王朝，或与中原王朝保持亲近友好、互通有无的藩篱关系，却并无取代中原王朝的想法与胆识。这一方面的记载不绝于书。

　　南诏王族自诩"家世汉臣，八王称乎晋业；钟铭代袭，百世定于当朝"①，颇以此为荣。唐军在天宝战争中被南诏打败。南诏王阁罗凤立德化碑于国门，"明不得已而叛"，且曰："我上世世奉中国，累封赏，后嗣容归之。若唐使者至，可指碑澡祓吾罪也。"②《南诏德化碑》深情叙述了唐朝扶持、提携南诏之恩。碑文称：

　　　　天宝七载，先王即世，皇上念功旌孝，悼往抚存，遣中使黎敬义持节册袭云南王。长男凤伽异时年十岁，以天宝入朝，授鸿胪少卿，因册袭次，又加授上卿兼阳瓜州刺史、都知兵马大将。既御厚眷，思竭忠诚，子弟朝不绝书，进献府无余月。③

①　《南诏德化碑》，载《云南考古》（增订本），第 162 页。
②　《新唐书》卷二百二十二上《南蛮传上》，第 6271 页。
③　《云南考古》（增订本），第 157 页。

异牟寻幼年问学于唐朝官吏郑回，因此深受内地文化的熏陶，史称："异牟寻有智数，善抚众，略知书。"① 郑回被俘后归顺南诏，后出任清平官。他眼见南诏饱受吐蕃的欺凌，乃劝说异牟寻："自昔南诏尝款附中国，中国尚礼义，以惠养为务，无所求取。今弃蕃归唐，无远戍之劳、重税之困，利莫大焉。"异牟寻深为赞同，"谋内附者十余年矣"。② 贞元十年（794），南诏与唐朝和好，唐朝遣使者袁滋等赴南诏册封。在册封仪式上，异牟寻跽受册印，稽首再拜，领受所赐官服等物，曰："开元、天宝中，曾祖及祖皆蒙册袭王，自此五十年。贞元皇帝洗痕录功，复赐爵命，子子孙孙永为唐臣。"异牟寻为袁滋一行举行盛大宴会，手指装食物"割牲"的银盘称："此天宝时先君以鸿胪少卿宿卫，皇帝所赐也。"又令头发尽白的笛工、歌女出演，说："此先君归国时，皇帝赐胡部、龟兹音声二列，今丧亡略尽，唯二人故在。"异牟寻奉酒觞于袁滋，袁滋受觞曰："南诏当深思祖考成业，抱忠竭诚，永为西南藩屏，使后嗣有以不绝也"。异牟寻拜曰："敢不承使者所命。"③ 阅读上述记载，当时的情景历历如在眼前，可见南诏对唐朝的深厚情谊怀有不懈的追念，亦可视为其心声的真实写照。

南诏建立的统治制度，亦明显是仿自唐朝的制度。《南诏德化碑》称：

> （南诏王）坐南面以称孤，统东偏而作主。然后修文习武，官设百司，列尊叙卑，位分九等，阐三教，宾四门。阴阳序而月不愆，赏罚明而奸邪屏迹。通三才而制礼，用六府以经邦。信及豚鱼，恩沾草木。厄塞流潦，高原为稻黍之田；疏决陂池，下隰树园林之业。易贫成富，徙有之无。家饶五亩之桑，国贮九年之廪。荡秽之恩屡沾蠢动，珍帛之惠遍及耆年。设险防非，

---

① 《新唐书》卷二百二十二上《南蛮传上》，第 6271 页。

② 《旧唐书》卷一百九十七《南蛮西南蛮传》，第 5281 页。

③ 《新唐书》卷二百二十二上《南蛮传上》，第 6274 页—6275 页。

凭隘起坚城之固；灵津蠲疾，重岩涌汤沐之泉。越睒天马生郊，大利流波濯锦。西开寻传，禄郫出丽水之金；北接阳山，会川收瑟瑟之宝。南荒奔凑，覆诏愿为外臣；东爨悉归，步头已成内境。[1]

南诏王坐南称孤，自言"修文习武，官设百司，列尊叙卑，位分九等，阐三教，宾四门"，"通三才而制礼，用六府以经邦"，与中原王朝统治的方式并无二致。其言"易贫成富，徙有之无。家饶五亩之桑，国贮九年之廪"，可见深受中原王朝经济思想的影响。称"设险防非，凭隘起坚城之固"，"南荒奔凑，覆诏愿为外臣；东爨悉归，步头已成内境"，其做法类似中原王朝惯用的地缘政治方略。明人田汝成认为郑回"以中国法教异牟寻"，[2] 助其建立与唐朝相似的统治制度。杨慎《滇载记》亦言："（南诏）八方之地，属以八演，从中国教令。都曰苴咩，别都曰善阐，皆中国降人为之经画也。"[3]

大理国建立后，云南及其附近的农业地区先后进入早期封建社会。南诏统治下为满足奴隶制度发展的需要，对外频繁发动战争大肆掠人为奴的情形已成为明日黄花。同时，由于汉唐以来云南及其附近地区大量吸收汉族人口，并在经济、文化方面受到内地深刻的影响，大理国对中原王朝有着强烈的归属感，对增进与宋朝的关系表现出很高的积极性，希望与之建立明确、长期的臣属关系。大理国与宋朝进行马匹交易，并多次遣使要求宋朝予以册封。政和七年（1117），大理国向宋朝进贡马匹、麝香、牛黄、细毡、碧玕山等物，宋廷封大理国王段和誉为云南节度使、大理国王。宋廷南渡后偏安江南，对大理国的戒心有增无减，将大渡河以南的地区（包括大理国）划归徼外，与交趾等邻国并列。南宋与大理国趋于冷淡的政治关系，是大理国在全国政治生活中被边缘化的重要原因。

---

① 《云南考古》（增订本），第161页。
② 《炎徼纪闻》卷四《云南》。
③ 《滇载记》，载《云南备征志》卷七《故实七》，第419页。

大理国多次遣使至宋朝求赐典籍。大理国王段正淳遣使高泰运奉表诣宋，"求经籍，得六十九家，药书六十二部"。宁宗在位，大理国又遣使求赐《大藏经》，得 1465 部，归大理藏于五华楼。[1] 大理国的教育制度，如开科取士、由士入宦等也模仿内地。据《云南志略辑校·诸夷风俗》所载，大理国的知识分子既习儒书，亦熟悉佛教，佛教戒律精严者称为"得道"，"俗甚重之"。"得道"有家室者称"师僧"。师僧"教童子，多读佛书，少知六经者"。大理国从师僧中选拔各级官吏。郭松年《大理行记校注》认为两宋虽疏远大理国，但大理国仍对内地保持仰慕与认同，奉宋朝的制度与文化为圭臬。史载：

> 故大理之民，数百年之间五姓守固。值唐末五季衰乱之世，尝与中国抗衡。宋兴，北有大敌，不暇远略，相与使传往来，通于中国，故其官室楼观，言语书数，以至冠昏丧祭之礼，干戈战陈之法，虽不能尽善尽美，其规模、服色、动作、云为，略本于汉。自今观之，犹有故国之遗风焉。[2]

总之，云南及其附近地区特有的生态环境与生计方式，是造就南诏、大理国文化传统不可忽视的因素。受其影响，南诏、大理国对中原王朝有较高程度的政治、文化认同。南诏、大理国与中原王朝的关系虽历经磨难，但始终未形成"敌国"的关系。蒙元占据云南等地，受其招徕，大理国王族爽快地参与合作，率兵平定各地并参加远征南宋，对云南行省的构建与巩固做出突出的贡献。

（二）南诏、大理国崛起并延续 500 余年的外部原因

南诏、大理国崛起固然符合云南等地历史发展的逻辑，也是云南等地必然走向局部统一的客观反映。其崛起并能延续 500 余年，也有其他的具体原因。这些原因包括唐、宋两朝经营云南等地的理

---

① 《南诏野史会证·后理国》，第 305 页。
② 《大理行记校注》，载《大理行记校注　云南志略辑校》，第 20 页。

念、方略及其影响，唐、宋两朝治边实践出现的失误，以及南诏、大理国采取较合理的统治方式，使其存在与发展具备了较强的可持续性。

　　唐、宋两朝经营云南等地的理念与方略，是南诏、大理国崛起时代背景的重要部分；唐、宋治边的理念、方略产生的复杂影响，与南诏、大理国的统治延续了很长时间亦有关联。

　　唐代诸帝中以唐太宗最为重视边疆问题。太宗励精图治，莅政期间出现了"贞观之治"。唐太宗治理边疆，认为"夷狄亦人耳，其情与中夏不殊"，若施以德泽，则"四夷可使如一家"。[①]唐朝积极致力于边疆的经营与扩张。贞观十四年（640），唐朝平定高昌，"太宗欲以其国为州县"。魏徵以镇守多费、"终不得高昌撮谷尺布以助中国"为由劝阻。[②]

　　太宗积极拓边与招徕边疆诸族，也收到了明显的效果，唐朝的影响遍布边疆地区并远播域外。但应指出，唐太宗积极营边与怀柔边疆诸族的思想，主要是从"四海如一家"和"德泽洽夷"的道德观出发的，他对拓边、治边的深远意义认识不足，亦未真正了解边疆地区的利用价值。唐朝治边、拓边消耗了大量的国力，却因收益甚微而难以为继，当时已有大臣指出这一问题。神功元年（697），蜀州刺史张柬之上书请罢姚州（今云南姚安北），称朝廷每年差兵500人往姚州镇守，"路越山险，死者甚多"，且一切费用从国库开支，收支不能相抵，"（姚州）今盐布之税不供，珍奇之贡不入，戈戟之用不实于戎行，宝货之资不输于大国，而空竭府库，驱率平人，受役蛮夷，肝脑涂地，臣窃为国家惜之"。[③]太宗死后，高宗、武则天、玄宗等执政者大体上仍继承太宗时期的治边方略。

　　后人对唐朝不计成本、专注拓边的行为亦颇有非议。《新唐书》

---

①　《资治通鉴》卷一百九十七《唐纪十三》，贞观十八年十二月，第6215—6216页。
②　《贞观政要集校》卷九《议安边》，第506—507页。
③　《旧唐书》卷九十一《张柬之传》，第2939—2940页。

卷二百二十二中《南蛮传中》称："唐之治不能过两汉，而地广于三代，劳民费财，祸所繇生。"《新唐书》卷二百一十六下《吐蕃传下》称："玄宗有逸德，而拓地太大，务远功，忽近虞，逆贼一奋，中原封裂，讫二百年不得复完，而至陵夷。"而《新唐书》卷二百一十九《北狄传》就说得更刻薄了：

> 唐之德大矣！际天所覆，悉臣而属之，薄海内外，无不州县，遂尊天了口"天可汗"。三王以来，未有以过之。至荒区君长，待唐玺纛乃能国。……天宝之后，区夏痍破，王官之戍，北不逾河，西止秦、邠，凌夷百年，逮于亡，顾不痛哉！

以南诏与唐朝决裂为界，唐朝对云南等地的经营可分为前、后两个时期。在前一时期的130余年，唐朝以今四川盆地为基地经营云南等地。以今川西与滇东北为突破口，逐渐向今滇中、滇西等地推进。唐朝经营边陲的格局与汉朝相似，即主要精力是防范北方游牧民族南下的侵扰，对其他边陲地区则关注不够。唐朝经营云南等地，基本目标仍是保护通往边陲的"蜀身毒道"与"交趾道"，并无全面治理云南等地的打算。贞观间，巂州都督刘伯英上疏："松外诸蛮，率暂附亟叛，请击之，西洱河天竺道可通也。"太宗乃令右武候将军梁建方率蜀12州兵马讨平松外叛蛮，以平复"西洱河天竺道"。[①] 唐朝担忧吐蕃南下洱海地区，主要也是因其威胁到"蜀身毒道"的安全。对云南的其他地区，因与通往边陲的"丝绸之路"关系不大，唐廷并不甚重视。

为抗御吐蕃势力南下，唐朝扶持南诏统一洱海地区是必要的。但唐朝对南诏疏于监督与管理，埋下了南诏日后坐大并割据云南的祸根。在云南及其周边地区，唐朝忽视对与"丝绸之路"关系不大的区域的经营，也为南诏以后向周边地区拓展创造了有利条件。

在唐代的中前期，形成以若干都督府管理云南等地的格局。从

---

① 《新唐书》卷二百二十二下《南蛮传下》，第6322页。

《旧唐书》《新唐书》等史籍的记载来看，唐朝在云南等地设置的都督府，主要有戎州都督府（治今四川宜宾），辖区包括今滇东北与滇中等地。黔州都督府（治今重庆彭水东北），管理今贵州以及湘西、鄂西南的 48 个羁縻府州，以及今滇东北、川南与黔西相连地带的昆明十四姓。巂州都督府（治今四川西昌），管辖今四川西昌地区与云南丽江北部。安南都护府（治今越南河内），统辖今越南的北部与中部，以及今云南文山、红河一带。姚州都督府（治今云南姚安北），主要管辖今滇西地区。由于姚州都督府负有保护"蜀身毒道"及监管南诏的责任，唐朝对其十分重视，姚州都督府的管辖范围逐渐扩大，其辖地东面与戎州都督府辖地相接，西面至今云南保山一带，北面至今云南维西一带，南部抵今云南元江一带。戎州都督府管辖的羁縻府州，也从初期的 13 个增加到 57 个。[①] 上述都督府或都护府，管辖范围虽大致覆盖云南及其周边地区，但因所辖机构多为羁縻府州，对云南及其周边地区的有效管控仍十分有限，这为以后南诏向周边地区扩张留下了较大空间。

元人李京议论唐朝在云南等地的经营，其意见值得重视。《云南志略辑校·云南总叙》说：

> 云南于古为蛮獠之域，秦、汉以来，虽略通道，然不过发一将军、遣一使者，以镇遏其相残，慰喻其祁恩而已。所任得人，则乞怜效顺；任非其人，则相率以叛。羁縻苟且，以暨于唐，王师屡覆，而南诏始盛矣。天宝以后，值中原多故，力不暇及。五季扰乱，而郑、赵、杨氏亦复攘据。宋兴，介于辽、夏，未遑远略，故蒙、段二姓与唐、宋相终始。

在玄宗主政的前半期，唐朝出现"开元之治"。因社会矛盾加剧与统治腐败，升平景象背后已隐藏深刻的危机。"安史之乱"爆发，唐朝内部的矛盾充分暴露，朝廷应付不暇。此后唐朝处理边疆事务多为

---

① 《旧唐书》卷九十一《张柬之传》，第 2941 页。

就事论事，并无长远与全局的打算。天宝战争后，南诏与唐朝决裂并转而与吐蕃结盟。数十年后，南诏不堪吐蕃的欺压，与唐朝恢复友好关系。但唐朝对南诏崛起的本质仍缺乏深刻的认识，也缺少必要的军事准备。异牟寻去世后，南诏朝政辗转被武将把持。南诏突然出兵袭击蜀地并大肆掠夺，双方的关系再度破裂，唐朝因此蒙受巨大损失，而南诏则获得进一步发展的机会。

唐、宋两朝经营云南等地，在实践方面还出现了一些本可避免的失误，最终丧失了统治或收回云南等地的机会，也为南诏、大理国延续统治创造了条件。

南诏在唐朝的支持下崛起，在统一东部爨氏白蛮地区之前，南诏对唐朝表现出高度忠诚。后来，南诏的政治诉求与唐朝的利益发生冲突，由于唐朝处置失当，双方关系破裂。在与唐朝发生冲突并诉诸武力的过程中，南诏多次希望与唐朝重叙旧好，并在贞元十年（794）实现。异牟寻去世后，唐朝、南诏的关系恶化并陷入长期战争，其中既有南诏后续统治者短视、嗜武等方面的原因，也与唐朝政治的腐败、相关决策的失误有着密切关系。在历史过程的若干节点，若唐朝及时、妥当地处理双方关系，残酷的战争可能就会随即结束，云南地区分裂的社会土壤或被铲除。推而论之，未必会出现其后大理国存在316年的局面。

以下列举数例。南诏攻占姚州都督府的驻地姚州（今云南姚安北），并拆毁姚州城，激怒了唐朝统治者。将领鲜于仲通率征讨的唐军已至曲州（今云南昭通）、靖州（在今云南大关附近），南诏王阁罗凤自度难敌，遣首领杨子芬等赴鲜于仲通军前谢罪，乞求"二城复置，幸容自新"，并言"赞普今见观衅浪穹，或以众相威，或以利相导。倘若蚌鹬交守，恐为渔父所擒"。[①] 鲜于仲通断然拒绝，并继续进兵洱海地区，丧失了收服南诏的极佳机会，也间接促成了南诏与吐蕃的结盟。唐朝三次征讨南诏失败，仍不肯罢休，乃大募两京及河南、河北之兵以击南诏，"人闻云南多瘴疠，未战士卒死者什八

---

① 《南诏德化碑》，载《云南考古》（增订本），第159页。

九，莫肯应募"。杨国忠派遣御史"分道捕人，连枷送诣军所"。被捕入伍者的亲人送之，"所在哭声振野"。①其时唐朝衰落，已初现端倪。

数十年后，南诏与唐朝、吐蕃的关系发生明显变化。南诏、吐蕃联军进攻唐辖地屡次受挫，南诏亦不堪吐蕃欺压，期望摆脱吐蕃回归唐朝。此时唐朝也认识到了南诏的重要性，决心争取南诏以"断吐蕃之右臂"②。共同的政治谋求，使南诏、唐朝再次走到一起。

贞元十年（794）正月，南诏王异牟寻及清平官、大军将，与剑南西川节度使巡官崔佐时盟誓于点苍山（在今云南大理）神祠，双方达成和好协议。此时南诏已不是唐朝扶持的地方势力，而是有资格给唐朝充当藩篱的边疆政权。盟誓协议申明双方的核心权益，称："如会盟之后，（南诏）发起二心，及与吐蕃私相会合，或辄窥侵汉界内田地，即愿天地神祇共降灾罚。""（唐朝）有起异心，窥图牟寻所管疆土，侵害百姓，致使部落不安，及有患难不赐救恤，亦请准此誓文，神祇共罚。"③

贞元十年（794）六月，吐蕃向南诏征兵万人，以应对与回纥争夺北庭的战争。异牟寻"遣五千人前行，自将数万人踵其后，昼夜兼行，袭击吐蕃，战于神川，大破之，取铁桥等十六城，虏其五王，降其众十余万"④。异牟寻遣使至唐朝献捷，随后派弟凑罗栋等入朝献地图、土贡与吐蕃所颁金印，"请复号南诏"⑤。德宗以尚书祠部郎中兼御史中丞袁滋为使赴云南册封，赐南诏以刻文"贞元册南诏印"的银窠金印。南诏与唐朝的友好关系得以恢复。后来，剑南西川节度使韦皋重开"清溪关道"，便利南诏入贡往来。按照唐朝的制

---

① 《资治通鉴》卷二百一十六《唐纪三十二》，天宝十载四月，第6907页。
② 《资治通鉴》卷二百三十三《唐纪四十九》，贞元三年九月，第7505页。
③ 《蛮书》卷十《南蛮疆界接连诸蕃夷国名》。
④ 《资治通鉴》卷二百三十四《唐纪五十》，贞元十年正月，第7552—7553页。
⑤ 《新唐书》卷二百二十二上《南蛮传上》，第6274页。

度，南诏须向唐朝纳送王族与官员的子弟为质。韦皋称人质可不送，异牟寻则坚持必须纳质，以示归唐行动之坚决。韦皋乃在成都开办专门学校，招收充质的南诏贵族子弟入学，"教以书数"，"业成则去，复以他子弟继之"。①

贞元十年（794）南诏归唐，是唐朝修复与南诏的正常关系，进而谋求重返云南地区的大好时机。但唐朝统治者混沌不明，未能及时采取有效的措施，致使异牟寻逝世后政权落入武将之手。南诏对唐朝辖地突然发动进攻，揭开双方长期战争的序幕，葬送了千载难逢的大好机会。唐朝统治者的混沌难靖，主要表现在以下两点。

一是不明贞元十年（794）南诏与唐朝和好，双方关系的性质已发生重大改变。玷苍山盟誓誓文写得明白，南诏与唐朝的核心权益不受侵犯，否则必遭天谴，誓文主要由南诏起草，表明南诏十分清楚这一点。由此决定南诏、唐朝可能因核心权益受损而随时翻脸。异牟寻虽铁心与唐朝友好，但人亡政息，甚至政权随即倾覆在古代极为常见，唐朝统治者对此并无预判，亦未做好相应准备。

二是在双方和好后，唐朝对南诏随意敞开胸怀，毫无防范之心，成都等地的虚实尽为南诏所侦悉，而唐朝对此茫然不知。唐大臣杜牧称："韦皋凿青溪道以和群蛮，使道蜀入贡，择子弟习书算于成都，业成而去，习知山川要害。"② 太和三年（829），南诏将领王嵯巅率军攻入西川（今四川成都及其附近地区），"边城一无备御"。剑南西川节度使杜元颖不晓军事，专务蓄积，减削士卒衣粮。"西南戍边之卒，衣食不足，皆入蛮境钞盗以自给，蛮人反以衣食资之。由是蜀中虚实动静，蛮皆知之"。③ 李德裕亦曾称韦皋担任剑南西川节度使后期，"亭障不修，边防罢警，若后人加置一卒，缮理一城，必有异词，便乖邻好。自武元衡以后，三十余年，戎备落然，不可

---

① 《资治通鉴》卷二百四十九《唐纪六十五》，大中十三年十二月，第8078页。

② 《新唐书》卷二百一十五上《突厥传上》，第6027页。

③ 《资治通鉴》卷二百四十四《唐纪六十》，太和三年十一月，第7867页。

独责元颖"①。

　　综而言之，南诏崛起并能延续较长的时间，与唐朝治边方面的总体设计、应对决策失误有直接的关系。在南诏存在的 253 年间，唐朝有几次极佳的机会降服南诏，甚至可能恢复对云南地区的统治，但唐朝统治者未能把握时机。这致使天宝战争以后唐朝不仅丧失云南等地，前期 132 年的惨淡经营尽付诸东流，而且丢失云南与蜀地间的大片缓冲地带，造成十分被动的局面，南诏则得以壮大及发展。

　　宋朝应对同一时期的大理国，最大的失误是放弃两汉以来对云南等地的管辖权，将其地划入徼外。两宋在北边有劲敌，多时自顾不暇。因受"守内虚外"治边方略的影响，也基于"唐亡于黄巢，而祸基于桂林"②的片面认识，北宋与大理国划大渡河为界。宋将王全斌平定后蜀欲取云南，于乾德三年（965）进献地图。太祖"鉴唐天宝之祸起于南诏，以玉斧画大渡河以西曰：'此外非吾有也。'"③南宋继承太祖的既定之策。绍兴六年（1136），翰林学士朱震称大理国本唐代南诏，屡次攻唐致使天下骚动；太祖鉴唐之祸以大渡河为界，使之欲寇不能、欲臣不得，最为得计。

　　两宋将大理国与交趾（在今越南北部）、占城（在今越南中南部）、真腊（今柬埔寨）、蒲耳等滨海蕃国同列，"厚其委积而不计其贡输，假之荣名而不责以烦缛；来则不拒，去则不追；边围相接，时有侵轶，命将致讨，服则舍之，不黩以武"④。由于缺少战马，两宋不得已向大理国等买马。北宋在黎州（今四川汉源北）、雅州（今四川雅安西）设博易场，向大理国诸蕃买马，马匹交易一度形成较大的规模。宣和二年（1120）宋朝约金攻辽，北边战事偏紧。广州观察使黄璘因引荐大理国入觐而获罪，大理国与北宋的关系骤然趋冷。宋廷南渡后，于绍兴四年（1134）移买马提举司于邕州（今广西南宁南），在横山寨（在今广西田东）等地设博易场，继续向

---

① 《第二状奉宣令更商量奏来者》，载《全唐文》卷七百三，第 7220 页。
② 《新唐书》卷二百二十二中《南蛮传中》，第 6295 页。
③ 《续资治通鉴》卷四《宋纪四》，乾德三年正月，第 1 册，第 43 页。
④ 《宋史》卷四百八十五《外国传一》，第 13981—13982 页。

大理国买马。

除与宋朝积极进行马匹交易外，大理国多次遣使请求册封，希望与宋朝建立和维持藩属关系。大理国向宋朝献象及马匹，高宗诏偿其马值，对所进贡象征臣属关系的驯象，则诏"却象勿受"①，表明宋朝不愿维持前期存在的宗藩关系。为拒绝大理国马队进入宋地，广南西路买马提举司竟以"今春买马已足，别无买马钱物在寨"为托词。高宗虽表示对所贡马仍可收买，但言大理国马队入宋地后，沿途官府须严密监视，暗作提防，并"不许张皇，引惹生事"②。大理国商队驱马前来，南宋横山寨等地博易场的官府必盛兵严备，如临大敌。③

两宋对大理国采取歧视与疏远的态度，不愿维持汉代以来对云南等地的统属关系，固然有避免南北受敌，专注应对北方的辽、金、西夏等王朝方面的原因，但也使云南等地与内地的联系明显削弱，大理国在全国的政治生活中逐渐被边缘化。而大理国也因此得以置身全局范围内长期的争斗与战乱之外，在安定的社会环境中较顺利地发展。

二、南诏、大理国的历史地位

（一）南诏、大理国相对合理的统治，使其存在与发展具备可持续性

南诏、大理国的统治延续了 500 余年，堪称西南边疆史上的一个奇迹。究其缘由，南诏、大理国施行相对合理的统治，是其能延续很长时间的重要原因。

南诏统治的 253 年，大致可分为皮逻阁、阁罗凤、异牟寻、异牟寻之后诸王四个时期。这四个时期的形势发生了明显变化，南诏的对策亦相应改变，这些均与南诏统治者的素质与见识有关。在南

---

① 《宋史》卷一百八十六《食货志下八》，第 4565 页。
② 《宋会要辑稿·兵二二》。
③ 《岭外代答校注》卷五《财计门》，第 190 页。

诏的前半期，连续出现皮逻阁、阁罗凤、异牟寻三个杰出的统治者，南诏崛起并达到繁荣的巅峰，也是在三个帝王掌权的时期。史家认为与唐朝抗衡者有四："突厥、吐蕃、回鹘、云南（按：指南诏）是也。"① 南诏在政治舞台上长袖善舞，首先应归功于皮逻阁、阁罗凤、异牟寻有效的统治。

南诏相对合理的统治，主要表现在皮逻阁、阁罗凤、异牟寻制定并成功实践明确的地缘政治谋划，南诏拥有健全的统治制度与高效的军事组织，南诏积极发展辖地的经济与文化，皮逻阁、阁罗凤、异牟寻施政具有较强的预见性，多谋善断且顺事应变，并善于利用各派政治力量间的矛盾，处理管辖范围内的民族关系亦较妥当。皮逻阁、阁罗凤、异牟寻具有的这些特点，对南诏的崛起与发展起到了十分重要的作用。

皮逻阁为南诏第四世王。开元十六年（728），南诏王盛逻皮死，子皮逻阁继立。皮逻阁奏请合诸诏为一，与唐朝准备统一洱海地区、组织诸部抗御吐蕃的想法相合。皮逻阁使子阁罗凤与唐御史严正诲攻破石和诏（在今云南大理市凤仪镇）。接着，皮逻阁先后夺取太和城（在今云南大理）、大厘城（在今云南大理市北喜洲镇），筑龙口城（在今云南大理市北上关镇），据有河蛮之地；又攻灭浪穹诏（在今云南洱源）、施浪诏（今云南洱源东）、邆赕诏（在今云南洱源县邓川镇）、蒙嶲诏（在今云南巍山北境）、越析诏（在今云南宾川县），统一洱海地区。开元二十六年（738），玄宗诏封皮逻阁为越国公，赐名"归义"。后加授云南王。每入觐，玄宗厚礼之。天宝初唐开"步头路"，筑安宁城。今滇东的爨氏势力攻杀筑城使者，毁安宁城。玄宗诏南诏讨之。皮逻阁软硬兼施，降伏爨氏势力。

开元二十六年（738），皮逻阁受唐册封为云南王。长子阁罗凤被授右领军卫大将军兼阳瓜州刺史，不久拜特进、都知兵马大将。阁罗凤击败越析诏余部，攻灭其诏。天宝七载（748）皮逻阁卒，子阁罗凤继立。玄宗遣使册袭云南王。阁罗凤以兵胁迫西爨白蛮 20 余

---

① 《新唐书》卷二百一十五上《突厥传上》，第 6023 页。

万户迁至永昌（今云南保山）。天宝九载（750），阁罗凤发兵包围姚州都督府治所姚州（今云南姚安北），随后攻下姚州城。剑南节度使鲜于仲通率兵讨伐南诏。阁罗凤遣使谢罪，鲜于仲通不许。阁罗凤乃求援于吐蕃。次年，南诏大破唐军于西洱河（洱海出水河道，注入漾濞江）地区。天宝十一载（752），吐蕃封南诏为南国大诏，以阁罗凤为东帝。天宝十二载（753），唐以将军贾瓘为都督，复置姚州城。南诏联合吐蕃再攻之。天宝十三载（754），唐将李宓率军征讨南诏，败于龙尾城（在今云南大埋）。至德元载（756），南诏与吐蕃攻陷嶲州（今四川西昌）、会同（今四川会理北），俘虏西泸县令郑回。宝应元年（762），阁罗凤西开寻传（今澜沧江上游以西至伊洛瓦底江上游以东地区），置安宁城监。永泰元年（765），阁罗凤命子凤伽异于昆川置拓东城（在今云南昆明市区）。大历元年（766），阁罗凤立德化碑于太和城（在今云南大理）。大历十四年（779），阁罗凤卒，其子凤伽异先死，孙异牟寻继立。

异牟寻为南诏第六世王。史称其"有智数，善抚众，略知书"①。异牟寻与吐蕃合兵 20 余万进攻蜀地，德宗诏右神策都将李晟率兵大破之，追至大渡河以南。吐蕃悔怒，异牟寻惊惧，迁都阳苴咩城（今云南大理西北）。吐蕃封异牟寻为"日东王"。时吐蕃敛求无度，南诏苦之。清平官郑回建言弃蕃归唐，异牟寻深以为然。贞元初，剑南西川节度使韦皋招抚群蛮，异牟寻遣人潜入群蛮，向韦皋通报内附之意。韦皋数致书南诏以离间，吐蕃逐渐猜疑。贞元十年（794）正月，异牟寻等与唐使崔佐时盟誓于点苍山（在今云南大理）神祠，达成南诏归唐协议。时吐蕃征兵南诏，异牟寻发兵5000 人，自率数万人暗蹑其后，大破吐蕃于神川都督府驻地（在今云南剑川、维西一带），取铁桥等 16 城，降其众十余万。十月，唐使袁滋等至阳苴咩城，册封异牟寻为南诏王。异牟寻请以大臣子弟为质，韦皋辞之，异牟寻固请。韦皋乃筑舍于成都，教南诏子弟以书数。贞元十六年（800），吐蕃发兵五万攻南诏、嶲州（今四川西

---

① 《新唐书》卷二百二十二上《南蛮传上》，第 6271—6272 页。

昌），被南诏联合唐军打败。贞元十七年（801），唐朝、南诏联军再次大败吐蕃，包围维州（今四川理县东北）、昆明城（今四川盐源东北）。异牟寻俘获尤多。吐蕃遣内大相论莽热率兵十万解维州之围，大败，论莽热被擒。南诏每年朝贡，唐朝厚礼之。元和三年（808），异牟寻卒。唐为之废朝三日，遣使者至南诏吊祭。

异牟寻死后，南诏的政局动荡不定，继任诸王亦少见杰出者，南诏与唐朝的关系也再度破裂。其间双方虽有过短暂的友好关系，但类似皮逻阁、异牟寻执政时期双方荣辱相依、相携而行的情形已不复存在。南诏虽再次联合吐蕃，密切的程度却难与阁罗凤时期相比。异牟寻去世后，由于继任者大都无能与短视，南诏的情形每况愈下，最后陷入嗜战、掠夺的怪圈而不能自拔，没落乃至灭亡之象亦渐现端倪。

南诏很早便制定了明确、清晰的地缘政治规划，并为实现这一规划而不懈努力。南诏的地缘政治规划包括以下内容：一是统一包括今滇西、滇中、川西南与滇西北、云南南部与中南半岛北部、云南西部与中南半岛北部在内的区域，建立统治范围明确的地方政权。二是统治范围以洱海地区为中心，并加大对今滇西周围地区经营的力度，实现云南的政治中心由今滇中向滇西的转移；同时放弃距离洱海地区较远、已遭受战乱严重破坏的今滇东北等地。三是深受中原王朝地缘政治观的影响，高度重视腹地的建设，经营腹地周边地区的力度，则根据与腹地距离的近远而逐渐递减，不求整齐划一。

《南诏德化碑》的碑文已明确表述南诏的地缘政治规划，并记载了南诏为实现其规划所采取的一些军事行动。《南诏德化碑》立于唐代宗大历元年（766），① 碑文叙事止于赞普钟十四年（765）。其时南诏虽打败了唐军的多次进讨，但唐朝是否发动新的进攻尚未可知。可见南诏早有明确的地缘政治规划，并决心不惜代价实现这一目标。

南诏设置的地方统治机构主要是十赕、八节度、二都督。其建置类似唐朝的统治模式，即除十赕、八节度、二都督等军事性质的

---

① 《大理行记校注》，载《大理行记校注　云南志略辑校》，第17页。

统治机构外，还设一些府、州、郡、县等行政机构，但以军事性质的机构为主，各节度、都督兼任所在州的刺史，其余州、郡、县亦受其管辖。十赕分布在洱海地区，是南诏重点经营的腹心地带，也是人众富庶之地。八节度与二都督为南诏在十赕以外地区所设的机构，统治相对松弛。南诏在十赕、八节度、二都督地区驻军、建立城镇的数量，以及管理的方式都存在差异，充分体现了南诏根据地缘关系差异分类施治的思想。

南诏与唐朝决裂后，其用兵的重点区域是云南的南部与中南半岛北部，以及今川西南与滇西北地区。前朝很少经营前两个地区，南诏的用兵具有开拓与奠基的性质。至于出兵今川西南与滇西北地区，则含有清除唐朝残余的城堡与当地的反抗势力、与唐朝争夺大渡河两岸控制权的考虑。天宝战争后，南诏、吐蕃合兵进攻嶲州都督府辖地，攻下越嶲（今四川西昌东南）、会同（今四川会理北），获得大量的人口、牲畜与各类物资。此后南诏又攻下邛部（今四川越西北）、清溪关（今四川汉源西南），势力直抵大渡河南岸。南诏痛恨今川西南、滇西北一带诸部之反复无常。贞元十年（794）南诏与唐朝和好，异牟寻在唐军的配合下扫荡今川西南与滇西北，将当地的施蛮、顺蛮、裳人、弄栋蛮等部落迁往他地安置，并在铁桥以南的区域设置官守，加强了对这一地区的统治。

为平定爨氏势力的反叛，南诏奉命进军今滇中、滇东北地区，随后将今滇东北交由乌蛮之女、爨归王之妻阿姹打理。阿姹自立为东部乌蛮之王，控制今滇东北地区后，与唐朝独立交往，"从京师朝参，大蒙恩赏"，走上与南诏不同的发展道路。在此前后，"阁罗凤遣昆川城使杨牟利以兵围胁西爨，徙二十余万户于永昌城（地）"。"是后自曲靖州、石城、升麻川、昆川南至龙和以来，荡然兵荒矣。"① 南诏将今滇中、滇东北的20余万户爨氏百姓迁至今滇西地区，寓有削弱东部爨氏势力以及充实今滇西地区的双重目的，暴露出南诏以今滇西为中心称霸云南等地的野心。此举引起唐朝官吏张

---

① 《蛮书》卷四《名类》。

虔陀等人的警惕，乃报告朝廷南诏将叛。上述做法实则是南诏落实既定的地缘政治图景，并不显得突兀难解。

南诏设置十赕、八节度、二都督等统治机构，在云南东部仅设拓东节度（治今云南昆明市区），拓东节度之下设石城郡（治今云南曲靖西）、东川郡（治今云南会泽），在石城郡、东川郡以北的云南东北部并未设治。《南诏德化碑》称，所建拓东城（在今云南昆明市区）"居二诏，佐镇抚"，以收"威慑步头，恩收曲靖"之效。可见南诏对石城郡、东川郡以北的今滇东北，以及今滇南的步头（在今云南个旧西南、元江北岸）及其以南地区，定位仅限"恩收""威慑"，实则放弃对上述地区的积极经营。南诏在地缘政治方面如此处理，既是由于这两个区域远离洱海区域，也因东晋以来今滇东北地区遭受战乱严重残破，利用价值有限。南诏的决策对今滇东北地区的发展，产生了不可低估的消极影响，是南诏在地缘政治方面的一大败笔。

南诏建立了较严密的统治体系与军事组织，为维持统治、进行战争提供了有效的保证。南诏王"自称曰元，犹朕也"，为政权的最高统治者，南诏王称下属为"昶"，如同帝王称"卿"之意。南诏设清平官决国事之轻重，"犹唐宰相也"。6位清平官中推举1人为内算官，"凡有文书，便代南诏判押处置"。异牟寻掌权时，郑回为清平官之首，"五人者事回甚卑谨"。南诏设酋望协理政务，分为正酋望、员外酋望。又设12员大军将主管军事。大军将较清平官低一级，"有事迹功劳殊尤者，得除授清平官"。以下设幕爽、琮爽、慈爽、罚爽、劝爽、厥爽、万爽、引爽、禾爽等管理部门，其长官"皆清平官、酋望、大军将兼之"。南诏宫廷设外算官2人，由清平官或大军将兼领，职掌相当于唐朝的尚书省。南诏设督爽总管三省，设乞托主马，禄托主牛，巨托主仓廪，"亦清平官、酋望、大军将兼之"。设爽酋掌赋税，设兵獬司掌机密。大府主将称"演习"，中府主将称"缮裔"，下府主将称"澹酋"，小府主将曰"幕捴"，均设副职。府下设陀酋若管记，设陀西若判官。南诏的行动组织亦颇为高效，"凡调发，下文书聚邑，必占其期"。①

南诏的统治制度类似中原王朝，政权的职能管理与军事分开，十分重视经济活动的管理，并不如同北方的游牧王朝，以军事控制及组织战争为主。南诏统治制度具有的一个特点，是清平官、酋望、大军将等高级别官员，同时兼任管理部门与地方行政的主管，这既减少官员的数量，也避免出现中央与地方脱节的情形。

南诏的地方官制相当完善，对基层的控制十分严密而高效。在各地基层，南诏于百家设一总佐，千家有一治人官，万家设一都督，"递相管辖"②。

南诏制定了严格的军事制度，实行义务兵与部落兵相结合的兵制。南诏在农业地区实行义务兵制，努力争取全民皆兵。兵士的武器、给养等须自备。南诏在义务兵中组织强大的马军，马匹亦属自备。《蛮书》卷九《南蛮条教》说："战斗不分文武；无杂色役；每有征发，但下文书与村邑理人处，克往来月日而已；其兵仗人各自赍，更无官给。……每家有丁壮，皆定为马军，各据邑居远近，分为四军。"《新唐书》卷二百二十二上《南蛮传上》称：

> （南诏）壮者皆为战卒，有马为骑军。人岁给韦衫裤。以邑落远近分四军，以旗帜别四方，面一将统千人，四军置一将。凡敌入境，以所入面将御之。王亲兵曰朱弩佉苴。佉苴，韦带也。择乡兵为四军罗苴子，戴朱鞮鍪，负犀革铜盾而跣，走险如飞。百人置罗苴子统一人。……师行，人赍粮斗五升，以二千五百人为一营。其法，前伤者养治，后伤者斩。

在义务兵中，南诏选择精锐部分编为罗苴子、负排、羽仪长。《蛮书》卷九《南蛮条教》称，"罗苴子皆于乡兵中试人，故称四军苴子。戴光（朱）兜鍪，负犀皮铜股排，跣足，历险如飞。每百人，

---

① 《新唐书》卷二百二十二上《南蛮传上》，第6267—6268页。

② 《蛮书》卷九《南蛮条教》。

罗苴佐一人管之。负排，又从罗苴中拣入，无员数。南诏及诸镇大军将起坐不相离捍蔽者，皆负排也。……羽仪长八人，如方内节度支（使）衙官之属。清平官已下，每入见南诏，皆不得佩剑，唯羽仪长得佩剑。出入卧外，虽不主公事，最为心腹亲信"。

《蛮书》卷九《南蛮条教》说，"凡试马军须五次上：射中片板为一次上；中双庶子为一次上；四十步外走马拽颇柱中斗子为一次上；盘枪百转无失为一次上；能书能算为一次上。试过有优给"。测试步卒的项目，包括自玷苍山（在今云南大理）脚赴山顶立旗，跃过一丈三尺土坑，"急流水上浮二千尺"，负一石五斗米行四十里，同时还测试剑术。以上项目通过且得上等者可补入罗苴。训练往往是利用农隙时间。"每农隙之时，邑中有马者，皆骑马于颇柱下试习。每岁十一、十二月，农收既毕，兵曹长行文书境内诸城邑村谷，各依四军，集人试枪剑甲胄腰刀，悉须犀利，一事阙即有罪。其法一如临敌。"

对参战的官兵，南诏的管理十分严格。《蛮书》卷九《南蛮条教》称：

> 每战，南诏皆遣清平官或腹心一人在军前监视。有用命不用命及功大小先后，一一疏记，回具白南诏，凭此，为定赏罚。军将犯令，皆得杖，或至五十，或一百；更重者徙瘴地。诸在职之人，皆以战功为褒贬黜陟。

> 每出军征役，每蛮各携粮米一斗五升，各携鱼脯，此外无供军粮料者。蛮军忧粮易尽，心切于战。出界后，许行劫掠，收夺州溪源百姓禾米牛羊等辈。用军之次，面前伤刀箭，许将息。觉背后伤刀箭辄退者，即刃其后。

在边疆地区的诸族中，南诏征发部落丁壮充当前锋或敢死队。《蛮书》卷四《名类》说，扑子蛮勇悍矫捷，开南、银生、永昌、寻传四处皆有，铁桥西北、澜沧江边亦有部落。唐军于咸通四年（863）在战场擒得扑子蛮，"拷问之并不语，截其腕亦不声"。寻传城西 300 里有裸形蛮，"其蛮不战自调伏，集战自召之"。咸通年间裸形蛮集队参战，"当阵面上，如有不前冲前（者），监阵正蛮旋刃其后"。澜沧江以西有望苴子蛮，"南诏及诸城镇大将出兵，则望苴子为前驱"。永昌、开南等地有黑齿蛮、金齿蛮等部落，"皆为南诏总之，攻战亦召之"。拓东以南的地区有穿鼻蛮部落，"今亦为南诏所总，攻战即点之"。永昌城南面有茫蛮部落，咸通三年（862），受命会聚两三千人组队参战。

南诏军队具有较强的战斗力，在战斗中经常打败唐军。南诏军经常掠夺财物，亦给唐朝辖地造成极大破坏。唐大臣杜牧称，广德、建中年间，"吐蕃再饮马岷江，常以南诏为前锋，操倍寻之戟，且战且进，蜀兵折刃吞镞，不能毙一戎"。"文宗时，（南诏军）大入成都，自越巂以北八百里，民畜为空，又败卒贫民因缘掠杀，官不能禁。自是群蛮常有屠蜀之心。"[1]

皮逻阁、阁罗凤、异牟寻三位南诏王，堪称文武双全，多谋善断，并善于利用各派政治力量间的矛盾。若论南诏、唐朝处理相互关系的方法，南诏较为务实且灵活，而唐廷则表现得僵硬，指挥不灵，同时政策波动幅度过大且缺少前瞻性。从唐朝、南诏关系发展中的几起几落来看，南诏应事的基本原则是趋利避害，处理亦较得当，因此南诏获得较快的发展。南诏王还充分利用唐朝吏治的腐败，以及唐朝与边疆民族之间的矛盾。据《新唐书》卷二百二十二中《南蛮传中》所载，大中时李涿为安南都护，"苛墨自私，以斗盐易一牛，夷人不堪"。诸夷乃联合南诏军攻陷安南都护府（治今越南河内）。据《资治通鉴》卷二百五十《唐纪六十六》所载，嶲州刺史喻士珍贪暴，掠两林蛮以易金，咸通六年（865），南诏进攻嶲州，"两林蛮开门纳之"。

唐天复二年（902），南诏权臣郑买嗣起兵，杀死南诏末代王舜化贞，并对蒙舍王族大肆杀戮，南诏灭亡。35 年间云南等地经历了大长和国、大天兴国、大义宁国三个政权的更替。这些政权未能巩

---

① 《新唐书》卷二百一十五上《突厥传上》，第 6027 页。

固，主要原因是南诏后期云南等地遭受持续战争的严重破坏，郑买嗣发动的政变杀死南诏蒙氏王族800余人，可谓是斩草除根，相继建立三个短暂政权的贵族郑氏、杨氏、赵氏，并不具备类似蒙舍王族雄厚的社会基础，失败是势所必然。另外，在南诏中后期农业地区出现早期封建制度的萌芽，各地的封建主势力相应增长，若继续沿用南诏的方式进行统治，亦不可能长久。

起兵攻灭大义宁国的通海节度使段思平看到了这一点。他以免除差役等为承诺，获得东部乌蛮三十七部的支持。三十七部会师于石城（今云南曲靖西），"鼓行而西，所向无敌"。[1] 段思平以减免一半税粮、免除三年徭役为号召，[2] 又争取到广大自耕农的支持。大理国建立后，段思平"赦三十七部差役"，"赦国中凡有罪无子孙者"，[3] 获得朝野的普遍认可并巩固了政权。

大理国建立，农业地区从奴隶制经济逐渐过渡到封建领主制经济。占支配地位经济形态的重大变化，直接影响到大理国的政治体制与民族关系。统治者对领主进行分封，并依靠其进行统治成为腹地治理的基本方式。对边远地区的诸族势力，羁縻治策成为比武力征服更为有效的措施。由于奴隶制经济趋于衰落，大理国不再需要对外发动掠夺战争。同时，发展封建制农业经济需要安定的社会环境，大理国的选择是减少战争与社会动荡，并积极发展与外界的经济、文化交流。

由于治理措施得当，大理国实现了相对和平，获得一个较为稳定的发展时期。《云南志略辑校·诸夷风俗》说："（大理国）冬夏无寒暑，四时花木不绝。多水田，谓五亩为一双。山水明秀，亚于江南。麻、麦、蔬、果颇同中国。"大理国的腹心地区是白蛮聚居区。《云南志略辑校·诸夷风俗》称："白人，有姓氏。汉武帝开僰道，通西南夷道，今叙州属县是也。故中庆、威楚、大理、永昌皆

① 《滇考》上，载《云南备征志》卷十一《故实十一》，第696页。
② 《南诏源流纪要》，载《云南史料丛刊》第4卷，第748页。
③ 《南诏野史会证·大理国》，第207、210页。

僰人，今转为白人矣。"所言是大理国时期情形的延续。段思平将封建领主分封至广大的白蛮地区，借助其势力巩固政权。段思平封贵族高方为岳侯，管辖成纪（今云南永胜北）、巨桥（在今云南昆明市晋宁区昆阳镇），并封西迁爨氏势力的首领爨判为巴甸侯。宋嘉祐八年（1063），高方的后裔高智升讨平洱海地区叛乱，大理国王段思廉赐以白崖茹甸之地，不久封善阐侯，许可子孙世袭。段思平还力倡佛教，借以消磨朝野人士的好战之心。《云南志略辑校·诸夷风俗》说："诸种蛮夷刚愎嗜杀，骨肉之间一言不合，则白刃相刲，不知事神佛，若枭獍然。惟白人事佛甚谨，故杀心差少，由是言之，佛法之设，其于异俗亦自有益。"史称段思平"好佛，岁岁建寺，铸佛万尊"①。这些措施为巩固大理国的统治发挥了积极作用。

在大理国统治的316年间，大理国周边的乌蛮、金齿百夷等本地民族相继崛起。大理国放弃南诏对周边民族进行军事征服的做法，而采用中原王朝常用的遥相羁縻的治策。大理国治策的主要内容是："远之来者割地而封之，不归化者兴兵而讨之，自是天下大化。"②大理国的做法是合理的选择，也在实践中取得良好的效果。

大理国的统治制度亦较完善。大理国的国号"大理"，为从南诏后期自称"大礼"演变而来。《云南志略辑校·诸夷风俗》说："其称呼国王曰缥信，太子曰坦绰，诸王曰信苴，相国曰布燮，知文字之职曰清平官。"大理国还有"彦贲""天驷爽""忍爽"等官职，可能为大理国所设，或由南诏的官职演变而来。大理国在各地设府、郡作为地方统治机构。在洱海地区，大理国仍延续南诏"十赕"的设置。

大理国大致维持了南诏经济繁荣的局面。受时代背景、周边环境、统治者素质等因素的影响，大理国存在的时间虽较长，但经济恢复与发展的程度有限，文化方面取得的成就亦不明显。在大理国统治的后期，管控的地域范围也有变化。元人称在大理国后期，"酋

① 《南诏野史会证·大理国》，第210页。
② 《护法明公德运碑摩崖》，载《云南考古》（增订本），第170页。

领星碎，相为长雄。干戈日寻，民坠涂炭"①。尤其在全国政治舞台上，大理国的作为与产生的影响，均不能与南诏时期相比。

（二）南诏、大理国的贡献与局限

以下主要阐述南诏、大理国统治对西南地区地缘政治格局的影响，以及对云南及相关政区形成的历史贡献。

先秦时云贵高原有滇、夜郎两个古国。楚与秦作战失利，派将军庄蹻率军经夜郎入滇寻找退路，此为楚、滇一次较大规模的交往。秦灭巴、蜀，将四川盆地建成富饶之地。秦朝享国日短，未在云贵高原正式建立统治。② 汉朝建立数十年后，武帝三次经营西南夷（指今云贵、川西南地区），起因是企望开通自犍为郡沿牂牁江（今北盘江）至番禺（今广东广州）的用兵道路，以及自成都经西南夷至身毒（今印度）的交通线。西汉平定南越（中心在今广州），降服夜郎、滇等地方势力，在西南夷设 7 郡，将云南等地纳入中原王朝版图。其中益州郡（治今云南昆明市晋宁区东）初设时的范围大致是滇国管辖地区。设益州郡后数年，西汉打败嶲、昆明部落，将其活动的大部分区域划归益州郡，益州郡成为西南夷的腹心地区。此后，司马迁奉命出使今西昌等地，在《史记》卷一百一十六《西南夷列传》写下见闻。司马迁把今云南、贵州与川西南的众多部落称为"西南夷"。两汉时的西南夷包括今川西、川西北等僻地，可能与这一区域为嶲、昆明从今甘青地区南下，而汉初迁徙活动尚较活跃有关。

西汉经营西南夷的一个重要方略，是以四川盆地官府统辖西南夷。西汉在全国设十三刺史部，其中益州刺史部（治今四川成都）管辖蜀地及其附近诸郡。东汉建立，四川盆地继续统辖西南夷，东汉着重经营成都至西南夷的道路，以及由西南夷至身毒（今印度）的道路。东汉招降哀牢部落，在其地设永昌郡（治今云南保山），管

---

① 《创建中庆路大成庙碑记》，载《新纂云南通志》卷九十二《金石考十二》，第 5 册，第 226 页。

② 参见方铁：《西南边疆的形成及历史特点》，《地域文化研究》2017 年第 1 期。

辖范围包括今云南大理以西、以南的滇西南、滇南与中南半岛北部，并开通从滇池地区至交州（治今越南河内）的道路。两汉时由西南夷远赴内地，须先进入四川盆地，再经石牛道、褒斜道转赴今陕西等地。两汉从四川盆地迁来一些移民，其中强势者称"大姓"。

三国时，西南夷被蜀汉统治，乃称今川西南与云贵地区为"南中"。其时僰、昆明途经今川西的迁徙活动归于沉寂，西汉在这一地区设置的沈黎郡（治今四川汉源东北）、汶山郡（治今四川茂县北）也先后撤销。今川西地区既淡出统治者的视野，蜀汉所置南中便不再包括其地。蜀汉以四川盆地为重点，争取稳定南中（今云贵、川西南地区）。蜀汉进攻孙吴失败，西南夷的大姓与夷帅反叛。诸葛亮率军亲征，平定后在南中实行团结拥蜀大姓、警惕夷帅势力的政策。通过南中地区，蜀汉还与孙吴争夺对交州（治今越南河内）的控制权。蜀汉改变两汉以今滇中为据点经营西南夷的做法，奠定了唐代以前的诸朝以今滇东与滇东北为中心统治云南等地的基本格局。数百年间，云南联系蜀地的"五尺道"较少阻断，其道路经过的今滇东北一带亦称繁荣。晋人说由犍为属国改置的朱提郡（治今云南昭通）有朱、鲁、雷等大姓，杰出人物辈出，乃称其地为"宁州冠冕"①。

西晋建立，改变蜀汉依靠大姓治理南中的政策，实行以镇压为主的治策。宁州（治今云南昆明市晋宁区东）大姓逐渐分化并相互兼并，今云贵高原东部亦遭受战乱破坏。东晋对宁州的控制明显削弱。南朝时宋、齐、梁、陈均任命宁州刺史，但大都未赴任。爨氏大姓乃掌握对宁州的控制权，虽奉中原王朝为正朔，每年进贡数十匹马，但联系十分松弛。爨氏大姓的统治中心在今云南曲靖。隋朝统一后在今云南昆明置昆州，继设南宁州总管府（治今云南曲靖西）。爨氏大姓首领爨玩一度附隋，后多次反叛。隋朝平定爨氏的反叛并诛杀爨玩，随后放弃宁州（治今云南昆明市晋宁区东）。汉晋时迁入宁州的移民与僰人等土著融合，形成新的本地民族群体白蛮。

---

① 《华阳国志校注》卷四《南中志》，第414页。

　　唐前期统治云南等地 130 余年。贞元年间唐朝设十道，开元年间增至十五道，作为监理全国的大行政区，云南等地属剑南道（治今四川成都）管辖。天宝九载（750）以前，唐朝经营云南等地的方略与两汉大致相同，即重点经营自成都经云南至今印度的道路，以及由成都过云南至交州（今越南河内）的交通线。①唐朝以今四川盆地为基点经营今云南等地，并以今川西和滇东北为突破口，逐渐向今滇中、滇西等地推进。唐朝经营边疆的格局与汉朝相似，即主要精力是放在防范北方游牧民族南下侵扰方面，经营今云南等地的主要目的，仍是保护"蜀身毒道"与"交趾道"的安全。

　　7 世纪下半叶，吐蕃势力进入洱海地区。唐朝出兵遏制，唐军撤回后，吐蕃卷土重来。唐朝乃扶持地方势力南诏组织抗御吐蕃。南诏抵抗吐蕃势力有功，被唐朝封为"云南王"，得名的缘由是汉朝曾设过云南郡（治今云南祥云东南）。这一时期史籍中的"云南"，仅指今云南的洱海地区及祥云地区。借平定爨氏大姓反叛之机，南诏将东部爨氏 20 余万户迁至今滇西，初步形成以洱海流域为中心统一云南地区的态势。后来，今滇西发展的速度超过今滇东，"灵关道"也逐渐取代"五尺道"，成为云南地区联系蜀地的主要通道。

　　南诏称霸的野心逐渐显露，与唐朝的矛盾也急剧扩大。天宝九载（750），南诏攻下姚州都督府治所姚州（今云南姚安北）。唐朝三次出兵征讨，被南诏联合吐蕃打败。安史之乱爆发后，南诏割据云南等地，唐朝丧失百余年辛苦经营的成果。南诏与吐蕃约为兄弟之国，联合扫荡嶲州都督府（治今四川西昌），势力抵达大渡河南岸。后来吐蕃攻下大震关（在今甘肃清水东北小陇山），尽取河西、陇右之地，又攻陷今松潘、理县等地。贞元十年（794），南诏不堪吐蕃的欺压投向唐朝，唐朝遣使册封，实则承认南诏既有的统治范围。南诏与唐朝的经济、文化交流十分频繁。关系融洽时南诏通过

①　参见方铁：《秦汉蜀晋南朝的治边方略与云南通道开发》，《云南师范大学学报》（哲学社会科学版）2007 年第 6 期。方铁：《唐宋元明清的治边方略与云南通道变迁》，《中国边疆史地研究》2009 年第 1 期。

朝贡等途径得到唐朝的赏赐，若兵戎相见，则发动战争掠夺唐地的人口、财物与生产技术。咸通初年南诏军队攻下安南，唐朝震动。懿宗颁旨分岭南为东、西两道，为广西、广东两地分治的肇端。

唐朝与南诏决裂后，唐朝三次征讨南诏，丧师数十万人，被俘将士落籍云南地区，南诏的主体居民白蛮由此发展壮大。南诏的社会经济也获得较快的发展，洱海、滇池两大农业地区得以相连。南诏还积极开拓西部、南部的边地，兵锋远达中南半岛南部。南诏在征服区域设置城堡戍守，也产生深远的影响。南诏极盛之时，辖有今云南省、贵州省西部、四川省西南部与中南半岛北部。贞元十年（794），唐朝册封异牟寻为"南诏王"，实则承认南诏统治的范围。①天宝战争后，唐朝军队未再进入南诏辖地。唐代后期的"南诏"与"云南"，便成为时人对南诏统治范围的称呼。

南诏的统治范围为大理国所继承，宋人仍称大理国的地域为"云南"。大理国在辖境设八府、四郡和三十七部。三十七部指在今滇东、滇东北由 37 个乌蛮部落组成的庞大联盟，大理国对今滇东北的控制相当松弛。在三十七部以外的辖地，大理国分设八府、四郡进行统治。大理国设两个都城，以大理城（在今云南大理）为正都，以善阐城（今云南昆明旧城南关外）为陪都，经营重点仍在今滇西地区。

同一时期的两宋承受了北方游牧势力南下侵扰的压力。南诏崛起给唐朝造成的麻烦，亦使宋朝统治者印象深刻。两宋乃实行守内虚外、重北轻南的应对之策，刻意疏远大理国，与其划大渡河为界。②但是，因作战需要战马，两宋不得已向大理国购买。北宋在黎州（今四川汉源北）、雅州（今四川雅安西）等地设置博易场向大理国购买马匹。南宋时购马达到更大的规模，在横山寨（在今广西田东）等博易场交易的马匹每年达 1500 匹。

大理国对与两宋交往有很高的积极性，一再入贡表示臣服。其

---

① 《资治通鉴》卷二百三十五《唐纪五十一》，贞元十年六月，第 7561 页。

② 《为大理国买马事陈方略奏》，载《云南史料丛刊》第 2 卷，第 214 页。

缘由，一是大理国从南诏的奴隶社会过渡到早期封建社会，无须发动战争掠夺奴隶，与中原王朝的矛盾得以缓解。二是南诏大量吸收内地的人口与经济文化，所产生的影响在大理国时充分显现，大理国朝野对内地表现出强烈的认同感。被南诏俘虏的汉人，其后裔至大理国仍为世袭贵族。两宋长期疏远大理国也产生了消极影响，大理国在政治生活中被边缘化，与内地的隔膜也逐渐扩大。

南诏、大理国统治的范围，包括今云南全部、四川西南部、贵州西部与中南半岛北部。大理国时今云贵川相连地带的乌蛮，建立时称"三十七部"的部落联盟。大理国与三十七部盟誓，双方发生过战争。金齿百夷以今云南景洪为中心建景昽金殿国，辖地包括今西双版纳与相邻的中南半岛北部一些地区。大理国王将虎头金印赐予景昽金殿国的首领叭真，仿照中原王朝的做法施行羁縻。唐末地方权贵曲氏割据交州，宋朝承认其为安南国，今越南北方脱离中原王朝的管辖。安南经常掳掠宋朝的岭南西部。宋朝加强了对岭南西部的统治，邕州（今广西南宁南）的地位随之提升。

南宋后期，蒙、宋战争陷入胶着状态。蒙古宗王忽必烈奉命率10万骑兵，自西北绕道远征大理国，企望对南宋实行夹击。蒙古汗国与元朝经营云南等地达120余年。元朝建立，西北边疆以远的区域为四大汗国所有，忽必烈乃将拓展方向选在西南。因此，前代中原王朝治边的重北轻南传统在元代并不明显，统治者亦少有"内华夏外夷狄"的观念。蒙元视云南地区为向外拓展的基地，并在云南地区推行类似内地的治策，由此产生深远的影响。《元史》卷五十八《地理志一》称："岭北、辽阳与甘肃、四川、云南、湖广之边，唐所谓羁縻之州，往往在是，今皆赋役之，比于内地。"

至元十一年（1274），元朝建云南行省，管辖范围大致沿袭南诏、大理国的旧地。云南行省直辖中央政府，改变了由蜀地羁管云南等地的格局。元朝拓建由省治中庆（今云南昆明）经今贵州贵阳、岳阳至京城的驿道，云南与长江中下游乃建立直接联系。云南等地的行政中心则从今云南大理移到昆明。行省还修整通往今四川、贵州、广西与缅甸、越南等地的道路，并大量设置驿站。由于云南地区脱离四川盆地羁管，广西亦不再隶属岭南，以云南、广西两地为主的中原王朝的西南边疆正式形成。

元朝在云南行省、湖广行省广置官署。在农业地区遍设军民屯田，进行矿藏开采，发展商业贸易，征收农业赋税，同时开办官学。元朝派宗王镇守其地并广设官署。蒙古人、色目人以官吏、将士的身份大量移居云南等地，改变了居民的构成与分布格局。蒙元在云南等地实行土官制度，特点是朝廷信用边疆蛮夷，将其纳入国家官吏的体系，封授的土官享有国家官吏的名分，以及对其所辖地区的实际管控权，因此得到边疆蛮夷的普遍支持。蒙元施行土官制度的前提，是充分信任和任用当地土官，南诏、大理国实行的提倡云南等地诸族合作的做法，为蒙元实行土官制度提供了有利条件。

在区域形成与发展的过程中，云南等地体现出较鲜明的特点。这些特点主要是：

云南政区范围的形成，是云南与四川、湖广、岭南、中南半岛等地理板块划分或切割的结果。云南政区范围的确定，受到上述地理板块历代政治形势的影响。在云南政区形成的过程中，地缘政治关系通过政治地理博弈、历朝经营西南边疆的方略与治策等表现出来。① 在云南政区形成的过程中，南诏、大理国实现了云南等地的统一，积极开拓云南的西部、南部以及相邻的中南半岛地区，并努力发展云南等地的经济与文化，推动云南等地与今四川、广西的关系发生改变，为云南政区的形成做出了重要贡献。明代广西、贵州先后建省，云南等地乃成为中原王朝对外的门户，战略地位更趋重要。作为云南等地与四川盆地关系转变的重要时期，南诏、大理国的相关经营，影响不可低估。

两汉时今云南、广西进入中原王朝的版图。越南北部、缅甸北部等先后脱离中原王朝版图，但云南等地整体上并未脱离中原王朝

① 参见方铁：《古代云南与周边地区的关系》，《云南师范大学学报》（哲学社会科学版）2013年第2期。

管控的范围。在东晋、南朝统治期间，爨氏大姓掌握对宁州（治今云南昆明市晋宁区东）的控制权，仍奉中原王朝为正朔。南诏统治253年，仍是唐朝统治下的藩属政权或西南边疆的局部政权。大理国存在316年，被宋朝疏远甚至视为外邦，仍多次入贡表示臣服，与宋朝从未发生过战争。南诏、大理国与中原王朝未形成"敌国"关系，是云南等地未曾脱离中原王朝版图的有力证据。

　　以宋末元初为界，云南等地的发展可分为前期与后期。在前一时期，云南等地隶属四川大行政区。蒙元平定大理国并建云南行省，云南等地脱离四川大行政区成为单独一省，并通过经今滇东与滇东北的驿路，与长江中游及其以远地区建立直接联系，上述地区的生产技术、文化随着移民进入云南等地，数百年间产生了深远影响。[①]与云南等地长期依托于四川地区相联系，云南开发较早、汉晋诸朝统治较稳固的区域，主要是今滇东北与滇池地区。自初唐起，中原王朝经营的重点逐渐向滇西等地扩张。经南诏、大理国500余年的统治，云南等地大致完成局部统一，云南中部因发展程度较高、经济情况类似而相连成片，今滇西等地发展的速度也明显加快。元朝建云南行省，全省各地得到进一步发展，云南各地发展不平衡的状况得以改变。元朝经营云南等地取得的成就，是在南诏、大理国经营的基础上完成的。

　　在云南等地，中原王朝的统治制度经历从羁縻之治到土司制度的改变。蒙元以前，中原王朝对广义蛮夷实行宽松的羁縻之治。蒙元实行土官制度获得成功，乃在云南等地普遍推行。明朝将土官制度发展为土司制度，在南方类型的蛮夷地区普遍推广。在土司制度下，中原王朝对边疆的统治明显深入，这有利于中国多元一体格局的形成。蒙元在云南等地实行土官制度，以南诏、大理国相对开明的民族治策为基础。

　　南诏实行的民族治策具有地方与时代的特色。它既不同于唐朝

---

① 参见方铁：《历代治边与云南的地缘政治关系》，《西南民族大学学报》（哲学社会科学版）2011年第9期。

与吐蕃的民族治策，又与大理国具有封建统治特点的民族治策有所区别。南诏民族治策的形成，与南诏首次统一了云南及其附近地区，其统治以乌蛮和白蛮的支持为基石，同时需要联络和支配辖区内的其他民族有关。在南诏统治的时期，云南及其周边地区出现了汉晋之后的又一次民族大融合。南诏时期民族关系的一个重要变化，是白蛮与一部分先进的乌蛮（主要是居住在平坦地区的人口），在大量吸收汉族人口以后得到很大发展，成为在上述地区居于支配地位的民族。

汉晋时期，云南及其周边地区的大姓势力不断见于记载，反映出迁入上述地区的汉族移民分布较为集中，且相对游离于当地其他民族之外，大姓与本地民族在经济文化方面仍有较大差距。在南诏统治时期，白蛮和一部分先进的乌蛮大量吸收汉族的人口与文化，其素质得到提高，力量得到增强。唐至元代及以后的一段时期，云南及其周边地区未再出现独立的汉族地方势力，表明经过南诏时期的民族大融合，以白蛮为代表的本地民族得到很大发展，已具备很强的包容力与亲和力，汉族地方势力不可能独立存在。在南诏统治的 253 年间，有数十万内地汉人以战俘等身份落籍洱海等地。通过吸纳大量汉人，学习内地生产技术与文化，白蛮的经济、政治力量大为增强，成为在云南居于主导地位的民族。大理国对中原王朝有更强烈的认同感与归属感，与白蛮大量吸收迁来的汉族人口，并深受其影响有密切关系。

在南诏、大理国的统治下，居住在山区与边疆的各民族发展速度明显加快，一些群体还建立有较大影响的部落联盟或地方政权，前者如今滇东乌蛮诸部组成的三十七部，乌蛮在今黔西建立的罗殿国与自杞国，后者如云南南部百夷建立的景昽金殿国。还应指出，南诏时期白蛮和一部分乌蛮能获得较快发展，有一些是凭借对其他民族的压迫实现的。类似的情形说明，在阶级压迫社会中，有时竞争是通过纷争或压迫的途径实施的。南诏、大理国时期，居住山区与边疆的诸族得到较快的发展，对以后蒙元建立范围广阔的云南行省，并深入统治广大的山区与边疆地区，是一个十分有利的因素。

南诏、大理国对云南等地的统治与经营，也存在明显的历史局限，主要表现在以下方面。

其一，南诏与唐朝决裂后，多次发动侵略战争，同时进行大规模的掠夺，给唐朝辖地造成巨大的损失。南诏后期穷兵黩武，严重干扰了社会秩序，也因此走向衰亡。

天宝十二载（753），南诏军攻占嶲州（今四川西昌），所掠获的人口、玉帛等，"百里塞途，牛羊积储，一月馆谷"①。由于遭受南诏的多次掠夺及破坏，"自成都以南，越嶲以北，八百里之间，民畜为空"②。此时南诏对唐朝的战争，带有夺取战略要地与掠夺财物、人口的双重目的。此后，掠夺唐朝辖地的财物、人口尤其是士人与技术工人，成为南诏发动战争的首要目标。由于对唐地大肆掠夺尝到甜头，南诏统治者频繁发动战争。史称世隆年少嗜杀戮，"亲戚异己者皆斩，兵出无宁岁，诸国更仇怨，屡覆众，国耗虚。蜀之役，男子十五以下悉发，妇耕以饷军"③。《新唐书》卷二百二十二中《南蛮传中》称："咸通以来，蛮（按：指南诏）始叛命，再入安南、邕管，一破黔州，四盗西川，遂围卢耽，召兵东方，戍海门，天下骚动，十有五年，赋输不内京师者过半，中藏空虚，士死瘴疠，燎骨传灰，人不念家，亡命为盗，可为痛心！"④ 此时南诏统治者已成为战争狂人，热衷于对唐地大肆杀戮并施加破坏，掠夺财物与人口的目标已退居其次。史籍称："蛮（按：指南诏）俘华民，必劓耳鼻已，纵之，既而居人刻木为耳鼻者什八。"⑤ 南诏多次发动战争，对唐朝辖地肆意进行掠夺和破坏，造成极为严重的损失，理应遭到严厉谴责。

其二，南诏为补充兵员，强迫边疆诸族丁壮参加对唐朝的掠夺

---

① 《南诏德化碑》，载《云南考古》（增订本），第160页。
② 《书田将军边事》，载《全唐文》卷七百九十五，第8335页。
③ 《新唐书》卷二百二十二中《南蛮传中》，第6289页。
④ 《新唐书》卷二百二十二中《南蛮传中》，第6292页。
⑤ 《新唐书》卷二百二十二中《南蛮传中》，第6288页。

战争，"为南诏所总，攻战即点之"，甚至充当前锋或敢死队，南诏军士手持大刀押后督战，此举具有民族压迫的性质，也应受到严厉谴责。被强迫参加掠夺战争的边疆诸族，见于记载者有开南、银生、永昌、寻传等处的扑子蛮，寻传城以西的裸形蛮，澜沧江以西的望苴子蛮，永昌、开南等地的黑齿蛮、金齿蛮，拓东以南地区的穿鼻蛮，永昌城南面的茫蛮等。①

其三，为实现以今滇西地区为中心，向今滇西周围地区扩张的地缘政治谋划，南诏轻视乃至放弃对今滇东北地区的经营。南诏在管辖范围内设八节度、二都督，在今滇中与滇东北一带，仅置拓东节度（治今云南昆明市区），下辖石城郡（治今云南曲靖西）、东川郡（治今云南会泽），在石城郡、东川郡以北的区域并未设治，汉晋时期高度繁荣的今滇东北，实则被南诏断然放弃。

南诏放弃今滇东北地区，既由于其地在东晋、南朝时期遭受战乱的严重破坏，途经其地的"五尺道"亦逐渐壅塞；也因南诏迁走今云南东部、东北部的20余万户百姓，致使其地逐渐荒芜。对南诏统治者而言，云南东北部与洱海地区相距甚远，战略利用的价值有限，兼之大量农业人口被迁走，更使已趋衰落的今滇东北雪上加霜。南诏最终放弃这一地区，对云南地区的地缘政治格局与云南东北部以后的演绎，产生了不可估量的消极影响。南诏放弃今滇东北的决策，实为处理地缘政治关系的一处败笔。大理国设治大体沿袭南诏，致使今滇东北残破的局面延续了300余年。

其四，大理国经营云南等地的历史局限，主要表现在段思平之后的历代国王，庸碌而罕有作为，甚至为躲避现实而相继出家。大理国后期割据盛行，内讧与无谓纷争史不绝书，统治者专注享受，留恋玩饰，忽视发展社会经济与文化，辜负了难得的和平、安定的社会环境。

云南等地被纳入中原王朝的版图，并成为中国统一国家不可分割的部分，经历了2000余年复杂的演变。其发展过程较为完整，发

---

① 《蛮书》卷四《名类》。

展类型亦较典型，尤其体现在中国历史疆域的形成，多元一体民族关系的构成，中国与邻国关系的演变，历朝对边疆地区的经营与开发等方面。云南等地的民族关系较为和谐，与邻国的历史关系亦无重大争议，历朝经营、开发云南等地亦较为深入。因此，以云南等地为中心的西南边疆，是学术界研究上述问题可选的类型。本书关于南诏、大理国兴衰过程的研究，是对上述问题的初步探讨。

主要参考文献

司马迁. 史记 [M]. 北京：中华书局，1959.

班固. 汉书 [M]. 北京：中华书局，1962.

范晔. 后汉书 [M]. 李贤，等注. 北京：中华书局，1965.

陈寿. 三国志 [M]. 陈乃乾，校点. 北京：中华书局，1959.

房玄龄，等. 晋书 [M]. 北京：中华书局，1974.

沈约. 宋书 [M]. 北京：中华书局，1974.

姚思廉. 梁书 [M]. 北京：中华书局，1973.

魏收. 魏书 [M]. 北京：中华书局，1974.

令狐德棻，等. 周书 [M]. 北京：中华书局，1971.

魏徵，令狐德棻. 隋书 [M]. 北京：中华书局，1973.

刘昫，等. 旧唐书 [M]. 北京：中华书局，1975.

欧阳修，宋祁. 新唐书 [M]. 北京：中华书局，1975.

薛居正，等. 旧五代史 [M]. 北京：中华书局，1976.

欧阳修. 新五代史 [M]. 徐无党，注. 北京：中华书局，1974.

脱脱，等. 金史 [M]. 北京：中华书局，1975.

脱脱，等. 宋史 [M]. 北京：中华书局，1977.

宋濂，等. 元史 [M]. 北京：中华书局，1976.

张廷玉，等. 明史 [M]. 北京：中华书局，1974.

诸葛亮集 [M]. 北京：中华书局，1960.

常璩. 华阳国志校注 [M]. 刘琳，校注. 成都：巴蜀书社，1984.

郦道元. 水经注校证 [M]. 陈桥驿，校证. 北京：中华书局，2007.

杜佑. 通典 [M]. 北京：中华书局，1988.

陈邦瞻. 宋史纪事本末 [M]. 北京：中华书局，1977.

樊绰. 蛮书 [M]. 刻本. 会稽：云瑞楼，1879（清光绪五年）.

吴兢. 贞观政要集校 [M]. 谢保成，集校. 北京：中华书局，2009.

李吉甫. 元和郡县图志 [M]. 贺次君，点校. 北京：中华书局，1983.

司马光. 资治通鉴 [M]. 胡三省，音注. 标点资治通鉴小组，校点. 北京：中华书局，1956.

毕沅. 续资治通鉴 [M]. 长沙：岳麓书社，1992.

李焘. 续资治通鉴长编 [M]. 北京：中华书局，1980.

王溥. 唐会要 [M]. 北京：中华书局，1960.

王溥. 五代会要 [M]. 北京：中华书局，1998.

王钦若，等. 册府元龟 [M]. 周勋初，等校订. 南京：凤凰出版社，2006.

乐史. 太平寰宇记 [M]. 王文楚，等点校. 北京：中华书局，2007.

沈括. 梦溪笔谈 [M]. 金良年，点校. 北京：中华书局，2015.

李心传. 建炎以来系年要录 [M]. 北京：中华书局，1988.

李昉，等. 太平广记 [M]. 北京：中华书局，1961.

周去非. 岭外代答校注 [M]. 杨武泉，校注. 北京：中华书局，1999.

祝穆. 方舆胜览 [M]. 祝洙，增订. 施和金，点校. 北京：中华书局，2003.

司马光. 涑水记闻 [M]. 邓广铭，张希清，点校. 北京：中华书局，1989.

李京，郭松年. 大理行记校注 云南志略辑校 [M]. 王叔武，校注，辑校. 昆明：云南民族出版社，1986.

倪辂. 南诏野史会证 [M]. 王崧，校理. 胡蔚，增订. 木芹，会证. 昆明：云南人民出版社，1990.

刘应李. 大元混一方舆胜览［M］. 詹友谅，改编. 郭声波，整理. 成都：四川大学出版社，2003.

汪大渊. 岛夷志略校释［M］. 苏继庼，校释. 北京：中华书局，1981.

周达观. 真腊风土记校注［M］. 夏鼐，校注. 北京：中华书局，1981.

周致中. 异域志［M］. 上海：商务印书馆，1936.

刘文征. 滇志［M］. 古永继，点校. 王云，尤中，审订. 昆明：云南教育出版社，1991.

景泰云南图经志书校注［M］. 李春龙，刘景毛，校注. 昆明：云南民族出版社，2002.

沈德符. 万历野获编［M］. 北京：中华书局，1959.

爨古通纪浅述校注［M］. 尤中，校注. 昆明：云南人民出版社，1989.

王士性. 广志绎［M］. 吕景琳，点校. 北京：中华书局，1981.

董诰，等. 全唐文［M］. 北京：中华书局，1983.

吕祖谦. 宋文鉴［M］. 齐治平，点校. 北京：中华书局，1992.

顾祖禹. 读史方舆纪要［M］. 贺次君，施和金，点校. 北京：中华书局，2005.

徐松. 宋会要辑稿［M］. 北平：国立北平图书馆，1936.

顾炎武. 肇域志［M］. 谭其骧，王文楚，等点校. 上海：上海古籍出版社，2004.

魏源. 圣武记［M］. 韩锡铎，孙文良，点校. 北京：中华书局，1984.

王夫之. 读通鉴论［M］. 北京：中华书局，1975.

倪蜕. 滇云历年传［M］. 李埏，校点. 昆明：云南大学出版社，1992.

王崧. 云南备征志 [M]. 李春龙，点校. 昆明：云南人民出版社，2010.

元史二种 [M]. 上海：上海古籍出版社，1989.

李元阳. 万历云南通志 [M]. 刘景毛，江燕，点校. 北京：中国文联出版社，2013.

新纂云南通志 [M]. 昆明：云南人民出版社，2007.

桑原隲藏. 蒲寿庚考 [M]. 陈裕菁，译. 北京：中华书局，1954.

桑原隲藏. 唐宋贸易港研究 [M]. 杨炼，译. 上海：商务印书馆，1935.

夏光南. 元代云南史地丛考 [M]. 太原：山西人民出版社，2014.

中国社会科学院考古研究所. 新中国的考古发现和研究 [M]. 北京：文物出版社，1984.

李昆声. 云南文物古迹 [M]. 昆明：云南人民出版社，1984.

李朝真，张锡禄. 大理古塔 [M]. 昆明：云南人民出版社，1985.

韩儒林. 元朝史 [M]. 北京：人民出版社，1986.

陈佳荣. 中外交通史 [M]. 香港：学津书店，1987.

陈佳荣，谢方，陆峻岭. 古代南海地名汇释 [M]. 北京：中华书局，1986.

尤中. 云南地方沿革史 [M]. 昆明：云南人民出版社，1990.

汪宁生. 云南考古 [M]. 增订本. 昆明：云南人民出版社，1992.

云南省文物管理委员会. 南诏大理文物 [M]. 北京：文物出版社，1992.

夏光辅. 云南科学技术史稿 [M]. 昆明：云南科技出版社，1992.

朱德普. 泐史研究 [M]. 昆明：云南人民出版社，1993.

陈仲安，王素. 汉唐职官制度研究 [M]. 北京：中华书局，

1993.

龚有德. 儒学与云南少数民族文化 ［M］. 昆明：云南人民出版社, 1993.

王钟翰. 中国民族史 ［M］. 北京：中国社会科学出版社, 1994.

尤中. 云南民族史 ［M］. 昆明：云南大学出版社, 1994.

李昆声. 云南艺术史 ［M］. 昆明：云南教育出版社, 1995.

赵浩如. 古诗中的云南 ［M］. 昆明：云南人民出版社, 1995.

刘泽华. 中国政治思想史 ［M］. 杭州：浙江人民出版社, 1996.

尤中. 中国民族史研究 ［M］. 昆明：云南大学出版社, 1997.

李孝友. 云南书林史话 ［M］. 昆明：云南人民出版社, 1998.

张锡禄. 大理白族佛教密宗 ［M］. 昆明：云南民族出版社, 1999.

杨延福. 剑川石宝山考释 ［M］. 昆明：云南民族出版社, 1999.

大理五华楼新出元碑选录并考释 ［M］. 方龄贵, 王云, 选录. 方龄贵, 考释. 昆明：云南大学出版社, 2000.

余大钧. 一代天骄成吉思汗：传记与研究 ［M］. 呼和浩特：内蒙古人民出版社, 2002.

陈吕范. 泰族起源问题研究 ［M］. 北京：国际文化出版公司, 1990.

侯绍庄, 史继忠, 翁家烈. 贵州古代民族关系史 ［M］. 贵阳：贵州民族出版社, 1991.

段玉明. 大理国史 ［M］. 昆明：云南民族出版社, 2003.

方铁. 西南通史 ［M］. 郑州：中州古籍出版社, 2003.

岑仲勉. 中外史地考证 ［M］. 北京：中华书局, 2004.

梁志明, 等. 古代东南亚历史与文化研究 ［M］. 北京：昆仑出版社, 2006.

沈福伟. 中西文化交流史 ［M］. 上海：上海人民出版社,

1985.

　　方铁，邹建达. 中国蒙元史学术研讨会暨方龄贵教授九十华诞庆祝会文集 [M]. 北京：民族出版社，2010.

　　贺圣达. 东南亚文化发展史 [M]. 昆明：云南人民出版社，2011.

　　邢广程. 中国边疆学：第 7 辑 [M]. 北京：社会科学文献出版社，2018.